V&R

# Kommentar zu den Apostolischen Vätern

Herausgegeben von
N. Brox, G. Kretschmar und
K. Niederwimmer

Sechster Band

1998
Vandenhoeck & Ruprecht
in Göttingen

# Das Martyrium des Polykarp

übersetzt und erklärt von
Gerd Buschmann

1998
Vandenhoeck & Ruprecht
in Göttingen

Ergänzungsreihe zum
Kritisch-exegetischen Kommentar
über das Neue Testament
Band 6

*Die Deutsche Bibliothek – CIP-Einheitsaufnahme*

*Kommentar zu den Apostolischen Vätern:*
[Ergänzungsreihe zum Kritisch-exegetischen Kommentar
über das Neue Testament] /
hrsg. von N. Brox ... –
Göttingen: Vandenhoeck und Ruprecht
Bd. 6. Buschmann, Gerd: Das Martyrium des Polykarp. – 1998

*Buschmann, Gerd:*
Das Martyrium des Polykarp / übers. und erkl. von Gerd Buschmann. –
Göttingen: Vandenhoeck und Ruprecht, 1998
(Kommentar zu den Apostolischen Vätern; Bd. 6)
Einheitssacht. des beigef. Werkes: Martyrium Polycarpi <dt.>
ISBN 3-525-51681-9

Satz: Satzspiegel, Bovenden
Druck und Bindung: Hubert & Co., Göttingen

*Prof. Dr.*
*Henning Paulsen*

1944–1994

# Vorwort

Am Übergang vom Urchristentum zur Alten Kirche bildet das Martyrium Polykarps einen inhaltlich wie formal bedeutsamen Text, der verdient, unter die Apostolischen Väter eingereiht zu werden (was leider nicht selbstverständlich ist). Diese erste umfassende, monographische Kommentierung versucht der prägenden Bedeutung des Texts gerecht zu werden.

Der Kommentar ist dem Menschen gewidmet, dem ich die Beschäftigung mit dem MartPol (und so vieles andere) verdanke und dem ich so gerne dieses Ergebnis noch vorgelegt hätte ... Herr Prof. Dr. Henning Paulsen (†) hat das Manuskript leider nur mehr bis MartPol 4 einsehen können. Ihm gilt alle dankbare Erinnerung!

Danken möchte ich auch dem Herausgeber Herrn Prof. Dr. Norbert Brox, Regensburg, für alle freundliche und konstruktive Begleitung, dem Paulsen-Schüler Dr. Ralph Brucker, Hamburg, für freundliche Anregungen zum hymnischen Charakter von MartPol 14, meinem Schwiegervater OStR Pfr. i. R. Helmut Küßner, Kirchberg/J., für geduldiges Korrekturlesen, Frau stud. phil. Regina Harr als wissenschaftliche Hilfskraft für die Korrekturen der Register und meiner Frau Kathrin Küßner für alle Geduld und Begleitung.

Das Manuskript wurde im Februar 1997 abgeschlossen.

Ludwigsburg                                                                                   G.B.

# Inhalt

*Einleitung* . . . . . . . . . . . . . . . . . . . . . . . . . . . . 13

§ 1      Der Text . . . . . . . . . . . . . . . . . . . . . . . 13
        1. Griechische Handschriften . . . . . . . . . . . . . . 13
        2. Eusebius, h.e. 4,15 . . . . . . . . . . . . . . . . . . 14
        3. Indirekte griechische Zeugen . . . . . . . . . . . . . 14
        4. Frühe Übersetzungen . . . . . . . . . . . . . . . . . 14
§ 2      Editionen . . . . . . . . . . . . . . . . . . . . . . . 15
§ 3      Synopse von MartPol und Eus. h.e. 4,15 . . . . . . . . 17
§ 4      Authentizität und Integrität . . . . . . . . . . . . . . 37
§ 5      Datierung . . . . . . . . . . . . . . . . . . . . . . . 39
§ 6      Gliederung . . . . . . . . . . . . . . . . . . . . . . 40
        1. Inhaltliche Gliederung . . . . . . . . . . . . . . . . 40
        2. Formanalytische Gliederung . . . . . . . . . . . . . 43
        3. Rhetorische Gliederung . . . . . . . . . . . . . . . 45
        4. Formgeschichtliche Gliederung . . . . . . . . . . . . 45
§ 7      Form, Gattung und Sitz im Leben . . . . . . . . . . . 47
§ 8      MartPol und das Neue Testament: κατὰ τὸ εὐαγγέλιον . . . 49
§ 9      Die Theologie des Martyriums . . . . . . . . . . . . . 58

*Kommentar* . . . . . . . . . . . . . . . . . . . . . . . . . . . 67

I.       Die Brief-Einleitung . . . . . . . . . . . . . . . . . 67
        inscr.  1) inscriptio des Briefs – erweitert zum »Diaspora-
        Rundschreiben« . . . . . . . . . . . . . . . . . . . . 67
Exkurs: MartPol und seine Briefform . . . . . . . . . . . . . 73
II.      Das Briefthema . . . . . . . . . . . . . . . . . . . . 77
        1,1–2  2) Das Briefthema – Polykarp als Vorbild eines
                 evangeliumsgemäßen Märtyrerverhaltens . . . . . 77
III.     Das Vorbild der edlen Märtyrer Christi . . . . . . . . . 89
        2–4     3) Das Vorbild der edlen Märtyrer Christi . . . . . 89
        2,1–4    a) Lob auf das Vorbild der edlen Märtyrer Christi  89
Exkurs: Die Fixierung des Begriffs μάρτυς als terminus technicus
        für den Blutzeugen im MartPol . . . . . . . . . . . . 98
        3,1–2    b) Der eine Weg: Das positive Beispiel der
                 Standhaftigkeit des Germanikos . . . . . . . 108
        4,1–3    c) Der andere Weg: Das negative Beispiel des
                 Phrygiers Quintos – das Drängen zum Martyrium 119

IV.       Polykarps evangeliumsgemäßes Martyrium . . . . . . . . 130

5,1-18  4) Das bewunderungswürdige Vorbild des
          evangeliumsgemäßen Martyriums des Polykarp . . 130

5,1-2     a) Polykarps Flucht vor dem Martyrium und
             die Vorhersage seines Märtyrertods . . . . . 130

6,1-2     b) Polykarps Verhaftung: Das Aufspüren . . . . 140

7,1-3        Polykarps Verhaftung: Die Festnahme . . . . 150

8,1-3     c) Polykarps Versuchung und Standhaftigkeit auf
             dem Weg zum Martyrium . . . . . . . . . 161

9,1-11,2  d) Polykarps Verhör . . . . . . . . . . . . 174

9,1          α) Polykarps Stärkung durch die wunderbare
                Himmelsstimme . . . . . . . . . . . . 174

9,2-3        β) Verhörbeginn: Identitätsfrage, Überredungs-
                versuch, Schwur-Befehl, Standhaftigkeit . . 174

10,1-2       γ) Mitte des Verhörs: Bekenntnis des Christseins 174

11,1-2       δ) Verhörende: Drohungen und Standhaftigkeit 175

Exkurs:   Der Verhördialog und die formkritische Frage
          nach der Entstehung der Gattung Märtyrerakte . 179

12,1-14,3 e) Vorbereitung der Hinrichtung Polykarps . . . 203

12,1-3       α) Reaktionen auf das Verhör und das Betreiben
                der Heiden und Juden . . . . . . . . . 203

13,1-3       β) Polykarps Verhalten angesichts des Scheiter-
                haufens . . . . . . . . . . . . . . . 220

Exkurs:   Traditionsgeschichtliche Analyse des Gebets in
          MartPol 14 - Ein jüdisches Dankopfergebet des
          Einzelnen als eucharistisches Märtyrergedächtnis-
          gebet der frühchristlichen kleinasiatischen
          Gemeinden . . . . . . . . . . . . . . . 226

14,1-3       γ) Das Gebet Polykarps auf dem Scheiterhaufen 258

15,1-16,2 f) Polykarps Hinrichtung: Verbrennung, Tötung
             und (Be)Wunder(ung) . . . . . . . . . . 291

15,1-2       α) Die Verbrennung: Das Feuer des Scheiter-
                haufens und seine wunderbaren Züge . . . 291

16,1-2       β) Wunder und Bewunderung bei der
                Verbrennung . . . . . . . . . . . . . 310

17,1-18,3 g) Polykarps sterbliche Überreste . . . . . . . 324

17,1-3       α) Polykarps sterbliche Überreste und die Frage
                nach dem Verhältnis von Märtyrer- und
                Christusverehrung . . . . . . . . . . . 324

18,1-3       β) Sammlung und Bestattung der Gebeine des
                Polykarp zur Feier des Jahrestages seines
                Martyriums . . . . . . . . . . . . . . 336

V. Der Briefschluß . . . . . . . . . . . . . . . . . . . 343
19,1–20,2 5) Briefschluß . . . . . . . . . . . . . . . 343
19,1–2 a) Das Briefthema: Polykarps Bedeutung als
Vorbild eines evangeliumsgemäßen Märtyrerverhaltens – ein Fazit . . . . . . . . . . 343
20,1–2 b) Der Briefschluß – erweitert zum »Diaspora-
Rundschreiben« . . . . . . . . . . . . . 354
VI. Anhänge . . . . . . . . . . . . . . . . . . . . . . 362
21–22 6) Anhänge . . . . . . . . . . . . . . . . . . 362
21 a) Anhang 1: Chronologischer Appendix über
den Todestag Polykarps: Datierung . . . . 362
22,1 b) Anhang 2: Empfehlungs-Postscriptum zur
Imitation des Exempels Polykarps . . . . . 362
22,2 c) Anhang 3a: Überlieferungsgeschichte der
Abschreiber und ihrer Kopien . . . . . . . 362
22,3 Anhang 3b: Sicherung der Überlieferung des
MartPol . . . . . . . . . . . . . . . . 362
Moskauer Epilog: Anhang 4: Irenäus als Garant der
Überlieferung über Polykarp und deren
antimarkionitische Haltung . . . . . . . . 363

Literaturverzeichnis . . . . . . . . . . . . . . . . . . . . 376

Register . . . . . . . . . . . . . . . . . . . . . . . . . 409

Topik und Formelemente eines Märtyrertextes (Tabelle) . . . . . . 453

# Einleitung

## 1. Der Text des Martyrium Polykarps

### 1.1. Griechische Handschriften[1]

Die modernen Editionen des MartPol basieren seit Lightfoots Ausgabe[2] auf fünf, seit Bihlmeyers Ausgabe[3] auf sechs griechischen Handschriften, die allesamt Menologien für den Monat Februar darstellen[4]:

B Baroccianus 238, Oxford, Bodleian Library, ca. 11. Jhdt., diese Handschrift bildete die Grundlage für die editio princeps des griechischen Texts des MartPol durch J. Ussher, Ignatii Antiocheni et Polycarpi Smyrnaei episcopi martyria, London 1647, 13–30.

P Parisinus graecus 1452, Paris, Bibliothèque Nationale, ca. 10. Jhdt., hier folgt das MartPol auf die Vita Polycarpi.

V Vindobonensis historicus graecus 3, Wien, Nationalbibliothek, ca. 11./12. Jhdt.

H Hierosolymitanus S. Sepulchri 1, Jerusalem, Bibliothek des Orthodoxen griechischen Patriarchats, ca. 10./12. Jhdt.

M Mosquensis 390, Moskau, Historisches Museum – Synodalbibliothek, ca. 13. Jhdt., weicht von der BCHPV-Gruppe ab, steht Eus. h. e. 4,15 nahe und bietet den epilogus Mosquensis mit den Erweiterungen zu Polykarp und Irenäus, MartPol 22,1 fehlt, 1875 entdeckt.

C Chalcensis 95, Istanbul, Bibliothek des Ökumenischen Patriarchats, ca. 10./11. Jhdt., erst 1919 bekanntgeworden.

Darüberhinaus finden sich drei fragmentarische Texte.[5] »The manuscript m is generally regarded as the best (then b and p); an agreement between m and Eusebius, especially when supported by b and p, may be regarded as decisive; the value of m, however, ought not to be overestimated, as it was by Schwartz ...«[6]

---

[1] Vgl. LIGHTFOOT, Fathers II/3, 355 ff. / DEHANDSCHUTTER, MartPol, 27–34 / DEHANDSCHUTTER, Research, 486 f.

[2] In der zweiten Auflage 1889.

[3] Die Apostolischen Väter, Tübingen 1924.

[4] Zu dieser liturgischen Überlieferungsform vgl. DEHANDSCHUTTER, MartPol, 27 Anm. 1.

[5] DEHANDSCHUTTER, MartPol, 33 f. / DEHANDSCHUTTER, Research, 487.

[6] SCHOEDEL, Fathers, 49.

## 1.2. Eusebius, h. e. 4,15[7]

Euseb bietet den Text des MartPol in seiner Kirchengeschichte. Dabei zitiert er den Beginn wörtlich bis MartPol 1,1 (διωγμόν), faßt den Inhalt von 2,2–7,3 zusammen und zitiert wieder wörtlich 8,1–19,1 (λαλεῖσθαι), womit seine Wiedergabe endet. Ein Vergleich der griechischen Handschriften mit Eusebs Fassung ergibt: »Eusebius not only quotes but ›rewrites‹ the text ... that means that where Eusebius differs from MPol, he does not necessarily follow a different textual tradition«[8], z. B. ersetzt er in MartPol 8,2 a καροῦχα durch ὄχημα (Eus. h. c. 4,15,15).

## 1.3. Indirekte griechische Textzeugen[9]

Einige indirekte griechische Textzeugen bestätigen verschiedene griechische Handschriften des MartPol, u. a. eine Lobrede auf Polykarp von pseudo Johannes Chrysostomos und eine Vita Polycarpi[10] von pseudo Pionios, von der aus sich die Theorie eines Corpus Polycarpianum[11] ableitet, Chronicon Paschale, Martyrium Sabae und Martyrium Olbiani. Demzufolge dürfte die Textüberlieferung des MartPol vielfältiger gewesen sein, als uns durch die griechischen Handschriften bekannt ist.

## 1.4. Frühe Übersetzungen[12]

Im frühen Mittelalter ist eine lateinische Passio Polycarpi sehr verbreitet gewesen, deren Bedeutung für die Textkritik auf Grund ihres paraphrasierenden Charakters aber fragwürdig ist. Armenische, syrische, koptische[13] und

---

[7] Vgl. DEHANDSCHUTTER, MartPol, 34–38 / DEHANDSCHUTTER, Research, 487 f. / LIGHTFOOT, Fathers II/3, 357 f.

[8] DEHANDSCHUTTER, Research, 488. Vgl. DEHANDSCHUTTER, MartPol, 38: »Uit dit alles blijkt dat Eusebius met een grote mate van vrijheid zijn bron(nen) citeert. Men moet er dus rekening mee houden dat, waar zijn tekst verschilt van *MPol*, hij niet noodzakelijk op een andere overlevering steunt.« – Gegen z.B. LIGHTFOOT, Fathers II/3, 358: »As Eusebius is much the earliest authority for the text of this document, so he is the most valuable.«

[9] Vgl. DEHANDSCHUTTER, MartPol, 38–48 / DEHANDSCHUTTER, Research, 488 f.

[10] Vgl. auch REUNING, Erklärung, 6 ff.

[11] Das Polykarpbrief, Polykarpmartyrium und Vita Polycarpi umfaßt. – Vgl. GREGOIRE, date, 4 ff. / LIGHTFOOT, Fathers, II/1, 638–645; II/2, 423–431. – DEHANDSCHUTTER, MartPol, 63–71; Research, 491 f. bezweifelt Lightfoots Hypothese eines Corpus Polycarpianum aus textkritischen Gründen: die Parallelen zwischen MartPol 22 und Vita Polycarpi reichen für eine solche Hypothese nicht aus. Sicher ist nur, daß Vita Polycarpi und Epilogus Mosquensis gemeinsam auf Irenäus Bemerkungen über Polykarp fußen.

[12] Vgl. DEHANDSCHUTTER, MartPol, 48–55 / DEHANDSCHUTTER, Research, 489 f. / LIGHTFOOT, Fathers II/3, 358–361.

[13] Neue, bislang unpublizierte koptische Fragmente berücksichtigt die jüngst erschienene Yale-Dissertation von F. W. WEIDMANN, The Martyrdom of Polycarp.

alt-slavische Übersetzungen »were finally recognised as adaptations of the text of Eusebius.«[14]

## 2. Editionen des MartPol[15]

Bis zur Entdeckung der Handschriften M und H waren die meisten neuzeitlichen Herausgeber von der Bedeutung der Textüberlieferung Eusebs überzeugt.[16] Umstritten ist fortan die Bewertung der Handschrift M, deren Mängel früh durch die ersten Herausgeber benannt wurden[17], andererseits aber von Schwartz[18] besonders wertgeschätzt wurde. Schwartz aber hat die »klassische« Edition des MartPol durch Bihlmeyer[19] stark beeinflußt. Als zentrales Textkriterium gilt die Übereinstimmung von M mit Eusebius: »Bei der Herstellung des Textes ist davon auszugehen, daß das Zusammentreffen von m und E, namentlich wenn noch b und p dazutreten, als günstiges Kriterium für die Ursprünglichkeit einer Lesart gelten darf.«[20] Bihlmeyers Ausgabe ist zum weitverbreiteten Handwerkszeug der Bearbeitung der Apostolischen Väter geworden und liegt auch den meisten einschlägigen Quellensammlungen von Märtyrertexten oder Neuausgaben der Apostolischen Väter von Camelot[21], Ruhbach[22], Lazzati[23], Baumeister[24] und Lindemann/Paulsen[25] bis in die jüngste Zeit zu Grunde.

---

[14] DEHANDSCHUTTER, Research, 490. – U.a. gegen Müllers Wertschätzung der armenischen Übersetzung.

[15] Vgl. ausführlicher: DEHANDSCHUTTER, MartPol, 57–71 / DEHANDSCHUTTER, Research, 490 ff.

[16] Z.B. LIGHTFOOT, Fathers II/3, 358.

[17] T. ZAHN, Ignatii et Polycarpi epistulae martyria fragmenta. Patrum Apostolicorum Opera … recensuerunt O. Gebhardt, A. Harnack, T. Zahn; editio post Dresselianam alteram tertia, fasciculus II, Leipzig 1876, LV / F. X. FUNK, Opera patrum apostolicorum, Tübingen ²1881, XCIX / A. HILGENFELD, Ignatii Antiocheni et Polycarpi Smyrnaei epistulae et martyria, Berlin 1902, XXI.

[18] E. SCHWARTZ, De Pionio et Polycarpo, Göttingen 1905, 4.

[19] K. BIHLMEYER, Die Apostolischen Väter. Neubearbeitung der Funkschen Ausgabe, Sammlung ausgewählter kirchen- und dogmengeschichtlicher Quellenschriften, zweite Reihe, erstes Heft, erster Teil. Tübingen 1924, XLIIIf. 2. Aufl. »mit einem Nachtrag von W. Schneemelcher«, 1956, 3. Aufl. 1970.

[20] BIHLMEYER, Väter, XLIII.

[21] P. TH. CAMELOT, (Hg.), Ignace d'Antioche. Polycarpe de Smyrne. Lettres. Martyre de Polycarpe, SC 10, Paris ⁴1969.

[22] G. RUHBACH, (Hg.), Ausgewählte Märtyrerakten. Neubearbeitung der Knopfschen Ausgabe von Gustav Krüger. 4. Aufl., mit einem Nachtrag von Gerhard Ruhbach, Sammlung ausgewählter kirchen- und dogmengeschichtlicher Quellenschriften, N.F. 3, Tübingen ⁴1965 (Tübingen 1929).

[23] G. LAZZATI, (Hg.), Gli sviluppi della letteratura sui martiri nei primi quattro secoli, Turin 1956.

[24] TH. BAUMEISTER, (Hg.), Genese und Entfaltung der altkirchlichen Theologie des Martyriums, Traditio Christiana 8, Bern u.a. 1991.

[25] A. LINDEMANN / H. PAULSEN, (Hgg.), Die Apostolischen Väter. Griechisch-deutsche

Eigenständige Editionen des MartPol sind letzthin nur von Musurillo[26], Dehandschutter[27] und Orbán[28] erarbeitet worden.

Orbáns jüngste Ausgabe unterscheidet sich in nur drei Fällen von Bihlmeyer (u. a. ὁ τύραννος nach δυνηθείη in MartPol 2,4), Musurillos Ausgabe bedarf eines sehr vorsichtig-kritischen Umgangs hinsichtlich Textausgabe und Übersetzung; die Kriterien der Texterstellung sind nicht klar[29], gelegentlich werden Lesarten von M willkürlich bevorzugt, die eindeutig sekundär sind. Hervorzuheben bleibt so unter den jüngeren Ausgaben allein die Edition von Dehandschutter, der Bihlmeyers Textausgabe und dessen Schwergewicht auf M und Euseb mit insgesamt 35 Veränderungsvorschlägen bestreitet.[30] Da der Wert von Dehandschutters umfassender text- und literarkritischer Analyse weniger im inhaltlichen Bereich liegt – viele der 35 Textvarianten sind inhaltlich eher unbedeutend – als vielmehr in der Wertung der Textgeschichte und -überlieferung und der Neugewichtung der griechischen Handschriften zuungunsten Eusebs – was auch für die Einschätzung literarkritischer Interpolationshypothesen von Bedeutung ist! –, kann in diesem Kommentar der weitverbreitete und in vielerlei Ausgaben leicht zugängliche Bihlmeyer-Text zu Grunde gelegt werden. Jedoch wird zum Vergleich und zur Verbesserung der bislang noch unzureichenden Rezeption der Studie Dehandschutters die Synopse von MartPol und Eus. h. e. 4,15 in der Dehandschutterschen Textfassung incl. der Liste der Veränderungen gegenüber Bihlmeyer geboten.[31]

---

Parallelausgabe auf der Grundlage der Ausgaben von Franz Xaver Funk / Karl Bihlmeyer und Molly Whittaker. Mit Übersetzungen von M. Dibelius und D.-A. Koch neu übersetzt und herausgegeben, Tübingen 1992.

[26] H. A. MUSURILLO, (Hg.), The Acts of the Christian Martyrs, OECT, Oxford 1972 ²1979. – Mussurillos Ausgabe wird benutzt von P. GUYOT / R. KLEIN, (Hgg.), Das frühe Christentum bis zum Ende der Verfolgungen. Band 1: Die Christen im heidnischen Staat. Übersetzung der Texte von Peter Guyot. Auswahl und Kommentar von Richard Klein, TzF 60, Darmstadt 1993, 48–64 und 328–335.

[27] B. DEHANDSCHUTTER, Martyrium Polycarpi. Een literair-kritische studie, BEThL 52, Leuven 1979.

[28] Atti e passioni dei martiri. Introduzione di A.A.R. BASTIAENSEN. Testo critico e commentato a cura di A.A.R. Bastiaensen, A. Hilhorst, G.A.A. Kortekaas, A.P. Orbán, M.M. Assendelft. Traduzioni di G. Chiarini, G.A.A. Kortekaas, G. Lanata, S. Ronchey, Scrittori greci e latini, Fondazione Lorenzo Valla 1987, 3–45: Martyrium Polycarpi, Testo critico a cura di A.P. Orbán, Traduzione di Silvia Ronchey, 371–381: Commento al »Martyrium Polycarpi« a cura di A.P. Orbán.

[29] Vgl. u. a. die kritische Rezension von F. MILLAR, Rez. Musurillo, Acts, JThS 24/1973, 239–243: »without any clear statement of his criteria.«

[30] Vgl. DEHANDSCHUTTER, MartPol, 72–109.

[31] Vgl. DEHANDSCHUTTER, MartPol, 109 und 110–129.

## 3. Synopse von MartPol und Eus. h. e. 4,15

Eine wissenschaftliche Kommentierung des MartPol setzt eine Synopse des Textes, der aus den griechischen Handschriften gewonnen wird, mit der Textüberlieferung durch Euseb im 15. Kapitel des 4. Buchs seiner Kirchengeschichte voraus. Wir bieten hier die Dehandschuttersche Synopse[32], die, was die griechischen Handschriften betrifft, auf einer eigenständigen Edition Dehandschutters beruht, die gegenüber der weitverbreiteten Bihlmeyerschen Ausgabe 35 Veränderungen aufweist[33], die zunächst aufgelistet werden:

| Dehandschutter | | Bihlmeyer | |
|---|---|---|---|
| *inscr.* | ἀπὸ θεοῦ | *loco* | θεοῦ |
| 1,1 | τῇ μαρτυρίᾳ | | διὰ τῆς μαρτυρίας |
| 2,3 | κόλασιν | | ζωήν |
| | ἀπηνῶν | | ἀπανθρώπων |
| | ἀνέβλεπον | | ἐνέβλεπον |
| 2,4 | εἰς τὰ θηρία κριθέντες | | οἱ εἰς τὰ θηρία κατακριθέντες |
| | ποικίλαις βασάνοις | | ποικίλων βασάνων ἰδέαις |
| | κολαφιζόμενοι | | κολαζόμενοι |
| 5,2 | συνόντας αὐτῷ | | σὺν αὐτῷ |
| | προφητικῶς | | om |
| | καυθῆναι | | καῆναι |
| 7,2 | παρόντων | | ὁρώντων |
| 7,3 | ὥστε | | ὡς |
| 8,1 | ὡς δέ | | ἐπεὶ δέ ποτε |
| | ἦγον | | ἤγαγον |
| 8,3 | ἔλεγον αὐτῷ | | ἔλεγον |
| | μετὰ σπουδῆς ἐπορεύετο | | ἐπορεύετο |
| 9,2 | ὡς | | ὢν |
| | εἰπέ | | εἶπον |
| 9,3 | ἔχω δουλεύων | | δουλεύω |
| 11,2 | ποιῶ | | ποιήσω |
| | Πολύκαρπος | | Πολύκαρπος εἶπεν |
| 12,2 | ἀσεβείας | | Ἀσίας |
| 12,3 | φανερωθείσης | | φανερωθείσης αὐτῷ |
| | καυθῆναι | | καῆναι |
| 13,2 | πυρκαϊά | | πυρά |

---

[32] Dehandschutter, MartPol, 112–129. – Eine Synopse findet sich ebenfalls bei Campenhausen, Bearbeitungen, 293–301.
[33] Vgl. die Liste bei Dehandschutter, MartPol, 109 und ausführlich 72–108.

| Dehandschutter | Bihlmeyer |
|---|---|
| 13,3 ἀσάλευτον | ἄσκυλτον |
| 14,1 ἔδησαν | προσέδησαν |
| ὁλοκάρπωμα | ὁλοκαύτωμα |
| 14,3 ἡ δόξα | δόξα |
| 17,1 λείψανον | σωμάτιον |
| 19,1 πάντων | πάντων μᾶλλον |
| 20,2 ᾧ ἡ δόξα | δόξα |
| ἀμήν | om |
| 21 Ἰησοῦ Χριστοῦ | τοῦ κυρίου ἡμῶν Ἰησοῦ Χριστοῦ |

Der textkritische Apparat bei Dehandschutter verwendet folgende Abkürzungen:

Editionen[34]:

| | |
|---|---|
| Bihlmeyer (Bi) | Knopf (Kn) |
| Camelot (Ca) | Krüger |
| Dressel (Dr) | Lake (La) |
| Funk, *Opera Patrum apostolicorum* (Fu$^{op}$) | Lazzati (Laz) |
| Funk, *Patres apostolici* (Fu$^{pa}$) | Lelong (Le) |
| Funk, *Apostolische Väter* (Fu$^{av}$) | Lightfoot (Li) |
| Gebhardt (Ge) | Musurilo (Mu) |
| Hefele (He) | Rauschen (Ra) |
| Hilgenfeld (Hi) | Zahn (Za) |
| Jacobsen (Ja) | |

Sonstige Abkürzungen:

| B | codex *Baroccianus* | Chron | *Chronicon Paschale* |
|---|---|---|---|
| C | codex *Chalcensis* | Lat | *versio latina* |
| H | codex *Hierosolymitanus* | MartOlb | *Martyrium Olbianae* |
| M | codex *Mosquensis* | MartSab | *Martyrium Sabae* |
| P | codex *Parisinus* | ps-Chr | *pseudo-Chrysostomus* |
| V | codex *Vindobonensis* | VitaPol | *Vita Polycarpi* |
| G | *omnes codices graeci* | | |
| g | *omnes codices greaci praeter M* | | |
| + | *addit* | cf | *confer* |
| > | *omittit* | cj | *coniecit* |
| ~ | *inversio* | em | *emendavit* |
| pr | *praemisit (-serunt)* | interp | *interpolatio* |

---

[34] Vgl. DEHANDSCHUTTER, MartPol, 110. – Die vollständigen Literaturangaben zu den Ausgaben finden sich im Lit.-Verzeichnis bei DEHANDSCHUTTER, MartPol, 13 f.

| MPol | HE IV,15 |
|---|---|
| *inscr.* Ἡ ἐκκλησία τοῦ θεοῦ ἡ παροι-κοῦσα Σμύρναν τῇ ἐκκλησίᾳ τοῦ θεοῦ τῇ παροικούσῃ ἐν Φιλομηλίῳ καὶ πάσαις ταῖς κατὰ πάντα τόπον 5 τῆς ἁγίας <u>καὶ</u> καθολικῆς ἐκκλησίας παροικίαις ἔλεος εἰρήνη καὶ ἀγάπη <u>ἀπὸ</u> θεοῦ πατρὸς καὶ <u>τοῦ</u> κυρίου ἡμῶν Ἰησοῦ Χριστοῦ πληθυνθείη. | 3 Ἡ ἐκκλησία τοῦ θεοῦ ἡ παροι-κοῦσα Σμύρναν τῇ ἐκκλησίᾳ τοῦ θεοῦ τῇ παροικούσῃ ἐν Φιλομηλίῳ καὶ πάσαις ταῖς κατὰ πάντα τόπον τῆς ἁγίας     καθολικῆς ἐκκλησίας παροικίαις ἔλεος εἰρήνη καὶ ἀγάπη     θεοῦ πατρὸς καὶ     κυρίου ἡμῶν Ἰησοῦ Χριστοῦ πληθυνθείη. |
| **1,1** ἐγράψαμεν ὑμῖν, ἀδελφοί, τὰ κατὰ τοὺς μαρτυρήσαντας καὶ τὸν μακά-ριον Πολύκαρπον, ὅστις ὥσπερ ἐπισφραγίσας     τῇ μαρτυρίᾳ αὐ-5 τοῦ κατέπαυσεν τὸν διωγμόν. σχεδὸν γὰρ πάντα τὰ προάγοντα ἐγένετο, ἵνα ἡμῖν ὁ κύριος ἄνωθεν ἐπιδείξῃ τὸ κατὰ τὸ εὐαγγέλιον μαρτύριον. | ἐγράψαμεν ὑμῖν, ἀδελφοί, τὰ κατὰ τοὺς μαρτυρήσαντας καὶ τὸν μακά-ριον Πολύκαρπον, ὅστις ὥσπερ ἐπισφραγίσας διὰ τῆς μαρτυρίας αὐ-τοῦ κατέπαυσε  τὸν διωγμόν. |
| **1,2** περιέμενεν γὰρ ἵνα παραδοθῇ, ὡς καὶ ὁ κύριος, ἵνα μιμηταὶ καὶ ἡμεῖς αὐτοῦ γενώμεθα, μὴ μόνον σκοποῦντες τὸ καθ᾽ ἑαυτούς, ἀλλὰ καὶ τὸ κατὰ τοὺς 5 πέλας. ἀγάπης γὰρ ἀληθοῦς καὶ βεβαίας ἐστίν, μὴ μόνον ἑαυτὸν θέ-λειν σῴζεσθαι ἀλλὰ καὶ πάντας τοὺς ἀδελφούς. | |
| **2,1** μακάρια μὲν οὖν καὶ γενναῖα τὰ μαρτύρια πάντα τὰ κατὰ τὸ θέλημα τοῦ θεοῦ γεγονότα. δεῖ γὰρ εὐλα-βεστέρους ἡμᾶς ὑπάρχοντας τῷ θεῷ 5 τὴν κατὰ πάντων ἐξουσίαν ἀνατιθέ-ναι. | |
| **2,2** τὸ γὰρ γενναῖον αὐτῶν καὶ ὑπο-μονητικὸν καὶ φιλοδέσποτον τίς οὐκ ἂν θαυμάσειεν; | |
|  | 4 ...          καταπλῆξαι γάρ φασι τοὺς ἐν κύκλῳ περιεστῶτας, θεωμένους τοτὲ μὲν μάστιξι |
| <u>οἳ</u> μάστιξιν μὲν καταξανθέντες ὥστε | |

*inscr.* 2-3 τῇ ἐκκλησίᾳ τοῦ θεοῦ] ecclesiis dei Lat, > CHM — 3 Φιλομηλίῳ] Φιλαδελφίᾳ BP (cf n. 107; 443) — 5 καί] > V Eus — 6 \*ἔλεος] + καί M Lat ZaLiGeMu — 7 \*ἀπό] > M Eus Lat ZaFuLiGeRaLeLaKnBiMu — τοῦ] > CH Eus Li [τοῦ] (cf n. 154).
**1,1** 1 ἀδελφοί] + ἀγαπητοί M — τά] > BM — 3 ὥσπερ] ὡς M — 4 \*τῇ μαρτυρίᾳ] διὰ τῆς μαρτυρίας M Eus ZaFuLiGeRaLeLaKnBiMu — 6 πάντα] ἅπαντα M — 8 τὸ εὐαγγέλιον] τοῦ εὐαγγελίου M.
**1,2** 1 ἵνα παραδοθῇ] παραδοθῆναι CV — ὡς] καθὼς CV — 1-2 καὶ ὁ κύριος] ὁ κύριος καί M — 3 τό] τά M — 4 καί] > P | τό] > HM — 4-5 \*τοὺς πέλας] τοῦ πέλας BM Za, τοὺς παῖδας CHV, τοὺς πλείονας P.
**2,1** 1 τά] > M — 2 τά] Li [τά] — 4 ἡμᾶς] ὑμᾶς MP — 5 ἐξουσίαν] + αὐτῷ P — 5-6 \*ἀνατιθέναι] ἀνατεθῆναι B, ἀνατεθηκέναι M.
**2,2** 1 αὐτῶν] αὐτοῦ P, > CHV — 4 ὥστε] τοσούτον pr CV

*M Pol*                                     *HE IV,15*

5 μέχρι           τῶν ἔσω φλεβῶν καὶ        μέχρι καὶ τῶν ἐνδοτάτω φλεβῶν καὶ
ἀρτηριῶν τὴν τῆς σαρκὸς οἰκονο-           ἀρτηριῶν καταξαινομένους, ὡς ἤδη
μίαν θεωρεῖσθαι ὑπέμειναν, ὡς καὶ         καὶ τὰ ἐν μυχοῖς ἀπόρρητα τοῦ σώ-
τοὺς περιεστῶτας ἐλεεῖν καὶ ὀδύ-          ματος σπλάγχνα τε αὐτῶν καὶ μέλη
ρεσθαι· τοὺς δὲ καὶ εἰς τοσοῦτον         κατοπτεύεσθαι,
10 γενναιότητος ἐλθεῖν ὥστε μήτε γρύ-
ξαι μήτε στενάξαι τινὰ αὐτῶν, ἐπιδεικνυμένους ἅπασιν ἡμῖν, ὅτι ἐκείνῃ
τῇ ὥρᾳ βασανιζόμενοι τῆς σαρκὸς
ἀπεδήμουν οἱ γενναιότατοι μάρτυρες
15 τοῦ Χριστοῦ, μᾶλλον δέ, ὅτι παρεστὼς ὁ κύριος ὡμίλει αὐτοῖς.
**2,3** καὶ προσέχοντες τῇ τοῦ Χριστοῦ
χάριτι τῶν κοσμικῶν κατεφρόνουν
βασάνων, διὰ μιᾶς ὥρας τὴν αἰώνιον
κόλασιν ἐξαγοραζόμενοι. καὶ τὸ πῦρ
5 ἦν αὐτοῖς ψυχρὸν τὸ τῶν ἀπηνῶν
βασανιστῶν· πρὸ ὀφθαλμῶν γὰρ εἶ-
χον φυγεῖν τὸ αἰώνιον καὶ μηδέποτε
σβεννύμενον. καὶ τοῖς τῆς καρδίας
ὀφθαλμοῖς ἀνέβλεπον τὰ τηρού-
10 μενα τοῖς ὑπομείνασιν ἀγαθὰ ἃ οὔτε
οὓς ἤκουσεν οὔτε ὀφθαλμὸς εἶδεν
οὔτε ἐπὶ καρδίαν ἀνθρώπου ἀνέβη,
ἐκείνοις δὲ ὑπεδείκνυτο ὑπὸ τοῦ κυρίου οἵπερ μηκέτι ἄνθρωποι, ἀλλ᾽
15 ἤδη ἄγγελοι ἦσαν.
**2,4** ὁμοίως δὲ καὶ εἰς τὰ θηρία κριθέντες ὑπέμειναν δεινὰς κολάσεις,
κήρυκας μὲν ὑποστρωννύμενοι καὶ      τοτὲ δὲ τοὺς ἀπὸ θαλάττης κήρυκας
ἄλλαις ποικίλαις βασάνοις κολα-       καὶ τινας ὀξεῖς ὀβελίσκους ὑπο-
5 λαφιζόμενοι, ἵνα, εἰ δυνηθείη, διὰ τῆς   στρωννυμένους, καὶ διὰ παντὸς εἴδους

7 θεωρεῖσθαι] τηρεῖσθαι M — 8-9 ὀδύρεσθαι] + αὐτούς CV — 9 τούς] τοῦ B | καὶ]
> M — 11 *μήτε στενάξαι] > M, Schw μήτε...αὐτῶν interp | αὐτῶν] ἑαυτῶν B, > M —
12 ὅτι] + ἐν CV JaHeDr — 14 *γενναιότατοι] > BCV JaHeDrZaFuᵒᵖLiHiGeMu —
14-15 μάρτυρες τοῦ χριστοῦ] τοῦ χριστοῦ μάρτυρες M — 15 τοῦ] > BH.
**2,3** 2-3 κατεφρόνουν βασάνων] ∼ M — 4 *κόλασιν] ζωήν M LaBi — 5 *ἀπηνῶν]
ἀπανθρώπων M (ἀπᾱνῶν) ZaLiGeKnBiMu — 8 *σβεννύμενον] + πῦρ CMV JaHe
DrZaFuᵒᵖHiGeRa — 9 ἀνέβλεπον] ἐνέβλεπον M KnBi — 10 ὑπομείνασιν] ὑπομένουσιν
P, ἀπομείνασιν H — 11 οὓς ἤκουσεν...ὀφθαλμὸς εἶδεν] ∼ MP (cf *1 Cor* 2,9) —
εἶδεν] ἴδεν BHPV JaHeDr — 12 ἀνέβη] pr οὐκ H (cf *1 Cor* 2,9) — 13 δέ] + καί CV —
14 οἵπερ] εἴπερ CHPV, οἵτινες M | μηκέτι] μή P, λοιπὸν οὐκέτι M.
**2,4** 1 δέ] > P — 1-2 *εἰς τὰ θηρία κριθέντες] οἱ εἰς τὰ θηρία κατακριθέντες M
FuᵃᵛLaKnBiMu; οἱ εἰς τὰ θηρία κριθέντες ZaLiGe — 3 κήρυκας] ξίφη CPV, ξίφει
H | μέν] τε CHV, > M ZaGe — ὑποστρωννύμενοι] ὑπεστρωμένοι M — 4 *ποικίλαις
βασάνοις] ποικίλων βασάνων ἰδέαις M ZaFuLiGeRaLeLaKnBiMu — 4-5 *κολαφιζό-
μενοι] κολαζόμενοι M ZaFuᵒᵖHiFuᵃᵛGeLaKnBiMu — 5 *δυνηθείη] + ὁ τύραννος
g JaHeDrZaFuHiRaLeLaLazMu.

<table>
<tr><td>

*MPol*

ἐπιμόνου κολάσεως εἰς ἄρνησιν αὐ-
τοὺς τρέψῃ.

**3,1** πολλὰ γὰρ ἐμηχανᾶτο κατ᾽ αὐτῶν ὁ
διάβολος, ἀλλὰ χάρις τῷ θεῷ, κατὰ
πάντων γὰρ οὐκ ἴσχυσεν. ὁ γὰρ γεν-
ναιότατος Γερμανικὸς ἐπερρώννυεν
5 αὐτῶν τὴν δειλίαν διὰ τῆς ἐν αὐτῷ
ὑπομονῆς· ὃς καὶ ἐπισήμως ἐθηριο-
μάχησεν.
βουλομένου γὰρ τοῦ ἀνθυπάτου πεί-
θειν αὐτὸν καὶ λέγοντος τὴν
10 ἡλικίαν αὐτοῦ κατοικτεῖραι,


ἑαυτῷ ἐπεσπάσατο τὸ θηρίον προσ-
βιασάμενος,

τάχιον τοῦ ἀδίκου καὶ ἀνόμου βίου
αὐτῶν ἀπαλλαγῆναι βουλόμενος.
**3,2** ἐκ τούτου οὖν
πᾶν τὸ πλῆθος, θαυμάσαν τὴν γεν-
ναιότητα τοῦ θεοφιλοῦς καὶ θεοσε-
βοῦς γένους τῶν χριστιανῶν, ἐπεβόη-
5 σεν·

αἶρε τοὺς ἀθέους· ζητείσθω Πολύ-
καρπος.

**4** εἷς δέ, ὀνόματι Κόϊντος, Φρύξ,
προσφάτως ἐληλυθὼς ἀπὸ
τῆς Φρυγίας,
ἰδὼν τὰ θηρία ἐδειλίασεν. οὗτος δὲ
5 ἦν ὁ παραβιασάμενος ἑαυτόν τε καὶ
τινας προσελθεῖν ἑκόντας. τοῦτον ὁ
ἀνθύπατος πολλὰ ἐκλιπαρήσας ἔπει-
σεν ὀμόσαι καὶ ἐπιθῦσαι. διὰ τοῦτο

</td><td>

*HE IV,15*

κολάσεων καὶ βασάνων προϊόντας
καὶ τέλος θηρσὶν εἰς βορὰν παραδι-
δομένους.


5 μάλιστα δὲ ἱστοροῦσιν διαπρέψαι
τὸν γενναιότατον Γερμανικόν, ὑπορ-
ρωννύντα σὺν θείᾳ χάριτι τὴν ἔμφυ-
τον περὶ τὸν θάνατον τοῦ σώματος
δειλίαν.
βουλομένου γέ τοι τοῦ ἀνθυπάτου πεί-
θειν αὐτὸν προβαλλομένου τε τὴν
ἡλικίαν καὶ ἀντιβολοῦντος κομιδῇ
νέον ὄντα καὶ ἀκμαῖον οἶκτον ἑαυ-
τοῦ λαβεῖν, μὴ μελλῆσαι, προθύμως
δ᾽
ἐπισπάσασθαι εἰς ἑαυτὸν τὸ θηρίον,
μόνον οὐχὶ βιασάμενον καὶ παροξύ-
ναντα, ὡς ἂν
τάχιον τοῦ ἀδίκου καὶ ἀνόμου βίου
αὐτῶν ἀπαλλαγείη.
6 τούτου δ᾽ ἐπὶ τῷ διαπρεπεῖ θανάτῳ
τὸ πᾶν πλῆθος ἀποθαυμάσαν τῆς ἀν-
δρείας τὸν θεοφιλῆ μάρτυρα καὶ τὴν
καθόλου τοῦ γένους τῶν Χριστιανῶν
ἀρετήν, ἀθρόως ἐπιβοᾶν ἄρξασθαι

«αἶρε τοὺς ἀθέους· ζητείσθω Πολύ-
καρπος».
7 καὶ δὴ πλείστης ἐπὶ ταῖς βοαῖς
γενομένης ταραχῆς, Φρύγα τινὰ τὸ
γένος, Κόϊντον τοὔνομα, νεωστὶ ἐκ
τῆς Φρυγίας ἐπιστάντα,
ἰδόντα τοὺς θῆρας καὶ τὰς ἐπὶ τού-
τοις ἀπειλάς, καταπτῆξαι τὴν ψυχὴν
μαλακισθέντα καὶ τέλος τῆς σωτη-
ρίας ἐνδοῦναι.
8 ἐδήλου δὲ τοῦτον ὁ τῆς προειρη-

</td></tr>
</table>

**3,1** 1 ἐμηχανᾶτο κατ᾽ αὐτῶν] ~ M — 2-3 *κατὰ πάντων γάρ] ὅτι κατὰ πάντων
P, κατὰ πάντων μέν M Schw — 3 *οὐκ] οὖν em Li — 4-5 *ἐπερρώνυεν…δειλίαν] > M —
6 ὑπομονῆς] γενναίας pr M — 8 γὰρ τοῦ] > M — 9 λέγοντος] λέγειν BCHMV —
13 τάχιον] καί pr MP | ἀδίκου καὶ ἀνόμου] ~ M — 14 αὐτῶν] αὐτόν CMV, > P.
**3,2** 2 *θαυμάσαν] θαυμάσας B — 3-4 θεοφιλοῦς καὶ θεοσεβοῦς] ~ H — 4-5 *ἐπε-
βόησεν] ἐβόησεν Mu.
**4** 1 δέ] οὖν M, tunc Lat | Κόϊντος] κυστύς V, κυπτός H, κυστύς C — Φρύξ]
+ τῷ γένει CV, cf Eus — 6 τινας] + ἄλλους CV Ja — 7-8 ἐκλιπαρήσας ἔπεισεν] ἐξελι-
πάρησεν M

*MPol*

οὖν, ἀδελφοί, οὐκ ἐπαινοῦμεν τοὺς
10 προσιόντας ἑαυτοῖς, ἐπειδὴ οὐχ οὕτως διδάσκει τὸ εὐαγγέλιον.

**5,1** ὁ δὲ θαυμασιώτατος Πολύκαρπος
τὸ μὲν πρῶτον
ἀκούσας οὐκ ἐταράχθη

ἀλλ᾽ ἐβούλετο          κατὰ πόλιν
5 μένειν. οἱ δὲ πλείους ἔπειθον
αὐτὸν
ὑπεξελθεῖν.          καὶ ὑπεξῆλθεν
εἰς ἀγρίδιον οὐ μακρὰν ἀπέχον ἀπὸ
τῆς πόλεως καὶ διέτριβεν μετ᾽ ὀλί-
10 γων, νύκτα καὶ ἡμέραν οὐδὲν
ἕτερον ποιῶν ἢ προσευχόμενος
περὶ πάντων καὶ τῶν κατὰ

τὴν οἰκουμένην ἐκκλησιῶν, ὅπερ ἦν
σύνηθες αὐτῷ.
**5,2** καὶ προσευχόμενος ἐν ὀπτασίᾳ γέγονεν πρὸ τριῶν ἡμερῶν τοῦ συλληφθῆναι αὐτόν, καὶ
εἶδεν τὸ προσκεφάλαιον αὐτοῦ ὑπὸ
5 πυρὸς κατακαιόμενον.

καὶ στραφεὶς εἶπεν πρὸς τοὺς συνόντας αὐτῷ προφητικῶς·

δεῖ με ζῶντα καυθῆναι

*HE IV,15*

μένης γραφῆς λόγος προπετέστερον
ἀλλ᾽ οὐ κατ᾽ εὐλάβειαν ἐπιπηδῆσαι τῷ
δικαστηρίῳ σὺν ἑτέροις, ἁλόντα δ᾽
οὖν ὅμως καταφανὲς ὑπόδειγμα τοῖς
πᾶσιν παρασχεῖν, ὅτι μὴ δέοι τοῖς
τοιούτοις ῥιψοκινδύνως καὶ ἀνευλα-
βῶς ἐπιτολμᾶν.
ἀλλὰ ταύτῃ μὲν εἶχεν πέρας τὰ κατὰ
τούτους·
9 τόν γε μὴν θαυμασιώτατον Πολύκαρπον τὰ μὲν πρῶτα τούτων
ἀκούσαντα ἀτάραχον μεῖναι, εὐστα-
θὲς τὸ ἦθος καὶ ἀκίνητον φυλάξαντα,
βούλεσθαί τε αὐτοῦ κατὰ πόλιν περι-
μένειν· πεισθέντα γε μὴν ἀντιβο-
λοῦσι τοῖς ἀμφ᾽ αὐτὸν καὶ ὡς ἂν
ὑπεξέλθοι παρακαλοῦσι, προελθεῖν
εἰς οὐ πόρρω διεστῶτα τῆς πόλεως
ἀγρὸν διατρίβειν τε σὺν ὀλίγοις ἐν-
ταῦθα, νύκτωρ καὶ μεθ᾽ ἡμέραν οὔτι
ἕτερον πράττοντα ἢ ταῖς πρὸς τὸν
κύριον διακαρτεροῦντα εὐχαῖς·
δι᾽ ὧν δεῖσθαι καὶ ἱκετεύειν εἰρήνην
ἐξαιτούμενον ταῖς ἀνὰ πᾶσαν τὴν
οἰκουμένην ἐκκλησίαις, τοῦτο γὰρ
καὶ εἶναι ἐκ τοῦ παντὸς αὐτῷ σύνηθες.
10 καὶ δὴ εὐχόμενον, ἐν ὀπτασίᾳ τριῶν
πρότερον ἡμερῶν τῆς συλλήψεως
νύκτωρ
ἰδεῖν τὸ ὑπὸ κεφαλῆς αὐτῷ στρῶμα
ἀθρόως οὕτως ὑπὸ πυρὸς φλεχθὲν
δεδαπανῆσθαι, ἔξυπνον δ᾽ ἐπὶ τούτῳ
γενόμενον,
εὐθὺς ὑφερμηνεῦσαι τοῖς παροῦσι τὸ
φανέν, μόνον οὐχὶ τὸ μέλλον προ-
θεσπίσαντα σαφῶς τε ἀνειπόντα τοῖς
ἀμφ᾽ αὐτὸν ὅτι δέοι αὐτὸν διὰ Χριστὸν πυρὶ τὴν ζωὴν μεταλλάξαι.

10 *προσιόντας] προδιδόντας HV JaHeDrFuLiHiRaLeLa; διδόντας C — *ἑαυτοῖς]
ἑαυτούς HM JaHeDrFuLiHiRaLeLa; ἑκουσίους em Za — 11 τό] + ἅγιον V.
 **5,1** 1 θαυμασιώτατος] θαυμάσιος P, τίμιος καί pr CV — 4 κατά] + τήν CV —
7 ὑπεξελθεῖν] ὑπεξιέναι M — καί] > M, + πεισθείς CV ǀ ὑπεξῆλθεν] ἐξῆλθεν C,
+ οὖν M — 8 ἀπέχον] ἀπέχων BHM — 9 ἀπό] > M — 9-10 ὀλίγων] + ἀδελφῶν
CV — 10 οὐδέν] μηδέν CMV.
 **5,2** 1 προσευχόμενος] Schw interp — 1-2 γέγονεν] > M — 4 τό] > B JaHeDr —
6-7 *συνόντας] σύν M Lat ZaFuLiGeLeLaKnBiMu — 7 *προφητικῶς] > M Lat
ZaFuLiGeLeLaKnBiMu — 8 *καυθῆναι] καῆναι M LiGeLaKnBiMu.

| *MPol* | *HE IV,15* |
|---|---|
| **6,1** καὶ ἐπιμενόντων τῶν ζητούντων αὐτὸν | 11 ἐπικειμένων δὴ οὖν σὺν πάσῃ σπουδῇ τῶν ἀναζητούντων αὐτόν, αὖθις ὑπὸ τῆς τῶν ἀδελφῶν διαθέσεως καὶ στοργῆς ἐκβεβιασμένον |
| μετέβη εἰς ἕτερον ἀγρίδιον, καὶ εὐθέως ἐπέστησαν οἱ ζητοῦντες αὐ- 5 τόν. καὶ μὴ εὑρόντες συνελάβοντο παιδάρια δύο, ὧν τὸ ἕτερον βασανιζόμενον ὡμολόγησεν. | μεταβῆναί φασιν ἐφ᾽ ἕτερον ἀγρόν· ἔνθα μετ᾽ οὐ πλεῖστον τοὺς συνελαύνοντας ἐπελθεῖν, δύο δὲ τῶν αὐτόθι συλλαβεῖν παίδων· ὧν θάτερον αἰκισαμένους ἐπιστῆναι δι᾽ αὐτοῦ τῇ τοῦ Πολυκάρπου καταγωγῇ, |
| **6,2** ἦν γὰρ καὶ ἀδύνατον λαθεῖν αὐτὸν ἐπεὶ καὶ οἱ προδιδόντες αὐτὸν οἰκεῖοι ὑπῆρχον. καὶ ὁ εἰρήναρχος, ὁ κεκληρωμένος τὸ αὐτὸ ὄνομα Ἡρῴδης 5 ἐπιλεγόμενος, ἔσπευδεν εἰς στάδιον αὐτὸν εἰσαγαγεῖν, ἵνα ἐκεῖνος μὲν τὸν ἴδιον κλῆρον ἀπαρτίσῃ Χριστοῦ κοινωνὸς γενόμενος, οἱ δὲ προδόντες αὐτὸν τὴν αὐτοῦ τοῦ Ἰούδα 10 ὑπόσχοιεν τιμωρίαν. | |
| **7,1** ἔχοντες οὖν τὸ παιδάριον, τῇ παρασκευῇ περὶ δείπνου ὥραν ἐξῆλθον διωγμῖται καὶ ἱππεῖς μετὰ τῶν συνήθων αὐτοῖς ὅπλων ὡς ἐπὶ λῃστὴν 5 τρέχοντες. | |
| καὶ ὀψὲ τῆς ὥρας συνεπελθόντες ἐκεῖνον μὲν εὗρον ἔν τινι δωματίῳ κατακείμενον ἐν ὑπερῴῳ. | 12 ὀψὲ δὲ τῆς ὥρας ἐπελθόντας, αὐτὸν μὲν εὑρεῖν ἐν ὑπερῴῳ κατακείμενον, |
| κἀκεῖθεν δὲ ἠδύνατο εἰς ἕτερον 10 χωρίον ἀπελθεῖν, ἀλλ᾽ οὐκ ἠβουλήθη εἰπὼν τὸ θέλημα τοῦ θεοῦ γενέσθω. | ὅθεν δυνατὸν ὂν αὐτῷ ἐφ᾽ ἑτέραν μεταστῆναι οἰκίαν, μὴ βεβουλῆσθαι, εἰπόντα τὸ θέλημα τοῦ θεοῦ γινέσθω. |

**6,1** 4 εὐθέως] ἅμα τοῦ ἐπαναχωρῆσαι V — 7 ὧν τὸ ἕτερον...] ἃ καὶ βασανιζόμενα ὡμολόγησαν CV, βασανιζομένων δὲ τῶν παιδίων ὡμολόγησαν H.
**6,2** 2 ἐπεί] ἐπειδή V | προδιδόντες] προδιδοῦντες M — 3-10 καὶ ὁ εἰρήναρχος ... τιμωρίαν] > CV (cf p. 29) — 3 ὁ²] + καί B JaHeDr — 3-4 κεκληρωμένος] κληρονόμος B JaHeDr — ὁ κεκληρομένος ... ὄνομα] fortasse melius post εἰσαγαγεῖν Mu — 4 *Ἡρῴδης] Ἡρῴδη em ZaFuᵒᴾSchwKn — 5 *ἐπιλεγόμενος] λεγόμενος M, > Za FuᵒᴾKn — 5 ἔσπευδεν] ἔσπευσεν M ZaFuᵒᴾGeKn — 9 *τὴν αὐτοῦ] τῆς αὐτῆς M FuᵒᴾGeKn; τὴν αὐτήν cj Ja, Za in textu — *τοῦ] τῷ M ZaFuᵒᴾGeSchwKn — 10 *ὑπόσχοιεν τιμωρίαν] τύχωσιν τιμωρίας M FuᵒᴾGeKn.
**7,1** 1 τὸ παιδάριον] τὰ παιδάρια CV — 2 *περὶ δείπνου ὥραν] δείπνου ὥρᾳ g (ὥραν B) JaHeDrHi — 5 τρέχοντες] ἀπερχόμενοι M — 6 συνεπελθόντες] συναπελθόντες BCHV Ja; ἀπελθόντες M, καταλαβόντες P — 8 ἐν] > BCMP ZaFuᵒᴾGe | κατακείμενον ἐν ὑπερῴῳ] ~ M Eus (Eus: > ἔν τινι δωματίῳ, cf La ἐν ὑπερῴῳ κατακείμενος) — 9 δέ] > B JaHeDrFuᵒᴾ — 10 ἠβουλήθη] ἐβουλήθη B JaHeDrZa Fuᵒᴾ — 11 θεοῦ] κυρίου BM (cf Act 21,14).

MPol

**7,2** ἀκούσας οὖν αὐτοὺς παρόντας, καταβὰς διελέχθη αὐτοῖς,

θαυμαζόντων τῶν παρόντων

τὴν ἡλικίαν αὐτοῦ
5 καὶ τὸ εὐσταθές,
καὶ εἰ τοσαύτη σπουδὴ ἦν τοῦ
συλληφθῆναι τοιοῦτον πρεσβύτην
ἄνδρα. εὐθέως οὖν
αὐτοῖς ἐκέλευσεν παρατεθῆναι φα-
10 γεῖν καὶ πιεῖν ἐν ἐκείνῃ τῇ ὥρᾳ ὅσον
ἂν βούλωνται, ἐξῃτήσατο δὲ αὐτοὺς
ἵνα δῶσιν αὐτῷ ὥραν πρὸς τὸ προσ-
εύξασθαι ἀδεῶς.
**7,3** τῶν δὲ ἐπιτρεψάντων, σταθεὶς
προσηύξατο πλήρης ὢν τῆς χάριτος
τοῦ θεοῦ οὕτως ὥστε ἐπὶ δύο ὥρας
μὴ δύνασθαι σιωπῆσαι καὶ ἐκπλήτ-
5 τεσθαι τοὺς ἀκούοντας,

πολλούς τε μετανοεῖν ἐπὶ τῷ ἐληλυ-
θέναι ἐπὶ τοιοῦτον
θεοπρεπῆ πρεσβύτην.

**8,1** ὡς δὲ        κατέπαυσεν τὴν προσ-
ευχὴν μνημονεύσας ἁπάντων τῶν
καὶ πώποτε συμβεβληκότων αὐτῷ,
μικρῶν τε καὶ μεγάλων, ἐνδόξων τε
5 καὶ ἀδόξων καὶ πάσης τῆς κατὰ τὴν
οἰκουμένην καθολικῆς ἐκκλησίας,
τῆς ὥρας ἐλθούσης τοῦ ἐξιέναι, ὄνῳ

HE IV,15

13 καὶ δὴ μαθὼν παρόντας, ... καταβὰς αὐτοῖς διελέξατο εὖ μάλα φαιδρῷ
καὶ πραοτάτῳ προσώπῳ, ὡς καὶ
θαῦμα δοκεῖν ὁρᾶν τοὺς πάλαι τοῦ
ἀνδρὸς ἀγνῶτας, ἐναποβλέποντας τῷ
τῆς ἡλικίας αὐτοῦ παλαιῷ καὶ τῷ
σεμνῷ καὶ εὐσταθεῖ τοῦ τρόπου, καὶ
εἰ τοσαύτη γένοιτο σπουδὴ ὑπὲρ τοῦ
τοιοῦτον συλληφθῆναι πρεσβύτην.

14 ὁ δ᾽ οὐ μελλήσας εὐθέως τράπεζαν
αὐτοῖς παρατεθῆναι προστάττει, εἶτα
τροφῆς ἀφθόνου μεταλαβεῖν ἀξιοῖ,

μίαν τε ὥραν, ὡς ἂν προσεύξοιτο ἀδεῶς, παρ᾽ αὐτῶν αἰτεῖται·
ἐπιτρεψάντων δὲ ἀναστὰς
ηὔχετο, ἔμπλεως τῆς χάριτος ὢν
τοῦ κυρίου, ὡς

ἐκπλήττεσθαι τοὺς παρόντας εὐχομένου αὐτοῦ ἀκροωμένους
πολλούς τε αὐτῶν μετανοεῖν ἤδη
ἐπὶ τῷ τοιοῦτον ἀναιρεῖσθαι μέλλειν
σεμνὸν καὶ θεοπρεπῆ πρεσβύτην.
15 ...

ἐπεὶ δέ ποτε κατέπαυσε τὴν προσ-
ευχὴν μνημονεύσας ἁπάντων καὶ
τῶν πώποτε συμβεβληκότων αὐτῷ,
μικρῶν τε καὶ μεγάλων, ἐνδόξων τε
καὶ ἀδόξων, καὶ πάσης τῆς κατὰ τὴν
οἰκουμένην καθολικῆς ἐκκλησίας,
τῆς ὥρας ἐλθούσης τοῦ ἐξιέναι, ὄνῳ

---

**7,2** 1 οὖν] δέ BCV JaHeDrZaFuᵒᵖ | αὐτούς] [αὐτούς] LiKn, > Eus, τούς Β | αὐτοὺς παρόντας] ∼ M — 1-2 καταβάς] pr καί BCHV JaHeDrHi; > M — 3 θαυμαζόντων] + δέ Β, pr καί M, cf. Eus | *παρόντων] ὁρώντων cj SchwBi — 6 *καί] > CHMV Ge, [καί] Li; τινὲς ἔλεγον Β — *εἰ] ἤ BCHV, ἤ ZaFuLe; ὅτι P JaHeDr — *ἦν] ἤ Β, ᾗ em ZaFuᵒᵖGe; εἰ M, εἴη em HiSchw; ἐχρήσαντο P JaHeDr, pr τοσαύτη σπουδῇ — 7 τοιοῦτον] + θεοφιλεῖ M — 9 αὐτοῖς] αὐτούς HP | αὐτοῖς ἐκέλευσεν] ∼ M | αὐτοῖς post παρατεθῆναι CV — 11 αὐτούς] αὐτοῖς CPV — 12 *δῶσιν] δώσωσιν CMV ZaLiGeLaKn | αὐτῷ] αὐτόν M — 12-13 προσεύξασθαι] εὔξασθαι HP.
**7,3** 1 *σταθείς] + πρὸς ἀνατολάς M (Mu ἀνατολήν!) — 3 *ὥστε] ὡς M Eus ZaLiGeKnBiMu — ἐπὶ δύο ὥρας] > H — 4 *σιωπῆσαι] σιγῆσαι CMV ZaLiGeLaKn | καί] ἀλλ᾽ CV — 6 πολλούς] > CV | τε] δέ M, καί CV | ἐπὶ τῷ] καί P | τῷ] τό BCHMV — 8 θεοπρεπῆ] θεοφιλῆ M.
**8,1** 1 *ὡς δέ] ἐπεὶ δέ ποτε M Eus ZaFuLiGeRaLeLaKnBiMu — 2-3 *τῶν καί] ∼ g Eus JaHeDrZaFuLiHiGeRaLeLaKnCa — 3 *πώποτε] πότε BM | συμβεβληκότων] συμβεβληκότων g JaHeDr, συμβαλόντων M — 5 πάσης] ἁπάσης BCHV JaHeDr — 7 *ὄνῳ] pr ἐν BP JaHeDrZaFuᵒᵖ.

| *MPol* | *HE IV,15* |
|---|---|
| καθίσαντες αὐτὸν ἦγον    εἰς τὴν πόλιν, ὄντος σαββάτου μεγάλου. | καθίσαντες αὐτὸν ἤγαγον εἰς τὴν πόλιν, ὄντος σαββάτου μεγάλου. |

*MPol*

καθίσαντες αὐτὸν ἦγον    εἰς τὴν
πόλιν, ὄντος σαββάτου μεγάλου.

**8,2** καὶ ὑπῆντα αὐτῷ ὁ εἰρήναρχος Ἡρώδης καὶ ὁ πατὴρ αὐτοῦ Νικήτης, οἳ
καὶ μεταθέντες αὐτὸν ἐπὶ τὴν καροῦχαν ἔπειθον παρακαθεζόμενοι καὶ λέ-
5 γοντες τί γὰρ κακόν ἐστιν εἰπεῖν·
κύριος καῖσαρ, καὶ ἐπιθῦσαι καὶ
τὰ τούτοις ἀκόλουθα καὶ
διασῴζεσθαι; ὁ δὲ τὰ μὲν πρῶτα οὐκ
ἀπεκρίνατο αὐτοῖς, ἐπιμενόντων δὲ
10 αὐτῶν ἔφη· οὐ μέλλω ποιεῖν ὃ συμβουλεύετέ μοι.

**8,3** οἱ δὲ ἀποτυχόντες τοῦ πεῖσαι αὐτὸν
δεινὰ ῥήματα ἔλεγον αὐτῷ καὶ μετὰ
σπουδῆς καθῄρουν αὐτόν, ὡς κατιόν-
τα ἀπὸ τῆς καρούχας ἀποσῦραι τὸ
5 ἀντικνήμιον. καὶ μὴ ἐπιστρα-
φείς, ὡς οὐδὲν πεπονθὼς προθύμως
μετὰ σπουδῆς ἐπορεύετο ἀγόμενος
εἰς τὸ στάδιον, θορύβου τηλικού-
του ὄντος ἐν τῷ σταδίῳ, ὡς μηδὲ
10 ἀκουσθῆναί τινα δύνασθαι.

**9,1** τῷ δὲ Πολυκάρπῳ εἰσιόντι εἰς τὸ
στάδιον φωνὴ ἐξ οὐρανοῦ ἐγένετο
ἴσχυε, Πολύκαρπε, καὶ ἀνδρίζου.
καὶ τὸν μὲν εἰπόντα οὐδεὶς εἶδεν, τὴν
5 δὲ φωνὴν τῶν ἡμετέρων οἱ παρόντες
ἤκουσαν. καὶ λοιπὸν
προσαχθέντος    αὐτοῦ, θόρυβος ἦν
μέγας ἀκουσάντων ὅτι Πολύκαρπος
συνείληπται.

*HE IV,15*

καὶ ὑπῆντα αὐτῷ ὁ εἰρήναρχος Ἡρώδης καὶ ὁ πατὴρ αὐτοῦ Νικήτης· οἳ
καὶ μεταθέντες αὐτὸν εἰς τὸ ὄχημα,
ἔπειθον παρακαθεζόμενοι καὶ λέγοντες «τί γὰρ κακόν ἐστιν εἰπεῖν,
κύριος Καῖσαρ, καὶ    θῦσαι καὶ

διασῴζεσθαι»; ὁ δὲ τὰ μὲν πρῶτα οὐκ
16 ἀπεκρίνατο      , ἐπιμενόντων δὲ
αὐτῶν, ἔφη «οὐ μέλλω πράττειν ὃ συμβουλεύετέ μοι».

οἱ δὲ ἀποτυχόντες τοῦ πεῖσαι αὐτόν,
δεινὰ ῥήματα ἔλεγον    καὶ μετὰ
σπουδῆς καθῄρουν     , ὡς κατιόν-
τα ἀπὸ τοῦ ὀχήματος ἀποσῦραι τὸ
ἀντικνήμιον· ἀλλὰ γὰρ μὴ ἐπιστρα-
φείς, οἷα μηδὲν πεπονθὼς προθύμως
17 μετὰ σπουδῆς ἐπορεύετο, ἀγόμενος
εἰς τὸ στάδιον. θορύβου δὲ τηλικού-
του ὄντος ἐν τῷ σταδίῳ, ὡς μηδὲ
πολλοῖς ἀκουσθῆναι,
τῷ     Πολυκάρπῳ εἰσιόντι εἰς τὸ
στάδιον φωνὴ ἐξ οὐρανοῦ γέγονεν
«ἴσχυε, Πολύκαρπε, καὶ ἀνδρίζου».
καὶ τὸν μὲν εἰπόντα οὐδεὶς εἶδεν, τὴν
δὲ φωνὴν τῶν ἡμετέρων πολλοὶ
ἤκουσαν.
18 προσαχθέντος οὖν αὐτοῦ, θόρυβος ἦν
μέγας ἀκουσάντων ὅτι Πολύκαρπος
συνείληπται.

8 *ἦγον] ἤγαγον M Eus ZaFuLiGeRaLeLaKnBiMu — 9 μεγάλου] > P.
  **8,2** 1 *ὑπῆντα] ὑπαντᾷ CHPV· Hi | αὐτῷ] αὐτὸν BCHV | εἰρήναρχος] φρούραρχος
C — 1-2 Ἡρώδης] pr ὁ ἐπικληθεὶς CV — 2 αὐτοῦ] + ὀνόματι CV — Νικήτης] +
ἐπὶ τὸ ὄχημα g HeDr, Ja [ἐπὶ τὸ ὄχημα] — οἳ] > M — 3 τήν] > M — 9 αὐτοῖς] αὐτοὺς
HM FuᵖᵃLe — 10-11 συμβουλεύετε] συμβουλεύεται HMP.
  **8,3** 1 αὐτόν] + διὰ πειθανολογίας CV — 2 αὐτῷ] > M Eus ZaLiGeKnBiMu —
2 μετά] + πολλῆς CV — 3 καθῄρουν] καθῆρον BHPV — αὐτόν] + ἀπὸ τοῦ
ὀχήματος g HeDrHi, Ja[ἀπὸ τοῦ ὀχήματος] (cf n. 46) — ὡς] + καὶ BCHV JaHeDrHi —
4 *ἀποσῦραι] ἀποσυρέναι g JaHeDrHi — 7 *μετὰ σπουδῆς] > M SchwBiMu —
7-8 ἀγόμενος εἰς τὸ στάδιον] ~ M — 8 θορύβου ... 9,1 στάδιον] > H.
  **9,1** 1 τῷ δὲ...εἰσιόντι] τοῦ δὲ ...εἰσιόντος M — 2 ἐγένετο] + λέγουσα CV —
3 *Πολύκαρπε καὶ ἀνδρίζου] καὶ ἀνδρίζου Πολύκαρπε g JaHeDrHi; + μετὰ
σοῦ γάρ εἰμι CV Bios (cf. n. 83) — 5 οἱ παρόντες] πολλοὶ Eus Chron — 6 λοιπόν]
[λοιπόν] JaHeDr; λοιπῶν em Hi — 8 Πολύκαρπος] pr ὁ M, Πολύκαρπον CV — 9 συνεί-
ληπται] συνελήφθη CHV.

## MPol | HE IV,15

**9,2** προσαχθέντα οὖν αὐτὸν ἀνηρώτα ὁ ἀνθύπατος εἰ αὐτὸς εἴη Πολύκαρπος. τοῦ δὲ ὁμολογοῦντος ἔπειθεν ἀρνεῖσθαι λέγων· αἰδέσθητί σου τὴν ἡλι-
5 κίαν, καὶ ἕτερα τούτοις ἀκόλουθα ὡς ἔθος αὐτοῖς λέγειν· ὄμοσον τὴν καίσαρος τύχην, μετανόησον, εἰπέ. αἶρε τοὺς ἀθέους. ὁ δὲ Πολύκαρπος ἐμβριθεῖ τῷ προ-
10 σώπῳ εἰς πάντα τὸν ὄχλον τὸν ἐν τῷ σταδίῳ ἀνόμων ἐθνῶν ἐμβλέψας καὶ ἐπισείσας αὐτοῖς τὴν χεῖρα, στενάξας τε καὶ ἀναβλέψας εἰς τὸν οὐρανὸν εἶπεν· αἶρε τοὺς ἀθέους.

**9,3** ἐγκειμένου δὲ τοῦ ἀνθυπάτου καὶ λέγοντος ὄμοσον, καὶ ἀπολύω σε, λοιδόρησον τὸν Χριστόν, ἔφη ὁ Πολύκαρπος· ὀγδοήκοντα καὶ ἕξ
5 ἔτη ἔχω δουλεύων αὐτῷ, καὶ οὐδέν με ἠδίκησεν· καὶ πῶς δύναμαι βλασφημῆσαι τὸν βασιλέα μου τὸν σώσαντά με;

**10,1** ἐπιμένοντος δὲ πάλιν αὐτοῦ καὶ λέγοντος· ὄμοσον τὴν καίσαρος τύχην, ἀπεκρίνατο· εἰ κενοδοξεῖς, ἵνα ὀμόσω τὴν καίσαρος τύ-
5 χην, ὡς σὺ λέγεις, προσποιεῖ δὲ ἀγνοεῖν με, τίς εἰμι, μετὰ παρρησίας ἄκουε· Χριστιανός εἰμι. εἰ δὲ θέλεις τὸν τοῦ Χριστιανισμοῦ μαθεῖν λόγον, δὸς ἡμέραν καὶ ἄκουσον.

**10,2** ἔφη ὁ ἀνθύπατος πεῖσον τὸν δῆμον.

λοιπὸν οὖν προσελθόντα ἀνηρώτα ὁ ἀνθύπατος εἰ αὐτὸς εἴη Πολύκαρπος, καὶ ὁμολογήσαντος, ἔπειθεν ἀρνεῖσθαι λέγων· «αἰδέσθητί σου τὴν ἡλικίαν», καὶ ἕτερα τούτοις ἀκόλουθα, ἃ σύνηθες αὐτοῖς ἐστι λέγειν, «ὄμοσον τὴν Καίσαρος τύχην, μετανόησον, εἶπον, αἶρε τοὺς ἀθέους».
19 ὁ δὲ Πολύκαρπος ἐμβριθεῖ τῷ προσώπῳ εἰς πάντα τὸν ὄχλον τὸν ἐν τῷ σταδίῳ ἐμβλέψας, ἐπισείσας αὐτοῖς τὴν χεῖρα στενάξας τε καὶ ἀναβλέψας εἰς τὸν οὐρανόν, εἶπεν «αἶρε τοὺς ἀθέους».
20 ἐγκειμένου δὲ τοῦ ἡγουμένου καὶ λέγοντος «ὄμοσον, καὶ ἀπολύσω σε, λοιδόρησον τὸν Χριστόν», ἔφη ὁ Πολύκαρπος «ὀγδοήκοντα καὶ ἕξ ἔτη δουλεύω αὐτῷ, καὶ οὐδέν με ἠδίκησεν· καὶ πῶς δύναμαι βλασφημῆσαι τὸν βασιλέα μου, τὸν σώσαντά με;»
21 ἐπιμένοντος δὲ πάλιν αὐτοῦ καὶ λέγοντος «ὄμοσον τὴν Καίσαρος τύχην», ὁ Πολύκαρπος· «εἰ κενοδοξεῖς», ... «ἵνα ὀμόσω Καίσαρος τύχην», ὡς «λέγεις προσποιούμενος ἀγνοεῖν ὅστις εἰμί, μετὰ παρρησίας ἄκουε· Χριστιανός εἰμι. εἰ δὲ θέλεις τὸν τοῦ Χριστιανισμοῦ μαθεῖν λόγον, δὸς ἡμέραν καὶ ἄκουσον».
22 ἔφη ὁ ἀνθύπατος «πεῖσον τὸν δῆ-

**9,2** 1 *οὖν] δέ P, λοιπόν ante προσαχθέντα BH JaHeDrHi; λοιπὸν οὖν προσαχθέντα Ra, cf Eus; τοῦ δὲ προσαχθέντος CV | αὐτὸν ἀνηρώτα] ~ CV — 2 εἴη] εἴ CP | *Πολύκαρπος] > M Li — 3 ἔπειθεν] + ὡς ἐνόμιζεν CV — 4-5 ἡλικίαν] + addenda CV (cf n. 15) — 5-6 καὶ ἕτερα ... λέγειν] haec verba [ ] Mu — 5 ἕτερα τούτοις] ἔλεγεν M — 6 *ὡς] ὧν M BiMu | ἔθος] + ἦν M, pr ἔστιν αὐτοῖς P, cf Eus — λέγειν] λέγων B — 8 *εἰπέ] εἶπον M Eus ZaFuLiGeRaLeLaKnBiMu — 9 ἐμβριθεῖ] ἐμβριθεῖς M — 9-10 προσώπῳ] + καὶ στιβαρῷ CV — 10 τόν²] τῶν BCH JaHeDr — 12-13 καὶ ἐπισείσας ... ἀναβλέψας] > H — 14 ἀθέους] + ἀπὸ προσώπου τῆς γῆς CV (cf Act 22,22).
**9,3** 3-4 *ἔφη ὁ Πολύκαρπος] ~ g JaHeDrHi — 5 *ἔχω δουλεύων] [ἔχω] δουλευύ[ν] LiKn; δουλεύω M EusChron ZaFu(Li)GeRaLeLa(Kn)BiMu — 5-6 οὐδέν με ἠδίκησεν] ἐφύλαξέν με M + addenda CV, (cf Bi) — 7 βασιλέα μου] κύριόν μου καὶ βασιλέα CV, cf Lat — 8 σώσαντά με] + addenda CV (cf n. 15).
**10,1** 1 πάλιν] > M — 3-4 ἀπεκρίνατο...τύχην] > H — 3 *εἰ κενοδοξεῖς] ἐκεῖνο δόξης M, ἐκεῖνο δοξεῖν BCV, μή μοι γένοιτο P — 5 προσποιεῖ] προσποιεῖς M, προσποιούμενος Eus Schw — 7-8 θέλεις ... μαθεῖν] μαθεῖν θέλεις g JaHeDrHi — 8 τοῦ] > M.
**10,2** 1 ἔφη ὁ ἀνθύπατος] ~ g JaHeDrHi —

| MPol | HE IV,15 |
|---|---|

ὁ δὲ Πολύκαρπος εἶπεν· σὲ μὲν καὶ
λόγου ἠξίωκα· δεδιδάγμεθα γὰρ ἀρχαῖς καὶ ἐξουσίαις ὑπὸ τοῦ θεοῦ
5 τεταγμέναις τιμὴν κατὰ τὸ προσῆκον
τὴν μὴ βλάπτουσαν ἡμᾶς ἀπονέμειν·
ἐκείνους δὲ οὐχ ἡγοῦμαι ἀξίους τοῦ
ἀπολογεῖσθαι αὐτοῖς.

**11,1** ὁ δὲ ἀνθύπατος εἶπεν θηρία ἔχω,
τούτοις σε παραβαλῶ, ἐὰν μὴ μετανοήσῃς. ὁ δὲ εἶπεν κάλει, ἀμετάθετος γὰρ ἡμῖν ἡ ἀπὸ τῶν κρειττόνων
5 ἐπὶ τὰ χείρω μετάνοια· καλὸν δὲ
μετατίθεσθαι ἀπὸ τῶν χαλεπῶν ἐπὶ
τὰ δίκαια.

**11,2** ὁ δὲ πάλιν πρὸς αὐτὸν πυρί σε
ποιῶ   δαπανηθῆναι, εἰ τῶν θηρίων
καταφρονεῖς, ἐὰν μὴ μετανοήσῃς.
ὁ δὲ Πολύκαρπος· πῦρ ἀπει-
5 λεῖς τὸ πρὸς ὥραν καιόμενον καὶ
μετ᾽ ὀλίγον σβεννύμενον· ἀγνοεῖς
γὰρ τὸ τῆς μελλούσης κρίσεως καὶ
αἰωνίου κολάσεως τοῖς ἀσεβέσι τη-
ρούμενον πῦρ. ἀλλὰ τί βραδύνεις;
10 φέρε ὃ βούλει.

**12,1** ταῦτα δὲ καὶ ἕτερα πλείονα λέγων
θάρσους καὶ χαρᾶς ἐνεπίμπλατο, καὶ
τὸ πρόσωπον αὐτοῦ χάριτος ἐπληροῦτο, ὥστε οὐ μόνον μὴ συμπεσεῖν
5 ταραχθέντα ὑπὸ τῶν λεγομένων πρὸς
αὐτόν, ἀλλὰ τοὐναντίον τὸν ἀνθύπατον ἐκστῆναι, πέμψαι τε τὸν ἑαυ-

μον». Πολύκαρπος ἔφη «σὲ μὲν καὶ
λόγου ἠξίωκα, δεδιδάγμεθα γὰρ ἀρχαῖς καὶ ἐξουσίαις ὑπὸ   θεοῦ
τεταγμέναις τιμὴν κατὰ τὸ προσῆκον
τὴν μὴ βλάπτουσαν ἡμᾶς ἀπονέμειν·
ἐκείνους δὲ οὐκ ἀξίους ἡγοῦμαι τοῦ
ἀπολογεῖσθαι αὐτοῖς».

23 ὁ δ᾽ ἀνθύπατος εἶπεν «θηρία ἔχω·
τούτοις σε παραβαλῶ, ἐὰν μὴ μετανοήσῃς». ὁ δὲ εἶπεν «κάλει· ἀμετάθετος γὰρ ἡμῖν ἡ ἀπὸ τῶν κρειττόνων
ἐπὶ τὰ χείρω μετάνοια, καλὸν δὲ
μετατίθεσθαι ἀπὸ τῶν χαλεπῶν ἐπὶ
τὰ δίκαια».

24 ὁ δὲ πάλιν πρὸς αὐτὸν «πυρί σε
ποιήσω δαμασθῆναι, ἐὰν τῶν θηρίων
καταφρονῇς, ἐὰν μὴ μετανοήσῃς».
Πολύκαρπος εἶπεν «πῦρ ἀπει-
λεῖς   πρὸς ὥραν καιόμενον καὶ
μετ᾽ ὀλίγον σβεννύμενον· ἀγνοεῖς
γὰρ τὸ τῆς μελλούσης κρίσεως καὶ
αἰωνίου κολάσεως τοῖς ἀσεβέσι τη-
ρούμενον πῦρ. ἀλλὰ τί βραδύνεις;
φέρε ὃ βούλει».

25 ταῦτα δὲ καὶ ἕτερα πλείονα λέγων,
θάρσους καὶ χαρᾶς ἐνεπίμπλατο καὶ
τὸ πρόσωπον αὐτοῦ χάριτος ἐπληροῦτο, ὥστε μὴ μόνον μὴ συμπεσεῖν
ταραχθέντα ὑπὸ τῶν λεγομένων πρὸς
αὐτόν, ἀλλὰ τοὐναντίον τὸν ἀνθύπατον ἐκστῆναι πέμψαι τε τὸν

2 *καί] κἄν CHMPV LiFuᵖᵃFuᵃᵛGeLeLaKn — 3 *ἠξίωκα] ἠξίωσα g JaHeDrZaFu
LiHiGeRaLeLaKn — 4 τοῦ] > M Eus Li — 7 οὐχ ἡγοῦμαι ἀξίους] οὐκ ἀξίους
ἡγοῦμαι Eus Li | ἀξίους] + εἶναι M — 8 αὐτοῖς] αὐτούς HM.
    **11,1** 1 *ὁ δὲ ἀνθύπατος] + πρὸς αὐτόν g JaHeDrHi, (ἔφη πρὸς αὐτὸν ὁ ἀνθ. V) —
2 παραβαλῶ] παραδώσω H — 2-3 μετανοήσῃς] μετανοήσεις BHM — 3 δέ] + Πολύκαρπος M, ἀπεκρίθη ὁ ἅγιος Πολύκαρπος CV — 3-4 ἀμετάθετος] ἀπαράδεκτος P —
4 εἰμὶ M, εἰ μὴ H — 6 *μετατίθεσθαι] μετατέθεσθαι B, + με g JaHeDrHi.
    **11,2** 2 *ποιῶ] ποιήσω M Eus FuRaLeLaBiMu — 3 ἐὰν μὴ μετανοήσῃς] Schw
interp | μετανοήσῃς] μετανοήσεις H — 4 *Πολύκαρπος] + εἶπεν M Eus ZaFuGeRa
LeLaKnBiMu; + ἔφη H, + λέγει CV — πῦρ] + μοι M — 7-8 κρίσεως καὶ αἰωνίου
κολάσεως] κολάσεως καὶ αἰωνίου κρίσεως P — 9 τί] μή CV, > H — 9 βραδύνεις]
βραδύνῃς CHV — 10 ὅ] ἅ CV.
    **12,1** 1 ἕτερα] ἄλλα g JaHeDrHi | πλείονα] > M λέγων] εἰπὼν CV — 2-3 ἐνε-
πίμπλατο ... χάριτος] > H — 3 χάριτος] + θείας CV — 3-4 ἐπληροῦτο] pr ὡς H —
4 ὥστε] ὥσπερ CHV — 4 μή] > M — 5 ταραχθέντα] ταραχθέντος CHPV JaLi —
6 ἀλλὰ τοὐναντίον τόν] > H — 6-7 ἀνθύπατον] + μᾶλλον CV — τὸν ἀνθύπατον
ἐκστῆναι] ~ M | ἐκστῆναι] ἐκστῆσαι HV, ἐκπλῆξαι P — 7 πέμψαι τε] καὶ πέμψαι CV,
πέμψαι H.

| *MPol* | *HE IV,15* |
|---|---|

τοῦ κήρυκα    ἐν μέσῳ τοῦ σταδίου
κηρῦξαι τρὶς Πολύκαρπος ὡμολό-
10 γησεν ἑαυτὸν Χριστιανὸν εἶναι.
**12,2** τούτου λεχθέντος ὑπὸ τοῦ κήρυκος,
ἅπαν τὸ πλῆθος ἐθνῶν τε καὶ Ἰουδαίων τῶν τὴν Σμύρναν κατοικούν-
των ἀκατασχέτῳ θυμῷ καὶ μεγάλη
5 φωνῇ ἐπεβόα οὗτός ἐστιν ὁ τῆς
ἀσεβείας διδάσκαλος, ὁ πατὴρ τῶν
χριστιανῶν, ὁ τῶν ἡμετέρων θεῶν
καθαιρέτης, ὁ πολλοὺς διδάσκων μὴ
θύειν μηδὲ προσκυνεῖν.
10 ταῦτα λέγοντες ἐπεβόων καὶ ἠρώτων
τὸν ἀσιάρχην Φίλιππον ἵνα ἐπαφῇ
τῷ Πολυκάρπῳ λέοντα. ὁ δὲ ἔφη μὴ
εἶναι ἐξὸν αὐτῷ ἐπειδὴ πεπληρώκει
τὰ κυνηγέσια.
**12,3** τότε ἔδοξεν αὐτοῖς ὁμοθυμαδὸν ἐπι-
βοῆσαι, ὥστε τὸν Πολύκαρπον ζῶν-
τα κατακαῦσαι.
ἔδει γὰρ τὸ τῆς φανερωθείσης
5 ἐπὶ τοῦ προσκεφαλαίου ὀπτασίας
πληρωθῆναι, ὅτε ἰδὼν αὐτὸ καιόμενον προσευχόμενος, εἶπεν ἐπιστρα-
φεὶς τοῖς σὺν αὐτῷ πιστοῖς προφητικῶς «δεῖ με ζῶντα καυθῆναι».
**13,1** ταῦτα οὖν μετὰ τοσούτου τάχους ἐγένετο, θᾶττον ἢ ἐλέγετο, τῶν ὄχλων
παραχρῆμα συναγόντων ἔκ τε τῶν
ἐργαστηρίων καὶ        βαλανείων
5 ξύλα καὶ φρύγανα, μάλιστα Ἰου-

κήρυκα καὶ ἐν μέσῳ τῷ σταδίῳ
κηρῦξαι «τρὶς Πολύκαρπος ὡμολόγησεν ἑαυτὸν Χριστιανὸν εἶναι».
26 τούτου λεχθέντος ὑπὸ τοῦ κήρυκος,
πᾶν τὸ πλῆθος ἐθνῶν τε καὶ Ἰουδαίων τῶν τὴν Σμύρναν κατοικούν-
των ἀκατασχέτῳ θυμῷ καὶ μεγάλη
φωνῇ  ἐβόα «οὗτός ἐστιν ὁ τῆς
Ἀσίας διδάσκαλος, ὁ πατὴρ τῶν
Χριστιανῶν, ὁ τῶν ἡμετέρων θεῶν
καθαιρέτης, ὁ πολλοὺς διδάσκων μὴ
θύειν μηδὲ προσκυνεῖν».
27 ταῦτα λέγοντες, ἐπεβόων καὶ ἠρώτων
τὸν ἀσιάρχην Φίλιππον ἵνα ἐπαφῇ
τῷ Πολυκάρπῳ λέοντα· ὁ δὲ ἔφη μὴ
εἶναι ἐξὸν αὐτῷ, ἐπειδὴ πεπληρώκει
τὰ κυνηγέσια.
τότε ἔδοξεν αὐτοῖς ὁμοθυμαδὸν ἐπι-
βοῆσαι ὥστε ζῶντα τὸν Πολύκαρπον
κατακαῦσαι.
28 ἔδει γὰρ τὸ τῆς φανερωθείσης αὐτῷ
ἐπὶ τοῦ προσκεφαλαίου ὀπτασίας
πληρωθῆναι, ὅτε ἰδὼν αὐτὸ καιόμενον προσευχόμενος εἶπεν ἐπιστρα-
φεὶς τοῖς μετ᾽ αὐτοῦ πιστοῖς προφητικῶς δεῖ με ζῶντα καῆναι.
29 ταῦτα οὖν μετὰ τοσούτου τάχους ἐγένετο θᾶττον ἢ ἐλέγετο, τῶν ὄχλων
παραχρῆμα συναγόντων ἐκ    τῶν
ἐργαστηρίων καὶ ἐκ τῶν βαλανείων
ξύλα καὶ φρύγανα, μάλιστα Ἰου-

8 *τοῦ σταδίου] τῷ σταδίῳ B Eus JaHeDrFuᵒᴾLi — 9 κηρύξαι] pr καί CHPV —
*τρίς] τρίτον g JaHeDr — 9-10 ὡμολόγησεν ἑαυτόν] ~ M.
**12,2** 1 τούτου] + δέ M — 3-4 Σμύρναν κατοικοῦντων] Σμύρνην οἰκοῦντων P —
4 μεγάλῃ] + τῇ CH — 5 ἐπεβόα] ἐβόα P Eus Za — 6 *ἀσεβείας] Ἀσίας M Eus
ZaFuLiGeRaLeLaKnBiMu — 7 ὁ] καί CV — 9 προσκυνεῖν] + τοῖς θεοῖς g JaHeDr
Hi — 10 ἐπεβόων] ἐπεβόουν M, ἐβόουν P — ἠρώτων] ἠρώτουν M, ἠρώτα H —
12 ὁ δέ] + Φίλιππος g JaHeDrHi — 13 αὐτῷ] αὐτό M, αὐτόν B, αὐτῶν CHV.
**12,3** 1 αὐτοῖς] αὐτούς MP — 1-2 ἐπιβοῆσαι] ἐπιβοῶσιν em Schw — 2-3 ζῶντα]
> B — 3 *κατακαῦσαι] καῦσαι M, κατακαυθῆναι g JaHeDrZaFuᵒᴾHi; κατακαῆναι
Kn — 4 φανερωθείσης] + αὐτῷ M Eus FuRaLeLaBiMu — 6 αὐτό] αὐτῷ BHP —
7 προσευχόμενος] Schw interp — 7-8 ἐπιστραφείς] Schw interp — 9 δεῖ] pr ὅτι CV —
*καυθῆναι] καῆναι M Eus ZaFuLiGeRaLeLaKnBiMu, κατακαυθῆναι BCHP JaHe
DrHi.
**13,1** 1-2 ἐγένετο] ἐγίνετο cj Ussher, HeDrHi — 2 *ἢ ἐλέγετο] τοῦ λεχθῆναι g
JaHeDrHi | τῶν] pr καί M — 3 *συναγόντων] συναγαγόντων BCHV JaHeDrHi —
τε] > P Eus ps-Chr — 4 καὶ βαλανείων] > M ps-Chr — 5 καὶ φρύγανα] > M —

*MPol*

δαίων προθύμως ὡς ἔθος αὐτοῖς εἰς ταῦτα ὑπουργούντων.

**13,2** ὅτε δὲ ἡ πυρκαϊὰ ἡτοιμάσθη, ἀποθέμενος ἑαυτῷ πάντα τὰ ἱμάτια καὶ λύσας τὴν ζώνην ἐπειρᾶτο καὶ ὑπολύειν ἑαυτόν, μὴ πρότερον τοῦτο
5 ποιῶν διὰ τὸ ἀεὶ ἕκαστον τῶν πιστῶν σπουδάζειν ὅστις τάχιον τοῦ χρωτὸς αὐτοῦ ἅψηται· ἐν παντὶ γὰρ ἀγαθῆς ἕνεκεν πολιτείας καὶ πρὸ τῆς μαρτυρίας ἐκεκόσμητο.

**13,3** εὐθέως οὖν αὐτῷ περιετίθετο τὰ πρὸς τὴν πυρὰν ἡρμοσμένα ὄργανα. μελλόντων δὲ αὐτῶν καὶ προσηλοῦν, εἶπεν ἄφετέ με οὕτως· ὁ γὰρ
5 δοὺς ὑπομεῖναι τὸ πῦρ δώσει καὶ χωρὶς τῆς ὑμετέρας ἐκ τῶν ἥλων ἀσφαλείας ἀσάλευτον ἐπιμεῖναι τῇ πυρᾷ.

**14,1** οἱ δὲ οὐ καθήλωσαν μὲν    ἔδησαν δὲ αὐτόν.
ὁ δὲ ὀπίσω τὰς χεῖρας ποιήσας καὶ προσδεθεὶς ὥσπερ κριὸς ἐπίσημος
5 ἐκ μεγάλου ποιμνίου εἰς προσφοράν, ὁλοκάρπωμα δεκτὸν τῷ θεῷ ἡτοιμασμένον, ἀναβλέψας εἰς τὸν οὐρανὸν
εἶπεν κύριε ὁ θεὸς ὁ παντοκράτωρ
10 ὁ τοῦ ἀγαπητοῦ καὶ εὐλογητοῦ παιδός σου Ἰησοῦ Χριστοῦ πατήρ, δι' οὗ τὴν περὶ σοῦ ἐπίγνωσιν εἰλήφαμεν, ὁ θεὸς ἀγγέλων καὶ δυνάμεων

*HE IV,15*

δαίων προθύμως, ὡς ἔθος αὐτοῖς, εἰς ταῦτα ὑπουργούντων.

30 ἀλλ' ὅτε ἡ πυρὰ ἡτοιμάσθη, ἀποθέμενος ἑαυτῷ πάντα τὰ ἱμάτια καὶ λύσας τὴν ζώνην, ἐπειρᾶτο καὶ ὑπολύειν ἑαυτόν, μὴ πρότερον τοῦτο ποιῶν διὰ τὸ ἀεὶ ἕκαστον τῶν πιστῶν σπουδάζειν ὅστις τάχιον τοῦ χρωτὸς αὐτοῦ ἐφάψηται· ἐν παντὶ γὰρ ἀγαθῆς ἕνεκεν πολιτείας καὶ πρὸ τῆς πολιᾶς ἐκεκόσμητο.

31 εὐθέως οὖν αὐτῷ περιετίθετο τὰ πρὸς τὴν πυρὰν ἡρμοσμένα ὄργανα· μελλόντων δὲ αὐτῶν καὶ προσηλοῦν αὐτόν, εἶπεν «ἄφετέ με οὕτως· ὁ γὰρ διδοὺς ὑπομεῖναι τὸ πῦρ δώσει καὶ χωρὶς τῆς ὑμετέρας ἐκ τῶν ἥλων ἀσφαλείας ἀσκύλτως ἐπιμεῖναι τῇ πυρᾷ».

οἳ δὲ οὐ καθήλωσαν    , προσέδησαν δὲ αὐτόν.

32 ὁ δ' ὀπίσω τὰς χεῖρας ποιήσας καὶ προσδεθεὶς ὥσπερ κριὸς ἐπίσημος, ἀναφερόμενος ἐκ μεγάλου ποιμνίου ὁλοκαύτωμα δεκτὸν θεῷ

παντοκράτορι, εἶπεν

33 «ὁ τοῦ ἀγαπητοῦ καὶ εὐλογητοῦ παιδός σου Ἰησοῦ Χριστοῦ πατήρ, δι' οὗ τὴν περὶ σὲ ἐπίγνωσιν εἰλήφαμεν, ὁ θεὸς ἀγγέλων καὶ δυνάμεων

---

7 ὑπουργούντων] ὑπουργόντων Η, ὑπουργεῖν CV.
**13,2** 1 *πυρκαϊὰ] πυρὰ M Eus (ps-Chr) ZaGeBiMu — 2 *ἑαυτῷ] ἑαυτοῦ CPV Mu, αὐτοῦ M | πάντα] > M — 3 *ζώνην] + ἑαυτοῦ HP (Ja)HiRa; + αὐτοῦ HeDr — 5 ἀεί] > M — 6 ὅστις] τίς CMV — τάχιον] τάχειον MPV, ταχίαν Β — 7 *ἐν παντὶ γάρ] Li [ἐν], παντὶ γὰρ καλῷ Β JaHeDrZaFuRaLeLa; πράξεις γὰρ καλάς CHPV Hi; πάσης γάρ M — 7-8 ἀγαθῆς ἕνεκεν πολιτείας] καὶ ἀγαθὰς καὶ θεοτίμητον πολιτείαν Ρ — 8 ἕνεκεν] ἕνεκα M — 8-9 καὶ … μαρτυρίας] > M | *μαρτυρίας] πολιᾶς Eus Bios Li.
**13,3** 1 οὖν] δὲ M, > C | αὐτῷ] ἑαυτῷ Ρ | περιετίθετο] προετίθετο Ρ — 3 αὐτῶν καί] αὐτῶν M — 5 δούς] + μοι Β Lat JaHeDrHi — 6 ὑμετέρας] ὑμῶν Ρ — ἐκ τῶν ἥλων] > M — 7 *ἀσάλευτον] ἄσκυλτον M ps-Chr ZaFuLiGeRaLeLaKnBiMu.
**14,1** 1 *ἔδησαν] προσέδησαν M Eus ps-Chr ZaFuLiGeRaLeLaKnBiMu — 6 *ὁλοκάρπωμα] ὁλοκαύτωμα CHMV ps-Chr VitaPol ZaFuLiHiGeRaLeLaKnBiMu — 7 ἡτοιμασμένον] + εἴ (!) Η — 10 καὶ εὐλογητοῦ] > CHV — 10-11 παιδός σου] σου υἱοῦ M, σου post ἀγαπητοῦ Ρ — 11-12 δι' οὗ] > Ρ — 13 *θεός] + ὁ BCHV, [ὁ] Li.

MPol | HE IV,15

καὶ πάσης τῆς κτίσεως παντός τε
15 τοῦ γένους τῶν δικαίων οἳ ζῶσιν
ἐνώπιόν σου·
**14,2** εὐλογῶ σε, ὅτι ἠξίωσάς με τῆς ἡμέρας καὶ ὥρας ταύτης, τοῦ λαβεῖν
μέρος ἐν ἀριθμῷ τῶν μαρτύρων ἐν
τῷ ποτηρίῳ τοῦ Χριστοῦ σου εἰς
5 ἀνάστασιν ζωῆς αἰωνίου ψυχῆς τε
καὶ σώματος ἐν ἀφθαρσίᾳ πνεύματος
ἁγίου·
ἐν οἷς προσδεχθείην ἐνώπιόν σου
σήμερον ἐν θυσίᾳ πίονι καὶ προσ-
10 δεκτῇ, καθὼς προητοίμασας καὶ προ-
φανέρωσας καὶ ἐπλήρωσας, ὁ ἀψευδὴς καὶ ἀληθινὸς θεός.
**14,3** διὰ τοῦτο καὶ περὶ πάντων σὲ αἰνῶ,
σὲ εὐλογῶ, σὲ δοξάζω διὰ τοῦ αἰωνίου καὶ ἐπουρανίου ἀρχιερέως Ἰησοῦ Χριστοῦ ἀγαπητοῦ σου παι-
5 δός, δι' οὗ σοὶ σὺν αὐτῷ καὶ πνεύματι ἁγίῳ ἡ δόξα καὶ νῦν καὶ εἰς
τοὺς μέλλοντας αἰῶνας. ἀμήν.
**15,1** ἀναπέμψαντος δὲ αὐτοῦ τὸ ἀμὴν καὶ
πληρώσαντος τὴν εὐχήν, οἱ τοῦ
πυρὸς ἄνθρωποι ἐξῆψαν τὸ πῦρ. μεγάλης δὲ ἐκλαμψάσης φλογὸς θαῦμα
5 εἴδομεν, οἷς ἰδεῖν ἐδόθη· οἳ καὶ ἐτηρήθημεν εἰς τὸ ἀναγγεῖλαι τοῖς λοιποῖς τὰ γενόμενα.
**15,2** τὸ γὰρ πῦρ καμάρας εἶδος ποιῆσαν
ὥσπερ ὀθόνη πλοίου ὑπὸ πνεύματος
πληρουμένη, κύκλῳ περιετείχισεν

καὶ πάσης κτίσεως παντός τε
τοῦ γένους τῶν δικαίων οἳ ζῶσιν
ἐνώπιόν σου,
εὐλογῶ σε ὅτι ἠξίωσάς με τῆς ἡμέρας καὶ ὥρας ταύτης, τοῦ λαβεῖν
μέρος ἐν ἀριθμῷ τῶν μαρτύρων ἐν
τῷ ποτηρίῳ τοῦ Χριστοῦ σου εἰς
ἀνάστασιν ζωῆς αἰωνίου ψυχῆς τε
καὶ σώματος ἐν ἀφθαρσίᾳ πνεύματος
ἁγίου·
34 ἐν οἷς προσδεχθείην ἐνώπιόν σου
σήμερον ἐν θυσίᾳ πίονι καὶ προσδεκτῇ, καθὼς προητοίμασας ,προ-
φανερώσας καὶ πληρώσας ὁ ἀψευδὴς καὶ ἀληθινὸς θεός.
35 διὰ τοῦτο καὶ περὶ πάντων σὲ αἰνῶ,
σὲ εὐλογῶ, σὲ δοξάζω διὰ τοῦ αἰωνίου ἀρχιερέως Ἰη-
σοῦ Χριστοῦ τοῦ ἀγαπητοῦ σου παιδός, δι' οὗ σοὶ σὺν αὐτῷ ἐν πνεύματι ἁγίῳ δόξα καὶ νῦν καὶ εἰς
τοὺς μέλλοντας αἰῶνας, ἀμήν».
36 ἀναπέμψαντος δὲ αὐτοῦ τὸ ἀμὴν καὶ
πληρώσαντος τὴν προσευχήν, οἱ τοῦ
πυρὸς ἄνθρωποι ἐξῆψαν τὸ πῦρ, μεγάλης δὲ ἐκλαμψάσης φλογὸς θαῦμα
εἴδομεν οἷς ἰδεῖν ἐδόθη, οἳ καὶ ἐτη-
ρήθησαν εἰς τὸ ἀναγγεῖλαι τοῖς λοιποῖς τὰ γενόμενα.
37 τὸ γὰρ πῦρ καμάρας εἶδος ποιῆσαν
ὥσπερ ὀθόνης πλοίου ὑπὸ πνεύματος
πληρουμένης, κύκλῳ περιετείχισε

14 τῆς] > CMV Eus — *παντός τε] καὶ παντός g JaHeDrHi — 15 δικαίων] ἀνθρώπων
M.
**14,2** 1 ἠξίωσας] κατηξίωσας M Li — 1-2 ἡμέρας καὶ ὥρας ταύτης] ὥρας ταύτης
καὶ ἡμέρας V — 2 καὶ ὥρας] > M — *λαβεῖν] + με BHPV JaHeDrFuLiHiRaLeLa
KnCa — 3 *μαρτύρων] + σου g JaHeDrHi — 4 σου] > P, [σου] Li — 8 *προσδεχ-
θείην] προσδέχθημεν B, προσδέχθημεν CHPV — 9 ἐν] > M — 11 καὶ ἐπληρώσας]
> M — ὁ] > P — 12 θεός] + ὂν P, post ἀψευδής V.
**14,3** 1-2 *σὲ αἰνῶ κτλ] αἰνῶ σέ κτλ g JaHeDrHi — 2-3 *διὰ τοῦ αἰωνίου κτλ]
σὺν τῷ αἰωνίῳ κτλ g JaHeDr — 5 *δι' οὗ] μεθ' οὗ g JaHeDr — σὺν αὐτῷ] > g
JaHeDr — 6 *ἡ] > M Eus ZaFuᵒᵖHiGeLaKnBiMu, [ἡ] Li — δόξα] + κράτος M |
καί¹] > CMV | νῦν] + καὶ ἀεί M, [καὶ ἀεί] Li — 7 μέλλοντας αἰῶνας] αἰῶνας τῶν
αἰώνων MP Lat.
**15,1** 1 ἀναπέμψαντος δὲ ... ἀμήν] > CHV — 2 πληρώσαντος] + αὐτοῦ V —
3 ἄνθρωποι] ἄνδρες H, ὑπουργοί M, ἐργάται καί pr V — 4 θαῦμα] + μέγα g JaHeDr
Hi — 5 εἴδομεν] ἴδομεν G (ἴδωμεν M) — 5-7 οἳ ... γενόμενα] Schw interp — 7 τὰ
γενόμενα] > M.
**15,2** 2 ὀθόνη] ὀθόνην H — 3 κύκλῳ περιετείχισεν] ~ CV

| *MPol* | *HE IV.15* |
|---|---|
| τὸ σῶμα τοῦ μάρτυρος· καὶ ἦν μέσον<br>5 οὐχ ὡς σὰρξ καιομένη, ἀλλ᾽ ὡς ἄρτος ὀπτώμενος ἢ ὡς χρυσὸς καὶ ἄργυρος ἐν καμίνῳ πυρούμενος. καὶ γὰρ εὐωδίας τοσαύτης ἀντελαβόμεθα ὡς λιβανωτοῦ πνέοντος ἢ ἄλλου τι-<br>10 νὸς τῶν τιμίων ἀρωμάτων. | τὸ σῶμα τοῦ μάρτυρος, καὶ ἦν μέσον οὐχ ὡς σὰρξ καιομένη, ἀλλ᾽<br><br>ὡς χρυσὸς καὶ ἄργυρος ἐν καμίνῳ πυρούμενος· καὶ γὰρ εὐωδίας τοσαύτης ἀντελαβόμεθα ὡς λιβανωτοῦ πνέοντος ἢ ἄλλου τινὸς τῶν τιμίων ἀρωμάτων. |
| **16,1** πέρας γοῦν ἰδόντες οἱ ἄνομοι μὴ δυνάμενον αὐτοῦ τὸ σῶμα ὑπὸ τοῦ πυρὸς δαπανηθῆναι, ἐκέλευσαν προσελθόντα αὐτῷ κομφέκτορα παρα-<br>5 βῦσαι ξιφίδιον. καὶ τοῦτο ποιήσαντος ἐξῆλθεν περιστερὰ καὶ πλῆθος αἵματος, ὥστε κατασβέσαι τὸ πῦρ καὶ θαυμάσαι πάντα τὸν ὄχλον εἰ τοσαύτη τις διαφορὰ μεταξὺ τῶν τε<br>10 ἀπίστων καὶ τῶν ἐκλεκτῶν· | **38** πέρας γοῦν ἰδόντες οἱ ἄνομοι μὴ δυνάμενον    τὸ σῶμα ὑπὸ τοῦ πυρὸς δαπανηθῆναι, ἐκέλευσαν προσελθόντα αὐτῷ κομφέκτορα παρα<br>**39** βῦσαι ξίφος, καὶ τοῦτο ποιήσαντος, ἐξῆλθεν    πλῆθος αἵματος, ὥστε κατασβέσαι τὸ πῦρ καὶ θαυμάσαι πάντα τὸν ὄχλον εἰ τοσαύτη τις διαφορὰ μεταξὺ τῶν τε ἀπίστων καὶ τῶν ἐκλεκτῶν· |
| **16,2** ὧν εἷς καὶ οὗτος γεγόνει ὁ θαυμασιώτατος Πολύκαρπος, ἐν τοῖς καθ᾽ ἡμᾶς χρόνοις διδάσκαλος ἀποστολικὸς καὶ προφητικὸς γενόμενος ἐπίσκο-<br>5 πός τε τῆς ἐν Σμύρνῃ καθολικῆς ἐκκλησίας. πᾶν γὰρ ῥῆμα, ὃ ἀφῆκεν ἐκ τοῦ στόματος αὐτοῦ, καὶ ἐτελειώθη καὶ τελειωθήσεται. | ὧν εἷς καὶ οὗτος γέγονεν ὁ θαυμασιώτατος    ἐν τοῖς καθ᾽ ἡμᾶς χρόνοις διδάσκαλος ἀποστολικὸς καὶ προφητικὸς γενόμενος ἐπίσκοπος    τῆς ἐν Σμύρνῃ καθολικῆς ἐκκλησίας· πᾶν γὰρ ῥῆμα ὃ ἀφῆκεν ἐκ τοῦ στόματος αὐτοῦ, καὶ ἐτελειώθη καὶ τελειωθήσεται. |
| **17,1** ὁ δὲ ἀντίζηλος καὶ βάσκανος καὶ πονηρός, ὁ ἀντικείμενος τῷ γένει τῶν δικαίων, ἰδὼν τό τε μέγεθος αὐτοῦ τῆς μαρτυρίας καὶ τὴν ἀπ᾽<br>5 ἀρχῆς ἀνεπίληπτον πολιτείαν, ἐστεφανωμένον τε τὸν τῆς ἀφθαρσίας στέφανον καὶ βραβεῖον ἀναντίρρη- | **40** ὁ δὲ ἀντίζηλος καὶ βάσκανος    πονηρός, ὁ ἀντικείμενος τῷ γένει τῶν δικαίων, ἰδὼν τὸ    μέγεθος αὐτοῦ τῆς μαρτυρίας καὶ τὴν ἀπ᾽ ἀρχῆς ἀνεπίληπτον πολιτείαν ἐστεφανωμένον τε τὸν τῆς ἀφθαρσίας στέφανον καὶ βραβεῖον ἀναντίρρη- |

4 μάρτυρος] ἀρχιερέως Μ — 6-7 *ἢ ὡς…πυρούμενος] > Μ, Schw interp — 9 πνέοντος] > Μ | ἄλλου] > Μ.

**16,1** 1 *γοῦν] δ᾽ οὖν Μ, οὖν BHP JaHeDrZaFuᵒᵖHiKn — *μὴ] οὐ BHPV JaHe DrHi — 3 ἐκέλευσαν] ἐκέλευσε CP — 4 κομφέκτορα] κονφέκτορα Μ — 5-6 ποιήσαντος] ποιήσαντες P — 6 περιστερὰ καί] [περιστερὰ καί] LiFuᵖᵃFuᵃᵛGeLeKnBi; > Eus HiMu, Schw interp; περὶ στύρακα ZaFuᵒᵖ in textu — 8 εἰ τοσαύτη … 16,2 τελειωθήσεται] aliter CV (cf p. 29) — 9 τις] > H — τε] > BHP — 10 ἐκλεκτῶν] + εἴη HP.

**16,2** 1 γεγόνει] ἐγεγόνει P, γέγονεν H Eus Schw; > Μ — 1-2 *θαυμασιώτατος] pr μακάριος καί Μ, θαυμάσιος HP, + μάρτυς BHP JaHeDrZaFuHiRaLeLa, GeKn [μάρτυς]; + [Πολύκαρπος] Li — 3-4 διδάσκαλος … προφητικός] Schw interp (?) — 5 *τε] > HM Eus ZaFuLiHiGeRaLeLaKn — *καθολικῆς] ἁγίας Μ Lat Li — 6 *ἀφῆκε] ἐξαφῆκεν BHP JaHeDrHi — 7 *καί] > HMP ZaFuᵒᵖLiFuᵖᵃGeRaLeKn — 7-8 ἐτελειώθη] > HP.

**17,1** 1 *ἀντίζηλος] ἀντίδικος P, ἀντικείμενος Μ — 2 πονηρός] + δαίμων CV ὁ] + καί Μ, + πάντοτε CV — 5 ἀνεπίληπτον] + αὐτοῦ P  ἀνεπίληπτον πολιτείαν] ~ Μ — 6 τε] δε Μ — 6-7 τὸν…στέφανον] τῷ στεφάνῳ P JaHeDr

MPol

τὸν ἀπενηνεγμένον, ἐπετήδευσεν ὡς
μηδὲ τὸ λείψανον αὐτοῦ ὑφ᾽ ἡμῶν
10 ληφθῆναι, καίπερ πολλῶν ἐπιθυ-
μούντων τοῦτο ποιῆσαι καὶ κοινωνῆσαι τῷ ἁγίῳ αὐτοῦ σαρκίῳ.
17,2 ὑπέβαλεν γοῦν       Νικήτην τὸν
τοῦ Ἡρῴδου πατέρα, ἀδελφὸν δὲ
Ἄλκης, ἐντυχεῖν τῷ ἄρχοντι, ὥστε
μὴ δοῦναι αὐτοῦ τὸ σῶμα· μή,
5 φησίν, ἀφέντες τὸν ἐσταυρωμένον
τοῦτον ἄρξωνται σέβεσθαι· καὶ ταῦτα       ὑποβαλλόντων καὶ ἐνισχυόντων τῶν Ἰουδαίων, οἳ καὶ ἐτήρησαν μελλόντων ἡμῶν ἐκ τοῦ πυρὸς
10 αὐτὸν λαμβάνειν, ἀγνοοῦντες, ὅτι
οὔτε τὸν Χριστόν ποτε καταλιπεῖν
δυνησόμεθα, τὸν ὑπὲρ τῆς τοῦ παντὸς κόσμου τῶν σῳζομένων σωτηρίας παθόντα ἄμωμον ὑπὲρ ἁμαρτω
15 λῶν, οὔτε ἕτερόν τινα σέβεσθαι.
17,3 τοῦτον μὲν γὰρ υἱόν ὄντα τοῦ θεοῦ
προσκυνοῦμεν, τοὺς δὲ μάρτυρας ὡς
μαθητὰς καὶ μιμητὰς τοῦ κυρίου
ἀγαπῶμεν ἀξίως ἕνεκα εὐνοίας ἀν-
5 υπερβλήτου τῆς εἰς τὸν ἴδιον βασιλέα
καὶ διδάσκαλον· ὧν γένοιτο καὶ ἡμᾶς
κοινωνούς τε καὶ συμμαθητὰς γενέσθαι.
18,1 ἰδὼν οὖν ὁ κεντυρίων τὴν τῶν
Ἰουδαίων γενομένην φιλονεικίαν,
θεὶς αὐτὸν ἐν μέσῳ ὡς ἔθος αὐτοῖς,
ἔκαυσεν.

HE IV,15

τὸν ἀπενηνεγμένον, ἐπετήδευσεν ὡς
μηδὲ τὸ σωμάτιον αὐτοῦ ὑφ᾽ ἡμῶν
ληφθείη, καίπερ πολλῶν ἐπιθυ-
μούντων τοῦτο ποιῆσαι καὶ κοινωνῆσαι τῷ ἁγίῳ αὐτοῦ σαρκίῳ.
41 ὑπέβαλον γοῦν τινὲς Νικήτην, τὸν
τοῦ Ἡρῴδου πατέρα, ἀδελφὸν [δὲ] δ᾽
Ἄλκης, ἐντυχεῖν τῷ ἡγεμόνι ὥστε
μὴ δοῦναι αὐτοῦ τὸ σῶμα, «μή»,
φησίν, «ἀφέντες τὸν ἐσταυρωμένον,
τοῦτον ἄρξωνται σέβειν». καὶ ταῦτα εἶπον ὑποβαλόντων καὶ ἐνισχυ-
σάντων τῶν Ἰουδαίων· οἳ καὶ ἐτήρησαν μελλόντων ἡμῶν ἐκ τοῦ πυρὸς
αὐτὸν λαμβάνειν, ἀγνοοῦντες ὅτι
οὔτε τὸν χριστόν ποτε καταλιπεῖν
δυνησόμεθα, τὸν ὑπὲρ τῆς τοῦ παντὸς κόσμου τῶν σῳζομένων σωτηρίας παθόντα,

οὔτε ἕτερόν τινα σέβειν.

42 τοῦτον μὲν γὰρ υἱὸν ὄντα τοῦ θεοῦ
προσκυνοῦμεν, τοὺς δὲ μάρτυρας ὡς
μαθητὰς καὶ μιμητὰς τοῦ κυρίου
ἀγαπῶμεν ἀξίως ἕνεκα εὐνοίας ἀν-
υπερβλήτου τῆς εἰς τὸν ἴδιον βασιλέα
καὶ διδάσκαλον· ὧν γένοιτο καὶ ἡμᾶς
συγκοινωνούς τε καὶ συμμαθητὰς γενέσθαι.
43 ἰδὼν οὖν ὁ ἑκατοντάρχης τὴν τῶν
Ἰουδαίων γενομένην φιλονεικίαν,
θεὶς αὐτὸν ἐν μέσῳ, ὡς ἔθος αὐτοῖς,
ἔκαυσεν,

8 ὡς] ὥστε CM — 8-9 ὡς μηδὲ κτλ] ὡς καὶ...μὴ ὑφ᾽... P — 9 *λείψανον] τίμιον αὐτοῦ
pr CV, σωμάτιον M Eus ZaFuLiGeRaLeLaKnBiMu — 12 αὐτοῦ σαρκίῳ] > P.
    17,2  1 ὑπέβαλεν] ὑπέβαλον Eus Za, pr ὅθεν CV, + ὡς δεινὸς καὶ μισάγιος ὁ
πονηρός CV — γοῦν] γάρ P, οὖν (+ ὡς πονηρός) H, > CMV — 3 ἄρχοντι] ἀνθυπάτῳ
M Kn — 4 αὐτοῦ] αὐτοῖς P | σῶμα] + ταφῇ B JaHeDr — μή] μήποτε CV —
6 ἄρξωνται] ἄρξονται BHPV — καί] > M — 6-7 ταῦτα] + εἶπον Eus JaHeDr
FuRaLeLaCa, [εἶπον] Li; + εἰπών BCPV Hi — 8 τῶν] > BCM ZaFuᵒᵖ — 10 *αὐτόν]
αὐτό M ZaHiGeKn; > B JaHeDr, τοῦτον C, τοῦτο V — ἀγνοοῦντες ... 17,3
γενέσθαι] post 19,2 CV (cf p. 29) | οὔτε] > M — 11 ποτε καταλιπεῖν] καταλιπεῖν
πώποτε HP (H ποποτε) — 12-13 παντός] > M — 13 τῶν σῳζομένων] > M — 14 πα-
θόντα] ἀποθανόντα M — 14-15 *ἄμωμον ὑπὲρ ἁμαρτωλῶν] > Eus, [ἄμωμον ὑπὲρ
ἁμαρτωλῶν] JaHeDr.
    17,3  3 μαθητὰς καὶ μιμητάς] ~ H — τοῦ κυρίου] αὐτοῦ M — 4 ἕνεκα] ἕνεκεν
M — 6 ὧν] ᾧ M — 7 κοινωνούς] συγκοινωνούς P Eus MartOlb JaHeDrLi.
    18,1  1 κεντυρίων] ἑκατόνταρχος κεντυρίων BHP, ἑκατόνταρχης Eus, [ἑκατόνταρ-
χος] JaHeDr — 2 Ἰουδαίων γενομένην] λεγομένων Ἰουδαίων M, λεγομένων CV —
3 αὐτόν] τὸ σῶμα τοῦ ἁγίου μάρτυρος V — *ὡς ἔθος αὐτοῖς] τοῦ πυρός g JaHeDr;
> Lat — 4 ἔκαυσεν] κατέκαυσεν αὐτό CV.

| *MPol* | *HE IV,15* |
|---|---|
| **18,2** οὕτως τε ἡμεῖς ὕστερον ἀνελόμενοι τὰ τιμιώτερα λίθων πολυτελῶν καὶ δοκιμώτερα ὑπὲρ χρυσίον ὀστᾶ αὐτοῦ ἀπεθέμεθα ὅπου καὶ ἀκόλου- 5 θον ἦν. | οὕτως τε ἡμεῖς ὕστερον ἀνελόμενοι τὰ τιμιώτερα λίθων πολυτελῶν καὶ δοκιμώτερα ὑπὲρ χρυσίον ὀστᾶ αὐτοῦ ἀπεθέμεθα ὅπου καὶ ἀκόλουθον ἦν. |
| **18,3** ἔνθα ὡς δυνατὸν ἡμῖν συναγομένοις ἐν ἀγαλλιάσει καὶ χαρᾷ παρέξει ὁ κύριος ἐπιτελεῖν τὴν τοῦ μαρτυρίου αὐτοῦ ἡμέραν γενέθλιον, εἴς τε τὴν 5 τῶν προηθληκότων μνήμην καὶ τῶν μελλόντων ἄσκησίν τε καὶ ἑτοιμασίαν. | 44 ἔνθα, ὡς δυνατόν, ἡμῖν συναγομένοις ἐν ἀγαλλιάσει καὶ χαρᾷ παρέξει ὁ κύριος ἐπιτελεῖν τὴν τοῦ μαρτυρίου αὐτοῦ ἡμέραν γενέθλιον εἴς τε τὴν τῶν προηθληκότων μνήμην καὶ τῶν μελλόντων ἄσκησίν τε καὶ ἑτοιμασίαν. |
| **19,1** τοιαῦτα τὰ κατὰ τὸν μακάριον Πολύκαρπον ὃς σὺν τοῖς ἀπὸ Φιλαδελφίας δωδέκατος ἐν Σμύρνῃ μαρτυρήσας, ᾿μόνος ὑπὸ πάντων 5 μνημονεύεται, ὥστε καὶ ὑπὸ τῶν ἐθνῶν ἐν παντὶ τόπῳ λαλεῖσθαι. | 45 τοιαῦτα τὰ κατὰ τὸν μακάριον Πολύκαρπον· σὺν τοῖς ἀπὸ Φιλαδελφείας δωδεκάτου ἐν Σμύρνῃ μαρτυρήσαντος, [ὃς] μόνος ὑπὸ πάντων μᾶλλον μνημονεύεται, ὡς καὶ ὑπὸ τῶν ἐθνῶν ἐν παντὶ τόπῳ λαλεῖσθαι. |

οὐ μόνον διδάσκαλος γενόμενος ἐπίσημος ἀλλὰ καὶ μάρτυς ἔξοχος, οὗ τὸ μαρτύριον πάντες ἐπιθυμοῦσιν μιμεῖσθαι κατὰ τὸ εὐαγγέλιον Χριστοῦ γενόμενον.

**19,2** διὰ τῆς ὑπομονῆς καταγωνισάμενος τὸν ἄδικον ἄρχοντα καὶ οὕτως τὸν τῆς ἀφθαρσίας στέφανον ἀπολαβών, σὺν τοῖς ἀποστόλοις καὶ πᾶσιν δικαίοις ἀγαλλιώμενος δοξάζει τὸν θεὸν καὶ πατέρα παντοκράτορα καὶ εὐλογεῖ τὸν κύριον 5 ἡμῶν Ἰησοῦν Χριστὸν τὸν σωτῆρα τῶν ψυχῶν ἡμῶν καὶ κυβερνήτην τῶν σωμάτων ἡμῶν καὶ ποιμένα τῆς κατὰ τὴν οἰκουμένην καθολικῆς ἐκκλησίας.

**20,1** ὑμεῖς μὲν οὖν ἠξιώσατε διὰ πλειόνων δηλωθῆναι ὑμῖν τὰ γενόμενα, ἡμεῖς δὲ κατὰ τὸ παρὸν ἐπὶ κεφαλαίῳ μεμηνύκαμεν διὰ τοῦ ἀδελφοῦ ἡμῶν Μαρκίωνος. μαθόντες οὖν ταῦτα καὶ τοῖς ἐπέκεινα ἀδελφοῖς τὴν ἐπιστολὴν διαπέμ-

---

**18,2** 1 οὕτως] οὕτω BHP JaHeDr; τότε CV | τε] > CV — 3 δοκιμώτερα] δοκιμωτέρων P (δοκημότερον H) — 4-5 καὶ ἀκόλουθον ἦν] ἀκολούθως M, cf MartOlb.

**18,3** 1 ἔνθα] > M, cf MartOlb — συναγομένοις ... καί] συναγαλλόμενοις καὶ συναγομένοις ἐν H — 3 μαρτυρίου] μάρτυρος M — 4 τήν] > MP, cf MartOlb — 5 *προηθληκότων] ἠθληκότων B JaHeDr; αὐτοῦ CHV — μνήμην] ἡμῖν P.

**19,1** 4 μόνος ὑπό] Schw interp — πάντων] + μᾶλλον Eus ZaFuGeRaLeLaKn BiMu, [μᾶλλον] Li — 7 μόνον] μόνος B, + γὰρ CV | διδάσκαλος] + ἐθνῶν P — 8 ἔξοχος] ἐξοχώτατος CHV (pr τίμιος καί CV) — 8 μιμεῖσθαι] μιμήσασθαι M.

**19,2** 1 διά] pr καὶ H | τῆς] + αὐτοῦ H | ὑπομονῆς] + γὰρ B JaHeDrHiRa ἄδικον ἄρχοντα] ~ 3-4 τὸν θεὸν καί] θεόν M, cf MartOlb — 4 παντοκράτορα] > g JaHeDrHi — τόν] > P, [τόν] Li — 5 ἡμῶν¹] > M, [ἡμῶν] Li | Ἰησοῦν ... ἡμῶν] > B — ἡμῶν²] > M — 6 τήν] > M — 7 καθολικῆς] ἁγίας M.

**20-21** vacant CV (cf p. 29).

**20,1** 2 ἐπί] ὡς ἐν M ZaLiGeKn — 3 Μαρκίωνος] Μαρκιανοῦ (Marcianum Lat) Li; Μάρκου BHP JaHeDr.

*MPol*

5 ψασθε ἵνα καὶ ἐκεῖνοι δοξάζωσιν τὸν κύριον τὸν ἐκλογὰς
ποιοῦντα ἀπὸ τῶν ἰδίων δούλων.
20,2 τῷ δὲ δυναμένῳ πάντας ἡμᾶς εἰσαγαγεῖν ἐν τῇ αὐτοῦ χάριτι
καὶ δωρεᾷ εἰς τὴν αἰώνιον αὐτοῦ βασιλείαν, διὰ τοῦ παιδὸς
αὐτοῦ τοῦ μονογενοῦς Ἰησοῦ Χριστοῦ ᾧ ἡ δόξα, τιμή, κράτος, μεγαλωσύνη εἰς τοὺς αἰῶνας, ἀμήν. προσαγορεύετε
5 πάντας τοὺς ἁγίους, ὑμᾶς οἱ σὺν ἡμῖν προσαγορεύουσιν
καὶ Εὐάρεστος, ὁ γράψας, πανοικεί.
21 μαρτυρεῖ δὲ ὁ μακάριος Πολύκαρπος μηνὸς Ξανθικοῦ δευ-
τέρα ἱσταμένου, πρὸ ἑπτὰ καλανδῶν Μαρτίων, σαββάτῳ
μεγάλῳ, ὥρᾳ ὀγδόῃ. συνελήφθη δὲ ὑπὸ Ἡρῴδου ἐπὶ
ἀρχιερέως Φιλίππου Τραλλιανοῦ, ἀνθυπατεύοντος Στατίου
5 Κοδράτου, βασιλεύοντος δὲ εἰς τοὺς αἰῶνας Ἰησοῦ
Χριστοῦ ᾧ ἡ δόξα, τιμή, μεγαλωσύνη, θρόνος αἰώνιος ἀπὸ
γενεᾶς εἰς γενεάν. ἀμήν.

5 δοξάζωσιν] δοξασῶσιν HMP ZaLiGeKn — κύριον] Ἰησοῦν Η — 6 ποιοῦντα ἀπό]
ποιούμενον Μ Li, cf MartSab/Olb.
20,2   1 *τῷ δέ] > δέ BP JaHeDr, καί Η, τὸν δυνάμενον Η | ἐν] > Μ, [ἐν] Li, cf
MartSab/Olb — 2 αἰώνιον] ἐπουράνιον Μ LiLa, cf MartSab | τοῦ] > B ZaFuᵒᵖGeKn —
2-3 παιδὸς αὐτοῦ τοῦ μονογενοῦς] μονογενοῦς αὐτοῦ παιδός Μ, τοῦ μονογενοῦς
παιδὸς αὐτοῦ La — 3 *ᾧ] > M ZaLiGeRaLaKnBiMu | *ή] > M LiGeLaKnBiMu —
4 τούς] > BHP JaHeDr | *ἀμήν] > M ZaFuLiGeRaLeLaKnBiMu — 5 ὑμᾶς] pr καὶ
γάρ Μ, > Η — ἡμῖν] + ἀδελφοί Μ | καί] + αὐτός Μ — 6 *γράψας] + τὴν
ἐπιστολήν Μ Mu — πανοικεῖ] post Εὐάρεστος Μ.
  21   1 μαρτυρεῖ] ἐμαρτύρησεν Μ | δέ] + καί Η | μηνός] pr κατὰ μὲν ἀσιανούς Μ —
2 ἱσταμένου] > Μ — *πρό] pr κατὰ δὲ Ῥωμαίους Μ Mu | Μαρτίων] μαῖων BP
Lat Hi; μαῖων Η, ἀπρίλίων Chron — 3 ὀγδόη] ἐνάτη Μ (cf Mt 27,46; Mc 15,34) —
συνελήφθη] pr ἢ καί Μ | δέ] > BM ZaLiHiRaGeKn — 3-4 ἐπὶ ἀρχιερέως] ἀρχιε-
ραρχούντος (!) μέν Μ — 4 Φιλίππου] + τοῦ ἀσεβοῦς Μ | Τραλλιανοῦ] στραλιανοῦ Η,
τραϊανοῦ Μ Lat — ἀνθυπατεύοντος] ἀνθυπάτου ὄντος Η, + δέ Μ — 4-5 Στατίου
Κοδράτου] > Ρ | 4 Στατίου] στρατίου BH, τατίου Chron, > Μ — 5 Κοδράτου]
κοράτου BH — 5-6 Ἰησοῦ Χριστοῦ] pr τοῦ κυρίου ἡμῶν Μ FuRaLeBiMu — 6-7 ᾧ...
ἀμήν] > MP Mu.

APPENDIX: LIJST VAN OVEREENKOMENDE VARIANTE
LEZINGEN IN DE TEKSTOVERLEVERING VAN *MARTYRIUM
POLYCARPI* EN *HE* IV,15,3-45 *

De sigla in de kolom *HE* IV,15 zijn die van de *HE*-handschriften in de editie van Schwartz.

| *MPol* | *HE* IV,15 |
|---|---|
| *inscr.* τῇ ἐκκλησίᾳ τοῦ θεοῦ BMP | ATERM |
| om CHV | BD |
| 7,1 τοῦ θεοῦ HPV | ATERDMΣ |
| τοῦ κυρίου BM | BΛ |
| 8,1 (συμβαλόντων) M | συμβεβληκότων ATEM |
| συμβεβηκότων BCHPV | RBD |
| ἤγαγον M | ATERM |
| ἦγον BCHPV | BD |
| 8,2 κύριος Καῖσαρ codices graeci | TERM |
| domine Lat | ABD |
| 8,3 προθύμως BCHMV | AD¹MΣ |
| πρόθυμος P | TERBD$^r$ |
| 10,2 ἠξίωκα M | BDM |
| ἠξίωσα BCHPV | ATER |
| 11,2 ποιήσω M | ARBDMΛ |
| ποιῶ BCHPV | TE |
| 12,1 οὐ μόνον μὴ BCHPV | μὴ μόνον μή ATERDΣ |
| οὐ μόνον M | μὴ μόνον BM |
| 12,2 τούτου BCHPV | ATERBD |
| τούτου δέ M | MΣ |
| 12,3 καῆναι M | TERBDM |
| κατακαυθῆναι BCHP | vergelijk κατακαῆναι A |
| 13,1 συναγόντων MP | ATERM |
| συναγαγόντων BCHV | BD¹ in rasura |
| 14,1 πάσης κτίσεως CMV | ATER |
| πάσης τῆς κτίσεως BHP | BDM |
| 14,2 ἠξίωσας BCHPV | AB |
| κατηξίωσας M | TERDM |
| τοῦ χριστοῦ σου BCHMV | TᶜERΛ |
| τοῦ χριστοῦ P | AT¹BDMΣ |

* Anhang: Liste übereinstimmenden abweichenden Lesarten in der Textüberlieferung von *MPol* und *HE* IV, 15,3-45. Die Sigla in der Spalte *HE* IV,15 sind der Handschriften-Edition der *HE*-Texte von Schwartz entnommen.

14,3  καὶ νῦν BCHPV                    ATERMΛ
      νῦν καὶ ἀεί M                     νῦν BD
      αἰῶνας BCHV                       ATERDM
      αἰῶνας τῶν αἰώνων MP              ΒΣ
16,2  καὶ ἐτελειώθη B                   ARBDΛ
      ἐτελειώθη M                       TEM
      om HP
17,1  πονηρός B                         ΒDMΣ
      καὶ πονηρός CHMV                  ATER
      πολιτείαν BCHV                    BDM
      αὐτοῦ πολιτείαν P                 ATEPΣ
17,2  εἶπον                            TERDBM
      εἰπών BCHPV                       A
      om M                             ΣΛ
      αὐτόν HP                          ATEBDM
      om B                             R
      αὐτό M
      τῶν σῳζομένων ΒΗΡ                AT$^{cm}$ERBDMΣ
      om M                             T$^1$Λ
18,3  εἴς τε τὴν...μνήμην BCHV         ATERDM
      εἴς τε...μνήμην MP                B

# 4. Authentizität und Integrität des MartPol[35]

Zweifel an der Integrität des MartPol haben sich insbesondere a) durch die Parallelen κατὰ τὸ εὐαγγέλιον, b) durch die sog. Wunderelemente und c) hinsichtlich der chronologischen Anhänge MartPol 21 f. ergeben. Keim[36], Lipsius[37] und Holtzmann[38] haben die Authentizität des MartPol grundsätzlich bestritten. Vor allem wegen der angeblich unzeitgemäßen Warnungen vor einem übertriebenen Märtyrerkult (MartPol 17 f.) wird MartPol ins 3. Jhdt. herabdatiert. Schon Lightfoot[39] erkannte hingegen, daß 1) der Vergleich mit der Passion Christi in frühen Märtyrertexten üblich ist, 2) daß auch andere frühe Märtyrertexte »wunderbare« Motive enthalten und daß 3) die chronologischen Angaben in MartPol 21 verglichen mit zeitgenössischen Quellen glaubwürdig sind. Mit Hilfe von Interpolationstheorien wollten einige Forscher MartPol als »historische« frühe Quelle gegen Keim u. a. retten, z.B. Müller[40], gegen den Baden[41], Sepp[42] und Reuning[43] erfolgreich argumentierten. Campenhausen[44] nahm 1957 die schon von Schwartz[45] verfochtene Interpolationshypothese wieder auf[46] und war damit sehr einflußreich: »this theory became a ›commonplace‹ for much research within German scholarship«[47]. Demzufolge war: 1) ein sog. Evangelien-Redaktor am Werke, den der Text des Eusebius noch nicht kennt, 2) der Anti-Montanismus in MartPol 4 und die Polemik gegen die Märtyrerverehrung in 17,2 f.; 18,3 eine anti-montanistische, vor-eusebianische Interpolation, 3) eine vor-eusebianische Wunderredaktion am Werke (MartPol 5,2; 9,1; 15,2) und 4) MartPol 21 und 22,2 f. je eine nacheusebianische Ergänzung.

Die jüngere Forschung hat, einsetzend mit der Kritik Marrous[48], die Interpolationshypothesen weitgehend überwunden[49] mit folgenden Argumenten:

---

[35] Vgl. folgende Forschungsüberblicke: DEHANDSCHUTTER, Research, 492-497 / SCHOEDEL, Polycarp of Smyrna, 353 / SAXER, Authenticité / BUSCHMANN, MartPol, 15-70.

[36] Urchristenthum.

[37] Märtyrertod.

[38] Verhältnis.

[39] Fathers.

[40] MartPol.

[41] Nachahmungsgedanke / Polykarpmartyrium.

[42] MartPol.

[43] Erklärung.

[44] Bearbeitungen.

[45] Pionio.

[46] 1978 erneut von CONZELMANN, Bemerkungen, bekräftigt mit leichten Ergänzungen, wonach weitere der 12 Märtyrer sekundär aus dem MartPol entfernt wurden zugunsten des Helden Polykarp.

[47] DEHANDSCHUTTER, Research, 494.

[48] Rez. Campenhausen.

[49] Auch wenn die Interpolationshypothesen in einigen Veröffentlichungen bis in die jüngste Zeit hinein immer noch vorausgesetzt werden, z. B. bei: KÖHLER, Rezeption, 487 / JENSEN,

- die mangelhafte Glaubwürdigkeit Eusebs auch hinsichtlich der Textüberlieferung und sein apologetisches, nicht »historisches« Martyriumsverständnis,[50]
- unnötige Zerstörung des inhaltlich klar gegliederten und kohärenten MartPol,
- hohes Alter und nicht Sekundarität des Motivs der Nachahmung Christi,
- interne Widersprüche innerhalb der Interpolationshypothesen, z.B. begegnen einige angeblich interpolierte Textpassagen auch im Euseb-Text,
- Beginn des christlichen Märtyrerkults bereits im 2.Jhdt.: MartPol 17 f. sind authentisch,
- liturgische Verortung des Gebets in MartPol 14 ins 2.Jhdt.,
- MartPol als kerygmatisch-paränetische Tendenz-Literatur, kein »historischer« Tatsachenbericht: eine angenommene Urform aus bruta facta erweist sich formkritisch als unzutreffend.

»Thus although serious doubts have been entertained about the integrity of MPol, critical opinion is now moving in the opposite direction ... Here, then, is the final rejection of the notion that originally MPol would naturally have contained a more or less factual account uncontaminated by miracles and explicit theological reflection.«[51] Die Annahme von Authentizität und Integrität des MartPol endet aber mit MartPol 20, das das Briefende markiert. MartPol 21 f. bilden sekundäre Ergänzungen.[52]

---

Töchter, 295 / BUTTERWECK, Martyriumssucht, 113 f. - Vgl. auch die umfassende Kritik der Interpolationshypothesen bei: BARNARD, Defence / BARNES, Pre-Decian Acta / BEYSCHLAG, Clemens, 246 Anm. 2; 312 Anm. 2 / BUSCHMANN, MartPol, 15–70 / DEHANDSCHUTTER, MartPol, 131–155 / RORDORF, Martyre et Témoignage / SAXER, Authenticité.
[50] Vgl. dazu: BUSCHMANN, MartPol, 39–48 / DEHANDSCHUTTER, MartPol, 144–150; 214 f. / GÖDECKE, Geschichte als Mythos / GRANT, Eusebius as Church Historian / HANDRICK, Bild des Märtyrers.
[51] SCHOEDEL, Polycarp, 353 f.
[52] Vgl. BUSCHMANN, MartPol, 16–19.

# 5. Datierung des MartPol

Die vieldiskutierte Datierung[53] des MartPol ist abhängig von der zeitlichen Ansetzung des Todes Polykarps. Nach MartPol 18,3 ist der Jahrestag des Martyriums noch nicht gefeiert, so daß MartPol innerhalb eines Jahres nach Polykarps Tod verfaßt sein dürfte.

Die Debatte über Polykarps Todesdatum hat in der Forschungsgeschichte zu drei wesentlichen Datierungsvorschlägen geführt:

1) Ca. 155/156 n. Chr., jedenfalls bis 160 n. Chr. auf Grund der Kenntnis der Prokonsuln Kleinasiens und der chronologischen Angaben in MartPol 21 (Waddington, Turner, Corssen, Schwartz, Schoedel, Barnes, Dehandschutter u. a.).
2) 167 n. Chr., da Eusebius das MartPol in das 7. Jahr der Regierung Marc Aurels datiert (h. e. 4,14,10–15,1; vgl. auch seine Chronik) (Telfer, Marrou, Campenhausen, Brind'Amour u. a.).
3) 177 n. Chr.: nach Gregoire/Orgels ist die Angabe »7. Jahr« in Eusebs Chronik ein Schreibfehler und meint das »17. Jahr« des Marc Aurel.

Die Diskussion über die Datierung erfährt 1867 einen Neubeginn mit Waddingtons Studie über den griechischen Rhetoriker Aelius Aristides, der den auch in MartPol begegnenden Prokonsul Statius Quadratus erwähnt ('Ιεροὶ Λόγοι 47,22.41). Bis dahin hatte man Quadratus Prokonsulat von Eusebius Chronik her in die 60er Jahre des 2. Jhdts. datiert. Waddington geht hingegen von der Chronologie der Prokonsulate Kleinasiens aus und datiert Quadratus früher: auf 154/155 n. Chr. Da sich diese Datierung mit den chronologischen Angaben in MartPol 21 deckt, wonach der 2. Xanthicos ein Sabbat war, was auf 155 bzw. 156 n. Chr. zutrifft, war fortan die Frühdatierung entstanden.

Unabhängig von der schwierigen Frage nach dem »Großen Sabbat« (MartPol 8,1; 21,1)[54], der als Evangelienanspielung (vgl. Joh 19,31) für die Datierungsfrage nicht überbewertet werden sollte, hat schon Lightfoot[55] die Frühdatierung umfassend mit folgenden Argumenten belegt:

---

[53] Vgl. Alföldy, Konsulat, 214 f. / Barnard, Defence, 192 / Barnes, Acta, 511–514 / Barnes, Note / Baumeister, Anfänge, 291 f. / Boeft/Bremmer, Notiunculae IV, 108 f. / Brind'Amour, Date, 456–462 / Buschmann, MartPol, 19–24 / Camelot, Ignace, 199 f. / Campenhausen, Bearbeitungen, 253 f. / Corssen, Todesjahr / Dehandschutter, MartPol, 191–220 / Dehandschutter, Research, 497–502 / Egli, Altchristliche Studien, 74–79 / Fischer, Väter, 230–233 / Frend, Note / Grant, Eusebius, 115 ff. / Gregoire/Orgels, date / Griffe, A propos / Griffe, Nouveau article / Henten, Einfluß, 702 f. / Karpinski, Annua dies, 40 Anm. 2 / Keim, Urchristenthum, 90 ff. / Marrou, date / Meinhold, Polycarpos, 1673 ff. / Ronchey, Indagine, 209–221 / Saxer, Bible, 33 Anm. 2 / Schoedel, Polycarp, 354 / Schwartz, Ostertafeln // Simonetti, martirio, 328–332 / Sordi, Die neuen Verordnungen, 187 f. / Sordi, La data / Strobel, Osterkalender, 245–253 / Telfer, Date / Turner, Day / Vielhauer, Geschichte, 554 f. / Waddington, Mémoire.

[54] Vgl. u. a. Rordorf, Problem / Devos, Μεγα Σαββατον.

[55] Fathers I, 646–722.

1) Eusebs chronologische Angaben sind häufig ungenau,
2) die chronologischen Angaben in MartPol 21 sind glaubwürdig,
3) Irenäus Angabe, Polykarp sei noch Schüler des Apostels Johannes gewesen, fügt sich besser zu einer Frühdatierung,
4) Polykarps Treffen und Diskussion mit Bischof Anicetus von Rom über die Osterterminfrage fügt sich gut in das Jahr 154,
5) Quadratus Prokonsulat ist für 142 bezeugt, ein Abstand von 13 Jahren zwischen Konsulat und Prokonsulat wäre üblich.

Die mehrheitlich anerkannte Frühdatierung wird erst 1951 von Grégoire und Orgels unter Rückbesinnung auf die Eusebianische Tradition mit folgenden Argumenten zugunsten einer Spätdatierung auf ca. 177 (bzw. 167 n. Chr.) angezweifelt:

1) Bevorzugung des Eusebianischen Texts und dessen Chronologie,
2) Unglaubwürdigkeit des angeblich im Rahmen eines Corpus Polycarpianum von pseudo-Pionius spät verfaßten MartPol 21,
3) antimontanistische Ausrichtung von MartPol und MartLugd und Datierung des beginnenden Montanismus auf ca. 170 n. Chr.

Obwohl Grégoires Spätdatierung umfassend widersprochen wird[56] und in der Forschung wenig Gefolgschaft findet, datieren fortan etliche Forscher Mart-Pol (unter Berufung auf Euseb) wieder in die 60er Jahre des 2. Jhdts. (167 n. Chr.). Die jüngeren Arbeiten – abgesehen von der unwahrscheinlichen Ultra-Spätdatierung Roncheys[57] – kehren zur Frühdatierung zurück. Busch-mann nimmt allerdings die von Grégoire betonte antimontanistische Ausrich-tung des MartPol auf[58] und datiert von daher die Anfänge des Montanismus früher. Auch die Märtyrerverehrung in MartPol 17 f. vermag einer Frühda-tierung des MartPol nicht zu widersprechen.[59]

# 6. Gliederung des MartPol

## 6.1. Inhaltliche Gliederung des MartPol

Eine Gliederung des MartPol findet sich in der Literatur nur selten.[60] Es ist ein methodischer Mangel insbesondere der Anhänger der literarkritischen

---

[56] Vgl. u. a. GRIFFE, MEINHOLD.
[57] Indagine. – Zur Kritik: BOEFT/BREMMER, Notiunculae V, 146–151 / DEHANDSCHUTTER, Hagiographie.
[58] Vgl. besonders BUSCHMANN, MartPol 4 und der Montanismus.
[59] Vgl. SAXER, Authenticité, 992–999 / KARPINSKI, Annua dies, 40–64.
[60] Vgl. nur SCHOEDEL, MartPol, 50 und DEHANDSCHUTTER, MartPol 151: »In de literatuur is er bijzonder weinig aandacht voor de opbouw van MPol.«

Interpolationshypothese, wenn sie den Aufbau des MartPol nur unzureichend berücksichtigen; denn zum Methodenkanon der Literarkritik gehört die Aufbauanalyse konstitutiv hinzu.[61]

Der Aufbau des MartPol ergibt eine in sich geschlossene Konzeption. Diese Konzeption berichtet nicht nur die nackten Tatsachen, sondern kommentiert diese zugleich und deutet sie aus: »Men heeft weinig aandacht besteed aan de eigen verhaaltrant van de auteur van MPol. Deze geeft niet alleen een relaas van de gebeurtenissen, maar voegt herhaaldelijk parentheses toe die zowel op verschillende gelijktijdige gebeurtenissen als op de duiding ervan betrekking hebben,«[62] etwa in MartPol 6,2; 7,1; 9,1; 12,3; 15; 16; 17,2 – Passagen, die von v. Campenhausen u. a. kritisch beargwöhnt werden. Solche interpretierend-kommentierenden Deutungen des Geschehens finden sich durchgehend im Text und sind häufig mit den Partikeln ἵνα oder γάρ o. ä. eingeleitet: MartPol 1,1 b–2,1 b: ἵνα / γάρ; MartPol 4 c: διὰ τοῦτο / οὖν; MartPol 6,2; 7,1: γάρ / ἵνα; MartPol 12,3 b: γάρ; MartPol 15,2: γάρ; MartPol 17,3: γάρ. »Hierin ligt dan ook de vergissing van de hypothesen van von Campenhausen en anderen: zonder enige reden gaan zij ervan uit dat *MPol* in eerste instantie een objectief relaas moet zijn, dat pas achteraf, in verschillende etappes, nader geduid werd. Een minder vooringenomen lezing van de tekst leert ons inziens dat de auteur van *MPol* in alle onderdelen van zijn verhaal blijk geeft van een gesloten conceptie over het martelaarschap, van 1,1 tot 20,2: voor alle martelaars geldt dat zij, wanneer zij door God worden uitverkoren (cf. 20,1), de pijniging kunnen doorstaan. God heeft macht over alles, dank zij Hem vermag de duivel niets tegen hen (cf. 2,2–3,1).«[63]

MartPol bietet einen sinnvollen und in sich geschlossenen Aufbau:

| | |
|---|---|
| inscr. | 1) inscriptio des Briefs – erweitert zum »Diaspora-Rundschreiben« |
| 1,1–2 | 2) Das Briefthema – Polykarp als Vorbild eines evangeliumsgemäßen Märtyrerverhaltens |
| 2–4 | 3) Das Vorbild der edlen Märtyrer Christi |
| 2,1–4 | a) Lob auf das Vorbild der edlen Märtyrer Christi |
| 3,1–2 | b) Der eine Weg: Das positive Vorbild der Standhaftigkeit des Germanikos |
| 4 | c) Der andere Weg: Das negative Beispiel des Phrygiers Quintos – Das Drängen zum Martyrium |
| 5,1–18,3 | 4) Das bewunderungswürdige Vorbild des evangeliumsgemäßen Martyriums des Polykarp |

---

[61] Vgl. BERGER, Exegese, 12–32 / ADAM/KAISER/KÜMMEL, Einführung, 25: »Der zweite, für die Literarkritik … unerläßliche Schritt besteht in der Aufbauanalyse.«

[62] DEHANDSCHUTTER, MartPol, 152. Vgl. a. a. O., 152–154 und DEHANDSCHUTTER, Martyre, 660: »Il faut tenir compte du style de l'auteur, de la façon dont il combine récit et interprétation en s'interrompant parfois pour faire une digression ou pour fournir une explication … le récit et l'interprétation constituent un ensemble …«

[63] DEHANDSCHUTTER, MartPol, 155.

5,1-2       a) Polykarps Flucht vor dem Martyrium und die Vorhersage
            seines Märtyrertods
6,1-2       b) Polykarps Verhaftung: Das Aufspüren
7,1-3       Polykarps Verhaftung: Die Festnahme
8,1-3       c) Polykarps Versuchung und Standhaftigkeit auf dem Weg
            zum Martyrium
9,1-11,2    d) Polykarps Verhör
9,1         α) Polykarps Stärkung durch die wunderbare Himmelsstim-
            me
9,2-3       β) Verhörbeginn: Identitätsfrage, Überredungsversuch,
            Schwur-Befehl, Standhaftigkeit
10,1-2      γ) Mitte des Verhörs: Bekenntnis des Christseins
11,1-2      δ) Verhör-Ende: Drohungen und Standhaftigkeit
12,1-14,3   e) Vorbereitung der Hinrichtung Polykarps
12,1-3      α) Reaktionen auf das Verhör und das Betreiben der Hei-
            den und Juden
13,1-3      β) Polykarps Verhalten angesichts des Scheiterhaufens
14,1-3      γ) Das Gebet Polykarps auf dem Scheiterhaufen
15,1-16,2   f) Polykarps Hinrichtung: Verbrennung, Tötung und (Be)Wun-
            der(ung)
15,1-2      α) Die Verbrennung: Das Feuer des Scheiterhaufens und sei-
            ne wunderbaren Züge
16,1-2      β) Wunder und Bewunderung bei der Verbrennung
17,1-18,3   g) Polykarps sterbliche Überreste
17,1-3      α) Polykarps sterbliche Überreste und die Frage nach dem
            Verhältnis von Märtyrer- und Christusverehrung
18,1-3      β) Sammlung und Bestattung der Gebeine des Polykarp zur
            Feier des Jahrestages seines Martyriums
19,1-20,2 5) Briefschluß
19,1-2      a) Das Briefthema: Polykarps Bedeutung als Vorbild eines
            evangeliumsgemäßen Märtyrerverhaltens – ein Fazit
20,1-2      b) Der Briefschluß – erweitert zum »Diaspora-Rundschreiben«
21-22     6) Anhänge
21          a) Anhang 1: Chronologischer Appendix über den Todestag
            Polykarps: Datierung
22,1        b) Anhang 2: Empfehlungs-Postskriptum zur Imitation des Ex-
            empels Polykarps
22,2        c) Anhang 3a: Überlieferungsgeschichte der Abschreiber und
            ihrer Kopien
22,3        Anhang 3b: Sicherung der Überlieferung des MartPol
Moskauer    Anhang 4: Irenäus als Garant der Überlieferung über Poly-
Epilog:     karp und deren antimarkionitische Haltung

## 6.2. Formanalytische Gliederung

Die inhaltliche Gliederung des MartPol wird durch eine formanalytische Gliederung bestätigt. MartPol 1–4 sind primär symbouleutisch geprägt, während die eigentliche Erzählung über Polykarps Schicksal MartPol 5–19 sich eher aus epideiktischen (und wenigen apologetischen) Gattungselementen zusammensetzt. Stets aber durchdringen sich symbouleutische Gattungselemente mit epideiktischen.[64] Insbesondere die Erzählung über Polykarp wird immer wieder durch symbouleutisch ausgerichtete Zwischenfazits kommentiert (MartPol 6,2–7,1; 16,2; 17,3b; 18,3b; 19,1b). Aber nicht nur durch die einleitenden Kapitel bekommt das ganze MartPol eine symbouleutische Ausrichtung (MartPol 1–4). Auch die briefliche Rahmung in MartPol inscr; MartPol 1 und 19f. ist als grundsätzlich symbouleutisches Gattungselement zu begreifen.[65] Dabei hat das biographische (Selbst-)Zeugnis oft exemplarische Vorbildfunktion.[66]

Im Einzelnen enthält MartPol folgende Form- und Gattungselemente[67], die symbouleutisch (s), epideiktisch (e) oder apologetisch (a) ausgerichtet sind:

inscr.:     Briefelemente: superscriptio, zum Diaspora-Rundschreiben erweiterte adscriptio, salutatio (s) (§ 61)

symbouleutisch:

1,1–2:      Einleitung des Briefcorpus mit Thematisierung des Inhalts (1,1a) (s) (§ 61) und Ziel- und Zweckangabe in Form von autoritätsorientierter Vorbildethik (1,1b)[68] und Gemeindeparänese (1,2) (s) (§ 39,3)

2,1–4:      Seligpreisung (2,1a) (§ 52) und Martyriumsparänese (2,1b) (s) (§ 45), rhetorische Frage mit Epideixis/Demonstratio 2,2a) (s) (§ 79), Märtyrerbericht (§ 97,4) mit Peristasenkatalog (§ 66) und Epideixis/Demonstratio (2,2b) (e) (§ 79), symbouleutische Kommentierung (§ 70) mit Mahnung im Tat-Folge-Schema (§ 51) und Mahnung für besondere Situation (2,2c) (s), Mahnung im Tun-Ergehen-Schema (§ 51), Martyriumsparänese (§ 45) und (Un)heilsansage als Mahnung (§ 54) (2,3) (s), Märtyrerbericht (§ 97,4) mit Peristasenkatalog (§ 66) (e) und symbouleutischer Kommentierung (§ 70) (2,4) (s)

3,1–2:      Kommentierende (§ 70) Martyriumsparänese (§ 45) (3,1a) (s),

---

[64] Vgl. DEHANDSCHUTTER, MartPol, 152: »relaas van de gebeurtenissen« und »duiding« / DEHANDSCHUTTER, Martyre, 660: »récit et interprétation«.

[65] Vgl. BERGER, Formgeschichte, 216: »Alle neutestamentlichen Briefe haben symbouleutischen Charakter«; denn sie sind »schriftlicher Ersatz für mündliche Rede« und haben von daher den »Charakter … schriftlicher Mahnrede.«

[66] Vgl. BERGER, Formgeschichte, 216.

[67] Die angegebenen Paragraphen verweisen auf BERGER, Formgeschichte.

[68] Vgl. BERGER, Gattungen, 1342ff.

synkritische (§ 64) antithetische Exemplaethik[69] (3–4) (s) mit summarischem Märtyrer-Basis-Bericht (§ 96) (hier: Versuchungsbericht) (§ 97,7) (3,1 b) (e) und Epideixis/Demonstratio (3,2) (e) (§ 79)

4: Synkritische (§ 64) antithetische Exempla-Ethik (3–4) (s) mit summarischem Märtyrer-Basis-Bericht (§ 96) (hier: Versuchungsbericht) (§ 97,7) (4 a) (e) und symbouleutischer Schlußfolgerung (§ 70) (s)

**epideiktisch:**

5,1–18,3: Märtyrerbericht (§ 97) (e)

5,1–2: Bericht über Tätigkeiten Einzelner und ihr Geschick (§ 91) (5,1) (e) und Vaticinium (§ 76) (5,2) (e)

6,1–7,3 Bericht über Tätigkeiten Einzelner und ihr Geschick (§ 91) (6,1) (e), Kommentierung der Erzählung (§ 70) (6,2–7,1) (e/s), Bericht über Tätigkeiten Einzelner und ihr Geschick (§ 91) (7,1 b–2 a) (e) und Erzählung über das Handeln eines Kollektivs (§ 86)(7,1 b), Epideixis/Demonstratio (§ 79) mit Enkomion (§99) (7,2–3) (e)

8,1–3: Enkomion (§ 99) (8,1 a) (e), Bericht über Tätigkeiten Einzelner und ihr Geschick (§ 91) (8,1 b) (e), Märtyrerbericht (hier: Versuchungsbericht)(§ 97,7) (8,2–3 a) (e)

9,1–11,2: Audition (§ 75) (8,3 b–9,1) (e), Märtyrerbericht (hier: Prozeßdarstellung/Verhör) (§ 97,2) (9,2–11,2) (e) mit apologetischen Elementen (9,3 b; 10,2 b; 11,1 b) (a) und symbouleutischer Schlußaussage in Form einer Unheilsansage als Mahnung (11,2 b) (s)

12,1–14,3: Verklärende Beschreibung des Aussehens und der Gestalt (§ 63) mit Enkomion (§ 99) und Epideixis/Demonstratio (§ 79) (12,1 a) (e), Bericht über Tätigkeiten Einzelner und ihr Geschick (§ 91) (12,1 b–2 a) (e), Akklamation (§ 68) (e) mit symbouleutischem Fazit (12,2 b) (s), Bericht über Tätigkeiten Einzelner und ihr Geschick (§ 91) (12,2 c–3 a) (e), Vaticinium (§ 76) (12,3 b) (e), Märtyrerbericht (§ 97) (13,1–14,1 a) mit Peristasen- (§ 66) (12,2 a+3 b) und Enkomion-/Tugendkatalog (§ 99) (12,2 b) (e), sowie Kommentierung (§ 70) (14,1 b), individuelles Dankgebet des Todgeweihten (§ 69) (14,1 c–3) (e)

15,1–16,2: Märtyrerbericht (§ 97) (15,1 a) (e), Wunderelemente (§ 78) (15,1 b–2) (e), Epideixis/Demonstratio (§ 79) (16,1 a+c) mit Bericht über die Tätigkeiten Einzelner und ihr Geschick (§ 91) (16,1 a) (e) und Wunderelement (§ 78) (16,1 b), epideiktische (§

---

[69] Vgl. ebd.

79) Akklamation/Doxologie (§ 68) (e) mit symbouleutischer Absicht (16,2) (s)

17,1–18,3: Märtyrerbericht (hier: Der Märtyrer als Athlet) (§ 97,6) (17,1 a) mit Enkomion (§ 99) und Märtyrerbericht (hier: Leichnams- und Bestattungserzählung) (§ 97) (17,1 b–2 a) (e), synkritisches (§ 64) Enkomion (§ 99) (17,2 b–3) (e) mit symbouleutischem Fazit (s) als Epilog des Enkomions (17,3 b), Märtyrerbericht (hier: Leichnams- und Bestattungserzählung) (§ 97) (18,1–2) mit Enkomion (§ 99) als Heiligenverehrung (e) und symbouleutischem Fazit (18,3 b) (s)

19,1–20,2: Beendigung des Briefcorpus (19,1 a) (§ 61), Enkomion (§ 99) mit Epideixis/Demonstratio (§ 79) (19,1 b) und symbouleutischem Fazit (19,1 c), Märtyrer-Enkomion und Christus-Enkomion (§ 99) (19,2) (e), Briefschluß (20) mit Kommentar über eigenes Tun am Briefschluß (§ 61), Paideutikon (§ 57) eines Diaspora-Rundschreibens (s) (20,1), Doxologie, Grüße und Verfasser-Angabe (20,2)

## 6.3. Rhetorische Gliederung des MartPol[70]

| | MartPol: |
|---|---|
| 0) Briefliche Rahmung | inscr |
| 1) Proömium / προοίμιον | – |
| 2) Erzählung/ narratio / διήγησις | 1,1 a |
| 3) Propositio / πρόθεσις | 1,1 b–2,4 |
| 4) Argumentativer Hauptteil / probatio / πίστις | 3–4 und 5–18 |
| 5) Schlußteil / conclusio / peroratio | 19 |
| 0) Briefliche Rahmung | postscr 20 |

## 6.4. Formgeschichtliche Gliederung

Formkritische Arbeit an Märtyrertexten wird nur unzureichend betrieben. Märtyrertext wird hier[71] weit definiert: »In einem Märtyrertext wird der Tod des Märtyrers und seine Begründung beschrieben.« »Gattungsbezeichnungen wie Verhörprotokoll, Philosophenmartyrium, Tyrannenschelte oder Martyrium in der Briefform, entsprechen nur einem Teil der Texte, die in der Forschung als Martyrium verstanden werden.« »Oft wird zur Feststellung eines Martyriums auf literarische Motive hingewiesen, die dafür als bezeichnend gelten. Es geht um Motive wie die vollständige Ergebung in Gottes Willen; die standhafte Haltung im Leiden; das Verachten der Martern; der

---

[70] Vgl. zum folgenden: BRUCKER, Christushymnen, 290–300 / WATSON, Rhetorical Analysis / CLASSEN, Paulus und die antike Rhetorik.

[71] Mit HENTEN, Selbstverständnis, 128 f., dort folgende Zitate.

Gehorsam gegen die Tora; der Versuch des Fürsten, den Märtyrer durch
Versprechung von Geschenken oder einer höfischen Karriere zum Abfall zu
verleiten; die Betonung des jugendlichen oder hohen Alters des Märtyrers;
das Martyrium als sportlicher Wettkampf, oder die Freude im Leiden.« Eine
systematische Erfassung von Topik, Inhalts-, Form- und Gattungselementen
liegt nur ansatzweise vor. Nur Kellermann[72] hat entsprechendes Material zu
II Makk 7 zusammengestellt, das er als »Urmodell der Märtyrererzählung«
versteht. Kellermann stellt typische Märtyrermotive zusammen[73], und zwar in
jüdischen, neutestamentlichen und altkirchlichen Martyrien, sowie in Ret-
tungsgeschichten und Philosophen-Martyrien. Neben 51 unterschiedlichen
Einzelmotiven benennt er acht strukturelle Voraussetzungen und Grundmotive
der jüdischen Martyrien, die verändert auf die altkirchlichen Märtyrertexte
übertragbar sind: »1. Die militante Begegnung mit dem Hellenismus als
Bedrohung innerhalb des palästinischen Judentums; 2. das Auftreten der
fremden Staatsmacht als Religionsgewalt gegen die Frommen; 3. die Bereitschaft des Frommen, für die tora und patrioi nomoi besonders im 1.–3. Gebot
des Dekalogs zu sterben; 4. die Anwendung der Folter, die dem Frommen
jedoch zur Erprobung dient und seinen Sieg über seine Gegner zum Ausdruck
bringen hilft; 5. die Sinndeutung des Todes durch den Märtyrer selbst; 6. der
Dialog zwischen dem Märtyrer und seinem Bedränger; 7. das Sterben des
Märtyrers und 8. seine besondere Annahme durch Gott nach dem Tode.«[74]
Ohne Paralleltexte zu benennen, sind noch Fishel[75] und Leclerq[76] um die
Darstellung der typischen Struktur insbesondere des Verhörs eines Martyriums bemüht. Hoffmann[77] listet die »Bestandteile des christlichen Märtyrerprotokolls auf.« Van Henten[78] zeigt ein gemeinsames Aufbauschema mit
jüdischen Märtyrererzählungen auf: »Das MartPol. ist ein durch und durch
literarisches Werk. Die Schrift weist Strukturparallelen mit jüdischen Martyrien auf. Die literarische Verwandtschaft von MartPol. mit diesen Erzählungen
drängt sich auch durch die vielen gemeinsamen Motive auf, die für jüdische
und christliche Märtyrererzählungen kennzeichnend sind. Einen zusätzlichen
Hinweis auf den literarischen Charakter bilden die Parallelen mit der Leidensgeschichte Jesu. Die strukturelle Verwandtschaft mit jüdischen Märtyrererzählungen zeigt sich in der Handlungsabfolge von MartPol, die viel mit
dem fünfteiligen Aufbauschema jüdischer Märtyrererzählungen gemein hat:
1) ein Beschluß der (heidnischen) Behörden,
2) dessen Inhalt das Einhalten der jüdischen Religion und Lebensweise unmöglich macht;

---

[72] Auferstanden, 35–38.
[73] Danielbuch, 71–75.
[74] KELLERMANN, Danielbuch, 54 f.
[75] Martyr, 383 f.
[76] Art. Actes, 381.
[77] Dialog, 46–49.
[78] Einfluß, 714 f.

3) eine (oder mehrere) Verhörszene(n), in denen nach der Verweigerung, dem Beschluß Folge zu leisten, die Todesstrafe angedroht wird (manchmal finden auch schon Folterungen während des Verhörs statt);
4) arretierte Juden wählen in dieser Situation den Tod;
5) Vollstreckung der Todesstrafe.

Im MartPol. muß man in diesem Schema natürlich statt ›jüdisch‹, ›christlich‹ lesen. Die strukturelle Verwandtschaft mit jüdischen Märtyrererzählungen schmälert die eigene literarische Form und den spezifischen Inhalt von MartPol. nicht. Allerdings besteht ein wesentlicher Teil des MartPol. (Kapitel 5–16) aus Elementen, die man auch in den jüdischen Märtyrererzählungen antrifft.«

Für das MartPol ergeben sich zahlreiche formkritische Vergleichsmöglichkeiten früher Märtyrertexte (vgl. Tabelle auf S. 453).

## 7. Form, Gattung und Sitz im Leben

Von der Form her betrachtet liegt das Proprium des MartPol in der Verbindung von narrativen Elementen der Märtyrererzählung (Epideiktisches) mit argumentativ-kommentierenden Elementen frühchristlicher Theologie und Paränese (Symbouleutisches) durch eine briefliche Form. Dadurch gelingt eine theologische und paränetische Anwendung der Märtyrer-Vorbild-Erzählung κατὰ τὸ εὐαγγέλιον auf die Rezipienten.

Formkritisch betrachtet herrschen im MartPol Elemente eines Märtyrerberichts[79] und symbouleutische Argumentation vor[80], unterstützt und gebunden durch Briefmerkmale.[81] Die epideiktische Märtyrererzählung ist dabei ganz in den Dienst symbouleutischer Argumentation[82] gestellt. »This document … is … often regarded as the first ›Acts of the Martyrs‹. Judged by its literary form it does not, however, belong to this category but to early Christian epistolography.«[83]

Dabei bildet MartPol eine originelle christliche Mischgattung sui generis mit einem sinnvollen und in sich geschlossenen Aufbau. Briefe sind häufig Mischformen. Auch inhaltlich bietet MartPol Neues; erstmals wird die Beschreibung eines Martyriums Inhalt einer ganzen christlichen Schrift.[84] MartPol erweist sich als Text eigener formaler Prägung; er kann weder aus jüdischer noch aus hellenistischer Literatur einlinig abgeleitet werden. Gerade im Amalgam unterschiedlichster Formelemente, Motive und Gedanken zum

---

[79] Vgl. BERGER, Formgeschichte, § 97.
[80] Vgl. a. a. O., § 30.
[81] Vgl. a. a. O., § 61.
[82] Vgl. a. a. O., § 45: Martyriumsparänese.
[83] QUASTEN, Patrology, 77.
[84] Vgl. SURKAU, Martyrien, 126: »Hier, beim Martyrium des Polykarp, gibt zum erstenmal ein Martyrium den Anlaß zu einer Einzelschrift, die zur Erbauung der Gemeinde geschrieben und verbreitet wird …«

Martyrium entwickelt MartPol sein Proprium. Damit ist es seiner Zeit als eigenständiger Text voraus und ist Bestandteil christlicher Urliteratur (F. Overbeck). MartPol hat prägend auf die folgende Märtyrerliteratur eingewirkt, wenngleich sich diese zu neuen Formen (der Apologetik) hin weiterentwickelt.

MartPol stellt einen christologisch-kerygmatischen Text mit paränetischer Intention dar; die Paränese ist christologisch begründet.

MartPol ist ein echter Brief.[85] Die Briefmerkmale – von den sekundären Briefschlüssen einmal abgesehen – sind integrativer Bestandteil der ganzen Schrift. Der Diasporabrief warnt, mahnt und tröstet in eine Leidenssituation hinein. Die Verbindung von Brief und Martyrium erklärt sich von der paränetischen Absicht her, die beiden Elementen ursprünglich eignet.

Von der Form her ist MartPol noch keine Märtyrerakte, die sich erst später in apologetischem Kontext entwickelt und eine eigene Gattung bildet. MartPol stellt kein historisches Protokoll eines Martyriums dar und wurde folglich nicht als solches verwandt. Vielmehr ist es als Diaspora-Rundbrief[86] bald nach dem Todestag des Polykarp zum Verlesen in verschiedenen Gemeinden (Mart-Pol inscr.: καὶ πάσαις ταῖς κατὰ πάντα τόπον τῆς ἁγίας καὶ καθολικῆς ἐκκλησίας παροικίαις) bestimmt gewesen: μαθόντες οὖν ταῦτα καὶ τοῖς ἐπέκεινα ἀδελφοῖς τὴν ἐπιστολὴν διαπέμψασθε, ἵνα καὶ ἐκεῖνοι δοξάζωσιν τὸν κύριον τὸν ἐκλογὰς ποιοῦντα ἀπὸ τῶν ἰδίων δούλων (MartPol 20,1). Hier kann der Gottesdienst der Ort des Verlesens gewesen sein; das liturgische Gepräge von MartPol 14 deutet darauf hin.[87] Der Brief verfolgt die Absicht, den Todestag des Polykarp zukünftig rituell zu begehen (MartPol 18,3). MartPol 14 weist ein dafür passendes eucharistisches Gebet auf, das durch redaktionelle Einschübe für die Märtyrerthematik aufgeschlossen worden ist. Auch die Erwähnung des Weihrauchs im Zusammenhang mit dem Wohlgeruch des sterbenden Märtyrers läßt an eine gottesdienstliche Verwendung von MartPol denken: der gottesdienstliche Weihrauch läßt das Vorbild Polykarps geradezu sinnlich wahrnehmbar werden, vgl. MartPol 15,2: καὶ γὰρ εὐωδίας τοσαύτης ἀντελαβόμεθα, ὡς λιβανωτοῦ πνέοντος ἢ ἄλλου τινὸς τῶν τιμίων ἀρωμάτων. Durch das Gedächtnis des vorbildlichen Märtyrers und κοινωνός Χριστοῦ im gottesdienstlichen Vollzug soll dem Einfluß ketzerischer Strömungen gewehrt und die christologische Orientierung des Martyriums gestärkt werden. Insofern sind Märtyrertexte wie das MartPol Produkte der Heiligenverehrung, nicht der Geschichtsschreibung, und mithin Erbauungsliteratur, die der Verlesung an den Festtagen der Märtyrer dient.[88]

---

[85] Vgl. DEHANDSCHUTTER, MartPol, 157–190.

[86] Vgl. ANDRESEN, Formular, 247 ff.

[87] Vgl. ANDRESEN, Geschichte I, 13: »Die Briefe sollten im Gottesdienst verlesen werden. Hier war auch der ›Sitz im Leben‹ für das Schreiben, mit dem die Gemeinde von Smyrna später das Martyrium ihres Bischofs Polykarp … anzeigte (…).«

[88] Vgl. ACHELIS, Märtyrer-Akten.

MartPol hat über seine Zeit hinaus und auch dort Wirkung gehabt, wo die konkrete briefliche Ausgangssituation nicht mehr vorlag. Durch seine Form als Mischgattung konnte das Schwergewicht der Textaussage relativ einfach verschoben werden, wie ein Vergleich von MartPol mit dem sich darauf beziehenden MartPionii unschwer deutlich macht. MartPol ist - wie schon die Anhänge MartPol 21 f. zeigen - vielfach weiterüberliefert worden.

Nun mischen sich aber die Formen. Aus der später entstandenen Gattung der Märtyrerakte fließt die Datierung in Märtyrertexte ein. Die tendenziösen κατὰ τὸ εὐαγγέλιον-Stilisierungen des MartPol werden von Euseb fortgelassen und er stellt das MartPol von vornherein um apologetischer Ziele willen in einen geschichtlichen Kontext (Eus. h. e. 4, 15,1 f.). Die Martyrien haben bei Euseb nicht mehr die direkt auf die Hörer zielende paränetische Vorbildfunktion, sondern dienen dem Euseb als geschichtliche Erinnerung aus apologetischem Interesse: der Heldenmut der Märtyrer verdeutlicht die Überlegenheit des Christentums. Durch Veränderung der Form eines Textes wird eine neue Wirkung erzielt.

Das Verhör der Märtyrererzählung, das zunächst (im MartPol) nur dem Aufweis der Standhaftigkeit des Märtyrers mit dem Höhepunkt des Bekenntnisses Χριστιανός εἰμι dient, entfaltet sich später zunehmend breit zu apologetischen Reden des Märtyrers. So wird die Form sui generis, die MartPol erstmals geschaffen hat, variiert und zu verschiedenen Zwecken beerbt.

## 8. MartPol und das Neue Testament: κατὰ τὸ εὐαγγέλιον

Während im 19. Jhdt. die Frage neutestamentlichen Einflusses auf das MartPol vornehmlich unter der Perspektive synoptischer (Hilgenfeld)[89] oder johanneischen Tradition verbunden mit der quartodecimanischen Frage sowie der Authentizität der Evangeliumsparallelen überhaupt (Lipsius)[90] gestellt wird, werden heute *alle* neutestamentlichen Anspielungen berücksichtigt.[91] MartPol erweist sich insofern als katholisches Produkt - so schon Keim[92], allerdings verbunden mit einer Spätdatierung -, das vielfältige neutestamentliche Einflüße spiegelt, vgl. nur Phil 2,4 in MartPol 1,2. Innerhalb eines an jüdische Märtyrererzählungen angelehnten »Grundplans werden Traditionen verschiedenen Ursprungs verarbeitet. Auffallend sind ... die Parallelen zur Leidensgeschichte Jesu. Der Autor hat wahrscheinlich auf alle vier Evangelien und möglicherweise auch auf Traditionen außerhalb des Neuen Testaments zurückgegriffen. Einige Parallelen sind explizit: zwischen Polykarp und Jesus

---

[89] Paschastreit.

[90] Märtyrertod.

[91] Vgl. die unfassende Liste bei DEHANDSCHUTTER, MartPol, 241-254 sowie HENTEN, Einfluß, 715 f.

[92] Urchristenthum.

Christus (Verrat und Gefangennahme, MartPol. 1,2; 6,2), zwischen den
Dienern auf dem Landgut, die Hausgenossen des Polykarp sind, und Judas
(6,2) und zwischen dem Polizeioffizier Herodes, der Polykarp zum Stadion
bringt, und Herodes Antipas (6,2; 8; Lk. 23,6–12). Daneben gibt es noch
andere Parallelen, die zwar Übereinstimmungen in der Terminologie aufweisen, aber doch vor allem inhaltlicher Art sind. Zudem sind sie nie völlig
deckungsgleich, so daß der gebührende Abstand zwischen Polykarp und Jesus
Christus gewahrt wird. Dieses Vorgehen ist so auffällig, daß anzunehmen ist,
daß es bewußt vom Autor gewählt wurde.«[93]

Die Diskussion zu Beginn des 20. Jhdts. stellt eine letztlich falsche Alternative auf: entweder sind die Evangeliumsparallelen authentisch und Garant
für die Faktizität des Berichteten (Lightfoot)[94] oder sie sind nicht original
und müssen als sekundär ausgeschieden werden, um zu einer historisch-faktischen Ur-Form des MartPol zurückzugelangen (Müller[95] / später: Campenhausen[96]). Und um die Authentizität und Historizität des MartPol zu retten,
versuchen Reuning[97] und Sepp[98] (später: Schoedel[99]) jedwede Evangeliumsanspielungen zu minimieren. Diese Alternative ist falsch, weil alle Beteiligten
dem historistischen Mißverständnis des MartPol verhaftet bleiben: die einen
versuchen incl. der Evangeliumsparallelen die historische Faktizität des Mart-
Pol zu retten, die anderen unter Ausschaltung derselben als späterer Interpolation.

Diese historistisch-literarkritische Perspektive muß einer theologisch-form-
kritischen weichen. Ein eher theologisches Verständnis der Parallelen κατὰ
τὸ εὐαγγέλιον findet sich schon früh bei Egli[100], der im Vergleich von MartPol
mit anderen Martyrien eine generelle Tendenz des Vergleichs der Märtyrer
mit Christus feststellt. Auch der frühe Campenhausen[101] von 1936 scheint
weiter als seine spätere Interpolationshypothese (1957) vermuten läßt: auch
Stephanus und Jakobus gelten in der alten Kirche wie Polykarp als zu
imitierende Beispiele, weil sie die Passion Christi nachahmen. Demnach zeigen
die Evangeliumsparallelen ein kirchlich-normatives Interesse hinsichtlich des
Martyriums auf. Das Imitations-Thema κατὰ τὸ εὐαγγέλιον ist mithin nicht
sekundär, sondern zentral für die Theologie des MartPol: das Martyrium des
Polykarp gilt als kirchlich-normative Richtschnur eines perfekten, evangeli-

---

[93] HENTEN, Einfluß, 715.
[94] Vgl. Fathers II/1, 610–614.
[95] MartPol.
[96] Bearbeitungen.
[97] Erklärung, 10–20
[98] MartPol, 5–14.
[99] Fathers, 51 f.
[100] Altchristliche Studien, 72–74.
[101] Idee des Martyriums, 82–85.

umsgemäßen Martyriums.[102] Auch Surkaus[103] und Baumeisters[104] formkritische Arbeiten erweisen MartPol als Ausgangspunkt für eine Theologie des Martyriums, in der der Märtyrer als Nachahmer Christi verstanden wird.

Buschmanns formkritische Studie[105] steht in dieser Tradition eines theologischen Verständnisses der Evangeliumsparallelen und sieht in der Ausrichtung κατὰ τὸ εὐαγγέλιον die zentrale Aussage des MartPol. Schon MartPol 1 zeigt die positive Zielsetzung des Schreibens auf: wir sollen Nachahmer des evangeliumsgemäßen Martyriums Polykarps werden – negativ wird dem entgegengesetzt: μὴ σκοποῦντες τὸ καθ᾽ ἑαυτούς ... und das Beispiel des Quintos (MartPol 4). »Überall kommt das gleiche kirchlich-normative Interesse zum Vorschein, das der Eingang des Briefs ausdrücklich ausspricht. Euarestos will nicht einfach einen historischen Bericht über das Ende Polykarps liefern. Er verfaßt ein Lehrschreiben, das in betonter Weise die Absicht verfolgt, der Gemeinde das richtige Verhalten in Verfolgungszeiten vor Augen zu stellen.«[106] MartPol billigt ausdrücklich die Flucht Polykarps vor dem Martyrium, der so Χριστοῦ κοινωνός wird.

Als Pointe[107] des MartPol erweist sich dessen κατὰ τὸ εὐαγγέλιον-Stilisierung. Sie widerspricht: a) der freiwilligen Martyriumssucht (ἕκων προσιέναι) (MartPol 4) gegen Gottes Willen (τὸ θέλημα τοῦ θεοῦ) (MartPol 2,1; 7,1), b) dem Willen, sich selbst und nur allein zu retten (μόνον ἑαυτὸν θέλειν σώζεσθαι (MartPol 1,2), c) dem Abfall bei bevorstehendem Martyrium (ἰδὼν τὰ θηρία ἐδειλίασεν) (MartPol 4). Eine solche Pointe läßt vermuten, daß es hier um Auseinandersetzung mit ganz anderen Martyriums-Konzeptionen geht. Das wird am konkretesten bestätigt durch MartPol 4: »Antithetische Formulierungen werden als Bestreitung gegnerischer Positionen verstanden.«[108] Der explizit getadelte Quintus und seine Anhänger (οὐκ ἐπαινοῦμεν τοὺς προσιόντας ἑαυτοῖς) sind antithetisch dem gelobten γενναιότατος Germanikus gegenübergestellt. Quintus ist schließlich retardierendes Negativ-Beispiel vor der Darstellung des evangeliumsgemäßen Martyriums Polykarps. Endlich wird »die These der Gegner ... mit ihrem eigenen, gegensätzlichen Verhalten konfrontiert«[109]: Quintus' Drängen zum Martyrium und sein ἰδὼν τὰ θηρία ἐδειλίασεν!

Buschmann deutet die κατὰ τὸ εὐαγγέλιον-Intention des MartPol katholisch-normativ und antienthusiastisch: zum einen, weil die Leidensgemeinschaft des Märtyrers mit Christus betont wird, zum anderen, weil jedem

---

[102] Vgl. jetzt auch SAXER, Bible, 27–35.
[103] Martyrien.
[104] Anfänge.
[105] MartPol.
[106] CAMPENHAUSEN, Idee, 83.
[107] Vgl. BERGER, Gegner, 380.
[108] A. a. O., 375.
[109] Ebd.

(montanistischen) Martyriumsdrang widersprochen wird – ἐπειδὴ οὐχ οὕτως διδάσκει τὸ εὐαγγέλιον (MartPol 4)[110] –, und der Bezugspunkt der Martyrien nicht in neuen Offenbarungen (»nova fidei exempla«, MartPerp 1), sondern im Rückverweis auf τὸ εὐαγγέλιον gesehen wird.[111] »Insofern Polykarp sich nicht freiwillig zum Martyrium gedrängt hat … dient das Thema des evangeliumsgemäßen Martyriums auch der Begründung der Ablehnung des Hindrängens zum Märtyrertod.«[112] »Die Wendungen ὡς καὶ ὁ κύριος (MartPol 1,2) und κατὰ τὸ εὐαγγέλιον (MartPol 1,1; vgl. 4; 19,1) sind bei Hegesipp und Polykrates von Eph (Eus. h. e. IV 22,4 / V 24,6) als kirchliche Maßstäbe gebräuchlich.«[113] Die feste apostolische Überlieferung κατὰ τὸ εὐαγγέλιον wird besonders in der Auseinandersetzung mit gegnerischen Positionen und innerkirchlich umstrittenem angemessenem Martyriumsverhalten bedeutsam.

Mit der Begründung des Tadels des freiwilligen Hindrängens zum Martyrium durch den Phryger Quintus ἐπειδὴ οὐχ οὕτως διδάσκει τὸ εὐαγγέλιον greift MartPol auf eine zentrale Kategorie zurück, die das MartPol prägend durchzieht und die keineswegs als sekundäre Euangelion-Redaktion ausgegrenzt werden kann.[114] Vielmehr erhält die literarkritisch nicht ausgrenzbare durchgängige κατὰ τὸ εὐαγγέλιον-Stilisierung des MartPol von der Auseinandersetzung mit dem Montanismus her verstärktes Gewicht; rankt sich doch die Konfrontation mit dem Montanismus stets auch um die Bildung von verbindlicher Tradition gegenüber immer neuen Offenbarungen bzw. Offenbarungsträgern sowie um die Kanonsfrage.[115] Mithin erscheint ein Element κατὰ τὸ εὐαγγέλιον in der Auseinandersetzung zentral. Auch die das MartPol literarkritisch zerstückelnden Ansätze Campenhausens und Conzelmanns sehen das zu Recht: »Mit der Tendenz gegen Drängen zum Martyrium trifft sich die Episode (= MartPol 4/ Quintus) mit der Euangelion-Redaktion 2,1.«[116]

Die Bedeutung des zentralen Rückverweises auf die Kategorie κατὰ τὸ εὐαγγέλιον in der Auseinandersetzung mit dem Montanismus wird am ehesten deutlich durch einen Vergleich mit der promontanistischen Ein- und Ausleitung des MartPerp 1,1–5 und 21,5[117]: Hier findet sich im Gegensatz zur (antimontanistischen) Aufforderung der Nachfolge in ein evangeliumsgemäßes Martyrium in MartPol der (promontanistische) Hinweis auf die nova fidei exempla der Märtyrerinnen und ihrer Visionen. MartPol will kein novum fidei

---

[110] Vgl. BUSCHMANN, MartPol 4 und der Montanismus / BUSCHMANN, MartPol, 153–160.
[111] Vgl. BUSCHMANN, MartPol 294–307: Vergleich von MartPol mit MartPerp.
[112] BAUMEISTER, Anfänge, 302.
[113] BEYSCHLAG, Clemens, 312 Anm. 2.
[114] Vgl. BUSCHMANN, MartPol, 42–60 gegen CAMPENHAUSEN / CONZELMANN u. a.
[115] Vgl. z. B. PAULSEN, Bedeutung.
[116] CONZELMANN, Bemerkungen, 14. Vgl. ähnlich CAMPENHAUSEN, Bearbeitungen, 274: »Das wäre dann die gleiche (= polemisch-antimontanistische) Tendenz, die wir schon zweimal, im Quintus-Kapitel und in der Evangelien-Bearbeitung wirksam gesehen haben.«
[117] Vgl. BUSCHMANN, MartPol, 260 f.

exemplum aufzeigen, sondern die Kontinuität zur Tradition κατὰ τὸ εὐαγγέλιον darstellen; das neue Martyrium Polykarps gleicht dem alten Martyrium Jesu Christi κατὰ τὸ εὐαγγέλιον. Der alte und für die Rechtgläubigkeit schlechthin stehende Bischof Polykarp[118] verbürgt solche Tradition. Der montanistische Geist (spiritus) hingegen wirkt in neuen fidei exempla und in neuen Prophezeiungen. Vgl. die interessante Einleitung des Anonymus (Eus. h. e. 5,16,3)[119] in sein Werk: »… οὐκ ἀπορίᾳ τοῦ δύνασθαι ἐλέγχειν μὲν τὸ ψεῦδος, μαρτυρεῖν δὲ τῇ ἀληθείᾳ, δεδιὼς δὲ καὶ ἐξευλαβούμενος μή πῃ δόξω τισὶν ἐπισυγγράφειν ἢ ἐπιδιατάσσεσθαι τῷ **τῆς τοῦ εὐαγγελίου** καινῆς διαθήκης λόγῳ, ᾧ μήτε προσθεῖναι μήτε ἀφελεῖν δυνατὸν τῷ **κατὰ τὸ εὐαγγέλιον** αὐτὸ πολιτεύεσθαι προῃρημένῳ.«[120] (»… nicht aus Unvermögen, die Lüge zu widerlegen und für die Wahrheit einzutreten, sondern aus Furcht und Besorgnis, ich möchte vielleicht da und dort den Schein erwecken, als wollte ich dem Worte der neutestamentlichen Frohbotschaft etwas ergänzend beifügen, da doch keiner, der entschlossen ist, nach diesem Evangelium zu leben, etwas beifügen noch abstreichen darf.«) In montanistischer Auseinandersetzung erhält die zentrale Kategorie κατὰ τὸ εὐαγγέλιον von daher im MartPol betontes Gewicht.

Fast alle authentischen montanistischen Orakel weisen ein betontes ἐγώ auf, das sich in besonderer Verbindung mit dem Göttlichen weiß: … Μοντανὸς οὕτως λέγων »**ἐγὼ** κύριος ὁ θεὸς ὁ παντοκράτωρ καταγινόμενος ἐν ἀνθρώπῳ« (Epiph., Pan 48,11; vgl. 48,2,4; 48,12,4; 48, 13,1; 49,1).[121] Ἐγώ εἰμι ὁ πατὴρ καὶ ὁ υἱὸς καὶ ὁ παράκλητος (Didymus, de trinitatis 3,41,1). Ἐγὼ ὁ θεὸς εἰμι ἢ θεοῦ παῖς ἢ πνεῦμα θεῖον (Origenes, contra Celsum 7,9). »Die Sprüche des Montanus beanspruchen Offenbarungsautorität.«[122] Dieser selbstmächtige Anspruch[123], der auch in späterer Zeit noch als das entscheidende Merkmal des Montanismus kritisiert wird[124], korrespondiert der Überheblichkeit des Phrygers Quintus in MartPol 4 und kontrastiert in auffälliger Weise mit der Kategorie κατὰ τὸ εὐαγγέλιον, die gerade von sich selbst weg- und auf den Herrn und den Nächsten hinweist: μὴ μόνον ἑαυτὸν θέλειν σῴζεσθαι, ἀλλὰ

---

[118] Vgl. a. a. O., 256 f.

[119] Vgl. HEINE, Oracles, Nr. 23.

[120] Vgl. auch Eus. h. e. 5,16,21 von den Marcioniten: … ἀλλὰ τόν γε **Χριστὸν** αὐτὸν **κατ´ ἀλήθειαν** οὐχ ὁμολογοῦσιν …

[121] Vgl. HEINE, Oracles, Nr. 1. Vgl. die Orakel Nr. 2, 5, 6, 7, 8, 11 sowie die »questionable oracles« Nr. 15, 16, 18.

[122] GRANT, Art. Montanismus, 539 f. - HUBER, Women, 46 folgert: »Inevitable conflict followed when this spirit-filled authority was put into action because men in the emerging ecclesiastical structures perceived that those who exercised charismatic authority were a danger to their own authority, particularly when such charismatic leaders were women.«

[123] Vgl. JENSEN, Töchter, 250 bzgl. MartLugd: »Es ist erstaunlich: was in der Beschreibung des Martyrers Sanktus von *Christus* gesagt wurde: ›Er besiegte den Widersacher‹(1,23), wird hier von der Martyrin *Blandina* gesagt: ›Sie besiegte den Widersacher zu wiederholten Malen.‹ Die gleiche starke Identifikation mit Christus findet sich bereits am Anfang dieser Szene …«

[124] Vgl. HEINE, Oracles, Nr. 124; 137; 145.

καὶ πάντας τοὺς ἀδελφούς. Μακάρια μὲν οὖν καὶ γενναῖα τὰ μαρτύρια πάντα
τὰ κατὰ τὸ θέλημα τοῦ θεοῦ γεγονότα (MartPol 1,2; 2,1). (»... nicht nur
sich selbst retten zu wollen, sondern auch alle Brüder. Selig und ehrwürdig
sind alle Martyrien, die nach dem Willen Gottes geschehen sind.«) Noch
Theodoret[125] berichtet von den Montanistinnen: αἱ δὲ τῆς Πρισκίλλης καὶ
Μαξιμίλλης προφητεῖαι ὑπὲρ τὸ θεῖον εὐαγγέλιον τετίμηνται παρ᾽ αὐτοῖς. Die
Kategorie κατὰ τὸ εὐαγγέλιον verweist auf die Kraft und den Geist des
Evangeliums (und der Apostel), die neuen Prophetien auf die eigene Kraft in
Verbindung mit dem Hl. Geist: »hi adventum Spiritus sancti non in apostolis,
sed in se traditum asserunt«.[126]

Auch in Polykarps Märtyrerverhalten kommt der κύριος zum Ausdruck,
wenn es von den standhaften Märtyrern heißt »ὁ κύριος ὡμίλει αὐτοῖς«
(MartPol 2,2), wenn Polykarp durch eine Himmelstimme bestärkt wird
(MartPol 9,1) und die Märtyrer ὡς μαθητὰς καὶ μιμητὰς τοῦ κυρίου gelobt
werden (MartPol 17,3). Und doch besteht ein feiner bedeutsamer Unterschied
zu dem selbstmächtigen Anspruch der Montanisten »ἐγὼ κύριος ...«; denn
im MartPol ist der κύριος Jesus Christus κατὰ τὸ εὐαγγέλιον, in der Neuen
Prophetie hingegen behauptet Montanus »ἐγὼ κύριος«. Im MartPol ist mit
dem Rückverweis auf das Evangelium das richtige Märtyrerverhalten beschrieben; in der Neuen Prophetie behauptet Maximilla im Vorverweis von sich
μετ᾽ ἐμὲ ... συντέλεια.[127] Im MartPol kommt Christus ganz und gar vermittelt
in Evangeliumsanspielungen[128] in Polykarp zum Ausdruck, in der Neuen
Prophetie behauptet Maximilla unvermittelt von sich »ἐμοῦ μὴ ἀκούσητε, ἀλλὰ
Χριστοῦ ἀκούσατε«[129] oder Quintilla »... ἔλθε πρός με Χριστὸς καὶ ἐνέβαλεν
ἐν ἐμοὶ τὴν σοφίαν καὶ ἀπεκάλυψέ μοι ...«[130] Im MartPol liegt Heil und
Rettung in Jesus Christus κατὰ τὸ εὐαγγέλιον, die Neue Prophetie behauptet
von sich: ἐγὼ ὁ θεός εἰμι ἢ θεοῦ παῖς ἢ πνεῦμα θεῖον ... ἐγὼ δὲ σῶσαι θέλω.[131]
Die Gegner der Neuen Prophetie stießen sich scheinbar weit weniger am
Inhalt der Prophetien als an dem darin deutlich werdenden selbstmächtigen
Anspruch, der andere kirchliche Autoritäten in Frage stellte.[132]

Hippolyts spätere Auseinandersetzung mit dem Montanismus wird in Kontinuität dieser kritischen Kategorie κατὰ τὸ εὐαγγέλιον stehen: Ταῦτα συμ-
βαίνει τοῖς ἰδιώταις καὶ ἐλαφροῖς ἀνθρώποις, ὅσοι ταῖς μὲν γραφαῖς ἀκριβῶς
οὐ προσέχουσιν ... ἵνα τὸ τοῦ Χριστοῦ εὐαγγέλιον ἀτιμάσωσιν.[133] (»Solches
geschieht ungebildeten und einfachen Menschen, die den Schriften keine

---

[125] Haereticorum fabulorum compendium 3,2; vgl. HEINE, Oracles, Nr. 136.
[126] Isidor von Spanien, Etymologiarum libri XX, 8, 5, 27; vgl. HEINE, Oracles, Nr. 143.
[127] Vgl. HEINE, Oracles, Nr. 6.
[128] Vgl. DEHANDSCHUTTER, MartPol, Appendix II, 233–259.
[129] Vgl. HEINE, Oracles, Nr. 7.
[130] A. a. O., Nr. 11.
[131] A. a. O. Nr. 18.
[132] JENSEN, Töchter, 313.
[133] Daniel-Kommentar 4,20; vgl. HEINE, Oracles, Nr. 31.

sorgfältige Beachtung schenken ..., so daß sie das Evangelium Christi nicht achten.«) »He stresses the importance of basing everything on the authority of Scripture in opposition to giving credence to visions and dreams. He considered prophecy to have ended.«[134] Die Montanisten »go astray by paying more attention to the words of Montanus, Priscilla, and Maximilla than to the Gospels (Haer. 10.25). The crux of the Montanist question for Hippolytus was the issue of additional revelation. The Muratorian Canon ... rejected the Shephard of Hermas ... Joined with Hippolytus' views, it suggests that there was little sympathy for contemporary prophecy at Rome in the late second and early third centuries.«[135]

Ähnliches gilt vom antimontanistischen Anonymus des Eus. h. e. 5, 16f.: »Was indessen im Tun und Treiben eines Montanus, einer Maximilla und deren Gefolgsleute sichtbar wird, kann schlechterdings nur als Pseudoprophetie bezeichnet werden (16,4). Vollzieht es sich doch in mehr als bedenklichen Formen; Verzückung (κατοχή) und παρέκστασις (16,7), die, beginnend mit freiwilliger Unwissenheit, in unfreiwilliger Raserei gipfeln (17,2), sind seine charakteristischen Merkmale. Damit erweist es sich als der Widerpart der echten Prophetie des Alten und des Neuen Bundes (17,3) und steht im Gegensatz zur alten kirchlichen Tradition und Erblehre (16,7). Ὁ τῆς τοῦ εὐαγγελίου καινῆς διαθήκης λόγος (16,3) und die mit ihm in Einklang stehende παράδοσις καὶ διαδοχὴ ἄνωθεν τῆς ἐκκλησίας sind also die Normen, an denen jede Bekundung des Geistes auf ihren Wahrheitsgehalt und ihr Recht hin geprüft sein will.«[136] Dem Evangelium darf man μήτε προσθεῖναι μήτε ἀφελεῖν[137]. Die Kategorie κατὰ τὸ εὐαγγέλιον erscheint also auch beim antimontanistischen Anonymus als verbindliche Norm[138]: κατὰ τὸ εὐαγγέλιον πολιτεύεσθαι (16,3); ἐτήρησαν τὴν ἡμέραν ... κατὰ τὸ εὐαγγέλιον, μηδὲν παρεκβαίνοντες (24,6). Diese legalistische Deutung des Evangeliums als Norm wird in Verbindung mit der Lehrtradition der Kirche (κανὼν τῆς πίστεως; 24,6 / παράδοσις καὶ διαδοχὴ ἄνωθεν τῆς ἐκκλησίας; 16,7) zum »dogmatischen common sense der frühkatholischen Kirche.«[139]

---

[134] HEINE, Gospel of John, 98 unter Berufung auf Hippolyts Daniel-Kommentar 4,19f. und die »Widerlegung aller Häresien« 8,19.

[135] Ebd.

[136] KÜHNERT, Anonymus, 438.

[137] Eus. h. e. 5,16,3; 24,2. Vgl. zur Formelhaftigkeit dieser Wendung Dtn 4,2; 13,1; Apc 22,18f. Vgl. UNNIK, Règle. - Vgl. in diesem Zusammenhang auch die Diskussion um »The Montanist ›Catholic Epistle‹ and its New Testament Prototype« bei WALLS.

[138] TREVETT, Apocalypse, 323 weist in diesem Zusammenhang in einem Atemzug hin auf: »HE v. 16,2 cf. Mart.Pol. i; ii; iv.«

[139] KÜHNERT, Anonymus, 444. Vgl. LUZ, Erwägungen, 106: »An seinem (=Frühkatholizismus) Anfang stand ... die Rückwendung zum ›Apostolischen‹, das feststehende Autorität wird. Ich würde nun vorschlagen, diesen Willen zur Hinwendung zum ›Apostolischen‹ und zur Unterordnung unter das ›Apostolische‹ als das eigentliche Zentrum des Frühkatholizismus anzusehen.«

Jüngere Arbeiten zum Montanismus haben auf die Bedeutung der Schrift
in der antimontanistischen Auseinandersetzung aufmerksam gemacht: »Epiphanius' source demonstrates that Scripture played a central role in the earliest
debate concerning Montanism in Phrygia.«[140] Den Konflikt, der in der frühen
kleinasiatischen Debatte noch im wesentlichen um die Auseinandersetzung
über wahre und falsche bzw. ekstatische Prophetie geführt wird[141], entscheidet
neben der Lebensführung der Prophet/inn/en, der nicht-ekstatischen Ausführung der Prophetie (vgl. Polykarps ruhige Gelassenheit) und der Übereinstimmung von Verheißung und Erfüllung[142] – beides wird über Polykarp
positiv hervorgehoben –, die rechte Auslegung der Schrift. MartPol nimmt
mit dem steten Verweis auf das Evangelium an dieser kontroversen Debatte
über die Schrift teil.

Mit der zentralen Kategorie κατὰ τὸ εὐαγγέλιον in der antimontanistischen
Auseinandersetzung bestätigt sich die These: »Tutta la moderna storiografia,
ivi inclusa quella cattolica, è concorde sull' indiscussa evidenza che nell'
epistola degli Smirnioti la suggestione parenetica si trova ad essere in antitesi
ed in polemico con l'autorità persecutrice che con altre e devianti interpreta-
zioni dello scontro ideologico interne alla religione perseguitata …«[143]

»Vielen Bischöfen wird durchaus klar gewesen sein, welche Gefahr die
unkontrollierbare montanistische Prophetie in sich barg; sie konnten unmöglich dulden, daß neben dem sich eben erst formierenden Kanon neutestament-
licher Schriften die *oracula* neuer Offenbarungen durch die montanistischen
Propheten traten.«[144] Die Kanon-Frage ist schon immer im Kontext der
kirchlichen Abwehr gegen den Montanismus aufgelistet worden[145]; mit der
Kategorie κατὰ τὸ εὐαγγέλιον finden sich im MartPol allererste Anzeichen
davon. »Aus den frühchristlichen Zeugnissen geht hervor, daß Sammlungen
der Aussprüche von Maximilla, Priska und Montan (…) unter ihrem Namen
veröffentlicht waren und daß sie den Anhängern der Bewegung als ›inspirierte
Schriften‹ galten.«[146] So kann Hippolytus später formulieren: Ἕτεροι δὲ καὶ
αὐτοὶ αἱρετικώτεροι τὴν φύσιν, Φρύγες τὸ γένος, … ὧν **βίβλους** ἀπείρους
ἔχοντες πλανῶνται … πλεῖόν τι δι' αὐτῶν φάσκοντες (ὡς) μεμαθηκέναι ἢ ἐκ

---

[140] HEINE, Role, 10. Vgl. auch GROH, Utterance / SCHÜSSLER FIORENZA, Gedächtnis, 89 weist
daraufhin, daß »die MontanistInnen prophetisches Wirken von Frauen mit dem Verweis auf die
Schrift legitimieren«, daß die Gegenseite sich ebenfalls auf die Schrift beruft und endlich der
Prozeß der Kanonisierung einen »patriarchalen Selektionsprozeß widerspiegelt mit der Funktion,
Frauen von der Kirchenleitung auszuschließen.«

[141] Vgl. HEINE, Role, 4–11.

[142] Vgl. a. a. O., 7: »(1) the true prophets (unlike Montanist prophets) spoke in full possession
of their understanding, and (2) the prophecies of true prophets were fulfilled.«

[143] RONCHEY, Indagine, 46.

[144] DASSMANN, Kirchengeschichte I, 128. Ähnlich OPITZ, Alte Kirche, 78: »Der Montanismus,
der sich als abschließende christliche Offenbarung verstand, fördert das kirchliche Bestreben,
den Umfang ›echter‹ urchristlicher Offenbarung schriftlich zu fixieren.«

[145] Vgl. PAULSEN, Bedeutung.

[146] JENSEN, Töchter, 304.

νόμου καὶ προφητῶν καὶ **τῶν εὐαγγελίων**. Ὑπὲρ δὲ ἀποστόλους καὶ πᾶν χάρισμα ταῦτα τὰ γύναια δοξάζουσιν, ὡς τολμᾶν **πλεῖον τι Χριστοῦ** ἐν τούτοις λέγειν τινὰς αὐτῶν γεγονέναι.[147] (»Andere, die eine noch häretischere Anlage haben, Phryger der Abstammung nach ... im Besitze unzähliger, von jenen verfaßter Bücher, gehen in die Irre ... dabei erklären sie, sie hätten durch jene mehr gelernt als aus dem Gesetz und den Propheten und den Evangelien. Sie schätzen diese Weibsbilder höher als die Apostel und jedes Charisma; ja manche wagen zu behaupten, es wohne etwas Größeres in ihnen als Christus.«) »Eusebios tadelt den Übereifer der Kataphrygier, ›neue Schriften‹ zu verfassen, der zu einer Diskussion um den Kanon geführt habe, und er erwähnt die Konfiskation ihrer Bücher unter Konstantin.«[148]

Bonwetsch[149] sieht das Problem Kanon und Montanismus unter der Leitfrage »Wie stand denn aber die Kirche zur Fortdauer prophetischer Gabe?« und verweist auf Harnacks und Overbecks einschlägige Arbeiten zur Geschichte des Kanons. Und schon Schwegler[150] hat »aus dem montanistischen Postulat des Enthusiasmus ... ein negatives Verhältniss zur Tradition und Schrift« erschlossen. Und so kann mit Aland[151] resümiert werden: »Im Zeitalter des sich festigenden Kanons und der an Bedeutung gewinnenden Tradition war eine neue Offenbarungsquelle noch weniger tragbar als vielleicht am Ausgang des ersten Jahrhunderts. Und eine Kirche, welche auf ihrem Wege in die Welt die alte Eschatologie gerade erfolgreich relativiert hatte, konnte sich nicht mehr zurückrufen lassen zur Erwartung eines unmittelbar vor der Tür stehenden Weltendes.«[152] Die Kategorie κατὰ τὸ εὐαγγέλιον mit der Regel μήτε προσθεῖναι μήτε ἀφελεῖν (Eus. h. e. 5, 16,3) stellt sich normativ neuen Offenbarungen und der vermeintlichen Autorität des Parakleten entgegen.[153] Außerdem verweist der Anonymus (Eus. h. e. 5,16,7 f.) auf Montan als παρὰ

---

[147] Refutatio omnium haeresium 8,19; vgl. HEINE, Oracles, Nr. 32. Vgl. auch HEINE, Oracles, Nr. 31: ... ἥνπερ ὁ **Χριστὸς** οὐχ ὥρισεν, ἵνα **τὸ τοῦ Χριστοῦ εὐαγγέλιον** ἀτιμάσωσιν. / Vgl. HEINE, Role, 12: »Hippolyts stresses the importance of basing everything on Scripture in opposition to giving credence to visions and dreams.«

[148] JENSEN, Töchter, 304. Vgl. Eus. h. e. 6,20,3 und vita Constantini 3,56.

[149] Geschichte des Montanismus, 128 ff. / Vgl. LABRIOLLE, Crise, 539 ff.: Conclusion: La constitution du Canon scripturaire.

[150] Montanismus, 105.

[151] Bemerkungen, 143.

[152] ASH, Decline, 228 stellt hingegen die These auf, »that the bishops, not the canon, ›expelled prophecy‹.«

[153] Vgl. CAMPENHAUSEN, Entstehung, 259: »Der kritische Punkt, über dem der Montanismus zur Sekte geworden ist, liegt also nicht unmittelbar in seiner Stellung zum Kanon; er liegt vielmehr in seiner heilsgeschichtlichen Selbstbeurteilung, die mit dem katholischen Normgedanken allerdings kollidieren mußte. Indem die Montanisten nicht darauf verzichten wollten, die überschwengliche Autorität ihres Geistes und ihrer Gründerpropheten absolut zu setzen...« Vgl. PAULSEN, Bedeutung, 29 f.: »Ist nun richtig, daß die montanistischen Aussprüche nicht den Anspruch der kirchlich anerkannten Texte bestreiten, so gilt andererseits aber auch, daß sie in einer Weise neben sie treten, die in ihrem Pochen auf Gültigkeit und Autorität überrascht.«

τὸ **κατὰ παράδοσιν** καὶ κατὰ διαδοχὴν ἄνωθεν τῆς ἐκκλησίας ἔθος δῆθεν προφητεύοντα und auf die **διαστολή τοῦ κυρίου**, die von den Anhängern Montans vergessen werde.[154] Neben die Normativität und Exklusivität des Evangeliums tritt mit der Kategorie κατὰ τὸ εὐαγγέλιον die festgelegte Interpretation:»diese drei Aspekte von Normativität, Exklusivität und festgelegter Interpretation zusammengenommen kennzeichnen die Bedeutung des Montanismus für die Herausbildung des neutestamentlichen Kanons.«[155]

## 9. Die Theologie des Martyriums im MartPol

MartPol hat maßgeblichen Anteil an der Entwicklung einer Theologie des Martyriums. Die neuzeitliche Erforschung der Märtyrertheologie scheint 1859/60 einzusetzen mit der Untersuchung von Gaß[156], der MartPol treffsicher als typisches Beispiel von Zeugnis als Jüngerschaft und Nachahmung des Herrn beschreibt. Heinrici[157] sieht die Substanz christlichen Märtyrertums in der neuen Wertung des Todes in der Nachfolge Jesu. In der frühen systematischen Beschreibung der Märtyrertheologie wird der Blutzeuge immer mit μίμησις und imitatio Christi in Verbindung gebracht: die Vervollständigung des Zeugnisses durch den Tod in Nachahmung Christi macht den Zeugen zum Märtyrer (μάρτυς).[158] Dabei hat jüdischer – der Märtyrer anstelle des Propheten[159] –, hellenistischer – der Märtyrer als stoischer Held[160] – oder autonom christlicher Einfluß – imitatio Christi[161] – die entscheidende Rolle gespielt. Mit MartPol setzt sich der technische »Blutzeuge« = Märtyrer-Be-

---

[154] Vgl. in anti-montanistischem Zusammenhang noch folgende Texte: Epiphan. Pan 48,1,5: ... χαρίσματα ... δεδοκιμασμένα παρά τε **προφητῶν καὶ ἀποστόλων καὶ αὐτοῦ τοῦ κυρίου**; Epiph. Pan 48,10,4: ὁ δὲ **κύριος** ἐλέγχει τὸν τοιοῦτον ...; Epiph. Pan 48,11,3 f.: ὅτε γὰρ εὐθὺς τοῦτο εἶπε Μοντανός, ὑπόνοιαν ἡμῖν δέδωκεν ἀναμνησθῆναι **τὰ ὑπὸ τοῦ κυρίου εἰρημένα**. οὕτως γὰρ **φησιν ὁ κύριος** ἐν τῷ εὐαγγελίῳ:... ἀσύμφονος τοίνυν παντάπασιν ὁ τοιοῦτος (= Montanus) **τῶν Θείων γραφῶν ηὐρέθη**; vgl. auch 48,11,10 und 48,13,6 sowie Hippolyts Danielkommentar 4,20 und seine refutatio omnium haeresium 8,19, vgl. HEINE, Oracles, Nr. 31 f., und Pseudo-Tertullian, Adversus omnes haereses 7, vgl. HEINE, Oracles, Nr. 34: ... et qua dicant paracletum plura in Montano dixisse quam *Christum in Evangelium* protulisse ..., und Origenes, Comm. ser. 47, vgl. HEINE, Oracles, Nr. 47: sola antem ecclesia *neque subtrahit* huius fulguris verbum et sensum, *neque addit* quasi prophetiam aliud aliquid.

[155] PAULSEN, Bedeutung, 43.

[156] Das christliche Märtyrerthum, hier bes. 337

[157] Das altchristliche Märtyrertum.

[158] Vgl. CORSSEN, Begriff, 498 ff. / REITZENSTEIN, Bemerkungen, 459–462.

[159] Vgl. HOLL, Vorstellung / SCHLATTER, Märtyrer / später: SURKAU, Martyrien / FISCHEL, Martyr and Prophet / KLAUSER, Christlicher Märtyrerkult / KRETSCHMAR, Christliches Passa: deutet weniger vom Propheten als vom jüdischen Konzept des Passa und gebundenen Widders (MartPol 14,1) her.

[160] REITZENSTEIN, Bemerkungen.

[161] KRÜGER, Entstehung / CAMPENHAUSEN, Idee.

griff gegen die neutestamentliche Zeugnis-Terminologie durch.[162] Nach Campenhausen[163] steht damit nicht mehr länger das lebendige Bekenntnis (= Zeugnis) Jesu vor den Heiden oder Juden im Mittelpunkt, sondern »die Ermittlung der ›evangelischen‹ Norm des Martyriums« (= Blutzeugnisses). Surkau[164] sieht im Nachahmungsgedanken des MartPol weniger eine Norm als vielmehr Paränese: die Christen sollen Polykarp nachahmen, wie er Christus nachgeahmt hat. Damit beginnt nach Surkau eine neue Literaturgattung.

Auch die jüngere Forschung betont den Nachahmungsgedanken in der Theologie des MartPol, wie schon früh Delehaye[165] formuliert hat: »L'idée-mère de la Passio Polycarpi est un parallèle du martyr avec le Christ souffrant.« Dabei erscheint MartPol als narrative Ausführung ignatianischer[166] Märtyrer-Theologie (IgnRöm 6,3: »Gestattet mir, Nachahmer des Leidens meines Gottes zu sein! ...«) – allerdings mit spezifischen Korrekturen ignatianischer Theologie; so spielt bei Ignatius etwa die ›Vita‹ Jesu keine Rolle[167] und in MartPol 17 f. ist eine deutliche Unterscheidung zwischen Märtyrer und Christus bewahrt.[168] All das zielt auf ein angemessenes Martyriumsverhalten in konkreter Verfolgungssituation. »MPol is clearly directed against a misunderstanding of martyrdom ... The careful distinction in MartPol 17:3 between the worship of Christ and the veneration of martyrs (...) also shows that MPol was taking account of an incipient tendency to honor the martyrs too highly.«[169] Dehandschutter denkt hier an gnostische Martyriumskonzeptionen[170], Buschmann an montanistisches Martyriumsverständnis.[171]

Die Theologie des MartPol ist also hauptsächlich gekennzeichnet durch eine erbauliche Vorbild-Christologie κατὰ τὸ εὐαγγέλιον, in der eine Martyriumsparänese begründet ist. Die Evangelientradition wird paränetisch beerbt im Sinne einer Vorbildethik eines evangeliumsgemäßen Martyriums, wozu Germanikos, Polykarp und Christus gleichermaßen dienen: ἵνα μιμηταὶ καὶ ἡμεῖς αὐτοῦ γενώμεθα (MartPol 1,2). Das MartPol hat zum erstenmal den Gedanken der imitatio Christi in Vollendung durchgeführt.[172] MartPol ist nicht an historischer Darstellung, sondern an theologischer Deutung interessiert; es ist kerygmatisch ausgerichtet. Die neue Form der Darstellung eines

---

[162] Vgl. zur Entwicklung des μάρτυς-Begriffs u. a.: GÜNTHER, Zeuge und Märtyrer / STRATHMANN, Art. μάρτυς / BROX, Zeuge / RORDORF, Martyre.

[163] Idee, 87.

[164] Martyrien, 132.

[165] Passions, 19. – Vgl. ähnlich: CAMELOT, Ignace, 220 ff. / SCHOEDEL, Fathers, 53 f. / CROUZEL, Imitation.

[166] Vgl. dazu BAUMEISTER, Anfänge, 270–289 / BOMMES, Weizen Gottes.

[167] Vgl. BETZ, Nachfolge, 181 f.

[168] Vgl. DEHANDSCHUTTER, Research, 514 Anm. 148.

[169] SCHOEDEL, Polycarp, 358.

[170] Martyre, 665–667.

[171] MartPol 4 / Χριστοῦ κοινωνός / MartPol, 153–160.

[172] Vgl. SURKAU, Martyrien, 133.

Martyriums als wesentlicher Inhalt eines ganzen christlichen Briefes dient der Erbauung und will ein theologisch begründetes Vorbild zur Nachahmung schaffen.

Dazu benutzt MartPol christologisch u.a. den alten παῖς-Titel und betont die Leidensgemeinschaft der Märtyrer mit Christus in antischwärmerischer Absicht: τοῦ λαβεῖν μέρος ἐν ἀριθμῷ τῶν μαρτύρων ἐν τῷ ποτηρίῳ τοῦ Χριστοῦ (MartPol 14,2). Christus fordert als παῖς die Nachfolge und Nachahmung (μιμητής) bis ins Martyrium. Vor allem in der Auseinandersetzung mit montanistischem Selbstruhm wird Christus als παῖς in seiner Niedrigkeit zum Vorbild des Dienens, der Selbstlosigkeit (Phil 2,4 / MartPol 1,2) und des unschuldigen, demütigen Opfers (MartPol 14). Theologisch dominieren im MartPol Christologie und Christusfrömmigkeit in Form einer ansatzweisen Passionsmystik κατὰ τὸ εὐαγγέλιον, die das Martyrium als Hochform der Nachfolge Christi begreift (Χριστοῦ κοινωνός). Dabei dient die Christologie der Paränese; alle epideiktischen Elemente dienen einer symbouleutischen Zielsetzung. Die Rezipienten sollen sich mit dem dargestellten Vorbild identifizieren und es nachahmen. Dem dient die lobende Darstellung des Märtyrergeschicks Polykarps, die veranschaulichen soll, daß mit Gottes Hilfe die moralische Bewährung des Leidenden möglich ist. Wunderelemente in MartPol 15 f. wollen zu solchem Glauben ermutigen. Der Nachahmungsgedanke ὡς καὶ ὁ κύριος / κατὰ τὸ εὐαγγέλιον eignet auch den Martyrien des Stephanus und Jakobus und ist eine geläufige urchristliche Vorstellung. Christologie begegnet nicht im Sinne einer Sühnopfertheorie.[173] Kreuz und Tod begegnen soteriologisch also nur in der ethischen Nachahmungsanwendung. Das Heil wird vermittelt durch die Nachahmung des Herrn ins Martyrium hinein; daneben kennt MartPol eine sakramentale Heilsvermittlung (MartPol 14), wobei Abendmahlsterminologie allerdings bewußt mit Märtyrerterminologie verschränkt wird: ἐν ἀριθμῷ τῶν μαρτύρων (MartPol 14,2). Das Sakrament erfährt eine Ergänzung durch die Nachfolge-Bereitschaft.

Die Eschatologie spielt im MartPol nur eine untergeordnete Rolle; lediglich der traditionelle Gedanke des Fremdseins der Christen in der Welt dient zur Bereitschaft des Ausscheidens aus dieser Welt im Rahmen der Märtyrerdarstellung (MartPol inscr). Der eschatologische Aspekt der Auferstehung ist zwar in MartPol vorhanden, aber wenig betont und traditionell übernommen (MartPol 2,3). MartPol betont eher den Aspekt der Leidensgemeinschaft als den der Auferstehungsgemeinschaft des Märtyrers mit Christus, während etwa in Makk der Auferstehungsglaube die Basis der Sicherheit der Märtyrer bildet. Auferstehungshoffnung bleibt im MartPol gebunden an die Leidensgemeinschaft mit dem Herrn in einem evangeliumsgemäßen Martyrium.

Dem mahnenden und tröstenden Charakter des MartPol entspricht ein gewisses autoritäres Verhältnis gegenüber den Adressaten (vgl. MartPol 4 ...

---

[173] Vgl. dazu LOHSE, Märtyrer und Gottesknecht.

οὐκ ἐπαινοῦμεν ... und Paideutikon am Briefschluß). Es wird eine Traditionskette vermittelt im Sinne von »wie Christus so die Märtyrer so auch wir.« Christus ist der διδάσκαλος für den Märtyrer, der Märtyrer ist διδάσκαλος für den Christen (vgl. MartPol 16,2; 17,3). »Jeder neue μιμητής ist seinerseits wieder Vorbild, wie Christus es war.«[174] Es handelt sich dabei um eine katholisch-orthodoxe Traditionskette, wie sie frühkatholisch-episkopalem Denken entspricht. Christus ist nicht nur Retter unserer Seelen und Lenker unserer Körper, sondern auch Hirt der katholischen Kirche (MartPol 19,2). Polykarp galt in der Alten Kirche als Kirchenmann (vgl. die Betonung der ἐκκλησία in MartPol) und Ketzerbekämpfer par excellence. Er hat doketische Christologie und rigoristische Askese bekämpft. In solcher Frontstellung steht auch MartPol mit Hinweis auf das Zeugnis des Evangeliums und die πάθος-Darstellung des katholischen Bischofs und Ketzerbekämpfers Polykarp. Polykarp galt als entschiedener Vertreter kirchlicher Tradition. Die κατὰ τὸ εὐαγγέλιον-Stilisierung des MartPol entspricht in ihrer Intention den Pastoralbriefen: im Kampf gegen die Ketzer wird die feste apostolische Lehrüberlieferung entscheidend (vgl. MartPol 4: οὐχ οὕτως διδάσκει τὸ εὐαγγέλιον). Die Tradition und der Rückbezug auf die »Schrift« des Neuen Testaments (κατὰ τὸ εὐαγγέλιον) dominiert gegenüber neuen Offenbarungen (anders: MartPerp). Die ethischen Normen erfahren ihre Begründung aus einer Nachfolge-Christologie heraus.

Im Hinblick auf die Ekklesiologie fällt im MartPol zunächst einmal die Abgrenzung von anderen christlichen Gruppen auf (z. B. Montanismus, MartPol 4). Dabei wird die »anti-häretische« Polemik theologisch aus der Tradition κατὰ τὸ εὐαγγέλιον legitimiert und mit dem Amt des Vorbild-Märtyrers Polykarp begründet, der als ἐπίσκοπός τε τῆς ἐν Σμύρνῃ καθολικῆς ἐκκλησίας (MartPol 16,2) bezeichnet wird. Insofern spielt das Amt in MartPol eine wesentliche Rolle - insbesondere im Vergleich zu einem Martyrium wie MartPerp, das auf neue Offenbarungen rekurriert.

Die καθολικὴ ἐκκλησία ist in MartPol von tragender Bedeutung. Ihr wird die Wahrung der Tradition κατὰ τὸ εὐαγγέλιον durch den Bischof Polykarp zugesprochen. Insofern trägt MartPol frühkatholische Züge.

Traditionsgeschichtlich sind hinsichtlich der Theologie des Martyriums in MartPol besonders das Verhältnis von MartPol zur Martyriumstheologie des Ignatius von Antiochien einerseits und zur jüdischen Martyriumstradition andererseits zu bedenken.

Insbesondere Ignatius von Antiochien[175] hat den Gedanken des Schülers und Nachahmers des einzigen Lehrers (IgnMagn 9,1 f.; Eph 1,2; Röm 4,2 f.;

---

[174] REITZENSTEIN, Martyrienliteratur, 462.

[175] Zu Ignatius Vorstellung vom Martyrium vgl. u. a.: CAMPENHAUSEN, Idee, 65–78 / MEINHOLD, Studien, 1–18 / STAATS, Begründung / BOMMES, Weizen Gottes / BAUMEISTER, Anfänge, 257–289 / SCHOEDEL, Ignatius of Antioch, 28–31;178–191; 231–235; 264 f. / BAUER/PAULSEN, Briefe, 73 f. / HENTEN, Einfluß, 711 ff. / PERLER, 4. Makkabäerbuch.

6,3; Trall 1,2) nachhaltig geprägt. In ignatianisch geprägtem Milieu ist Mart-
Pol anzusiedeln. Μίμησις Χριστοῦ-Theologie begegnet bei den Apostolischen
Vätern häufiger als im Neuen Testament. »›Nachahmer‹ (μιμητής) gehört
schon bei Ignatius zur besonderen Terminologie der Märtyreridee (vgl. Brox,
Zeuge, 204–207). So schreibt Ignatius an die Römer (6,3): ›Gestattet mir, ein
Nachahmer des Leidens meines Gottes zu sein!‹ Und an die Epheser (10,3)
schreibt er: ›Bestreben wollen wir uns, Nachahmer des Herrn zu sein.‹ Wer
um seines Namens willen leidet, das Martyrium erleidet, verherrlicht ihn (1
Petr 4,16; vgl. 3,14). ›Alle, die jemals wegen des Namens gelitten haben, sind
herrlich bei Gott‹, so heißt es in dem 9. Gleichnis des Hermas (Sim IX,
28,3).«[176] Die Rückkopplung des μάρτυς-Titels an das Evangelium und Christi
Leiden läßt das Martyrium im ignatianischen Sinne als einen antischwärme-
rischen Beweis erscheinen. Der wahre Märtyrer drängt nicht voreilig zum
Martyrium, um es dann nicht zu vollziehen (MartPol 4), sondern ist Zeuge
der Tat im Mitvollzug der Passion Christi. (Fehlgedeutete) ignatianische
Martyriumssehnsucht wird aber in MartPol kritisch beleuchtet. Auch der in
MartPol 14 begegnende Gedanke vom Martyrium als Opfer kann gut auf
Ignatius zurückgehen. Der παῖς θεοῦ soll – eucharistisch vermittelt – zur
Nachahmung innerhalb aller Bedrohung ermutigen. Niedrigkeit und Demut
sowie dankbare Nachfolge im Leiden widersprechen dabei (montanistischem)
Selbstruhm. Mit Ignatius gemein hat MartPol auch die christologische Ori-
entierung und leidensparänetische Ausrichtung des Martyriums als Verbin-
dung des Märtyrers mit seinem Herrn in Nachahmung und Leid (vgl. auch
Polyk 1,1 f.; 8,2; 9 f.), allerdings mit von Ignatius spezifisch unterschiedener
Terminologie: πάθος und ἀνάστασις begegnen nicht, die ›Vita‹ Jesu spielt
keine Rolle, der technische μάρτυς-Titel begegnet bei Ignatius noch nicht. Die
Beziehungen zwischen Ignatius und Polykarp sind direkte; sie kennen sich
persönlich. »So ist es mehr als eine Vermutung, daß seine eigenen Gedanken
von Ignatios beeinflußt sind und auch das Verständnis des Martyriums in
seiner Gemeinde beeinflußten, die den Bericht über seinen Tod verfaßte.«[177]
    Eine entscheidende Grenzlinie scheint zwischen »desiring and provoking
martyrdom«[178] zu verlaufen. Ignatius befindet sich offenbar exakt in diesem
Grenzbereich, wenn er etwa IgnRöm 4,1 formulieren kann: ἐγὼ ἑκὼν (vgl.
MartPol 4) ὑπὲρ θεοῦ ἀποθνήσκω, ἐάνπερ ὑμεῖς μὴ κωλύσητε. Solches Verlangen stand montanistischer Interpretation zumindestens offen und ein solcher (mißverstandener) Ignatianismus könnte dem späteren montanistischen
Martyriumseifer jedenfalls förderlich gewesen sein: »Hat Ignatius sein Verlangen nach dem Tod im Martyrium so weit getrieben, daß er es bewußt
herbeiführte, so befindet er sich damit jedenfalls im Gegensatz zum Durchschnittsbewußtsein der Kirche. Hervorragende Christen haben sich dem Zeu-

---

[176] BAUER, Polykarpbriefe, 61.
[177] CONZELMANN, Bemerkungen, 6.
[178] TABBERNEE, Voluntary Martyrdom, 37.

gentod entweder selbst durch die Flucht entzogen oder doch ein solches Entweichen gebilligt.«[179] Ignatius aber scheint noch diesseits der Grenze zu stehen; denn »ob aus dem ἑκών herauszulesen ist, daß Ign sich mit Absicht zum Martyrium gedrängt und den Konflikt mit der Behörde selbst gesucht hat, bleibt ungewiß. Andernfalls würde das ἑκών die Bedeutung von ›gerne‹ haben.«[180] Sehnsucht (desiring) nach dem Martyrium scheint erlaubt, standhaftes Bekennen gefordert.

Jedenfalls kann auch der Ignatius-Schüler Polykarp seine Sehnsucht dankbar formulieren: εὐλογῶ σε, ὅτι ἠξίωσάς με τῆς ἡμέρας καὶ ὥρας ταύτης (MartPol 14,2), sein Martyrium wie Ignatius als Gott wohlgefälliges Opfer begreifen (MartPol 14 / IgnRöm 4,1 f.) und christologisch interpretieren[181] sowie seine Standhaftigkeit ausdrücken: Χριστιανός εἰμι (MartPol 10,1; 12,1.2).

Neben den deutlichen Gemeinsamkeiten zwischen MartPol und Ignatianischer Theologie[182] dürfen aber auch die Differenzen zum Martyriumsverständnis des Ignatius nicht übersehen werden; zumindestens in viererlei Hinsicht präzisiert und korrigiert MartPol den Lehrer Ignatius: a) Das bei Ignatius positiv besetzte und schillernde ἑκών[183] wird in MartPol 4 negativ gewertet und freiwilliges Hindrängen zum Martyrium verurteilt. b) Ignatius höchst individuelle Aussagen zum Martyrium angesichts seines bevorstehenden Märtyrertodes, die ihn ein gutes Stück von der Gemeinde isolieren[184] und dem latenten Egoismus von Enthusiasten und mißverständlicher Verallgemeinerung auf alle Christen zumindestens offenstanden, werden in MartPol deutlich gemeinschaftlich und altruistisch relativiert: μὴ μόνον ἑαυτὸν θέλειν σώζεσθαι ἀλλὰ καὶ πάντας τοὺς ἀδελφούς (MartPol 1,2). Die mystische Einigung (ἕνωσις) mit dem πάθος Ἰησοῦ Χριστοῦ bei Ignatius weicht der paränetischen

---

[179] BAUER/PAULSEN, Ignatius, 74. Dort Belege. – Vgl. WENDEBOURG, Martyrium, 307: »Bei der großen Mehrheit der Stimmen, die sich dagegen (= Drängen zum Martyrium) aussprach, fällt auf, wie uneinheitlich und unsicher die Argumente sind, mit denen man es tat ... Daß man das Drängen nach dem Martyrium ablehnt, ist überwiegend der Fall; doch man besitzt keine theologischen und ethischen Argumente dafür, sie hat man alle für die Erhebung des Martyriums verbraucht ...«

[180] BAUER/PAULSEN, Ignatius, 73.

[181] MartPol 1,1 u. ö.: κατὰ τὸ εὐαγγέλιον; 1,2: ὡς καὶ ὁ κύριος; 2,2: οἱ ... μάρτυρες τοῦ Χριστοῦ; 6,2: Χριστοῦ κοινωνός. – Bei Ignatius vgl. das Stichwort: θεοφόρος, vgl. BAUER/PAULSEN, Ignatius, 22 f.;26 / PAULSEN, Studien, 183 ff.

[182] a) Nachahmungsgedanke und christologische Orientierung des Martyriums: MartPol 1,2; 17,3; 19,1; IgnEph 1,2; 15,1; IgnMagn 9,1; IgnTrall 5,2. b) Antidoketisch-martyrologische Begrifflichkeit: MartPol 2,2; 14,2; 17,3; IgnSm 4,2; 5,1; IgnTrall 10. c) Verbindung von Martyrium und Eucharistie: MartPol 14; IgnRöm 2,2; 4,1 f.; IgnSm 7,1. d) Märtyrergedächtnistag als ἡμέρα γενέθλιος: MartPol 18,3; IgnRöm 6,1; e) κατά-Formulierungen: MartPol 1,1; 4; 19,1 (κατὰ τὸ εὐαγγέλιον); IgnEph 8,1 (κατὰ θεόν); IgnMgn 1,1; IgnPhil 8,2 (κατὰ Χριστομαθίαν); IgnPolyc 1,3 (κατὰ ὁμοήθειαν θεοῦ) u. ö.

[183] IgnRöm 4,1; vgl. IgnMagn 5,2: αὐθαιρέτως; vgl. BAUER/PAULSEN, Ignatius, 73 f.

[184] Vgl. PAULSEN, Studien, 183 ff.

Orientierung eines μιμεῖσθαι κατὰ τὸ εὐαγγέλιον Χριστοῦ im MartPol (19,1).
c) Jenes ignatianische Gleichwerden mit Christus (IgnRöm 2,1; 4,1 f.; u. ö.)[185],
das eine Unterlegenheit des Märtyrers unter die Person Christi als des Vorbilds in der Parallelität des Geschehens zumindestens nicht ausdrücklich
wahrt, erfährt von MartPol 17,3 her Kritik, wo die Unterscheidung zwischen
Gottes Sohn und den Märtyrern deutlich hervorgehoben wird: »Imitation
could be understood as identification with Christ (cf. Ignatius; Martyrdom
of Lyon). But in MPol the study of the formulae ›as the Lord‹ and ›according
to the gospel‹ indicate another understanding: the martyrdom is an expression
of the will of God. The tendency of MPol is precisely to make a distinction
between the martyr and Christ (Ch. 17) and to indicate the correct attitude
in persecution ...«[186] d) Der Unruhe des Ignatius (IgnTrall 4,1 f.; Röm 7,1
u. ö.) steht die ruhige Gelassenheit Polykarps gegenüber (MartPol 6,2 u. ö.).

Die Beziehungen des MartPol zur jüdischen Märtyrer-Tradition sind besonders von van Henten[187] untersucht worden. Demzufolge weist MartPol
keine direkte literarische Abhängigkeit etwa von 2./4. Makk auf – gegen
Perler –, steht aber in gemeinsamer martyrologischer Tradition und indirekter
Abhängigkeit durch folgende Sachverhalte.
Indirekte Abhängigkeit:
1) gemeinsames Aufbauschema, besonders in MartPol 5–16,
2) gemeinsame Motive (z. B. Alter des Märtyrers, Verachtung der Folter,
   Siegerkranz, Freude im Leiden etc.),
   direkte Abhängigkeit:
3) letztes Gebet des Märtyrers (Dan 3,39 f. LXX/Th – MartPol 14, spezifisch
   christianisiert),
4) Feuerwunder (Dan 3,46–50LXX/Th – MartPol 15).
Als spezifisch am MartPol gegenüber der jüdischen Martyriumstradition erweist sich:
1) MartPol 1–4 und 17–20:
   – Brief-Martyrium,
   – innerchristliche, paränetische Ausrichtung,
   – Auseinandersetzung mit anderen Märtyrerkonzeptionen
   – Frage nach der Verehrung der Märtyrer,
2) Parallelen zur Leidensgeschichte Jesu κατὰ τὸ εὐαγγέλιον.
Als zeitlich begrenzter katholischer Diaspora-Brief[188] ist MartPol zunächst
anti-montanistisch ausgerichtet, wenngleich seine Wirkung über den konkre-

---

[185] Vgl. CAMPENHAUSEN, Idee, 78: »Ein grundsätzlicher Unterschied zwischen dem zur Voll-
kommenheit gelangten Lehrer und Schüler ist nicht mehr zu erkennen.« – Vgl. auch PAULSEN,
Studien, 183 f. / BROX, Zeuge, 221 f.
[186] DEHANDSCHUTTER, Research, 514.
[187] Einfluß, 714–723. – Vgl. auch SURKAU, Martyrien, 9–82 / WEINRICH, Spirit, 1–15 /
BAUMEISTER, Anfänge, 6–65; 295–298.
[188] Vgl. HOLL, Vorstellung, 76: »Bei der Brieferzählung ist der Brief nicht bloße Einkleidung.«

ten pragmatischen Anspruch hinausgeht. In orthodox-kirchlichem Sinne dient MartPol in einer Verfolgungssituation der Paränese zu rechtem Martyriumsverhalten und warnt dabei insbesondere vor voreiligem montanistischen Drängen zum Martyrium. MartPol ermahnt zu standhaftem Durchhalten eines begonnenen Martyriums, indem es erbaulich-christologische Verkündigung betreibt. »Tatsächlich ist die Schlußfolgerung unausweichlich – wenn man die Verfolgungslogien der Evangelien im Lichte der späteren Verfolgungsliteratur studiert –, daß der Zweck jener Logien und dieser Literatur derselbe war … nämlich die Anhänger des Christuskultes auf Verfolgungen vorzubereiten … So war es ihr unmittelbarer Zweck, den Verfolgten zum ›Bekennen‹ seiner Treue zu ermutigen oder, negativ, dem ›Verleugnen‹ vorzubeugen … Tatsächlich sind die Verfolgungslogien ausgezeichnete Beispiele urchristlicher Paränese.«[189]

Der pragmatische Anspruch des MartPol ist folglich nicht in apologetischer (so aber die Märtyrer-**Akten**) oder missionarischer Absicht zu sehen, sondern in innerchristlicher Auseinandersetzung.[190] Polykarp ist dargestellt als orthodoxes Vorbild für katholische Christen gegenüber Häretikern – nicht als argumentierender Redner gegenüber Heiden. MartPol liefert als wirklicher Brief (vgl. 2.2.1.) seinen Beitrag zu einer innerchristlichen Auseinandersetzung: ἵνα **ἡμῖν** ὁ κύριος ἄνωθεν ἐπιδείξῃ τὸ κατὰ τὸ εὐαγγέλιον μαρτύριον … ἵνα μιμηταὶ καὶ **ἡμεῖς** αὐτοῦ γενώμεθα (MartPol 1). Es handelt sich um Tendenzliteratur mit gemeindepolitischem, paränetischem und dogmatischem Charakter.

MartPol ist zunächst bemüht um eine Auseinandersetzung mit dem Montanismus (vgl. MartPol 4).[191] In beinahe amtlichen Ton wird das Martyriumsverhalten der Montanisten mißbilligt; in MartPol wird die Märtyrerthematik katholisch-orthodox usurpiert, indem dem Bischof und Ketzerbekämpfer Polykarp das rechte Martyriumsverhalten zugeschrieben wird, gegen ein Drängen zum Martyrium; denn Polykarp flüchtet zunächst (MartPol 5–8). MartPol hat den pragmatischen Anspruch, der Gemeinde in der Verfolgungssituation das richtige Verhalten in Form einer evangelischen Norm des Martyriums vor Augen zu halten und sie in solchem Verhalten zu bestärken: ἴσχυε, Πολύκαρπε, καὶ ἀνδρίζου (MartPol 9,1). Dabei kann das Verhältnis von MartPol zu den Adressaten, anders als in MartLugd, wegen der fehlenden laudatio als durchaus gespannt betrachtet werden. MartPol hat eine Vorbild-

---

[189] RIDDLE, Verfolgungslogien, 286 f. – Vgl. BARNES, Pre-decian, 528: »The Martyrdom of Polycarp and the Martyrs of Lugdunum are both letters written in the first instance to definite recipients by Christian communities which had suffered persecution.«

[190] Vgl. CAMPENHAUSEN, Mission, 76, der von einer »Doppelseitigkeit« des Martyriums spricht, das eine innerchristliche und eine missionarische Zielrichtung habe.

[191] Anders DEHANDSCHUTTER, Martyre, 666: »Il nous semble très invraisemblable que l'auteur du M.Pol. réagisse déjà contre une conception montaniste … Nous sommes assez tentés … à chercher une solution dans une autre direction, notamment, la polémique avec certains conceptions gnostiques … du martyre.«

empfehlende (vgl. die μαθητής- und μίμησις-Begrifflichkeit), tadelnd-zurecht-weisende und tröstend-erbauliche pragmatische Intention. Als offene Diaspora-Brief-Broschüre behandelt es in der Zeit für die Zeit aus konkretem Anlaß die Frage nach rechtem Martyriumsverhalten: das evangeliumsgemäße Martyrium dient der Begründung der Ablehnung des Drängens zum Martyrium. Montanistische Charismatiker sollen zu Nüchternheit ermahnt und träge Christen zu einem, wenn notwendigen, standhaften Martyrium ermutigt werden. Dazu werden antithetisch verschiedene Formen des Märtyrerverhaltens vor Augen gestellt (MartPol 3 f.). Polykarp erscheint als paradigmatischer Bewältiger von Leiden; Wunder (MartPol 15 f.) belobigen und bestätigen sein Verhalten.

# Kommentar

## Martyrium des Heiligen Polykarp, Bischof von Smyrna

### Das Präskript

a Die Kirche Gottes, die zu Smyrna in der Fremde wohnt, an die Kirche Gottes, die in Philomelium in der Fremde wohnt, und an alle in der Fremde wohnenden Gemeinden der heiligen und katholischen Kirche an jedem Ort.

b Barmherzigkeit, Friede und Liebe Gottes des Vaters und unseres Herrn Jesus Christus möge sich mehren.

*Lit.:* ANDRESEN, C., Zum Formular frühchristlicher Gemeindebriefe, ZNW 56, 1965, 233–259 / BERGER, K., Apostelbrief und apostolische Rede. Zum Formular frühchristlicher Briefe, ZNW 65, 1974, 190–231 / BULTMANN, R., Art. »Briefliteratur, urchristliche, formgeschichtlich«, ²RGG 1, 1254–1257 / BRUCKER, R., »Christushymnen« oder »epideiktische Passagen«? Studien zum Stilwechsel im Neuen Testament und seiner Umwelt, Diss. theol. (masch.), Hamburg 1995, 265–292 / BUSCHMANN, G., Martyrium Polycarpi. Eine formkritische Studie. Ein Beitrag zur Frage nach der Entstehung der Gattung Märtyrerakte, BZNW 70, Berlin/NewYork 1994, 78–103 / DEHANDSCHUTTER, B., Martyrium Polycarpi. Een literair-kritische Studie, BEThL 52, Leuven 1979, 157–190 / DEHANDSCHUTTER, B., The Martyrium Polycarpi: a Century of Research, ANRW 2.27.1, 485–522: 495 f. / DOTY, W. G., The Classification of Epistolary Literature, CBQ 31, 1969, 183–199 / FASCHER, E., Art. »Briefliteratur, urchristliche, formgeschichtlich«, ³RGG 1, 1412–1415 / PETERSON, E., Das Praescriptum des 1. Clemens-Briefes, in: ders., Frühkirche, Judentum und Gnosis. Studien und Untersuchungen, (Nachdruck) Darmstadt 1982, 129–136 / RONCHEY, S., Indagine sul Martirio di San Policarpo, Nuovi Studi Storici 6, Roma 1990, 33–44 und 67–78 / SCHNIDER, F. / STENGER, W., Studien zum neutestamentlichen Briefformular, NTTS 11, Leiden 1987 / VOUGA, F., Apostolische Briefe als ›scriptura‹. Die Rezeption des Paulus in den katholischen Briefen, Schmidt, H.H./Mehlhausen, J., Hgg., Sola scriptura: das reformatorische Schriftprinzip in der säkularen Welt, Gütersloh 1991, 194–210 / WHITE, J. L., New Testament Epistolary Literature in the

Framework of Ancient Epistolography, ANRW 2.25.2, Berlin/NewYork 1984, 1730–1756.

Seine briefliche Anlage[1] und sein briefliches Rezeptionsinteresse mit paränetisch-kerygmatischer Intention verdeutlicht MartPol durch den Anklang an frühchristliche Brieferöffnungen mit typisch zweiteiligem Präskript. Eine konkrete Briefsituation ist vorauszusetzen; die Briefform muß beachtet werden.

Charakteristisch ist, daß in der adsriptio eine laudatio fehlt, was auf kritische Distanz zu den Adressaten hindeutet[2]; charakteristisch ist ferner der Verzicht auf eine nähere Beschreibung des Absenders und Fehlen eines Proömiums sowie die Erweiterung zum katholischen Diaspora-Rundschreiben[3] durch καὶ πάσαις ταῖς ... παροικίαις, wobei παροικ-[4] durch mehrfache Nennung und anstelle des einfachen τῇ ἐκκλησίᾳ ... τῇ οὔσῃ (1 Kor / IgnEph) betont ist. Die bedrohte Märtyrerkirche fühlt sich besonders fern der himmlischen Heimat als Fremdling auf Erden (vgl. Gen 17,8; Ex 6,4; Lk 16,13; 1 Petr 1,1.17; 2,11; Eph 2,19; Hebr 11,9 f.13–16;13,14; Phil 3,20[5]; Act 7,6; 13,17; IgnRöm 6,1; 1 Clem inscr.; Polyk inscr.; Diogn 5,5.9;6,8; HermSim

---

[1] Im Präskript mit den üblichen Bestandteilen: superscriptio, adscriptio, salutatio. Vgl. die bei DEHANDSCHUTTER, MartPol, 166 abgedruckten vergleichbaren Briefpräskripte sowie DEHANDSCHUTTER, MartPol, 157–190; RONCHEY, Indagine, 33–44; BUSCHMANN, MartPol, 78–103.

[2] Vgl. aber 1 Kor inscr, 1 Clem inscr und MartLugd, wo sich die Gallier den Brüdern in Asien und Phrygien(!) besonders verwandt fühlen: τοῖς ... τὴν αὐτὴν ... πίστιν ... ἔχουσιν ἀδελφοῖς. Nach KRAFT, Lyoner Märtyrer, 254, sind die Lyoner mit den Adressaten in Asien und Phrygien in ihrem promontanistischen, charismatisch-antiinstitutionellen Amtsverständnis einig. MartPol inscr. weist aber gerade erhebliche Unterschiede zu MartLugd inscr. auf: in MartPol fehlt neben der laudatio die Bezeichnung der Adressaten als ἀδέλφοι und δοῦλοι Χριστοῦ. Im MartLugd ist der institutionelle ἐκκλησία-Begriff (bewußt?) vermieden und der Friedenswunsch vor die χάρις gestellt.

[3] Vgl. PETERSON, Praescriptum, 135 f., der das auffällige zweimalige παροικοῦσα nicht vom religiösen Symbolismus des Fremdseins in der Welt her erklären will, sondern auf den jüdischen Diaspora-Rundbrief verweist: »damit wird aber deutlich, daß sowohl die νουθέτησις wie das μαρτύριον die literarische Form einer καθολικὴ ἐπιστολή verlangt. Es ist sehr interessant, was der Antimontanist bei Eusebius, h. e. 5, 18, 5, zum montanistischen Konfessor Themison bemerkt: ὡς μάρτυς καυχώμενος, ἐτόλμησεν, μιμούμενος τὸν ἀπόστολον **καθολικήν** τινα συνταξάμενος **ἐπιστολήν**, κατεχεῖν μὲν τοῦς ἄμεινον αὐτοῦ πεπιστευκότας. Mir scheint, daß diese Aussage des Antimontanisten die hier vertretene Auffassung von καθολικὴ ἐπιστολή und Charisma völlig bestätigt und auch den Zusammenhang mit der νουθέτησις (beim Antimontanisten in polemischer Formulierung: κατηχεῖν) deutlich macht.« – Vgl. SCHNIDER/STENGER, Briefformular, 33 f.; DEHANDSCHUTTER, MartPol, 184 ff.; BERGER, Formgeschichte, 366. Kritisch gegen PETERSON: DEHANDSCHUTTER, MartPol, 169; BEYSCHLAG, Clemens Romanus, 23.

[4] Vgl. MUNDLE, Stephanusrede, 140 f.; ALAND, Verhältnis, 230–239; SCHÄFKE, Widerstand, 562 f.; LABRIOLLE, Paroecia, 64 f.: in MartPol »apparaît pour la première fois le substantif παροικία au sens d'Eglise locale.« Zu παροικεῖν vgl. COLIN, empire, 85 Anm. 362. – Vgl. die antimontanistische Polemik des Apollonius gegen den Pseudo-Märtyrer Alexander (Eus. h. e. 5,18,9), den seine eigene Heimatgemeinde (ἡ ἰδία παροικία) nicht wiederaufnahm.

[5] Zu dieser zentralen Schriftstelle vgl. ALAND, Verhältnis, 234–237: »Phil. 3,20 in der Literatur des 2. Jahrhunderts.«

1,1 ff.; Tert. ad martyras 3,3; adv. Marc. 3,24; Justin, Apol 1,11) und sucht in diesem Leben, das doch nur ἄδικος und ἄνομος ist (MartPol 3,1; vgl. 2 Clem 6) keine Heimat (κατοικεῖν): so kann der eschatologische Topos vom Fremdsein in dieser Welt zu paränetischer Aufmunterung zum Martyrium benutzt werden (vgl. 2 Clem 5,1 ff.).[6] MartPol hat glaubenstärkende, erbauliche Tendenz. Auch der Diakon Sanctus im MartLugd gibt keinerlei Auskunft über seine weltlichen Verhältnisse und praktiziert damit die Fremdheit des Christen (Eus. h.e. 5,1,20).[7] Auffälligerweise hingegen mildert MartPol 10,2 das Fremdsein in der Welt gut frühkatholisch gegen jeden Rigorismus ab durch Anklang an Röm 13.[8]

Der den Griechen durchaus geläufige Ausdruck ἐκκλησία θεοῦ bekommt als paulinischer Sprachgebrauch eine christliche Färbung. Die Kirche bewohnt Smyrna ohne Heimatberechtigung, die Christen sind Fremdlinge. Die gesamte Terminologie incl. des παροικεῖν stammt aus dem formgeschichtlichen Vorbild des Briefanfangs des spätjüdischen Diasporaschreibens, dem die »katholischen Briefe« der frühchristlichen Literatur vielfach entsprechen.[9] »Die παροικία ist, wie Jesus Siracides, Prol. 34, zeigt, die Diaspora, die ἐκκλησία παροικοῦσα demnach: die Christusgläubigen außerhalb Palästinas. Der christliche Brief ist eine Erbe des jüdischen Briefes.«[10] »Von der ›terra peregrinationis‹ ist oft die Rede (Jub 27,9), da ist es Mesopotamien; dann Ägypten: Peregrinantes peregrinati sunt patres nostri ab initio in Aegypto (4 Esr 14,29). Vergleiche noch Apg 7,6.29; 13,17; 1 Petr 1,17; 2,11. Dem griechisch Sprechenden war der Unterschied zwischen κατοικεῖν und παροικεῖν durchaus vertraut. So erklärt Cyrill von Alexandrien († 444) Ps 14,1 so: ›Wer in diesem Leben als Fremder wohnt (παροικῶν) und das jetzige Leben wie Schatten und Heu bloß im Vorübergehen genießt, der wird im zukünftigen Reich zelten (Ps 14,1), d.h. richtig wohnen (κατοικεῖν) können.‹«[11]

Das prachtvolle und wohlhabende Smyrna, das heutige Izmir, ist eine alte, mit Ephesus und Milet konkurrierende Handelsstadt an der Westküste Kleinasiens von erheblicher wirtschaftlicher Bedeutung.[12] Als eine der sieben Kirchen der Sendschreiben der Apc (2,8–11) wurde Smyrna sicherlich schon in der zweiten Hälfte des 1.Jhdts christianisiert und erlebte wohl eine kurze Verfolgung unter Domitian (81–96 n. Chr.). Smyrna beherbergte eine einflußreiche jüdische Kolonie, vgl. MartPol 17,2–18,1.

---

[6] Vgl. WENGST, 2 Clem, 245 Anm.34; vgl. auch HermSim 1,1 ff.; Diogn 5,5 ff. und die Aufforderung Apk 18,4 in der Martyriumssituation.

[7] Vgl. ActCarpi 3; ActJust 4,8; ActScil 6; ActCypr 1,2; ActPionii 18,7. – Hier liegt z.T. expliziter Bezug zu der eschatologischen Grundhaltung in Phrygien vor, vgl. ActJust 4,8.

[8] Vgl. ActApoll 8 f. – Vgl. ALAND, Verhältnis, 227–229.

[9] Vgl. PETERSON, Praescriptum / ANDRESEN, Formular. – Vgl. die beigefügte Synopse zu Inscr MartPol; 1 Kor; 1 Clem; PolPhil; MartSabae.

[10] PETERSON, Praescriptum, 129.

[11] BAUER, Polykarpbriefe, 36.

[12] Vgl. CADOUX, Ancient Smyrna / BAUER, Polykarpbriefe, 9 f. Dort weitere Lit.

Eine ganze Gemeinde ist Absender (vgl. 1 Clem; MartLugd); die Urheber-
fiktion ist verlassen. Das Universale wird sowohl bei Absender wie Adressat
deutlich: das doppelte πᾶς (καί πάσαις ταῖς κατὰ πάντα τόπον) (vgl. 1 Kor
1,2b; Dan I 4,1) erzeugt ökumenischen Charakter und wird durch die Einführung des Begriffs καθολικός (MartPol inscr; 8,1; 16,2; 19,2), der in
Verbindung mit ἐκκλησία erstmals in christlichem Sprachgebrauch bei IgnSm
8,2 begegnet[13], bestätigt. Dabei ist im Hinblick auf die durchgängige κατὰ τὸ
εὐαγγέλιον-Stilisierung des MartPol und das *Bischofs*-Martyrium (vgl. den
Bezug zur Eucharistie in IgnSm 8,1 f. und MartPol 14) des Polykarp die
Nähe zur Formulierung in IgnSm 8,2 aufschlußreich: ὅπου ἂν φανῇ ὁ ἐπίσκοπος, ἐκεῖ τὸ πλῆθος ἔστω, ὥσπερ ὅπου ἂν ᾖ Ἰησοῦς Χριστός, ἐκεῖ ἡ καθολικὴ
ἐκκλησία: Christus ist der Grund der καθολικὴ ἐκκλησία, die also bei Ignatius
(vgl. die vielen weiteren Übereinstimmungen von Ign mit MartPol) zunächst
jene überirdische transzendente Wirklichkeit meint, die das Urbild der Orts-
kirchen darstellt und von Christus repräsentiert wird.[14] Christus und Kirche
gehören zusammen (IgnPhil proem; IgnSm 1,2;8,2; 2 Clem 14,2-4), wo
Christus (nicht) ist, ist auch (nicht) katholische Kirche (IgnSm 8,2).
    Dabei schwankt der Begriff zwischen den Bedeutungen »ökumenisch-all-
gemein«[15]und »katholisch-orthodox«.[16] Die im gesamten MartPol vorfindliche
Kritik am Montanismus und dessen Martyriumseifer läßt die katholisch-orthodoxe Bedeutung auch in MartPol inscr. durchaus mitklingen. Das bestätigt
sich insbesondere durch einen Vergleich mit der inscriptio des MartLugd
hinsichtlich des Begriffs ἐκκλησία; der auffällig häufigen Verwendung im
MartPol kontrastiert der Befund im MartLugd: »Im Briefpräskript der Lyoner
Akten fehlt, im Unterschied von allen andern kirchlichen Schreiben aus dieser
Zeit, das Wort Ekklesia in der Absender- wie in der Empfängerangabe ...
Hier wird das Wort ›Ekklesia‹, so gut es geht, vermieden. Da es die erklärte
Absicht der Verfasser war, zum Frieden in Kleinasien beizutragen, haben wir
zu schließen, daß das vermiedene Wort geeignet war, Unfrieden hervorzuru-
fen. Bei Ausbruch der Streitigkeiten muß der Begriff Ekklesia die Gegensätze
zwischen Montanisten und Antimontanisten vertieft haben. Darum unterließen
die Gallier den Gebrauch.«[17]

---

[13] Vgl. BAUER/PAULSEN, Briefe, 96; vgl. STOCKMEIER, Begriff.

[14] Vgl. STOCKMEIER, Begriff, 70 f.

[15] MartPol 8,1, vgl. 5,1; Vgl. die Übersetzung »allgemeine« Kirche bei LINDEMANN/PAULSEN,
Apostolische Väter, 261; SCHOEDEL, MartPol, 51.

[16] MartPol 16,2, vgl. DEHANDSCHUTTER, MartPol,103. Gegen die Vielzahl der Forscher ist
MartPol 16,2 keineswegs zwingend eine spätere Interpolation, z.B. REUNING, Erklärung, 20-23,
der MartPol 16,2 als Interpolation betrachtet.

[17] KRAFT, Lyoner Märtyrer, 261, mit dem Hinweis: »Wir kennen 34 Briefpräskripte, mit
denen wir vergleichen können; überall sonst steht ein Hinweis auf das geistliche Amt der
Absender oder Empfänger oder auf die Gemeinde als Körperschaft. Darum können die Gallier
nicht zufällig jeden derartigen Hinweis unterlassen haben.« - Vgl. auch die Lästerungen der
Montanisten gegen die ganze, überall unter dem Himmel verbreitete Kirche, Eus. h. e. 5, 16,9.

Mit Keim[18] ist festzuhalten: a) der Ausdruck καθολικὴ ἐκκλησία begegnet im MartPol auffällig häufig. b) die Formulierung »Bischof der katholischen Kirche in Smyrna« (MartPol 16,2) ist ungewöhnlich nicht nur wegen der Zurückwendung des Allgemeinbegriffs zum Einzelbegriff in der Ehrenbezeichnung »katholisch« für einzelne Städte, sondern auch wegen der Verbindung mit dem Titel des Bischofs, so daß der montanistische Tertullian die ecclesia numerus episcoporum (pud. 21) verhöhnen kann. c) Polykarp selbst ist als der Prototyp eines Vertreters des katholischen Glaubens dargestellt[19] (MartPol 16,2) und als Bewahrer und Fortsetzer der alten Lehre κατὰ τὸ εὐαγγέλιον erfüllt er ein Hauptpostulat der frühkatholischen Kirche. d) Endlich ist MartPol ein »katholisches Produkt« durch den »ziemlich reiche(n) und ächt katholische(n) Schriftgebrauch«[20], indem MartPol bei seinen zahlreichen Christus-Parallelen sowohl der synoptischen als auch der johanneischen Tradition folgt.

Sowohl die lokale wie die universale Ekklesia sind ἐκκλησία τοῦ θεοῦ; zunehmend aber sine nomine loci konstruiert (vgl. MartPol inscr. b; 5,1; 8,1; 19,2) wird ἐκκλησία »immer mehr zur ausschließlichen Bezeichnung der Gesamtkirche, παροικία aber zu einem technischen Ausdruck für die Einzelgemeinde im Gebiet dieser Kirche.«[21] Πᾶς, καθολικός und κατὰ τὴν οἰκουμένην[22] belegen, für wie bedeutsam der geschilderte Sachverhalt und die Intention des MartPol von den Absendern in der *ganzen* Kirche angesehen werden. In einer »Katholizität der Schicksalsgemeinschaft«[23] soll der Hinweis auf die Leiden der eigenen und der übrigen Gemeinden zugleich trösten und ermahnen (vgl. 1 Petr 5,9). »Der Diasporabrief warnt, mahnt, tröstet um der Identitätswahrung willen.«[24] Absender und Empfänger in exakt paralleler Formulierung stehen in Hinblick auf Leidens- und Diasporasituation auf einer Stufe, die fehlende laudatio auf die Adressaten aber läßt dennoch Kritik erwarten.[25]

Die Richtung dieser Kritik ist deutlich: Philomelium[26] an der Südostgrenze Phrygiens, des montanistischen Kernlands (vgl. MartPol 4!) unweit Antiochia ad Pisidias. Entsprechend dem ökumenischen Ausblick sind alle von Smyrna

---

[18] Urchristenthum, 114–119, aber ohne dessen damit zusammenhängende Spätdatierung zu übernehmen.

[19] Vgl. BUSCHMANN, MartPol, 291f.

[20] KEIM, Urchristenthum, 125f.

[21] SCHMIDT, Art. πάροικος, 852, vgl. LABRIOLLE, Paroecia, 64. – In antimontanistischem Kontext: Eus. h. e. 5, 18,9.

[22] Vgl. zu MartPol 19,2: Iren. haer. 1,10,1: ἐκκλησία καθ᾿ ὅλης τῆς οἰκουμένης ἕως περάτων τῆς γῆς διεσπαρμένη.

[23] ANDRESEN, Formular, 242f.

[24] SCHNIDER/STENGER, Briefformular, 38.

[25] Vgl. Gal inscr., vgl. BETZ, Galatians, 40: »... lacking the usual epithets and polite compliments in references to churches.«

[26] Wohl das heutige Aksehir, vgl. SCHOEDEL, MartPol, 51; RONCHEY, Indagine, 67–78: »I Fratelli Di Filomelio E Il Montanismo In Frigia Nel III Secolo.«

aus ostwärts dazwischen liegenden Gemeinden angesprochen; das im MartPol Vermittelte soll im gesamten phrygischen Umland gelten πάσαις ταῖς κατὰ πάντα τόπον τῆς ἁγίας καὶ καθολικῆς ἐκκλησίας παροικίαις. Bei aller ökumenischen Weite haben die beiden Martyrien in Briefform, MartPol und Mart-Lugd, doch auf Asien und Phrygien begrenzte Adressen. Dabei ist die räumliche, zeitliche und inhaltliche Nähe von Märtyrerthematik und Montanismus in den Regionen Kleinasien, Südgallien und Nordafrika auffällig.

Die Ausweitung von einer auf alle Gemeinden (πάσαις ταῖς κατὰ πάντα τόπον … παροικίαις) erhellt sich vom antimontanistischen Anonymus in Eus. h.e. 5,16,9f. her, der alle κατὰ τὴν Ἀσίαν Gläubigen gegen den montanistischen τὴν δὲ καθόλου καὶ πᾶσιν τὴν ὑπὸ τὸν οὐρανὸν ἐκκλησίαν Geist sich erheben läßt. Die Neue Prophetie scheint schnell gewachsen zu sein[27], operierte selbst mit katholischen Briefen[28] und bedurfte der dringlichen Richtigstellung durch einen weithin versandten Diaspora-Rundbrief vom Typ Mart-Pol.

Die salutatio[29] ist futurisch formuliert wie Polyk, 1 Clem, Jud (anders: 1 Kor; MartLugd). Insgesamt wird damit schon im Präskript ein kritisch-distanziertes Verhältnis zu den Adressaten in Philomelium in Phrygien(!) deutlich. Die Aufforderung zum Wachsen verdankt sich der Gabe des Heils (ἔλεος) und eröffnet Zukunft unter betontem Verweis auf die ἀγάπη. Der jüdische Friedensgruß (εἰρήνη) ist Grundlage des Eingangsgrußes. Anstelle der paulinischen χάρις ist ἔλεος (vgl. Gal 6,16; Polyk inscr.) damit verbunden; die zwar traditionelle Trias ἔλεος, εἰρήνη, ἀγάπη[30] begegnet so nur noch Jud 2. Wie bei Paulus ist θεός nie ohne darauffolgenden κύριος genannt.[31] Der betonte Verweis auf den Herrn Jesus Christus entspricht dem das ganze MartPol durchziehenden Vergleich mit dem (Leidens-)Verhalten des Herrn κατὰ τὸ εὐαγγέλιον. Auffällig durchsichtig und aufgesetzt verwendet MartPol die exempla der Schrift für die situative Konfliktbearbeitung, in die die Empfänger durch den Appell an ihre entsprechenden Kenntnisse einbezogen werden.[32] Die Intention des Briefes wird trotz aller Traditionalität des Präskripts in der Betonung dieser (in Polykarp fortwirkenden) vergangenen Autorität des Herrn im Anspruch auf die gegenwärtige Situation der Gemeinde(n) deutlich; die Gegenwart ist nur vom evangelischen und apostolischen Erbe her zu bestimmen. Außerhalb paulinischen Schrifttums ist πληθυνθείη üblich, ebenso wie das ins Corpus überleitende ἐγράψαμεν ὑμῖν, ἀδελφοί im Anschluß an ein hier allerdings fehlendes Prooemium als Dank für den

---

[27] Vgl. Eus. h.e. 5, 3,1ff.; 5, 14; 5, 16,4. Vgl. STROBEL, Land, 53ff.

[28] Eus. h.e. 5, 18,5; vgl. WALLS, Montanist Catholic Epistle.

[29] Eingangsgrußformel, vgl. SCHNIDER/STENGER, Briefformular, 25–41.

[30] Vgl. 1 Tim 1,2; 2 Tim 1,2; Tit 1,4; 2 Joh 3; IgnSm 12,2; vgl. SCHNIDER/STENGER, Briefformular, 33ff.; BERGER, Apostelbrief.

[31] Vgl. MartPol 19,2 und die vielen sonstigen Übereinstimmungen von MartPol 1 und 19; Vgl. BERGER, Apostelbrief, 202 Anm. 55.

[32] Vgl. ähnlich PAULSEN, Judasbrief, 42.

Glaubensstand der Adressaten. Mit der Überleitung kann das Thema des Briefes in einem Satz zusammengefaßt werden.[33] Die Anrede im Vokativ ist typisch und verweist auf das sachliche Gewicht der Einleitung des Brief-Corpus (MartPol 1 f.), das wie abschließend MartPol 19,1 nochmals alles Wesentliche zusammenfaßt.

## Exkurs: MartPol und seine Briefform

Erst in jüngster Zeit werden die brieflichen Elemente[34] des MartPol mit Brieferöffnung (MartPol inscr.), Briefkorpus und Briefschluß (MartPol 20) wieder gewürdigt.[35] MartPol darf nicht entbrieflicht werden unter Verzicht auf die Eruierung einer konkreten Briefsituation[36], die sich schon durch genauere Beachtung der brieflichen Rahmung näher beschreiben läßt: Es besteht ein kritisch-distanziertes Verhältnis von Absender und Adressat; nähere Beschreibung des Absenders, laudatio als Dank und Segnung für den Glaubensstand der Adressaten (vgl. aber MartLugd), Proömium, Heilswunsch und Lebewohl am Ende des Briefes fehlen. Der Brief erweist sich als paränetische, schriftliche Apostelrede.[37]

Das Briefkorpus gibt Informationen über ein evangeliumsgemäßes Martyrium (narrative Elemente) und stellt entsprechende Verhaltensforderungen (paränetische Elemente)[38], wobei die Paränese implizit in der Erzählung mitklingt, ohne daß allzu oft explizit Übergangsformeln[39] die Paränese einleiten müssen, vgl. MartPol 4: διὰ τοῦτο οὖν, ἀδελφοί ... In MartPol 20 liegt deutlich ein Briefschluß vor.

---

[33] Sog. »disclusure formula«, vgl. SCHNIDER/STENGER, Briefformular, 43. – Vgl. 1 Thess 2,1; Phil 1,12; 1 Kor 1,10; 2 Kor 1,8; Gal 1,11; Röm 1,13; 1 Petr 1,12; 2 Petr 1,10; Jud 3; 1 Clem; Polyk 3,1; Dan Θ 4,1).

[34] Vgl. WHITE, Epistolary Literature, 1731 ff.; BERGER, Gattungen, 1330.

[35] Analog zu den brieflichen Zügen der Apk, vgl. KARRER, Johannesoffenbarung und BERGER, Apostelbrief, 207 Anm. 74; 212 ff.; vgl. DEHANDSCHUTTER, MartPol, 157–190; RONCHEY, Indagine, 33–44; BUSCHMANN, MartPol, 78–103. – Die Mehrzahl der Arbeiten zum MartPol beachten die brieflichen Züge nicht. Auch BAUMEISTER, Genese, 31 ff. übergeht in seiner jüngsten Quellen-Auswahl zur altkirchlichen Theologie des Martyriums gänzlich den brieflichen Charakter des MartPol. Besser: die vollständige Wiedergabe des MartPol bei GUYOT/KLEIN, Christentum I, 48–65. Vgl. auch HENTEN, Einfluß, 703.

[36] Vgl. aber etwa die literarkritischen Bemühungen CAMPENHAUSENs, Interpolationen, der die briefliche Rahmung des MartPol nicht beachtet; CONZELMANN, Bemerkungen, 7 geht mit vier Zeilen über das Präskript hinweg; vgl. aber schon die Bezeichnung des MartPol als ἐπιστολή in MartPol 20,1; vgl. Eus. h. e. 5,15,46.

[37] Vgl. BERGER, Apostelbrief / VOUGA, Apostolische Briefe.

[38] Vgl. BUSCHMANN, MartPol, 89 ff.; WHITE, Epistolary Literature, 1736; BERGER, Gattungen, 1350.

[39] »Transitional formulas«, vgl. WHITE, Epistolary Literature, 1738.

Die (neben MartLugd) einzigartige Verbindung von Martyrium und Briefform resultiert aus spezifischer Situation. Ansonsten kommen Märtyrertexte
ohne Briefadresse aus.[40] Brief- und Martyrium haben eine paränetische Absicht
– hier in montanistisches Umfeld hinein – gemeinsam.[41] In diese Situation
hinein dient MartPol als paränetischer Rundbrief[42] der Belehrung, Ermahnung
und Erbauung[43], wobei die Briefformulierung des MartPol keine sekundäre,
eigentlich gattungsunabhängige Versendungsform darstellt.[44] Die Briefform ist
keineswegs nur beliebige Einkleidung, sondern ermöglicht, wie auch mit Hilfe
anderer kommentierender Mittel, die grundsätzlich paränetische Ausrichtung
der Märtyrererzählung vom Verhalten und Tod Polykarps in eine konkrete
geschichtliche Situation hinein, in der das richtige (Martyriums-)Verhalten
u. a. durch montanistischen Martyriums-Enthusiasmus (vgl. MartPol 4) zur
Disposition steht. Die Martyrien in Briefform verstehen sich keineswegs als
rein historisch-sachlich interessierte Geschichtsberichte, sondern gehören der
innerchristlichen Tendenzliteratur an. Die Suche nach historisch zuverlässi-
gen, ›authentischen‹ Berichts-Kernen in der frühchristlichen Märtyrerliteratur[45] führt sich an den Briefmartyrien ad absurdum.[46] Schon Euseb (h. e. 5
pr.) weiß um den nicht nur historischen, sondern auch belehrenden Charakter
seiner Aktensammlung: οὐχ ἱστορικὴν αὐτὸ μόνον, ἀλλὰ καί διδασκαλικὴν
περίεχον διήγησιν.

MartPol ist als offener Brief (oder Broschüre) begreiflich, aus der Zeit für
die Zeit, der in polemischer und erbaulicher Behandlung in eine besondere
Lage hinein das allgemein bedeutsame Thema rechten Märtyrer-Verhaltens aus
konkretem Anlaß einem größeren Kreis in der Christenheit (Phrygiens und
Kleinasiens) näherbringen will.[47] Konzeptionell ist es aus der Verbindung

---

[40] Vgl. KRAFT, Lyoner Märtyrer, 254.

[41] Vgl. BERGER, Formgeschichte, § 61; Gattungen, 1326 ff., der den Brief als schriftlichen
Ersatz für mündliche Mahnrede versteht, sowie die Darstellung des Martyriums als Identifika-
tions- und Nachahmungsangebot.

[42] Vgl. BERSCHIN, Biographie, 38.

[43] Vgl. DEHANDSCHUTTER, MartPol, 160 ff.

[44] Vgl. BERGER, Apostelbrief, 207. Vgl. HOLL, Vorstellung, 76: »Bei der Brieferzählung ist
der Brief nicht bloße Einkleidung. Denn die Gemeinden benützen die Gelegenheit, um im
Anschluß an das Erzählte auch Erfahrungen und Urteile miteinander auszutauschen; so die
Smyrnäer über das Sichherzudrängen zum Martyrium (Kap. 4), die Lugdunenser über die
Ausübung der Schlüsselgewalt durch die Märtyrer (Eus. h. e. V 2,2 f.), über allzuweit getriebene
Askese (V 3, 2) und namentlich über die montanistische Prophetie (V 3, 4).«

[45] Vermittels fraglicher Interpolationshypothesen, vgl. dazu BUSCHMANN, MartPol, 39–67.

[46] Vgl. BERSCHIN, Biographie, 41: »Die Einsicht, daß es das von der historischen Kritik so
lange gesuchte originale Martyrer-Aktenstück überhaupt nicht gibt, daß vielmehr auch die be-
scheidenste Passio, sobald sie aufgezeichnet wird, Literatur ist, befreit uns von den hermeneutischen Problemen von Texten, die nur Niederschlag der Wirklichkeit und nicht mehr sein sollen,
und ermöglicht die Frage nach dem Ausdruckswillen, der hinter der Überlieferungsform eines
Martyriums im ›Aktenstil‹, in der ›Protokollform‹, steht.«

[47] Vgl. BULTMANN, Art. Briefliteratur, 1255. FISCHER, Apostolische Väter, XIII, bezeichnet
die von ihm aufgenommenen Briefe als »Briefe im eigentlichen Sinn, aus bestimmtem Anlaß an

brieflicher und martyriumsparänetischer Topik entstanden als quasi testamentarisches Vermächtnis des Polykarp: »Es handelt sich um die Situation des Abschieds, in der eine bedeutende Gestalt der Vergangenheit einer bestimmten Gruppe, den ›Seinen‹, eine Botschaft hinterläßt, sein ›Testament‹ vermacht.«[48] Dabei kommt dem Apostelschüler Polykarp (in seinem Verhalten κατὰ τὸ εὐαγγέλιον) unbestrittene Autorität zu, der von abweichenden Meinungen schlechterdings nicht widersprochen werden kann; mit der Verbindung unterschiedlicher Gattungselemente zielt MartPol wie 2 Petr auf »Durchdringung gegenwärtiger Konflikte und Absicherung durch die apostolische Vergangenheit. Die gemeindliche Lage, auf die der Vf. so prinzipiell sich einläßt, wird bedacht durch die Rückkehr zur Autorität des Vergangenen.«[49] »It is significant that Christian discussions of persecution and martyrdom occur so often in the form of letters ...« (MartPol; MartLugd; Ign-Briefe; Justins 2. Apologie). »The proper interpretation of these second-century Christian letters is to see them as world-maintaining documents, vigorously constructing and projecting a social world whose ethos centers on experiencing pain and suffering.«[50] Die Christen schrieben die Geschichte der Märtyrer in Briefen »ausschließlich an andere christliche Kirchen ..., um sie an die gemeinsame Gefahr zu erinnern, um ihnen Mut zu machen, ›dem ruhmreichen Sieg‹ der Märtyrer nachzueifern, und ihre Gemeinden im Innern und im Verhältnis untereinander zu konsolidieren.«[51] Damit wird der frühkatholische Diaspora-Rundbrief des MartPol verständlich als Reaktion auf die schnelle Ausbreitung des Montanismus, dessen Martyriumsverständnis und dessen eigene »katholische« Briefe: »... la testimonianza di Quinto si configura esplicitamente come l'antitesi del martirio di Polycarpo, che è quello ›insegnato dal Vangelo‹, e sembrerebbe dunque naturale identificare nei seguaci dell'eresia frigia il bersaglio nonché forse i destinatari stessi della parenesi agiografica del testo.«[52] Der Brief, nicht die Acta-Form, ist die Urform des griechischen Martyriumsberichts.[53] Dem Brief eignet eine ureigene paränetische Intention mehr noch als der später zur Apologetik sich ausweitenden (lateinischen) Acta-Form, die aber nicht originelles Protokoll ist, sondern der Paränese dient.[54]

---

eine bestimmte Gemeinde oder Person gerichtet«, die sich zugleich annähern »dem Charakter der Epistel, der literarischen Abhandlung in Briefform über ein weitere Kreise angehendes Thema, sowie partienweise auch dem Stil der Predigt und der Mahnrede.« – Das gilt auch für MartPol.

[48] PAULSEN, Zweite Petrusbrief, 89 bzgl. der Gattung »Testament«; vgl. BERGER, Apostelbrief, 207 ff. BERGER deutet die Worte des Segens zu Briefbeginn und -schluß als »term. techn. für Verheißungs- und Mahnworte in der Abschiedsstunde der Testamentgabe ... Mahnungen werden dabei zum Teil als Bedingungen für die Erlangung des Segens aufgefaßt.« (208).

[49] PAULSEN, Zweite Petrusbrief, 91.

[50] PERKINS, Apocryphal Acts, 222.

[51] PAGELS, Versuchung, 149.

[52] RONCHEY, Indagine, 53.

[53] Vgl. BERSCHIN, Biographie, 100.

[54] Das hat GÄRTNER, Acta Scillitanorum, überzeugend gezeigt.

## Synopse zu MartPol inscr

| *MartPol inscr* | *1 Clem* | *1 Kor* |
|---|---|---|
| Ἡ ἐκκλησία τοῦ θεοῦ ἡ παροικοῦσα Σμύρναν | Ἡ ἐκκλησία τοῦ θεοῦ ἡ παροικοῦσα Ῥώμην | Παῦλος … ἀπόστολος Χριστοῦ Ἰησοῦ … |
| τῇ ἐκκλησίᾳ τοῦ θεοῦ τῇ παροικούσῃ ἐν Φιλομηλίῳ | τῇ ἐκκλησίᾳ τοῦ θεοῦ τῇ παροικούσῃ Κόρινθον κλητοῖς ἡγιασμένοις ἐν θελήματι θεοῦ διὰ τοῦ κυρίου ἡμῶν Ἰησοῦ Χριστοῦ | τῇ ἐκκλησίᾳ τοῦ θεοῦ τῇ οὔσῃ ἐν Κορίνθῳ ἡγιασμένοις ἐν Χριστῷ Ἰησοῦ κλητοῖς ἁγίοις σὺν πᾶσιν τοῖς ἐπικαλουμένοις τὸ ὄνομα τοῦ κυρίου ἡμῶν Ἰησοῦ Χριστοῦ ἐν παντὶ τόπῳ αὐτῶν καὶ ἡμῶν |
| καὶ πάσαις ταῖς κατὰ πάντα τόπον τῆς ἁγίας καὶ καθολικῆς ἐκκλησίας παροικίαις | | |
| ἔλεος εἰρήνη καὶ ἀγάπη ἀπὸ θεοῦ πατρὸς καὶ τοῦ κυρίου ἡμῶν Ἰησοῦ Χριστοῦ πληθυνθείη | χάρις ὑμῖν καὶ εἰρήνη ἀπὸ παντοκράτορος θεοῦ διὰ Ἰησοῦ Χριστοῦ πληθυνθείη | χάρις ὑμῖν καὶ εἰρήνη ἀπὸ θεοῦ πατρὸς ἡμῶν καὶ κυρίου Ἰησοῦ Χριστοῦ |

| *MartSabae* | *PolPhil* |
|---|---|
| Ἡ ἐκκλησία τοῦ θεοῦ ἡ παροικοῦσα Γοθίᾳ | Πολύκαρπος καὶ οἱ σὺν αὐτῷ πρεσβύτεροι |
| τῇ ἐκκλησίᾳ τοῦ θεοῦ τῇ παροικούσῃ Καππαδοκίᾳ | τῇ ἐκκλησίᾳ τοῦ θεοῦ τῇ παροικούσῃ Φιλίππους |
| καὶ πάσαις ταῖς κατὰ τόπον τῆς ἁγίας καθολικῆς ἐκκλησίας παροικίαις | |
| ἔλεος εἰρήνη ἀγάπη θεοῦ πατρὸς καὶ τοῦ κυρίου ἡμῶν Ἰησοῦ Χριστοῦ πληθυνθείη | ἔλεος ὑμῖν καὶ εἰρήνη παρὰ θεοῦ παντοκράτορος καὶ Ἰησοῦ Χριστοῦ τοῦ σωτῆρος ἡμῶν πληθυνθείη |

## 1,1-2: Das Briefthema: Polykarp als Vorbild eines evangeliumsgemäßen Märtyrerverhaltens

1,1 a      Wir haben Euch aufgeschrieben, Brüder (und Schwestern)[1], das, was sich mit den Märtyrern und dem seligen Polykarp zugetragen hat, der, indem er ihr durch sein Zeugnis gleichsam ein Siegel aufgedrückt hat, der Verfolgung ein Ende gesetzt hat.

b      Denn fast alles, was vorging, geschah, damit der Herr uns von oben das dem Evangelium gemäße Martyrium zeige.

1,2 a      Denn er wartete ab, um ausgeliefert zu werden, wie auch der Herr, damit auch wir seine Nachahmer würden, indem wir nicht nur unser eigenes Geschick, sondern auch das der Nächsten im Auge haben.

b      Denn es ist das Wesen wahrer und starker Liebe, nicht nur sich selbst retten zu wollen, sondern auch alle Brüder.

*Lit.: zum Nachahmungsgedanken:* ACHELIS, H., Das Christentum in den ersten drei Jahrhunderten, Leipzig ²1925 (Nachdruck Aalen 1975), 438 f., Exkurs 87; BADEN, H., Der Nachahmungsgedanke im Polykarpmartyrium, ThGl 3/1911, 115–122; CAMELOT, P. Th. (Hg.), Ignace d'Antioche. Polycarpe de Smyrne: Lettres, Martyre de Polycarpe, SC 10, Paris ⁴1969, 200–202; CAMPENHAUSEN, H. FRHR. V., Die Idee des Martyriums in der alten Kirche, Göttingen ²1964, 82–87; CROUZEL, H., L'imitation et la ›suite‹ de Dieu et du Christ dans les premiers siècles chrétiens ainsi que leurs sources Grèco-Romaines et Hébraiques, JbAC 21/1978, 7–41; DEHANDSCHUTTER, B., Martyrium Polycarpi. Een literair-kritische studie, BEThL 52, Leuven 1979, 233–258; DERS., Le Martyre de Polycarpe et le développement de la conception du martyre au deuxième siècle, StPatr 17.2, 1982, 660–663; DERS., The Martyrium Polycarpi: a Century of Research, ANRW 2.27.1, 1993, 485–522: 508–514; DELEHAYE, H., Les passions des martyres et les genres littéraires, SHG 13,2, Brüssel ²1966,

---

[1] Dieser Kommentar benutzt um der sog. Wörtlichkeit der Übersetzung willen den sog. »inclusiven« Sprachgebrauch, in der die männliche Form auch für Angehörige des weiblichen Geschlechts steht, auch wenn nochmals ausdrücklich auf die Problematik dieses de facto oft »exklusiven« Sprachgebrauchs aufmerksam gemacht werden soll. Möglicherweise wäre die Übersetzung »Brüder und Schwestern« die bessere Übersetzung; denn »eine *gute* Übersetzung (ist) nicht eine wörtliche Übertragung, sondern einfühlend-verstehende Interpretation ...« (SCHÜSSLER FIORENZA, Zu ihrem Gedächtnis, 77), vgl. zu androzentrischen Übersetzungen und »inclusiver« Sprache SCHÜSSLER FIORENZA, Zu ihrem Gedächtnis, 74–82 / JENSEN, Töchter, 15 f. – Jedenfalls sind fortan mit ἀδελφοί (Brüder) alle Gemeindeglieder gemeint, vgl. schon Mk 3,31–35. »Die Entwicklung der übertragenen Bedeutung von ›Bruder‹ ging vom ›Nächsten‹ aus und entwickelte sich ebenso wie das hebräische 'āḥ in den Qumrantexten zu ›Gemeindeglied‹.« (BAUER, Polykarpbriefe, 46).

17 ff.; GASS, F. W., Das christliche Märtyrerthum in den ersten Jahrhunderten und dessen Idee, ZHTh 29/1859, 323–392: 324 f.; HEFFERNAN, Th. J., The Passion of Saints Perpetua and Felicitas and the Imitatio Christi, Sacred Biography. Saints and their Biographers in the Middle Ages, NewYork/Oxford 1988, 185–230; HENTEN, J. W.van, Zum Einfluß jüdischer Martyrien auf die Literatur des frühen Christentums, II. Die Apostolischen Väter, ANRW 2.27.1, Berlin/NewYork 1993, 700–723: 715 f.; MICHEL, O., Art. »μιμνήσκομαι κτλ.«, ThWNT 4, 678–687; MÜLLER, H., Das Martyrium Polycarpi. Ein Beitrag zur altchristlichen Heiligengeschichte, RQ 22/1908, 6 ff.; PELLEGRINO, M., L'imitation du Christ dans les actes des martyrs, VS 98/1958, 38–54; REUNING, W., Zur Erklärung des Polykarpmartyriums, Darmstadt 1917, 10–20; SCHOEDEL, W.R., The Apostolic Fathers. A new translation and commentary, Vol. 5: Polycarp, Martyrdom of Polycarp, Fragments of Papias, Camden, N.Y. / Toronto 1967, 51–54; SCHOEDEL, W.R., Die Briefe des Ignatius von Antiochien. Ein Kommentar. Hermeneia. München 1990, 72–74; SCHULZ, A., Nachfolgen und Nachahmen. Studien über das Verhältnis der neutestamentlichen Jüngerschaft zur urchristlichen Vorbildethik, StANT 6, München 1962; SURKAU, H. W., Martyrien in jüdischer und frühchristlicher Zeit, FRLANT 54, Göttingen 1938, 129 ff.

Nach der Überleitungsformel in den Hauptteil des Briefs ἐγράψαμεν ὑμῖν, ἀδελφοί² wird das Briefthema programmatisch genannt³: a) Es geht um das Geschick und Verhalten der Märtyrer (vgl. MartPol 19,1 und das dreifache Vorkommen des Stammes μαρτυρ- in MartPol 1,1: τὰ κατὰ τοὺς μαρτυρήσαντας / διὰ τῆς μαρτυρίας / τὸ κατὰ τὸ εὐαγγέλιον μαρτυριον) und dabei besonders um Polykarp, der in rechter Nachahmung des Herrn zu einem Vorbild auch für die Rezipienten des Briefs werden soll (ἵνα μιμηταὶ καὶ ἡμεῖς αὐτοῦ γενώμεθα). Das ist die eigentliche Absicht des Briefs. b) Die Betonung liegt auf dem mit dem angemessenen Märtyrerverhalten verbundenen Ende der Verfolgung durch die verdoppelt wirkende Formulierung ὥσπερ ἐπισφραγίσας διὰ τῆς μαρτυρίας αὐτοῦ κατέπαυσεν τὸν διωγμόν.⁴ c) Der Maßstab rechten Märtyrerverhaltens ist der Herr und das κατὰ τὸ εὐαγγέλιον μαρτύριον, das in die Nachahmung ruft (vgl. PolPhil 8,2) und jeden Märtyrer-Egoismus zugunsten des Blicks auf das Wohl der Nächsten ausschließt (Phil 2,4).

Die ab MartPol 5 einsetzende konkrete Märtyrererzählung über Polykarp wird durch diese programmatische Einleitung ganz in den Dienst der Mar-

---

² Vgl. BERGER, Formgeschichte, 97: »Dem *einleitenden Imperativ* in synoptischen Texten (...) entsprechen in den Briefen *einleitende Überschriften:* Röm 6,1; 1 Kor 14,1; 1 Thess 5,1; 2 Kor 9,1.« Vgl. SCHNIDER/STENGER, Briefformular, 43 / BUSCHMANN, MartPol, 88–91.

³ Es bleibt insofern schwer verständlich, warum BAUMEISTER, Genese, 74 ff. nicht mit diesem zentralen Bestandteil seine Auszüge aus dem MartPol beginnt. Selbst Eus. h. e. IV, 15, 3 kann bei allem Bemühen um Streichung der κατὰ τὸ εὐαγγέλιον-Passagen, vgl. MartPol 1,1 b-2,1; 2,2 b-2,3, auf die grundsätzliche Angabe des Briefthemas in MartPol 1,1 a nicht verzichten. Und auch der Interpolationshypothetiker CAMPENHAUSEN, Bearbeitungen, 580 sieht in MartPol 1,1 b-2,2 a eine »programmatische Erklärung«.

⁴ Vgl. MÜLLER, MartPol, 3: Mit ἐπισφραγίσας und κατέπαυσεν gelingt eine »starke Betonung der definitiven und vollständigen Beendigung der Verfolgung.«

tyriumsparänese[5] gestellt: der positiven Zielsetzung, nämlich Nachahmer des evangeliumsgemäßen Martyriums Polykarps zu werden, wird zur Verdeutlichung die verdoppelte, Montanismus-kritische Negation (in Schriftanspielung an Phil 2,4) gegenübergestellt: μὴ μόνον ... Entsprechend ist in MartPol 4 mit dem Phryger Quintus ein negatives Identifikationsangebot der positiven Leitfigur des Polykarp (MartPol 5 ff.) vorangestellt. MartPol 1 f. mit seiner argumentativ-kommentierenden, paränetischen Struktur[6] und dem zentralen Abstraktum des »evangeliumsgemäßen Martyriums« rahmt und kommentiert die Märtyrererzählung: in antimontanistischer Absicht bemüht sich MartPol am Paradigma Polykarp als autoritätsorientierter Vorbildethik[7] um die evangelische Norm rechten Märtyrerverhaltens (ὡς καὶ ὁ κύριος / κατὰ τὸ εὐαγγέλιον: MartPol 1,1 vgl. MartPol 4; 19). Polykarp wartet auf die Auslieferung (περιέμενεν) wie der Herr und widerspricht damit jedem voluntaristischen Drängen zum Martyrium (MartPol 4). So ist MartPol bemüht um das Aufzeigen (δείκνυμι, MartPol 1,1; 2,2.3) eines angemessenen Verhaltens, das in der Lage ist, die Verfolgung vollständig zu beenden – und zwar in der autoritativen frühkatholischen Traditionslinie: Jesus Christus – Polykarp – Märtyrer – jetzige Christen (vgl. MartPol 17,3). Insofern ist es unbedeutend, ob μιμηταὶ καὶ ἡμεῖς αὐτοῦ sich auf den Herrn oder Polykarp bezieht; MartPol 19,1 spricht für letzteres. In der Schicksalsgemeinschaft mit dem Herrn wird der paradigmatische Märtyrer-Bischof Polykarp zum vollkommen Jünger, den die Rezipienten des Briefs als Vorbild erleben sollen und der jedes Hindrängen zum Märtyrertod[8] durch Verweis auf die gemäßigten Grundsätze der Tradition κατὰ τὸ εὐαγγέλιον unterbindet.

*Literarkritisch* betrachtet bietet Eusebs Fassung des MartPol sinnvollerweise die überschriftartige Inhaltsangabe (MartPol 1,1 a / h. e. 4,15,3), jedoch nicht die Ziel- und Zweckangabe κατὰ τὸ εὐαγγέλιον, was Campenhausen[9] zu seiner Interpolationshypothese veranlaßte, gegen die aber bzgl. MartPol 1 zu bedenken ist:

1) Eusebs Fassung kennzeichnet sich selbst als Excerpt (vgl. h. e. 4,15,4: τούτοις ἑξῆς πρὸ τῆς ἀμφὶ τοῦ Πολυκάρπου διηγήσεως τὰ κατὰ τοὺς λοιποὺς ἀνιστοροῦσι μάρτυρας ...).[10]

---

[5] Vgl. BERGER, Formgeschichte, §§ 45; 97/ BUSCHMANN, MartPol, 120–136. – Auch sog. Acta-Martyrien können durchaus paränetische Intention haben, vgl. GÄRTNER, Pass. Sancti Scil.

[6] Vgl. die Partikel γάρ, ἵνα, μὲ – δέ, ὥστε und zur Gemeindeparänese BERGER, Formgeschichte, § 39,3.

[7] Vgl. BERGER, Gattungen, 1342 ff.

[8] Vgl. KEIM, Urchristenthum, 119f: »... gegen das gesuchte Martyrium, gegen den Zudrang zum Martyrium.«

[9] Bearbeitungen. Vgl. CONZELMANN, Bemerkungen; MÜLLER, MartPol. – Dazu insgesamt kritisch: BUSCHMANN, MartPol, 48–69.

[10] Gegen CAMPENHAUSEN, Bearbeitungen, 258 mit CONZELMANN, Bemerkungen, 7: »Auf den ersten Blick besteht keine Entsprechung bei Euseb, der freilich an dieser Stelle nicht vollständig zitiert, sondern nur excerpiert bzw. referiert.« – Widersprüchlich CONZELMANN, Bemerkungen,

2) Die κατὰ τὸ εὐαγγέλιον-Abstraktion fügt sich den vielfältigen Evangeliumsanspielungen des Textganzen harmonisch ein; warum sollte der Verfasser nicht dieselbe Intention mit argumentativen wie mit narrativen Gattungselementen zum Ausdruck bringen?! Scheidung in Tradition und sekundäre Interpolation wäre nur zwingend, wenn die Intention von argumentativen und narrativen Elementen unterschiedlich wäre. Der narrativen Kontrastierung Quintus – Germanikus bzw. Polykarp entspricht auf argumentativer Ebene aber gerade der μὴ μόνον … ἀλλὰ καί-Kontrast aus MartPol 1,2, ein typisch paränetischer Kontrast durch Opposition.

3) Das Abstraktum κατὰ τὸ εὐαγγέλιον begegnet neben MartPol 4 auch beim Anonymus Eus. h. e. 5,16,3 in antimontanistischem Kontext[11]; auch die in MartPol 1,2 gebotene Anspielung an Phil 2,4 steht in antienthusiastischem Zusammenhang.

4) Die Beziehung zum εὐαγγέλιον besteht darin, daß Polykarp περιέμενεν …, ἵνα παραδοθῇ ὡς καὶ ὁ κύριος (christologisches Argument): ein Warten, das jedem (montanistischen) Drang zum Martyrium widerspricht; denn MartPol (1,1) ist bemüht um ein Verhalten, das die Verfolgung beendet. »… wir können sicher nicht soweit gehen zu behaupten, daß erst eine – übrigens postulierte – Version des 4. Jahrhunderts Interesse an einer Annäherung des Leidens des Bischofs Polykarp an dasjenige seines Herrn bekundet hat. Das ist auch aus theologiegeschichtlichen Gründen unwahrscheinlich. In den allgemeinen Christenverfolgungen seit Decius war nicht mehr die allzu große Martyriumsfreudigkeit, sondern gerade im Gegenteil die Martyriumsscheu zum Hauptproblem geworden. Welchen Sinn hätte in dieser Situation die Arbeit eines Euangelion-Redaktors gehabt, die dartun will, daß allein ein nicht selbstgesuchtes Martyrium evangeliumsgemäß sei? Dagegen ist jedermann bekannt, daß – im Zusammenhang mit dem aufkommenden Montanismus – ein brennendes Interesse an dieser Frage im ausgehenden 2. Jahrhundert bestand.«[12]

5) Der Nachahmungsgedanke ist gemeinchristlich im 2. Jhdt.; er muß gegen Campenhausen keiner sehr viel späteren sog. Euangelion-Redaktion zugeschrieben werden.

*Formkritisch* bietet die das Briefcorpus einleitende programmatische Einführung zunächst zusammengefaßt den Inhalt des Schreibens (τὰ κατὰ … τὸν διωγμόν) (1,1 a)[13], setzt mit Ziel- und Zweckangabe des Briefs in Form autoritätsorientierter Vorbildethik fort (σχεδὸν … γενώμεθα) (1,1 b)[14], um in Gemeindeparänese einzumünden (μὴ μόνον … τοὺς ἀδελφούς) (1,2).[15]

---

10 Anm. 16, der behauptet, es könne bei Euseb nichts Wesentliches ausgefallen sein, jedoch annehmen muß, daß der Anfang von 2,2 etwas verändert worden ist.

11 Vgl. BUSCHMANN, MartPol 4 und der Montanismus.

12 RORDORF, Entstehung, 38.

13 Vgl. BERGER, Formgeschichte § 61.

14 Vgl. BERGER, Gattungen, 1342 ff.

15 Vgl. BERGER, Formgeschichte § 39,3.

**1,1 a:** In der programmatischen Einleitung begegnet gleich zweifach der zentrale Stamm μαρτ-, der in 1,1 b mit dem fundamentalen Abstraktum κατὰ τὸ εὐαγγέλιον μαρτύριον nochmals aufgenommen wird. (Vgl. Exkurs zu MartPol 2,2: Die μάρτυς-Terminologie). Μακάριος als schmückendes Beiwort wird zum term. techn. in Verbindung mit Tod und Martyrium: »The epithet is nowhere used in the body of the narrative, but four times over in close connexion with the verb μαρτυρέω: § 1 τὰ κατὰ τοὺς μαρτυρήσαντας καὶ τὸν μακάριον Πολύκαρπον, § 19 τὰ κατὰ τὸν μακάριον Πολύκαρπον ὃς ... μαρτυρήσας, § 21 μαρτυρεῖ ὁ μακάριος Πολύκαρπος, § 22 ἐμαρτύρησεν ὁ μακάριος Πολύκαρπος.«[16] (vgl. MartLugd 5, 1, 4.19.27.29.47.55). Durch rechtes Märtyrerverhalten kommt es zu Besiegelung (vgl. MartLugd 5,2,3: ἐπισφραγισάμενος αὐτῶν διὰ τῆς ἐξόδον τὴν μαρτυρίαν) und Beendigung der Verfolgung. Σφραγίζειν meint in apokalyptischen Zusammenhängen (Apk 5,1; 7,3 f.; 10,4; 20,3 u. ö.) die Vorstellung von der eschatologischen Versiegelung (Ez 9,4 ff.; Jes. 44,5; PsSal 15,6.9; 4Esra 6,5 ff.; 8,51 ff.) und die Versiegelung zur Beschirmung der Gottesdiener während des Gerichts (vgl. Apk 6,7; 9,4). Indem Polykarp als der ὅστις ὥσπερ ἐπισφραγίσας ... bezeichnet wird, ist er treuer wirklicher Märtyrer im Gefolge Christi (vgl. Apk 1,5; 3,14), dessen Martyrium kraft seines Todes besiegelt ist (vgl. 2 Makk 7,38; 8,1–5; 4 Makk 7,15; 18,4), und nicht minderwertiger Bekenner: ἐκεῖνοι ἤδη μάρτυρες οὕς ἐν τῇ ὁμολογίᾳ Χριστὸς ἠξίωσεν ἀναληφθῆναι ἐπισφραγισάμενος αὐτῶν διὰ τῆς ἐξόδου τὴν μαρτυρίαν, ἡμεῖς δὲ ὁμόλογοι μέτριοι καὶ ταπεινοί (MartLugd 5,2,3). Insofern ist das verstärkte ἐπισφραγίζειν von sachlicher Bedeutung und nicht nur rhetorisch-erbauliches Bild.[17] Διώγμος begegnet ebenfalls in eschatologischen Zusammenhängen neben θλίψις (Röm 8,35), στενοχωρία (Röm 8, 35; 2 Kor 12,10), παθήματα (2 Tim 3,11) und ἀκαταστασία (1 Clem 3,2).

Durch ἐπισφραγίσας und κατέπαυσεν liegt die Betonung auf der endgültigen und vollständigen Beendigung der Verfolgung.[18] »Der Name Polykarp kommt von πολύκαρπος ›reich an Frucht, fruchtbar‹. Das Adjektiv ist belegt seit Hom. Od. 7,122; 24,221; Pind. Pyth. 9,12; Arist. Ran. 301; Eurip. Phoen. 230 und wird wie das lateinische ›fructuosus‹ auch als Name gebraucht. Die griechische Namensform ist neben den Ignatiusbriefen und unserem Brief (= Polykarpbrief) (...) seit etwa Mitte des 2. Jahrhunderts n. Chr. belegt (IG III 1122. 1163. 1171 u. a.), lateinisch bereits vor dem Vesuvausbruch in Pompeji (CIL IV 2351; 2470 ...).«[19]

---

[16] TURNER, Μακάριος as a technical term, 34.

[17] Gegen CAMPENHAUSEN, Idee, 87 Anm. 3 / CONZELMANN, Bemerkungen, 7 Anm. 24.

[18] Vgl. MÜLLER, MartPol, 3. – Die Vorstellung vom Ende der Verfolgung ist traditionell und findet sich in: II Makk 7,38; IV Makk 18,4 a und bei Hegesipp in Eus. h. e. 3,20,5. Zum »Effekt des Martertodes« (manchmal Versöhnung und/oder Stellvertretung; oft im Kontext der Fürbitte): MartPol 1,1; vgl. 2 Makk 7,33.37 f.; vgl. 8,2–5; 4 Makk 6,28 f.; 12,17; 17,10.20–22; 18,4; Gebet des Asarja, besonders Dan 3,39 f.LXX (HENTEN, Einfluß, 717).

[19] BAUER, Polykarpbriefe, 33.

**1,1b:** Der Stoff πάντα τὰ προάγοντα, über den sich Absender wie Adressaten (ἡμῖν / ὑμεῖς) inhaltlich verständigen, wird zum Ende des Briefs mit ὑμεῖς ... ἠξιώσατε ... δηλωθῆναι ὑμῖν τὰ γενόμενα in MartPol 20,1a formal wieder aufgenommen. Σχεδὸν γὰρ πάντα τὰ προάγοντα muß also auch von daher bedeuten: »›Alles was vorging‹; nämlich: nicht nur das *Sterben* Polykarps, sondern sein ganzes Martyrium, speziell die Tatsache, daß er sich nicht zum Martyrium drängte, sondern wartete ›wie auch der Herr‹«;[20] denn »dann passen 1,1b und 1,2 nicht zusammen: Dann müßte 1,2 nicht von Polykarp sprechen (sing. περιέμενεν), sondern von den früheren Märtyrern (plur. περιέμενον). Aber der Inhalt bezieht sich nur auf Polykarp, vgl. den ἵνα-Satz.«[21] Insgesamt wollen die argumentativ begründeten paränetischen Aussagen – man beachte auch die Bezeichnung des Polykarp als μακάριος (vgl. PolPhil3,2), die auf die paränetische Gattung der Seligpreisung in 2,1 vorverweist – die Rezipienten überzeugen und parteilich gewinnen gegen enthusiastisches Märtyrerverhalten.

Inhalt wie Zweck des Schreibens verdichten sich in der zentralen Kategorie des κατὰ τὸ εὐαγγέλιον (= ὡς καὶ ὁ κύριος) μαρτύριον, das durch die zahlreichen Evangeliums-Anspielungen in der folgenden Erzählung (MartPol 5 ff.) immer wieder belegt wird[22] (vgl. nur τὸ αὐτὸ ὄνομα des Irenarchen, 6,2) und verbunden mit den drei ἵνα-Formulierungen (1,1b; 1,2ab) das Ziel des Briefs klar formuliert. Zu übersetzen ist mit »das dem Evangelium gemäße« oder »entsprechende« Martyrium; denn die Analogie bezieht sich nicht auf jede Einzelheit, z.B. liegt keine Kreuzigung vor.[23] Der im »Evangeliumsgemäßen« enthaltene Imitationsgedanke der Passion Christi »est un leit-motiv de la littérature martyrologique; elle est déjà très soulignée dans les lettres du martyr Ignace d'Antioche, elle reparaît sans cesse par la suite.«[24] Erläutert wird der Ausdruck durch das parallele τὰ μαρτύρια πάντα τὰ κατὰ τὸ θέλημα τοῦ θεοῦ γεγονότα (2,1) sowie durch μάρτυς ἔξοχος, οὗ τὸ μαρτύριον πάντες ἐπιθυμοῦσιν μιμεῖσδαι κατὰ τὸ εὐαγγέλιον Χριστοῦ γενόμενον (19,1).

Im unmittelbaren Kontext wird der Ausdruck erläutert durch περιέμενεν (vgl. MartPol 5,1; Mk 14,34; Act 1,4) γὰρ, ἵνα παραδοθῇ ὡς καὶ ὁ κύριος. Mit dem term. techn. παραδιδόναι[25] aus der Leidensgeschichte Jesu ist ebenso

---

[20] CONZELMANN, Bemerkungen, 8 unter Berufung auf Campenhausens vor-interpolationshypothetische Auffassung in: Idee, 82 Anm. 1. – Gegen die Übersetzungen bei: RAUSCHEN, Märtyrerakten, 297: »alles, was vorherging«; GUYOT/KLEIN, Christentum 1, 51: »alles, was vorausging«; MUSURILLO, Acts, 3: »everything that had gone before«; SCHOEDEL, Apostolic Fathers, 52: »for all that preceded it.« – Mit PAULSEN, Apostolische Väter, 263: »alles, was vorging«.

[21] CONZELMANN, a. a. O.

[22] Vgl. MÜLLER, MartPol, 7 ff. / CAMPENHAUSEN, Idee, 83 ff. / BADEN, Nachahmungsgedanke, 121 f. / DEHANDSCHUTTER, MartPol, 233–258.

[23] Vgl. CONZELMANN, Bemerkungen, 8 Anm. 30.

[24] HAMMAN, Signification, 743.

[25] Παραδιδόναι: auf Jesus (und die Judas-Tat) angewandt: Mk 14,10.21.41parr.; 15,10; 1 Clem 16,13; auf Johannes d. T.: Mt 4,12; auf Christen in der Verfolgung: Mk 13,9.11 f.parr.: Act 8,3;

auf den Willen Gottes (MartPol 2,1) wie auf die Evangelienanspielung verwiesen. »A martyrdom ›according to the gospel‹, therefore, has three essential elements: 1) it is obedience to a divine call and not a voluntary quest for suffering; 2) it serves to promote faithful endurance on the part of the brethren and thus their salvation; and 3) the martyr himself endures steadfastly his own suffering and death (…).«[26] Damit werden Verhalten und Verkündigung Jesu in bewahrendem und interpretierendem Verweis auf die Überlieferung des »Evangeliums« zum Maßstab der Lebensordnung der Gemeinde.[27] So schreibt schon Ignatius (IgnSm 7,2): »So gehört es sich nun, sich von solchen Menschen fernzuhalten und weder privat noch öffentlich von ihnen zu sprechen, sich vielmehr an die Propheten zu halten, besonders aber an das Evangelium (τῷ εὐαγγελίῳ), in dem das Leiden uns kundgetan und die Auferstehung vollendet worden ist. Die Spaltungen aber flieht als den Anfang der Übel!«

**1,2:** Das wird auch an der Zielformulierung … ὡς καὶ ὁ κύριος, ἵνα μιμηταί καὶ ἡμεῖς αὐτοῦ γενώμεθα als »autoritätsorientierter Exempla-Ethik«[28] deutlich, vgl. 1 Kor 4,16: μιμηταί μου γίνεσθε (καθὼς κἀγὼ Χριστοῦ.)[29] »Das vorbildliche Leiden Jesu Christi war zu allen urchristlichen Verfolgungszeiten ein starkes paränetisches Motiv.«[30] Die Imitatio-Thematik ist (gegen die Interpolationshypothesen) im MartPol zentral und im 2. Jhdt. sehr wohl vielfältig möglich.[31] So begegnet μιμέομαι bei den Apostolischen Vätern häu-

---

12,4; 15,26; 21,11; 22,4; 27,1; 28,17. Vgl. W. POPKES, Art. παραδίδωμι, EWNT III, 42–48. – Zu Mk 14,10 vgl. GNILKA, Markus II, 229: »Im Schicksal Jesu wirkt sich der Wille Gottes aus. Darum ist Judas' Vorhaben des Auslieferns nicht juridisch, sondern theologisch zu verstehen. Die Leidensankündigungen, in denen der gesamte Passion mit dem Wort παραδιδόναι zusammengefaßt werden konnte, beginnen sich zu erfüllen (vgl. 9,31; 10,33; 14,41).«

[26] WEINRICH, Spirit, 168. – Zu κατὰ τὸ εὐαγγέλιον vgl. Iren.haer. 3.12.13 sowie Did 11,3, vgl. dazu NIEDERWIMMER, Didache, 214: »Nach der Interpretation des Didachisten stimmen die folgenden Ausführungen mit dem δόγμα τοῦ εὐαγγελίου überein … Der Hinweis auf das ›Evangelium‹ (sing.!) ist für den Redaktor charakteristisch: 8,2; 15,3 und 4. Gemeint ist entweder die viva vox evangelii oder ein evangelium scriptum … Δόγμα τοῦ εὐαγγελίου kann es heißen, weil in ihm der Kyrios seine verbindliche Weisung erläßt; … (8,2). Unbedenklich erscheint der Kyrios als Gesetzgeber …«

[27] Vgl. NIEDERWIMMER, Didache, 168 f. zu Did 8,2 (Vater-Unser): »Mit εὐαγγέλιον meint der Didachist entweder die viva vox evangelii oder ein evangelium scriptum … In jedem Fall gilt ihm das Evangelium des Kyrios als bindende Weisung … Der Herr ordnet im Evangelium an, befiehlt im Evangelium, was der Christ zu tun hat.« (Vgl. auch a.a.O., 75 f.). Vgl. auch WENGST, Didache, 24–32. – Vgl. ferner DEHANDSCHUTTER, Research, 506 f.

[28] BERGER, Gattungen, 1342 ff.

[29] Vgl. 1 Kor 11,1; vgl. 15,48 f.

[30] GRÄSSER, Glaube im Hebräerbrief, 156. Dort Belegstellen.

[31] Vgl. CROUZEL, Imitation / SCHULZ, Nachfolge / SCHOEDEL, Apostolic Fathers, 52: »The imitation theme in connection with suffering and martyrdom is common in the early church.« / BADEN, MartPol, 71 f.: »Wie man sieht, lag der Wunsch, zu leiden nach unseres Herrn vorbildlichem Leiden, in der damaligen Luft .. Und warum wollen nun die Gegner unserm P.M., das aus demselben Imitationsdrang heraus geboren wurde, seine Echtheit nicht zugeste-

figer als im NT[32], wo es aber bereits angelegt ist. Zum Gedanken der Nachahmung Christi durch den Märtyrer[33] (MartPol 17,3) und der Nachahmung des Märtyrers durch die Gläubigen (MartPol 1,2; 19,1), wobei sich μιμέομαι im MartPol stets auf das Martyrium bezieht, vergleiche: Polyk 9; 1 Clem 5; 2 Tim 3,10 f. Μιμητής (vgl. 4Makk 9,23; Diog 10,4 ff.; vgl. in MartPol 6,2; 17,3 auch μαθητής und κοινωνός) ist Kernbegriff bei Ignatius und Polykarp hat die Imitatio-Idee des Ignatius verbreitet.[34]

Die Nachahmung des Sterbens Christi[35] (vgl. Gal 6,17; Phil 3,10; Röm 6,4–6; IgnMagn 5,2; IgnSm 4,2; PolPhil 8,2; MartLugd 5, 1,41; 2,2 ff.; PassPerp 18,9; ActCarpi 41; Passio SS. Montani et soc. 22,3; Tert de oratione 189,10; de praescr. 36,3) dient im MartPol der Stärkung im Glauben und der Erbauung (vgl. MartPol 9,1: ἴσχυε, Πολύκαρπε, καὶ ἀνδρίζου) sowie der Abwehr montanistischer Martyriumssucht.[36] »Jesus kommt für den Märtyrer ... als Typus und Vorbild des richtigen martyrologischen Verhaltens in Betracht«[37] (vgl. MartPol 6,2; 17,3; 19,1), das in der μίμησις Χριστοῦ zu

---

hen?« / Selbst CONZELMANN, Bemerkungen, 6 Anm. 16 räumt unter Verweis auf IgnRöm 6,3 ein: Der Nachahmungsgedanke »fügt sich also gut in das Milieu Polykarps und seiner Gemeinde ... Bei Campenh. kommen diese Stellen nicht zu ihrem Recht.« – Gegen CAMPENHAUSEN, Interpolationen, 257 Anm. 15, der die systematische Parallelisierung des Lebens und Wirkens Christi mit dem seiner Nachfolger (Franziskus!) erst für einen mittelalterlichen (!) Gedanken hält.

[32] Vgl. MICHAELIS, Art. μιμέομαι κτλ., ThWNT 4, 661–678 / LARSSON, Art. μιμέομαι κτλ., EWNT 2, 1053–1057 / DEHANDSCHUTTER, Le martyre, 660–663. – Im NT: u. a. 1Thess 1,6; 2,14; 1 Petr 3,13; Phil 3,17; Röm 8,29; Eph 5,1; Hebr 6,12; 13,7; 3 Joh 11; vgl. Anm. 21.

[33] Vgl. MILLAUER, Leiden als Gnade, 65 ff.

[34] IgnEph 10,3: μιμηταί τοῦ κυρίου σπουδάζωμεν εἶναι; IgnEph 1,1; IgnTrall 1,2; 5,2; IgnRöm 6,3; IgnPhld 7,2. – Vgl. PAULSEN, Ignatius, 180 ff. – PolPhil 1,1 f.; 8,2 (SURKAU, Martyrien, 129 Anm. 112 vermutet:»Polykarp hatte selbst im Philipperbrief die imitatio Christi mit der Möglichkeit, um seines Namens willen leiden zu müssen, in Verbindung gebracht, Phil 8,2. Vielleicht ist in diesem Satz seines Briefes mit ein Grund für die Darstellung seines Martyriums zu sehen: es wird nun nachgewiesen, daß er wirklich die ›hypomone‹ Christi nachgeahmt habe!«); 9 f. – Vgl. ferner: Just I Apolog. 67,4; Tert. de resurr. 102,5,10. – BETZ, Nachfolge, 181 f.: »Die Imitatio-Jesu-Frömmigkeit beginnt ... mit dem I. Petrusbrief und wird voll ausgestaltet im Martyrium des Polykarp (vgl. I, 1.2; XVII,2.3), in dem zur Beschreibung des Märtyrertodes des Polykarp bewußt auf Evangelientraditionen als Muster zurückgegriffen wird ... im Unterschied zu Polykarp spielt für Ignatius die Vita Jesu keine Rolle ...«

[35] Auch andere Martyrien sind in Analogie zum Tode Jesu gestaltet: Joh. d. T. (vgl. ERNST, Johannes der Täufer, 28 f.), Jakobus-Martyrium (vgl. PRATSCHER, Herrenbruder Jakobus, 252 ff.).

[36] Zu ὡς καὶ ὁ κύριος vgl. in antihäretischem Kontext das Jakobusmartyrium bei Eus. h. e. 4,22,4: καὶ μετὰ τὸ μαρτυρῆσαι Ἰάκωβον τὸν δίκαιον ὡς καὶ ὁ κύριος.

[37] CAMPENHAUSEN, Idee, 87 gegen SURKAU, Martyrien, 134 Anm. 137. Vgl. BERGER, Formgeschichte, 100, wonach das Vorbild zum wesentlichen Kennzeichen des paränetischen Briefs mit seinem kommunikativen Plural wird. – Wie unterschiedlich etwa die gnostische Martyriumsauffassung ist, verdeutlicht SCHOLTEN, Martyrium, 60, indem er hinsichtlich der Motive der Leidbewältigung ausführt: »... deren deutlichstes zwar das Parallelschicksal des Erlösers für den Jünger darstellt, das aber keine Vorbildfunktion oder exemplarische Bedeutung besitzt, die zur Nachfolge oder Nachahmung aufriefe oder verinnerlicht und theologisch ausgedeutet würde.«

einem Dasein füreinander bewegt (ἀλλὰ καὶ …), egoistisches Wirken enthusiastischer Individuen problematisiert (μὴ μόνον …) und in wirklicher, starker Liebe wurzelt. Evangeliumsgemäßes Martyrium meint dann die Rücksichtnahme auf den vermeintlich schwächeren Anderen, Einheit im Miteinander, Dasein für andere und gemeinsames (statt individuelles) σώζεσθαι. Montanistische Enthusiasten sollen zu altruistischer Nüchternheit ermahnt und träge Christen zu einem, wenn notwendigen, standhaften Martyrium gemäß den Vorbildern ermutigt werden. Nicht zufällig sind »die Wendungen ὡς καὶ ὁ κύριος (MPol 1,2) und κατὰ τὸ εὐαγγέλιον (1,1 vgl. 4 u. 19,1) … bereits bei Hegesipp und Polykrates von Eph (Eus. h. e. 4, 22,4/5,24,6) als kirchliche Maßstäbe gebräuchlich«[38], so daß sich MartPol 1 und 4 gegenseitig erläutern; denn dort wird mit Verweis auf das Evangelium explizit getadelt: οὐχ οὕτως διδάσκει τὸ εὐαγγέλιον (vgl. Mt 10,23). »Zu der Nachahmung Gottes, Christi, des Apostels und anderer Vorbilder gehört als wichtiges Moment der Gehorsam diesen Autoritäten gegenüber.«[39]

Der Nachahmungsgedanke mit Verweis auf die Autorität des Herrn und des Bischof-Märtyrers sowie der evangelischen Tradition dient der Abwehr einer Martyriumskonzeption, die die Tradition übersteigt und weitergeht als die im Evangelium vorgebildete Passion. Die schon in den paulinischen Aussagen angelegte autoritäre »Tendenz …, die imitatio zu einem ›hierarchischen‹ System auszubauen«[40], dient mit Christus als Vorbild der Abwehr überzogen enthusiastischer Lebens- und Martyriumsvorstellungen, wie überhaupt viele μιμέομαι-Aussagen in anti-enthusiastischem Kontext stehen.[41] Gegen allen Enthusiasmus werden Demut (vgl. 1 Kor 4,9–13.16; Phil 2,5–11; 3,13 ff.), Geduld (Hebr 6,12; MartPol 7,2;8,3; 13,2), alltägliche Arbeit (2 Thess 3,11) und uneigennütziges Verhalten (1 Kor 10,24.29.33; 11,1; MartPol 1,2) eingeklagt. Hingegen wird in montanistischem Kontext die Nachfolge des Herrn als Streben nach dem Martyrium verstanden: »Nolite in lectulis

---

[38] BEYSCHLAG, Clemens, 312 Anm. 2. – Das gilt auch für den antimontanistischen Anonymus Eus. h. e. 5,16,3: … μὴ πῃ δόξω τισὶν ἐπισυγγράφειν ἢ ἐπιδιατάσσεσθαι τῷ τῆς τοῦ εὐαγγελίου καινῆς διαθήκης λόγῳ, ᾧ μήτε προσθεῖναι μήτε ἀφελεῖν δυνατὸν τῷ **κατὰ τὸ εὐαγγέλιον** αὐτὸ πολιτεύεσθαι προῃρημένῳ. (vgl. Exkurs zu MartPol 4 und der Montanismus). – (Gegen Campenhausens Interpolationshypothese).

[39] LARSSON, Art. μιμέομαι, 1055.

[40] LARSSON, Art. μιμέομαι, 1054. Vgl. MartPol 17,3: wie Christus so die Märtyrer so auch wir.

[41] Vgl. neben der an der Nachahmung des Apostels orientierten Polemik von 2 Thess 3,6–9 besonders folgende Zusammenhänge: der mit dem wirklichen πνεῦμα ausgestattete Prophet (vgl. die betonte Bezeichnung Polykarps als Prophet(!) und Märtyrer) lebt bescheiden und verlangt nichts für sich selbst, vgl. Didache 11; Apoll. Eus. h. e. 5,18,2.4; Past.Herm. mand. 11, aber kritisch gegen Montanismus-Hypothesen: BROX, Pastor Hermae, 266 ff.; LABRIOLLE, Crise, 247 ff.; BONWETSCH, Montanismus, 200–210. Hingegen sieht PAULSEN, Papyrus Oxyrhynchus, über die διαδοχή eine Verbindung zum antimontanistischen Anonymus in Eus. h. e. 5,17,4 und vermutet, daß »P. Oxy. 1.5 in einer nicht mehr genau zu erkennenden Weise in die Anfangsphase der Auseinandersetzung mit dem Montanismus hineingehört.« (453).

nec in aborsibus et febribus mollibus optare exire, sed in martyriis, uti glorificetur qui est passus pro vobis.« (Tert. de fuga 9.4).[42] Nach Apollonius (Eus. h. e. 5,18,5) heißt es von einem montanistischen Märtyrer: »... δέον ἐπὶ τούτῳ **ταπεινο**φρονεῖν, ὡς μάρτυς **καυχώμενος**, ἐτόλμησεν, **μιμούμενος** τὸν ἀπόστολον, καθολικήν τινα συνταξάμενος ἐπιστολήν ... βλασφημῆ σαι δὲ εἰς τὸν **κύριον** ...« Und Epiphanius, Pan. 48,12,3 ff. weiß von Maximilla das Orakel zu berichten: »ἐμοῦ μὴ ἀκούσητε, ἀλλὰ Χριστοῦ ἀκούσατε« und kommentiert es wie folgt unter Verweis auf 1 Kor 11,1: »καὶ ἐν οἷς ἔδοξε Χριστὸν δοξάζειν πεπλάνηται. εἰ γὰρ ἦν τοῦ Χριστοῦ, ἔλεγεν ἂν **κατὰ τοὺς** ἁγίους ἀποστόλους ... καὶ τοῦ Παύλου λέγοντος ›μιμηταί μου γίνεσθε, καθὼς κἀγὼ Χριστοῦ.‹«[43]

Diese kritische Zielsetzung wird durch die typisch briefliche kontrastierende (Quintus – Germanikus bzw. Polykarp) Gemeindeparänese erläutert: μὴ μόνον ... ἀλλὰ καί ... Durch die Anspielung auf Phil 2,4 wird auf solche Gemeindeparänese in Phil 2,1–5 verwiesen: »Polycarp's waiting is to be imitated by Christians, since that corresponds to the fundamental principle of brotherly love enunciated by Paul in Philippians 2:4; the martyr did not rush out to martyrdom with a view to his own soul's salvation but kept the needs of the brethren in mind. The author is probably thinking of the repercussions caused by behavior like that of Quintus (ch. 4).«[44] Auch im MartLugd (5, 2,2) wird im Zusammenhang des Nachahmungsgedankens Phil 2,6 aus dem Beginn des Philipperhymnus zitiert. Eine Ermahnung zu Eintracht und Demut nach dem Vorbild Christi (ὡς καὶ ὁ κύριος, vgl. Hegesipp, Eus. h. e. 4,22,4 ebenfalls in anti-häretischem Kontext) scheint angesichts der Märtyrersituation (Phil; MartPol; MartLugd) und enthusiastischer Positionen (Phil 3; MartPol 4; MartLugd 5, 2,2 f.) geboten. Allem enthusiastischen Egoismus ist mit dem Zitat Phil 2,4 gewehrt, vgl. 1 Kor 10,24( 33; 11,1): μηδεὶς τὸ ἑαυτοῦ ζητείτω, ἀλλὰ τὸ τοῦ ἑτέρου. Ἀγάπη meint in nachapostolischer Zeit in der Regel die Bruderliebe[45]: μὴ μόνον ἑαυτὸν θέλειν σώζεσθαι, ἀλλὰ καὶ πάντας τοὺς **ἀδελφούς** (MartPol 1,2). »›Es ist ein Ausdruck wahrer und fester Liebe, nicht nur sich selbst retten zu wollen, sondern auch alle

---

[42] Vgl. Tert., de anima 55.5: »Si pro deo occumbas, ut paracletus monet, non in mollibus febribus et in lectulis, sed in martyriis, si crucem tuam tollas et sequaris dominum, ut ipse praecepit. Tota paradisi clavis tuus sanguis est.« – Vgl. HEINE, Montanist Oracles, 6.

[43] Vgl. HEINE, Montanist Oracles, 46. Vgl. Epiph. Pan. 48,12,15: »καὶ διέπεσε κατὰ πάντα τρόπον ἡ τῶν ἀπαλλοτριούντων ἑαυτοὺς διάνοια **ἀπὸ τῆς τοῦ Χριστοῦ ἀκολουθίας**.« Fast alle montanistischen Orakel treten statt einer demütigen und altruistischen Orientierung am Herrn mit einem enormen ἐγώ εἰμι-Anspruch auf, vgl. HEINE, Montanist Oracles, 2–9 / vgl. AUNE, Prophecy, 315: »self commendation«.

[44] SCHOEDEL, Fathers, 54. – Vgl. Eus. h. e. 5,16,21 f.

[45] Vgl. STAUFFER, Art. ἀγαπάω κτλ., 55. Zum typischen »Übergang vom ›Nächsten‹ zum ›Gemeindemitglied‹«, der die innerchristliche Perspektive des MartPol erneut verdeutlicht, vgl. BEUTLER, Art. ἀδελφός, EWNT 1, 70. Im Martyrium der 7 Brüder 4 Makk 9,23 die »Blutsbrüder«: μιμήσασθε με, ἀδελφοί ...

Brüder.‹ MartLugd I, 9: der Märtyrer Vettius Epagathos hat die Fülle der Liebe gegenüber Gott und dem Nächsten; I, 17: Martyrium ist Liebe zu Gott in Kraft; II, 6: Märtyrer haben ›echte Liebe‹ (2 Kor 8,8), die Folterqualen sind ein Liebeswerk; II, 8: die Märtyrer erweisen Liebe sogar gegenüber Abgefallenen. Vgl. Martyrium als gelebte Liebe auch in Mart. Marianus, Jakobus III, 6; IV,7; Mart. Montanus, Lucius X, 1 f., XXIII, 3; Mart. Agape, Eirene, Chione et alii V, 3; Irenäus, Adv. haer. IV, 33,9; Origenes, In Leviticum hom 9 ...«[46] Der Verweis auf die ἀγάπη betont im MartPol eine Pointe, die gegen jede egoistisch-enthusiastische Martyriumskonzeption gerichtet ist. (Vgl. auch IgnSm 6,2).

Damit verschließt sich die Konzeption des MartPol κατὰ τὸ εὐαγγέλιον und des Martyriums als μίμησις Χριστοῦ entsprechend der christologischen Bindung des Märtyrers bei Ignatius[47] einem Martyriums- (und Prophetie-) Verständnis, das über die παράδοσις und διαδοχὴ τῆς ἐκκλησίας (Anonymus Eus. h. e. 5,16,7; 5,17,4) hinausgeht und ihr widerspricht. »Ausgesagt werden soll die prinzipielle Überlegenheit der Vergangenheit, wie sie in der παράδοσις ihren Niederschlag gefunden hat, gegenüber der Gegenwart des Aussagenden. Zugleich impliziert dies die fortdauernde, inhaltliche Kontinuität zwischen dieser Vergangenheit und der Gegenwart, die vor allem in der garantierten Identität der Überlieferung, des traditum gesehen wird.«[48] Hingegen verweist die pro-montanistische Rahmung der PassPerp 1,1–5; 21,5 diametral entgegengesetzt der nach rückwärts gewandten μίμησις-Konzeption des MartPol auf die Bedeutung der *nova* fidei exempla. Das auf die alte Tradition rückverweisende MartPol steht in aktueller Auseinandersetzung mit der νέα προφητεία[49], die »den Besitz einer neuen Offenbarung mit neuem Ausblick auf die Vollendung des Reiches Gottes und neuem Einblick in die Bedingungen der Teilnahme daran« behauptet.

»Alle ... Gegner bestätigen diese Behauptung als ... charakteristisches Merkmal. Gerade dies erklärt z. B. Hippolyt Philos. VIII, 19 für die Häresie der Phryger, dass sie den Geist in reicherem Masse in ihre Propheten übergangen lehrten, als er in den Aposteln gewohnt, und daher durch jene eine über Gesetz und Propheten, Evangelium und Apostel, eine über Christi eigene Lehre hinausgehende Offenbarung vermittelt sein ließen.«[50] Die authentische Fixierung der Lehre und des Verhaltens (im Martyrium) Jesu dominiert das zweite Jahrhundert und erhebt und privilegiert (in Auseinandersetzung mit

---

[46] STAATS, katholische Kirche, 251 Anm. 105.

[47] Vgl. PAULSEN, Ignatius, 182 ff.

[48] PAULSEN, Pap. Oxyr., 449: »Διαδοχή bezeichnet ... in den Texten des zweiten Jahrhunderts vor allem inhaltliche Kontinuität.« Paulsen, a. a. O., 451 Anm. 64 verweist auf den Dialog zwischen einem Montanisten und einem Orthodoxen, dem die Behauptung unterstellt wird: μετὰ Χριστὸν μὴ εἶναι προφήτας, vgl. Lk 16,16. Vgl. HEINE, Montanist Oracles, 116.

[49] Eus. h. e. 5,16,4; 19,2. Vgl. SCHEPELERN, Montanismus, 10–13.

[50] BONWETSCH, Montanismus, 127. Vgl. Epiph. Pan. 48,10.13; Eus. h. e. 5,16,9.

dem Montanismus) die Tradition κατὰ τὸ εὐαγγέλιον über alles Spätere. Insofern findet sich die aktuelle Auseinandersetzung des MartPol keineswegs nur in einem (Quintus-)Kapitel, sondern bestimmt die programmatische Einleitung in das Briefthema: Polykarp als Vorbild eines evangeliumsgemäßen Märtyrerverhaltens.

# 2,1–4: Lob auf das Vorbild der sehr edlen Märtyrer Christi

2,1 a   Selig und edelmütig also sind alle Martyrien, die gemäß dem Willen Gottes geschehen sind.

   b   Denn es ist notwendig, daß wir, die wir gottesfürchtiger sind, Gott die Macht über alles zuerkennen.

2,2 a   Denn wer würde nicht ihren Edelmut, ihr Standhalten und ihre Liebe zum Herrn bewundern?

   b   Die einen, durch Geißelhiebe zerfleischt, so daß bis zu den Adern und Blutgefäßen im Innern der Bau des Körpers sichtbar wurde, hielten stand, so daß auch die Zuschauer Mitleid hatten und wehklagten.

   c   Sie kamen aber zu einem solchen Maß an Edelmut, daß keiner von ihnen jammerte oder stöhnte; sie zeigten uns allen, daß die sehr edelmütigen Märtyrer Christi in jener Stunde der Folterung außerhalb des Körpers weilten, mehr noch, daß der Herr ihnen zur Seite stand und ihnen zuredete.

2,3 a   Sie richteten ihren Sinn auf die Gnade Christi und verachteten die irdischen Foltern; während einer einzigen Stunde erkauften sie das ewige Leben. Kalt war ihnen das Feuer der entmenschten Folterknechte.

   b   Denn sie hatten vor Augen, dem ewigen und niemals verlöschenden Feuer zu entfliehen, und mit den Augen des Herzens erblickten sie die Güter, die für die Standhaltenden aufbewahrt sind und die kein Ohr gehört, kein Auge gesehen und die in keines Menschen Herz gekommen sind, die aber vom Herrn jenen gezeigt wurden, die nicht mehr Menschen, sondern schon Engel waren.

2,4   In gleicher Weise aber ertrugen auch die anderen, zu den Tieren Verurteilten, schwere Folterstrafen; sie wurden über Muscheln gewälzt und mit anderen Arten mannigfaltiger Foltern gestraft, um sie, wenn möglich, durch andauernde Folterstrafe zur Verleugnung zu bewegen.

*Lit.:* BAUMEISTER, Th., Die Anfänge der Theologie des Martyriums, MBTh 45, Münster 1980, 39–50.51–59.295 f. / HABERMEHL, P., Perpetua und der Ägypter oder Bilder des Bösen im frühen afrikanischen Christentum. Ein Versuch zur *Passio Sanctarum Perpetuae et Felicitatis*, TU 140, Berlin 1992, 180 f. / HENTEN, J. W. van, Zum Einfluß jüdischer Martyrien auf die Literatur des frühen Christentums, II. Die Apostolischen Väter, ANRW 2.27.1, Berlin/New York 1993, 700–723 / PERLER, O., Das vierte Makkabäerbuch, Ignatius von Antiochien und die ältesten Martyrerberichte, RivAC 25/1949, 47–72 / SCHOEDEL, W. R., The Apostolic Fathers. A new translation and commentary, Vol. 5: Polycarp, Martyrdom of Polycarp, Fragments of Papias, Camden, N.Y. / Toronto 1967, 54 ff. / SURKAU, H. W., Martyrien in jüdischer und

frühchristlicher Zeit, FRLANT 54, Göttingen 1938, 127 f. / WEINRICH, W.C., Spirit
and Martyrdom. A Study of the Work of the Holy Spirit in the Contexts of the
Persecution and Martyrdom in the New Testament and Early Christian Literature,
Washington D.C. 1981, 172 ff.

In einem summarischen Überblick gibt MartPol 2 einen lobenden Abriß des
standhaften Verhaltens »der sehr edelmütigen Märtyrer Christi« (γενναιότατοι
μάρτυρες τοῦ Χριστοῦ) unter vielfältigen Folterqualen. Dabei erscheint die
Tonart des Summariums, in dem erstmals die christliche Zeugnis-Terminologie im martyrologischen Sinn als Blutzeuge (= Märtyrer) begegnet, geprägt
von traditioneller jüdischer Martyriumsvorstellung in Anlehnung an 2/4Makk[1]
sowie vom Bild des standhaften hellenistischen Weisen.[2] Die Intention des
Verfassers wird dabei weniger in den traditionellen Topoi selbst als vielmehr
in der Verwendung derselben deutlich[3]: das traditionell geprägte Lob auf die
standhaften Märtyrer dient der paränetischen Verwendung (vgl. die Seligpreisung in 2,1 a) ihrer Vorbildfunktion[4] in Anlehnung an die grundlegende κατὰ
τὸ εὐαγγέλιον-Intention[5] aus MartPol 1. Die Martyrien sind insofern gesegnet,
als sie »gemäß dem Willen Gottes« geschehen (2,1 a, vgl. 7,1: Gott also und
nicht menschlich-enthusiastischem Vermögen ist alle Macht beizumessen, vgl.
2,1 b). Die betonte Standhaftigkeit (ὑπομονή, die aller Verleugnung widerstehen soll, vgl. 2,4, hingegen aber Quintus in MartPol 4!) resultiert allein aus
der Orientierung der Märtyrer Christi (μάρτυρες τοῦ Χριστοῦ(!)) an ihrem
Herrn (vgl. Anm. 3). Alle zusammenfassende, nicht vor kräftigen Bildern
zurückschreckende Folterbeschreibung dient diesem Zweck. Das Ertragen der
ausgemalten Qualen kann nur gelingen mittels der festen Verwurzelung im
κύριος – so wie bei Polykarp ersichtlich und im Gegensatz zu Quintus in
MartPol 4. MartPol will somit keineswegs nur historische Fakten schildern
und traditionelle Martyriumstheologie aufnehmen, sondern verwendet diese

---

[1] Vgl. HENTEN, Einfluß, 716 ff.

[2] Vgl. neben der angegebenen Literatur: FISCHEL, Martyr and Prophet. – Gerade in der
Verwendung und Aufbereitung traditionellen Materials wird »der Autor mit seiner Martyri-
umsicht deutlicher erkennbar als da, wo er auf vorgegebene Einzelheiten eingeht.« (BAUMEISTER,
Genese, 75).

[3] Vgl. DEHANDSCHUTTER, Research, 514: One should look not only to the ›TRADITIONSGE-
SCHICHTE‹ but also to the concrete function of the text.« (Gegen Baumeister).

[4] Vgl. 1 Clem 5,7 bzgl. des Martyriums des Paulus: »das größte Beispiel der Geduld«
(ὑπομονῆς γενόμενος μέγιστος ὑπογραμμός). Vgl. 2 Makk 2,28; 1 Petr 2,21; PolPhil 8,2.

[5] Gegen CAMPENHAUSEN, Interpolationen und SCHOEDEL, Fathers, 54: »... there is no trace
of the imitation theme in it.« Hingegen ist auch MartPol 2 durchzogen von Hinweisen auf das
Evangelium und den Herrn: vgl. die Parallelität von »gemäß dem Evangelium« (κατὰ τὸ
εὐαγγέλιον) mit »gemäß dem Willen Gottes« (κατὰ τὸ θέλημα τοῦ θεοῦ) (2,1), die Bezeichnung
μάρτυρες τοῦ Χριστοῦ (2,2 c), die Aussage, »der Herr steht ihnen zur Seite« (ὁ κύριος ὡμίλει
αὐτοῖς)(2,2 c), »den Sinn auf die Gnade des Herrn gerichtet« (προσέχοντες τῇ τοῦ Χριστοῦ
χάριτι) (2,3 a) sowie »Ihnen aber wurde es gezeigt vom Herrn« (ἐκείνοις δὲ ὑπεδείκνυτο ὑπὸ
τοῦ κυρίου) (2,3 b).

in kommentierender Hinsicht: Die Komposition von MartPol zeigt eine durchgängige Erzählstruktur, die des öfteren auf einer Metaebene des Textes unterbrochen ist von einschubhaften Interpretationen der Erzählung. Der Verfasser verfolgt eine eindeutige These: die paränetische Orientierung am evangeliumsgemäßen Martyrium, das allein von Gott gewollt ist. Der Irrtum von Campenhausens und anderer besteht darin, anzunehmen, daß im MartPol ursprünglich eine einfache Erzählung über rein historische Fakten zugrunde liegt ohne jede Kommentierung derselben.[6]

*Literarkritisch* betrachtet bietet Eusebs Fassung h.e. 4,15,4 die Verse Mart-Pol 2,2c–3 nicht, MartPol 2,1.2a in eigener Zusammenfassung (τούτοις ἑξῆς ... διαγράφοντες) und MartPol 2,2b.4 in ausführlicher Umschreibung. Das hat immer wieder zu sog. Interpolationshypothesen (Campenhausen / Conzelmann u.a.) geführt, die in Eusebs Fassung den ursprünglichen Text haben ausmachen wollen, der erst sekundär, vor allem mit Evangeliumsanspielungen, aufgefüllt worden sei. Alles spricht aber dafür, daß Eusebius nur die wesentlichen erzählerischen Elemente betont hat[7]; gegen Interpolationshypothesen[8] in MartPol 2, die sich auf Euseb stützen, sprechen folgende Beobachtungen:
– Die deutliche rhetorische Einheit über die angeblichen Interpolationsgrenzen hinweg (μὲν – δέ; γὰρ – γάρ; κατὰ τὸ εὐαγγέλιον – κατὰ τὸ θέλημα; ὥστε – ὥστε; ὅτι – ὅτι), der durchgängige Verweis auf den Herrn (θεός; κύριος; Χριστός), der Gebrauch von »Schrift«zitaten (Phil 2,4; 1 Kor 2,9) sowie das einheitlich jüdisch-hellenistische Martyriumsverständnis gemäß 2/4Makk.[9]
– Die am Narrativ-Faktischen orientierte Straffung Eusebs zuungunsten einer lehrhaft-erbaulichen Intention »dem Evangelium gemäß« (κατὰ τὸ εὐαγγέλιον), die Euseb erreicht durch a) Einfügung einer historisierenden Zwischenbemerkung (15,4: τούτοις ... διαγράφοντες), b) Auslassung allen erbaulich-paränetischen Materials (2,2b–3), c) Verbindung des übrigbleibenden narrativen Peristasen- und Märtyrerberichtmaterials, d) Ausschmückung dieses narrativen Materials (15,4).[10] Selbst den kommentierenden Schluß-Hinweis auf die Vermeidung der Verleugnung in MartPol 2,4 läßt Euseb aus. »Euseb brauchte nur Tatsachen und Geschichte. Was ging ihn die fromm einleitende

---

[6] DEHANDSCHUTTER, MartPol, 279. – Ähnlich HABERMEHL, Perpetua, 178 f.: »Was für die historische Literatur Griechenlands und Roms gilt, trifft auch für die Darstellungen christlicher Martyrien zu: auch wenn sie historische Ereignisse schildern, sind sie selten Tatsachenberichte. In den meisten Fällen müssen wir mit Überarbeitung, Literarisierung, Deutung (auch im Dienst innerkirchlicher Polemik) rechnen.«

[7] SCHOEDEL, Fathers, 54.

[8] Nach REITZENSTEIN, Bemerkungen, 460 f., CAMPENHAUSEN, Bearbeitungen, 284–289 und CONZELMANN, Bemerkungen, 9 ff. ist im Zusammenhang mit sekundären Interpolationen in MartPol 2 auch ursprüngliches Material über weitere Märtyrer zu Gunsten der einseitigen Verehrung Polykarps ausgefallen. Vgl. kritisch: REUNING, Erklärung, 1 / BUSCHMANN, MartPol, 52 f. 55–69 / COLIN, L'empire, 14 f. 22 f.

[9] Vgl. BUSCHMANN, MartPol, 57 f. 124 f.

[10] Gegen CAMPENHAUSEN, Bearbeitungen, 266 f.

Betrachtung der Smyrnäer an? Was ihr ausgesprochener Antimontanistenzweck mit einer Herausarbeitung des Berichtes als Seitenstückes zum Evangelium? ... Nun gut, so excerpierte der große Geschichtsexcerptor ...«[11]
– Die internen Widersprüche der Interpolationshypothesen: a) die nicht eindeutige Abgrenzung eines angeblichen Einschubs,[12] b) die nicht eindeutige
Zuweisung der vermuteten Interpolation 2,2 b.3 an den sog. Euangelion-Redaktor.[13]

*Formkritisch* besteht MartPol 2 aus überwiegend paränetischen Gattungselementen[14]: Seligpreisung (2,1 a) (§ 52), Martyriumsparänese (2,1 b) (§ 45),
rhetorische Frage mit Epideixis/Demonstratio (2,2 a) (§ 79), Märtyrerbericht
(§ 97,4) mit Peristasenkatalog (§ 66) und Epideixis/Demonstratio (2,2 b),
symbouleutische Kommentierung (§ 70) mit Mahnung im Tat-Folge-Schema
(§ 51) und Mahnung für besondere Situation (2,2 c), Mahnung im Tun-Ergehen-Schema (§ 51), Martyriumsparänese (§ 45) und (Un)heilsansage als
Mahnung (§ 54) (2,3), sowie Märtyrerbericht (§ 97,4) mit Peristasenkatalog
(§ 66) und symbouleutischer Kommentierung (§ 70) (2,4). – Vergleichbar mit
MartPol (1-)2 sind vor allem die Makkabäermartyrien und MartLugd, nicht
nur wegen des brieflichen Rahmens in 5, 1,3-4 a, sondern wegen der lobenden
Gesamtdarstellung der Märtyrer in MartLugd 5, 1,4 b-8. Eine argumentative
Rahmung (MartPol 1-4 / 19 f.) zur Einordnung der »eigentlichen« Märtyrererzählung (MartPol 5-18) begegnet auch in den Makkabäermartyrien (2
Makk 6,12-17; 4 Makk 6,31-35; 7,1-23; 13,1-14,1; 17 f.), allerdings nicht
so eng mit der Erzählung verwoben wie im MartPol; denn in Makk wird
jeweils ein philosophisches Theorem (etwa in 4 Makk 13,1-14,1: Herrscherin
der Triebe ist die fromme Vernunft) durch die Märtyrer-Erzählung zu belegen
versucht. – Auch MartPerp 1,1-5; 21,5 entspricht der argumentativen Zielangabe MartPol 1 f.; 19; jeweils wird die Aussageabsicht deutlich: erbauliche
(antimontanistische) Nachfolge-Aufforderung in ein evangeliumsgemäßes
Martyrium (MartPol) und erbauliche Stärkung durch (promontanistischen)
Hinweis auf die nova fidei exempla der Märtyrer/innen und ihrer Visionen
(MartPerp). – Folterbeschreibung und Darstellung von Stärke und Überlegenheit des Märtyrers finden sich u. a. in: 2 Makk 6,18; 7,1.5; 4 Makk 6,1-6;
8,3.12 f.; MartJes 5,14; Act 6,8-10.

**2,1 a:** MartPol 2, das mit seiner rhetorischen Durchprägung – vgl. die zahlreichen kausalen, finalen und oppositionellen Partikel sowie die Schlußfolgerung οὖν als argumentatives Element und »transitional formula« innerhalb des
Briefcorpus – noch zur argumentativ-kommentierenden Einleitungsebene ge

---

[11] BADEN, Polykarpmartyrium, 79.
[12] CAMPENHAUSEN, Bearbeitungen, 258 hält MartPol 2,1 für interpoliert, CONZELMANN,
Bemerkungen, 10 für ursprünglich.
[13] CAMPENHAUSEN, Bearbeitungen, 260 f., vgl. CONZELMANN, Bemerkungen, 12.
[14] Die §§ beziehen sich auf BERGER, Formgeschichte.

hört, faßt nach der Zielangabe des Schreibens in MartPol 1 nun den Inhalt der zu lobenden Martyrien abstrahierend mit der paränetisch-erbaulichen Gattung einer Seligpreisung[15] zusammen. »Selig und edelmütig also sind alle Martyrien, die gemäß dem Willen Gottes geschehen sind«: μακάρια μὲν οὖν καὶ γενναῖα[16] τὰ μαρτύρια πάντα τὰ κατὰ τὸ θέλημα τοῦ θεοῦ γεγονότα. Die Nähe von κατὰ τὸ εὐαγγέλιον[17] μαρτύριον (1,1b) zu μαρτύρια ... κατὰ τὸ θέλημα τοῦ θεοῦ legt für κατά die Übersetzung von »gemäß/in Übereinstimmung mit«[18] nahe. Damit ist das Martyrium nicht nur theologisch legitimiert[19], muß jederzeit erwartet werden (vgl. 1 Petr 4,12) und bewältigt die konkrete Leidenssituation mit dem passionstheologischen Argument[20], sondern es ist gemäß MartPol 1,2 zwischen eigenem Willen (als Drang zum Martyrium) und Gottes Willen unterschieden: θέλημα τοῦ θεοῦ ist mehr und anderes als »nur sich selbst retten zu wollen« (μόνον ἑαυτὸν θέλειν σώζεσθαι) (1,2).

Der Ausdruck (κατὰ τὸ) θέλημα τοῦ θεοῦ (vgl. Mt 6,10; 26,39.42; Lk 22,43; Act 21,14; Kol 4,12; Hebr 10,7.9f.; 13,21; 1 Petr 3,17; 4,19; 1 Joh 5,14; Did 8,2; 1 Clem inscr; 20,4; 2 Clem 6,7) schwankt also zwischen den Bedeutungen »nach« und »gemäß« dem Willen Gottes. Sicherlich gibt er zunächst einmal

---

[15] Vgl. BERGER, Formgeschichte, § 52 / KÄHLER, Makarismen / MILLAUER, Leiden als Gnade, 145–165, bzgl. 1 Pt 3,14; 4,14; Mt 5,10ff.: »...das Leiden ... entspringt ... notwendig aus der Nachfolge Christi. Der wird gepriesen, der hier die letzten Konsequenzen, die Gemeinschaft mit Christus auch im Leiden auf sich nimmt; denn hierin erfüllt er den Willen seines Herrn ...« (165). Insofern ist das »imitation theme« (gegen SCHOEDEL, Fathers, vgl. Anm. 3) von Beginn an in MartPol 2 vorhanden. – Makarismen, häufig in Anfangspositionen von Texteinheiten, wollen Leiden bewältigen und zum Beibehalten des gelobten Verhaltens ermutigen. Paränetische Argumentation benutzt hier neben der christologischen Begründung, den Beispielen und Schriftzitaten auch die Seligpreisung, die durch das Epitheton μακάριος Πολύκαρπος in MartPol 1,1 (vgl. 19,1; 21) schon angedeutet ist. – Ein Makarismus im Kontext von Martyrium und Montanismus auch in Tert., de fuga, 9.4: »Publicaris bonum tibi est, qui enim non publicatur in hominibus, publicatur in Domino ...« (HEINE, Oracles, 6). – Makarismen sind zumeist auf Menschen bezogen, auf Sachen nur: Tit 2,13; Act 20,35; 1 Clem 35,1.

[16] Γενναῖος (MartPol 2,1.2; 3,1.2), auch Ausdruck griechischer Tugendbeschreibungen und stoischer Athletenmetaphorik, ist typisches Beiwort jüdischer Märtyrer und bezeichnet fortan echtes, edles, tapferes, starkes Christsein im Martyriumskontext, vgl. 2. Makk 6,28.31; 7,5.11.21; 4 Makk 6,10; 8,3 u.ö.; 1 Clem 5,1.6; 6,2 (25,3; 54,1); MartLugd 5, 1,7.17.19.36; ActCarpi 35 u.ö.

[17] Zu κατὰ τὸ εὐαγγέλιον vgl. STROBEL, Osterkalender, 251f.

[18] Mit MUSURILLO, Acts, 3 »in accordance with«, dafür spricht insbesondere auch MartPol 7,1: τὸ θέλημα τοῦ θεοῦ γενέσθω. Die meisten Übersetzungen bieten hingegen recht blaß: »nach« dem Willen Gottes« / »by the will of God« (SCHOEDEL, Fathers, 54), dann wäre mehr an (stoische) Ergebung in Gottes Willen gedacht, vgl. BROX, 1 Petr, 224 Anm. 711 zu 1 Petr 4,19: οἱ πάσχοντες κατὰ τὸ θέλημα τοῦ θεοῦ: hier ersetzt das πάσχειν noch den sich erst später entwickelnden martyrologischen Zeugnis-Begriff. Eine inhaltliche Nähe zu 1 Petr 4,12–19 ergibt sich ferner durch den Makarismus in 4,14, den Hinweis auf den Gehorsam gegenüber dem Evangelium in 4,17 und die κοινωνία an der Passion Christi in 4,13.

[19] Vgl. das παραδοθῇ (und seine theologischen Implikationen als term. techn. in der Passion) aus MartPol 1,2 und die Verbindung von παραδοθῆναι und θέλημα τοῦ θεοῦ in Gal 1,4.

[20] Vgl. BROX, 1 Petr, 257: »Das Vorbild des Christus-Leidens machte das Christenleiden erwartungsgemäß, verständlich, insofern ›erträglich‹.«

den göttlichen Heilsgrund an (»nach« dem Willen Gottes) (Gal 1,4; Eph
1,5.9.11), ermahnt aber dann als Teil postconversionaler Mahnrede (Eph
5,(10) 17; 1 Thess 4,3; Röm 12,2) die Angeredeten, sich vollzogenem Wandel
»gemäß« zu verhalten: ποιεῖν αὐτοῦ τὸ θέλημα (PolPhil 2,2; vgl. IgnEph 20,1;
IgnRöm 1,1; IgnPol 8,1; IgnTrall 1,1; IgnSm 11,1; Herm sim 9,5,2; Apo-
kryphJak[21]). Im MartPol kommt damit entsprechend der κατὰ τὸ εὐαγγέλιον-
Intention Jesu »nicht mein, sondern Dein Wille geschehe« (Mt 6,10; 26,39.42)
zum Tragen. Damit ist selbstgewolltes Martyrium ebenso getadelt wie selbstgewolltes Vermeiden. MartPol nimmt einen Standpunkt zwischen den Extre-
men »Montanismus« einerseits und »Gnostizismus« andererseits ein. Der Wille
Gottes geschieht in Edelmut, Standhaftigkeit und Liebe zum Herrn (2,2 a),
indem Gott – und nicht eigenem Vermögen! – alle Macht beigemessen wird
(2,1 b). Standhaftigkeit – und eben nicht Verleugnung, vgl. MartPol 2,4 und
MartPol 4! – gelingt nur in Orientierung an Christus (μάρτυρες **τοῦ Χριστοῦ**)
und dem Hoffen auf seine Gnade (προσέχοντες τῇ **τοῦ Χριστοῦ** χάριτι). Dabei
entsteht Gelassenheit, Abwarten-Können der Verhaftung und »ein solches
Maß an Edelmut, daß keiner von ihnen jammerte oder stöhnte« (γενναιότητος
… μήτε γρύξαι μήτε στενάξαι) (vgl. 1 Petr 4,19).

**2,1 b:** Das autoritäre, auf unbedingte Notwendigkeit verweisende δεῖ als be-
gründendes Mittel symbouleutischer Argumentation[22] normiert Gottes Willen.
Δεῖ wie schon κατὰ τὸ θέλημα τοῦ θεοῦ ist hier weniger Ausdruck gottgefügten
Schicksalsglaubens (als eschatologisch notwendiges δεῖ im Sinne von Mk 8,31
u. ö.) denn vielmehr Ausdruck des die christliche Gemeinde verpflichtenden
Willens Gottes (Tit 1,7), hier zur Martyriumsparänese verwandt.[23]
    Gott – und eben nicht menschlichem Vermögen und Wollen – ist die Macht
(ἐξουσία[24]) über alle Dinge[25] zuzuerkennen. MartPol 3,1 a, wo τῷ θεῷ und
κατὰ πάντων aus 2,1 wiederaufgenommen sind, verdeutlicht: den Teufel

---

[21] Vgl. dazu PAGELS, Views, 272.
[22] Vgl. BERGER, Formgeschichte, 98. – Vgl. 1 Thess 4,1; Act 5,29; 1 Tim 3,2.7.15; Hebr 11,6.
Vgl. POPKES, Art. δεῖ, EWNT I, 669: »So ist δεῖ im NT zumeist Ausdruck der Normgebung
und ganz bes. der Planung Gottes.«
[23] Vgl. GRUNDMANN, Art. δεῖ, ThWNT II, 21–25.
[24] Vgl. IgnPol 7,3: »Ein Christ hat kein Recht auf sich selbst, sondern gibt sich Gott hin.«
(Χριστιανὸς ἑαυτοῦ ἐξουσίαν οὐκ ἔχει, ἀλλὰ θεῷ σχολάζει.) Gottes unsichtbare ἐξουσία ist jeder
anderen Macht übergeordnet. Vgl. noch: Lk 12,4 f. in martyrologischem Kontext; MartPol 10,2;
Act 1,7; Jud 25; Herm m 4,1,11 sowie 1 Petr 3,14 f.: »Aber wenn ihr auch leiden müßt der
Gerechtigkeit wegen, seid ihr glücklich; vor ihrem Schrecken habt keine Angst und laßt euch
nicht aus der Fassung bringen. Den Herrn Christus haltet heilig in euren Herzen … (ἀλλ᾽ εἰ
καὶ πάσχοιτε διὰ δικαιοσύνην, μακάριοι. τὸν δὲ φόβον αὐτῶν μὴ φοβηθῆτε μηδὲ ταραχθῆτε κύριον
δὲ τὸν Χριστὸν ἁγιάσατε ἐν ταῖς καρδίαις ὑμῶν …).« In 1 Petr 3,17 folgt der Hinweis auf den
Willen Gottes (vgl. MartPol 2,1 a), in 1 Petr 3,13 eine rhetorische Frage wie in MartPol 2,2.
[25] Mit der Mehrzahl der Übersetzer sächlich »über alle Dinge«. Nach MartPol 3,1 κατὰ
πάντων wäre auch die persönliche Form möglich: »For we must devoutly assign to God a
providence over them all.« (MUSURILLO, Acts, 3).

braucht man nicht zu fürchten (vgl. Lk 4,6; 22,53; Act 26,18; Kol 1,13; Apc 13,5.7); »aber Gott sei Dank: über alle hatte er keine Macht« (χάρις τῷ θεῷ κατὰ πάντων γὰρ οὐκ ἴσχυσεν). Von Gottes Willen umfaßt ist auch die Macht des Teufels. Das emphatisch-komparativische εὐλαβεστέρους, in vielen Übersetzungen nur in positiver Form wiedergegeben[26], muß als Komparativ selbst dann beachtet sein, wenn der Komparativ ununterscheidbar vom Superlativ leicht elativisch stehen kann[27]; wenn ein wirklicher Komparativ vorläge, würde das einen Vergleich voraussetzen mit solchen, die dann weniger gottesfürchtig wären und also Gott weniger die Macht über alle Dinge zuerkennen würden – weil sie nämlich mehr auf ihre eigene Macht setzen, z. B. Quintus in MartPol 4: »Er war es, der sich und andere veranlaßt hatte, sich freiwillig zu stellen«. Jedenfalls geht es um die rechte, aufrichtige Gottesfurcht. Εὐλαβής steht häufig im Kontext gewissenhafter Gesetzeserfüllung bzw. des Sich-Hütens vor Gesetzesübertretung.[28]

**2,2 a:** Ab MartPol 2,2 a entspricht die Tonart ganz dem 4 Makk.[29] Alle später (MartPol 5–18) an Polykarps Schicksal ausgeführten traditionellen Martyriumsmotive sind zusammenfassend vorweggenommen, um die Vorbildlichkeit des Verhaltens angesichts der schrecklichen Leiden zu bewundern. Die rhetorische Frage (vgl. Jak 5,11; Barn 5,1 ff.; IgnMagn 9, 1 f.; Polyk 8,2) ist typisch für paränetische Argumentation, appelliert zugleich aber durch den Begriff »bewundern« (θαυμάζειν[30], der konstitutiv ist für die Gattung Epideixis/Demonstratio[31], an die Emotionen der Hörer. Damit ist der Übergang von symbouleutischen auf fortan epideiktische Gattungselemente geschaffen; die Rezipienten werden ebenfalls zu staunenden Bewunderern. So haben paränetische wie narrative Elemente dieselbe Funktion: sie wollen zu identifikatorischer Nachahmung des rechten Märtyrervorbilds anleiten, das durch

---

[26] Z. B. BAUMEISTER, Genese, 31 / SCHOEDEL, Fathers, 54 / MUSURILLO, Acts, 3. Hingegen: GUYOT/KLEIN, Christentum 1, 51: »aufrichtig fromm« / PAULSEN, Väter, 263: »gottesfürchtiger« / DEHANDSCHUTTER, MartPol, 222: »werkelijk vroam«: »moet de comparatief letterlijk opgevat worden (...) of moet men hem elatief begrijpen (...) ?«.

[27] Vgl. BLASS-DEBRUNNER-REHKOPF, Grammatik, § 244.

[28] Vgl. BULTMANN, Art. εὐλαβής κτλ., ThWNT II, 749 ff.

[29] Vgl. BAUMEISTER, Anfänge, 296 / GUILLAUMIN, En merge, 468 f. / PERLER, Makkabaeerbuch, 66 f.

[30] Vgl. die rhetorische Frage in 4 Makk 17,16: »Wer sollte sie nicht bewundern, die Athleten der göttlichen Gesetzgebung?« (τίνες οὐκ **ἐθαύμασαν** τοὺς τῆς θείας νομοθεσίας ἀθλητάς;) und 1 Clem 1,2: »Wer hätte nicht ... die Frömmigkeit bewundert?« (τίς ... τὴν εὐσέβειαν οὐκ **ἐθαύμασεν**;). Vgl. ferner: 2 Clem 13,4; Lk 24,12; Joh 5,28; Act 7,31; Apc 17,6; ActPetri et Pauli 20; 26; ActAndr et Mt 11; ActPetr et Andr 2. – Durch θαυμάζειν (MartPol 2,2) und ὁ δὲ θαυμασιώτατος Πολύκαρπος (MartPol 5,1; 16,2) wird »een duidelijke relatie tussen hoofdstuken 2 en 5« (DEHANDSCHUTTER, MartPol, 153) sichtbar. Der Stamm θαυμα- begegnet häufig in MartPol: 2,2; 3,2; (5,1); 7,2; 15,1; 16,1 f. Einleitende Paränese und veranschaulichende Erzählung sind also deutlich aufeinander bezogen, literarkritische Operationen müßig.

[31] Vgl. BERGER, Formgeschichte, § 79.

die Adjektive γενναῖος, ὑπομονητικός und φιλοδέσποτος gekennzeichnet ist.
Der Begriff »Standhaftigkeit« (ὑπομονή)[32] durchzieht das ganze MartPol
(2,2.3.4; 3,1; 13,3; 19,2) und wird nicht nur aus apokalyptischem Kontext
erläutert[33], sondern gewinnt enteschatologisiert den Charakter einer heroischen Tugend[34], z.B. 4 Makk 6,9, vgl. 2 Petr 1,6. Der Märtyrer wird zum
bewunderten »Helden«, der literarisch in den Mittelpunkt einer ganzen Schrift
rückt. Ὑπομονή hat der Märtyrer nach Hebr 10,36 »nötig, um überhaupt
den Willen Gottes erfüllen zu können. Das ποιεῖν τὸ θέλημα τοῦ θεοῦ aber
allein hat die Zusage der Verheißungserfüllung.«[35] MartPol versteht ὑπομονή
nicht als Frucht der θλίψις (Röm 5,3), sondern paränetisch gewendet in
hellenistischer Tradition des ἀγών-Motivs; nicht mehr primär soteriologisch
wird so »der leidende Christus ... Vorbild der leidenden Gemeinde.«[36] Das
ὑπὲρ ὑμῶν des Leidens Christi weicht wie im Hebr einer Vorbildethik des
geduldigen und demütigen Leidens: Mk 14,65; 15,16–19.29 ff.; 1 Thess 1,6;
2 Thess 3,5; Phil 2,5; 1 Petr 2,23; Hebr 12,2; 1 Clem 16,1–17; Barn 5,1–6.12;
Pol 8,2: »Werden wir also Nachahmer seiner Geduld ...« (μιμηταὶ οὖν
γενώμεθα τῆς ὑπομονῆς αὐτοῦ); 1 Clem 5,7: Christus »das größte Beispiel
der Geduld« (ὑπομονῆς γενόμενος μέγιστος ὑπογραμμός.) Mit dem in christlichem Kontext seltenen Begriff φιλοδέσποτος ist die Orientierung am Herrn
κατὰ τὸ εὐαγγέλιον auch in diesem Vers immanent vorhanden.

**2,2 b–3:** Fortan wird der Edelmut der Märtyrer in einem argumentativ geprägten Absatz an zwei Gruppen[37] von Märtyrern (οἱ ... μὲν ...; 2,2 b –
ὁμοίως δὲ καὶ οἱ ...; 2,4) verdeutlicht: den gefoltert schließlich auf dem

---

[32] Vgl. dazu HENTEN, Einfluß, 707.

[33] Neben θλῖψις und πειρασμός Mt 10,22; 24,13; Mk 13,13; Apc 1,9; Röm 12,12; 1 Petr
2,20 f., wo Christus als Vorbild zum Aushalten unter Leiden befähigt, vgl. DEHANDSCHUTTER,
MartPol, 242.

[34] Vgl. SURKAU, Martyrien, 131: »›Hypomone‹ ... hat völlig seinen eschatologischen Klang
verloren und gewinnt den Charakter einer heroischen Tugend. Aber als solche ist sie uns aus
den Martyrien der Makkabäerzeit geläufig.« Vgl. ähnlich WEINRICH, Spirit, 172: »heroic virtue«.
– So begegnet ὑπομονή in martyrologischem Kontext: Apc 1,9; 2,2.3.19; 3,10; 13,10; 14,12;
Hebr 10,32; 12,2 f.: Christus als Vorbild; Jak 1,2 f. 12 (im Kontext einer Seligpreisung); 5,11;
2 Tim 2,12; Barn 5,1 ff.12; 1 Clem 5,5; PolPhil 8,2; IgnSm 12,2; IgnMg 9,1 f.; Eus. h. e. 3,32,6:
Martyrium Simeonis. HAUCK, Art. ὑπομένω κτλ., ThWNT IV, 589: »ὑπομένειν wird geradezu
zum term techn für die Standhaftigkeit des Märtyrers. So bes. in 4 Makk, wo jüdische
Frömmigkeit in stoischen Formen ausgesprochen wird.«

[35] GRÄSSER, Glaube im Hebr, 103.

[36] A. a. O., 156.

[37] Gegen DEHANDSCHUTTER, MartPol, 223, Anm. f zu 2,4. – In den Übersetzungen wird die
Zwei-Gruppen-Strukturierung kaum beachtet, vgl. etwa BAUMEISTER, Genese, 77. Nur PAULSEN,
Väter, 263 übersetzt mit »die einen – die anderen«, bezieht aber »die anderen« bereits auf τοὺς
δέ in 2,2 c anstatt auf ὁμοίως δὲ καὶ οἱ ... in 2,4, was dann bedeuten würde: die einen wehklagen
(wie auch die Zuschauer), die anderen jammern und stöhnen nicht. Das macht wenig Sinn. In
2,2 b.c3.a.b. ist ein- und dieselbe Gruppe gemeint. Auch Eus. h. e. IV, 15,4 macht den Unterschied
zwischen 2,2 b und 2,4 mit τοτὲ μὲν ... τοτὲ δέ ...

Scheiterhaufen (τὸ πῦρ) Endenden (2,2b–3) und den zu den Tieren Verurteilten (2,4). Gemäß dem Schicksal Polykarps liegt die Betonung auf der
ersten Gruppe. Die intensiven Geißelungsschilderungen (2,2b, vgl. Eleazar: 4
Makk 7,13) zeigen das wirkliche Wesen der Betroffenen in einer »ins Passiv
verkehrte(n) Form des Enkomions«[38] auf. Als »pädagogisch-seelsorgerliche
Überwindung von Leiden«[39] wird durch die Peristasenkataloge Gott als der
sichtbar, der den Leidenden Kraft gibt: »Ziel der Kataloge ist es jeweils, den
betroffenen Menschen nicht als Opfer, sondern als *Überwinder* der Mühen
und Nöte vor Augen zu stellen und ihn so zum Paradigma für die Bewältigung
von Leiden zu machen.«[40]

**2,2b:** Dabei geschieht die Bewältigung von Leiden sehr wohl im Hinblick auf
τὸ εὐαγγέλιον, wie die verschiedenen Hinweise auf Χριστός bzw. κύριος
belegen. Zu μάστιξ vgl. 4 Makk 6,4f., Act 22,24, Hebr 11,36, Barn 5,14;
Herm vis 3,2,1. Zu ὑπομονή s. o. Ἐλεεῖν meint mitleidige Rührung, nicht
erbarmende Tat.[41] So wird selbst den Feinden Bewunderung abgenötigt (2,2;
3,2), Einzelne gelangen zur Einsicht (7,2). Θεάομαι begegnet selten.[42]

**2,2c:** Wer gefoltert wird (βασανιζόμενοι), dem steht der Herr bei (τῆς σαρκὸς
ἀπεδήμουν[43] ... ὁ κύριος ὡμίλει αὐτοῖς.). Der Beistand Gottes bzw. Christi
ist im Martyriumskontext traditionell und breit belegt.[44] Zu vergleichen sind
die Anweisungen in der Verfolgungssituation in Mk 13,11; Mt 10,19f.;
24,19f.; Lk 12,11f.;21,14f. für den Fall, daß Christen sich vor Gericht
verteidigen müssen; dann wird ihre Verteidigungsrede durch den Geist oder
den Herrn eingegeben werden.[45] Grundlage bildet das Herrenwort Mt 10,19f.:

---

[38] BERGER, Formgeschichte, 226.

[39] BERGER, Gattungen, 1355.

[40] BERGER, Formgeschichte, 228. Vgl. WEINRICH, Spirit, 174: »The interest of Mart.Pol. 2:3
is not to describe the martyrs but to explain why they withstood their torments.«

[41] Vgl. BULTMANN, Art. ἔλεος κτλ., ThWNT II, 480 Anm. 93.

[42] Vgl. IgnMg 6,1; 2 Clem 17,7; Herm v 3,8,1; Diogn 10,7.

[43] Vgl. 2 Kor 5,8: ἐκδημῆσαι ἐκ τοῦ σώματος; MartCarpi 39f.; MartLugd 5,1,19.24 (vgl. 4
Makk 6,5f.;7,13); MartPerp 20,3; MartIrenaei 4.4.12. Zu hellenistischen Parallelen vgl. SCHOE-
DEL, Fathers, 55.

[44] Vgl. MartJes 5,7.14: »Und Jesaja schrie weder noch weinte er, als er zersägt wurde, sondern
sein Mund redete mit dem Heiligen Geist«; Oden Salomos 42. 6f., vgl. McNEIL, Suffering, 141;
4 Makk 6,6 (vgl. Act 7,5); MartLugd 5,1,29.34.51.56; PassPerp 1,2ff.; 3,3; 4,1.7; 10,4; 15,3;
ActCarpi 3,6; 4,1; 29,43; MartPionii 2,2; 12,3 sowie: Mt 10,19f.; Lk 22,43f.; 1 Petr 4,14 (vgl.
Jes 11,2); 2 Tim 4,17: ὁ δὲ κύριός μοι παρέστη. Zu weiteren jüdischen und heidnischen
Entsprechungen vgl. SCHOEDEL, Fathers, 55. HOLL, Vorstellung, 68ff. will aufgrund dieses
visionären Elements den Märtyrer mit dem Apostel verbinden (1 Kor 15,15; Act 7,55; Apc
11,3). Nach CAMPENHAUSEN, Idee, 89f., verdrängt die Vorstellung vom Kontakt Christi mit
dem Märtyrer die ursprüngliche Anschauung von der Sendung des Geistes (MartJes), die noch
MartPol 12,1 im Aufleuchten des Antlitzes durchblickt. Auch in diesem Detail also prägt die
κατὰ τὸ εὐαγγέλιον-Vorstellung das MartPol.

[45] Vgl. BERGER, Formgeschichte, 166. – Während Mahnung und Trost des göttlichen Zu-

ὅταν δὲ παραδῶσιν ὑμᾶς, μὴ μεριμνήσητε πῶς ἢ τί λαλήσητε· δοθήσεται γὰρ ὑμῖν ἐν ἐκείνῃ τῇ ὥρᾳ τί λαλήσητε· οὐ γὰρ ὑμεῖς ἐστε οἱ λαλοῦντες, ἀλλὰ τὸ πνεῦμα τοῦ πατρὸς ὑμῶν τὸ λαλοῦν ἐν ὑμῖν. »Der Gedanke der göttlichen Inspiration der Märtyrerworte kehrt gerade bei Cyprian öfters wieder: ep. 76,6; ep. 81, ad Fort. 10 – überall in Verbindung mit dem Zitat von Mt. 10,19 f. ... Die Hochschätzung der ultima dicta christlicher Blutzeugen ließ den Wunsch wachsen, möglichst viele und ausführliche letzte Worte zu besitzen.«[46] Das soll ermutigen, vor der Situation nicht zu verzagen – wie aber der voreilige Phryger Quintus (MartPol 4). Der Beistand Christi ermöglicht trotz grausamer Folterqualen[47] (2,2 b) »zu einem solchen Maß an Edelmut zu kommen, daß keiner von ihnen jammerte oder stöhnte ...« (εἰς τοσοῦτον γενναιότητος ἐλθεῖν, ὥστε μήτε γρύξαι μήτε στενάξει[48] τινὰ αὐτῶν) (vgl. aber MartPol 9,2: Πολύκαρπος ... στενάξας τε καὶ ... εἶπεν: ...). Die Anwesenheit Christi ist der Grund des heldenhaften Muts der Märtyrer. Hier bringt Christus kein eschatologisches Ereignis hervor, sondern Helden. Andererseits versteht MartLugd den Beistand Christi aus der eschatologischen Perspektive von Röm 8,18.[49] (MartLugd V,1,51.56). Die eschatologische Perspektive begegnet MartPol 2,3. Mit dem für symbouleutische Argumentation typischen kommunikativen Plural »sie zeigten uns allen, daß ...« (ἐπιδεικνυμένους[50] ἅπασιν ἡμῖν, ὅτι ...) kommentiert 2,2 c das Erzählte und wertet es sachlich auf einer Meta-Ebene im Text für die Rezipienten aus.


## Exkurs: Die Fixierung des Begriffs μάρτυς als term. techn. für den Blutzeugen im MartPol

*Lit.:* BAUER, W. / ALAND, K. / ALAND, B., Griechisch-deutsches Wörterbuch zu den Schriften des Neuen Testaments und der frühchristlichen Literatur, von Walter Bauer. 6., völlig neu bearbeitete Auflage im Institut für neutestamentliche Textforschung unter besonderer Mitwirkung von Viktor Reichmann herausgegeben von Kurt Aland und Barbara Aland, Berlin/NewYork 1988, 1001–1002 / BAUMEISTER, Th., Die Anfänge der Theologie des Martyriums, MBTh 45, Münster 1980, 257–270 / BAUMEISTER, Th., Zur Datierung der Schrift an Diognet, VigChr 42/1988, 109 ff. / BAUMEISTER, Th., Genese und Entfaltung der altkirchlichen Theologie des Martyriums, Traditio

---

spruchs (ὁ κύριος ὡμίλει αὐτοῖς) hier auf die Verfolgungssituation beschränkt ist, erhebt die montanistische Prophetin Maximilla den grundsätzlichen Anspruch: »Hört nicht mich, sondern hört Christus.«(»ἐμοῦ μὴ ἀκούσητε, ἀλλὰ Χριστοῦ ἀκούσατε.«) (Epiph. Pan. 48.12.4).

[46] GNILKA, Ultima verba, 7 f.

[47] Zu βασανίζω vgl. 2 Makk 7,13; 4 Makk 6,5.

[48] Vgl. 4 Makk 9,21 (»Der hochgemute Jüngling seufzte nicht ...« / ὁ μεγαλόφρων ... νεανίας οὐκ ἐστέναξεν); 4 Makk 11,19; MartJes 5,14; MartLugd 5, 1,51.56; PassPerp 4; MartPionii 5,1.

[49] WEINRICH, Spirit, 173 mit Anm. 38.

[50] Vgl. Eus. h. e. 5, 1,6.9 f.; Mk 12,28 ff.; Diogn 10,4.

Christiana 8, Bern 1991, XX ff. / BEUTLER, J., Art. μάρτυς, EWNT 2, Stuttgart 1981, 969-973 / BEUTLER, J., Martyria. Traditionsgeschichtliche Untersuchungen zum Zeugnisthema bei Johannes, FTS 10, Frankfurt a.M. 1972 / BROX, N., Zeuge und Märtyrer. Untersuchungen zur früchristlichen Zeugnisterminologie, StANT 5, München 1961 / CORSSEN, P., Begriff und Wesen des Märtyrers in der Alten Kirche, Neue Jahrbücher für das klassische Altertum 18/1915, 481-501 / DAMME, D. van, ΜΑΡΤΥΣ - ΧΡΙΣΤΙΑΝΟΣ (Martys - Christianus). Überlegungen zur ursprünglichen Bedeutung des altkirchlichen Märtyrertitels, FZPhTh 23/1976, 286-303 / DEHANDSCHUTTER, B., Le Martyre de Polycarpe et le développement de la conception du martyre au deuxième siècle, StPatr 17.2, 1982, 660 f. / DEHANDSCHUTTER, B., The Martyrium Polycarpi: a Century of Research, ANRW 2.27.1, 1993, 485-522: 508-514 / DELEHAYE, H., Martyr et Confesseur, AnBoll 39/1921, 20-49 / GASS, F. W., Das christliche Märtyrerthum in den ersten Jahrhunderten und dessen Idee, ZHTh 29/1859, 323-392: 326 f. / GEFFCKEN, J., Die christlichen Martyrien, Hermes 45/1910, 481-505 / GÜNTHER, E., Zeuge und Märtyrer, ZNW 47/1956, 145-161 / HOLL, K., Die Vorstellung vom Märtyrer und die Martyrerakte in ihrer geschichtlichen Entwicklung, ders., Ges. Aufs. zur Kirchengeschichte 2, Tübingen 1928 (Nachdruck Darmstadt 1964), 68-102 / JENSEN, A., Gottes selbstbewußte Töchter. Frauenemanzipation im frühen Christentum? Freiburg/Basel/Wien 1992, 232-237 / KATTENBUSCH, F., Der Märtyrertitel, ZNW 4/1903, 111-127 / KÖTTING, B., Die Stellung des Konfessors in der Alten Kirche, JAC 19/1976, 7-23 / KRAFT, H., Zur Entstehung des altchristlichen Märtyrertitels, Kretschmar, G. / Lohse, B. (Hgg.), Ecclesia und Res Publica, FS K.D. Schmidt, Göttingen 1961, 64-75 / KRÜGER, G., Zur Frage nach der Entstehung des Märtyrertitels, ZNW 17/1916, 264-269 / MANSON, T. W., Martyrs and martyrdom, BJRL 39/1957, 463-484 / MICHEL, O., Prophet und Märtyrer, BFChTh 37,2, Gütersloh 1932 / NELLESSEN, E., Zeugnis für Jesus und das Wort. Exegetische Untersuchungen zum lukanischen Zeugnisbegriff, BBB 43, Köln 1976, 1-25 / REITZENSTEIN, R., Der Titel Märtyrer, Hermes 52/1917, 442-452 / RIDDLE, D. W., The Martyr Motif in the Gospel According to Mark, JR 4/1924, 397-410 / RORDORF, W., Martyre et »Témoignage«. Essai de réponse à une question difficile, Liturgie, Foi et Vie des Premiers Chrétiens. Etudes Patristiques, ThH 75, Paris 1986, 381-403 / SAXER, V., Bible et Hagiographie. Textes et thèmes bibliques dans les Actes des martyrs authentiques des premiers siècles, Bern 1986, 59-65. 199-202 / SCHLATTER, A., Der Märtyrer in den Anfängen der Kirche, BFChTh 19.3, Gütersloh 1915 / SCHOEDEL, W. R., Polycarp of Smyrna and Ignatius of Antioch, ANRW 2.27.1, Berlin/NewYork 1993, 272-358: 356 f. / SLUSSER, M., Art. Martyrium III/1. Christentum/Neues Testament/Alte Kirche, TRE 22, Berlin/NewYork 1992, 207-212 / STRATHMANN, H., Art. μάρτυς κτλ., ThWNT 4, 477-520.

Im MartPol begegnet der Stamm μαρτ- vielfältig und zahlreich[51], und μάρτυς erscheint erstmals in der christlichen Literatur in MartPol 2,2 im martyrologisch fixierten Sinn des Blutzeugen (= Märtyrers)[52], während im Neuen

---

[51] μαρτυρέω: 1,1; 19,1; 21 – μαρτυρία: 1,1; 13,2; 17,1 – μαρτύριον: 1,1; 2,1; 18,3; 19,1; – μάρτυς: 2,2; 14,2; 15,2; 17,3; 19,1.

[52] Vgl. BEUTLER, Art. μάρτυς, 970 / BAUER/ALAND, Wörterbuch, 1001 f. / PASCHKE, Art. Märtyrer, 588 f. / STRATHMANN, Art. μάρτυς, 512: »Die erste Schrift, die den fixierten marty-

Testament μάρτυς noch im forensischen oder übertragenen Sinn »Zeuge«
bedeutet.[53] Mithin nimmt MartPol eine Schlüsselrolle ein in der »Auseinandersetzung über die Frage, wie μάρτυς = Zeuge die Bedeutung ›Märtyrer‹
bekommen konnte«.[54]

Der Märtyrertitel war noch um 140 n. Chr. in Rom unbekannt; der Hirt
des Hermas benutzt stattdessen das Partizip παθόντες.[55] »Die Wahrscheinlichkeit spricht dafür, daß er in den Jahrzehnten vor der Abfassung des
Polykarpmartyriums in Kleinasien aufgekommen ist.«[56] »Bemerkenswert ist
das völlige Fehlen der martyrologischen Verwendung ... bei Ignatius. Er ist
erfüllt von der Idee des Martyriums ... Aber von μάρτυς, μαρτυρεῖν usw. ist
nirgends die Rede ...«[57] »Der Martystitel ist in den Jahrzehnten zwischen
Ignatius und dem Polykarpmartyrium in Kleinasien aufgekommen.«[58]

Nun »ist am Märtyrertitel ... sein *plötzliches* Auftreten zusammen mit der
ersten Märtyrerakte auffallend.«[59] Wie erklärt sich das?

Wenn man den Sprachgebrauch des Wortfeldes μαρτ- im MartPol genau
betrachtet, so fällt auf, wie stark μαρτυρεῖν zurückgebunden wird an das
Evangelium, an Christi Leiden und an den Willen Gottes. Die κατὰ τὸ
εὐαγγέλιον-Absicht erweist sich gerade auch an dieser Stelle zentral für das
MartPol:

– »... damit der Herr uns von oben das dem Evangelium gemäße Martyrium
zeige« (ἵνα ἡμῖν ὁ **κύριος** ἄνωθεν ἐπιδείξῃ τὸ **κατὰ τὸ εὐαγγέλιον** μαρτύριον)
(MartPol 1,1),
– »Selig und edelmütig also sind alle Martyrien, die gemäß dem Willen Gottes
geschehen sind« (μακάρια μὲν οὖν καὶ γενναῖα τὰ μαρτύρια πάντα τὰ **κατὰ τὸ**
**θέλημα τοῦ θεοῦ** γεγονότα) (MartPol 2,1),

---

rologischen Sprachgebrauch gleich aller vier Wörter μάρτυς, μαρτυρεῖν, μαρτυρία, μαρτύριον
zeigt, ist das MartPol. Ähnlich BAUMEISTER, Anfänge, 258 und BROX, Zeuge, 227: »Μάρτυς ist
für den Verfasser einfachhin der für den Glauben Gestorbene ... Dieser erstmalige technisch-
martyrologische Gebrauch des Wortes μάρτυς κτλ. ist zugleich schon völlig fertig ausgebildet
...« Vgl. auch BAUMEISTER, Genese, xx ff. / DELEHAYE, Martyr, 25 / CONZELMANN, Bemerkungen, 5.

[53] Von wenigen Stellen abgesehen, die ein martyrologisches Verständnis als Blutzeuge =
Märtyrer nahelegen (z. B. *Wort*zeugnis: Act 22,20; Apc 2,13; 17,6; *Tat*zeugnis: 1 Petr 5,1). In
1 Petr 5,1 ist μάρτυς trotz des *Tat*zeugnisses, trotz des Bezugs zum Leiden Christi und der
wahrscheinlichen Anspielung auf den Märtyrertod Petri nicht als term. techn. für den Blutzeugen
benutzt. 1 Clem 5,4.7 meint das Wortzeugnis in Verbindung mit dem Tod, ohne diesen in der
Zeugnisterminologie auszudrücken. Ignatius und der Polykarpbrief kennen noch nicht die fixierte
martyrologische Terminologie; wie erklärt sie sich dann aber fertig ausgebildet und selbstverständlich benutzt im MartPol?

[54] BAUER, ⁵Wörterbuch, 977.

[55] Vgl. BAUMEISTER, Anfänge, 258 f.; BROX, Hirt des Hermas, 475; BROX, Zeuge, 225 f.

[56] A. a. O., 259.

[57] STRATHMANN, Art. μάρτυς, 511. Vgl. PAULSEN, Ignatius, 182: »Auf jeden Fall zu beachten
ist das Fehlen einer festen, martyrologischen Terminologie.«

[58] BAUMEISTER, Anfänge, 260.

[59] GÜNTHER, Zeuge, 153.

- »Die sehr edelmütigen Märtyrer Christi« (οἱ γενναιότατοι <u>μάρτυρες</u> **τοῦ Χριστοῦ**) (MartPol 2,2),
- »... Teil zu haben in der Zahl der Märtyrer am Becher Christi« (τοῦ λαβεῖν μέρος ἐν ἀριθμῷ τῶν <u>μαρτύρων</u> ἐν τῷ ποτηρίῳ **τοῦ Χριστοῦ**) (MartPol 14,2),
- »die Märtyrer aber lieben wir als Jünger und Nachahmer des Herrn« (τοὺς δὲ <u>μάρτυρας</u> ὡς μαθητὰς καὶ μιμητὰς **τοῦ κύριου** ἀγαπῶμεν) (MartPol 17,3),
- »alle verlangen danach, sein Martyrium nachzuahmen, das dem Evangelium Christi gemäß geschehen ist« <u>οὗ</u> τὸ <u>μαρτύριον</u> πάντες ἐπιθυμοῦσιν μιμεῖσθαι **κατὰ τὸ εὐαγγέλιον Χριστοῦ** γενόμενον (MartPol 19,1).

Diese auffällige Rückkopplung des μάρτυς-Titels an das Evangelium, an Christi Leiden (ἐν τῷ ποτηρίῳ!) und an Gottes - und also nicht den eigenen! - Willen läßt das Martyrium im ignatianischen Sinne (vgl. IgnSm 5,1; IgnTrall 10; IgnSm 4,2 u. ö.) als einen antidoketisch-antischwärmerischen Beweis begreifen. Zum Anti-Doketismus in den Ignatianen vgl. Bauer/Paulsens[60] Exkurs »Die Gegner der Ignatiusbriefe«, wo auf die Problematik der Bestimmung der Gegner in den Ignatianen aufmerksam gemacht wird; zumal offensichtlich »eigenes Denken eine Nähe zu der bekämpften Anschauung aufweist.« In die Diskussion um die Gegner (Doketismus / Ἰουδαϊσμός / Charismatiker) ist auf dem Hintergrund des MartPol aber auch der Montanismus (MartPol 4!) aufzunehmen.

»N. Brox möchte ... von dieser bei Ignatius begegnenden Bedeutung des Martyriums als eines antidoketischen Beweises her die Entstehung des Märtyrertitels erklären ... Der Titel ›Martys‹ wäre demnach geprägt worden, um den um des Glaubens willen sterbenden Christen gegenüber den Doketen als Zeugen des leidensfähigen Christus zu bezeichnen.«[61] Die antidoketische Deutung des μάρτυς-Titels findet sich schon bei Günther[62]: »Dieser Übergang ist nun so erfolgt, daß im Zuge der Auseinandersetzung mit der doketischen Häresie Christi Tod speziell als ein ›Zeugnis‹ bezeichnet wird: der ... Brief des Polykarp an die Philipper hält den Häretikern τὸ μαρτύριον τοῦ σταυροῦ entgegen (PolPhil 7,1). Dieser subjektive Genetiv will sagen: Christi Tod am Kreuz ist der ›Sachbeweis‹ für seine wirkliche Leiblichkeit.«

Schwärmerische Tendenzen finden sich nicht nur in doketisch-gnostischen Zusammenhängen.[63] Schon Halkin[64] hatte in seiner Rezension der grundle-

---

[60] Ignatius, 64 f. Vgl. auch PAULSEN, Ignatius, 137–144; PAGELS, Versuchung, 132 ff.

[61] BAUMEISTER, Anfänge, 260. Vgl. BROX, Zeuge, 211–215: »Martyrium als antidoketischer Beweis.«

[62] Zeuge, 156.

[63] Dabei ist eine gewisse Nähe zwischen den scheinbaren Antipoden von Gnosis und Montanismus schon immer gesehen worden - vermittelt über das Johannesevangelium, vgl. AUNE, Prophecy, 313; TABBERNEE, Gospel of John. - PAGELS, Views, hat herausgestellt, daß weniger der Doketismus als vielmehr die Zwei-Naturen-Lehre für die gnostische Christologie charakteristisch ist: die göttliche Natur bleibt allem Leiden fern. Das erlaubt zwar eine differenzierte gnostische Position zum Martyrium (also nicht nur Vermeidung des Martyriums), diese unterliegt aber nicht minder der Kritik: »The opponents of heresy in the second century ... are unanimous

genden Arbeit von Brox zum Märtyrertitel, u. a. unter Bezug auf Protevgl.
Jacobi 23,3, darauf hingewiesen, daß das Entstehen des technischen Märtyrertitels möglicherweise mit antimontanistischer Polemik verknüpft sein könnte. Im MartPol werden schwärmerische Tendenzen in Form des montanistischen Drängens zum Martyrium sichtbar – ein Drängen, das angesichts des
realen Leids und bevorstehenden Martyriums dann aber nicht durchgehalten
wird (MartPol 4). Aus dem Wortzeugen (μάρτυς) muß der Tat- und Blutzeuge
(μάρτυς im martyrologischen Sinne) werden, weil schwärmerische Kreise nicht
zu einer Übereinstimmung von Reden und Tun gelangen (MartPol 4), vgl.
IgnEph 15,1: »Besser ist Schweigen und Sein als Reden und Nicht-Sein. Gut
ist das Lehren, wenn man tut, was man sagt. So ist nur einer Lehrer, der da
sprach und es geschah, und was er schweigend getan hat, ist des Vaters
würdig.«[65] IgnMagn 8,2 spricht in solchem Zusammenhang übrigens vom
Leben κατὰ Χριστόν. So wird durch den Tod um des Glaubens willen das
mündliche Bekenntnis durch die Tat unter Beweis gestellt, wobei die Tat
selbst wieder bekennenden Charakter hat. Der Stamm μαρτ-, der sowohl
Wort- wie Tatzeugnis meinen kann und wie ὁμολογεῖν aus der Rechtssprache
stammt, eignet sich hervorragend zum Ausdruck dieses Wort-Tat-Zusammen-
hangs in prozessualem Kontext.[66]

In der Einforderung einer Übereinstimmung von Reden und Tun in anti-
schwärmerischem Kontext scheint also der technische μάρτυς-Begriff seine
Wurzel zu haben. »Der Märtyrertod ist die Tat par excellence, um nicht nur
Christ zu heißen, sondern es auch zu sein«[67], vgl. IgnRöm 2,1. »Den doketischen Irrlehrern wurde – vielleicht zum ersten Male von Ignatius – das
Martyrium der Christen als Beweis für die Leidensfähigkeit Christi und die
Tatsächlichkeit seines Leidens vorgehalten. Es ist leicht vorstellbar, daß es
daraufhin als μαρτυρία und μαρτύριον, der Märtyrer als μάρτυς bezeichnet
wurde.«[68]

Der Verbindung von Wort und Tat dient auch im MartPol – wie bei
Ignatius[69] – die Verknüpfung des μαθητής- und des μίμησις-Begriffs: »die
Märtyrer aber lieben wir als Jünger und Nachahmer des Herrn« (τοὺς δὲ

---

in proclaiming Christ's passion and death.« (270). Und G. Quispel (288) fragt an: »I have a
problem with what you say about Ignatius' opponents. They were docetists, but do we know
that they were also Gnostics, as you have said? The GOSPEL OF PETER, also from Antioch,
gives us an example of a docetic christology which is not gnostic.«

[64] Rez. N. Brox, Zeuge und Märtyrer, München 1961, AnBoll 80/1962, 450: »On le regrettera
d'autant plus que nombre de ces textes auraient orienté l'auteur vers le montanisme …«

[65] Vgl. auch IgnEph 14,1 f. und IgnMagn 4. Vgl. BAUMEISTER, Anfänge, 261.

[66] Vgl. BAUMEISTER, Genese, xxii.

[67] BAUMEISTER, Anfänge, 263.

[68] BROX, Zeuge, 234.

[69] Vgl. PAULSEN, Ignatius, 180–187 / BAUMEISTER, Anfänge, 264 ff. / BROX, Zeuge, 204–209.
BROX, Zeuge, 207, weist daraufhin, daß der μαθητής-Begriff bei Ignatius ganz spezifisch
gebraucht ist, nämlich »dort stehen kann, wo später der Titel μάρτυς steht.« Der Märtyrertod
ist die Bedingung der Jüngerschaft.

μάρτυρας ὡς μαθητὰς καὶ μιμητὰς τοῦ κυρίου ἀγαπῶμεν) (MartPol 17,3). Auch MartPol 19,1 zielt ab auf den Zusammenhang von Lehren und Tun, indem das Lehrersein durch das Märtyrersein überboten wird. »Der Martys ist jemand, der das, was er lehrt, im Märtyrertod auch selbst verwirklicht.«[70] Vgl. MartPol 19,1: »Soviel über das Geschick des seligen Polykarp ... nicht nur ein glänzender Lehrer, sondern auch ein außerordentlicher Märtyrer.« »Die Forderung der Übereinstimmung zwischen der Überzeugung und dem Tun begegnet auch im 4. Makkabäerbuch, das den stoischen Gedanken mit der jüdischen Idee des absoluten Gehorsams verbindet.«[71] Vgl. IV Makk 7,9.15. So erklärt auch vom MartPol her die Betonung der Verbindung von Wort und Tat auf dem Hintergrund antidoketischer ignatianischer Martyriumstheologie[72] die Entstehung der μάρτυς-Terminologie als terminus technicus für den Tat- und Blutzeugen. »Martys wurde zur Bezeichnung dessen, der im Tod um des Glaubens willen μαθητής und μιμητής Christi ist, der in der höchsten Tat das Wort des Glaubens verwirklicht und so im Martyrium den Glauben äußert.«[73]

Wenn der Märtyrer-Titel sich aber gerade als der μιμητὴς Χριστοῦ festmacht und terminologisch fixiert erstmals im MartPol begegnet, so ist es umso unwahrscheinlicher, in der κατὰ τὸ εὐαγγέλιον-Intention des MartPol eine sekundäre Interpolation zu sehen. Corssen betonte die grundsätzliche Wesensbestimmung des Märtyrers in der Alten Kirche aus der Nachahmung Christi: »Der Märtyrer erhebt sich in den Augen der Gläubigen durch sein Leiden geradezu auf die Stufe Jesu Christi selbst, er ist der Nachahmer und Wetteiferer Christi, denn nicht Stephanus, sondern Christus selbst ist der eigentliche Protomartyr.«[74] Das Proprium des μάρτυς-Begriffs resultiert weder aus hellenistischen Vorbildern (Geffcken) noch aus visionärer Zeugenschaft (Holl)[75], sondern aus spezifisch christlicher Leidens-Nachfolge des Herrn (Corssen / Delehaye / Brox).

Insgesamt bestätigt sich damit vom MartPol her das Ergebnis der Untersuchung von Brox[76], nach welcher der Märtyrertitel eine nachneutestamentliche Bildung ist und im Martyrium nicht ein Zeugnis des Wortes, sondern des Mitvollzugs der passio Christi zu sehen ist.[77]

---

[70] BAUMEISTER, Anfänge, 266.

[71] A. a. O., 268.

[72] Auf die direkte Beziehung zwischen Ignatius und Polykarp weist CONZELMANN, Bemerkungen, 5 f., hin.

[73] BAUMEISTER, Anfänge, 270.

[74] CORSSEN, Begriff, 494.

[75] Zur Kritik an GEFFCKEN und HOLL vgl. DELEHAYE, Martyr, 38 ff.; CORSSEN, Begriff, 482 ff.

[76] Zeuge, insbesondere 232–236.

[77] Etwa gegen CAMPENHAUSEN, Idee, 20–56. – In der jüngeren Literatur bestimmt DAMME, Martys, den Titel μάρτυς »erneut vom Wortzeugnis her, kann dabei aber gerade nicht den Wortgebrauch des Polykarpmartyiums erklären.« (BAUMEISTER, Anfänge, 260 Anm. 10). Kritisch gegen DAMME auch: RORDORF, Martyre et Témoignage, 402 f. DAMME, Martys, 301, behauptet,

Für eine solche Deutung der Entstehung des fixierten μάρτυς-Begriffs spricht auch die Unterscheidung zwischen »Bekenner« und »Märtyrer«, wie sie etwa MartLugd 5,2,2 f. begegnet.[78] Die frühen Christen »verehrten diejenigen, die frei sprachen als ›Bekenner‹ und betrachteten nur die, die tatsächlich bis zum Tod ausgehalten hatten, als ›Zeugen‹ (martyres)«.[79] Im MartLugd lehnen die Gefangenen wohl aus Angst, noch schwach zu werden, es ab, zu Lebzeiten Märtyrer (μάρτυς) genannt zu werden und bezeichnen sich schlicht als Bekenner (ὁμόλογοι).[80]

In der unterschiedlichen Interpretation des μάρτυς-Titels spiegelt sich die antischwärmerische Auseinandersetzung: MartPol ergreift durch die Fixierung auf den Tat-Zeugen eindeutig Partei. Und so reklamiert auch das promontanistische MartLugd[81] den echten Märtyrer-Titel für sich (5, 1,10 /5, 2,2 f. u. ö.). Im Kontext von MartPol 4 macht die Tat-Fixierung des μάρτυς-Begriffs ausgesprochenen Sinn: Die Führung der Kirche verbot vernünftigerweise immer wieder das freiwillig gesuchte Martyrium und tendierte dazu, diesen Eiferern den wirklichen Namen »Märtyrer« abzusprechen.[82] Der Titel »Märtyrer« ist in der antimontanistischen Debatte umstritten: Apollonius (Eus. h. e. 5,18,5 f.) spricht von dem montanistischen Themison als von einem, der das Bekenntnis zwar nicht ertragen habe (ὁ μὴ βαστάσας τῆς **ὁμολογίας** τὸ σημεῖον), sich aber als Märtyrer rühmte (ὡς **μάρτυς** καυχώμενος), dasselbe gilt vom Montanisten Alexander, τὸν λέγοντα ἑαυτὸν **μάρτυρα**. Auffällig häufig begegnet die Auseinandersetzung über den Terminus μάρτυς auch

---

»daß bei der Wahl des Wortes μάρτυς die Tatsache, daß sich der so Benannte vor dem Richter als Χριστιανός bekannte, ausschlaggebend war.«

[78] Gegen JENSEN, Töchter, 232–237 scheint mir die Unterscheidung im MartLugd sehr wohl durchgehalten. Zwar wird der μάρτυς-Titel auf Lebende angewandt, aber auf alsbald Hinzurichtende (5, 1,10.26.48: κλῆρος τῶν μαρτύρων). Gleichwohl hat der Verfasser die Intention, seine »Märtyrer« mit dieser Behauptung (5, 2,2 f.) in Schutz zu nehmen, sie mit der Tugend der Bescheidenheit zu versehen und ihre Christus-ähnliche Gesinnung hervorzuheben (vgl. BROX, Zeuge und Märtyrer, 229). Angesichts der Unbescheidenheit montanistischer Märtyrer (vgl. Eus. h.e., 5, 18,5 f.) besteht dazu aller Grund. Insofern kann in der gegenüber MartPol unpräzisen Terminologie des MartLugd sehr wohl eine Pointe gegen die strikte kleinasiatische Auffassung stecken, wenn MartLugd auch noch Nicht-Hingerichtete als Märtyrer bezeichnet (mit NAUTIN, Lettres, 33 f.).

[79] PAGELS, Versuchung, 132. Ähnlich DELEHAYE, Martyr, 20; 38. Vgl. aber CORSSEN, Begriff, 484 ff., der den Unterschied zwischen Bekenner und Märtyrer fließender sieht.– Noch Cyprian aber wendet den Begriff »Märtyrer« nur auf den um des Bekenntnisses willen gestorbenen oder gelitten habenden Tat-Märtyrer an, im Gegensatz zum Confessor, vgl. JENSEN, Töchter, 237.

[80] BAUMEISTER, Genese, xxi und 61 Anm. 8 / BAUMEISTER, Datierung, 108 ff. vermutet dahinter eine Vereinfachung der schwierigen Unterscheidung im Herm, der zwischen παθόντες und θλιβέντες differenziert, vgl. Vis 3,1,9: παθόντες; Sim 8,2,2,; 8,3,7: θλιβέντες, vgl. BROX, Zeuge, 225 f. / BROX, Hirt des Hermas, 475 f.

[81] Vgl. BUSCHMANN, MartPol, 103–120; KRAFT, Lyoner Märtyrer; JENSEN, Töchter, 275–278.

[82] STE. CROIX, Condemned, 21. – Vgl. Clem. Alex. Strom. IV 4,16.3–17,3 (17,1!); VII, 11,66.3–67.2 / Cypr. Epist. LXXXI / Passio Cypr. 1.5 / Hippol. in Daniel II,36,6; 37,1,2. Vgl. DELEHAYE, Martyr, 28 ff.

andernorts in antimontanistischem Kontext.[83] Hier ist der Geburtsort des fixierten μάρτυς-Begriffs zu suchen. MartPol präzisiert den Begriff in polemischer Absicht in dreierlei Hinsicht: a) Nur der Tat-Märtyrer, der seine Zeugenschaft wirklich erleidet, nicht allein der Wort-Zeuge, ist echter μάρτυς. b) Der wirkliche μάρτυς orientiert sich ganz und gar am Herrn. c) Das schließt ein, daß der wirkliche μάρτυς das Martyrium nicht von sich aus sucht (MartPol 4), im Ernstfall aber auch nicht davor zurückweicht.

**2,3:** Die Martyriumsparänese setzt sich als Mahnung über falsche und rechte Furcht fort; irdische Folter ist zu verachten (vgl. 4 Makk 13,1; 16,2), ewiges Leben[84] (vgl. 2 Makk 7,36; 4 Makk 9,8 f.; 15,3) gilt es zu erwerben. Hinter der Auffassung, durch das Leiden einer einzigen Stunde das ewige Leben erwerben zu können, steht latent die später voll entfaltete Überzeugung, der Märtyrertod gewährleiste Sündenvergebung[85], was in der Tradition der (ignatianischen) Vorstellung vom Martyrium als Opfer steht, das die Auferstehung sichert. Wie schon in der Eschatologie des Polykarpbriefs herrschen die zukünftigen Vorstellungen bei weitem vor. Aus der Verkündigung des Gerichts bzw. der Belohnungen erfolgen die Mahnungen. Hier findet sich eine »Verethisierung« der eschatologischen Vorstellungen wie schon bei Polykarp selbst.[86] Im 3. Jhdt. wird den Märtyrern die Fähigkeit der Sündenvergebung[87] zugunsten der Autorität der Bischöfe abgesprochen.[88] Das Unheil des ewigen und nicht verlöschenden Feuers[89] (2,3 b) als ewiger Strafe[90] ermahnt zur Standhaftigkeit. Zugleich wird die Standhaftigkeit durch Verheißung escha-

---

[83] Vgl. nur Serapion Eus. h. e. 5,19,3 / Clem. Alex. Strom. IV 17,1: gegen gesuchtes Martyrium / Vgl. weitere Belege bei: DELEHAYE, Martyr, 26 ff.

[84] Die Märtyrer gelangen nach dem Tod sofort in die ewige Welt Gottes, vgl. MartJes 5,14; MartLugd 5, 1,6 (vgl. Röm 8,18); 1,54; PassPerp 4. - Διὰ μιᾶς ὥρας steht im Gegensatz zum »ewigen Leben«.

[85] Nach PAGELS, Versuchung, 142 f. haben viele Gnostiker die Auffassung, das Martyrium sichere die Erlösung, bestritten. - Vgl. GOLDHAHN-MÜLLER, Grenze, 332-336. - Die Auffassung, daß hier eine gnostische Position im Hintergrund steht, vertreten besonders PAGELS, Views, 273 und DEHANDSCHUTTER, Research, 502 (Apocryphon Jacobi 5, 27-29). VLIET, Spirit and Prophecy, arbeitet aber gerade für diesen Text montanistischen Hintergrund heraus.

[86] Vgl. BAUER, Polykarpbriefe, 24 f.

[87] Vgl. RORDORF, jüdischer Einfluß, 69.

[88] Vgl. Didaskalia 19 / Apostolische Tradition 9. Vgl. JENSEN, Töchter, 9 / GOLDHAHN-MÜLLER, Grenze, 293 f. 334 f.

[89] Zu τὸ αἰώνιον καὶ μηδέποτε σβεννύμενον (πῦρ) vgl. neben MartPol 11,2 auch Mk 9,43.48: τὸ πῦρ τὸ ἄσβεστον / τὸ πῦρ οὐ σβέννυται sowie Jes 66,24 und Mt 3,12; 18,8; 25,41. Das zeitlich begrenzte verlöschende Feuer steht dem ewigen unverlöschlichen Höllenfeuer gegenüber. Zur Feuerqual der Märtyrer vgl. 4 Makk 11,26; 12,12; 2 Clem 7,6; 17,7; IgnRöm 5,3; IgnSm 4,2; Diog 10,7 f.

[90] DEHANDSCHUTTER, MartPol, 74 f., liest textkritisch gegen Codex M κόλασιν statt ζωήν und verweist auf MartLugd 5, 1,26: ὑπομνησθεῖσα διὰ τῆς προσκαίρου τιμωρίας τὴν αἰώνιον ἐν γεέννῃ κόλασιν, vgl. Mt 25,46; MartPol 11,2; 2 Clem 6,7; 17,7; 18,2; Diog 10,7; MartPionii 4,24.

tologischer Belohnung (2,3 b) motiviert; so wird ein eschatologischer Topos paränetisch als Mahnung im Tun-Ergehen-Schema gewendet.[91]

Wer auf Christi Gnade hofft (2,3 a), die Folter verachtet (vgl. MartPol 11,2; 2 Makk 7,6; 4 Makk 13,1; 16,2; IgnSm 3,2; Diogn 1,1; 10,7) und standhaft ist, dem erscheint das Feuer des Henkers als Kühlung[92], der ist ewiger Strafe ledig[93] und darf mit den Augen des Herzens (Eph 1,18; vgl. 1 Clem 36,2; 59,3) auf τὰ τηρούμενα τοῖς ὑπομείνασιν ἀγαθά (die Güter, die für die Standhaltenden aufbewahrt sind) hoffen. Zu ἃ οὔτε οὖς ἤκουσεν οὔτε ὀφθαλμὸς εἶδεν οὔτε ἐπὶ καρδίαν ἀνθρώπου ἀνέβη (die kein Ohr gehört, kein Auge gesehen und in keines Menschen Herz gekommen sind) vgl. insbesondere 1 Kor 2,9[94] (vgl. die Anspielung an Phil 2,4 in MartPol 1,2; zur Frage, ob Paulus direkt zitiert wird vgl. Dehandschutter[95]), dessen Kontext und Intention auch für MartPol bedeutsam erscheint: im Kontext eines Berichts über das Handeln Gottes (1 Kor 2,7–10) verfolgt der Vers die Intention, sich nicht auf eigene Kraft und Weisheit (vgl. 1 Kor 2,6 und das καυχᾶσθαι in 1 Kor 1), sondern auf Gottes Erwählung zu verlassen und »betont energisch die Alleinwirksamkeit Gottes für das Heil«.[96] Das fügt sich gut in die Auseinandersetzung um das Martyriumsverhalten im MartPol (vgl. MartPol 1 und 4). Insgesamt führt MartPol damit konditional formulierte Martyriumsparänese aus.[97] Die standhaften Märtyrer sind dann schon Engeln gleich[98] und gelangen unmittelbar nach ihrem Tode zu Gott in die himmlische Herrlichkeit.

---

[91] Gegen SCHOEDEL, Fathers, 55, der hier »Plato's doctrine of the soul« und Schamanismus im Hintergrund vermutet.

[92] Vgl. 4 Makk 11,26: τὸ πῦρ σου ψυχρὸν ἡμῖν ...; 4 Makk 5,6; 7,14; 9,22.31; 18,15; MartJes 5,14; PassPerp 20,3; ActThomae 165. – Zu dem wunderbaren »typischen martyrologischen Motiv von der Schmerzunempfindlichkeit des Gefolterten (das Feuer war ihnen kühl) vgl. ActPerp 4, gesteigert MLugd 1,22 usw.; Holl S. 98 f.; Campenh., Idee, S. 89 f. 154 A4. Daß der Märtyrer unendlich leidet und durch himmlischen Beistand auf dem Höhepunkt unempfindlich gemacht wird, ist eine in sich einheitliche Anschauung.« (CONZELMANN, Bemerkungen, 11).

[93] Wer schwach wird, muß mit ewiger Strafe rechnen: MartPol 11,2; 4 Makk 12,12; Diogn 9,2; 10,7 f.; 1 Clem 11,1; 2 Clem 6,7; 17,7.

[94] Vgl. Jes 64,4; 65,6; 1 Kor 12,16; Röm 8,18; Act 7,55; ActCarpi 39; ActPetri 10; MartLugd 5, 1,6; ActThomae 36; AscJes (lat.) 11,34; 1 Clem 34,8; 2 Clem 11,7. Weitere Parallelen bei WEINRICH, Spirit, 184 Anm. 40.

[95] Research, 507.

[96] CONZELMANN, Korinther, 89.

[97] Vgl. »wer aber ausharrt bis ans Ende, wird gerettet werden.« Vgl. Mk 13,13 b; Mt 10,22 b; 24,13; Lk 21,19. Vgl. BERGER, Formgeschichte, 146.

[98] Vgl. Stephanus in Act 6,15: ... εἶδον τὸ πρόσωπον αὐτοῦ ὡσεὶ πρόσωπον ἀγγέλου, MartPol 12,1: καὶ τὸ πρόσωπον αὐτοῦ χάριτος ἐπληροῦτο, 4 Makk 6,2; 18,3; MartLugd 5, 1,35; Dan 3,49LXX; PassPerp 18,1 ff. u. ö. Insgesamt liegt eine traditionelle Vorstellung der vita angelica zugrunde, die FRANK, ΑΓΓΕΛΙΚΟΣ ΒΙΟΣ, 179, in vier Punkte untergliedert: »der Topos vom heiteren Antlitz als Zeichen der Gotterfülltheit; die engelgleiche Schau Gottes und des Paradieses; das Miteinstimmen in den Psalmen- und Hymnengesang der Engel; die helfende Anwesenheit der Engel in bedrängter Situation.« – Vgl. BOEFT/BREMMER, Notiunculae IV, 109 f.

**2,4:** Die Gruppe der zu den Tieren[99] Verurteilten erscheint »jetzt als eine neue Gruppe, die von den im Feuer verbrannten Märtyrern ausdrücklich abgehoben wird.«[100] Deren standhafte Überwindung der Folterungen[101] ist mit der Intention beschrieben, daß niemand sich zur Verleugnung verführen läßt. Die epideiktischen Elemente der Folterbeschreibung, die wie in 2,2b im Stil von Epideixis/Demonstratio in der Beschreibung standhaften Verhaltens als Teil eines Märtyrerberichts vorliegen, werden mit der Zielangabe »um sie, wenn möglich, durch andauernde Folterstrafe zur Verleugnung zu bewegen« (ἵνα ... διὰ ... κολάσεως εἰς ἄρνησιν[102] αὐτοὺς τρέψῃ[103]) kommentiert und in die paränetische Absicht eingebunden, der das Lob auf das Vorbild der sehr edlen Märtyrer Christi dient.

---

[99] Vgl. zu εἰς τὰ θηρία MartPol 2,4; 3,1; 4; 11,1.2. - Zu θηρίομαχειν vgl. MartPol 3; IgnEph 1,2; IgnTrall 10; IgnRöm 5,1; IgnSm 4,2; Diogn 7,7; Herm vis 3,21.

[100] CAMPENHAUSEN, Bearbeitungen, 260.

[101] Κολαζόμενοι ist textkritisch gegenüber κολαφιζόμενοι (vgl. Mk 14,65; Mt 26,67; 1 Petr 2,20) gesichert, vgl. K. L. SCHMIDT, Art. κολαφίζω, ThWNT III, 819 Anm. 8, vgl. DEHANDSCHUTTER, MartPol, 76.

[102] Zu ἄρνησις/ἀρνέομαι(MartPol 9,2) vgl.: 1 Joh 2,22; Act 7,35; IgnMagn 9,1; IgnSm 5,1; Diogn 7,7; 2 Clem 17,7; Eus. h. e. 2,23,1.

[103] Vgl. die textkritischen Erwägungen zum Subjekt (ὁ τύραννος) von τρέψῃ bei: SCHWARTZ, Pionio, 7; DEHANDSCHUTTER, MartPol, 76 f.; GUYOT/KLEIN, Christentum, 329 Anm. 19. Τύραννος begegnet im MartPol sonst gar nicht, in anderen Märtyrertexten selten (MartLugd V, 1,27). Aber 4 Makk bezeichnet den König Antiochus durchweg als Tyrannen. Mit τύραννος könnte der Satan oder der Prokonsul im folgenden Satz MartPol 3,1 gemeint sein.

## 3,1–2:
## Der eine Weg: Das positive Beispiel der Standhaftigkeit des Germanikos

3,1 a  Denn vieles heckte der Teufel gegen sie aus. Aber Gott sei Dank: über alle hatte er keine Macht.

b  Denn der höchst edelmütige Germanikos stärkte sie in ihrer Feigheit durch seine Standhaftigkeit; er kämpfte in hervorragender Weise mit den Tieren.

c  Als der Prokonsul ihn überreden wollte und sagte, er solle doch auf sein jugendliches Alter Rücksicht nehmen, da zog er das Tier mit Gewalt an sich, damit er umso schneller von ihrem ungerechten und ungesetzlichen Leben loskommen wollte.

3,2  Seinetwegen nun schrie das ganze Volk, das den Edelmut des gottvertrauten und gottesfürchtigen Geschlechts der Christen bewunderte: »Fort mit den Gottlosen! Polykarp soll gesucht werden!«

*Lit.: zum Zwei-Wege-Motiv:* N. BROX, Der Glaube als Weg. Nach biblischen und altchristlichen Texten, Bücherei der Salzburger Hochschulwochen, München/Salzburg 1968 / K. NIEDERWIMMER, Die Didache, KAV 1, Göttingen 1989, 48–55; 83–88 / SCHÖLLGEN, G., (Hg.), Didache. Zwölf-Apostel-Lehre. Übersetzt und eingeleitet, FC 1, Freiburg u. a. 1991, 27–41: Die Zwei-Wege-Lehre / SUGGS, M. J., The Christian Two Ways Tradition: Its Antiquity, Form, And Function, Aune, D. E. (Hg.), Studies in New Testament and Early Christian Literature. Essays in Honour of A. P. Wikgren, NT.S 33, Leiden 1972, 60–74 / WIBBING, S., Die Tugend- und Lasterkataloge im Neuen Testament, BZNW 25, Berlin 1959, 33–42 / *zum Kampf mit dem Teufel:* F. J. DÖLGER, Der Kampf mit dem Ägypter in der Perpetua-Vision. Das Martyrium als Kampf mit dem Teufel, AuC 3/1932, 177–188 / P. HABERMEHL, Perpetua und der Ägypter oder Bilder des Bösen im frühen afrikanischen Christentum. Ein Versuch zur *Passio Sanctarum Perpetuae et Felicitatis,* TU 140, Berlin 1992, 161–170 / R. MERKEL-BACH, Art. Drache, RAC 4/1959, 226–250, bes. 239 ff. / *zum Atheismus-Vorwurf:* N. BROX, Zum Vorwurf des Atheismus in der Alten Kirche, Trierer Theologische Zeitschrift 75/1966, 274 ff. / E. FASCHER, Der Vorwurf der Gottlosigkeit in der Auseinandersetzung bei Juden, Griechen und Christen, in: O. BETZ u. a. (Hg.), Abraham unser Vater. Juden und Christen im Gespräch über die Bibel. FS O. Michel, AGSU 35, 1963, 78–105 / W. NESTLE, Art. Atheismus, RAC 1, Stuttgart 1950, 866–870 / A. v. HARNACK, Der Vorwurf des Atheismus in den ersten drei Jahrhunderten, TU 13.4, Leipzig 1905, 1–16

Obwohl MartPol 3 forschungsgeschichtlich immer wieder in seiner Einbindung in das gesamte Martyrium und in seiner Unversehrtheit in Frage gestellt worden ist[1], erfüllt es in vielfacher Weise eine kunstvoll strukturierte Funktion innerhalb des MartPol:

- Nach den einleitenden programmatischen Aussagen[2] in MartPol 1 f. erfüllt die Germanikos-Episode eine erste konkretisierende und exemplifizierende Funktion.

- Gleichsam als ein Präludium[3] führt es mit der ausklingenden Forderung »Fort mit den Gottlosen! Polykarp soll gesucht werden!« auf das Hauptgeschehen und den Helden in MartPol 5 ff. zu.

- Retardierend ist der Hauptdarstellung des Polykarp die für die Situation des MartPol wesentliche Quintos-Episode in MartPol 4 vorangestellt, zu der Germanikos kontrapunktisch und rhetorisch verknüpft[4] als erste positive Identifikationsfigur vorangestellt ist.

- Zugleich steckt das Summarium der Germanikos-Episode als in die Argumentationsstruktur des Gesamttextes (viermaliges γάρ) eingebundene und zusammenfassende Kurzerzählung den wesentlichen Rahmen der zu erwartenden Erzählung über das Martyrium Polykarps ab.[5] Somit erfüllt MartPol 3 f. eine wesentliche Funktion im Hinblick auf die ganze Schrift.

- Damit führen MartPol 3 f. in den Personen des Germanikos und Quintos exemplarisch zwei Wege vor, die durch verschiedene Motive organisch nach vorne und hinten eingebunden ein Gelenk bilden zwischen dem argumentativ-abstrakten Einleitungsteil (MartPol 1 ff.) und dem anschaulich-erzählenden Hauptteil (MartPol 5 ff.).[6] Eine Vorbild- und Exempla-Ethik (vgl. Eus. h. e. 4, 15,8: ὑπόδειγμα) in »antithetischer Gegenüberstellung nachahmenswerter ›Väter‹«[7] in MartPol 3 f. nimmt die grundsätzlich paränetische Zielrichtung aus MartPol 1 f. auf und verknüpft sie mit epideiktischen Gattungselementen, die ab MartPol 5 vorherrschen.

---

[1] Vgl. etwa BEYSCHLAG, Jakobusmartyrium, 177 / CONZELMANN, Bemerkungen, 12 f. unterstellt einen sekundären Ausfall der Nennung weiterer Märtyrer.

[2] Vgl. STROBEL, Osterkalender, 252: »Somit leidet es überhaupt keinen Zweifel, daß der Imitatio-Gedanke in eigentümlicher Ausprägung das Martyrium des Polykarp von Grund auf bestimmt. Durch H. von Campenhausen ist neuerdings zu Unrecht, wie wir meinen, die betonte Parallelisierung des Polykarpmartyriums mit dem Leiden Jesu auf einen nach Euseb lebenden Redaktor zurückgeführt.«

[3] Selbst CAMPENHAUSEN, Bearbeitungen, 268, der hier eine voreusebianische Interpolation vermutet, gesteht ein: »Die Entgegensetzung dieses Versagers und des heroischen Bekenners Germanikos wirkt wie ein einleitendes Präludium zum Martyrium Polykarps …«

[4] Vgl.: Germanikos - Quintos / δειλία (3,1 b–4 a) / προσ- bzw. παραβιασάμενος (3,1 c–4 a) / θηρία (3,1 b–4 a) / ἀνθύπατος (3,1 c–4 b) / πείθειν (3,1 c–4 b).

[5] Vgl. die Stichworte: ὑπομονή - θηριομαχεῖν - ἀνθύπατός βουλόμενος πείθειν - ἡλικίαν κατοικτεῖραι.

[6] Nach BERGER, Gattungen, 1089, haben Tugend- und Lasterkataloge, entstanden aus Beschreibungen (Ekphraseis) ›typischer‹ Personen, im Kontext von Briefen zwar symbuleutische Funktion, sind ihrem Ursprung nach aber ekphrastisch und epideiktisch.

[7] A. a. O., 1343.

In den Typen des Germanikos und Quintos werden exemplarisch zwei Wege bzw. Verhaltensweisen vor Augen geführt: ein positives Beispiel und ein Falschlehrer.[8] Dazu fügt sich gut die Polarität von Gott und Teufel (3,1 a); martyriumsparänetisch ist hier die rechte Furcht vor Gott (vgl. 2,1) von der falschen Furcht vor dem Teufel unterschieden (vgl. MartPol 17,1 zum Teufel). Die kontrastierende Synkrisis[9] der Typen Germanikos und Quintos als personifizierte(s) Martyriumstugend bzw. -laster fordert im Makrokontext nach der paränetischen Einleitung und vor der Schilderung des Verhaltens des seligen Polykarp zur ethischen Entscheidung der Rezipienten in antithetischer Exempla-Ethik auf. Das bestätigt, wie sehr das richtige Martyriumsverhalten das eigentliche Anliegen des MartPol ist.

Dabei ist eine Anknüpfung von MartPol 3 f. an die sog. Zwei-Wege-Lehre[10] nicht unwahrscheinlich, auch wenn ὁδός-Terminologie und Tugend- und Lasterkataloge (vgl. Did 1,1–6,3 / Barn 18–20 / Herm mand 6) fehlen. Die Gegenüberstellung typischer Personen weist in ihrer dualistischen Struktur eine natürliche Affinität zur Zwei-Wege-Lehre auf. Die Zwei-Wege-Tradition »is an instrument of group identity, meant to separate ›us‹ from ›them‹.«[11] Dabei verläuft der traditionsgeschichtliche Prozeß von der Bindung an einen personhaften Typus zu ›freien‹ Reihen von Tugenden und Lastern.[12] Folgende *grundsätzliche* Indizien weisen einen Bezug zu MartPol 3 f. auf:

– Die gesamte Zwei-Wege-Tradition weist eine betonte Hochschätzung von Mühsal und Leiden aus[13], was zu einer natürlichen Nähe zur Martyriumsthematik führt. »In der nachbiblischen, *frühjüdischen* Literatur ist das Bild von den zwei Wegen zu einem festen Topos geworden. Wegen seiner Anschaulichkeit und Eindringlichkeit entsprach es sowohl paränetischen wie auch erbaulichen Tendenzen.«[14] Beides trifft auf MartPol zu.

– Tatsächlich weist die weitere Märtyrerliteratur das (Zwei-)Wege-Motiv auf.[15]

---

[8] Germanikos überwindet die Feigheit und ἐπισήμως ἐθηριομάχησεν (3,1 b / vgl. Polykarp als διδάσκαλος ἐπίσημος), Quintos hingegen ἰδὼν τὰ θηρία ἐδειλίασεν (4 a).

[9] Vgl. BERGER, Formgeschichte, 222 f.

[10] Bzw. Zwei-Geister- (vgl. 1 QS IIIf) oder Zwei-Engel-Lehre (vgl. Herm mand VI). Vgl. etwa: W. MICHAELIS, Art. ὁδός κτλ., ThWNT 5, 43–118 / NIEDERWIMMER, Didache, 83–88 / BERGER, Gattungen, 1088–1092 / WENGST, Apostolische Väter II, 20–22.59–61.92 / KNOPF, Didache, 4 f. / WINDISCH, Barnabas, 396–406 / DIBELIUS, Hermas, 520–523 / BROX, Glaube als Weg / SCHÖLLGEN, Didache, 40 f. / SUGGS, Two Ways Tradition / WIBBING, Tugend- und Lasterkataloge, 33–42.

[11] SUGGS, Two Ways Tradition, 71, vgl. 73: »the genre's function … intensifying in-group / out-group consciousness.«

[12] Vgl. BERGER, Gattungen, 1089 und 1091: »Die Katalogform entstand durch Ekphrasis (Beschreibung der Eigenschaften) und Prosopopoiie (Personifizierung) aus den beiden grundsätzlichen Wegen.« / Vgl. SCHÖLLGEN, Didache, 40 f.

[13] Vgl. Mt 7,14 »voll Drangsal«: Vgl. BERGER, Gattungen, 1091.

[14] BROX, Glaube als Weg, 33.

[15] Vgl. MartLugd 5,1,48 / MartPionii 14,9 / PassPerp 10,3; 12 vgl. HABERMEHL, PassPerp, 103–108 / 2 Clem 7,3.

- Die Zwei-Wege-Lehre ist »im Christentum des 2. Jhdts. allgegenwärtig«[16] und bei den Apostolischen Vätern breit belegt, bevor sie bei den Apologeten stark zurücktritt.
- Der Traktat über die beiden Wege dient in Did 1–6 als Taufkatechese.[17] Das Martyrium gilt als zweite Taufe.[18]
- MartPol betont ein Martyrium κατὰ τὸ εὐαγγέλιον (1,1; 4; 19,1 u. ö.) ebenso wie die Nachfolge bzw. Nachahmung des Herrn (1,2; 17,3; 19,1 u. ö.). Nun wird frühchristlich der Herr selbst als »der Weg« beschrieben (Joh 14,6) bzw. die Nachfolge als Nachgehen seines Weges verstanden und schließlich wird das Evangelium und das Christentum selbst als »der Weg« bezeichnet.[19] »Man erkannte Jesu Passionsgeschichte z. B. im Verlauf der christlichen Martyrien wieder. Die Aufforderung zum lebendigen Glauben wird an eine in Verfolgung stehende Kirche in den Appell gekleidet, in den Fußspuren des leidenden Christus diesem nachzufolgen (1 Petr 2,21).«[20]

*Konkret* lassen sich am Text von MartPol 3 f. folgende Indizien einer Affinität zur Zwei-Wege- bzw. Zwei-Engel-Lehre aufweisen:
- Schon MartPol 2,3 handelt von der eschatologischen ζωή, die in der Zwei-Wege-Lehre durch Übernahme einer bestimmten Lebensführung (hier: eines bestimmten Märtyrerverhaltens) angestrebt wird[21] und die dem θάνατος des endzeitlichen Gerichts (als nicht verlöschendem Feuer) widerspricht.
- Dem Dualismus von Leben und Tod entspricht in MartPol 3,1 a der Gegensatz von Gott und Teufel (vgl. Barn 18,1). Das Martyrium gilt schlechthin als siegreicher Kampf mit dem Teufel (vgl. MartPol 3,1; 19,2; Herm sim 8,3,6).[22]
- Die Märtyrer werden in MartPol 2,3 b bereits als Engel bezeichnet (vgl. Barn 18,1 f.). Nach Herm mand 6,2,1 personifizieren Engel die zwei Wege.

---

[16] HABERMEHL, PassPerp, 103, vgl. 104: »In der Kaiserzeit ist die Vorstellung schon sprichwörtlich und in der kollektiven Phantasie fest verankert.« Vgl. BROX, Glaube als Weg, 42–47 / MICHAELIS, Art. ὁδός, 95–101.

[17] Vgl. NIEDERWIMMER, Didache, 83 / KNOPF, Didache, 4 f. / BERGER, Gattungen, 1091: »I. Bergman (1977) hat anhand einer Reihe von Belegen gezeigt, daß der Sitz im Leben der Zwei-Wege-Lehre nach paganen, jüdischen und christlichen Zeugnissen die Unterweisung Jugendlicher zwischen dem 14. und 16. Lebensjahr ist.«

[18] Vgl. DASSMANN, Sündenvergebung, 153–162.

[19] Vgl. zu den drei Bereichen: BROX, Glaube als Weg, 62–79; 92–100; 101–104., vgl. 101: »Der Christ hat ein ›Muster‹ seines Weges in dem Weg, den Jesus gegangen ist und der Jesus Christus selbst ist.« Dabei sind die paulinischen Kategorien »Mitsterben« und »Mitleben« (Röm 6,11–13; Röm 8,17 u. ö.; vgl. 1 Petr 2,11 f.) bedeutsam. Vgl. dazu BROX, Glaube als Weg, 133–148.

[20] BROX, Glaube als Weg, 96 f.

[21] Vgl. NIEDERWIMMER, Didache, 88.

[22] Vgl. MartPol 17,1: (ὁ ἀντίζηλος καὶ βάσκανος καὶ πονηρός, ὁ ἀντικείμενος ... τῷ γένει τῶν δικαίων / 19,2: ἄδικος ἄρχων / Epilog 3: σατανᾶς, vgl. K. SCHÄFERDIEK, Art. σατανᾶς c. Satan bei den Apostolischen Vätern, ThWNT 7, 164 f.

– Die jetzige Gesetzlosigkeit im Herrschaftsbereich des Satans (vgl. Barn 18,2: καιρός τῆς ἀνομίας) will auch Germanikos überwinden (3,1 c: damit er umso schneller von ihrem ungerechten und ungesetzlichen Leben loskommen wollte). Die ganze Zwei-Wege-Vorstellung »ist beherrscht von dem Gegensatz ›Hier‹ und ›Dort‹, Gegenwart und Zukunft, Vergänglich-Aussichtsloses und Bleibend-Beglückendes.«[23] (vgl. Hebr 13,13 f.). Im Weg ist dabei schon das Ziel präsent. »Wer sich auf den Weg locken läßt, den läßt Gott schon im Gehen die Freude des Ankommens erfahren«[24]: das gilt jedenfalls für das Martyrium (MartPol 2,3!).

– Naheliegend ist der Bezug zum Gegensatz zwischen dem stürmisch-drängenden Quintos (MartPol 4a) und dem gelassen-ruhigen Polykarp (MartPol 7,2), wenn in Herm mand 6,2 f. »die Gegensätze zwischen beiden Engeln … auf die Antithese ›bescheiden sanftmütig – jähzornig erbittert‹ gebracht werden«.[25]

– Das Motiv der Verführung vom Weg der rechten Lehre (Did 6,1) findet sich in der Versuchung der Überredung durch den Prokonsul (πείθειν: MartPol 3,1 c: Germanikos / 4b: Quintos / 9,2; 10,2: Polykarp).

– Die Liebe ist der ausgezeichnete Weg der Christen (1Kor 12,31 b / 1 Kor 13,13 in anti-enthusiastischem Kontext; vgl. IgnEph 9,1); auf eben diese ist MartPol 1,2 b (mit Blick auf MartPol 4 in anti-enthusiastischem Kontext) verwiesen.[26]

Insgesamt gelingt dem MartPol durch den Vergleich der zwei exemplarischen Märtyrer und eine Auswahl traditioneller Motive schon in MartPol 1–4 eine exakt bestimmbare Märtyrervorstellung κατὰ τὸ εὐαγγέλιον (1,1; 4) inclusive eines technischen μάρτυς-Begriffs, in der die Nachahmung des Herrn und Standhaftigkeit (ὑπομονή: 2,2.3.4.; 3,1) in den Mittelpunkt rückt und enthusiastisch-freiwilliges Drängen zum Martyrium (4) mit dem damit verbundenen Egoismus (1,2) ablehnt. An Polykarp wird diese aus der Situation insbesondere phrygischen (inscr. / 4) Märtyrerverständnisses heraus notwendige Fixierung richtigen Verhaltens dann breit belegt. Jedenfalls gesteht 3,1 a den Fall einiger Christen ein.

Neben den oben skizzierten Ergebnissen besteht auch *literarkritisch* kein Anlaß, gegen den Germanikos-Abschnitt Bedenken zu haben. Eus. h. e. 4, 15,5 f. überliefert mit Nuancierungen im wesentlichen parallel; nichts deutet auf den Ausfall einer Nennung etwaiger weiterer Märtyrer hin.[27] Euseb hatte

---

[23] BROX, Glaube als Weg, 150.

[24] A. a. O., 151.

[25] DIBELIUS, Hermas, 522. – Das findet eine Bestätigung in Barn 19,3 mit dem Gebot zur Demut: »Du sollst dich nicht erhöhen, sondern niedrig gesinnt sein in allem.« (vgl. Phil 2). Schon MartPol 1,2 hatte (gegen das Verhalten des Quintos) mit Phil 2 gemahnt, nicht nur das eigene Geschick, sondern auch das der Nächsten im Auge zu haben bzw. nicht nur sich selbst retten zu wollen, sondern auch alle Brüder.

[26] Vgl. BROX, Glaube als Weg, 153–157.

[27] Gegen KEIM, Urchristenthum, 109 ff. / CONZELMANN, Bemerkungen, 12 f.

weite Teile von MartPol 1,1–2,4 ausgelassen, so auch 2,1, an das der Über-
leitungsvers 3,1a anknüpft; folglich fehlt dieser auch bei Euseb. Überhaupt
nimmt Euseb der Episode ihre generalisierende Exemplarizität (als Kampf
zwischen Gott und Teufel) in konkreter Auseinandersetzung (Feigheit der
einen – Standhaftigkeit der anderen), indem er
a) auf Germanikos individualisiert: er fügt in 15,5 »Rücksicht ... auf die Blüte
seiner Jahre« zusätzlich ein und individualisiert in 15,6 durch Einfügung »des
glorreichen Todes dieses Mannes« sowie »Zeugen der Standhaftigkeit«
(μάρτυς),
b) den Text verallgemeinert und aus seiner situativen Verankerung löst: war
die Feigheit in MartPol 3,1b noch die Feigheit der *anderen* (δειλία αὐτῶν)
und also auch die des Phrygers Quintos (4a), so verallgemeinert Euseb sie
in die eigene allgemein-menschliche Feigheit vor dem Tode (τὴν ἔμφυτον περὶ
τὸν θάνατον τοῦ σώματος δειλίαν). Und das Reizen des Tieres, das MartPol
aus Rücksicht auf MartPol 4 nicht allzu tollkühn beschreiben kann und subtil
zwischen προς- (3,1c) und παραβιασάμενος (4a) unterscheidet, kann Euseb
ausmalen (καὶ παροξύναντα, 15,5).

Auch *formkritisch* betrachtet bilden MartPol 3 f. einen Übergang vom paränetischen Einleitungsteil (MartPol 1 f.) zur epideiktischen Schilderung des
Geschicks Polykarps ( MartPol 5 ff.) durch eine Mischung paränetischer und
epideiktischer Gattungselemente[28]:

Kommentierende (§ 70) Martyriumsparänese (§ 45) (3,1 a) in Verbindung
mit synkritischer (§ 64) antithetischer Exemplaethik (Germanikos – Quintos:
3 f.)[29] ist einem summarischen Märtyrer-Basis-Bericht (§ 96) als Versuchungsbericht (§ 97,7) (3,1 b) vorgeordnet. Es folgt in 3,2 Epideixis/Demonstratio
(§ 79). In der Märtyrerliteratur ist am ehesten 4 Makk 8,15–28; 16,5–10
(Überwindung der Feigheit durch die sieben Brüder und ihre Mutter) sowie
MartLugd 5,1,9 f. (Vettius Epagathus) 11 ff.32–35.45–49 (zwei Gruppen) mit
MartPol 3 f. vergleichbar.

3,1 a: Mit dem Gegensatz διάβολος – θεός ist der Widerspruch der zwei
exemplarischen Wege (Germanikos – Quintos) eingeleitet. Da das Martyrium
als Kampf mit dem Teufel auch andernorts innerhalb wie außerhalb von
MartPol verstanden wird, besteht kein Grund, hier eine Interpolation zu
vermuten.[30] Außerdem nimmt das τῷ θεῷ κατὰ πάντων eine ähnliche Formulierung aus 2,1 b wieder auf. In MartPol 17,1 wird vom »Widersacher und
Verleumder und Bösen, der gegen das Geschlecht der Gerechten ankämpft«
gesprochen und der sich im ungerechten Prokonsul personifiziert. Schon die
Evangelien sehen im Teufel den Anstifter der Passion Jesu (Lk 22,3 / Joh
13,2), so daß MartPol schon gemäß seiner κατὰ τὸ εὐαγγέλιον-Intention

---

[28] Die §§ beziehen sich auf BERGER, Formgeschichte.
[29] Vgl. BERGER, Gattungen, 1342 ff.
[30] Gegen CAMPENHAUSEN, Interpolationen, 267 f.

dieses Motiv aufnehmen muß. Auch in anderen martyrologischen Zusammenhängen wird der Leidensweg der Märtyrer zumeist mahnend und tröstend
verstanden als ein im Martyrium zum Siege kommender Kampf mit dem
Teufel. »Diese jedenfalls allgemeine Vorstellung des ältesten Christentums«[31]
findet sich vielfältig belegt vor und nach dem MartPol.[32] Der Bezug zu
MartLugd 5, 1,5 f. ist womöglich am dichtesten.[33] Dabei fügt sich der Dualismus einer Zwei-Wege-Lehre gut zu den Dualismen des Bildes vom Märty-
rerkampf mit dem Teufel (Christus – Teufel / Leben – Tod / zukünftige
Herrlichkeit – jetziges Leid / etc.), so daß sich später bei Origenes (Exhort.
ad mart. 36) eine Verbindung beider Motive findet (Jesus als *Weggenosse* der
Märtyrer gegen die *Schlange* zum Paradies). Zu πολλὰ γὰρ ἐμηχανᾶτο vgl.
die Folterbeschreibungen in MartPol 2,4 und die κολάσεις τοῦ διαβόλου in
IgnRöm 5,3 (vgl. Justin, dial. 131 / Origen., contra Celsum 6,42).

»Wie ist nun (das bei Euseb fehlende) ἀλλὰ χάρις τῷ θεῷ κατὰ πάντων γὰρ
οὐκ ἴσχυσεν zu übersetzen? a) Er gewann über keinen Macht? b) Er bekam
nicht über alle (wohl aber über einige) Macht?«[34] Möglichkeit a)[35] ist vom
Kontext her auszuschließen; denn über den Phryger Quintos hat der Teufel
offenbar Macht gewonnen![36] Das bestätigt sich vom Wortlaut her, weil es ja
nicht etwa heißt κατ᾽ οὐδένα οὐκ ἴσχυσεν οὐδέν.[37] Endlich hat der Widersacher
auch in anderen Martyrien teilweisen Erfolg (MartLugd 5, 1,11 ff.25 ff.).
Damit ist der Fall einiger Christen eingestanden; Campenhausen spricht von
einem »peinlichen Passus von der Feigheit der Märtyrer.«[38] Germanikos stärkt
die Verzagenden, für die Quintos womöglich exemplarisch steht. Dann aber
präzisiert MartPol sein Märtyrerbild κατὰ τὸ εὐαγγέλιον in konkreter Situation in Auseinandersetzung mit einem nicht-standhaften Märtyrer-Enthusias-
mus.

---

[31] DÖLGER, Kampf, 187 / Vgl. SAXER, Bible, 41 f.

[32] Vgl.: MartPol 17,1; 19,2 / 1 Petr 5,8-11 / Apk 2,10 / IgnRöm 5,3; IgnTrall 4,2 /
MartLugd 5, 1,5 f.16.27.42 / ActCarpi 17; 35 / PassPerp 3,3; 4,6 f.; 10,7.14; 20,1 / MartJes
3,11 f.; 5,1 / Herm mand 12,5,2; Herm sim 8,3,6 / Tert. ad mart. 3,3 f.; Scorp. 6,1 / Origenes,
Exhort ad mart. 18; 36 / Mart S. Theodoti 31 / ActaFructuosi 7,2 u. ö.

[33] Πάντι γὰρ σθένει ἐνέσκηψεν ὁ **ἀντικείμενος** ... ἀντεστρατήγει δὲ **χάρις τοῦ θεοῦ** (vgl.
1 Kor 15,57).

[34] CONZELMANN, Bemerkungen, 12.

[35] GUYOT/KLEIN, Christentum, 51 / SCHOEDEL, Fathers, 56: »... he did not prevail against
any of them.«

[36] Richtig: BAUMEISTER, Genese, 77: »allen gegenüber hatte er keine Macht.«/ PAULSEN,
Väter, 265: »über alle hatte er keine Macht.« / MUSURILLO, Acts, 5: »over all of them.« /
BASTIAENSEN, Atti, 11: »non riuscì a prevalere su tutti.« / CAMELOT, Ignace, 246 / ausführlich:
DEHANDSCHUTTER, MartPol, 223 Anm. zu 3,1 a.

[37] Vgl. SCHWARTZ, Pionio, 7 f. / CAMPENHAUSEN, Bearbeitungen, 267. – Zwar findet sich für
»Niemand/Keiner« neben dem gewöhnlichen οὐδείς auch οὐ ... πᾶς, das aber läge dann auch
noch in umgekehrter Reihenfolge vor, vgl. BLASS/DEBRUNNER/REHKOPF, Grammatik, §§ 302,
433.

[38] Bearbeitungen, 268.

An 3,1a läßt sich literarkritisch zeigen, daß Euseb 3,1a gestrichen hat; denn »die Spur von χάρις τῷ θεῷ findet sich bei Euseb noch in der Germanicus-Episode: σὺν θείᾳ χάριτι.«[39] Und da er den Teufel streicht, muß er auch die Feigheit der anderen in die eigene Feigheit verwandeln.

**3,1b:** Germanikos ist entsprechend der Zwei-Wege-Ethik in jeder Beziehung konträr zu Quintos gezeichnet: Er ermutigt die Feigheit der anderen durch seine Standhaftigkeit – Quintos wird selbst feige, er kämpft hervorragend mit den Tieren – Quintos verliert angesichts der Tiere den Mut, er widersteht dem Überredungsversuch des Prokonsuls – Quintos erliegt ihm, er zieht die Tiere zwanghaft an sich – Quintos bringt sich und andere zwanghaft zum Martyrium. Summarisch werden von Germanikos zentrale Elemente einer Märtyrerdarstellung berichtet.[40] Insofern stellt der Abschnitt ein alles Wesentliche in sich bergendes Präludium zum Martyrium Polykarps dar mit der Zielsetzung: Ermutigung, Tröstung, Ermahnung zu Standhaftigkeit, Überwindung von Feigheit und Versuchung, evangeliumsgemäßes Martyriumsverhalten und Ablehnung gewollter Martyriumssuche. Durch ἐπισήμως (vgl. 14,1; 19,1), ὑπομονή (2,2–4; 13,3; 19,2; vgl. 1 Clem 5,7) und ἐθηριομάχησεν[41] (2,4; 4; 11,1f.; 12,2) ist Germanikos dem Polykarp verbunden. Breit belegt ist die Tatsache, daß Christen zum Tierkampf verurteilt wurden (MartLugd 5, 1,37.47.50 / Diogn 7,7 / Justin, dial. 110 / Minucius Felix, Octav. 37,5 u. ö.). Επισήμως θηριομαχεῖν spiegelt beginnende Martyriumsterminologie wider.[42]

Wesentlicher als die Spekulation, ob außer Germanikos die Namen weiterer Märtyrer (unter Hinweis auf die »Zwölf« in 19,1) ausgefallen sein könnten[43], ist vielmehr in der Nennung der Namen des Germanikos (und des Quintos) als argumentum ex silentio folgendes bedeutsam: das Fehlen von Frauennamen im MartPol. Das gilt umso mehr, als uns in allen anderen frühchristlichen Martyrien (außer ActApoll) Frauen begegnen[44]: Agathonice, die freiwillig(!)

---

[39] CAMPENHAUSEN, Bearbeitungen, 267 Anm. 37 / CONZELMANN, Bemerkungen, 12 Anm. 48.

[40] Vgl. BERGER, Formgeschichte, 331: Als Basis-Bericht (Summar) »bezeichnen wir Texte ohne Einzelszenen, die das erfolgreiche Wirken von Missionaren darstellen. In diesen Texten steht gänzlich die handelnde Person im Mittelpunkt, so daß auch die Reaktion darauf jeweils durch ein nicht näher definiertes Publikum ›massenweise‹ erfolgt.«

[41] Vgl. IgnEph 1,2; IgnTrall 10; bildlich: IgnRöm 5,1; 1 Kor 15,32.

[42] Zur Kampf-Terminologie vgl. auch SAXER, Bible, 39ff.; 212ff.

[43] So mit zweifelhaften Argumenten: CONZELMANN, Bemerkungen, 9f. unter Verweis auf REITZENSTEIN, Martyrienliteratur, 459f.; denn wiederum ist ein κατὰ τὸ εὐαγγέλιον-Element, die Zwölf-Zahl, als historisches Faktum mißverstanden, – wie in der Datierungsdebatte der »große Sabbath« (MartPol 8,1; 21).

[44] Vgl. CARDMAN, Acts, 144: »In martyr accounts from the second to the fourth centuries, the stories of women are usually told in conjunction with those of men, even when, as in the *Passion of Sts. Perpetua and Felicitas,* the account takes its name from the women. Only two accounts are solely about women. In the titles of the acts, women are infrequently named and

dem Martyrium des Karpos und Papylos beitritt (ActCarpi 42 ff.), die namenlose γυνή im MartPtolemäi, Charito (ActJust), Blandina und Biblis (MartLugd), Donata, Secunda und Vestia (ActScil), Perpetua und Felicitas (MartPerp), Sabina und Macedonia (in dem MartPol besonders verwandten MartPionii). Es ist nicht völlig abwegig, im Verschweigen von Frauen (sowie im Verbot von Frauenstimmen in der Gemeinde)[45] einen antimontanistischen Affekt auszumachen. Mögliche Beziehungen des Themenbereichs Frauen-Martyrium-Montanismus belegen sich nicht nur von den Märtyrertexten her[46], sondern auch aus den montanistischen Quellen selbst:

1) »Als sie endlich durchdrangen und den Pionius und die übrigen einsperrten, fanden diese daselbst einen Priester der katholischen Kirche mit Namen Lemnus und ein Weib namens Makedonia aus dem Dorfe Karina (und einen gewissen Eutychianus) von der Sekte der Phryger.«[47] (MartPionii 11,2).

2) Das montanistische Orakel Tert., de fuga 9,4 »nolite in lectulis nec in absorsibus et febribus mollibus optare exire, sed in martyriis, uti glorificetur qui est passus pro vobis« (wünscht nicht, in Betten oder bei Entbindungen und in weichlichen Fiebern zu sterben, sondern in Martyrien, damit der verherrlicht werde, der für euch gelitten hat) ist eindeutig an Frauen gerichtet (»in aborsibus«!).[48]

3) In der montanistischen Einleitung zur PassPerp (1,5 f.) wird ein Zusammenhang von Märtyrern und alten und neuen Offenbarungen hergestellt.

4) Tert., de anima 55,4[49] bezeichnet Perpetua als »fortissima martyr«.

5) Der antimontanistische Anonymus (Eus. h. e. 5, 16,20) verweist auf die vielen montanistischen Märtyrer.[50]

Möglicherweise hat das Martyrium von Frauen in montanistischen Kreisen deren in Epiphan. Pan. 49, 2,1-5 belegte[51] priesterliche (und bischöfliche) Autorität (über die Vergebungsmacht der Märtyrer/innen) mitbegründet[52]; denn das Martyrium galt als besonders inspiriert.[53] Wenn sich MartPol nicht nur in MartPol 3 f. explizit, sondern mit seiner gesamten κατὰ τὸ εὐαγγέλιον-Intention gegen den montanistischen Martyriumsenthusiasmus wendet und dabei die bischöfliche Autorität des Polykarp (16,2!) ausspielt, dann könnte

---

are often subsumed among the ›companions‹ of a particular martyr.« Zur Anonymisierung und Marginalisierung von Frauen in der frühen Kirchengeschichte vgl. JENSEN, Töchter, 44-140.

[45] Vgl. R. NÜRNBERG, Non decet neque necessarium est, ut mulieres doceant. Überlegungen zum altkirchlichen Lehrverbot für Frauen, JAC 31/1988, 57-73.

[46] Vgl. CARDMAN, Acts / JENSEN, Töchter, 178-253 / KLAWITER, Role / VALERIO, Figure femminili / HUBER, Women, 46-55 / KRAFT, Lyoner Märtyrer / KLAWITER, New Prophecy, 108-123.

[47] Vgl. HEINE, Oracles, Nr. 78.

[48] Vgl. a. a. O., Nr. 14 und 46.

[49] Vgl. a. a. O., Nr. 42.

[50] Vgl. a. a. O., Nr. 23.

[51] Vgl. a. a. O., Nr. 94.

[52] Vgl. KLAWITER, Role.

[53] Vgl. HUBER, Women.

das auffällige Nicht-Vorkommen von weiblichen Märtyrern im MartPol wo-möglich theologisch im Sinne der Pastoralbriefe beabsichtigt sein.[54]

3,1 c: Das Überredungs- bzw. Versuchungsmotiv (vgl. 4 Makk 8,10.20; 12,2), in dem der Prokonsul[55] den Teufel personifiziert, taucht bei Polykarp (8,2 f.; 9,2 f.; 10,1 f.) wieder auf, ebenfalls mit dem traditionellen Verweis auf das Greisen- bzw. Jugendalter.[56] Aufgrund von MartPol 9,2 (αἰδέσθητι σου τὴν ἡλικίαν / Nimm doch Rücksicht auf dein hohes Alter!) liegt es nahe, das Subjekt des Mitleids[57] nicht im Prokonsul zu sehen (»der Prokonsul ... sagte, er habe Mitleid mit seiner Jugend«[58], sondern in Germanikos selbst (»der Prokonsul ... sagte, er solle doch auf sein jugendliches Alter Rücksicht nehmen«).[59] Das bestätigt sich durch 4 Makk 8,20 (vgl. 4 Makk 5,12; PassPerp 5,2; 6,3).[60]

Wie Polykarp widersteht auch Germanikos standhaft. Er zieht das Tier gewaltsam an sich. Das προσβιασάμενος[61] steht antithetisch zum παραβι-ασάμενος des Quintos (4a). Germanikos will damit umso schneller (τάχιον, vgl. IgnRöm 5,2: συντόμως) diesem ungerechten Leben entkommen.[62] Mit dieser negativen Formulierung fügt sich der Vers dennoch in eine eher ver-haltene eschatologische Perspektive.[63]

---

[54] Vgl. NÜRNBERG, Non decet. – Nicht von ungefähr hat CAMPENHAUSEN, Polykarp von Smyrna und die Pastoralbriefe, eine enge Beziehung zwischen beiden hergestellt – auch wenn die These einer Verfasserschaft der Pastoralbriefe durch Polykarp fraglich erscheint.

[55] Nach MartPol 21 b ist das der Prokonsul L. Statius Quadratus, vgl. dazu ALFÖLDY, Konsulat, 214 f.: um 156/158. Vgl. auch die Diskussion um die Datierung des MartPol: jüngste Zusammenfassungen bei: DEHANDSCHUTTER, Research, 497–503 / VAN HENTEN, Jüdischer Einfluß, 701 ff. / SCHOEDEL, Polycarp and Ignatius, 354 f.

[56] Vgl. MartPol 9,2 und 7,2 / MartLugd 5, 1,29 ff. / 2 Makk 6,18.23 ff.27; 7,25 / 4 Makk 5,7.31.33.36; 6,12.17–23; 8,8.10.14.20.27 / vgl. IgnMagn 3,1.

[57] Zum transitiven κατοικτεῖραι vgl. BLASS/DEBRUNNER/REHKOPF, Grammatik, § 148,4.

[58] So RAUSCHEN, Märtyrerakten, 10 / PAULSEN, Väter, 265.

[59] So GUYOT/KLEIN, Christentum, 53 / DEHANDSCHUTTER, MartPol, 223 / BAUMEISTER, Anfänge, 296.

[60] Vgl. aber dagegen: MartLugd 5, 1,31: μηδὲ τὴν ἡλικίαν αἰδουμένων αὐτοῦ / 4 Makk 5,6: »ich (= Antiochus) habe Achtung vor deinem Alter.« / 4 Makk 8,10: »... die ihr sogar mich, euren Feind, wegen eurer Jugend ... dauert.«

[61] Vgl. IgnRöm 5,2 von den Bestien: κἂν αὐτὰ δὲ ἑκόντα μὴ θέλῃ ἐγὼ προσβιάσομαι / Wollen sie aber freiwillig nicht, so werde ich Gewalt anwenden. – Vgl. das Versagen der Tiere bei Blandina MartLugd 5, 1,42. Vgl. Eus. h. e. 8, 7,2 / Acta Pauli et Theclae 32 ff.

[62] Positiv formuliert vgl. IgnRöm 5,3: ἵνα Ἰησοῦ Χριστοῦ ἐπιτύχω. Ἐπιτυγχάνειν τοῦ θεοῦ bzw. Ἰησοῦ Χριστοῦ meint bei Ignatius die eschatologische Vollendung im Martyrium, vgl. PAULSEN, Studien, 72, und auch ἀπαλλαγῆναι (τοῦ βίου) ist geprägte Wendung für den Hingang des Märtyrers im Tode: 1 Clem 5,7 / ActCarpi 36.39 f.

[63] Vgl. WEINRICH, Spirit, 173.

**3,2:** Die massenweise, auch negative Reaktion auf das Wirken des Helden ist typisch für den Basis-Bericht[64] und die Bewunderung des Märtyrers durch die Gegner (vgl. MartPol 2,2; 12,1) traditionelles Motiv.[65] Das Schreien des Mobs als negative Akklamation[66] ergeht in Form des Rufs αἶρε[67] τοὺς ἀθέους, der in MartPol 9,2c von Polykarp umgedeutet[68] an den Mob zurückgegeben wird. Das entspricht dem üblichen Umgang der Christen mit dem Vorwurf des Atheismus[69] der schon durch die Begriffe θεοφιλής[70] und θεοσεβής konterkariert wurde: mit der Übernahme des Monotheismus hat die Urkirche »auch von heidnischer Seite den alten antisemitischen Vorwurf des Atheismus auf sich nehmen müssen ... Αἶρε τοὺς ἀθέους wurde der antichristliche Kampfruf des heidnischen Pöbels (vgl. Just Apol 1, 13,1). Die Christengemeinde hat diesen Vorwurf nicht nur zurückgewiesen, sondern auch zurückgegeben. Schon Eph 2,11 f. sagt: μνημονεύετε ὅτι ποτὲ ὑμεῖς τὰ ἔθνα ... ἦτε ... ἄθεοι ἐν τῷ κόσμῳ.«[71] An Apologetik nicht eigentlich interessiert führt MartPol 3,2 die Verteidigung gegen den Vorwurf des Atheismus aber nicht breit aus. Die Tendenz von MartPol 3,2 liegt vielmehr in der Martyriumsparänese: Polykarp muß gesucht werden[72] (vgl. MartPol 6,1; Joh 18,4.7 f.: Parallele zur Leidensgeschichte Jesu!); im Gegensatz zum folgenden Phryger Quintos hat er sich nicht selbst zum Martyrium gedrängt. Damit ist die Thematik von MartPol 4 eingeleitet[73]: der andere Weg des Negativ-Beispiels.

---

[64] Vgl. auch MartPol 12,2 a: ἅπαν τὸ πλῆθος ... / 16,1 b: θαυμάσαι πάντα τὸν ὄχλον / bzgl. Jesus: Mt 21,14 f. / Lk 19,47 f. / Stephanus: Act 6,8–10 / Paulus: Act 9,20–22.

[65] Vgl. 2 Makk 7,12 / 4 Makk 1,11; 6.11.13; 8,4; 9,26; 17.17.23; 18,3 / PassPerp 9,1 / vgl. Act 6,15; 7,54.

[66] Vgl. MartLugd 5, 1,38; ActCarpi 30; 43; 46 / Vgl. KLAUSER, Art. Akklamation, 215.

[67] Vgl. Joh 19,15: ἆρον, ἆρον, σταύρωσον αὐτόν / Act 21,36: κράζοντες: αἶρε αὐτόν.

[68] Vgl. BARTELINK, Umdeutung / FASCHER, Vorwurf, 103.

[69] Vgl. HARNACK, Vorwurf / BROX, Atheismus / NESTLE, Art. Atheismus / SCHÄFKE, Widerstand, 628 f. / SPEIGL, Römischer Staat, 145–149 / FASCHER, Vorwurf. – Besonders in der apologetischen Literatur (Just., apol. 1, 5,3; 6,1.12; 13,1; 46,3 / Just., dial. cum Trypho 108 / Athen. suppl. 4–12 u. ö.) wird der entscheidende Vorwurf des Atheismus (irreligiositas / superstitio) von heidnischer Seite gegen die Christen aufgegriffen.

[70] Im Kontext eher aktiv »gottliebend« als passiv »von Gott geliebt«, vgl. LAMPE, Lexicon, 642: »intimate with God, including both ... senses.«

[71] STAUFFER, Art. θεός, 122.

[72] Was dem Reskript Trajans widerspricht (Plin., Epist. 10, 97,1).

[73] Keineswegs also unterbricht die Quintos-Episode in störendster Weise den Zusammenhang von 3,2 und 5,1, – so aber CAMPENHAUSEN, Bearbeitungen, 268, der MartPol 4 als antimontanistisch-voreusebianischen, sekundären Einschub ausscheidet.

## 4,1–3: Der andere Weg: Das negative Beispiel des Phrygiers Quintos – das Drängen zum Martyrium

4,1 a    Einer aber, namens Quintos, ein Phrygier, kürzlich erst aus Phrygien gekommen, sah die Tiere und wurde feige.

   b    Er aber war es, der sich selbst und andere dazu gedrängt hatte, sich freiwillig zu stellen.

   2    Ihn überredete der Prokonsul durch wiederholtes inständiges Zureden dazu, zu schwören und zu opfern.

   3    Deswegen also, Brüder, loben wir die, die sich selbst stellen, nicht; denn so lehrt es das Evangelium nicht.

*Lit.:* ACHELIS, H., Das Christentum in den ersten drei Jahrhunderten, Bd. 2, Leipzig ²1925 (Nachdruck Aalen 1975), 436f.: Exkurs 85 / BADEN, H., Das Polykarpmartyrium, PastB 25/1912, 71–81.136–151: 149–151 / BOEFT, J. den/BREMMER, J., Notiunculae Martyrologicae V, VigChr 49/1995, 146–164: 147f. / BONWETSCH, G.N., Die Geschichte des Montanismus, Erlangen 1881 (Nachdruck Hildesheim 1972), 105–108 / BUSCHMANN, G., Martyrium Polycarpi – eine formkritische Studie. Ein Beitrag zur Frage nach der Entstehung der Gattung Märtyrerakte, BZNW 70, Berlin/New York 1994, 24–32.48–70.148–160 / BUSCHMANN, G., Martyrium Polycarpi 4 und der Montanismus, VigChr 49/1995, 105–145 / BUTTERWECK, Chr., »Martyriumssucht« in der Alten Kirche? Studien zur Darstellung und Deutung frühchristlicher Martyrien, BHTh 87, Tübingen 1995, 111–115 (vgl. dazu die Rez. von G. BUSCHMANN, VigChr 50/1996, 212–215) / FREND, W.H.C., Martyrdom and Persecution in the Early Church. A Study of a Conflict from the Maccabees to Donatus, Oxford 1965, 287–294.347 / GREGOIRE, H., Les persecutions dans l'empire romain, Brüssel ²1964, 28–30 / KEIM, Th., Aus dem Urchristenthum. Geschichtliche Untersuchungen in zwangloser Folge, Bd. 1, Zürich 1878, 119–122 / KLAWITER, F. Chr., The New Prophecy in Early Christianity. The Origin, Nature, and Development of Montanism, A.D. 165–220, Diss. Chicago 1975, 100–108 / REUNING, W., Zur Erklärung des Polykarpmartyriums, Darmstadt 1917, 23–25 / RONCHEY, S., Indagine sul Martirio di San Policarpo. Critica storica e fortuna agiografica di un caso giudiziario in Asia minore, Istituto storico italiano per il medio evo, Nuovi Studi Storici 6, Roma 1990, 45–53.67–78 / SAXER, V., Bible et Hagiographie. Textes et thèmes bibliques dans les Actes des martyrs authentiques des premiers siècles, Bern 1986, 223–231 / SIMONETTI, M., Alcune osservazione sul martirio di S. Policarpo, GIF 9/1956, 328–344: 332–340 / TABBERNEE, W., Early Montanism and Voluntary Martyrdom, Colloquium: The Australian and New Zealand Theological Review 17/1985, 33–44.

Im negativen Beispiel des Phrygiers Quintos[1] wird der andere Weg zum Martyrium und zugleich der polemische Schlüssel[2] zum ganzen MartPol deutlich: »The position of chapter 4 dissociates Quintus' failure from all that has been said in 2:1–3:2 and underscores the contrast between him and Polycarp ... to distinguish clearly between a proper and improper approach to martyrdom.«[3] MartPol zeigt in Auseinandersetzung mit dem Montanismus das richtige Martyriumsverhalten auf. Das Martyrium κατὰ τὸ εὐαγγέλιον meint dabei zunächst einmal: das Martyrium geschieht nicht vorsätzlich auf eigenen Wunsch; denn der wahre Märtyrer (Polycarp) muß ausgeliefert werden wie Christus selbst (Mk 9,310,33): περιέμενεν γάρ, ἵνα παραδοθῇ, ὡς καὶ ὁ κύριος (MartPol 1,2). Das freiwillig gesuchte Martyrium des Quintos ist nicht Ausdruck des Willens Gottes und deshalb vermochte Quintos auch nicht standhaft zu sein – im Gegensatz zu Polykarp, der gesucht und ausgeliefert werden muß (παραδοθῇ), was dem göttlichen Willen entspricht (δεῖ: MartPol 5,2; 12,3). Insofern stellt MartPol eine Lehrschrift[4] gegen ἑκουσίως προσιέναι dar.[5] Mit seinem exemplarisch montanistischen Hindrängen zum Martyrium bildet MartPol 4 die Negativ-Folie, auf der sich das evangeliumsgemäße Martyrium positiv abbilden kann; denn Polykarps und Jesu Warten auf die Häscher widerspricht freiwilliger Martyriumssuche.[6] Dabei entspricht der Protest gegen das gesuchte Martyrium (MartPol 4) der Ablehnung einer übermäßigen Verehrung der Märtyrer[7] (MartPol 17 f.) ebenso wie dem programmatischen Martyriumsverständnis der Einleitung (MartPol 1 f.).

*Literarkritisch* fügt sich das in Aufbau und Motiven MartPol 3 ähnliche und inhaltlich antithetisch gesetzte Quintos-Kapitel[8] sinnvoll in den Aufbau des Kontexts ein, steht nach der in MartPol 1 angedeuteten Negativ-Formulierung μὴ μόνον ἑαυτόν ... zu erwarten und stört keineswegs den Zusam-

---

[1] DEHANDSCHUTTER, MartPol, 154: »voorbeeld e contrario«. Ähnlich SIMONETTI, osservazione, 339.

[2] RONCHEY, Indagine, 67: »la chiave polemica dell' intero documento.«

[3] SCHOEDEL, MartPol, 57 f. Ähnlich KLAWITER, New Prophecy, 103 f.: »The contrast between Polycarp, bishop of Smyrna, and Quintus, the Phrygian, brings into sharp relief the difference between the true and false way in which a Christian may respond to persecution.«

[4] Vgl. MartPol 4,3: οὕτως διδάσκει τὸ εὐαγγέλιον; zu διδάσκειν vgl. ferner: MartPol 10,2; 12,2; 16,2; 17,3; 19,1.

[5] REITZENSTEIN, Bemerkungen, 451 f.; 459. Vgl. 452: »Es war ein seltsamer Irrtum, wenn Harnack ... den Zweck der Briefe in einem authentischen Bericht über die Martyrien sah ...« RONCHEY, Indagine, 75 betont »la connotazione antimontanista dell' episodio di Quinto.«

[6] CAMPENHAUSEN, Idee, 83: »Überall kommt das gleiche kirchlich-normative Interesse zum Vorschein, das der Eingang des Briefes ausdrücklich ausspricht. Euarestos will nicht einfach einen historischen Bericht über das Ende Polykarps liefern. Er verfaßt ein Lehrschreiben, das in betonter Weise die Absicht verfolgt, der Gemeinde das richtige Verhalten in Verfolgungszeiten vor Augen zu stellen.«

[7] Vgl. KEIM, Urchristenthum, 119.

[8] Vgl. nur die gemeinsamen Begriffe: προσ- bzw. παραβιασάμενος; θηρία; δειλία; ἀνθύπατος; πείθω.

menhang.[9] Entgegen einer literarkritisch orientierten Strömung innerhalb der bisherigen Forschungsgeschichte kann MartPol 4 nicht als sekundäre Einfügung betrachtet werden[10]«, sondern ist »im Gewebe des Berichtes fest eingeknüpft.«[11]

Nachahmung (vgl. MartPol 1,2: μιμηταί) setzt positive und negative Identifikationsangebote voraus. Und eigener Drang und Wille zum Martyrium (MartPol 4) ist dem Sich-Einfügen in den Willen Gottes (MartPol 2,1: κατὰ τὸ θέλημα τοῦ θεοῦ) entgegengesetzt. Auch mit MartPol 5 ist die Quintos-Episode deutlich antithetisch verbunden.[12]

Mithin erweist sich die Quintos-Episode keineswegs als sekundäre antimontanistische Interpolation, sondern als konstitutiver Bestandteil des MartPol[13], der weder aus dem Zusammenhang isoliert werden noch als einziges Indiz für ein wesentlich vielfältigeres Beziehungsgeflecht mit dem Montanismus gewertet werden darf; denn montanistischer Hintergrund zeigt sich im MartPol verschiedentlich.[14]

*Formkritisch* ist schon durch das einleitende δέ der antithetische Vergleich der beiden typenhaften Gestalten und Wege des Germanicos und Quintos vorbereitet; MartPol 4 gehört wesenhaft zu MartPol 3 hinzu und kann nicht als sekundärer Einschub ausgegrenzt werden. »Regelmäßig entsteht ... eine Synkrisis durch die Verflechtung der Berichte über konträre Figuren ...«[15] Exempla als Vorbilder dienen der Aneignung und Warnung; die erzählerischen Elemente haben paränetische Funktion im Sinne zweier Wege: Synkritische (§ 64)[16] antithetische Exempla-Ethik mit summarischem Märtyrer-Basis-Bericht (§ 96), hier als Versuchungsbericht (§ 97,7) (MartPol 4,1) und symbou-

---

[9] Gegen CAMPENHAUSEN, Bearbeitungen, 268, der in der Quintos-Episode eine antimontanistische, voreusebianische Interpolation meint erkennen zu müssen, ähnlich CONZELMANN, Bemerkungen, 13: »eine schwere Störung«. Vgl. hingegen BUSCHMANN, MartPol, 24–32 und BADEN, Polykarpmartyrium, 149 f., der die Syn- und Antithesen in MartPol 3–5 überzeugend herausarbeitet.

[10] DEHANDSCHUTTER, MartPol, 153: »De stelling dat 3,2, ..., door de episode van Quintus kunstmatig afgescheiden wordt van 5,1 e.v., lijkt ons overdreven. Het beginn van het verhaal over Polycarpus (5,1) sluit evengoed aan bij het einde van hoofdstuk.«

[11] Das muß auch CAMPENHAUSEN, Bearbeitungen, 268 zugeben; ähnlich CONZELMANN, Bemerkungen, 14.

[12] Vgl.: προσ-έρχομαι (Quintos) - ὑπεξ-έρχομαι (Polykarp) / ὁ ἀνθύπατος ἔπεισεν - οἱ πλείους ἔπειθον / freiwillig schnelles Drängen zum Martyrium - lange Gewissenskämpfe.

[13] Mit WEINRICH, Spirit, 165 / BARNES, Pre-Decian, 511 f. / BARNARD, Defense, 197–199 / gegen CAMPENHAUSEN, Bearbeitungen / CONZELMANN, Bemerkungen.

[14] Vgl. u. a.: - der konkrete Briefcharakter - die antienthusiastische Verbindung von Prophet- und Bischofsamt - Polykarps unekstatische Visionen und Auditionen - sein Fasten - das Fehlen von Frauen im MartPol - das Martyrium κατὰ τὸ εὐαγγέλιον als »flight from persecution as imitation of Christ« (NICHOLSON, Flight) - angemessene Märtyrerverehrung (MartPol 17 f.) - die ruhige Gelassenheit Polykarps - die κοινωνός-Terminologie (MartPol 6,2) - Polykarp als Inbegriff katholischer Orthodoxie. - Vgl. BUSCHMANN, Montanismus, 106–109.

[15] BERGER, Formgeschichte, 223.

[16] Die §§ beziehen sich auf BERGER, Formgeschichte.

leutischer Schlußfolgerung mit οὖν (§ 70)[17] (MartPol 4,3) im Sinne einer Kommentierung.

**4,1 a:** Das einleitende δέ verdeutlicht den antithetischen Bezug zu MartPol 3; zwei Gestalten werden gegenübergestellt. Quintos wird gleich nach seiner Nennung als Φρύξ (Phrygier) gekennzeichnet. Diese Bezeichnung meint keineswegs nur eine geographische Einordnung im Sinne von »not every Phrygian was a Montanist (cf. Eusebius, H. E. 5.1.49)«[18], sondern ist geläufiger terminus technicus für den »›Kataphryger‹ im Sinne eines Anhängers der ›neuen Prophetie‹«.[19] In MartPol 4 liegt die früheste literarische Bezeugung des Montanismus vor, die wir besitzen. An folgenden Sachverhalten wird deutlich, daß Quintos bewußt als Montanist charakterisiert ist und damit die neuerdings bestrittene[20] These vom Märtyrerenthusiasmus in der Neuen Prophetie (vgl. z. B.: Tert. de fuga 9 / de anima 55) eine abermalige Bestätigung erfährt:
– Auffällig ist die doppelte Betonung der phrygischen Heimat des Quintos, die als Kernland des Montanismus gilt: Κόιντος, **Φρύξ**, προσφάτως ἐληλυθὼς ἀπὸ τῆς **Φρυγίας**.[21]
– Die abschließende, grundsätzliche Beurteilung des Falls im beinahe amtlichen Ton einer Mißbilligung[22] (οὐκ ἐπαινοῦμεν) zielt eher auf ein generelles Verhalten einer bestimmten Gruppe als auf einen Einzelfall.
– Auch die betonte Feststellung, daß Quintos »kürzlich erst« (προσφάτως) aus Phrygien gekommen ist, deutet daraufhin, daß es sich hier um einen Schismatiker handelt; nach Beyschlag[23] ist es »allgemeine frühkatholische

---

[17] Vgl. auch BERGER, Gattungen, 1148.

[18] SCHOEDEL, Fathers, 58. Vgl. SCHOEDEL, Polykarp and Ignatius, 352 Anm. 345 / MARROU, Rez. Campenhausen, 362: »tout Phrygien n'est pas un montaniste« / CAMPENHAUSEN, Idee, 82 Anm. 4: »Daß es sich um einen Φρύξ handelte, darf nicht zu der Annahme verführen, wir hätten es hier mit einem Montanisten zu tun.« / CONZELMANN, Bemerkungen, 14 Anm. 61.

[19] CAMPENHAUSEN, Bearbeitungen, 270. Vgl. Eus. h. e. 5,16,1. – Gegen: BOEFT/BREMMER, Notiunculae V, 147 f. / DEHANDSCHUTTER, Century, 500: »It is by no means certain that the episode about Quintus refers to Montanism.« / HEINE, Oracles, xii / GIBSON, Christians, 131 / JENSEN, Töchter, 295 / TABBERNEE, Early Montanism and voluntary martyrdom. – Hingegen ist der Zusammenhang von freiwilligem Martyrium und Montanismus von der Mehrheit der Forscher schon immer gesehen worden, vgl. BUSCHMANN, Montanismus, 106 Anm. 10, und so wird Φρύξ eindeutig als Montanist begriffen z. B. von: KEIM, Urchristenthum, 119–122 / REUNING, Erklärung, 24 / ACHELIS, Christentum 2, 279 Anm. 3; 436 f. / BUSCHMANN, Montanismus, 110 ff. / JENSEN, Töchter, 272 / BUTTERWECK, Martyriumssucht, 111–115 / LAMPE, Lexicon, 1492: »Φρύγες, οἱ, Phrygians, a name for Montanists« mit folgenden Belegen: Anon. ap. Eus. h. e. 5.16.22; Clem. str. 7.17; 4.13; Eus. h. e. 4.27; Ath. ar. 1.3; Cyp. H. catech. 16.8; Didym.Trin. 2.15; Epiph. haer. 48.1; Epiph. anac. 2.3; Soz. h. e. 7.18.12; Thdt. haer. 2.

[20] Vgl. u. a. TABBERNEE, Early montanism and voluntary martyrdom.

[21] Vgl. BADEN, MartPol, 77 Anm. 4: »Die Häufung von Phrygier und Phrygierland geht an die Adressaten in Philomelium.«

[22] Vgl. CAMPENHAUSEN, Bearbeitungen, 270 / CAMPENHAUSEN, Idee, 83.

[23] Clemens Romanus, 152 Anm. 1, dort Belege, z. B. Eus. h. e. 5.16. 6 f.10 (Anonymus), Eus. h. e. 5.18.2 (Apollonius). Vgl. auch BROX, Art. Häresie, 262. 287 f. – Vgl. aber Act 18,2: προσφάτως ἐληλυθότα ἀπὸ τῆς Ἰταλίας.

Ansicht«, »daß Häretiker und Schismatiker nicht zu den ›Alten‹ in der Kirche gehören bzw. erst ›neulich‹ aufgetreten sind.«

– Der Artikel οὗτος δὲ ἦν ὁ παραβιασάμενος ist verräterisch; er zeigt, daß das typische Verhalten des Phrygiers Quintos den Adressaten sehr wohl schon bekannt war, »that the Philomelians already knew of Quintus' action, but not the name of its perpetrator.«[24] Insofern muß MartPol 4 auch Bestandteil des ursprünglichen Briefs sein.

– Der nach Phrygien adressierte Brief (MartPol inscr.) greift bewußt eine typisch phrygische Verhaltensweise auf (MartPol 4).[25]

Folgende Sachverhalte lassen über den Text von MartPol 4 hinaus vermuten, daß es sich bei dem Phrygier Quintos um einen Montanisten handelt:

– Die für MartPol zentrale Wendung κατὰ τὸ εὐαγγέλιον begegnet auch beim antimontanistischen Anonymus in Eus. h. e. 5,16,3.

– Die lehrhaft-katholische Gesamtintention[26] des MartPol fügt sich gut zu einer Polemik gegen den beginnenden Montanismus: »In tale ordine d'idee l'episodio di Quinto si configura proprio come l'antitesi del martirio di Policarpo, del martirio secondo il Vangelo.«[27]

– MartPol ist in das montanistische Kernland Phrygiens als Brief adressiert (vgl. MartPol inscr.). Das betonte Phrygiertum des abtrünnigen Quintos wird man insofern als bewußte Mahnung an diese Adresse verstehen müssen. So fehlt denn auch in der Brieferöffnung eine laudatio auf die Adressaten ebenso wie ein Proömium als Dank oder Segnung für den Glaubenszustand der Gemeinde.[28] Im Briefschluß fehlen Heilswunsch oder Segnung. Das Paideutikon am Briefende läßt die autoritär-katholische, paränetische Ausrichtung des MartPol erkennen.

– Das »verräterische Losungswort«[29] καθολικός in MartPol (inscr.; 8,1; 16,2; 19,2) beginnt bereits neben der alten Bedeutung »ökumenisch« die Bedeutung »rechtgläubig-orthodox« anzunehmen.

– Der Martyriumseifer in den echten montanistischen Orakeln[30] entspricht dem Martyriumseifer des Phrygiers Quintos.

– Im Vergleich zu anderen frühchristlichen Märtyrertexten mit pro-montanistischem Gepräge[31] und Verweis auf **neue** Offenbarungen bzw. **neue** Prophetie

---

[24] BARNES, Acta, 511.

[25] Insofern bedeutet die negative Hervorhebung des Phrygiers Quintos keine »überraschend plumpe Taktlosigkeit« (CAMPENHAUSEN, Bearbeitungen, 270 / ähnlich CONZELMANN, Bemerkungen, 14). – MartLugd 5. 1, 17.49 weisen auf die phrygische Herkunft besonders glorreicher Märtyrer hin.

[26] Vgl. REITZENSTEIN, Bemerkungen, 460 f.

[27] SIMONETTI, Osservazione, 339.

[28] Vgl. zu MartPol inscr. Vgl. aber das viel positivere Verhältnis des Montanismus-freundlichen MartLugd zu den Adressaten in Phrygien.

[29] KEIM, Urchristenthum, 114–119.

[30] Vgl. dazu BUSCHMANN, Montanismus, 115–119.

[31] Z. B. MartLugd 5, 1,11–13.17.49, vgl. dazu BUSCHMANN, MartPol, 103–120 / MartPerp,

und junge Märtyrer bezieht sich MartPol auf die **alte** Offenbarung des Evangeliums und steht auch in der Person des alt-ehrwürdigen Bischofs Polykarp in der Tradition kirchlicher Rechtgläubigkeit.[32]

- »The followers of Montanus were most frequently referred to as Cataphrygians by their opponents ... The designation ›the new prophecy‹ may have been a title the Montanists used of themselves.«[33]

- Methodisch gilt: die Datierung des Montanismus ist an den frühesten Quellen (incl. MartPol 4) zu orientieren und nicht umgekehrt die Datierung der Quellen an einem angenommenen Entstehungsdatum des Montanismus.[34] »Schon 156 kann ein Phrygier recht gut vom Geiste des aufkommenden Montanismus angeweht sein.«[35]

Quintos wird im Gegensatz zu Germanikos schwach, feige und furchtsam (δειλία, vgl. 3,1). »Für die Märtyrer ist das Martyrium ein Kampf mit dem Drachen. Indem sie standhaft bleiben, besiegen sie das Heidentum, den Drachen, besiegen aber auch die Regungen der Schwäche in der eigenen Brust.«[36] Gerade das gelingt dem Montanisten Quintos nicht. Dabei ist es typisch für die Kompromittierung einer gegnerischen (hier: montanistischen) Position, die These der Gegner mit ihrem eigenen, gegensätzlichen Verhalten zu konfrontieren[37]: Quintos Drängen zum Martyrium mit seinem Feigewerden! Selbsterlösung und enthusiastische Selbstüberschätzung enden schließlich in δειλία.

**4,1 b:** Der Begriff ἑκών ist bei Ignatius positiv benutzt: ἐγώ ἑκών ὑπὲρ θεοῦ ἀποθνῄσκω (IgnRöm 4,1). »Ob aus dem ἑκών herauszulesen ist, daß Ign sich mit Absicht zum Martyrium gedrängt und den Konflikt mit der Behörde selbst gesucht hat, bleibt ungewiß ...«[38] (Mißgedeutete) ignatianische Martyriumssucht[39] (ἑκουσίως προσιέναι) könnte den Hintergrund für das Verhalten des Quintos bilden.

---

vgl. dazu BUSCHMANN, MartPol, 294–307 sowie KRAFT, Lyoner Märtyrer, 264: »Das Perpetuamartyrium ist gegenüber dem Montanismus freundlich eingestellt.« / ActCarpi (Agathonice!), vgl. dazu BUSCHMANN, MartPol, 218–235. – Vgl. insgesamt BUSCHMANN, MartPol, 30–32.

[32] Vgl. FREND, Martyrdom, 289.

[33] HEINE, oracles, ix / Vgl. BUSCHMANN, Montanismus, 110 Anm. 47 / BLANCHTIERE, montanisme original, 118 / CALDER, Philadelphia and Montanism, 334.

[34] Gegen CAMPENHAUSEN, Bearbeitungen, 270 und vgl. DEHANDSCHUTTER, Research, 499: »Grégoire then comes to his main argument. MPol and the Martyrdom of Lyon have been written as a first ecclesiastical doctrine on martyrdom to oppose early Montanism. As the rise of Montanism is to be dated about 170 (not earlier), an early date for MPol is excluded.« Vgl. SIMONETTI, osservazione, 338: »La difficoltà fondamentale ad interpretare tale episodio in senso montaniste è stata implicitamente vista nell' impossibilità di conciliare la data del martirio di Policarpo con la data d'inizio del montanismo, fissata al 172.«

[35] HILGENFELD, MartPol, 150.

[36] MERKELBACH, Art. Drache, 240.

[37] Vgl. BERGER, Gegner, 375.

[38] BAUER/PAULSEN, Ignatius, 73.

[39] Vgl. BAUER/PAULSEN, Ignatius, 74: »Hat Ign sein Verlangen nach dem Tod im Martyrium

Und während Quintos durch sein Verhalten auch andere zum Abfall bringt (ἑαυτόν τε καί τινας), entspricht Polykarps Verhalten dem Gebot der Fürsorge: nicht nur unser eigenes Geschick, sondern auch das der Nächsten im Auge zu haben (MartPol 1,2 / Phil 2,4). So erläutert MartPol 4 die negative Aussage aus MartPol 1,2 (nicht nur unser eigenes Geschick im Auge haben / μὴ μόνον ....), MartPol 3 die positive (damit auch wir Nachahmer des Herrn werden / ἵνα ...). Der Kontrast wird durch das Wortspiel παρα-(Quintos) und προσβιασάμενος (Germanicos; 3,2) angedeutet: »Contraapponendosi, quale indebita »forzatura« (παραβιασάμενος), alla positiva »prova di forza« del martirio di Germanico (προσβιασάμενος, 3,2), la testimonianza di Quinto si configura esplicitamente come l'antitesi del martirio di Policarpo, che è quello »insegnato dal Vangelo«, e sembrerebbe dunque naturale identificare nei seguaci dell'eresia frigia il bersaglio nonché forse i destinatari stessi della parenesi agiografica del testo.«[40] Während Polykarp gesucht werden muß (3,2; 6,1 u. ö.) und damit fuga in persecutione κατὰ τὸ εὐαγγέλιον (Mt 10,23) angeraten ist, jedem »nur sich selbst retten wollen« (1,2) gewehrt und Polykarps überlegen-gelassene Geduld (7,2 f.) jedem voreiligen Eifer (σπουδή: 6,2; 7,2; 8,3) entgegengesetzt ist, drängt der Phrygier Quintos freiwillig und hastig zum Martyrium – und versagt! Nach katholischer Auffassung drohten bei freiwilligem Martyriumseifer Eitelkeit, selbstgefälliges Sich-Rühmen[41] und eben: Versagen.[42] Quintos versagt und illustriert damit den teilweisen Erfolg des Teufels (MartPol 3,1).

**4,2:** Der Prokonsul (ὁ ἀνθύπατος, vgl. 3,1; 4; 9,2.3; 10,2; 11,1; 12,1; 17,2) bittet den Phrygier Quintos inständig und überredet ihn schließlich (πείθω, vgl. 3,1; 4; 5,1; 8,2.3; 9,2; 10,2) zu schwören[43] und zu opfern.[44] Schwören

---

soweit getrieben, daß er es bewußt herbeiführte, so befindet er sich damit jedenfalls im Gegensatz zum Durchschnittsbewußtsein der Kirche.« – Zum Martyriumsverständnis des Ignatius vgl. BUSCHMANN, Montanismus, 113 ff.

[40] RONCHEY, Indagine, 52 f.

[41] Vgl. Eus. h. e. 5,18,5. Vgl. KÖTTING, Stellung des Konfessors, 12 f.

[42] Vgl. BAUMEISTER, Anfänge, 302: »Insofern Polykarp sich nicht freiwillig zum Martyrium gedrängt hat, sondern wie Jesus außerhalb der Stadt auf die Häscher wartete, dient das Thema des evangeliumsgemäßen Martyriums auch der Begründung der Ablehnung des Hindrängens zum Märtyrertod.« – Vgl. auch RORDORF, Martyre et témoignage, 389: »Si nous laissons de côté l'introduction de la lettre qui révèle l'intention particulière des auteurs de montrer, à l'aide du martyre de Polycarpe, »un martyre selon l'Evangile« (κατὰ τὸ εὐαγγέλιον μαρτύριον) et qui a une pointe antimontaniste évidente ...«

[43] Zu ὄμνυμι vgl. 4; 9,2.3; 10,1; Orig. mart. 7; Orig. Cels. 8.65; Const. App. 5.11.1; 5.12.5.

[44] Zu ἐπιθύσαι vgl. 8,2; Clem. prot. 5; MartPerp 6; Hipp. antichr. 49; Hom. Clem. 10.23; 2 Clem 3,1; Eus. h. e. 8,6,10 sowie zur Frage, wem zu opfern ist, vgl. BASTIAENSEN, Atti, 374: »*Martyrium Carpi* 9 (τοῖς θεοῖς); *Acta Iustini* A 5,6 (τοῖς θεοῖς) e C 4,3 (τοῖς θεοῖς); *Martyrium Apollonii* 7 (τοῖς θεοῖς καὶ τῇ εἰκόνι τοῦ ... Κομόδου); *Passio Perpetuae* 6,3 (fac sacrum pro salute imperatorum); *Martyrium Pionii* 3,1 (μιαροφαγεῖν), 8,4 (τῷ αὐτοκράτορι), 19,10 (τῷ ἀέρι); *Passio Fructuosi* 2,3 (praeceperunt deos coli); *Martyrium Cononis* 4,4 (λίβανον βραχὺν καὶ οἶνον καὶ θαλλὸν καὶ εἰπέ: Δίε πανύψιστε, σῶζε τὸ πλῆθος), 5,5 (τοῖς ἀηττήτοις ... θεοῖς); *Passio Iuli* Vet.

und Opfern (ὀμόσαι καὶ ἐπιϑῦσαι) bilden das Ziel der Überredungsversuche des Prokonsuls. Der Verhaftete soll jedenfalls dem christlichen Glauben abschwören. Das geschieht durch Schwören bei genius oder τύχη des Kaisers (vgl. MartPol 8,2: κύριος καῖσαρ) oder vor Götzenbildern (vgl. MartLugd V,1,3.19 f.) und durch Opfern.

**4,3:** Das Fazit »deswegen, Brüder, loben wir diejenigen, die sich selbst stellen, nicht«[45] fügt sich gut in den Kontext; denn MartPol betont, daß Polykarp **gesucht** werden muß und sich nicht selbst gestellt hat (vgl. 3,2: 6,1; sowie Mt 10,23; Joh 7,1; 8,59; 10,39; 18,4.7 f.). Der montanistische Grundsatz der Selbstbezichtigung wird bekämpft.[46] Das paßt gut zum zeitgenössischen »Durchschnittsbewußtsein der Kirche«: »Die herrschende Meinung war, man dürfe zwar nicht verleugnen, solle die Gefahr aber auch nicht aufsuchen, sondern ihr aus dem Wege gehen.«[47]

Das fast autoritäre, enzyklisch[48] von Gemeinde an Gemeinde gerichtete οὐκ ἐπαινοῦμεν τοὺς προσίοντας[49] ἑαυτοῖς hat fast amtlichen Charakter; es tadelt quasi offiziell. Mit diesem Fazit ist die gesamte Einleitung MartPol 1–4 (vgl. Gliederung) abgeschlossen und die eigentliche Erzählung über Polykarp kann beginnen. Insofern trägt dieser Tadel besonderes Gewicht. Das wird verstärkt durch die Anrede ἀδελφοί (vgl. MartPol 1,1; 4), die Wichtiges hervorhebt, sowie durch das Abstraktum εὐαγγέλιον, das nur hier und am Anfang (1,1) und Ende (19,1) noch einmal begegnet, während die κατὰ τὸ εὐαγγέλιον-Tendenz ansonsten stets erzählerisch begegnet. MartPol 4,3 zieht mithin ein wesentliches Fazit aus der Einleitung und kommentiert abstrahierend und verallgemeinernd den narrativen Abschnitt MartPol 4,1–2, indem es aus dem Beispiel des Quintos eine allgemeine Regel ableitet[50]: Die vermes-

---

1,4 (immolare deis), 2,1 (turificare); *Martyrium Dasii* 8,1 (ἱκέτευσον, Δάσιε, τὰς ἱερὰς εἰκόνας τῶν βασιλέων ἡμῶν), 11,2 (θυσίαν τοῖς ... δαίμοσιν, ... τὰ θυμάματα); *Passio Crispinae* 1,3 (ut omnibus diis nostris pro salute principum sacrifices), 2,1 (ut in templis sacris flexo capite diis Romanorum tura immoles). Ved. inoltre Plinio, *Epistulae* X 65,5 (ture supplicare); Tertulliano, *Apol.* 30,6.«

[45] Διὰ τοῦτο οὖν, ἀδελφοί, οὐκ ἐπαινοῦμεν τοὺς προσίοντας ἑαυτοῖς. Vgl. MartPionii 4,13: »Allein ihr fragt, warum so viele freiwillig zum Opfern hingehen, und wegen dieser wenigen verspottet ihr die übrigen.« / 18,2: »Sei nicht heftig, sondern bereite den Scheiterhaufen, damit wir freiwillig uns in die Flammen stürzen.«

[46] Vgl. MEINHOLD, Art. Polykarpos, 1679.

[47] BAUER/PAULSEN, Ignatius, 74. Vgl. auch CAMPENHAUSEN, Idee, 137 Anm. 1 mit folgenden Belegen: »Mart. Just. 5,6; Klem. Alex. Strom. IV 17,1; Orig. Select. in Genes. ... VIII 79; Cypr. ep. 81; Act. Cypr. 1; Mensurius bei Augustin Brevic. coll. III 13,25; Petr. Alex. Can. 9; Athan. Vit. Ant. 46; ep. encycl. 5; Apol. ad Const. 35; Apol. de fuga 8. 10 ff.; Greg. Naz. Or. 43,5; Mart. Agap. etc. 1,2.«

[48] Die 1. Pers. deutet auf eine ἐπιστολή hin, vgl. MartPol inscr. und MartPol 20,1.

[49] Zur Textkritik vgl. DEHANDSCHUTTER, MartPol, 78 f.

[50] Vgl. BERGER, Gattungen, 1293.

sene Selbstüberschätzung zu freiwilligem Martyrium in der Person des Phrygiers Quintos wird explizit thematisiert und im gesamten MartPol mit einem Martyriumsverhalten κατὰ τὸ εὐαγγέλιον kontrastiert. MartPol 4 erweist sich damit als Schlüssel zum Verständnis des ganzen Briefs und bestätigt die These, »che il documento della chiesa di Smirne sia programmaticamente e specificamente vòlto a scorraggiare l'attecchire dell'eresia nella regione ed in quelle limitrofe controllate dalla diocesi e a fornire un' indicazione di linea politica e confessionale al suo clero.«[51]

Der bei Euseb h. e. 4,15,8 fehlende[52] Verweis auf τὸ εὐαγγέλιον (vgl. MartPol 1,1; 19,2; vgl. Mt 10,23) ist in der Auseinandersetzung mit den montanistischen Gegnern eine »als gültig vorausgesetzte Legitimationsbasis und möglicherweise der Versuch einer gemeinsamen Verständigungsbasis«.[53] Εὐαγγέλιον ist eine feste Größe der Überlieferung, die den Rezipienten womöglich in schriftlicher Form vorlag.[54] Wichtiger als die umstrittene Frage nach Schriftlichkeit oder Mündlichkeit dieses Evangeliums ist der Hinweis darauf, daß der Begriff hier weniger die übliche Bedeutung der Heilsbotschaft von Jesus Christus hat als vielmehr Fragen der Gemeindedisziplin beschreibt, wie das auch in Did[55] 8,2; (11,3); 15,3 f.; 2 Clem 8,5 geschieht. Eine bestimmte Praxis wird durch Berufung auf die Größe »Evangelium« festgeschrieben. Die zahlreichen Anspielungen an die Passion Christi werden zur ethischen Umsetzung benutzt. »Der Ablauf der Passion Jesu wird in Mart.Pol. 1,1; 4; 19,1 als Vorbild und Norm für ein Martyrium gewertet, das ›gemäß dem Evangelium‹ erlitten wird. Εὐαγγέλιον bezeichnet hier also wohl den Bericht über Jesu Leiden, sofern er Lehre und Anweisung für die Nachahmung des Herrn gibt (vgl. 17₃ μιμηταὶ τοῦ κυρίου).«[56] Das Evangelium gilt als Lehre (διδάσκει τὸ εὐαγγέλιον, vgl. MartPol 4; 10,2; 12,2; 16,2; 17,3; 19,1). Auch in MartPol 10,2 beruft sich Polykarp auf eine apostolische Vorschrift (δεδιδάγμεθα): die des Obrigkeitsgehorsams (vgl. Röm 13,1.7; 1 Petr 2,13 ff.), die hinsichtlich montanistischen Verhaltens besonders hervorgehoben werden muß. Aufschlußreich ist in diesem Zusammenhang, wie der antimontanistische Anonymus (Eus. h. e. 5,16,3) be-

---

[51] RONCHEY, Indagine, 70.

[52] Stattdessen umschreibt Euseb nicht weniger ausdrücklich wie folgt: »Wie das erwähnte Schreiben mitteilt, war er sehr voreilig und ohne gründliche Überlegung mit den anderen vor den Richterstuhl getreten und wurde nach seiner Gefangennahme allen ein sprechendes Beispiel dafür, daß man sich nicht tollkühn und ohne Überlegung in solche Gefahren begeben dürfe.«

[53] BERGER, Gegner, 375.

[54] Zur Frage der Schriftlichkeit des Evangeliums vgl. DEHANDSCHUTTER, MartPol, 257 / WENGST, Urchristentum, 25 f. / FRIEDRICH, Art. εὐαγγελίζομαι, 733 f. / MASSAUX, Influence, 187–189 / KÖHLER, Rezeption, 487–489 / LAMPE, Lexicon, 555.

[55] Vgl. NIEDERWIMMER, Didache: zu den genannten Stellen.

[56] MICHEL, Art. Evangelium, 1123. Vgl. a. a. O., 1125: »Die Smyrnäer nehmen sicher auf ein schriftliches Evangelium Bezug, wenn sie in Mart.Pol. 4 betonen, das Evangelium lehre nicht, daß man sich freiwillig zum Martyrium drängen solle.«

wußt auf die normative Größe »Evangelium« zurückgreift: »Obwohl du mich, ..., schon vor langer ... Zeit angegangen bist, gegen die Häresie jener Leute zu schreiben, ..., habe ich doch bis jetzt zurückgehalten, nicht aus Unvermögen, die Lüge zu widerlegen und für die Wahrheit einzutreten, sondern aus Furcht und Besorgnis, ..., als wollte ich dem Worte der neutestamentlichen Frohbotschaft etwas ergänzend beifügen, da doch keiner, der entschlossen ist, nach diesem Evangelium zu leben, etwas beifügen noch abstreichen darf.«[57] Die Montanisten prophezeien in einer Weise, die »offenkundig der alten kirchlichen Überlieferung und überkommenen Lehre widersprach.« (Eus. h. e. 5,16,7). Und als Beweis für die Kraft ihres prophetischen Geistes bemühen die Montanisten ihre Märtyrer (Eus. h. e. 5,16,20).

Als zentrale Intention des MartPol erweist sich damit abermals dessen κατὰ τὸ εὐαγγέλιον-Stilisierung. Sie widerspricht erstens der freiwilligen Martyriumssucht (ἑκών προσιέναι: MartPol 4), die vielfältig in der Alten Kirche belegt ist[58], weil sie dem Willen Gottes entgegensteht (θέλημα τοῦ θεοῦ: MartPol 2,1; 7,1). Sie widerspricht zweitens dem Willen, sich selbst retten zu wollen (μόνον ἑαυτόν θέλειν σώζεσθαι: MartPol 1,2)[59], drittens dem Abfall bei bevorstehendem Martyrium (ἰδὼν τὰ θηρία ἐδειλίασεν: MartPol 4), und viertens dient die Evangeliumsstilisierung als kritischer Rückverweis auf die evangelische (und kanonische)[60] Tradition entgegen **Neuer** Prophetie und immer **neuen** Offenbarungen.[61]

Vielmehr gilt es – gemäß dem Evangelium –, die Verhaftung abzuwarten bzw. ihr ggfs. aus dem Wege zu gehen (MartPol 5 f. vgl. Mt 10,23; Joh 7,1; 8,39; 10,39) und sie nicht freiwillig zu suchen. So wird der Phrygier Quintos zum negativen Beispiel des anderen Wegs, und MartPol stößt zeitgemäß und

---

[57] Vgl. dazu UNNIK, Regle / BUSCHMANN, Montanismus, 123–129.

[58] Vgl. folgende Belege freiwilliger Martyriumssucht in der Alten Kirche: IgnRöm 4 f. / 2. Clem 7 / Lucian, Peregr. mors 12,14 / Hippol. philo. 7,12 (Kallist) / Just. ap. 2,2 (Lucius) / Epist. Jacobi Apocrypha (= NHC I,2) 4,31–6,18 / Tertull. de coron.; milit. 1 ff.; ad. Scap. 5; de spectac. 1; de fuga 9.4; de anima 55.5; ad martyres 4; de exhort. castit. 16 / Acta Cypriani 1,5 (»et cum disciplina prohibeat nostra ne quis se ultro offerat«) / MartLugd 5,1,49 ff. (Alexander) (vgl. dazu: BARDY, Sources, 19 Anm. 64 / GRIFFE, Gaule chrétienne, 31 ff.) / ActCarpi 42–44 (Agathonike) (vgl. dazu: HARNACK, Carpus, 451 f. / LIETZMANN, Gestalt, 247 / FREND, Martyrdom, 289) / PassPerp 4 (Saturus) / Marc Aurel, In semet ipsum XI,3 (vgl. GUYOT/KLEIN, Christentum II, 202) / Eus. h. e. 7,12; de mart. Palaest. 3.4.9 / MartJust 5,6 / Acta Eupli / Clem Alex 4,17,1 – Billigung der Flucht vor dem Martyrium belegen u. a. folgende Texte: MartPol 5 / Orig. bei Eus. h. e. 6,19,16 und bei Palladius, hist. Laus. 147 / Cyprian, Epist. 7.8.20; 81 / Cyprian, de lapsis 3 / (der vormontanistische) Tertull., de patientia 13; ad uxorem 1,3 / Syr. didaskal. 19 / Herakleon bei Clem. Alex., Strom. IV, 71.1.3 / Iren. III, 18,5.

[59] Vgl. KEIM, Urchristenthum, 121: »gegen montanistische Märtyrerschwärmerei und individualistisches Rettungs- und Seligkeitsstreben.«

[60] Vgl. PAULSEN, Montanismus.

[61] Vgl. BUSCHMANN, Montanismus, 123–129.

voller Absicht »in die antimontanistische Posaune«: »Quintus mit seinem montanistischen Rezept wurde Apostat, hingegen Polykarp nach antimontanistischem, evangelischen Verfahren hervorragender Märtyrer, wie er im Evan-
gelienbuch gemalt ist.«[62]

---

[62] BADEN, MartPol, 77 / Vgl. HILGENFELD, MartPol, 148 f.

*Das* bewunderungswürdige Vorbild des evangeliumsgemäßen Martyriums des Polykarp:
5,1-2 Polykarps Flucht vor dem Martyrium und die Vorhersage seines Märtyrertodes

5,1 a  Der höchst bewundernswerte Polykarp hingegen, als er zuerst davon hörte, erschrak nicht, sondern wollte in der Stadt bleiben.

b  Die Mehrheit überredete ihn aber, sich heimlich zu entfernen.

c  Also flüchtete er heimlich in ein kleines Landhaus, nicht weit von der Stadt entfernt, und blieb dort mit einigen wenigen.

d  Tag und Nacht tat er nichts anderes als für alle und die Kirchen in der ganzen Welt zu beten, wie er es gewohnt war.

5,2 a  Und beim Gebet hatte er eine Vision, drei Tage vor seiner Gefangennahme; er sah, daß sein Kopfkissen vom Feuer verzehrt wurde.

b  Er wandte sich um und sprach prophetisch zu denen, die bei ihm waren: »Ich muß lebendig verbrannt werden.«

*Lit.:* ACHELIS, H., Das Christentum in den ersten drei Jahrhunderten, Bd. 2, Leipzig ²1925 (Nachdruck Aalen 1975), 435 f.: Exkurs 84 / HANSON, J. S., Dreams and Visions in the Graeco-Roman World and Early Christianity, ANRW 23.2, Berlin/NewYork 1980, 1395-1427 / KÖTTING, B., Darf ein Bischof in der Verfolgung die Flucht ergreifen?, Ecclesia peregrinans. Das Gottesvolk unterwegs, Gesammelte Aufsätze 1, MBTh 54,1, Münster 1988, 536-548 / MÜLLER, H., Aus der Überlieferungsgeschichte des Polykarp-Martyrium. Eine hagiographische Studie, Paderborn 1908, 40-45 / REUNING, W., Zur Erklärung des Polykarpmartyriums, Darmstadt 1917, 25-27

Mit MartPol 5 beginnt die eigentliche Märtyrererzählung über das bewunderungswürdige Vorbild des evangeliumsgemäßen Martyriums des Polykarp, das »›Drama des Bischofs‹ (c. 5-18)«.[1] Alle einleitenden und grundsätzlichen Bemerkungen sind abgeschlossen; der Hauptdarsteller betritt die Bühne. Keineswegs zufällig aber beginnt dieser Auftritt ausgerechnet mit der Flucht des Polykarp vor dem Martyrium. Mit Flucht also beginnt ein evangeliumsgemäßes Martyrium - das ist programmatische Aussage und logische Konsequenz einer Absage an freiwilliges Drängen zum Martyrium in der Person des Phrygiers Quintos. Wenn dann in einem zweiten Schritt ausgerechnet dem flüchtenden Bischof noch auf prophetische Weise[2] eine sich später tatsächlich

---

[1] HILGENFELD, MartPol, 153.
[2] Vgl. zur Textkritik von 5,2 b εἶπεν ... προφητικῶς DEHANDSCHUTTER, MartPol, 80. Vgl. MartPol 12,3 b!

erfüllende (vgl. MartPol 12,3)[3], also wahre Vision widerfährt, dann gleichsam gegen montanistisches Martyriums- wie Prophetieverständnis gerichtet. Mart-Pol 5 ist mithin in seinen beiden Teilen tendenziös antithetisch zu MartPol 4 zu verstehen. Die Vision legitimiert Polykarps Martyriumsverhalten – und also auch seine Flucht; denn dem göttlichen δεῖ wird sich Polykarp nicht entziehen. Zugleich entspricht MartPol 5,1 auf narrativer Ebene mit seiner beabsichtigten Parallelisierung des Geschicks Polykarps mit dem Leiden Christi[4] der κατὰ τὸ εὐαγγέλιον-Intention – vgl. etwa Jesu Gebetsringen in Gethsemane (Mk 14,32 ff.par). »Thus the ›necessity‹ which hangs over Polycarp (5:2; 12:3; 14:2) is like that which hung over Jesus.«[5]

*Literarkritisch* erscheint MartPol 5,1 nur vordergründig künstlich von Mart-Pol 3,2 abgeschnitten[6], wo das Volk nach Polykarp ruft: »Das ganze Volk schrie …: ›Fort mit dem Gottlosen! Polykarp soll gesucht werden!‹« (3,2) … (MartPol 4) … »Als … Polykarp zuerst davon hörte, erschrak er nicht, sondern wollte in der Stadt bleiben.« (5,1 a). Auf den zweiten Blick schließt MartPol 5,1 ebenso gut an MartPol 4 an[7]; denn das eigentliche Thema beider Kapitel ist die Frage nach der Flucht vor bzw. dem Drängen zum Martyrium. Polykarp ist dabei antithetisch zu Quintos gezeichnet:

a) ἑκὼν προσελθεῖν (Quintos): offen-freiwilliges Hindrängen zum Martyrium / ἐπεξελθεῖν εἰς ἀγρίδιον (Polykarp): heimliche Flucht vor dem Martyrium.

b) Der Prokonsul überredet (ἔπεισεν) zum Schwören und Opfern (Quintos) / Die Mehrheit überredet (ἐπείθον) zur Flucht (Polykarp).

c) Quintos erschrickt beim Anblick der Tiere und wird feige (ἰδὼν τὰ θηρία ἐδειλίασεν) / Polykarp gerät beim Ruf des Volkes nicht in Bestürzung (οὐκ ἐταράχθη).

d) Quintos ist ungestüm-voreilig / Polykarp ist bedächtig-gewissenhaft.

e) Quintos wirkt egoistisch, Polykarp altruistisch (προσευχόμενος περὶ πάντων).

f) Während der als Montanist doch prophetisch begabte Quintos nur die wilden Tiere sieht und abfällt (4 a), hat Polykarp eine prophetische Vision, die sich später erfüllt (12,3), und bleibt standhaft: δεῖ με ζῶντα καῆναι.

---

[3] Zur fast wörtlichen Wiederaufnahme von MartPol 5,2 in 12,3 vgl. die Synopse in Anm. 49.

[4] Vgl. MÜLLER, Überlieferungsgeschichte, 41 / REUNING, Erklärung, 25.

[5] SCHOEDEL, Fathers, 53.

[6] Vgl. CAMPENHAUSEN, Bearbeitungen, 268 / MÜLLER, Überlieferungsgeschichte, 41 / CONZELMANN, Bemerkungen, 14.

[7] Mit DEHANDSCHUTTER, MartPol, 153 gegen CAMPENHAUSEN, Bearbeitungen, 268 f., der MartPol 3 und 5 durch die Quintos-Episode auf die störendste Weise unterbrochen sieht, ähnlich CONZELMANN, Bemerkungen, 14.

Auch mit den Einleitungskapiteln MartPol 1 f. finden sich zahlreiche Übereinstimmungen:

- Die Bewunderungswürdigkeit edler Märtyrer.[8]
- Das ruhige Abwarten der Gefangennahme.[9]
- Die Sorge um die Brüder (5,1 d vgl. 1,2 b).

Die literarische Verbindung nach hinten ist insbesondere durch die tatsächliche Gefangennahme MartPol 6 f. und die Erfüllung der Vision in MartPol
12,3 gegeben.

In der Erforschung des MartPol wurden die Wunder schon früh als Interpolationen verdächtigt[10], was einer historistischen Fehlinterpretation[11] entspricht; denn in einen angeblich historischen Tatsachenbericht fügt sich eine
Vision schlecht. Hier wird völlig von formkritischen Überlegungen abgesehen,
wozu denn das Form-Element einer Vision an dieser Stelle der Erzählung
literarisch dient. Die in diesem Zusammenhang immer wieder angeführte
Berufung auf Eusebs angeblich ursprünglichere Umschreibung von MartPol
5,2 in h. e. 4,15,10[12], der die Vision in die Nacht verlegt und als Traum
deutet, ist keineswegs zwingend; denn »Eusebius ... is simply making another
effort to provide a psychologically more satisfying account; the contradiction,
then, with 12:3 (i.e., H. e. 4.15.28) is of the historian's own making.«[13]

Auch kann aus der scheinbar doppelten Tötungsart - ad bestias und
Feuertod - nicht auf eine sekundäre Interpolation geschlossen werden[14], weil
beide Elemente im MartPol aufeinander abgestimmt sind und die ganze
Erzählung durchziehen, vgl. nur MartPol 11,2: Πυρί σε ποιήσω δαπανηθῆναι,
εἰ τῶν θηρίων καταφρονεῖς ... (Ich werde veranlassen, daß du vom Feuer
verzehrt wirst, wenn du die Tiere verachtest ...).

*Formkritisch* beginnt in MartPol 5 die eigentliche Erzählung[15] über Polykarp
(5,1-18,3) als Märtyrerbericht[16]: in 5,1 ein Bericht über Tätigkeiten Einzelner
und ihr Geschick[17], in 5,2 ein Vaticinium.[18] - Formkritisch zu vergleichen mit

---

[8] 2,2 a: τὸ γὰρ γενναῖον αὐτῶν ... τίς οὐκ ἂν **θαυμάσειεν** / 5,1 a: ὁ δὲ **θαυμασιώτατος**
Πολύκαρπος ...

[9] 5,1 vgl. 1,2 a: περιέμενεν γάρ, ἵνα παραδοθῇ, ὡς καὶ ὁ κύριος.

[10] Vgl. DEHANDSCHUTTER, MartPol, 133.137.139.

[11] Vgl. etwa CAMPENHAUSEN, Bearbeitungen, 271 unter Berufung auf SCHWARTZ, De Pionio,
9, ähnlich MÜLLER, Überlieferungsgeschichte, 40-45. Dagegen BUSCHMANN, MartPol, 53 ff.

[12] Diese wird schon durch textkritische Erwägungen bei DEHANDSCHUTTER, MartPol, 36 f.
widerlegt; denn Eusebius variiert zwar den Text von 5,2 (h. e. 4,15,10), übernimmt aber wörtlich
12,3 (h. e. 4,15,28).

[13] SCHOEDEL, Fathers, 59 gegen SCHWARTZ, De Pionio, 9 und CAMPENHAUSEN, Bearbeitungen, 271, mit REUNING, Erklärung, 5-27 und CONZELMANN, Bemerkungen, 15 Anm. 69.

[14] Gegen CAMPENHAUSEN, Bearbeitungen, 260.

[15] Zu den narrativen Elementen vgl. BERGER, Gattungen, 1208 ff. und BERGER, Exegese, §13.

[16] Vgl. BERGER, Formgeschichte, §97.

[17] Vgl. a. a. O. § 91.

[18] Vgl. a. a. O. § 76.

MartPol 5 sind zur Flucht bzw. zum Fluchtverzicht insbesondere MartJes 2,7–11 und 1 Kön 19,3 (Elias Flucht vor Isebel). Zum Vorherwissen von Leid vgl. besonders: Mk 8,31par; Mt 26,2; Act 21,11; MartLugd 1,15 b; MartPerp 21.

**5,1 a:** Der Anlaß der Gefangennahme des Polykarp ist mit dem τὸ μὲν πρῶτον ἀκούσας (als er zuerst davon hörte) nur angedeutet. Wovon hört er? »Der Anlaß der Gefangennahme Polykarps ist der beeindruckende Märtyrertod des Germanicus (3,1–2), der die Menge antrieb, noch mehr Blut sehen zu wollen (›Polycarp muß gesucht werden‹, 3,2).«[19] Das aber bedeutet nicht, daß Mart-Pol 4 sekundär eingefügt sein muß; denn die inhaltlichen Zusammenhänge zwischen MartPol 4 und 5 sind überdeutlich (vgl. Literarkritik). Jetzt aber wird der Erzählfaden aus 3,2 wieder aufgenommen, der in 4 durch eine Art Kommentierung in Form einer negativen Beispielerzählung unterbrochen war.

Polykarp ist höchst bewunderungswürdig (θαυμασιώτατος), vgl. MartPol 16,2. Warum? Aus dem näheren Kontext ergibt sich: Zunächst wegen seiner Gelassenheit[20], die ihn positiv vom stürmischen Quintos abhebt. Dann wegen seiner Vernunft (5,1 b.c), wegen seiner Sorge um die ganze Kirche (5,1 d) und seiner prophetischen Gabe (5,2) sowie Gottverbundenheit. Aus dem weiteren Kontext ergibt sich: Wegen seines standhaften und edelmütigen Märtyrerver-haltens[21], wegen seines Alters und seiner ruhigen Haltung[22], wegen der Wun-der bei seinem Martyrium (vgl. MartPol 15), wegen seiner Lehrer-, Prophe-ten- und Bischofsfunktion (MartPol 16,2).

Polykarp will zunächst in der Stadt bleiben, d. h. er scheut die Verfolgung keineswegs und ist insofern dem Montanisten Quintos ebenbürtig.

**5,1 b:** Anders als Quintos läßt sich Polykarp zwar auch überreden (ἔπειθον[23]), aber eben nicht vom Prokonsul! Die versteckte Polemik drückt sich auch in οἱ πλείους aus: Polykarp steht auf Seiten der Mehrheit; in der Kirche würde nur eine Minderheit nicht die Flucht ergreifen! Es ist also nicht Polykarps eigenmächtige Entscheidung als Amtsträger, sondern er läßt sich keineswegs starrsinnig von der Mehrheit überzeugen, auch wenn er zunächst selbst in der Stadt bleiben wollte. Damit wird Flucht vor der Verfolgung zu einer Frage der kollektiven Vernunft und ist nicht Ausdruck eines individuellen Glaubens-

---

[19] HENTEN, Jüdische Martyrien, 715 Anm. 44. Vgl. CONZELMANN, Bemerkungen, 14: »So oder so ist Polykarps Verhalten Reaktion auf den Schrei nach ihm.« Vgl. RAUSCHEN, BKV, 11 Anm. 4. Vgl. Mt 2,3: über Herodes: ἀκούσας δὲ ... ἐταράχθη.

[20] Οὐκ ἐταράχθη, auch andernorts ist Polykarps Ruhe und Überlegenheit betont, vgl. MartPol 7; 12,1.

[21] Vgl. MartPol 2,2 a: τὸ γὰρ γενναῖον αὐτῶν καὶ ὑπομονητικὸν καὶ φιλοδέσποτον τίς οὐκ ἂν θαυμάσειεν; vgl. MartPol 3,2.

[22] Vgl. MartPol 7,2: θαυμαζόντων τῶν ὁρώντων τὴν ἡλικίαν αὐτοῦ καὶ τὸ εὐσταθές.

[23] Vgl. MartPol 3,1; 4; 8,2.3; 9,2; 10,2.

grundsatzes. Auch der Ausdruck ὑπεξελθεῖν (sich heimlich entfernen) steht in rhetorischem und inhaltlichen Kontrast zum προσελθεῖν des Quintos.

**5,1 c:** Ein Bischof darf also in der Verfolgung die Flucht ergreifen.[24] Wie wichtig diese Aussage dem MartPol ist, verdeutlicht sich an der abermaligen Flucht in 6,1: »Diese Verdoppelung der Flucht ist merkwürdig.«[25] Sie erklärt sich nicht von Interpolationen her, für die es keine Indizien gibt, sondern allein aus der gewollten Betonung dieses Sachverhalts.[26] MartPol bezieht also Position in der in der Alten Kirche umstrittenen Frage (vgl. Augustin, Joh. tract. 46,7) nach der Flucht in der Verfolgung, die sich vor allem an der Interpretation von Joh. 10,11–13 einerseits und Mt 10,23 andererseits entzündet. Dabei bedeutet κατὰ τὸ εὐαγγέλιον für MartPol Fortschreibung der Tradition von Mt 10,23. Kein Wort der Kritik am Verhalten des Bischofs, der in 6,1 abermals flüchtet. Dabei darf man das vorausgehend beschriebene Verhalten des Montanisten Quintos (MartPol 4) »als rechtfertigenden Hintergrund für das Verhalten des Bischofs verstehen.«[27] Mit den Ausdrücken ὑπεξῆλθεν εἰς ἀγρίδιον (vgl. Mk 14,32; Mk 16,12parr; Lk 24,13–35; Joh 18,1[28]), διέτριβεν μετ᾽ ὀλίγων (vgl. Joh 3,22) προσευχόμενος (MartPol 5,1 d + 5,2 a) und πρὸ τριῶν ἡμερῶν (MartPol 5,2 a) (vgl. Mt 26,2;Mk 14,1par) wird Polykarps Verhalten als κατὰ τὸ εὐαγγέλιον gewürdigt.[29] Die Schicksalsgemeinschaft zwischen Polykarp und seinem Herrn Jesus Christus läßt keinen Zweifel an der Legitimität des Verhaltens des Polykarp aufkommen.

**5,1 d:** Entsprechend der inscriptio und dem Anspruch eines Diasporarundschreibens hat das Fürbittegebet eine ökumenische Dimension: προσευχόμενος περὶ πάντων καὶ τῶν κατὰ τὴν οἰκουμένην ἐκκλησιῶν (vgl. 8,1; 19,1 f.; 20,1). In diese dürfte gemäß dem Briefanfang gerade auch die Adressatengemeinde einbezogen sein, die aufgrund ihres Martyriumsverhaltens womöglich

---

[24] Vgl. KÖTTING, Bischof.

[25] CONZELMANN, Bemerkungen, 14.

[26] Gegen REUNING, Erklärung, 27.

[27] KÖTTING, Bischof, 538.

[28] Terminologisch stimmt nur (ὑπ)εξῆλθεν mit Joh 18,1 überein.

[29] Zu den Evangeliumsparallelen vgl. zur Passion Jesu vor allem: Mt 26,2; Mk 14,32 ff.parr; Joh 18,1. Vgl. MÜLLER, MartPol, 8 / MÜLLER, Überlieferungsgeschichte, 41 f. / DEHANDSCHUTTER, MartPol, 244–246. – Zu Anklängen an das äthiopische Jakobusmartyrium vgl. BEYSCHLAG, Jakobusmartyrium, 172 f.: »Tatsächlich läßt sich nahezu das gesamte Jakobusmartyrium aus dem Polykarpmartyrium rekonstruieren, d. h. auch hier bildet nicht das ›historische‹ Geschehen die Grundlage, sondern die apokryphe Tradition.« – Zu anderen Märtyrertexten vgl. SCHOEDEL, Fathers, 59. – Neben Cyprian von Karthago, der sich der Verhaftung durch Flucht auf das Landgut Curubis entzog, vgl. OEPKE, Art. ὄναρ, 237, ist auch Bischof Dionysios von Alexandrien geflüchtet. Vgl. BAUER/PAULSEN, Ignatius, 74: »Hervorragende Christen haben sich dem Zeugentod entweder selbst durch die Flucht entzogen oder doch ein solches Entweichen gebilligt (vgl. MartPol 5; Origines ap. Euseb, h. e. VI,19,16; Cyprian, epist. 7.8.20; de lapsis 3. Tertullian in seiner vormontanistischen Zeit: de patientia 13; ad uxorem I,3).«

besonderer Fürbitte bedarf, wobei diese Fürbitte Polykarps Gewohnheit entspricht (ὅπερ ἦν σύνηθες αὐτῷ, vgl. Lk 22,39; Joh 18,39; 19,40). MartPol erhebt seinen Anspruch für die ganze Kirche. Jesus Christus jedenfalls – und in seiner Nachfolge das κατὰ τὸ εὐαγγέλιον-Martyrium des Polykarp – ist der Lenker und Hirte der ökumenischen Kirche (MartPol 19,2). Polykarp ist außer in 5,1.2 (vgl. MartPionii 11,7: προσεύχεσθαι ἡμέρας καὶ νυκτός[30]) mehrfach als Beter[31] gezeichnet, vgl. MartPol 7,2.3; 12,3; 14:

– Dadurch wird zum einen Polykarps altruistisch-fürbittender Charakter entgegen allem egoistischen Enthusiasmus eines Quintos betont, vgl. MartPol 1,2[32]; 8,1.

– Zum anderen erscheint der Beter Polykarp als in unmittelbarem Kontakt zu Gott stehend und damit als begnadeter Charismatiker[33] (entgegen dem vermeintlichen Charismatiker Quintos).

– Ferner können durch das ausgeführte Gebet Polykarps in MartPol 14 am Märtyrergedächtnistag (MartPol 18,3) Martyriums- und Abendmahlsfeier miteinander verknüpft werden.

– Außerdem entsteht durch das lange Gebetsringen drei Tage vor seiner Gefangennahme ein Parallelismus zu Jesu Gebetsringen in Gethsemane (Mk 14,26 ff. parr) im Sinne der κατὰ τὸ εὐαγγέλιον-Intention, die Polykarps Martyrium als einzig legitime Nachfolge der evangelischen Tradition erscheinen lassen will.

– Endlich erweist sich das folgende Gesicht (5,2) als Ergebnis eines langen Gebetsringens des Märtyrers mit Gott. Nicht montanistisch-voreilig also, sondern nach langen Gebeten zeigt sich das unwiderrufliche göttliche δεῖ.

**5,2:** »Die ... folgende Vision gibt den wirklichen Inhalt des langen Gebetes an, in dem Polykarp sich durch seine Zweifel hindurchringt. Die Vision ist der Sieg über diese Zweifel und darf deshalb nicht, ..., von dem Gebet getrennt werden.«[34] Das Gesicht als Wunder-Element[35] bestätigt das Verhalten Polykarps, legitimiert ihn als Charismatiker, der im Kontakt mit Gott steht (vgl. MartPol 2,2 c: ὁ κύριος ὡμίλει αὐτοῖς), und stützt die ureigene Tendenz des

---

[30] Vgl. zu νύκτα καὶ ἡμέραν (vgl. Lk 21,37; 1 Tim 5,5), die Todesvorhersage sowie den Ratschlag der Freunde auch die Leidensgeschichte des Paulus in Act 20,23.31. – Zum unablässigen Gebet vgl. MartPol 8,1; 14,1; Lk 2,37; 1 Thess 3,10; 1 Tim 5,5; IgnPolyk 1,3; PolPhil 12,3 und Acta proconsularia Cypriani 1,2: »... hunc (Deum) deprecamur diebus ac noctibus pro vobis et pro omnibus hominibus ...«

[31] Vgl. HAMMAN, Priere II, 129–141.

[32] Vgl. auch 2 Makk 15,14: ὁ πολλὰ προσευχόμενος περὶ τοῦ λαοῦ.

[33] Vgl. MartPol 5,2: προσευχόμενος ἐν ὀπτασίᾳ γέγονεν (vgl. Act 22,17: γενέσθαι ἐν ἐκστάσει / Apc 1,10; 4,2: ἐγενόμην ἐν πνεύματι); MartPol 7,3: προσηύξατο πλήρης ὢν τῆς χάριτος τοῦ θεοῦ.

[34] REUNING, Erklärung, 26.

[35] Die Vision gehört zu einer Reihe von Wundern, die im Verlauf der Passion *an* Polykarp geschehen (vgl. MartPol 5,2; 9,1; 15; 16,1), »nicht ... *durch* ihn ... Darin liegt der Unterschied gegenüber der späteren Zeit.« (HOLL, Märtyrerakte, 77 Anm. 1).

MartPol: »The ›supernatural‹ elements ... serve to confirm what the will of God is and that that will is being effected. A vision informs Polycarp what the will of God is. It is the will of God that Polycarp suffer martyrdom (Mart.Pol. 5:2; 12:3); his martyrdom is the working of the divine δεῖ.«[36] Polykarp wird mit der Vision ebenso legitimiert und gestützt wie durch die Audition mit der Bestärkungsformel Ἴσχυε, Πολύκαρπε, καὶ ἀνδρίζου in Mart-Pol 9,1. Auffällig ist, wie sehr sich das montanistisch geprägte MartPerp durch Visions-Berichte auszeichnet (MartPerp 4.7.8.10.11–13) und Visionen und »neue Offenbarungen« im Montanismus überhaupt eine wichtige Rolle spielen.[37] Diesen gegenüber zeichnet sich MartPol 5,2 formkritisch durch eine knappe »basic form of the dream-vision report«[38] aus: im »opening segment« (5,1) der Vision sind »dreamer, time, place, mental state of the dreamer«[39] genannt, mit dem terminus technicus ὀπτασία[40] beginnt das eigentliche Gesicht im Typus des »visual dream-vision proper«[41]: Polykarp sieht (εἶδεν) nur sein verbrennendes Kopfkissen. Endlich reagiert Polykarp durch Interpretation an seine Freunde: »Ich muß lebendig verbrannt werden.« »The dream-visions are not merely decorative, but often function to direct ... the movement of the narrative«,[42] die fortan zwingend auf MartPol 12,3 zuläuft und sich dort erfüllt. Vaticinien ruhen »allein auf der Autorität ihres Verkünders und erlangen Evidenz allein durch ihr Eintreffen.«[43] Wiederum gilt es hier zu berücksichtigen, daß die Frage nach wahrer und falscher Prophetie in der Alten Kirche an der Erfüllung der Prophetie gemessen wurde. In dieser Auseinandersetzung steht auch der prophetische Anspruch des Montanismus, (vgl. nur Epiphanius, Pan. 48,2 f.). Gerade einem katholischen Bischof (vgl. MartPol 16,2) wird hier wahre, weil sich erfüllende (vgl. MartPol 12,3) prophetische Gabe zuerkannt. Visionäres, das im MartPol eine eher untergeordnete Rolle spielt, wird damit zurückgebunden an ein Amt. Aus dem Mund dieses Bischofs erfüllt sich jede Weissagung (MartPol 16,2); er ist wahrer Prophet (vgl. Epiph., Pan. 48,2,5).

Der Rekurs auf eine ganz und gar unekstatische Prophetie in Person des gelassenen Bischofs Polykarp macht gerade nach der Montanismus-kritischen Episode über Quintos ausgesprochenen Sinn; der antimontanistische Anonymus (Eus. h. e. 5,16,6 f.) schildert die zeitgeschichtliche Auseinandersetzung

---

[36] WEINRICH, Spirit, 162.

[37] Vgl. z. B. Tertull., de anima 9,4: »conversatur cum angelis, aliquando etiam cum domino, et videt et audit sacramenta.« Vgl. HEINE, oracles, Nr. 10; 26; 37; 41; 48 (Visionen und Auditionen); 21; 23 f.; 26 f. (wahre und falsche Prophetie). Vgl. DODDS, Heiden und Christen, 52–66.

[38] HANSON, Dreams and Visions, 1425.

[39] A. a. O., 1405.

[40] A. a. O., 1408. Vgl. Lk 1,22; 22,43; 24,23; Act 26,19; 2 Kor 12,1.

[41] A. a. O., 1412.

[42] A. a. O., 1413.

[43] BERGER, Formgeschichte, 289.

und kommt zu dem Ergebnis: »prophecy itself was admissable, but not when it was ecstatic.«[44] Did (11,7 ff.) wendet sich gegen einzelne selbstsüchtige Propheten; ekstatische Begabung tritt im Montanismus aggressiv antikirchlich auf.[45] Polykarp wird entgegen aller Ekstase (vgl. Epiph., Pan. 48,4–8) vollkommen gelassen gezeichnet.

**5,2 a:** Nur bei Euseb (h. e. 4,15,10) ist (psychologisierend und sekundär vereinfachend) von einem Nacht- bzw. Traumgesicht die Rede; im MartPol handelt es sich um eine bewußte Vision im Gebet, die nicht störend in der Erzählung wirkt[46]: προσευχόμενος ἐν ὀπτασίᾳ γέγονεν. Auch andernorts[47] ist Polykarp betont als begnadeter und echter Prophet geschildert, dessen Weissagungen sich erfüllen. Und so wird gemäß MartPol 16,2[48] die Vision in 12,3 fast wörtlich[49] als eingetroffen wiedergegeben: »Da beschlossen sie einmütig zu rufen, Polykarp lebendig zu verbrennen. Denn es mußte der Inhalt des Gesichts in Blick auf das Kopfkissen erfüllt werden; als er während des Gebets es brennen sah, hatte er sich umgewandt und zu den Glaubenden, die mit ihm zusammen waren, prophetisch gesagt: ›Ich muß lebendig verbrannt werden.‹« Prophetie (vgl. 12,3: προφητικῶς) und Erfüllung von Verheißung (πληρωθῆναι) liegen neben rechtem Martyriumsverhalten im zentralen Interesse von MartPol: Themen, die auch im Montanismus zentrale Bedeutung erlangen. – Die Vision erfolgt drei Tage[50] vor seiner Gefangennahme.[51]

---

[44] FREND, Martyrdom, 290.

[45] Vgl. OEPKE, Art. ἔκστασις, 456.

[46] Vgl. DEHANDSCHUTTER, MartPol, 154 gegen alle literar- und textkritischen Operationen etwa bei MÜLLER, Überlieferungsgeschichte, 43 f.

[47] MartPol 9,1: Audition; 12,1: τὸ πρόσωπον αὐτοῦ χάριτος ἐπληροῦτο; 12,3: Erfüllung der Prophezeiung; 16,2: wahrhafter Prophet.

[48] Πᾶν γὰρ ῥῆμα, ὃ φῆκεν ἐκ τοῦ στόματος αὐτοῦ, καὶ ἐτελειώθη καὶ τελειωθήσεται.

[49] Vgl. die Synopse bei DEHANDSCHUTTER, MartPol, 152 f.:

| MartPol 5,2: | MartPol 12,3: |
|---|---|
| | ἔδει γὰρ τὸ τῆς φανερωθείσης |
| | ἐπὶ τοῦ προσκεφαλαίου |
| καὶ προσευχόμενος | |
| ἐν ὀπτασίᾳ γέγονεν | ὀπτασίας πληρωθῆναι, |
| πρὸ τριῶν ἡμερῶν | |
| τοῦ συλληφθῆναι αὐτόν, | |
| καὶ εἶδεν | ὅτε ἰδὼν |
| τὸ προσκεφάλαιον αὐτοῦ | αὐτὸ |
| ὑπὸ πυρὸς κατακαιόμενον | καιόμενον |
| | προσευχόμενος |
| καὶ στραφεὶς εἶπεν | εἶπεν ἐπιστραφεὶς |
| πρὸς τοὺς συνόντας αὐτῷ | τοῖς σὺν αὐτῷ πιστοῖς |
| προφητικῶς | προφητικῶς |
| δεῖ με ζῶντα καυθῆναι. | δεῖ με ζῶντα καυθῆναι. |

[50] Vgl. Mk 14,1par μετὰ δύο ἡμέρας, vgl. BAUER, Leben Jesu, 253 f.

[51] Zu συλλαμβάνειν vgl. MartPol 6,1; 7,2; 9,1; 21; Mk 14,48parr; Joh 18,12; Act 1,16; 12,3; 23,27; 26,21.

**5,2 b:** Der Inhalt der Vision, das Verbrennen seines Kopfkissens[52], bedarf scheinbar kaum der folgenden expliziten Deutung (vgl. MartPionii 20,7). Denn der Feuertod durchzieht das ganze MartPol (vgl. 2,3; 11,2; 12,3; 13,3; 15,1 f.; 16,1; 17,2), auch wenn Polykarp letztlich nicht durch das Feuer, sondern durch den Dolchstoß des Konfektors stirbt (16,1). Durch die Deutung aber erweist sich der Bischof in antimontanistischer Auseinandersetzung abermals als nüchterner und wahrer Prophet im Besitz von διάνοια und nicht als Ekstatiker (ἔκστασις).[53] Indem sich die Vorhersage von 5,2 in 12,3 wörtlich erfüllt (vgl. 16,2!), unterscheidet sich Polykarps Vision deutlich von den Montanisten μὴ δυνάμενοι πληροῦν τὰ ὑπ' αὐτῶν ἐν φιλονεικίᾳ ὑπισχνούμενα (Epiph., Pan. 48.2,1: »sie können nicht erfüllen, was sie rechthaberisch versprochen haben.«). Der im Vollbesitz seines Verstandes befindliche wahre Prophet Polykarp vermag seine Vision sofort und klar zu deuten.[54] Wie Jesus sich an Petrus wendet (Lk 22,61) und an die klagenden Frauen (Lk 23,28), so wendet sich Polykarp an diejenigen, die bei ihm sind.[55]

Die Leidensankündigung (vgl. Mk 8,31 u. ö.) entspricht erneut der κατὰ τὸ εὐαγγέλιον-Intention und zeigt Polykarp in der Nachfolge seines Herrn – wie schon Lukas eine Parallelität von Paulus und Jesus herstellt.[56] Zugleich ist gemäß MartPol 17,2 f. der gebührende Abstand zwischen Christus und Märtyrer gewahrt, indem die Parallelität nie deckungsgleich wird (Kreuzestod – Feuertod).

»Foreknowledge of one's death plays an important role in other Christian martyrdoms (Mart.Perp. 4,1–6; etc.), in the biography of the Hellenistic ›divine man‹ (Philostratus, Vit. Apollon. 7.38), in Jewish martyrdoms (Mart.Isa. 1,7; ... ), in the Gospels (Mark 8:31, etc.).«[57] Wer von Leid vorher weiß, der braucht – anders als Quintos – nicht wankend zu werden, sich

---

[52] Προσκεφάλαιον ist hapax legomenon im NT: Mk 4,38.

[53] Vgl. nur Epiph., Pan. 48.3,1.4–11, vgl. HEINE, oracles, Nr. 26.

[54] Vgl. in antimontanistischem Kontext Epiph., Pan.48,10,2: ὁ ταῦτα δὲ λέγων ἐρρωμένην εἶχε τὴν διάνοιαν καὶ παρηκολούθει ἰδοῦ τοίνυν »τάδε λέγει κύριος« καὶ »ὅρασις ἣν εἶδεν«.

[55] Στραφεὶς εἶπεν πρός τοὺς σὺν αὐτῷ. Zur Textkritik σὺν αὐτῷ (vgl. 12,3!) oder συνόντας αὐτῷ vgl. DEHANDSCHUTTER, MartPol, 79.

[56] Mk 8,31 ff.parr; Act 20, 22–25. Vgl. auch Lk 22,43: die Engelerscheinung Jesu am Ölberg. Vgl. insgesamt BERGER, Formgeschichte, 327. – Vgl. ausführlich zu den erstaunlichen Übereinstimmungen zwischen den Leidensgeschichten des Paulus und die Polykarp die Ausführungen bei EGLI, Martyrien, 72 f. sowie DEHANDSCHUTTER, MartPol, 236 f.: a) Gebet (MartPol 7,1 c / Act 21,14), b) Tag und Nacht (MartPol 5,1 d / Act 20,31), c) Vorahnung (MartPol 5,2 / Act 20,23 ff.), d) Einrede der Freunde (MartPol 5,1 b / Act 21,4.12), e) Verhaftung (MartPol 8 / Act 21,27–40), f) Verhandlung (MartPol 9–11 / Act 21 ff.), g) himmlischer Zuspruch (MartPol 9,1 / Act 23,11), h) Verwünschungsrufe (MartPol 9,2 / Act 22,22), i) Treuebekenntnis (MartPol 9,3 / Act 23,1), j) Obrigkeitsbejahung (MartPol 10,2 / Act 23,5), k) Ermunterung der Gefangenen (MartPol 12,1 / Act 23,11), l) Anschläge der Juden (MartPol 12,2 / Act 23,12).

[57] SCHOEDEL, Fathers, 59, vgl. FISCHEL, Martyr, 369. MartPotamiaenae 6; MartMontani 5,1; 11,1; Pont. Vit. Cypriani 12. – Vgl. auch das Bild vom göttlichen Menschen, für den es typisch ist, daß er seinen Tod voraussieht, vgl. BIELER, ΔΕΙΟΣ ΑΝΗΡ, 91–93.

nicht verführen zu lassen; er ist gewappnet (vgl. Mk 13,23par; Joh 13,19). So wird Leiden bewältigt mit einem Leidens-Vaticinium über das eigene Leiden (vgl. Mk 14,41par; Act 20,25), das mit δεῖ[58] formuliert ist: »Was notwendig geschieht, entspricht dem Willen Gottes.«[59] Mit dem δεῖ ist Mart-Pol 7,1 c (τὸ θέλημα τοῦ θεοῦ γενέσθω, vgl. Mk 14,36parr) vorweggenommen. Zugleich ist gerade der Bischof Polykarp als wahrhaft prophetischer[60] Mensch gekennzeichnet, dessen Vorhersagen sich erfüllen. Polykarps prophetische Begabung (vgl. 16,2) wird an 5,2 und 12,3 deutlich. Insofern handelt es sich sehr bewußt um eine Vision und nicht um ein »ursprünglich ... einfaches Traumgesicht«, von dem sich bei Euseb noch eine Spur erkennen lasse.[61] Indem Polykarp um seinen Tod wahrhaftig vorab weiß, ist er dem Montanismus überlegen.[62] Insofern steht MartPol 5 mit der Darstellung der Flucht vor dem Martyrium und der Vorhersage des Märtyrertodes in konkreter Auseinandersetzung mit diesem.

---

[58] Δεῖ με ζῶντα καῆναι: zur Textkritik καῆναι oder καυθῆναι vgl. DEHANDSCHUTTER, MartPol, 80 und 92 f. Vgl. ActCarpi 36: ζῶντας καῆναι.

[59] BERGER, Formgeschichte, 291.

[60] Mit DEHANDSCHUTTER, MartPol, 80 ist das προφητικῶς hinter σύν αὐτῷ textkritisch wahrscheinlich, vgl. MartPol 12,3(!) und Euseb.

[61] CAMPENHAUSEN, Bearbeitungen, 271, vgl. oben zur Literarkritik. Gegen CAMPENHAUSEN überzeugend CONZELMANN, Bemerkungen, 15 Anm. 69.

[62] Vgl. Epiph., Pan. 48, 2,7: ... προφήτιδα, μὴ γνοῦσαν μηδὲ τὴν ἡμέραν τῆς αὐτῆς τελευτῆς.

# 6,1-2: Polykarps Verhaftung: Das Aufspüren

6,1 a   Und als die Fahnder beharrlich weiter nach ihm suchten, wechselte er in ein anderes kleines Landhaus.

   b   Und sofort waren die, die ihn suchten, zur Stelle.

   c   Und als sie ihn nicht fanden, ergriffen sie zwei junge Sklaven, von denen der eine unter Folter eine Aussage machte.

6,2 a   Denn es war auch unmöglich, daß er verborgen blieb, weil die, die ihn verrieten, seine Hausgenossen waren.

   b   Der Friedensrichter, der ebenfalls den Namen Herodes trug, beeilte sich, ihn ins Stadion zu bringen;

   c   so sollte jener die eigene Bestimmung erreichen, Teilhaber Christi zu werden, seine Verräter aber sollten die gleiche Strafe wie Judas empfangen.

*Lit.: Zur Flucht:* KÖTTING, B., Darf ein Bischof in der Verfolgung die Flucht ergreifen? Ecclesia peregrinans. Das Gottesvolk unterwegs. Gesammelte Aufsätze 1, MBTh 54,1, Münster 1988, 536–548 / NICHOLSON, O., Flight from Persecution as Imitation of Christ: Lactantius' Divine Institutes IV, 18,1–2, JThS 40/1989, 48–65 / *zu den Sklaven:* SCHEELE, J., Zur Rolle der Unfreien in den römischen Christenverfolgungen, (Diss. phil.) Tübingen 1970, 28–34 / *zum Eirenarchen:* RONCHEY, S., Indagine sul Martirio di San Polycarpo. Critica storica e fortuna agiografica di un caso giudiziario in Asia minore, Istituto storico italiano per il medio evo, Nuovi Studi Storici 6, Roma 1990, 101–110 / *zum* κοινωνός: ACHELIS, H., Das Christentum in den ersten drei Jahrhunderten, Bd. 2, Leipzig ²1925 (Nachdruck Aalen 1975), 438f.: Exkurs 87 / BUSCHMANN, G., Χριστοῦ κοινωνός (MartPol 6,2), das Martyrium und der ungeklärte κοινωνός-Titel der Montanisten, ZNW 86/1995, 243–264 / HAINZ, J., Art. κοινωνία κτλ., EWNT 2, 749–755 / HAUCK, F., Art. κοινωνός κτλ., ThWNT 3, 798–810 / TABBERNEE, W., Montanist Regional Bishops: New Evidence from Ancient Inscriptions, Journal of Early Christian Studies 1/1993, 249– 280 / *zur* κατὰ τὸ εὐαγγέλιον-*Stilisierung:* BADEN, H., Der Nachahmungsgedanke im Polykarpmartyrium, ThGl 3/1911, 115–122 / CAMPENHAUSEN, H. v., Die Idee des Martyriums in der Alten Kirche, Göttingen ²1964, 82–87 / CROUZEL, H., L'imitation et la ›suite‹ de Dieu et du Christ dans les premiers siècles chrétiens ainsi que leurs sources Gréco-Romaines et Hébraiques, JbAC 21/1978, 7–41 / PELLEGRINO, M., L'imitation du Christ dans les actes des martyrs, VS 98/1958, 38–54 / DEHANDSCHUTTER, The Martyrium Polycarpi: a Century of Research, ANRW 2, 27.1, Berlin/NewYork 1993, 485–522: 508–514 / MASSAUX, E., Influence de l'Évangile de Saint Matthieu sur la Littérature Chrétienne avant Saint Irènée, BEThL 75, Réimpression anastatique par F. Neirynck, Supplément Bibliographie 1950-1985 par B. Dehandschutter, Leuven 1986, 187–189 / HENTEN, J.W. v., Zum Einfluß jüdischer Martyrien auf die Literatur des frühen Christentums, II. Die Apostolischen Väter, ANRW 2, 27.1, Berlin/NewYork 1993,

700–723: 715 / REUNING, W., Zur Erklärung des Polykarpmartyriums, Darmstadt 1917, 10–20.

MartPol 6 setzt die Tendenz des vorangegangenen Erzählfadens über die Flucht Polykarps aus MartPol 5 fort und nimmt die Fragestellung aus MartPol 4 auf: Polykarp flüchtet abermals[1], stellt sich nicht freiwillig und wird nur aufgrund von Verrat nach Anwendung von Folter aufgespürt. Erst durch dieses Verhalten erreicht er seine Bestimmung: Χριστοῦ[2] κοινωνὸς γενόμενος (6,2c). Damit ist Flucht in der Verfolgung christologisch legitimiert[3] und mit dem Evangelium belegt, vgl. Mt 10,23; Joh 8,59; Lk 21,37. Die Parallelisierung mit der Passion Jesu Christi hat in diesem Kontext eine ursprüngliche und ursächliche Funktion, die nicht einer späteren Redaktionsstufe zugeschrieben werden kann. MartPol 6 führt narrativ aus, was MartPol 1f. abstrakt und MartPol 3f. polemisch ausgesagt haben: Nachahmung und Teilhabe Christi meint wirkliche Schicksalsgemeinschaft mit dem Herrn. Polykarp ist wahrer Jünger, der sich nach seinem Meister richtet; das schließt Flucht vor dem Martyrium ein (Mt 10,23) und (montanistisches) Drängen zum Martyrium (MartPol 4) aus. »Insofern Polykarp sich nicht freiwillig zum Martyrium gedrängt hat, sondern wie Jesus außerhalb der Stadt auf die Häscher wartete, dient das Thema des evangeliumsgemäßen Martyriums auch der Begründung der Ablehnung des Hindrängens zum Märtyrertod.«[4] Also widerspricht das von Euseb nicht tradierte Stück MartPol 6,2–7,1 keinesfalls dem Zusammenhang und kann keiner späteren Überarbeitung des Martyriums zugeschrieben werden.[5]

*Literarkritisch* wird MartPol 6,2–7,1a über Campenhausen[6] und Conzelmann[7] hinaus weitgehend als sekundäre Interpolation erachtet. Nirgends wie hier aber erweist sich der Wunsch und die Suche nach historischer Authen-

---

[1] Die zweite Flucht, die sich also von der Intention sehr wohl in den Kontext einfügt, ist als scheinbare Doppelung immer wieder zu literarkritischen Operationen mißbraucht worden, vgl. etwa REUNING, Erklärung, 27: »... oder der Bericht von der zweiten Flucht ist nachträglich eingefügt.« Vgl. noch CONZELMANN, Bemerkungen, 14: »Diese Verdoppelung der Flucht ist merkwürdig; aber für eine Interpolation (daß die Verdoppelung sekundär wäre) bestehen keine Indizien.«

[2] Zu den Anspielungen auf Christi Leidensweg vgl. DEHANDSCHUTTER, MartPol, 246 / BAUMEISTER, Anfänge, 302 Anm. 51 / MÜLLER, MartPol, 6–10.

[3] Vgl. NICHOLSON, Flight. – Anders Tertullian: »Tertullian widmet als literarischer Apologet des Montanismus der Verpflichtung zum Martyrium eine besondere Schrift *de fuga in persecutione*, in welcher er diese Flucht als unzulässig zu erweisen sucht.« (BONWETSCH, Montanismus, 106).

[4] BAUMEISTER, Anfänge, 302.

[5] So aber schon KEIM, Urchristenthum, 94.

[6] Bearbeitungen, 261 ff.: »Einen besonders gewalttätigen und ungeschickten Einschub stellt der Text von M 6,2–7,1a dar.«

[7] Bemerkungen, 15 ff. – Vgl. den Überblick bei DEHANDSCHUTTER, MartPol, 131 ff.; 235 f. – Für die Authentizität trat früh LIGHTFOOT, Fathers II, 1, 625 f. ein.

tizität so deutlich als Geburtshelfer literarkritischer Interpolationshypothesen: der Parallelismus mit der Passionserzählung der Evangelien sei so stark, »dat het onmogelijk authentisch kan zijn.«[8] Sogar Schoedel[9], der ansonsten der Interpolationshypothese kritisch gegenübersteht, hält MartPol 6,2–7,1 a wegen der Dichte des Imitations-Themas für eingeschoben. Aber: Hier muß nicht nur die literarische Kohärenz zentraler Aussagen aus MartPol 6,2–7,1 a mit dem Kontext des Gesamtmartyriums beachtet werden (der Eirenarch Herodes begegnet auch in MartPol 8,2 und 17,2 / das σπουδή-Motiv in 7,2 und 8,3 / zu Χριστοῦ κοινωνός vgl. 17,1–3 sowie 14,2). Hier müssen vor allem formkritische Einsichten geltend gemacht werden: »If von Campenhausen's arguements be true, the original text of the Martyrdom of Polycarp would have been virtually devoid of interpretative commentary. It is, however, highly improbable that the Smyrnean church would have written of its bishop's martyrdom without any attempt to express its significance and meaning.«[10] MartPol erschöpft sich nirgends in der Aufzählung der bruta facta, sondern kommentiert kerygmatisch-paränetisch schon in MartPol 1 f. und 4 c das Geschehen. Eus. h. e. 4,15, 11–14 hingegen läßt alles Kommentierende aus, was ihm von weniger historischem Interesse erscheint.[11]

*Formkritisch* betrachtet setzt MartPol 6 den in 5,1 begonnenen Bericht über das Geschick Polykarps fort. Partizipialer Stil, Zeitangaben (εὐθέως), Ortsveränderung (εἰς ἕτερον ἀγρίδιον) und handelnde Personen sind Elemente narrativen Stils. Dabei wird der »Bericht über Tätigkeiten Einzelner und ihr

---

[8] DEHANDSCHUTTER, MartPol, 132 referiert HILGENFELD. Ähnlich CAMPENHAUSEN, Bearbeitungen, 262: »Offenbar hat der Interpolator sich mit aller Gewalt darum bemüht, die Geschichte der Verhaftung Polykarps mit der Passionsgeschichte in Parallele zu setzen.« – DEHANDSCHUTTER selbst ist kritisch gegenüber Interpolationshypothesen: »... the supposition of an ›Urform‹, reflecting only the historical facts, remains in the air as long as a certain reconstruction of that original text is impracticable.« (Research, 496).

[9] Fathers, 59: »The section 6:2–7:1 seems to be an interpolation«, vgl. auch SCHOEDEL, Polycarp, 352. – Die Begründung bei SCHOEDEL, Fathers, 59 ist nicht zwingend: a) Welche »historical notes« in 6,2–7,1 a sollten denn für Euseb von Interesse sein?, b) die angebliche Schwerfälligkeit der Sprache erscheint eher als ein typisch litararkritisches Geschmacksurteil, c) die Evangeliumsanspielungen erscheinen keineswegs unmotiviert in einer Martyriumserzählung, die insgesamt (»within the framework«) auf ein evangeliumsgemäßes Martyrium abhebt, um gesuchtes Martyrium in Frage zu stellen, d) die Flucht ins Landhaus (MartPol 5,1; 6,1 / Joh 18,1), Polykarps langes Gebet (MartPol 14 / Joh 17) und die Mahlzeit (MartPol 7,2 / Mk 14,17.22–25parr) erscheinen auch unabhängig von MartPol 6,2–7,1 a als Elemente des »imitation theme«.

[10] WEINRICH, Spirit, 165. Vgl. auch DEHANDSCHUTTER, MartPol, 152: »Men heeft weinig aandacht besteed aan de eigen verhaaltrant van de auteur van MPol. Deze geeft niet alleen een relaas van de gebeurtenissen, maar voegt herhaaldelijk parentheses toe die zowel op verschillende gelijktijdige gebeurtenissen als op de duiding ervan betrekking hebben. Men kan als parenthese de volgende teksten aanduiden: 1. 6,2 dat het verhaal even onderbreekt om het lot van Polycarpus met dat van Christus te vergelijken ...« Vgl. ebenso BAUMEISTER, Anfänge, 306: MartPol »verbindet Erzählung und Deutung der Geschehnisse.«

[11] Vgl. SCHOEDEL, Fathers, 52 f. / BADEN, MartPol, 78 f.

Geschick«[12] ab 6,2 (–7,1) kommentiert.[13] MartPol 6,2 wendet sich auf einer zweiten, kommentierenden Ebene wieder direkt seinen Rezipienten zu. Auf höherer autoritativer Ebene wird hier »größeres Wissen um Zusammenhänge, Motive und sogar das Innere der handelnden Person«[14] vermittelt. Typisch sind die begründenden oder finalen Partikel γάρ, ἐπεί und ἵνα. Hier wird mit Hilfe von Evangeliums-Analogien sachlich ausgewertet und beurteilt. Mithin weiß der Verfasser über Gottes geheime Absicht Bescheid und kommentiert:

a) durch Identifizierung mit Jesu Passionsgeschick, also quasi durch Schriftzitat[15]: Mt 10,36 (προδιδόντες αὐτὸν οἰκεῖοι ὑπῆρχον), Mk 14,48parr (ὡς ἐπὶ λῃστήν),

b) durch »eine Kommentierung im Sinne des Tat-Ergehens-Schemas«.[16] Regelmäßig wird bei der Schilderung von Irrlehrern oder Gegnern kommentiert mit »ihr Ende ist ...« oder »ihr Gericht ist ...« (Phil 3, 18 f.), vgl. hier: ἵνα ... οἱ δὲ προδόντες αὐτὸν τὴν αὐτοῦ τοῦ Ἰούδα ὑπόσχοιεν τιμωρίαν. Demgegenüber wird Polykarp die Teilhabe Christi versprochen. Solche Kommentierung dient in der Gegenüberstellung von Verheißung und Drohung paränetischen Zwecken. Durch die Verbindung von Erzählung und paränetischer Kommentierung wird die Schilderung auf den Rezipienten angewandt. Wieder wird ein vorangehender epideiktischer Teil paränetisch kommentiert (vgl. MartPol 4) und gerät deshalb literarkritisch unter Interpolationsverdacht, ohne daß formkritisch seine Funktion beachtet wird. Formkritisch vergleichbar ist insbesondere das Motiv des Verrats bzw. der Anklage durch falsche Zeugen, vgl. Mt 10,36; Mk 14,10 f.par; Dan 3,8–12 (Denunziation der Juden durch die Chaldäer), MartJes 2,12–35; 3,6–10 (Lügenpropheten treten auf, und Bechira klagt Jesaja an); Act 6,11; MartLugd 5,1,14. Anders als in Dan 3, wo eine apologetisch nach außen an die Juden gegen religiöse Feinde gerichtete Intention vorliegt und wo deshalb die Denunziation den Chaldäern unterstellt wird, zeigt MartPol seine paränetisch-innerchristliche Absicht dadurch, daß die Verräter als Hausgenossen des Polykarp beschrieben werden. MartLugd benutzt das Verrat-Motiv zu apologetischen Zwecken, nämlich zur Widerlegung der Unterstellung thyesteischer Mahlzeiten.

**6,1 a:** Polykarp muß wie Jesus (vgl. Joh 18,4.7 f.) gesucht werden, vgl. MartPol 3,2: ζητείσθω Πολύκαρπος. Schon hier also, und nicht erst ab 6,2, liegt eine Parallele zur Leidensgeschichte Jesu vor. Die Tatsache, daß man Polykarp weiterhin suchen muß, verweist darauf, daß man sich in der Verfolgung nicht leichtfertig stellen darf[17], vgl. Mt 10,23[18]; Joh 7,1; 8,59; 10,39. Anders aber

---

[12] BERGER, Formgeschichte, § 91.

[13] Vgl. BERGER, Formgeschichte, § 70.

[14] BERGER, Formgeschichte, 247.

[15] Vgl. a. a. O. und BERGER, Gattungen, 1048.

[16] BERGER, Formgeschichte, 180.

[17] Vgl. CONZELMANN, Bemerkungen, 15 Anm. 70.

[18] Der montanistische Tertullian entkräftet in »de fuga in persecutione« 6 den Befehl Christi, indem er Mt 10,23 nur für die Apostel als einzige Verkündiger des Evangeliums gelten läßt.

als Jesus wechselt Polykarp in ein zweites Versteck hinüber.[19] So sind die Parallelen zur Passion vorhanden, aber »nie völlig deckungsgleich, so daß der gebührende Abstand zwischen Polykarp und Jesus Christus gewahrt wird. Dieses Vorgehen ist so auffällig, daß anzunehmen ist, daß es bewußt vom Autor gewählt wurde.«[20] Die Tendenz aber ist deutlich: Polykarp muß gesucht werden, er hat sich nicht selbst gestellt.[21] Damit wird Flucht in der Verfolgung verstanden als Bestandteil der imitatio Christi und eines evangeliumsgemäßen Martyriumsverhaltens.[22] Flucht ist demnach keine Alternative zum Martyrium, sondern dessen Bestandteil; damit ist aller freiwillige Martyriumsenthusiasmus (MartPol 4) desavouiert.

Die Verfolger sind beharrlich und bleiben es auch später, vgl. 8,2; 10,1 (ἐπιμένω). Polykarp stehen mehrere (kleinere) Landhäuser[23] als Anlaufstelle zur Verfügung, möglicherweise eigene mit eigenen Sklaven (6,1 b; 7,1 a); darauf deutet Polykarps Gebaren als Hausherr in 7,2. »It is highly doubtful, ..., that ›lowerclass‹ Christians appeared in front of the magistrates: Polycarp seems to have been rich ...«[24]

**6,1 b:** Obwohl man zunächst meinen könnte, die Ankunft der Verfolger beziehe sich auf das zweite Landgut[25], ist mit Dehandschutter[26] und Guyot/Klein[27] unter καὶ εὐθεὼς ἐπέστησαν οἱ ζητοῦντες αὐτόν das Eintreffen der Verfolger am ersten Landhaus zu verstehen. Das fügt sich gut zum Kontext (μὴ εὑρόντες), ist aber nicht ausdrücklich gesagt. Euseb h. e. 4,15,11 bezieht es auf das zweite Landhaus. Jedenfalls ist Polykarp, hier oder da, schwer auffindbar, flüchtet verschiedentlich vor dem Martyrium, versteckt sich und ist weit davon entfernt, sich selbst zu stellen, vgl. hingegen MartPol 4! Hier liegt die Aussageabsicht der Erzählung. Dann erst fügt er sich dem Willen Gottes (MartPol 7,1) und verzichtet auf weitere Flucht. Damit wird verdeutlicht, daß Polykarp nicht aus Feigheit flüchtet, sondern letztlich denselben Mut aufbringt wie jemand, der sich selbst stellt. Mithin entspricht Polykarp dem Verhalten des Herrn: περιέμενεν γὰρ ἵνα παραδοθῇ ὡς καὶ ὁ κύριος (MartPol 1,2 a vgl. Mk 9,31parr; 10,33parr) und sein Martyrium entspricht dem göttlichen δεῖ (MartPol 5,2) und θέλημα (MartPol 2,1; 7,1).

---

[19] Zu den Unterschieden zwischen biblischer Passion und smyrnäischem Martyrium vgl. BADEN, MartPol, 140 f.

[20] V. Henten, Jüdische Martyrien, 715.

[21] DEHANDSCHUTTER, MartPol, 244.

[22] Vgl. NICHOLSON, Flight / KÖTTING, Flucht, 538.

[23] »Landgut« erscheint als Übersetzung für ἀγρίδιον zu pompös, vgl. SCHEELE, Rolle der Sklaven, 31 Anm. 4 sowie BAUER/ALAND, Wörterbuch, 23.

[24] BREMMER, Christianus sum, 17 Anm. 17. – Vgl. auch BREMMER, Upper-class Women.

[25] Diese Textunklarheit hat zur Literarkritik herausgefordert, vgl. CONZELMANN, Bemerkungen, 15.

[26] MartPol, 224.

[27] Christentum I, 53.

»Die Verfolger waren die bekannten stationarii, griech. διωγμῖται, die als ›Polizeisoldaten‹ bei der Aufspürung von Sklaven und Räubern eingesetzt wurden und auch in anderen Märtyrerakten erwähnt werden«[28], vgl. MartPol 7,1 a.

**6,1 c:** Auch die Folterung eines Sklaven[29] hat keine Entsprechung κατὰ τὸ εὐαγγέλιον. Allerdings beschreiben die Märtyrerakten fast durchgängig die Folter (vgl. 2 Makk 7,1.5; 4 Makk 6,1–6; 8,12 f.; MartLugd 5,1,16 u. ö.), schon Plinius hat sie gemäß seinem Brief an Trajan angewendet, und Tertullian (Apol. 12) sagt den Heiden: unguibus deraditis latera Christianorum. Das erinnert an MartPol 2,2–4, auch wenn von Polykarp selbst und im Verhör die Folter nicht erwähnt wird.

Der Bischof Polykarp hat also Sklaven[30] und Besitz, wenn denn ἀγρίδιον hier als Eigentum zu verstehen ist und nicht andere ihm Unterschlupf gewähren.[31] Παιδάριον als Deminutiv zu παῖς bedeutet sicherlich »junger Sklave« und nicht etwa »Knecht« oder »Diener«.[32] Es wird sich um zwei *christliche* Sklaven handeln; denn: a) Polykarp nimmt in (s)einem christlichen Haus Zuflucht, b) die Sklaven werden als οἰκεῖοι bezeichnet, c) für ihre Aussage wird der fast formelhafte, christlich besetzte Begriff ὁμολογέω (MartPol 6,1 b vgl. 9,2; 12,1) gebraucht, d) »die Tatsache der Folterung läßt den Schluß zu, daß beide Sklaven die freiwillige Aussage verweigerten und sich auch nicht durch Drohungen, die Folter anzuwenden – wie die heidnischen Sklaven von Lyon (Eus. h.e. 5,1,14 f.) – zur Aussage pressen ließen«[33], e) die Sklaven werden nicht als Heiden bezeichnet, vgl. aber Eus. h.e. 5,1,14 f., f) der Vergleich mit Judas (MartPol 6,2) greift nur bei christlichen Sklaven.

**6,2:** Spätestens in MartPol 6,2 setzen vielfältige und überdeutliche Referenzen an die Evangelientradition ein. »Einige Parallelen sind explizit: zwischen Polykarp und Jesus Christus (Verrat und Gefangennahme, MartPol. 1,2; 6,2), zwischen den Dienern auf dem Landgut, die Hausgenossen des Polykarp sind, und Judas (6,2) und zwischen dem Polizeioffizier Herodes, der Polykarp zum Stadion bringt, und Herodes Antipas (6,2; 8; Lk. 23,6–12)«[34], vgl. auch

---

[28] A. a. O., 330 Anm. 26.

[29] Παιδάριον (vgl. MartPol 7,1) ist hapax im NT: Joh 6,9.

[30] Vgl. SCHÄFKE, Widerstand, 709 Anm. 487.

[31] Die οἰκεῖοι weisen auf ersteres hin, auch scheint sich Polykarp wie zu Hause zu fühlen, vgl. MartPol 7,2. Andererseits erscheint die Flucht in ein eigenes Landhaus nicht besonders originell.

[32] Vgl. BAUER/ALAND, Wörterbuch, 1221 / JEREMIAS, Art. παῖς, 637 / SCHEELE, Rolle der Sklaven, 31 Anm. 2 / gegen die deutsche Übersetzung von Eus. h.e. 4,15,11 in der von KRAFT herausgegebenen Ausgabe.

[33] SCHEELE, Rolle der Sklaven, 32 f.

[34] V. HENTEN, Einfluß jüdischer Martyrien, 715. Vgl. auch MÜLLER, MartPol, 6–10 / REUNING, Erklärung, 10–20 / DEHANDSCHUTTER, MartPol, 233–258.

MartPol 1,2: ὡς καὶ ὁ κύριος, sowie 17,2: μιμητής τοῦ κυρίου. Diese Intention
wird mit dem Ausdruck κατὰ τὸ εὐαγγέλιον abstrakt an zentralen Stellen des
Martyriums zusammengefaßt (MartPol 1; 4; 19). MartPol folgt den Spuren
der Passion Jesu Christi bei verschiedenen Evangelisten und dürfte also noch
keinem fixierten Evangelium folgen, sondern nur mehr sich auf die großen
Linien der Tradition beziehen.[35] Die Intention κατὰ τὸ εὐαγγέλιον wird, durch
die Passionsparallelen illustriert, zu einem zentralen Anliegen des MartPol,
das abstrakt in Einleitung (MartPol 1 f.) und Schluß (MartPol 19,1; vgl. auch
MartPol 22), polemisch in konkreter Auseinandersetzung (MartPol 4) und
narrativ in den Passionsparallelen vielfältig begegnet. Wer dieses durchgängige
Motiv aus der Darstellung als angeblich sekundäre Einfügung entfernt zu-
gunsten eines historistischen bruta-facta-Berichts, der tut dem gesamten Mart-
Pol Gewalt an; »denn der Verfasser will seine Leser ausdrücklich auf die
Ähnlichkeit mit dem evangelischen Bericht aufmerksam machen«[36], um in
kritischer Auseinandersetzung mit martyriumsenthusiastischen Positionen ein
evangelisches Martyriumsverständnis zu sichern. Ein evangeliumsgemäßes
Martyrium meint demnach den Gehorsam gegenüber dem göttlichen Willen
(MartPol 5,2: δεῖ / MartPol 2,1; 7,1: θέλημα τοῦ θεοῦ) und keine freiwillige
Martyriumssucht (MartPol 4), es dient der Befähigung zur Standhaftigkeit
und zur Rettung der Geschwister und nicht egoistisch der eigenen Seligkeit
(MartPol 1,2), und es beinhaltet furchtlose Standhaftigkeit (MartPol 11,1–2)
anstelle von furchtsamem Abfall (MartPol 4).

**6,2 a:** Ἦν γὰρ καὶ ἀδύνατον λαθεῖν αὐτόν hat trotz des anderen Kontexts eine
gewisse Nähe zu Mk 7,24: καὶ οὐκ ἠδυνάσθη λαθεῖν. »Die, die ihn verrieten,
waren seine Hausgenossen« ist zum einen Anspielung auf das Evangelium
(vgl. Mt 10,35 f.; Mk 14,18parr; Joh 13,18; sowie Micha 7,6)[37] im Sinne einer
Parallelisierung von Verrat und Gefangennahme Polykarps mit dem Herrn.
Zum anderen ist damit auf eine interne, innerchristliche oder christlich-jüdi-
sche Auseinandersetzung verwiesen; von den eigenen Hausgenossen wird
Polykarps Versteck verraten. »Wir haben es hier wahrscheinlich mehr mit
einem formgemäßen Topos als einer historischen Reminiszenz zu tun. Es mag
vereinzelt in der frühen Zeit zu Verhandlungen vor römischen Tribunalen
gekommen sein, alltäglicher war sicher die Auseinandersetzung mit der Synagoge«[38], vgl. auch den Anti-Judaismus des MartPol. Ein anderes, ebenfalls
christliches Martyriumsverständnis mißbilligt Flucht und Versteck.

---

[35] Vgl. MASSAUX, Influence, 188 / v. HENTEN, Einfluß jüdischer Martyrien, 715 f. / vgl. die
aus *allen* Evangelien herangezogenen Parallelen bei DEHANDSCHUTTER, MartPol, 246. Dennoch
scheint Mt eine besondere Rolle zu spielen: in MartPol 4 ist auf Mt 10,23 angespielt und in
MartPol 6,2 auf Mt 10,36, also auf zwei Texte aus dem matthäischen Sondergut, vgl. auch das
Judas-Schicksal: MartPol 6,2; Mt 27,3–10.

[36] MÜLLER, MartPol, 7.

[37] Vgl. DEHANDSCHUTTER, MartPol, 246 f. / MASSAUX, Influence, 187 f. / HENTEN, Einfluß
jüdischer Martyrien, 715 f.

[38] Vgl. GNILKA, Martyriumsparänese, 231.

**6,2 b:** Die Friedensrichter (Eirenarchen) (vgl. MartPol 8,2) als ehrenamtliche Polizeipräsidenten in den griechischen Städten und Distrikten des Ostens wurden aus der Reihe der reichen Grundbesitzer von den Gemeinden vorgeschlagen und vom Statthalter ernannt. Der Eirenarch entstammt in der Regel einflußreichen Kreisen. Das gilt auch für Herodes, der über eine »Staatskarosse« (χαροῦχα) verfügt. »Zu ihren Aufgaben vgl. Dig. 50,4,18,7: ›... qui disciplinae publicae et corrigendis moribus praeficiuntur.‹ Ihnen unterstanden die Diogmiten. Auch das Verhör und die Aufnahme von Protokollen für die Magistrate der Gemeinde fielen in ihre Kompetenz. Da die Christen ebenfalls als Ruhestörer behandelt wurden, werden diese Beamten in den Märtyrerakten öfter erwähnt.«[39]

Mit dem Namen Herodes[40] ist nicht nur die Parallele zum Evangelium erzeugt (Lk 13,31; Lk 23,6–12; Act 4,27; vgl. IgnSm 1,2); der jüdische Name Herodes, der als Eirenarch zu den einflußreichen Kreisen gehört, nimmt zugleich die später als Drahtzieher genannten »Juden« vorweg, vgl. MartPol 12,2 f.; 13,1; 17. Die jüdische Lokalgewalt wird zur eigentlichen Verfolgungsinstanz.[41] Eusebs Auslassung von MartPol 6,2 und des Namens Herodes kann schon deshalb kaum ursprünglich sein, weil es den in MartPol 8,2 und 17,2 abermals genannten Namen sehr wohl referiert.

Im MartPol haben auffälligerweise nur die Gegner Polykarps Eile (σπουδή: MartPol 6,2; 7,2; 8,3), während der Bischof selbst voll Ruhe und Gelassenheit erscheint (MartPol 7 f.). In zahlreichen anderen Martyriumsdarstellungen haben die Held/inn/en üblicherweise große Eile, zu Christus zu gelangen, um der zukünftigen Herrlichkeit teilhaftig zu werden (vgl. Röm 8,18; MartLugd 5,1,6; ActCarpi 36; MartPionii 21,1).[42] Wenn Polykarp diesen heiligen Eifer[43] und diese Eile nicht teilt, so ist das keineswegs nur auf sein Alter zurückzuführen, sondern als verdeckte Polemik gegen jede Form von Martyriumseifer verständlich. Das Stadion als Gerichtsort ist nicht ungewöhnlich, vgl. Josephus, Antiq. 18,4.

**6,2 c:** Polykarp vollendet sein Geschick als Χριστοῦ κοινωνὸς γενόμενος. Das Martyrium als Teilnahme am Leiden Christi ist in der frühchristlichen Literatur breit belegt[44]: Kol 1,24; 1. Pt 4,13; 5,1; MartLugd 5,1,23; 42; 5,2,2; ActJoh 103; Iren 3,18,5; Tert de pud. 22; PassPerp 15; Didascalia 19; Cyprian

---

[39] GUYOT/KLEIN, Christentum I, 330 f. Anm. 27 / vgl. BOEFT, Notiunculae IV, 109 / BOEFT, Notiunculae V, 149 / zu juristischen Einzelfragen des Eirenarchen-Amts vgl. RONCHEY, Indagine, 101–110.

[40] Zum Namen vgl. RONCHEY, Indagine, 103 Anm. 9. Zur Textkritik vgl. DEHANDSCHUTTER, MartPol, 80.

[41] Vgl. RONCHEY, Indagine, 102 f.; 179–183.

[42] Vgl. BEYSCHLAG, Clemens Romanus, 232 Anm. 2.

[43] Vgl. HARDER, Art. σπουδάζω, 566.

[44] ACHELIS, Christentum II, 438 f. verweist in seinem Exkurs »Das Martyrium eine Teilnahme am Leiden Christi« auf folgende Texte.

ep. 10,3 f.; 31,3; PassIrenaei 2 u. ö. Sachlich identisch mit dieser Teilhabe am Leiden Christi ist die in MartPol 14,2 eucharistisch beschriebene Teilhabe am Becher Christi.[45] Die Ausdrücke κοινωνός und κοινωνέω als Inbegriffe der Nachfolge des Leidens Christi (vgl. Phil 3,10; 1 Petr 4,13), die dann eucharistisch vermittelt sein kann (MartPol 14,2), begegnen abermals in MartPol 17,1 (Anteil am Märtyrerleib als Reliquie) und 17,3 (Teilhaber und Mitjünger der Märtyrer). Auch ist κοινωνός als inhaltlich ungeklärter montanistischer Titel bekannt[46], vor dessen Hintergrund das Χριστοῦ κοινωνός auch polemischen Klang haben kann:»L'epiteto κοινωνός, usato nel Martyrium a proposito di Policarpo, ha diffatti una specificità montanista che viene considerata non casuale: il suo uso quale titolo gerarchico della chiesa catafrigia, noto grazie a Girolamo (Ep. 41,3), viene confermato da una tarda iscrizione (a. D. 500 ca.) ritrovato presso Filadelfia, nella quale è menzione d'un Paolino (μο)ιστης κ(αι) κοινωνος.«[47] Und so meint W. H. C. Frend zu recht, daß der montanistische κοινωνός-Titel sich aus Bibelstellen wie Röm 8,17, Phil 3,10, 2 Kor 1,5-7, 1 Petr 4,13; 5,1, Apk 1,9 etc. ableitet und »Teilhabe an den Leiden Christi« und »Teilhaber Christi in seiner Passion durch Zeugnis und Bekenntnis« meine[48], vgl. MartPol 6,2; 17,3. Κοινωνία meint im paulinischen Sinne »Gemeinschaft (mit jemandem) durch (gemeinsame) Teilhabe an etwas«[49], in unserem Kontext insbesondere die Gemeinschaft mit Christus durch Teilhabe an seinem Leiden, die dann durch die Eucharistie (vgl. MartPol 14; vgl. 17,3) vermittelt sein kann – wie schon bei Paulus (1 Kor 10,16 f.). Jedenfalls durchzieht das κοινωνία-Motiv das ganze MartPol (2,2 c–3 a; 6,2; 14; 17,1-3) und dient in MartPol 17 der Erläuterung von Gemeinsamkeit und Unterschied zwischen Christus und dem Märtyrer. In dieser Schicksalsgemeinschaft zwischen dem Märtyrer und dem Herrn

---

[45] Τοῦ λαβεῖν μέρος ἐν ἀριθμῷ τῶν μαρτύρων ἐν τῷ ποτηρίῳ τοῦ Χριστοῦ. Vgl. BAUMEISTER, Anfänge, 299 f.; 302: »Der Akzent liegt im Polykarpmartyrium ... auf dem Bemühen, den Märtyrer in der Schicksalsgemeinschaft mit seinem leidenden Herrn als den vollkommenen Jünger darzustellen. Die Parallelen zwischen seinem Leiden und der Passion Jesu sollen ... die Schicksalsgemeinschaft deutlich machen.«

[46] Vgl. dazu jüngst: TABBERNEE, Montanist Regional Bishops / BUSCHMANN, Χριστοῦ κοινωνός. – Textnachweise bei LAMPE, Lexicon, 764. Vgl. ferner: GREGOIRE, hiérarchie / KRAFT, Lyoner Märtyrer, 263 / LIEBERMAN, Martyrs of Caesarea / PAULSEN, Montanismus, 50 / JENSEN, Töchter, 342. – Angesichts der Bedeutsamkeit der Märtyrerthematik im Montanismus (vgl. MartPol 4; dazu: BUSCHMANN, MartPol 4 und der Montanismus) scheint mir der montanistische κοινωνός-Titel wesentlich stärker von seinem neutestamentlichen Kontext (Leiden, Martyrium, Eucharistie) her als von organisationstheoretischen Überlegungen (Vermittlung zwischen Ortsgemeinde und Patriarchat) her erfaßt werden zu müssen. Richtig hier: TABBERNEE, Montanist Regional Bishops, 257–259, auch wenn ich TABBERNEES eigene Lösung (»Companions of the Spirit«, 263 ff.) nicht teile und eher die Hypothese »Companions of Christ« (262 f.) favorisiere.

[47] RONCHEY, Indagine, 77 f.

[48] Vgl. TABBERNEE, Montanist Regional Bishops, 262.

[49] HAINZ, Art. κοινωνία κτλ., 751.

klingt paulinisches Gedankengut durch; das Wortfeld κοινωνία begegnet vorwiegend bei Paulus und nur der von Paulus abhängige Sprachgebrauch hat einen spezifischen Charakter.[50] »Mart.Pol. 6,2 berührt sich mit Phil 3,10; jedoch fehlt hier ein Hinweis auf die Auferstehung.«[51] Schon MartPol 1,2 hatte auf Phil 3,17 (1 Kor 4,16; 11,1) (μιμητής) und Phil 2,4 (1 Kor 10,24.33) (ἑαυτὸν θέλειν σώζεσθαι) angespielt und MartPol 2,3 auf 1 Kor 2,9. Damit ist Polykarp nicht nur in evangelische, sondern auch in apostolische Tradition gestellt.

Auch in der »Strafe des Judas« könnte neben der Evangelien-Parallelisierung (Mt 27,5; vgl. Act 1,16 ff.: τὸν κλῆρον; ActApoll 1,18) eine antimontanistische Anspielung stecken, da sie auch der antimontanistische Anonymus in Eus. h. e. 5,16,13 im Zusammenhang des Todes von Montanus und Maximilla erwähnt;[52] der Verrat Christi geschieht durch die »Hausgenossen«, durch einen seiner eng vertrauten Jünger. Fühlen sich nicht auch die Montanisten als eigentliche Jünger Christi? So hat nach Meinung des MartPol die Vorsehung Gottes bzgl. Polykarp (τὸν ἴδιον κλῆρον ἀπαρτίσῃ[53] Χριστοῦ κοινωνὸς γενόμενος) und bzgl. der Verräter (τὴν αὐτοῦ τοῦ Ἰούδα ὑπόσχοιεν τιμωρίαν[54]) nicht nur in dieser passio das Leiden Christi sich wiederholen lassen, sondern damit auch eine Norm für richtiges, evangelisches Martyriumsverhalten aufgestellt, die Flucht befürwortet, Standhaftigkeit erwartet und Selbstanzeige ablehnt. Judas wie Herodes erscheinen dabei gleichermaßen als Vertreter des Teufels (vgl. MartPol 3,1; 17,1; vgl. ActPetri 8; ActThomae 32).

---

[50] Vgl. HAINZ, Art. κοινωνία κτλ.

[51] BAUMEISTER, Anfänge, 299.

[52] Vgl. HEINE, oracles, Nr. 23; vgl. BEYSCHLAG, Clemens Romanus, 313; ähnlich wie der Anonymus auch: Hieronymus, Liber de viribus illustribus 40, vgl. HEINE, oracles, Nr. 113.

[53] Vgl. Verb und Substantiv häufig bei Ignatius: IgnEph 1,1; 3,1; 19,3; IgnPhil 5,1; IgnPolyk 7,3 (ἀπαρτίζω); IgnEph 11,2; IgnTrall 12,3; IgnRöm 1,2; IgnPhil 5,1 (κλῆρος).

[54] Zur Textkritik vgl. DEHANDSCHUTTER, MartPol, 81.

## 7,1-3: Polykarps Verhaftung: Die Festnahme

7,1 a    Mit dem jungen Sklaven also zogen an einem Freitag zur Stunde der Hauptmahlzeit Fahnder und Reiter aus mit der üblichen Bewaffnung, wie um einen Räuber zu fangen.

    b    Zu später Stunde kamen sie an und fanden ihn liegend in einem Zimmerchen im oberen Stockwerk.

    c    Auch noch von dort aber hätte er an einen anderen Ort fliehen können, aber er wollte es nicht, sondern sagte: »Der Wille Gottes geschehe!«

7, a    Als er hörte, daß sie da waren, ging er hinab und sprach mit ihnen.

    b    Die Angekommenen verwunderten sich über sein hohes Alter und seine Ruhe und darüber, daß sie solchen Eifer hatten, einen so alten Mann zu ergreifen.

    c    Sofort befahl er, ihnen zu jener Stunde zu essen und zu trinken vorzusetzen, soviel sie wollten; bat sie aber, ihm eine Stunde zu ungestörtem Gebet zu geben.

7,3 a    Als sie das zugestanden, stand er auf und betete (mit dem Gesicht nach Osten) voll der Gnade Gottes so, daß er zwei Stunden lang nicht schweigen konnte,

    b    und die Zuhörer erschüttert waren, viele es auch bereuten, gegen einen so gottgefälligen Greis ausgezogen zu sein.

*Lit.:* HAMMAN, A., La Prière II Les trois premiers siècles, Bibliothèque de Théologie, Tournai 1963, 129-134 / BEYSCHLAG, K., Das Jakobusmartyrium und seine Verwandten in der frühchristlichen Literatur, ZNW 56/1965, 149-178: 173 f. / SCHEELE, J., Zur Rolle der Unfreien in den römischen Christenverfolgungen, (Diss. phil.) Tübingen 1970 / *zu den Evangeliumsparallelen vgl. neben der unter Kap. 1 und 6 genannten Lit.:* GUILLAUMIN, M L., En merge du »Martyre de Polycarpe«. Le discernement des allusions scripturaires, in: Bellis, M., (Hg.), Forma Futuri. Studi in onore del Cardinale M. Pellegrino, Torino 1975, 462-469 / SEPP, B., Das Martyrium Polykarpi, Regensburg 1911 / *zu den* διωγμῖται: BOEFT, J. den / BREMMER, J., Notiunculae Martyrologicae 4, VigChr 45/1991, 105-122: 109 / RONCHEY, S., Indagine sul Martirio di San Policarpo. Critica storica e fortuna agiografica di un caso giudiziario in Asia minore, Istituto storico italiano per il medio evo, Nuovi Studi Storici 6, Roma 1990, 111-120: Διωγμῖται καὶ ἱππεῖς: guardia civica o polizia proconsolare? / SORDI, M., Die »neuen Verordnungen« Marc Aurels gegen die Christen, Klein, R., (Hg.), Marc Aurel, Wege der Forschung 550, Darmstadt 1979, 176-196: 187 f. (Ursprünglich: SORDI, M., I »Nuovi Decreti« di Marco Aurelio contro i Cristiani, Studi Romani 9/1961, 365-378) / HIRSCHFELD, O., Die Sicherheitspolizei im römischen Kaiserreich, SPAW.PH 39/1891, 845-877: besonders 867 ff.; 40/1892, 815-824; 41/1893, 421-441.

MartPol 7 setzt die Erzählung von der Verhaftung Polykarps mit der Darstellung seiner Festnahme fort. MartPol 7 f. malt dabei »den Gang der Verhaftung des Märtyrers im Stil der Imitatio Christi.«[1] Der Verweis auf den Sklaven nimmt den Erzählfaden aus MartPol 6,1 wieder auf und knüpft mit der Partikel οὖν daran an.[2] MartPol 7,1 setzt die Erzählebene fort[3], nachdem MartPol 6,2 mit argumentativen Erläuterungen (γάρ / ἵνα etc.) die narrativen Elemente deutend kommentiert hatte, was fälschlicherweise immer wieder zu fraglichen literarkritischen Operationen Anlaß gibt (s. u.).

Das Schwergewicht der Darstellung liegt dabei neben den Evangeliumsanspielungen (z. B. MartPol 7,1 a) auf der Beschreibung von Ruhe, Gelassenheit, Höflichkeit, Gefaßtheit und Entschiedenheit Polykarps gegenüber seinen Feinden; ein Aspekt, den Euseb bis ins Wundersame steigert (h. e. 4,15,13: ὡς καὶ θαῦμα δοκεῖν ὁρᾶν). Der Bischof ist ruhig und gefaßt (7,2 b) und ruhend (7,1 b) fest entschlossen, sich dem Willen Gottes (7,1 c) zu beugen; die Kraft zu solch bewundernswerter (7,2 b / 7,3 b) entschiedener Gelassenheit bezieht er aus intensivem Gebet (7,2 c / 7,3 a), das für ihn auch andernorts charakteristisch erscheint (vgl. MartPol 5,1 f. / 8,1 / 12,3 / 14). Diese Haltung verlangt auch den Gegnern Respekt ab (7,2 b / 7,3 b); Polykarp ist mithin kein »Räuber« (7,1 a). Dieses zur Nachahmung empfohlene besonnene und gefestigte Verhalten des Bischofs widerspricht allem unsteten Eifer zum Martyrium, wie es etwa von dem Phryger Quintos (MartPol 4) berichtet ist. Überhaupt war »Ekstase ... ein kennzeichnendes Merkmal montanistischer Prophetie.«[4] (vgl. Anonymus bei Eus. h. e. 5,16,6). Auch die unnötige eifrige Eile (σπουδή, MartPol 7,2 b vgl. 6,2 / 8,3) der Verfolger kontrastiert mit der Ruhe des Bischofs. Das anhaltend lange und ungestörte Gebet (vgl. MartPol 5,1: νύκτα καὶ ἡμέρα / 7,3: ἐπὶ δύο ὥρας) vermittelt die Gewißheit zum Martyrium (vgl. MartPol 5,2; 12,3: δεῖ με ζῶντα καῆναι / 7,1 c: τὸ θέλημα τοῦ θεοῦ γενέσθω), verdeutlicht Polykarps pneumatisch-enge Verbindung zu Gott (7,3 a: πλήρης ὢν τῆς χάριτος τοῦ θεοῦ) und widerspricht ebenfalls allem hastigen Drängen des Montanismus (MartPol 4). Die εὐσταθής des Polykarp entspricht der in der Einleitung betonten ὑπομονή (MartPol 1 f.) des evangeliumsgemäßen Martyriums: keine Eile zum Martyrium! Polykarp hätte selbst jetzt noch flüchten können (MartPol 7,1 c).

Euseb (h. e. 4,15,11 f.) überliefert in seiner Textzusammenfassung MartPol 6,2 und 7,1 nicht. *Literarkritisch* ist MartPol 7,1 a deswegen und wegen der Evangeliumsanspielungen (z. B. ὡς ἐπὶ λῃστὴν τρέχοντες, vgl. Mk 14,43. 48parr) zusammen mit MartPol 6,2 als Interpolation angesehen worden.[5]

---

[1] BEYSCHLAG, Jakobusmartyrium, 173.
[2] Vgl. DEHANDSCHUTTER, MartPol, 152.
[3] Παιδάριον in MartPol 6,1; 7,1 / οὖν resumptivum in MartPol 7,1.2.
[4] FREND, Art. Montanismus, TRE 23, 273.
[5] Vgl. CAMPENHAUSEN, Bearbeitungen, 261 ff. / CONZELMANN, Bemerkungen, 15 / und früher: KEIM, Urchristenthum, 94 und 112.

Dagegen spricht aber schon, daß in 7,1a mit παιδάριον (vgl. 6,1) und οὖν sowie Zeit- und Akteurangaben die Erzählebene fortgesetzt wird, während MartPol 6,2 mit den Partikeln γάρ und ἵνα eher eine Kommentierung des Geschehens bildet. Auch enden die Evangeliumsanspielungen keineswegs mit MartPol 7,1a, sondern ziehen sich ebenso durch 7,1b–3. Forschungsgeschichtlich ist die Frage nach sog. Evangeliums-Interpolationen stets verknüpft gewesen mit der das ausgehende 19. Jhdt. bestimmenden Frage nach der historischen Verläßlichkeit des MartPol. Diese wurde entweder dadurch verteidigt, daß man die Evangeliumsparallelen minimalisierte, um das ganze MartPol historisch sichern zu können,[6] oder um es, befreit von angeblich sekundären Einschüben, doch wenigstens in seinem davon befreiten Kern historisch sichern zu können.[7]

Stattdessen gilt es, die Intention der Evangeliumsanspielungen und weiteren traditionellen Materials[8] auf literarischer Ebene zu erfassen und sie für ein angemessenes Verständnis des MartPol in seiner Zeit freizulegen. Wie wenig man sich darüberhinaus auf Euseb berufen kann, um nachzuweisen, daß die Wunder-Elemente in MartPol sekundär eingefügt seien (vgl. MartPol 5,2 / 15 / 16,1), läßt sich an einem Vergleich von MartPol 7,2 mit Eus., h.e. 4,15,13 gut erweisen[9]: »Eusebius versterkt bovendien het wonderlijk aspect van Polycarpus' verschijning in § 13.«

*Formkritisch* betrachtet setzt MartPol 7 den in 5,1 begonnenen und in 6 fortgesetzten narrativen Stil des Berichts über das Geschick Polykarps fort, der nur in 6,2 durch eine kommentierende Erläuterung unterbrochen war. Polykarps Verhaftung gliedert sich damit in das Aufspüren (6) und die Festnahme (7). 7,1a bildet das Scharnier zwischen der Fortsetzung des Berichts über das Geschick Polykarps (7,1bc / 7,2a)[10] mit der Wiederaufnahme von παιδάριον aus 6,1 und der Kommentierung[11] aus 6,2 durch die Evangeliumsanspielung Mk 14,48parr. Die Darstellung zielt vermittelt über das epideiktische[12] θαυμαζόντων τῶν ὁρώντων (7,2b) auf ein Enkomion[13] des Bischofs Polykarp (7,2b–3b), der, vorbereitet durch die Parallelen der Kon-

---

[6] Vgl. etwa REUNING, Erklärung, 20: »Das MPol ist ein gut erhaltenes, geschichtliches Dokument. Und man kann die wenigen in ihm enthaltenen ungeschichtlichen Stellen nicht auf eine Einwirkung des Nachahmungsgedankens zurückführen.« Ähnlich SEPP MartPol, der alle Parallelen, die MÜLLER, MartPol, herstellt, bestreitet.

[7] Vgl. etwa MÜLLER, MartPol, 2: »Die wesentlichen Grundzüge und Daten des Martyriums sind zweifelsohne authentisch.« – In diesem Sinne dann alle weiteren literarkritischen Interpolationshypothesen CAMPENHAUSENs, CONZELMANNs u.a.

[8] Vgl. etwa die Beziehungen zum Jakobusmartyrium: BEYSCHLAG, Jakobusmartyrium, 173f.

[9] DEHANDSCHUTTER, MartPol, 70. Dort auch eine Synopse

[10] Vgl. BERGER, Formgeschichte, § 91.

[11] Vgl. a.a.O., § 70.

[12] Vgl. a.a.O., § 79.

[13] Vgl. a.a.O., § 99.

formität zwischen Christus und dem Märtyrer, durch Ruhe, Gelassen- und Entschiedenheit das richtige Martyriumsverhalten schlechthin verkörpert.

Formkritisch vergleichbar mit MartPol 7 sind hinsichtlich der Gefangennahme folgende Texte: Dan 3,13; Dan 6,10 f.; MartJes 3,11 f.; Mk 6,17; Mk 14,48par; Joh 18,12; Act 4,3; 5,18; 6,12; MartPerp 2,1; 3,1; ActFruct 1; PassMartiani et Jacobi 4. Und hinsichtlich der Einwilligung ins Schicksal: Lk 22,42; Act 21,14; PassPerp 36(7).

**7,1 a:** Einer der beiden Sklaven, wohl der, der unter Folter[14] eine Aussage gemacht hatte (vgl. 6,1), ist in der Hand der Verfolger, die am Freitag zur Verhaftung auszuziehen. Τῇ παρασκευῇ meint wörtlich den »Tag der Vorbereitung« des Sabbats.[15] Die durch Reiterei ergänzten διωγμῖται (vgl. MartPionii 15,1.4.7; MartAgap. 2,1; MartFructuosi 1,2: »beneficiari«; Pass Mariani et Jacobi 4,3) sind eher leicht bewaffnete Ordnungshüter, die im MartPol noch den lokalen Behörden unterstehen und nicht direkt dem Prokonsul. Die genaue Funktion der διωγμῖται καὶ ἱππεῖς, ihr Verhältnis zueinander und die Zuordnung zur lokalen oder überörtlichen Polizei sind umstritten.[16] Aber der Wechsel zwischen dem εἰρήναρχος (MartPol 6,2/8,2) als Lokal- bzw. Gemeindemagistrat und dem ἀνθύπατος (MartPol 9 ff.) als Vertreter der Provinz weist auf das alte Verfahren vor den καινὰ δόγματα[17] des Marc Aurel gegen die Christen (vgl. Melito bei Eus. h. e. 4,26,5 ff.) hin, als zunächst die Lokalbehörden für die Verhaftung sorgen müssen, um dann das Urteil der römischen Obrigkeit zu überlassen. Das spricht außerdem für eine Frühdatierung des MartPol[18]; denn die umstrittene Deutung der διωγμῖται ist eng verknüpft mit der umstrittenen Datierung des MartPol, das M. Sordi[19] zu recht noch früh in die Zeit des Antoninus Pius (155 n. Chr.) datiert, da die Verfolgung noch den Lokalbehörden unterliegt. Danach ermöglichen erst die »neuen Verordnungen« Marc Aurels (176 n. Chr.) die amtliche Fahndung durch die römische Obrigkeit und übertragen die Fahndungsgewalt von den Lokalbehörden auf die Provinzstatthalter. Zunächst mußten die Gemeinden selbst mit häufig unzureichenden Mitteln für die Erhaltung der Ordnung eintreten.[20]

---

[14] Zur Folterung von Sklaven vgl. Plinius, ep. X 96,6.

[15] Vgl. nur in den Evangelien: Mk 15,42; Mt 27,62; Lk 23,54; Joh 19,14.31.42; sowie Didache 8,1.

[16] Vgl. RONCHEY, Indagine, 111–120 (überörtliche Polizei); BOEFT, Notiunculae IV, 109 (Lokalpolizei); HIRSCHFELD, Sicherheitspolizei, 867 ff.; SORDI, Verordnungen, 187 f.; SCHEELE, Rolle der Unfreien, 32 Anm. 1; DEHANDSCHUTTER, MartPol, 225 Anm. zu V.7,1 b; BOEFT, Notiunculae V, 149; JONES, Note on *Diogmitae.*

[17] Vgl. SORDI, Verordnungen, 187 f.

[18] RONCHEY, Indagine, 119, die die Fahnder als prokonsularisch-überregionale Polizei begreift, muß hingegen einen gewollten Irrtum des Redaktors des MartPol konstruieren, um die διωγμῖται καὶ ἱππεῖς richtig zu identifizieren. Richtig BOEFT, Notiunculae IV, 109, der den εἰρήναρχος und die διωγμῖται καὶ ἱππεῖς als »local police« auffaßt.

[19] Verordnungen, 187 f.

[20] Vgl. HIRSCHFELD, Sicherheitspolizei, 866.

Dem Irenarchen (vgl. dazu MartPol 8,2) als lokalem Polizeichef standen zur Aufrechterhaltung der öffentlichen Ordnung und Moral und insbesondere zur Verfolgung von Räubern und Verbrechern – insofern ist das ὡς ἐπὶ λῃστὴν durchaus nicht nur Evangeliumsanspielung – zahlreiche διωγμῖται zur Verfügung.[21] Juristisch gesehen war die »vom Irenarchen gegen Polykarp – der als ein λῃστής verhaftet wurde – durchgeführte amtliche Fahndung ... ein Mißbrauch der örtlichen Behörde gegen Trajans ausdrückliches Verbot, nach den Christen zu fahnden, das Hadrian und Antoninus Pius bestätigt hatten. Derartige Mißbräuche kamen unter Antoninus sicher nicht selten vor, wie die zahlreichen vom Kaiser in die griechischen Städte gesandten Erlasse mit der Empfehlung bestätigen, ›nichts Neues einzuführen‹, was die Christen anbelangt (s. Melito in Eus. IV 26,10).«[22]

Die Fahnder ziehen aus »wie um einen Räuber zu fangen« (vgl. Mk 14,48parr), sie haben ihre »gewöhnlichen Waffen« dabei (vgl. Joh 18,2f.; Mk 14,43parr). »Contrary to the Roman soldiers they were normally only provided with light arms.«[23] Nach Lk 22,52 (ὡς ἐπὶ λῃστὴν ἐξεληλύθατε μετὰ μαχαιρῶν καὶ ξύλων) mögen wohl Messer und Knüttel oder Keulen die gewöhnliche Bewaffnung der Diogmiten gebildet haben.[24]

Damit sind wiederum auch Evangeliumsanspielungen erreicht, zumal ebenfalls die »Stunde der Mahlzeit« in den Evangelien begegnet (Lk 14,17: τῇ ὥρᾳ τοῦ δείπνου; 22,14; Joh 13,1f.). Dabei kontrastiert der Aufwand »wie gegen einen Schwerverbrecher« bewußt mit der Ruhe und der Sanftmut des Bischofs (7,2b/7,3b). Auch Judas wurde, wie die Evangelien übereinstimmend schildern, von Soldaten und Bewaffneten begleitet. »So waren mit Judas die Häscher am Rüsttage (der mit dem Abend vorher begann) um die Stunde des Abendmahles ausgezogen mit Schwertern und Knütteln (Mt 26,47); ...«[25] Schon MartPol 6,2 hatte den Vergleich mit dem schrecklichen Ende des Judas gemacht, das die altchristliche Tradition in verschiedenen Versionen überliefert[26], sowie in Evangeliumsangleichung den Namen des Irenarchen Herodes gewählt. Die Denunzierung erscheint somit als literarisches Mittel und wird kaum darauf zurückzuführen sein, daß Polykarp seine Sklaven nicht sonderlich achtete (vgl. IgnPolyc 4,3).

**7,1b:** Deutlich entgegengesetzt ist die angestrengte Bemühung der Verfolger, die erst spät abends ankommen[27], dem ruhig-gelassenen Verfolgten. Dieser Kontrast durchzieht auch 7,2b–3b und betont das ruhig vorbildliche Mär-

---

[21] Vgl. a.a.O., 868.

[22] SORDI, Verordnungen, 195 Anm. 32.

[23] BOEFT, Notiunculae IV, 109. – Vgl. zu den »gewöhnlichen Waffen« auch RONCHEY, Indagine, 118 Anm. 41.

[24] Vgl. HIRSCHFELD, Sicherheitspolizei, 873.

[25] MÜLLER, MartPol, 8, vgl. auch zu weiteren Evangeliumsanspielungen.

[26] Vgl. HAENCHEN, Apostelgeschichte, 128 f.

[27] Vgl. als mögliche Evangeliumsanspielung: Mk 11,11.

tyrerverhalten Polykarps, das allem eiligen Drängen zum Martyrium widerspricht. Κατακείμενον dürfte also ein Liegen im Sinne von (Aus-)Ruhen meinen, ggfs. wegen 7,2 c ein Liegen des Speisenden[28]; jedenfalls kein Liegen um des Versteckens willen, das Polykarp ja gerade für sich ausschließt (7,1 c). Euseb bietet ἔν τινι δωματίῳ nicht, schon in MartPol 5,1 und 6,1 (h. e. 4,15,9–11) ist ἀγρίδιον durch ἀγρόν ersetzt. Eine ähnliche Verhaftung findet sich in: Dan 6,10 f., MartSabae 4,5, MartFructuosi 1,2 (»preposito autem Fructuoso episcopo in cubiculo direxerunt se beneficiarii in domo eiusdem ...«) sowie bei Dionys von Alexandrien (Eus. h. e. 6,40,5 ff.). Auch dort liegen Anspielungen auf die synoptische Gethsemaneszene incl. Mk 14,51 vor.

7,1 c: Die Aussage ist schon durch MartPol 1,2 a (περιέμενεν γάρ, ἵνα παραδοθῇ, ὡς καὶ ὁ κύριος), MartPol 5,1 a (ἐβούλετο κατὰ πόλιν μένειν) und MartPol 2,1 a (μακάρια ... τὰ μαρτύρια πάντα τὰ κατὰ τὸ θέλημα τοῦ θεοῦ γεγονότα) vorbereitet. Flucht vor dem Martyrium ist grundsätzlich möglich und erlaubt (vgl. 5,1); letztlich aber gilt es, dem Willen Gottes zu entsprechen. Einerseits legitimiert der Wille Gottes das Martyrium, andererseits ist der Wille Gottes vom eigenen Willen zu unterscheiden, womit Flucht vor wie Hindrängen zum Martyrium gleichermaßen kritisch in Frage gestellt sind.

Womöglich liegt auch hier eine, freilich schiefe, Evangeliumsanspielung vor; denn auch Jesus hätte sich nach Mt 26,53 der Hand seiner Feinde entziehen können: »Glaubst du nicht, daß ich meinen Vater bitten könnte, und daß er mir jetzt mehr als zwölf Legionen Engel schicken würde?«

Da sich wörtliche Rede in narrativen Texten häufig an entscheidenden Stellen findet[29], trägt τὸ θέλημα τοῦ θεοῦ γενέσθω Hauptgewicht (vgl. schon MartPol 2,1[30]). Zu vergleichen ist das δεῖ (με ζῶντα καῆναι) aus MartPol 5,2/12,3: »›Sein Wille geschehe‹, das bedeutet dies Δεῖ; gerade wenn die Gemeinde es weiß, daß der Satan die Märtyrer verfolgt und ihnen ihre Qualen ersinnt (III,1 und XVII,1), ist sie dieses Trostes bedürftig, daß dennoch Gottes Wille auch das Martyrium lenkt, wie ja schon das Evangelium sagt.«[31] Damit ist zum einen die göttliche Lenkung hinter allen Martyrien behauptet. Zum anderen gilt: wenn Gottes Wille geschehen soll, dann soll nicht der eigene Wille geschehen. Damit sind gleichermaßen endlose Flucht vor dem Martyrium (MartPol 7,1 c, vgl. aber MartPol 5,1!) wie egoistisches Drängen zum Martyrium (MartPol 4) nicht gewollt. Unabhängig also von den mögli-

---

[28] Vgl. BAUER, Wörterbuch, 813 / CAMELOT, Ignace, 251 Anm. 4.

[29] Vgl. BERGER, Exegese, 81.

[30] Μακάρια μὲν οὖν καὶ γενναῖα τὰ μαρτύρια πάντα τὰ κατὰ τὸ θέλημα τοῦ θεοῦ γεγονότα. Vgl. Act 21,14 (wegen der unterschiedlichen Situation Polykarps zu der Jesu hält DEHANDSCHUTTER, Développement, 661 Act 21,14 für die nächste Parallele – und nicht die Evangelientexte), Mt 6,10; Mk 14,36parr; Mt 26, 42; 1 Petr 4,19 (οἱ πάσχοντες κατὰ τὸ θέλημα τοῦ θεοῦ). Auch Jesus hätte sich seinen Feinden noch entziehen können, vgl. Mt 26,53, vgl. 1 Petr 4,19; PassPetri 7; Did 8,2; MartPionii 2,3 f.; 7,5 f.

[31] SURKAU, Martyrien, 135 Anm. 137.

chen Evangeliumsanspielungen enthält τὸ θέλημα τοῦ θεοῦ γενέσθω eine eigenständige Aussage: »Es scheint im MPol die Anschauung besonders hervorzutreten, daß Märtyrer nur der wird, bei dem es ›Gottes Wille‹ ist, den also Gott dazu betimmt hat (vgl. 2,1; 4 Schluß).«[32] Das macht besonders in antimontanistischem Kontext Sinn. Gleichzeitig entspricht das κατὰ τὸ θέλημα τοῦ θεοῦ dem κατὰ τὸ εὐαγγέλιον auch formal (vgl. MartPol 1,1 b mit 2,1 a!). Die Evangeliumsanspielungen dienen letztlich dazu, den göttlichen Willen dem eigenen Willen überzuordnen.

Eine angebliche Ungereimtheit zwischen dem Verrat des Sklaven (MartPol 6,2), der weiteres Verstecken unmöglich macht, und dem Verzicht Polykarps auf weitere Flucht unter Berufung auf Gottes Willen findet sich keineswegs[33]; denn trotz des Verrats räumt der Text selbst ein, daß Polykarp noch immer hätte fliehen können. Die Wahrnehmung scheinbarer Brüche und Spannungen im Text erweist sich einmal mehr als sehr subjektiv.

**7,2 a:** Der Bischof entspricht dem Willen Gottes und stellt sich ruhig und gefaßt den Verfolgern. Allem Eifer ist mit diesem Vorbild widersprochen: eifriger Flucht vor dem Martyrium wie eifrigem Drängen zum Martyrium. Entgegen jedem Fanatismus symbolisiert der greise Bischof Gesprächsbereitschaft mit den Verfolgern. Womöglich liegt im Gespräch mit den Verfolgern wieder eine Evangeliumsanspielung vor, vgl. Joh 18,4 oder Mk 14,48par.[34] Die Tendenz κατὰ τὸ εὐαγγέλιον ist deutlich und macht im Zusammenhang antimontanistischer Polemik Sinn: das Martyrium soll nicht weiter gehen und fanatischer sein als es der Herr selbst vorgebildet hat. Insofern erweisen sich auch »schiefe« Evangeliumsparallelen und die »völlig unkanonische Reihenfolge der Ereignisse«[35] als essentielle Elemente der Aussageabsicht des MartPol. Insgesamt erweist sich die κατὰ τὸ εὐαγγέλιον-Intention des MartPol als nach rückwärts auf eine abgeschlossene Offenbarung verweisend und widerspricht damit etwa der montanistischen »Vorstellung von einer fortschreitenden Offenbarung durch die Neue Prophetie.«[36] Die im Rahmen der Frage nach der Historizität des Berichteten erbittert geführte Kontroverse zu Beginn unseres Jahrhunderts[37] darüber, ob nun im Einzelfall exakte Evangeliumsparallelen vorliegen, und wenn ja, aus welchem Evangelium, relativiert sich von dieser Erkenntnis her.

---

[32] REUNING, Erklärung, 19.

[33] Gegen WEINRICH, Spirit, 180 Anm. 20.

[34] Vgl. aber REUNING, Erklärung, 19 kritisch gegen alle Parallelen: »Das Gespräch Polykarps mit den Verfolgern ist mit den magisch wirkenden Worten des johanneischen Christus nicht zu vergleichen ...«

[35] BEYSCHLAG, Jakobusmartyrium, 173.

[36] FREND, Art. Montanismus, TRE 23, 276. Vgl. zur kritschen Funktion der κατὰ τὸ εὐαγγέλιον-Aussagen im MartPol: BUSCHMANN, MartPol 4 und der Montanismus, 123–129.

[37] Vgl. etwa REUNING Erklärung, 10–20 gegen MÜLLER, MartPol.

**7,2 b:** In 7,2 b wird Polykarp lobend in einem Enkomion dargestellt, das der vorbildhaften Gesamttendenz des MartPol entspricht. Diese »Lobrede über den Charakter«[38], der sich durch Gebet, Freundlichkeit, Ruhe und Geduld, verwurzelt im »Willen Gottes«, auszeichnet, dient paränetischen Zwecken; denn der Gelobte (Märtyrer) ist Vorbild.[39] Τὸ εὐσταθές meint neben der Ruhe auch die feste, entschiedene Haltung (vgl. IgnPolyc 4,1: εὐστάθει). Damit kontrastiert die σπουδή der Verfolger ebenso wie der Eifer des kritisierten Quintos (MartPol 4). »Polycarp ... showed no exaltation, no outpouring of prophecy during the proceedings and his attitude to the proconsul had been firm rather than defiant.«[40] Mit seinem überlegten Verhalten steht der orthodoxe Bischof jeder Form eines eifernden Rigorismus entgegen.[41]

Die besser bezeugte Lesart[42] παρόντων (die Anwesenden bzw. die Angekommenen) statt des wohl eusebianisch beeinflußten ὁρώντων etwa in der einflußreichen Textausgabe von Bihlmeyer[43], wo es dann übersetzt heißen müßte »sie wunderten sich, als sie sein hohes Alter und seine ruhige Haltung bemerkten, und darüber, daß ...«, ändert am Sinngehalt wenig; dann ist τὴν ἡλικίαν direktes Objekt zu θαυμαζόντων anstatt zu ὁρώντων (vgl. Lk 24,12 / Act 7,31).

Mit συλλαμβάνειν (vgl. MartPol 6,1; 7,2; 9,1; 21) ist ein term. techn. der Evangelien aufgenommen (vgl. Mk 14,48parr; Joh 18,12; vgl. Act 1,16; 12,3; 23,27; 26,21).

Die Bewunderung durch die Verfolger findet sich schon in MartPol 2,2 (τίς οὐκ ἂν θαυμάσειεν); 3,2 und 5,1 (θαυμασιώτατος Πολύκαρπος) sowie nach der Hinrichtung in 16,1.2. Es handelt sich um ein breit belegtes Motiv in der Märtyrerliteratur.[44]

**7,2 c:** Es ist auffällig, »daß Polykarp, statt die letzte Nacht mit seinen engsten Genossen zu teilen, dazu ausgerechnet seine Verfolger einlädt, diese aber so behandelt, als wären eben sie jene vermißten Freunde, die ihn dann in der Tat, wie am Gründonnerstag geschehen, auf den Esel heben und zur Stadt

---

[38] BERGER, Gattungen, 1173.

[39] Vgl. a. a. O., 1188 f. – Das gilt auch für das Christus-Enkomion in Phil 2,5–11.

[40] FREND, Martyrdom, 289.

[41] Vgl. ebd. – Vgl. auch die antimontanistische Auseinandersetzung um wahre und falsche Prophetie, um Nüchternheit und Ekstase in Epiph., Panarion, 48,3–13, wo die Ablehnung von Ekstase mit dem Verweis auf die Schrift (κατὰ τὸ εὐαγγέλιον) geschieht: Epiph., Pan. 48,10,1; 11,2–4; 11,10; 12,5; 13,6.

[42] Vgl. DEHANDSCHUTTER, MartPol, 70 Anm. 177; 82; 108; 225 / MUSURILLO, Acts, 7 / LAZZATI, Sviluppi, 101 / BASTIAENSEN, Atti, 12.

[43] Übernommen u. a. bei: KNOPF/KRÜGER/RUHBACH, Märtyrerakten, 3 / LINDEMANN/PAULSEN, Väter, 266.

[44] Vgl. nur MartSimeonis ap. Eus. h. e. 3,32,6; 4 Makk 6,11 u. ö., vgl. BUSCHMANN, MartPol, Beilage »Topik und Formelemente eines Märtyrertexts«.

begleiten.«⁴⁵ Die κατὰ τὸ εὐαγγέλιον-Intention macht auch vor schiefen Parallelen⁴⁶ nicht Halt.

Polykarp entspricht so sehr dem Evangelium, ist so πλήρης ... τῆς χάριτος τοῦ θεοῦ (MartPol 7,3 a vgl. 12,1 und Act 6,8) und ruhig und gelassen, daß Augen- und Ohrenzeugen bewundernd und staunend reagieren: θαυμαζόντων τῶν παρόντων (7,2 b) / ἐκπλήττεσθαι τοὺς ἀκούοντας (7,3 b). Durch Beifügung dieses Gattungselements einer Epideixis bzw. Demonstratio wird Identifikation der Rezipienten des MartPol mit den Augen- und Ohrenzeugen ermöglicht.

**7,3 a:** Wie der Herr, so betet auch der Bischof intensiv vor bzw. während seiner Gefangennahme.⁴⁷ Die Tatsache, daß Polykarp anstatt der zugestandenen einen Stunde zwei Stunden lang betet (ἐπὶ δύο ὥρας μὴ δύνασθαι σιωπῆσαι) und damit sein intensives Gottesverhältnis dokumentiert, wird von Euseb zugunsten einer abermals verstärkten Reaktion der Anwesenden ausgelassen. Erneut also ist der Bischof als intensiver Beter dargestellt (vgl. MartPol 5,1.2; 7,2.3; 8,1; 12,3; 14), der um den Willen Gottes ringt. Das Gebet relativiert das eigene Wollen als Flucht vor dem oder Drängen zum Martyrium und verdeutlicht in womöglich antimontanistischer Absicht, ein wie enges und unmittelbares Verhältnis der katholische Bischof zu seinem Herrn hat: πλήρης ὢν τῆς χάριτος τοῦ θεοῦ (vgl. Act 6,8; Joh 1,14). Das Gebet dauert doch wohl deshalb zwei Stunden, weil die Kraft des Geistes den katholischen Bischof so sehr fortreißt; der Geist eignet also keinesfalls nur den Montanisten. Schon MartPol 2,2 betont den Beistand des Herrn (vgl. MartPol 14,2; Lk 22,43 f.; 2 Tim 4,17): παρεστὼς ὁ κύριος. Und MartPol 12,1 wiederholt: καὶ τὸ πρόσωπον αὐτοῦ χάριτος ἐπληροῦτο. »It may simply testify to the Spirit-filled character of Polycarp as bishop. Clearly, Polycarp was held to be a Spirit-filled man even before his arrest«,⁴⁸ MartPol 16,2: διδάσκαλος ἀποστολικός καὸ προφητικός. Schon das vorbildhafte Stephanusmartyrium (Act 6 f.) ist geprägt von der Anwesenheit und Aktion des Geistes (vgl. auch Lk 4,1). »Ag 6,8: Stephanus ist πλήρης χάριτος καὶ δυνάμεως. Hier ist offenbar gemeint: er *besitzt* in reichem Maße besondere χάρις von Gott ... Für χάρις sagt die Apostelgeschichte sonst πνεῦμα (ἅγιον)«⁴⁹, vgl. Act 6,3.5; 7,55. »L'auteur du martyre, qui imite sciemment le livre des Actes, semble faire allusion aux charismes de la communauté apostolique. L'Esprit

---

⁴⁵ BEYSCHLAG, Jakobusmartyrium, 173.

⁴⁶ Vgl. SURKAU, Martyrien, 130 / DEHANDSCHUTTER, développement, 661. - Auf die Unterschiede zwischen Passion Christi und MartPol hingegen verweist BADEN, Polykarpmartyrium, 140 f. - Vgl. zu παρατεθῆναι φαγεῖν ... ὅσον ἂν βούλωνται auch Mk 6,41 f.par; Mk 8,6.8par.

⁴⁷ Vgl. Mk 14,32–42parr; Joh 17. Vgl. HAMMAN, Prière II, 129–134.

⁴⁸ WEINRICH, Spirit, 172. - Zur Geisterfüllung vgl. Eph 5,18; IgnMagn 8,2; Justin, Dial. 7,1; Iren., A.H. III,10,3; Epiph., Pan. 48,3, wo es häufig um die Geisterfüllung des Propheten und um die Unterscheidung zwischen richtiger und falscher Prophetie geht.

⁴⁹ DELLING, Art. πλήρης, 284 f.

a communiqué à l'évêque une plénitude de dons spirituels … Le récit contraste par simplicité du ton avec laquelle est rapportée la vision du martyre, avec l'effervescene charismatique de la passion de Félicité et Perpétue.«[50] Die wenig bezeugte Zufügung πρὸς ἀνατολήν nach σταθείς ist sicherlich späteren Datums.[51] Der Inhalt des Gebets muß keineswegs von PolPhil 12,3 b her erschlossen werden[52], speziell als Gebet für die Herrscher bzw. Verfolger. MartPol 5,1 und 8,1 a beschreiben vielmehr das fürbittende Gebet für die ganze Ökumene.[53] Es ist das Gebet dessen, der dem Tod ins Auge sieht und Rückschau hält (MartPol 8,1; 19,1: μνημονεύσας) sowie um die Aufnahme in die Anzahl der Märtyrer ringt (MartPol 14). Inhaltlich richtet das Gebet den Blick ganz auf die Solidarität mit den Mitchristen und der ganzen weltweiten Kirche (MartPol 8,1); es ist von daher zutiefst uneigennützig, nicht am persönlichen Wollen und an egoistischen Enthusiasmus orientiert (vgl. aber MartPol 4), sondern ordnet sich ganz dem Willen Gottes unter (MartPol 7,1 c). Die Parallele zur evangelischen Einsetzung der Eucharistie ergibt sich wohl erst vom Gebet in MartPol 14 her, das wie Joh 17 gleichermaßen Sterbegebet ist – und noch nicht aus MartPol 7,2.[54] Jedoch ist »dieses inspirierte Gebet … wegen des Motivs des Mahls hier als Tischgebet zu denken, dessen Bittgebet um die Kirche, wie wir es aus Did. 9,4; 10,5 kennen, ebenfalls erwähnt wird, 8,1: μνημονεύσας …«[55]

**7,3 b:** Die Rührung und Bewunderung der heidnischen Zuschauer findet sich auch in MartPol 2,2; 3,2; 7,2; 12,1 f.; 19,1 und ist traditionelles Element[56], das das vorbildliche und evangeliumsgemäße Verhalten des Bischofs abermals bestätigt: »Wenn von dem moralischen Eindruck die Rede ist, den das würdige Auftreten Polykarps auch vor Heiden hervorgerufen habe, so ist dabei nicht an eine tiefer gehende Wirkung gedacht (…), sondern es soll nur auf alle Weise der Ruhm seiner Person gefeiert werden, die allen künftigen Märtyrern

---

[50] HAMMAN, Prière II, 132.

[51] Vgl. DEHANDSCHUTTER, MartPol, 83 / MUSURILLO, Acts, 7. – Zum nach Osten ausgerichteten christlichen Gebet vgl. Tertull., ad nationes I,13,1; Origenes, de oratione 92; apologeticum 16,10; Clem. Alex., Stromat., VII,7: 43,7; MartPauli 5; Hermvis 4,1.3; Epiph., Pan. 19,3,5 f.; PassPerp 11,1; MartPionii 21,6. – Vgl. DEHANDSCHUTTER, MartPol, 83 Anm. 213 / GUYOT/KLEIN, Christentum I, 331 Anm. 30 / DÖLGER, Sol salutis / PETERSON, Gebet nach Osten.

[52] Gegen SCHOEDEL, Fathers, 61.

[53] Vgl. PolPhil 12,3 a: pro omnibus sanctis orate. Auch in Joh 17,1–26 betet Jesus für sich, für seine Jünger und für alle Gläubigen. Allerdings sehen REUNING, Erklärung, 19 und SEPP, MartPol, 12 keine Parallele zu Joh 17.

[54] Mit REUNING, Erklärung, 19 gegen MÜLLER, MartPol, 9, der das Gebet die Feier der Liturgie umfassen lassen will, worauf im Text aber nichts hindeutet.

[55] ROBINSON, Hodayot-Formel, 213.

[56] Vgl. 4 Makk 5,6; 6,11.13; 8,4; 12,2; 17,17.23; 2 Makk 7,12.24.29; MartApoll 45; MartPionii 5,1; PassPerp 9,1; 16; Act 6,8.15; 7,54; Mk 15,5; zumeist jedoch nach dem standhaften Verhalten im Verhör; in 2 Makk 7,17.37 und Dan 3,24–30 sogar mit Konversion der Verfolger.

als Muster gesetzt ist.«[57] Admiration der Verfolger meint keine Bekehrung, sondern bewundernde Zuschauer und überwundene Gegner (vgl. MartLugd 5,1,18) bilden den wirksamsten Hintergrund für ein κατὰ τὸ εὐαγγέλιον-Martyrium.

---

[57] CAMPENHAUSEN, Idee, 150. Vgl. SURKAU, Martyrien, 127: »Sind nun schon die Gegner voller Bewunderung, wieviel mehr die Gemeinde ...« – Vgl. die Formulierung bei IgnSm 12,2: ἀσπάζομαι τὸν ἀξιόθεον ἐπίσκοπον καὶ **θεοπρεπὲς πρεσβύτεριον**.

## 8,1–3: Polykarps Versuchung und Standhaftigkeit
## auf dem Weg zum Martyrium

8,1 a    Als er das Gebet beendet hatte, in dem er aller gedachte, die ihm jemals
begegnet waren, Kleiner und Großer, Bedeutender und Unbedeutender,
und der ganzen katholischen Kirche überall auf der Welt,

    b    und als die Stunde des Aufbruchs gekommen war, da setzten sie ihn
auf einen Esel und brachten ihn in die Stadt; es war großer Sabbat.

8,2 a    Und es kamen ihm entgegen der Eirenarch Herodes und dessen Vater
Niketes; sie nahmen ihn zu sich auf den Wagen, versuchten ihn, während sie neben ihm saßen, zu überreden und sagten:

    b    »Was ist denn Schlimmes dabei, zu sagen ›Herr ist der Kaiser‹, zu
opfern und die sich daraus ergebenden Dinge zu tun und sich so zu
retten?«

    c    Er aber antwortete ihnen zunächst nicht; als sie aber keine Ruhe ließen,
sagte er: »Ich werde nicht tun, was ihr mir ratet.«

8,3 a    Weil sie mit ihrem Überredungsversuch gescheitert waren, sprachen sie
schreckliche Worte gegen ihn aus und stießen ihn mit solchem Eifer
hinunter, daß er sich beim Absteigen vom Wagen das Schienbein verletzte.

    b    Doch er achtete nicht darauf, ging, als wäre ihm nichts zugestoßen,
bereitwillig weiter und wurde in das Stadion geführt; es herrschte aber
im Stadion ein solcher Lärm, daß niemand etwas zu hören vermochte.

*Lit.: Zum »großen Sabbat«:* DEVOS, P., »ΜΕΓΑ ΣΑΒΒΑΤΟΝ« chez Sainte Epiphane,
AnBoll 108/1990, 293–306 / RORDORF, W., Zum Problem des »großen Sabbats« im
Polykarp- und Pioniusmartyrium, in: Dassmann, E., / Frank, K.S., (Hgg.), Pietas,
FS B. Kötting, JAC.E. 8, Münster 1980, 245–249 / STROBEL, A., Ursprung und
Geschichte des frühchristlichen Osterkalenders, TU 121,(Ost-)Berlin 1977, 246–251
/ *Zum »κύριος καῖσαρ«:* DEISSMANN, G.A., Licht vom Osten. Das Neue Testament
und die neuentdeckten Texte der hellenistisch-römischen Welt, Tübingen 1908, 257 f.
/ KOEP, L., Antikes Kaisertum und Christusbekenntnis im Widerspruch, JAC 4/1961,
58–76 / PETERSON, E., ΕΙΣ ΘΕΟΣ. Epigraphische, formgeschichtliche und religions-
geschichtliche Untersuchungen, FRLANT 41, Göttingen 1926, 171 f. / *Zur Versuchung:*
BEYSCHLAG K., Das Jakobusmartyrium und seine Verwandten in der frühchristlichen
Literatur, ZNW 56/1965, 149–178: 174 f.

In Anknüpfung an MartPol 7 stellt der Absatz über die Versuchung des
Bischofs die ruhige und entschiedene Standhaftigkeit Polykarps in den Mittelpunkt. Gekräftigt durch das Gebet (MartPol 8,1 a) widersteht der Verhaf-

tete auf dem Weg ins Stadion (MartPol 8,1 b–3 b) der Versuchung – die in vielem dem Geschick Jesu Christi[1] und dem des Paulus (vgl. Act 21,27–40) entspricht –, dem christlichen Glauben abzuschwören (MartPol 8,2 b), auf standhafte und entschiedene Weise (MartPol 8,2 c.3 b), die weder durch Schmeichelei (MartPol 8,2 a) noch durch Beschimpfung und Bedrohung (MartPol 8,3 a) in Frage gestellt werden kann. Das standhafte Widerstehen aller Versuchungen ist dem MartPol so wichtig, daß es nicht nur Zentrum des Prozeßdialogs (MartPol 9–11) ist, sondern bereits in einer eigenen Versuchungsgeschichte vorab dargestellt wird.[2] Hier zeigt sich wieder die vorbildhafte, paränetische Gesamttendenz des MartPol, das in innerchristlicher Auseinandersetzung eine bestimmte Martyriumskonzeption proklamiert. Insbesondere MartPol 8,2 a.3 nehmen dabei Elemente des Aufspürens in MartPol 6 wieder auf (Ἡρῴδης: MartPol 6,2; 8,2 / σπουδή: MartPol 6,2;8,3 / ἄγω: MartPol 6,2;8,3), womit einmal mehr die Fraglichkeit einer Interpolation in MartPol 6,2 hervortritt.

*Literarkritisch* betrachtet setzt Eusebs Wiedergabe des MartPol nach inscriptio und MartPol 1,1 mit MartPol 8 wieder wörtlich ein.[3] Zwischen beiden Fassungen bestehen nur wenige, inhaltlich unbedeutende Unterschiede.[4] Hier beginnt ansatzweise in Form des Überredungsversuchs und der ablehnenden Antwort das dialogische Verhör-Element (MartPol 9–11), das konstitutiv und beherrschend in den späteren Märtyrerakten ist, in denen ein apologetisch-dialogisches Interesse vorherrscht. Vielleicht ist diese Form, die Euseb vertraut ist, der Grund dafür, daß Euseb hier wieder mit der wörtlichen Zitation einsetzt. Sicherlich bildet das Bekenntnis Χριστιανός εἰμι (vgl. MartPol 10,1; 12,1.2; 3,2) einen Höhepunkt jeder Martyriumserzählung, in den späteren Märtyrerakten aber bildet dieses Bekenntnis den ausschließlichen Mittelpunkt eines sicherlich so nicht historischen, oftmals auf Apologetik hin angelegten ausführlichen Dialogs.[5]

Die Evangeliumsparallelen insbesondere in MartPol 8,1 b incl. der Frage nach dem Esel und dem großen Sabbat haben ebenso zu Interpolationshypothesen Anlaß gegeben wie der angeblich gedoppelte Übergang von MartPol

---

[1] Vgl. zu den neutestamentlichen Anspielungen DEHANDSCHUTTER, MartPol, 248 f.

[2] Zu inhaltlich eher unbedeutenden Fragen der Textkritik des Kapitels vgl. wiederum DEHANDSCHUTTER, MartPol, 84 ff.

[3] Eus. h.e. 4,15,15: »τούτοις ἡ περὶ αὐτοῦ γραφὴ κατὰ λέξιν ὧδε πως τὰ ἑξῆς τῆς ἱστορίας ἔχει ...« (»das ihn betreffende Schreiben erzählt sodann den weiteren Verlauf seiner Geschichte wörtlich also: ...«).

[4] Vgl. die Synopsen bei: CAMPENHAUSEN, Bearbeitungen, 293–301 / DEHANDSCHUTTER, MartPol, 110–129. Euseb bietet: εἰς τὸ ὄχημα statt ἐπὶ τὴν καροῦχαν (MartPol 8,2 a), καὶ τὰ τουτοῖς ἀκόλουδα ist nach (ἐπι)θῦσαι ausgelassen (MartPol 8,2 b), πράττειν ersetzt ποιεῖν (MartPol 8,2 c), μετὰ σπουδῆς wird bzgl. Polykarps Gang ergänzt (MartPol 8,3 b) und τινα δύνασθαι ist durch πολλοῖς ersetzt (MartPol 8,3 b).

[5] Vgl. die folgenden formkritischen Erwägungen sowie: BERSCHIN, Biographie und Epochenstil / GÄRTNER, Acta Scilitanorum.

8,3b zu 9,1 mit je zweimaliger Erwähnung des Lärms und des Eintritts ins Stadion. Literarkritische Operationen sind aber weder hier noch da eindeutig ausgrenzbar und keineswegs zwingend, vgl. Einzelexegese.

*Formkritisch* betrachtet bildet der dialogische Teil des MartPol (8 und 9–11) keineswegs den die Darstellung dominierenden Stoff, wird nicht zum Selbstzweck mit apologetisch-langatmigen Redebeiträgen des Angeklagten. Im Mittelpunkt steht vielmehr die Darstellung der (wortkargen) Standhaftigkeit Polykarps οὐ μέλλω ποιεῖν, ὃ συμβουλεύετέ μοι (8,2cβ), sein beharrliches Schweigen (8,2cα) und widerständiges Bekennen (9,2c: αἶρε τοὺς ἀθέους / 10,1: Χριστιανός εἰμι, vgl. 12,1), zu dem er bestärkt worden ist (9,1: ἴσχυε, Πολύκαρπε, καὶ ἀνδρίζου). Längere Redebeiträge des Angeklagten werden kaum formuliert, Apologetik begegnet nur angedeutet (9,3b; 10,1.2; 11,1); denn Polykarp nimmt die Frage des Herodes zuerst gar nicht (ὁ δὲ τὰ μὲν πρῶτα οὐκ ἀπεκρίνατο αὐτοῖς, vgl. Mk 14,61) und dann nicht inhaltlich auf (vgl. das bewußt mißverstehende αἶρε τοὺς ἀθέους, MartPol 9,2). Allein die Standhaftigkeit bestimmt beide Dialoge von Anfang bis Ende: οὐ μέλλω ποιεῖν, ὃ συμβουλεύετέ μοι (8,2c) / φέρε, ὃ βούλει (11,2). Polykarps Standhaftigkeit erweist ihn als orthodoxes Vorbild in Abgrenzung von divergierenden Martyriumsverständnissen, vgl. etwa den Abfall des Phrygers Quintos in MartPol 4. Polykarp ist dargestellt als Vorbild für Christen, nicht als argumentierender Apologet gegenüber Heiden. Das dialogische (Verhör-)Element steht im MartPol noch ganz im Dienst der Erzählung (Brief-Martyrium) und beansprucht noch nicht, selbständiger Aussageträger zu sein (Acta-Form).

Formkritisch gehört MartPol 8,1a noch zum Enkomion[6] aus 7,2f.; es stellt lobend den Inhalt von Polykarps typischem und vorbildlichen Gebetsverhalten dar. Dann setzt sich in 8,1b der Bericht über Tätigkeiten Einzelner und ihr Geschick[7] fort, sowie in 8,2–3b der Märtyrerbericht, hier als Versuchungsbericht.[8] In 8,3b wird dann schon die in 9,1 fortgesetzte Audition[9] eingeleitet.

Der Versuchungsbericht bildet formkritisch eine Konflikterzählung[10], für die typisch ist, daß zwei gegensätzliche Positionen aufeinandertreffen und der Konflikt durch Flucht, Freilassung oder Ortsveränderung gelöst wird, hier: Absteigen vom Wagen und Eintreten in die Arena. »Bedeutungsvoll ist, daß alle Konflikterzählungen ... in Act jeweils Vorspiel für ein Martyrium sind«[11] – so auch in MartPol 8. Wie in Act die Apostel, so erhält auch Polykarp die Kraft zum Widerspruch (MartPol 8,2c vgl. Act 4,19f.; 5,29) durch Gebet (MartPol 8,1a vgl. Act 7,59f.) und Engelwort (MartPol 9,1 vgl. Act 5,19f.). Im Versuchungsbericht als typischem Teil eines Märtyrerberichts wird der

---

[6] Vgl. BERGER, Formgeschichte, § 99.
[7] A.a.O., § 91.
[8] A.a.O., § 97,7.
[9] A.a.O., § 75.
[10] A.a.O., § 87.
[11] BERGER, Formgeschichte, 324 unter Verweis auf: Act 4–6; Act 20,25.

Gerechte durch Leiden oder Versprechungen zum Abfall zu bringen versucht;
typisch sind die Verbindung von Imperativ(ischer Frage: τί γὰϱ κακὸν ἐστιν
εἰπεῖν· κύϱιος καῖσαϱ …) und Erfolgszusage sowie das Verb »sich retten«
(διασώζεσθαι).[12]

Typischer Sitz im Leben für die christliche Versuchungsgeschichte im
Kontext einer Martyriumsdarstellung ist das Bemühen um Vorbilder für die
Bewahrung des christlichen Glaubens bis in den Tod in der frühchristlichen
Paränese[13] sowie die Verhinderung eines Wiederabfalls von Neubekehrten.[14]
Den Kern bildet das Versuchungsgespräch[15] als eine Dialoggattung[16], das mit
Hilfe des typisch gerechten und des typisch ungerechten Gesprächsteilnehmers
zwei gegensätzliche Wege aufzeigt.[17] Schon MartPol 3 f. schildern exem-
plarisch zwei Wege. Das Versuchungsgespräch als Streitgespräch[18] gehört
letztlich der Makrogattung Chrie[19] an, mit der vor allem gemeindeinterne
Probleme zur Sprache gebracht werden.[20] Erneut bestätigt sich damit, daß
MartPol eine innerchristliche Auseinandersetzung um das richtige Martyriumsverhalten widerspiegelt. Exemplarisch und radikal verteidigt MartPol den
martyriumstheologischen Standpunkt: οὐ μέλλω ποιεῖν, ὃ συμβουλεύετέ μοι
(MartPol 8,2 c).

Formkritisch vergleichbar mit der Versuchung (außerhalb des Verhörs) in
MartPol 8 sind vor allem die Makkabäer-Martyrien (2 Makk 6,21 f.29; 7,24 ff.
/ 4 Makk 5,6; 6,12–16; 8,4–8; 9,16; 10,1.13; 12,3–9) und MartPerp (3,1 f.;
5,1 ff.; 6,1 ff.; 9,2), wo Perpetuas Vater gleich viermal versucht, seine Tochter
zu bewahren und zum Abfall vom christlichen Glauben zu bewegen.[21] Vgl.
ferner: MartJes 5,8 ff.; ActCarpi 4; 43.

**8,1 a:** Polykarps Gebet (vgl. Joh 17), das ihn stärkt und in dem er mit seiner
Situation ringt, kennzeichnet ihn als »voll der Gnade Gottes« und als »gott-

---

[12] A. a. O., 337. Vgl. 4 Makk 5,5–13; 6,14 f.: τί τοῖς κακοῖς τούτοις … ἀπόλλεις, Ἐλεάζαϱ; …
σώθητι.

[13] A. a. O., 338.

[14] Nach PassPerp 2,1; 3,5 werden die dortigen Märtyrer zu Beginn der Haft getauft, vgl.
HABERMEHL, PassPerp, 47 f.

[15] Vgl. BERGER, Gattungen, 1308 ff.

[16] Vgl. BERGER, Formgeschichte, § 71. – Das Verhör in MartPol 9–11 bildet einen »amtlichen
Dialog«, vgl. BERGER, Formgeschichte, 255. – Bei dem Versuchungsgespräch handelt es sich um
einen Dialog außerhalb des eigentlichen, amtlichen Verhörs, vgl. PassPerp 3,1 ff.; 4,1 ff.; 5,1 ff.;
15,3; MartPionii 6,1–5; 10 ff.; 15 ff.; MartFruct. 1,2; MartMarcell. 1 f.; MartFelix 1; vgl.
HOFFMANN, Dialog, 45.

[17] Vgl. zur Auseinandersetzung zwischen Perpetua und ihrem Vater: HABERMEHL, PassPerp,
63: »Unausweichlich und unversöhnlich treffen zwei Wertwelten aufeinander.«

[18] Vgl. BERGER, Gattungen, 1305 ff.

[19] Vgl. BERGER, Formgeschichte, §§ 25–29.

[20] Vgl. a. a. O., 86.

[21] Vgl. dazu HABERMEHL, PassPerp, 55–63. – Im Prozess (6,1–6) hingegen gibt es »keine
Diskussion, keine Überredungsversuche von offizieller Seite, keine Apologien.« (a. a. O., 48).

gefälligen Greis« (MartPol 7,3). Das Ende des Gebets (8,1 aα) ist grundsätzlich auf andere hin ausgerichtet (8,1 aβ); es hat fürbittenden Charakter und
zielt nicht auf das eigene Wohlergehen oder dasjenige besonders Auserwählter
(μεγάλων / ἐνδόξων), sondern auf die ganze katholische[22] Kirche. Das zweistündige, inspirierte Gebet aus MartPol 7,3 ist wegen des Mahl-Motivs als
Tischgebet vorzustellen; dann bildet MartPol 8,1 das dazu passende Bittgebet
für die Kirche, wie wir es aus Did 9,4; 10,5 kennen.[23] Schon MartPol 1,2b
hatte mit der Anspielung auf Phil 2,4 das nur eigene Wohlergehen und die
nur individuelle Rettung ausgeschlossen: μὴ μόνον σκοποῦντες τὸ καθ᾽ ἑαυτούς,
ἀλλὰ καὶ τὸ κατὰ τοὺς πέλας ... μὴ μόνον ἑαυτὸν θέλειν σώζεσθαι, ἀλλὰ καὶ
πάντας τοὺς ἀδελφούς. Auch die Kritik an dem Phryger Quintos in MartPol
4 liegt auf dieser Linie, zumal der Akzent der montanistischen Orakel »auf
der individuellen Errettung und Belohnung«[24] liegt. Dem kontrastieren die
fürbittenden Gebete Polykarps. Die Rücksicht auf den schwächeren Bruder
schränkt allen Märtyrerenthusiasmus ein; Fürbitte und Fürsorge erscheinen
notwendig. »Selbst wenn es dem Mutigen gelingen mag, das selbstgewählte
Martyrium unerschüttert zu bestehen, so ist er doch für die anderen mitver-
antwortlich, die er möglicherweise mit sich reißt, und die den gleichen
Anforderungen vielleicht noch nicht gewachsen sind.«[25]

Auffällig erscheint neben dem grundsätzlich fürbittenden Charakter des
Gebets insbesondere die gleiche Beachtung, die der Bischof in chiastischer
Formulierung Kleinen wie Großen, Bedeutenden wie Unbedeutenden zukom-
men läßt. In Anlehnung an den Sprachgebrauch der Septuaginta bedeutet »die
Zusammenstellung von ›klein und groß‹ eine Umschreibung für ›alle‹, z. B.
Nu 22,18; Jer 6,13; Ps 103,25; 113,21; 1 Makk 5,45 (ἀπὸ μικροῦ ἕως
μεγάλου).«[26] Für dieses Verständnis spricht die Fortsetzung καὶ **πάσης** τῆς
κατὰ τὴν **οἰκουμένην καθολικῆς** ἐκκλησίας. Oder es schwingt die besondere
jesuanische Hochachtung der μικροί mit[27] (z. B. Mt 10,42; 18,6.10.14), wogegen aber der dortige unkontrastierte spezielle Sprachgebrauch **οὗτοι** οἱ
μικροί spricht. Auch die καθολικὴ ἐκκλησία spricht für die erste Deutung;
denn der Ausdruck meint hier auf Grund seiner Zusätze wie bei IgnSm 8,2
»nicht die katholische Kirche im Gegensatz zu schismatischen Gemeinschaften

---

[22] Καθολικὴ ἐκκλησία wie in MartPol inscr. und 19,2 im Sinne von »ökumenisch«, wohl
weniger im Sinne von »orthodox«, so aber MartPol 16,2, vgl. Dehandschutter, MartPol,
102 f.

[23] Vgl. Robinson, Hodajot-Formel, 213.

[24] Frend, Art. Montanismus, TRE, 274.

[25] Campenhausen, Martyrium in der Mission, 81. Ebd.: »Man hört aus solchen Darlegungen
vor allem die berechtigte Sorge einer verantwortlichen Kirchenleitung heraus, die es nicht dulden
kann, daß einzelne Heroen der Frömmigkeit durch ihr provozierendes Auftreten und durch ihr
Vorbild eine ganze Gemeinde in Gefahr bringen.«

[26] Michel, Art. μικρὸς κτλ., 651, vgl. 653 Anm. 13. – Im NT vgl. Act 8,10; 26,22 / Hebr.
8,11 / Apc 11,18; 13,16; 19,5.18; 20,12.

[27] Vgl. Michel, Art. μικρὸς κτλ., 652–658 / Légasse, Art. μικρός, 1051 f.

(...), sondern die allgemeine Kirche, die in die Einzelkirchen zerfällt.«[28] Gleichwohl vermengen sich alsbald die »ökumenische« und die »orthodox-rechtgläubige« Bedeutung der καθολικῆς ἐκκλησίας, wie sie sich schon in MartPol (inscr. / 5,1 / 8,1 / 16,2 / 19,2) andeutet. So spricht etwa der antimontanistische Anonymus (Eus. h. e. 5,16,9) von den Lästerungen der Montanisten gegen τὴν ... καθόλου καὶ πᾶσιν τὴν ὑπὸ τὸν οὐρανὸν ἐκκλησίαν.[29] Μνημονεύειν begegnet häufig bei Ignatius, besonders als Fürbitte im Gebet, vgl. IgnMagn 14,1.[30]

**8,1 b:** MartPol 8,1 b–3 b setzt die Erzählung mit dem Bericht über das weitere Geschick Polykarps fort, hier in Form einer Konflikterzählung.[31] Auch Mart-Pol 8 ist vielfältig von κατὰ τὸ εὐαγγέλιον-Anspielungen durchzogen. Selbst Campenhausen[32] gibt zu: »Ich finde jetzt nur noch eine einzige Stelle im ganzen Martyrium, bei der die gewollte Erinnerung an die Passion allerdings nicht zu überhören ist ...: ›Als die Stunde gekommen war (Joh 17,1) hinaus-zugehen, setzten sie ihn auf einen Esel (Joh 12,14) und führten ihn in die Stadt; es war aber ein großer Sabbat[33] (Joh 19,31)‹.« Schon in 8,1 a wird Polykarp im (fürbittenden) Gebet wie der Herr dargestellt (vgl. Joh 17). Mit weiteren Anspielungen will MartPol ein evangeliumsgemäßes Martyrium schil-dern[34]: τῆς ὥρας ἐλθούσης (vgl. Joh 17,1; Lk 22,53), ὄνος (Mt 21,2.7; Mk 11,7; Lk 19,28–40; Joh 12,14 f.), ὄντος σαββάτου μεγάλου (vgl. Joh 19,31; Eus. h. e. 2,23,10: MartJacobi).

Der Esel, beim Einzug Jesu zu seiner Passion in Jerusalem noch Erfül-lungzeichen einer messianischen Weissagung, dient hier nur mehr dem Ge-danken der konstruierten Gleichheit zwischen Jesus und dem Märtyrer, selbst wenn der Eselsritt den Weg ins Stadion neben Wagenfahrt (8,2 a) und Fuß-marsch (8,3b) unnötig verkompliziert.[35] Die schiefen Evangeliumsparallelen bilden eine literarische Intention, die mißversteht, wer historisch fragt: »Wo ist der Esel geblieben? Die begleitende Wache wird ihn doch nicht einfach zurückgelassen haben ...«[36] Auch die Deutung des Esels als Folterwerkzeug (=eculeus / Folterpferd)[37] erscheint abwegig und entspricht nicht dem Kon-

---

[28] BAUER/PAULSEN, Ignatius, 96. Vgl. REUNING, Erklärung, 20 ff. / zu IgnSm 8,2 vgl. STOCK-MEIER, Begriff.

[29] Weitere Belege bei KEIM, Urchristenthum, 114–119.

[30] Vgl. MICHEL, Art. μιμνῄσκομαι, 687.

[31] Vgl. BERGER, Formgeschichte, § 87.

[32] Bearbeitungen, 265. Ähnlich CONZELMANN, Bemerkungen, 15.

[33] Vgl. DEHANDSCHUTTER, MartPol, 233; 249. Als Interpolation verdächtigt bei: CAMPEN-HAUSEN, Bearbeitungen, 265 / CONZELMANN, Bemerkungen, 15 / SCHOEDEL, Fathers, 61.

[34] Vgl. DEHANDSCHUTTER, MartPol, 248 f. / MÜLLER, MartPol, 9.

[35] Vgl. SURKAU, Martyrien, 130 Anm. 117.

[36] CAMPENHAUSEN, Bearbeitungen, 265.

[37] Eine Maschine, auf der die verrenkten Gliedmaßen durch Anspannen gestreckt wurden. So E. LEBLANT, Actes, 217, der unterstellt, die entsprechenden Folterausdrücke seien von den Verfassern und Bearbeitern der Märtyrerakten nicht verstanden worden. Vgl. dazu EGLI, Mar-

text; denn zum einen ist ὄνος als Äquivalent zu eculeus nicht belegt[38] zum anderen paßt der Esel als Reittier sowohl von der κατὰ τὸ εὐαγγέλιον-Stilisierung wie auch vom Kontext her sehr gut in eine Szene, in der Polykarp *auf dem Weg* zum Verhör geschildert wird. Schließlich ist von Polykarp selbst – wohl aber summarisch von den anderen Märtyrern, vgl. MartPol 2,2 – im Verhör keine Folterung geschildert.

Ähnlich historistisch und die literarische Intention mißachtend mutet eine Datierung[39] des MartPol an, die sich am ὄντος σαββάτου μεγάλου[40] festmacht. Denn »in dieser Parallelisierung (= mit Jesus Christus) ist meines Erachtens der Schlüssel zu suchen für die verwickelte chronologische Schwierigkeit, die das σάββατον μέγα als Todestag des Polykarp im Gefolge hat ... Der Hagiograph ... mag sich um die daraus entstehenden Bedenken einer um vieles historischer und kritischer gerichteten Zeit wenig Sorge gemacht haben.«[41]

In der Forschung[42] stehen sich zwei Deutungen des σαββάτου μεγάλου gegenüber, die teilweise mit Früh- und Spätdatierung des MartPol verbunden erscheinen. Die einen interpretieren den »großen Sabbat« quartodezimanisch in Anlehnung an Joh 19,31 als 15. Nisan als Tag der Verurteilung und Hinrichtung Jesu, also als Ausdruck für Pascha- und Osterfest[43] und damit als bewußte κατὰ τὸ εὐαγγέλιον-Anspielung.[44] Die anderen[45] halten ihn für einen gewöhnlichen Sabbat und erachten das Adjektiv μέγα als spätere Interpolation (nach Joh 19,31), die die Passion Jesu Christi mit der des Polykarp parallelisieren will[46], oder aber für einen gewöhnlichen Wochentag ohne

---

tyrien, 68 / DEHANDSCHUTTER, MartPol, 135. – Vgl. zu den Foltergeräten: VERGOTE, Art. Folterwerkzeuge, 133–137

[38] Als Äquivalent dienen ξύλον oder ἑρμητάριον, vgl. VERGOTE, Art. Folterwerkzeuge, 135 f.

[39] Zur umfänglichen Datierungsfrage des MartPol vgl. den jüngsten Forschungsüberblick bei DEHANDSCHUTTER, Research, 497–503 sowie HENTEN, Einfluß, 701 ff. / KARPINSKI, Annua Dies, 40 Anm. 2 / DEHANDSCHUTTER, MartPol, 201–204.

[40] Zur Bezeichnung vgl. Joh 19,31. Vgl. ferner Hebr 4,8; Barn 15. – Den Karsamstag bezeichnet Johannes Chrysostomos, In psalmum 145 (PG 55,519) erstmals als »großen Sabbat«.

[41] MÜLLER, MartPol, 10. – Z.B. gegen RAUSCHEN, Märtyrerakten, 13 Anm. 1: »An den Karsamstag, den zuerst Joh. Chrysostomus σάββατον μέγα nennt (...), kann hier nicht gedacht werden, weil einerseits der Artikel fehlt und andererseits das Datum in Kap. 21 (23. Febr.) dagegen spricht.«

[42] Vgl. RORDORF, Problem, 245 f.

[43] Etwa HILGENFELD, MartPol, 154–159 / MUSURILLO, Acts, 9 Anm. 10 / BASTIAENSEN, Atti, 376 / STROBEL, Osterkalender, 247.

[44] Vgl. HENTEN, Einfluß, 702 Anm. 7: »Daß in MartPol. von einem großen Sabbat gesprochen wird (Pesach / Purimfest), muß als eine der vielen konstruierten Parallelen zwischen dem Martyrium des Polykarp und dem Leiden und Sterben Jesu Christi angesehen werden (vgl. Joh 19,31).«

[45] Etwa SCHWARTZ, Ostertafeln, 127 / CAMELOT, Ignace, 252 Anm. 3.

[46] Bzw. halten den ganzen Ausdruck für einen sekundären Einschub: KEIM, Urchristenthum, 103–106: »Soviel ist sofort sicher, dass der große Sabbat der Titel einer bedeutenden jüdischen oder christlichen Feier ist und am ehesten der jüdisch-christlichen Osterzeit angehört ...« (103).

jüdischen Unterton, wobei das Adjektiv μέγα nur auf ein mit diesem Sabbat verbundenes Fest, insbesondere das heidnische Terminalien-Fest verweise, das am 23. Febr. gefeiert werde und am ehesten die Menschenmenge erkläre[47], oder deuten den »großen Sabbat« einfach als »Sonntag« im Gegensatz zum μικρὸν σάββατον (Samstag).[48]

Für die erste Deutung sprechen folgende Argumente: 1) MartPol ist durchgängig von den κατὰ τὸ εὐαγγέλιον-Parallelen durchzogen; deshalb besteht kein Grund, den »großen Sabbat« zu isolieren und als spätere Interpolation auszugrenzen. Auch »schiefe« Parallelen[49] werden vom Verfasser bewußt in Kauf genommen; denn während Jesus nach den Synoptikern und auch nach Joh (19,14.31.42) an παρασκευή stirbt, stirbt Polykarp am Sabbat. Gerade diese schiefen Parallelen aber sind so auffällig, daß ihnen im MartPol ein besonderer Sinn unterstellt werden darf: sie sind »nie völlig deckungsgleich, so daß der gebührende Abstand zwischen Polykarp und Jesus Christus gewahrt wird. Dieses Vorgehen ist so auffällig, daß anzunehmen ist, daß es bewußt vom Autor gewählt wurde.«[50] 2) Auch MartPol 21 spricht vom σαββάτῳ μεγάλῳ. Das Adjektiv müßte dann auch hier interpoliert sein und die Datierung auf den 23. Febr. bedeutete dann schon hier einen inneren Widerspruch. 3) Auch MartPionii 2,1; 3,6 bieten μέγα σάββατον. 4) Die Menschenmenge in MartPol ist bewußt jüdisch gezeichnet (MartPol 12,2; 13,1; 17,2; 18,1); der Rekurs auf das heidnische Terminalien-Fest von daher wenig naheliegend, jede nicht-jüdische Deutung unwahrscheinlich. 5) Die kleinasiatischen Christen (und besonders Polykarp!) waren Quartodezimaner[51] – nach Joh 19,31 fällt der Sabbat auf den 15. Nisan. 6) Formkritische Erwägungen zeigen, daß das Datum symbolisch sein dürfte, »vgl. den ›großen Sabbat‹ samt ›Herodes‹ in MartPol 8,1 ff. (c. 21) = ActPion 2,1 (c. 23) = MartSabae 3,5 f.; 7,6 (Passafeier, vgl. Petrus nach Ep apost 15; ...), ebenso MartJac b. Hegesipp, Eus. h. e. II, 23,10. Es ist stets der Todestermin Jesu. Bei der Frage des Todesdatums des Polykarp wird die Angabe neuerdings mit Recht zurückgestellt.«[52] 7) Als internes Indiz: »Auf dem Scheiterhaufen (c. 14,2) dankt Polykarp Gott, dem Vater Jesu Christi dafür, dass er ihn

---

– Diese Auffassung teile ich mit KEIM, aber nicht die Vermutung sekundären Einschubs bzw. der Spätdatierung des MartPol überhaupt. / GREGOIRE, date, 12 f. Anm. 2 / CAMPENHAUSEN, Bearbeitungen, 265 / SCHOEDEL, Fathers, 61 / CONZELMANN, Bemerkungen, 15.

[47] Vgl. SEPP, MartPol, 13 f. / SEPP, Datum / RORDORF, Problem. – Referiert bei DEHANDSCHUTTER, Research, 500 f., kritisiert bei BOEFT, Notiunculae IV, 108.

[48] Vgl. LAMPE, Lexicon, 1220 / BRIND'AMOUR, date. – Aber Belege für diese Deutung finden sich erst im 4. Jh. (Epiphanius), vgl. kritisch: DEHANDSCHUTTER, Research, 501 / DEVOS, ΜΕΓΑ ΣΑΒΒΑΤΟΝ.

[49] Vgl. SCHOEDEL, Fathers, 61: »only very tennous parallels«.

[50] HENTEN, Einfluß, 715. Ähnlich DEHANDSCHUTTER, Research, 514.

[51] Polykarp hat zur Klärung des quartodezimanischen Osterfeststreits Bischof Anicet von Rom besucht (vgl. Irenäus, Adversus haereses 3,3.4 / Eus. h. e. 5,24).

[52] BEYSCHLAG, Clemens, 245 Anm. 3.

*dieses Tages* und *dieser Stunde* gewürdigt hat, in der Zahl der Märtyrer Antheil
zu nehmen am Kelche Christi; eine Lobpreisung des Tages und der Stunde,
die durch die Beziehung auf den in diesen Tagen gestorbenen Herrn immerhin
einen volleren und grösseren Sinn erhält, als wenn sie der Märtyrerstunde
überhaupt ohne die Nähe des Todestages Jesu gelten sollte.«[53] – Wenn man
die erste Deutung teilt, dann ist der »große Sabbat« für die Datierungsfrage
des MartPol weitgehend bedeutungslos.

**8,2 a:** Die Versuchung geschieht klassisch mit »Zuckerbrot und Peitsche«.
Zunächst stellen sich der Eirenarch Herodes (Evangeliumsanspielung, vgl.
MartPol 6,2) und dessen Vater Niketes, der in MartPol 17,2 im Zusammenhang der Freigabe des Leichnams erneut begegnet, mit dem Bischof auf eine
Stufe, kommen ihm entgegen, holen ihn schmeichelnd hoch auf den Wagen[54],
die Staatskarosse[55], und setzen sich neben ihn. Der term. techn. für den
folgenden Überredungsversuch πείθω (MartPol 3,1 c; 4 b; (5,1); 8,2 a. 3 a;
9,2 b; 10,2 a) wird bis auf 5,1 im MartPol im üblen Sinne von »beschwatzen«
bzw. »verführen« gebraucht. Nach dem Scheitern ihrer Bemühungen folgen
Beschimpfung, Bedrohung und Verstoßen (vom Wagen).

Eirenarchen sind seit der Zeit Trajans als Polizeibeamte für größere Di-
strikte in Kleinasien belegt. Es handelt sich um ein Ehrenamt, das sich aus
den wohlhabenden Grundbesitzern der größeren Städte rekrutiert und jeweils
vom Prokonsul Asiens für ein Jahr auf Vorschlag der Städte bestimmt wird.
Der Eirenarch hat eine polizeiliche, keine richterliche Funktion; zur Aufrechterhaltung der öffentlichen Ordnung und insbesondere des Habhaftwerdens

---

[53] KEIM, Urchristenthum, 104. – Auch spricht für eine Deutung von Joh 19,31 her die auch
sonstige »unverkennbar sagenhafte Versetzung … mit johanneischen Traditionen« (a. a. O., 113):
MartPol 8,1 vgl. Joh 17 (Gebet) / MartPol 8,1: τῆς ὥρας ἐλθούσης vgl. Joh 17,1: πάτερ, ἐλήλυθεν
ἡ ὥρα / MartPol 9,1 vgl. Joh 12,28 (Himmelsstimme) / MartPol 16,1 vgl. Joh 19,34 (Lanzenstich
und Blutung). – So kann »kein Zweifel sein, dass der Verfasser gerade auf diese so wunderbaren
wie ungeschichtlichen Aehnlichkeiten des Todes des Ideal-Märtyrers mit dem Tod des grossen
Vorgängers den entschiedensten Nachdruck legte.« (a. a. O., 113.).

[54] Das Motiv der Wagenfahrt findet sich später in den *Acta Cypriani* wieder: wie Polykarp
fährt der afrikanische Bischof auf einem Wagen zwischen den *principes*. »Diese Beziehung der
*Acta Cypriani* zum Polykarp-Martyrium stellt einen weiteren Beleg für die … Beziehung
Cyprians zur Smyrniotischen Hagiographie dar und zeigt, daß … Motive der *documenta fidei*
gewandert sind.« (WISCHMEYER, Cyprianus Episcopus 2, 409 Anm. 9 unter Verweis auf V. Saxer.)

[55] Καροῦχα, lat. carucca, meint einen bequemen, vierrädrigen »Wagen mit Bedachung, den
besonders Würdenträger und Damen für Reisen benutzten. Die Bereitstellung eines solchen
Wagens durch die heidnischen Behörden ist ein Beweis für das Ansehen des Polykarp.«
(GUYOT/KLEIN, Christentum I, 331 Anm. 32). – Eus. h. e. 4,15 f. ersetzt den Latinismus καροῦχα
durch das gebräuchlichere ὄχημα, vgl. dazu SCHWARTZ, Pionio, 10 f. / SEPP, MartPol, 15 f. /
DEHANDSCHUTTER, MartPol, 35. Vgl. in diesem Zusammenhang auch Eusebs Ersetzen von
ποιεῖν durch πράττειν in V. 9 (= MartPol 5,1) und V. 16 (= MartPol 8,2). – BEYSCHLAG,
Jakobusmartyrium, 174 Anm. 47 mutmaßt rein spekulativ auf Grund von MartSabae 4,6, »der
Wagen des Herodes könnte ursprünglich Polykarps Gefährt gewesen sein, … der Esel des
Einzugs wird ihn verdrängt haben.«

von Räubern (vgl. ὡς ἐπὶ λῃστὴν τρέχοντες, MartPol 7,1 vgl. Mk 14,48parr)
sind ihm als Exekutivorgane die διωγμῖται (vgl. MartPol 7) unterstellt. Nach
der Verhaftung muß der Eirenarch ein Verhör durchführen und in einem
Protokoll festhalten, das dem weiteren Tribunal (vor dem Prokonsul) dient.[56]

**8,2b:** Polykarps Versuchung durch die beabsichtigte Überredung des Eirenarchen Herodes noch vor dem Prozeß findet ihre Fortsetzung innerhalb des
Prozeß-Verhörs in einem weiteren Überredungsversuch durch den Prokonsul,
der u. a. mit Verweis auf sein Alter den Bischof umzustimmen beabsichtigt
(MartPol 9,2b). Beide Überredungsversuche und ihre Antworten zielen nicht
auf eine apologetische Verteidigung des christlichen Glaubens wie in den
späteren Märtyrerakten[57], etwa durch eine ausführliche Antwort auf die Frage
τί γὰρ κακόν ἐστιν εἰπεῖν: Κύριος καῖσαρ; Vielmehr wird Polykarps wortkarge
Antwort (8,2cβ / zu 8,2cα οὐκ ἀπεκρίνατο αὐτοῖς vgl. Mk 14,61 ὁ δὲ ἐσιώπα
καὶ οὐκ ἀπεκρίνατο οὐδέν) und seine Standhaftigkeit dem Abfall des Phrygers
Quintos (MartPol 4) gegenübergestellt; denn πείθειν und ἐπιθύειν begegnen
auch in MartPol 4. (Δια)[58]-σῴζεσθαι kann demzufolge nach MartPol weder
durch Abfall vom Glauben gelingen (εἰπεῖν: Κύριος καῖσαρ καὶ ἐπιθύσαι) noch
durch das Drängen zum Martyrium im Sinne des μόνον ἑαυτὸν θέλειν **σῴζεσθαι** (MartPol 1,2), das sich beides exemplarisch in der Person des Phrygers
Quintos verbindet (MartPol 4), sondern allein durch Jesus Christus τὸν
βασιλέα μου τὸν **σώσαντα** με (MartPol 9,3 vgl. 17,2).

Auf fast schmeichelnde Weise formuliert die römische Obrigkeit die Ver-
suchungsfrage, die aber mit ihrer Kaiser-Akklamation κύριος καῖσαρ – wenn
auch politisch und nicht religiös gemeint – vom Bischof als in direktem
Widerspruch zum christlichen Bekenntnis κύριος Ἰησοῦς und zum christlichen
Monotheismus stehend empfunden werden muß (vgl. 1 Kor 8,5f.; 12,3; Röm
10,9; Phil 2,11).[59] Auch bei der Angabe des Datums in MartPol 21 fällt auf,
wie jede κύριος καῖσαρ-Assoziation vermieden wird; denn nach Monat, Tag,
Stunde und Angabe des Hohepriestertums und Prokonsulats erscheint nicht
die zu erwartende Angabe des Kaiserjahrs, sondern: βασιλεύοντος δὲ εἰς τοὺς
αἰῶνας Ἰησοῦ Χριστοῦ ᾧ ἡ δόξα, τιμή, μεγαλωσύνη, θρόνος αἰώνιος ἀπὸ γενεᾶς
εἰς γενεάν ἀμήν.[60]

---

[56] Vgl. HIRSCHFELD, Sicherheitspolizei, 867–873.

[57] Vgl. nur: ActScil 2; 6; 9; ActApoll 2; 4–6; 8 f.; 14–22; ActJust 2,2–6; ActCarpi 7 f.; 10; 12.

[58] Das Kompositum meint die Rettung des leiblichen Lebens, vgl. 1 Clem 9,4; 12,5 f.

[59] Vgl. ActApoll 3 / ActaMaximiliani 2,8 f. / PassioCrispinae 1,1; 2,4 / ActScil 5 f.: Saturninus
dixit: »… sed potius iura per genium domini nostri imperatoris. Speratus dixit: Ego imperium
huius seculi non cognosco …« – Tert., Apol 34,1 schränkt dahingehend ein, daß er den
dominus-Titel des Kaisers akzeptiert, aber nicht im Sinne »Herr an Gottes statt«. – Auch den
Juden erscheint der Titel κύριος / dominus als Gotteslästerung, vgl. Josephus, Bell. Jud. 7,10,1.
– Vgl. KOEP, Kaisertum, 60 f. / PETERSON, ΕΙΣ ΘΕΟΣ, 172 / DEISSMANN, Licht, 257 f.

[60] Vgl. DEISSMANN, Licht, 258 Anm. 1.

Die Antithese zwischen Kaiser- und Gottesherrschaft ist überdeutlich; dennoch schwingt in der Frage des Eirenarchen τί γὰρ κακόν ἐστιν ... eine gewisse Großzügigkeit und ein Formalismus mit, als handle es »sich um eine letztens religiös unerhebliche Gehorsamsleistung.«[61] Das mag man als Entgegenkommen gegenüber den Christen deuten; die Römer hatten kein Interesse daran, religiöse Märtyrer zu schaffen, glaubten aber auf politischem Gehorsam bestehen zu müssen. Und immerhin bietet der Eirenarch Herodes Polykarp die Chance, sich zu retten; das geschieht so explizit nicht zwischen Jesus und Herodes Antipas (vgl. Lk 23,6–12; vgl. aber Joh 19,12: Pilatus).

Polykarps einzige Rettung besteht darin, den Kaiser als Herrn anzuerkennen (κύριος καῖσαρ), was der Aufforderung im Verhör entspricht: ὄμοσον τὴν καίσαρος τύχην, MartPol 9,2b.3; 10,1. Darüberhinaus soll er opfern (ἐπιθῦσαι)[62] – beides hat der abgefallene Phryger Quintos getan[63] und noch weitere Dinge tun.[64] Was gemeint ist, erläutert sich von Plinius, Ep. 10,96,5 und Tertull., Apol. 30 her: diejenigen, die leugnen, Christen zu sein, müssen demütig opfern mit Weihrauch und Wein vor dem Bilde des Herrschers und den Göttern. »Die Erzählung setzt ein Dekret voraus, das von den vor dem Prokonsul geführten Christen verlangt, den Kaiser ›Herr‹ (κύριος) zu nennen (8,2), ein Opfer darzubringen (8,2; vgl. 4; 12,2), die Christen zu verwünschen (»weg mit den Gottlosen«, 9,2), bei der *Fortuna* des Kaisers zu schwören (9,2–10,1; vgl. 4) und Christus zu beschimpfen (9,3).«[65]

**8,2c:** Polykarp bleibt wortkarg und standhaft. Zum Schweigen des Bischofs vgl. Jesu Verhalten (Mk 14,61; 15,4f.; Mt 26,63; Joh 19,9). Auch hier wieder die Parallele zum Evangelium wie auch die entschiedene kurze Antwort.[66]

**8,3a:** Σπουδή eignet vor allem den Verfolgern des Polykarp (vgl. MartPol 6,2; 7,2); die Lesart προθύμως μετὰ σπουδῆς ἐπορεύετο[67] erscheint deshalb

---

[61] KOEP, Kaisertum, 73.– Vgl. 4 Makk 6,14f.: τί τοῖς κακοῖς τούτοις ... ἀπόλλεις, Ἐλεάζαρ; ... σώθητι. Vgl. 4 Makk 5,5–13 / MartConon. 4,4 / ActJulii 2,1: Quid enim grave est turificare et abire?

[62] Vgl. MartPerp 6: ἐπίθυσον ὑπὲρ σωτηρίας τῶν αὐτοκρατόρων.

[63] Vgl. MartPol 4b: τοῦτον ὁ ἀνθύπατος πολλὰ ἐκλιπαρήσας ἔπεισεν ὀμόσαι καὶ ἐπιθῦσαι.

[64] Καὶ τὰ τούτοις ἀκόλουθα findet sich nicht bei Eus. h. e. 4,15,15. Im MartPol findet sich eine ähnliche Formulierung noch in 9,2b: λέγων: Αἰδέσθητί σου τὴν ἡλικίαν, καὶ ἕτερα τούτοις ἀκόλουθα sowie 12,1a ταῦτα δὲ καὶ ἕτερα πλείονα λέγων.

[65] HENTEN, Einfluß, 715. Vgl. KOEP, Kaisertum, 61.

[66] Vgl. Mk 14,62. – Vgl. auch MartPol 6,1–6: »Es gibt keine Diskussion, keine Überredungsversuche von offizieller Seite, keine Apologien. Verglichen mit dieser Szene wirkt der Prozeßbericht in den *Akten der Scillitanischen Märtyrer* beinahe episch. Es ist der auffälligste Unterschied der beiden (wesentlich kürzeren) *Acta* zur *Passio*, daß diese den Prozeß ins Zentrum stellen und zum veritabeln Drama ausmalen. Unter Perpetuas Feder reduziert sich die Verhandlung auf eine minimalistische Abklärung der Fronten, ...« (HABERMEHL, Perpetua, 48 f.). – Auch in 4 Makk 6,17–22 folgt auf Eleazars »Nein!« noch eine ausführliche Begründung.

[67] Favorisiert von DEHANDSCHUTTER, MartPol, 108 f. mit Eus. h. e. 4,15,16.

nicht als primär, vielmehr als eine sprachliche Dopplung zu μετὰ σπουδῆς καθῆρουν.[68] Der Vers spiegelt die Wut und den Zorn des Eirenarchen wider, dessen Überredungsversuch scheitert. So verwandelt sich das Wohlwollen in Übelwollen, vgl. 2 Makk 6,29: τῶν δὲ ἀγόντων πρὸς αὐτὸν τὴν μικρῷ πρότερον εὐμένειαν εἰς δυσμένειαν μεταβαλόντων ... Die δεινὰ ῥήματα mögen Beschimpfung und Bedrohung umfassen.

Der Stoß vom Wagen und die Schienbeinverletzung können schon als Beginn der Folter verstanden werden, die in Martyriumsdarstellungen oft nachdrücklich und breit geschildert wird (vgl. 2 / 4 Makk), um die Standhaftigkeit und Bewunderung besonders herauszustellen (vgl. MartPol 8,3b; vgl. 2,2; 3,1). Andererseits verweist MartPol aber nur in der Einleitung auf die Folter; von Polykarp selbst und im Verhör wird die Folter nicht erwähnt. Deshalb bietet sich für den Stoß vom Wagen noch eine weitere Deutung an. Auf Grund des Stoffs des Jakobusmartyriums, der sich fast vollständig im MartPol wiederfindet, weist Beyschlag[69] nach, daß für MartPol nicht das »historische« Geschehen die Grundlage bildet, sondern die apokryphe Tradition und spricht sich von daher zu recht gegen Campenhausens Interpolationshypothese aus.[70] Insbesondere in der Beinverletzung des Polykarp »begegnet uns zweifellos der Sturz von der Treppe (bzw. Tempelrinne), diesmal in neuer Verkleidung, als Sturz vom Wagen.«[71] Was in der jüdischen Märtyrertradition vielfach belegt ist, das gilt auch von Jesus: als Gerechter wird er versucht (vgl. Mk 1,13; Mt 4,11; 27,40; Lk 4,1-13; 23,30.37) und bleibt standhaft.[72] So auch Polykarp. Demzufolge steht im Zentrum von MartPol 8 die Frage von Versuchung und Standhaftigkeit; eine Fragestellung, die sich sehr gut in den durch MartPol 4 gezeichneten Kontext einfügt.

**8,3b:** Polykarp bleibt von der Versuchung unangefochten ὡς οὐδὲν πεπονθώς.[73] Der schwierig zu deutende Lärm beim Eintritt ins Stadion[74] hat in der Forschung schon früh Anstoß erregt.[75] Entweder erhebt sich der Lärm bei Polykarps Ankunft (ἀγόμενος **εἰς** τὸ στάδιον[76]) oder es herrscht grundsätzlich ein solcher Lärmpegel (**ὄντος**; ἐν τῷ σταδίῳ), ὡς μηδὲ ἀκουσθῆναί τινα

---

[68] Vgl. SCHWARTZ, Pionio, 11: »falso repetitum sit.«

[69] Jakobusmartyrium, 174 f.

[70] A. a. O., 172 Anm. 43.

[71] A. a. O., 175. - Vgl. Eus. h. e. 2,23,16; Lk 4, 9.29; Mt 4,5 f.; MartPerp 6.

[72] Vgl. BERGER, Formgeschichte, 337.

[73] Vgl. Mt 16,18; Lk 10,19; Act 28,5; MartSabae 6,5; Justin, Dial. 35,1; EvangeliumPetri 10, wo es vom Herrn am Kreuz heißt: αὐτὸς δὲ ἐσιώπα ὡς μηδὲν ἔχων.

[74] Vgl. Lukian, De morte Peregrini 32: τὰ μὲν οὖν εἰρημένα πολλὰ ἦν ἐγὼ δὲ ὀλίγων ἤκουσα ὑπὸ πλήθους τῶν περιεστώτων, vgl. SCHWARTZ, Note, 334.

[75] SCHWARTZ, Pionio, 11 ff. / MÜLLER, Überlieferungsgeschichte, 45–51 / REUNING, Erklärung, 27 ff. / CONZELMANN, Bemerkungen, 16: »Einigermaßen konfus ist der *Übergang von Kap. 8 zu 9.*«

[76] Vgl. ActPauli et Theclae 32.

δύνασθαι.[77] Jedenfalls begründet 9,1c eindeutig den Lärm mit Polykarps Ankunft. Euseb (h. e. 4,15,16 f.) bezieht wohl sekundär und glättend den Lärm durch das verdoppelte πολλοί gleich auf die in MartPol 9,1 folgende Himmelsstimme: infolge des großen Lärms im Stadion aber wurde die Stimme von der Menge (πολλοῖς) gar nicht gehört. Jedenfalls ist auch im MartPol abgehoben auf den Kontrast zwischen dem Lärm im Stadion (8,3b) und dem Hören der bestärkenden Himmelsstimme (9,1a), selbst wenn im MartPol 8,3b und 9,1a sprachlich noch deutlich getrennt sind. Wegen dieses literarisch bewußt erzeugten Kontrasts besteht überhaupt kein Grund zur Annahme einer Interpolation der Himmelsstimme.[78] Nach Bisbee ist ein Stadion ein unglaubwürdiger Ort für Polykarps Prozeß, da es erstens nur eine Rennstrecke meint und keine inneren Wände besitzt, die die Tiere von den Zuschauern abhalten würden, und zweitens keinen Ort für einen Prozeß bildet: »Perhaps it is best to simply understand ›amphitheater‹ for ›stadium‹.«[79] Aber das Stadion kann sehr wohl Ort des Gerichts und der Volksversammlung sein, vgl. Josephus, Antiq. 18,4.

---

[77] Wörtlich passivisch: »daß niemand gehört werden konnte«. Aktivisch RAUSCHEN, Märtyrerakten, 13: »daß man nichts verstehen konnte« / PAULSEN, Väter, 269: »daß keiner etwas zu hören vermochte« / GUYOT/KLEIN, Christentum I, 55: »daß man sein eigenes Wort nicht mehr verstehen konnte.«

[78] Gegen SCHWARTZ, Pionio, 11 ff. / REUNING, Bemerkungen, 27 ff. / CAMPENHAUSEN, Bearbeitungen, 272 / CONZELMANN, Bemerkungen, 16, wo die angebliche Doppelung des Lärms und des Eintritts in das Stadion Anlaß zu literarkritischen Operationen und der Ausscheidung eines Einschubs der Himmelsstimme (9,1) führen. Jedoch ist die angebliche Interpolation schwer auszugrenzen und im Detail widersprechen sich SCHWARTZ, REUNING und CONZELMANN erheblich.

[79] BISBEE, Pre-Decian Acts, 131 f. – Vgl. SCHOEDEL, Fathers, 63: »Stadium: or ›arena‹. In Smyrna it measured 200 by 40 yards in all and was located close to the southern wall of the city.«

## 9–11: Polykarps Verhör

### 9,1: Polykarps Stärkung durch die wunderbare Himmelsstimme

9,1 a  Als aber Polykarp in das Stadion hineinging, ertönte eine Stimme aus dem Himmel: »Sei mutig, Polykarp, und tapfer wie ein Mann!«

  b  Niemand zwar sah den Redenden, die Stimme jedoch hörten diejenigen von den Unsrigen, die anwesend waren.

  c  Und im übrigen: als er hineingebracht wurde, war der Lärm derer groß, die gehört hatten: Polykarp ist ergriffen worden.

### 9,2–3: Verhörbeginn: Identitätsfrage, Überredungsversuch, Schwur-Befehl, Standhaftigkeit

9,2 a  Als er nun vorgeführt wurde, fragte ihn der Prokonsul, ob er Polykarp sei.

  b  Als er das bejahte, versuchte jener ihn zum Leugnen zu überreden und sagte: »Nimm Rücksicht auf Dein Alter!« und weitere entsprechende Dinge, die sie gewöhnlich sagen: »Schwöre beim Glück des Kaisers, widerrufe und sprich: Fort mit den Gottlosen!«

  c  Polykarp aber blickte mit finsterer Miene auf die ganze Menge der gottlosen Heiden im Stadion, schüttelte seine Hand gegen sie, seufzte, blickte zum Himmel empor und sprach: »Fort mit den Gottlosen!«

9,3 a  Der Prokonsul ermahnte ihn dringend und sprach: »Schwöre, und ich lasse dich frei, verfluche Christus!«

  b  Polykarp antwortete: »Sechsundachtzig Jahre diene ich ihm, und er hat mir kein Unrecht zugefügt; wie kann ich da meinen König verfluchen, der mich gerettet hat?«

### 10,1–2: Mitte des Verhörs: Bekenntnis des Christseins

10,1 a  Als jener wiederum beharrlich blieb und sagte: »Schwöre beim Glück des Kaisers«,

  b  antwortete er: »Wenn du der trügerischen Meinung bist, daß ich schwöre beim Glück des Kaisers, wie du sagst, dann tust du so, als wüßtest du nicht, wer ich bin; höre mein freimütiges Bekenntnis: Ich bin Christ. Wenn du aber die Sache des Christentums kennenlernen willst, so gib mir einen Tag und höre zu.«

10,2 a Der Prokonsul sagte: »Überzeuge das Volk!«

b Polykarp aber antwortete: »Dich zwar habe ich einer Erklärung für würdig gehalten; denn man hat uns gelehrt, den von Gott eingesetzten Obrigkeiten und Gewalten die angemessene Ehre zu erweisen, wenn sie uns nicht schädigt. Jene aber halte ich nicht für wert, mich ihnen gegenüber zu verteidigen.«

## 11,1-2: Verhörende: Drohungen und Standhaftigkeit

11,1 a Der Prokonsul sagte: »Ich habe Tiere; denen werde ich dich vorwerfen lassen, wenn du nicht bereust.«

b Er antwortete: »Ruf sie! Denn unmöglich ist für uns die Umkehr vom Besseren zum Schlechteren; gut ist es, vom Schlimmen sich zur Gerechtigkeit hinzuwenden.«

11,2 a Der wiederum sagte zu ihm: »Ich werde veranlassen, daß du vom Feuer verzehrt wirst, da du die Tiere verachtest und sofern du nicht bereust.«

b Polykarp aber sagte: »Du drohst mit einem Feuer, das nur eine Stunde brennt und nach kurzem erlischt; denn du kennst nicht das Feuer des zukünftigen Gerichts und der ewigen Strafe, das für die Gottlosen aufbewahrt ist. Aber warum zögerst du? Hole herbei, was du willst!«

*Lit.: Zur Himmelsstimme:* REUNING, W., Zur Erklärung des Polykarpmartyriums, Darmstadt 1917, 27-30 / SCHWARTZ, E., De Pionio et Polycarpo, Göttingen 1905, 11f. / *Zum Verhör:* EGLI, E., Altchristliche Studien. Martyrien und Martyrologien ältester Zeit. Mit Textausgaben im Anhang, Zürich 1887, 64ff. / BISBEE, G.A., Pre-Decian Acts of Martyrs and *Commentarii,* Cambridge/Mass. 1986, 129-145 / *Zur Verhör-Form:* BERSCHIN, W., Biographie und Epochenstil im lateinischen Mittelalter. I. Von der Passio Perpetuae zu den Dialogi Gregors des Großen, Quellen und Untersuchungen zur lateinischen Philologie des Mittelalters 8, Stuttgart 1986, 33-110 / GÄRTNER, H.A., Acta Scilitanorum in literarischer Interpretation, WSt 102/1989, 149-167 (engl.: Passio Sanctorum Scillitanorum. A Literary Interpretation, StPatr20/1989, 8-14) / HOFFMANN, M., Der Dialog bei den christlichen Schriftstellern der ersten vier Jahrhunderte, TU 96, Berlin 1966, 41-56 / *Zur Schwur-Formel:* BÖMER, F., Der Eid beim Genius des Kaisers, At. 44/1966, 77-133 / GRANT, R.M., Sacrifices and Oaths as Required of Early Christians, Granfield, P., (Hg.), Kyriakon, FS J. Quasten Vol. 1, Münster 1970, 12-17 / *Zum Atheismus-Vorwurf:* BROX, N., Zum Vorwurf des Atheismus gegen die Alte Kirche, TThZ 75/1966, 274-282 / FASCHER, E., Der Vorwurf der Gottlosigkeit in der Auseinandersetzung bei Juden, Griechen und Christen, Betz, O. u.a. (Hg.), Abraham unser Vater. Juden und Christen im Gespräch über die Bibel. FS O. Michel, AGSU 35, 1963, 78-105 / FOX, R.L., Pagans and Christians, New York ³1987, 425-428 / HARNACK, A. v., Der Vorwurf des Atheismus in den ersten drei Jahrhunderten, TU 13.4, Leipzig 1905, 1-16 / NESTLE, W., Art. Atheismus, RAC 1, Stuttgart 1950, 866-870 / SCHÄFKE, W., Frühchristlicher Widerstand, ANRW 2.23.1, 1979, 460-723: 627-630 / SPEIGL, J., Der römische Staat und die Christen. Staat und Kirche von Domitian bis Commodus. Amsterdam 1970, 144-156 / VOGT, J., Zur Religiosität der Christenverfolger im Römischen Reich, SHAW.PH, Heidelberg 1962 / *Zu anderen heidnischen Vorwürfen:* GUYOT, P. / KLEIN, R. (Hgg.), Das frühe Christentum bis zum Ende der Verfolgungen. Eine Dokumentation. Bd. 2: Die Christen in der heidnischen Gesellschaft, TzF 62, Darmstadt 1994, 140-234 / SCHÄFKE, W., Frühchristlicher Widerstand, ANRW 2.23.1., 1979, 460-723: 579-657 / *Zum Bekenntnis des Christseins:* ALAND, K., Das Verhältnis von Kirche und Staat in der Frühzeit, ANRW 2.23.1, 1979, 60-246: 229f. / BREMMER, J.N., »Christianus sum«. The Early Christian Martyrs and Christ. Eulogia. Mélanges offerts à A.A.R. Bastiaensen, hg. v. G.J.M. Bartelink, IP 24, Steenbrügge/Den Haag 1991, 11-20 / BARTELINK, G.J.M., Quelques observations sur ΠΑΡΡΗΣΙΑ dans la littérature paléochrétienne, GLCP 3, Nijmegen 1970, 7-57: 35-37 / DAMME, D. v., ΜΑΡΤΥΣ - ΧΡΙΣΤΙΑΝΟΣ (Martys - Christianus). Überlegungen zur ursprünglichen Bedeutung des altkirchlichen Märtyrertitels, FZPhTh 23/1976, 286-303 / HAMMAN, A., La Confession de la Foi dans les Premiers Actes des Martyrs, Fontaines, J. / Kannengieser, Ch. (Hgg.), Epektasis, Mélanges Patristiques offerts au Cardinal J. Daniélou, Beauchesne 1972, 99-105 / KOEP, L., Antikes Kaisertum und Christusbekenntnis im Widerspruch, JAC 4/1961, 58-76 / PETERSON, E., Christianus, in: ders., Frühkirche, Judentum und Gnosis. Studien und Untersuchungen, (Nachdruck) Darmstadt 1982, 64-87 / VITTINGHOFF, F., »Christianus sum« - das »Verbrechen« von Außenseitern der römischen Gesellschaft, Historia 33/1984, 331-357 / *Zum juristischen Hintergrund:* ALAND, K., Das Verhältnis von Kirche und Staat in der Frühzeit, ANRW 2.23.1, 1979, 60-246 / BERWIG, D., Mark Aurel und die Christen, München 1970 / BRINGMANN, K., Christentum und römischer Staat im ersten und zweiten Jahrhundert n.Chr., GWU 29/1978, 1-18 / CROIX, G.E.M. de Ste., Why were the early Christians persecuted?, PaP 26/1963, 6-38, A rejoinder, PaP 27/1964, 28-33 / FREUDENBERGER, F., Art. Christenverfolgungen 1. Römisches Reich, TRE 8, 1981, 23-29 / GREGOIRE, H., Les persecutions dans l'empire romain, Brüssel ²1964 / HAUSCHILDT, W.D., Der römische Staat und die frühe Kirche, Gütersloh 1974 / JANSSEN, L.F., ›Superstitio‹ and the persecution of the Christians, VigChr 33/1979, 131-159 / KERESZTES, P., Marcus Aurelius a persecutor? HThR 61/1968, 321-341 (deutsch: ders., War Marc Aurel ein Christenverfolger?, Klein, R. (Hg.), Marc Aurel, WdF 550, Darmstadt, 1979, 279-303) / LAST, H., Art. Christenverfolgung II (juristisch), RAC 2, Stuttgart 1954, 1208-1228 / LÜHRMANN, D., Superstitio - die Beurteilung des frühen Christentums durch die Römer, ThZ 42/1986, 193-213 / MOLTHAGEN, J., Der römische Staat und die Christen im zweiten und dritten Jahrhundert, Hyp. 28, Göttingen ²1975 / MOREAU, J., Die Christenverfolgung im römischen Reich, Berlin/NewYork ²1971 / SHERWIN-WHITE, A.N., Why were the early christians persecuted? - An amendment, PaP 27/1964, 23-27 / SORDI, M., I»Nuovi Decreti« di Marco Aurelio contro i Cristiani, StRo9/ 1961, 365-378 (deutsch: dies., Die »neuen Verordnungen« Marc Aurels gegen die Christen, Klein, R. (Hg.), Marc Aurel, WdF 550, Darmstadt 1979, 176-196) / SORDI, M., The Christians and the Roman empire, Worcester 1983 / WLOSOK, A., Rom und die Christen. Zur Auseinandersetzung zwischen Christentum und römischem Staat, Stuttgart 1970 / WLOSOK, A., Die Rechtsgrundlagen der Christenverfolgungen der ersten zwei Jahrhunderte, Gym. 66/1959, 14-32.

Wie in MartPol 8 so bleibt Polykarp auch im Verhör, durch eine Himmels-stimme ermutigt (9,1), gegenüber allen Überredungsversuchen standhaft (9,2 f.) und bekennt sich schließlich offen zu seinem Christsein (10,1), was zur Verurteilung führt. Dabei wird auch die Frage nach dem Verhältnis der Christen zur römischen Obrigkeit (10,2) angesprochen und die Drohung des Prokonsuls mit wilden Tieren bzw. dem Feuertod durch Polykarps Verweis auf das Feuer des eschatologischen Gerichts standhaft überwunden (11,1.).

*Literarkritisch* hat die Stärkung Polykarps durch die wunderbare Himmels-stimme in MartPol 9,1 – wie auch andere Wunderelemente innerhalb der Erzählung, vgl. MartPol 5,2 (Vision), 15,2 (Feuer), 16,1 (Taube) – früh und immer wieder in der Forschung zur Vermutung eines sekundären Einschubs geführt, der dann die angebliche Doppelung des Lärms (MartPol 8,3 bβ; 9,1 c) verursacht habe.[1] Hinter dieser literarkritischen Option verbirgt sich eine fundamentale und zweifelhafte Annahme: der Grundbestand des MartPol beruhe auf einem historisch authentischen, womöglich stenographierten Ge-richtsprotokoll, in dem das Verhör einen gesicherten Kernbestand ausmache und in dem folglich unhistorische Wunderelemente keinen Platz haben.

Gefördert wird eine solche Deutung durch Eusebs Wiedergabe des Mart-Pol, die wieder wörtlich mit Beginn der Dialogelemente einsetzt (MartPol 8 ff. / Eus. h. e. 4, 15,15 ff.). Allerdings bietet schon Eusebs Textwiedergabe, auf die man sich gerne für literarkritische Operationen beruft, die wunderbare Stärkung durch die Himmelsstimme (h. e. 4, 15,17 f.)[2], die sich im übrigen literarisch sehr wohl in den Kontext einfügt:

a) Eine himmlische Stärkung ist angesichts der bedrohlichen Situation im Stadion sehr wohl literarisch sinnvoll. Die Audition (MartPol 9,1) steht im Gesamtaufbau des MartPol in ähnlich stärkender Funktion vor dem Verhör (9,2-11,2) wie die Vision (5,2) vor seiner Verhaftung.

b) Sie ist formkritisch auch andernorts im Märtyrerkontext zahlreich belegt: Schon Elia wird durch einen Engel bestärkt mit den Worten »Steh auf und iß!« (1 Reg 19,5.7). Jesaja spricht während seiner Zersägung mit dem Hl. Geist (MartJes 5,7.14). Jesus wird in Gethsemane gestärkt (Lk 22,43).[3] Auch Stephanus ist erfüllt mit dem Hl. Geist (Act 7,55 f.). Ein Engel des Herrn

---

[1] Vgl. SCHWARTZ, Pionio, 11 f. / REUNING, Erklärung, 27 ff. / CAMPENHAUSEN, Bearbeitun-gen, 272 / CONZELMANN, Bemerkungen, 16 / SCHOEDEL, Fathers, 63.

[2] Vgl. DEHANDSCHUTTER, MartPol, 69: »De vergelijking van beide versies leert ons echter dat in Eusebius' tekst de wonderlijke elementen van het verhaal evenzeer aanwezig zijn. Het enig mogelijke geval van interpolatie in de tekst van MPol, het wonder van de stem in 9,1, vindt men ook terug bij Eusebius (HE IV, 15,17).« – Eusebs Wiedergabe des Verhörs unter-scheidet sich nur unwesentlich von der Fassung des Pseudo-Pionius, vgl. die Synopse bei BISBEE, Pre-Decian Acts, 138 ff.

[3] Ὤφθη δὲ αὐτῷ ἄγγελος ἀπ' οὐρανοῦ ἐνισχύων αὐτόν. Vgl. DIBELIUS, Gethsemane, 270. – Vgl. κατὰ τὸ εὐαγγέλιον auch noch: Joh 12,28 f. / Mk 1,11par (Taufe Jesu) / Mk 9,7par (Verklärung Jesu).

stärkt und befreit die Apostel in Act 5,19 f. und der Herr ermutigt Paulus in Act 23,11.[4]

c) Im Zusammenhang des MartPol wird schon in MartPol 2,2 c darauf verwiesen ὅτι παρεστὼς ὁ κύριος ὡμίλει αὐτοῖς. Die stärkende Stimme aus dem Himmel erscheint insofern folgerichtig.[5]

d) Der angeblich gedoppelte, jedenfalls aber betonte Lärm hat die literarische Funktion, die Wunderhaftigkeit des Geschehens besonders hervortreten zu lassen. »Die notwendige Verbindung von Lärm und Himmelsstimme verstand man sehr bald nicht mehr und empfand einen Widerspruch zwischen dem Lärm und der Möglichkeit, gleichzeitig eine himmlische Stimme zu hören.«[6]

*Formkritisch* bilden nach der vorangestellten Audition[7] in MartPol 9,1 als Stärkung für das Verhör die Kapitel 9,2-11,2 als Verhör-Dialog mit wechselnder wörtlicher Rede eine Einheit. Das Verhör als Prozeßdarstellung stellt einen Teil des epideiktischen Märtyrerberichts[8] dar und enthält neben dem zentralen Bekenntnis Χριστιανός εἰμι (10,1) die für das Verhör typische Eingangsfrage nach der Identität (9,2 a), Überredungs- bzw. Versuchungselemente[9] (9,2 b; vgl. schon 8,2-3 a), den typischen Schwur-Befehl (9,2 b.3 a. 10,1 vgl. 4), die typische trotzige Standhaftigkeit in allen Antworten des Polykarp[10], apologetische Elemente (9,3 b; 10,2 b; 11,1 b) und eine symbouleutische Schlußaussage in Form einer Unheilsansage als Mahnung (11,2 b).

*Formkritisch* vergleichbar zum Verhör sind neben den u. g. Acta-Martyrien insbesondere: Dan 3,14-18 / MartJes 5,4-10 / Act 6,12-7,53 / MartLugd 15 f.; 17 f.; 20-24; 25 f.; 27 f.; 29 ff. / MartPionii 3,2; 16; 19 / MartPerp 6 / MartPauli 3 f. / ActThomae 163 / MartJacobi bei Eus. h. e. II, 23,12 f. Mit Jesu Passion und paganen Märtyrerakten hat MartPol gegen die jüdischen Märtyrertexte folgendes gemein[11]: a) die ausführliche Schilderung der Prozeßszene, b) das Bekenntnis während der Verhandlung – nicht während der Vollstreckung, c) das Fehlen einer ausführlichen Schilderung der Qualen.

So sehr das Verhör mit seinem Bekenntnis Χριστιανός εἰμι zentral ist, so wenig scheint der Verfasser des MartPol doch an einer Ausweitung der Verhörszene interessiert. Beim Vergleich des Verhörs in MartPol (8) 9-11

---

[4] Τῇ δὲ ἐπιούσῃ νυκτὶ ἐπιστὰς αὐτῷ ὁ κύριος εἶπεν· Θάρσει ... – Vgl. ferner: 4 Makk 6,5 f.26 / ActCarpi 38; 42 / MartPerp 4; 7 f.; 10; 11-13 / MartPetri 35(6) u. ö. vgl. SURKAU, Martyrien, 131 Anm. 123 / DEHANDSCHUTTER, MartPol, 249.

[5] Und MartPol 3,1 formuliert: πολλὰ γὰρ ἐμηχανᾶτο κατ᾽ αὐτῶν ὁ διάβολος, ἀλλὰ χάρις τῷ θεῷ. κατὰ πάντων γὰρ οὐκ **ἴσχυσεν**.

[6] REUNING, Erklärung, 30. »Nach all diesen Erwägungen dürfte es sicher sein, daß das Wunder ein Stück des ursprünglichen MPol ist.«

[7] Vgl. BERGER, Formgeschichte § 75.

[8] Vgl. a. a. O., § 97,2.

[9] Vgl. a. a. O., § 97,7.

[10] Vgl. hingegen MartPol 4: ... Κόιντος, Φρύξ, ... τοῦτον ὁ ἀνθύπατος πολλὰ ἐκλιπαρήσας ἔπεισεν ὀμόσαι καὶ ἐπιθῦσαι.

[11] Vgl. BERGER, Formgeschichte, 335 / BERGER, Gattungen, 1255.

mit den Verhören in den späteren Acta-Martyrien[12] fällt auf, wie stark in MartPol die Überredungsversuche[13] und Polykarps Standhaftigkeit betont sind und sich nur kurze apologetische (Rede-)Passagen finden (9,3 b; 10,2 b; 11,2 b). Die apologetischen Elemente[14] sind sparsam verwandt und lassen sich mit den langen Apologien der Angeklagten in den Acta-Martyrien nicht vergleichen.[15] Polykarp geht auf vieles nicht ein, was er durchaus näher hätte ausführen können.[16] Im MartPol ist das Verhör noch einfach gestaltet, nur ein Bestandteil der Erzählung und keineswegs dessen »Kern«: »In de verhalende martyria … is de ondervraging een bijkomstig element … Het verhoor is niet het centrale element.«[17] Das aber wird immer wieder behauptet und vorausgesetzt, insbesondere aus literarkritischer Perspektive: »Immerhin darf nicht übersehen werden, dass dieses Verhör zusammen mit einer wohl nicht zu langen Einleitung und einem Schlussberichte über den Tod wahrscheinlich den Grundstock des martyrium Polycarpi bildet.«[18] Erst später verselbständigt sich das Verhör zur Märtyrerakte, wo »aus dem einfachen Verhör … schließlich ein langatmiges Religionsgespräch, mit allen Gemeinplätzen der Apologetik«,[19] wird.

## Exkurs: Der Verhördialog und die formkritische Frage nach der Entstehung der Gattung Märtyrerakte[20]

Die Verhördialoge des MartPol (8: mit dem Eirenarchen Herodes / 9–11: mit dem Prokonsul Statios Quadratos) zeigen überwiegend Überredungsversuche der Staatsmacht[21], die der Bischof jeweils entschieden und kurz beantwortet und in denen er standhaft bleibt.[22] MartPol legt also das Schwergewicht

---

[12] Vgl. BUSCHMANN, MartPol, 198–251: ActScil / ActApoll / ActJust / ActCarpi etc.

[13] Eine Versuchung findet sich nur in ActCarpi 4,43.

[14] Vgl. BERGER, Formgeschichte, § 103.

[15] Vgl. ActScil 2; 6; 9 / ActApoll 2; 4–6; 8 f.; 14–22; 24–42 / ActJust 2,2–6 / ActCarpi 7 f.; 10; 12; 14 f.; 16–20; 22; 40. Vgl. auch MartPionii 4,2–24 und Act 7. – CARDMAN, Acts, 146 weist daraufhin, daß die Antworten der Männer in den Märtyrerakten ausführlicher sind als die der Frauen.

[16] 10,1 b: δὸς ἡμέραν καὶ ἄκουσον / 10,2 b: ἐκείνους δὲ οὐχ ἡγοῦμαι ἀξίους τοῦ ἀπολογεῖσθαι αὐτοῖς / 11,2 b: ἀλλὰ τί βραδύνεις; φέρε, ὃ βούλει.

[17] DEHANDSCHUTTER, MartPol, 181 f.

[18] MÜLLER, MartPol, 10.

[19] CAMPENHAUSEN, Idee, 153 Anm. 3.

[20] Vgl. BUSCHMANN, MartPol, 246–251.

[21] MartPol 8,2: τί γὰρ κακόν ἐστιν εἰπεῖν; Κύριος καῖσαρ, καὶ ἐπιθῦσαι / MartPol 9,2: αἰδέσθητί σου τὴν ἡλικίαν / MartPol 9,3: ὄμοσον, καὶ ἀπολύω σε / MartPol 11,1 f.: θηρία ἔχω … ἐὰν μὴ μετανοήσῃς / MartPol 11,2: πυρί σε ποιήσω.

[22] MartPol 8,2: οὐ μέλλω ποιεῖν, ὃ συμβουλεύετέ μοι / MartPol 9,2: αἶρε τοὺς ἀθέους / MartPol 9,3: Gegenfrage / MartPol 10,1: Χριστιανός εἰμι / MartPol 10,2: ἐκείνους δὲ οὐχ ἡγοῦμαι ἀξίους / MartPol 11,1: κάλει, ἀμετάθετος / MartPol 11,2: φέρε, ὃ βούλει.

der Darstellung auf Polykarps vorbildliches, standhaftes Bekenntnis und die mehrmalige Ablehnung der Versuchung, die sich von MartPol 8 bis in das zweimalige ἐὰν μὴ μετανοήσῃς (MartPol 11,1 f.) zieht – ganz im Gegensatz zu dem Phryger Quintos (MartPol 4).

Die Dialog-Form ist in einen narrativ-deskriptiven Kontext eingebunden und der Dialog ermöglicht, »sich ... mit der einen oder anderen Figur des Dialogs zu identifizieren (...). Situationen, die auch die seinen (= des Lesers) sein könnten, werden modellhaft als Typen vorgestellt. Da die Dialoge oft mit einer exemplarischen Erzählung verbunden sind, hat der Leser das ›Erlebnis der erscheinenden Wahrheit‹.«[23] Das Verhör als Streitgespräch (9–11) bzw. als Versuchung (8) bildet lediglich eine Dialogeinlage innerhalb einer narrativen Großgattung und bestätigt damit, daß das Verhör im MartPol nicht dessen »Kern«, sondern einen Bestandteil neben anderen bildet.

Formgeschichtlich betrachtet erweist sich das dialogische Verhörelement im MartPol als keineswegs sicher erwiesenes historisch authentisches Prozeß-protokoll. Auch quantitativ ist der Umfang mit drei von zwanzig Kapiteln insgesamt recht gering; zwar ausreichend, um Polykarps Standhaftigkeit anschaulich darstellen zu können, nicht aber für apologetische Reden des Angeklagten. Die Dialoge im MartPol rühren formgeschichtlich noch von Streitgespräch und Chrie her – und Chrie hat grundsätzlich symbouleutische (Vorbild-)Funktion.[24] In einem späteren Stadium erst – und nicht als historisch-authentische frühe Wiedergabe eines originalen Gerichtsprotokolls, wie in der bisherigen Forschung oftmals angenommen – nähert sich die Märtyrerakte in Verbindung mit Apologetik immer stärker dem reinen Dialog an.[25] Märtyrertexte erfahren eine Wandlung von der Paränese hin zur Apologetik. Die vielfach frühdatierten sog. Prozeß-Akten stellen kein frühes Stadium in der Entwicklung der Märtyrerliteratur dar; am Anfang steht, wie MartPol zeigt, kein »wertfreier« Geschichtsbericht oder sog. Tatsachenmaterial, sondern briefliche Erbauungsliteratur. Die Acta-Form mit ihrem angeblich historischen Protokoll ist erst sekundär aus den Märtyrererzählungen und Briefmartyrien entstanden.[26] Am Beginn der Märtyrerüberlieferung steht nicht die historische Darstellung, sondern die theologische Deutung. »Die Einsicht, daß es das von der historischen Kritik solange gesuchte *originale Martyrer-Aktenstück* überhaupt nicht gibt, daß vielmehr auch die bescheidendste Passio, sobald sie aufgezeichnet wird, Literatur ist, befreit uns von den hermeneutischen Problemen von Texten, die nur Niederschlag der Wirklichkeit und nicht mehr sein sollen, und ermöglicht die Frage nach dem Ausdruckswillen, der hinter der Überlieferungsform eines Martyriums im ›Aktenstil‹, in der ›Pro-

---

[23] Vgl. BERGER, Gattungen, 1302.
[24] Vgl. a. a. O., 1094.
[25] Vgl. GEFFCKEN, Acta, 271 / PAULSEN, Erwägungen, 125.
[26] Vgl. BUSCHMANN, MartPol, 198–251.

tokollform‹, steht.«[27] Auch die Acta Martyrum (etwa ActScil) können nicht als amtliches Protokoll gelten[28], sondern nur als ein erweiterter Auszug oder als im Gerichtsstil eigenständig verfaßte Literatur. Denn die Bedürfnisse der christlichen Gemeinden waren nicht an historischen Fakten angeblich reiner Protokollmartyrien in Acta-Form interessiert, sondern von Anfang an, in welcher Form auch immer (Brief, Acta), an erbaulichen, kerygmatischen und paränetischen Märtyrererzählungen, die zu Stärkung, Identifikation und paränetischer Aneignung dienten.[29] »Authentizität konstituiert keine Textgattung; Geschichtlichkeit hat keine Form an sich.«[30]

Historisch authentisch für das tatsächliche Verhör des Polykarp erscheint a) die Frage nach der Identität, b) die dreifache Aufforderung des Prokonsuls abzuschwören incl. der Drohungen und c) Polykarps standhaftes Bekenntnis Χριστιανός εἰμι; denn sie lassen sich durch römische Quellen als Prozeßelemente belegen, was aber nicht bedeutet, daß ein Prozeßprotokoll als Kern der Darstellung zugrundeliegt. Dennoch aber kann der wesentliche Verlauf eines Christenprozesses durchaus dem im MartPol geschilderten nahekommen.[31]

**9,1 a:** Schon MartPol 8,3 b leitet durch die Betonung des Lärms zum Wunder der Audition[32] in MartPol 9,1 über. Gleichsam wie dem Bischof vor seiner Verhaftung in MartPol 5 eine wundersame Vision zuteil wird, so wird er vor dem Verhör durch eine wundersame Audition gestärkt, die ihn vor Versuchung und Überredung bewahrt und trotz Folterandrohung standhaft bleiben läßt. Eine solch stärkende Audition begegnet im Martyriumskontext vielfach (vgl. oben zur Literarkritik) und gehört insofern zum typischen Inventar. Die Vermutung einer sekundären Interpolation der Himmelsstimme erscheint deshalb und aus anderen Gründen unwahrscheinlich (vgl. oben zur Literarkritik). Vielmehr sind die Wunderelemente des MartPol (5,2: Vision / 9,1: Audition / 15,2: Feuer / 16,1: Taube) bewußt in die Erzählung eingebaut und als interne Kommentierung der Erzählung zu begreifen.[33] Mit der Aufnahme des

---

[27] BERSCHIN, Epochenstil, 41.

[28] Vgl. BERSCHIN, Epochenstil, 37–46 / BISBEE, Pre-Decian Acts, 129–145 / GÄRTNER, ActScil, 167: »Die Acta Scillitanorum sind kein originales Protokoll; sie wollen ... während der Verfolgung christlicher Gemeinden zur Standhaftigkeit auffordern.« / BUSCHMANN, MartPol, 198–202 gegen RAUSCHEN, Märtyrerakten, 293 / KARPP, Scilitanische Märtyrer u. a. - Ähnlich hinsichtlich ActJust vgl. BUSCHMANN, MartPol, 211–218 gegen FREUDENBERGER, ActJust. u. a.

[29] Vgl. DEHANDSCHUTTER, MartPol, 181: »Het blijkt dat de verhaalvorm niet uit een actastuk gededuceerd kan werden: het martyrium is omvattender, aan meer geinteresseerd dan alleen de vraag-antwoord-dialoog tussen de Romeinse gezagvoerder en de martelaar.«

[30] BERSCHIN; Epochenstil, 96.

[31] Vgl. schon die Indizien bei EGLI, Martyrien, 66–70. Und insofern, aber auch nur insofern, gelten SCHOEDELs (Fathers, 63) Sätze: »We shall see that scepticism about all the elements in chapters 9–11 is unwarranted.« »The trial takes the form of a *cognitio* - an administrative action which simplified juridical procedures (Pliny, Ep. 10.96.1).«

[32] Vgl. BERGER, Formgeschichte § 75.

[33] Vgl. DEHANDSCHUTTER, MartPol, 152 f.

Gattungselements der Audition erreicht der Verfasser folgendes: a) Die Bestärkungsformel ἴσχυε ... können die Rezipienten des MartPol unmittelbar auf sich selbst übertragen; so wie Polykarp wird jeder standhafte Märtyrer wunderbar gestärkt werden. b) Die bestätigende Audition legitimiert erneut grundsätzlich Polykarps Martyriumsverhalten, das unter den Rezipienten umstritten zu sein scheint (vgl. MartPol 4). c) Mit der Vision (5,2 vgl. 12,3) und der Audition (9,1) wird dem katholisch-orthodoxen Bischof offenbar bewußt ein charismatisches und prophetisches Element zuerkannt (vgl. 16,2: διδάσκαλος ἀποστολικὸς καὶ προφητικός), das charismatische Gegner womöglich gern für sich beanspruchen.[34] d) Die Audition stellt eine gültige Gegeninstanz gegen nur vorläufige irdische Mächte und Gewalten (10,2) dar. Vision und Audition haben gerade für die bedrängten Gemeinden entscheidende Bedeutung.[35] Die Ermutigung ἴσχυε καὶ ἀνδρίζου ist vielfältig in der LXX belegt, oftmals in Verbindung mit der entsprechenden Ermutigung μὴ φοβοῦ, μὴ δειλιάσῃς oder μὴ πτοθῇς[36] oder der göttlichen Zusage μετὰ σοῦ γὰρ εἰμι.[37] Gott steht Polykarp bei – und zwar vom Beginn des Geschehens im Stadion an! Die von Gott verliehene Kraft befähigt dazu, bis zum Tode standhaft zu bleiben und den Foltern zu trotzen.[38] Indem die Audition aus einem Schriftzitat in Form der Bestärkungsformel ואמץ חזק[39] besteht, erhält die epideiktische Audition eine symbouleutische Funktion; sie soll »ermahnen und ermutigen«.[40] Da Schriftzitate oftmals »tragende und zentrale Bedeutung ... für die Argumentation«[41] haben, ist es auch insofern abwegig, in der Himmelsstimme eine Interpolation auszumachen.[42] Das gilt umso mehr, als auch in der Himmels-

---

[34] Vgl. etwa das montanistische Orakel der Prisca bei Tert., de exhortatione castitatis 10,5 (CSEL 70, ed. Kroymann, 145 f. / vgl. LABRIOLLE, Sources, Oracle No. 15 / HEINE, oracles, Nr. 10): »Item per sanctam prophetidem Priscam ita evangelizatur, quod sanctus minister sanctimoniam noverit ministrare. ›Purificantia enim concordat, ait, et visiones vident, et ponentes faciem deorsum etiam voces audiunt salutares, tam manifestas quam et occultas.‹«

[35] Vgl. BERGER, Formgeschichte § 75. – Die Himmelsstimme als »reminiscent of the bath qol ... played an important role in accounts of Jewish martyrdoms (e. g. Abodah Zarah 18 a).« / SCHOEDEL, Fathers, 64. / vgl. auch FISCHEL, Martyr, 369 f. / SURKAU, Martyrien, 131 Anm. 123.

[36] Deut 31,6.7.23 / Jos 1,6.7.9.18; 10,25 / 1 Chr 22,13; 28,20; 2 Chr 32,7 / Dan 10,4 ff.19 vgl. Ps 26,14; 30,25. Vgl. ferner: 1 Makk 2,64 / MartLugd 5, 1,19 / Herm Vis 1, 4,3: Ἀνδρίζου, Ἑρμᾶ; Vis 3, 12,2.

[37] Zwei griechische Handschriften (C: Chalcensis / V: Vindobonensis) fügen sekundär μετὰ σοῦ γὰρ εἰμι nach ἀνδρίζου ein, vgl. Act 18,10; treffen damit aber genau die Intention des Textes, vgl. WEINRICH, Spirit, 169 f.

[38] Vgl. MartPol 13,3; 2 Makk 6,30; 4 Makk 6,7.9.30; 7,12.16; 9,26; 13,9.

[39] Vgl. SCHREINER, Art. אמץ, 348–352

[40] A. a. O., 351.

[41] BERGER, Gattungen, 1335.

[42] So jüngst wider GUYOT/KLEIN, Christentum I, 331 Anm. 34: »Die Stelle ist wohl ein späterer Einschub des Evangelienredaktors nach dem Vorbild von Joh. 12,28 (vgl. auch Deut. 31,6 f.).« – Früher: MÜLLER, MartPol, 13 ff. / CAMPENHAUSEN, Bearbeitungen, 272 / SCHWARTZ, Pionio, 12 / vgl. dazu DEHANDSCHUTTER, MartPol, 133; 139 f.; 152 f. – Für Authentizität: REUNING, Erklärung, 27–30 / WEINRICH, Spirit, 181. – Zur Textkritik vgl. DEHANDSCHUTTER, MartPol, 69; 87.

stimme eine Anspielung κατὰ τὸ εὐαγγέλιον vermutet werden darf, vgl. Joh 12,28–30 sowie Jesus in Gethsemane, Lk 22,43 (»Es erschien ihm aber ein Engel vom Himmel und stärkte ihn«)[43] und die Taufe Jesu (Mk 1,11par) (vgl. ferner: Apc 10,4.8; 11,12; 14,2.13; 18,4).

**9,1 b:** Die Aussage, daß zwar niemand den Redenden sah, aber die Stimme dennoch gehört werden konnte, erscheint nach Dan 10,7 und Act 9,7 durchaus möglich und im Kontext sinnvoll; literarkritische Operationen sind unnötig.[44]

**9,1 c:** Die doppelte Betonung des Lärms (vgl. schon 8,3 b) wirkt als bewußte Wunderverstärkung. Diese literarische Intention mißverstehen die mit dem literarkritischen Seziermesser arbeitenden Forscher vollständig, wenn etwa Reuning[45] argumentiert: »Man erkannte die Unmöglichkeit, daß bei einem Lärm, wo niemand ein Wort versteht, eine himmlische Stimme gehört werden könne.« Eine lärmende Menschenmenge als Kulisse einer Verhandlungsszene begegnet auch bei Paulus (Act 21,34) und im Jakobusmartyrium.[46]

**9,2 a:** Die in 9,1 durch die Audition unterbrochenen Dialogelemente werden in 9,2 nun im amtlichen Verhör vor dem Prokonsul fortgesetzt; προσαχθέντος αὐτοῦ meint die gerichtliche Vorführung, vgl. Act 25,6.[47] Die Wortverbindung συλλαμβάνειν / προσάγειν führt auch in ActApoll 1 und ActCarpi 1 in das Verhör ein.

Der römische Statthalter bildet die höchste gerichtliche Instanz. Anläßlich eines in jedem Jahr zu Ehren des Kaisers auch in Smyrna durchgeführten Festes mag er in der Stadt gewesen sein.[48] Nach MartPol 21,2 handelt es sich um L. Statius Quadratus »consul ordinarius des J. 142 (PIR III 640); sein Aufenthalt in der Provinz wird bezeugt durch eine Inschrift aus Magnesia (IGRR IV 1399; dazu G. Alföldy: Konsulat und Senatorenstand unter den Antoninen, Bonn 1977, 214 f.)«[49]

Juristisch gesehen handelt es sich um eine cognitio bzw. iurisdictio extra ordinem: »capital trials under this process in the provinces took place before the provincial governor and no one else;«[50] keiner der uns bekannten Chri-

---

[43] Vgl. DIBELIUS, Gethsemane, 270 / DEHANDSCHUTTER, MartPol, 234 f.

[44] Gegen SCHWARTZ, Pionio, 12 f. / CONZELMANN, Bemerkungen, 16 f., vgl. dort aber auch die Differenzen zu SCHWARTZ.

[45] Erklärung, 28.

[46] Pseudo-Clementinen Rec. I, 70. – Zu συλληφθῆναι vgl. MartPol 6,1: 7,2; 9,1; 21 sowie Mk 14,48parr/ Joh 18,12 / Act 1,16; 12,3; 23,27; 26,21.

[47] Zur Vorführung vor den Statthalter außerhalb von Märtyrererzählungen vgl.: Ps 119,46 / Jes 52,15 / 2 Makk 7,1.15 f. / Mt 10,18.

[48] Vgl. SCHOEDEL, Fathers, 64.

[49] GUYOT/KLEIN, Christentum I, 329 Anm. 20.

[50] STE CROIX, Why, 11.

stenprozesse war bedeutend genug, um direkt vor den Kaiser zu gelangen. Die Statthalter haben dabei weitgehenden Ermessensspielraum und freie Machtbefugnis (arbitrium iudicantis).[51] Diese Willkür konnte auch zugunsten der beklagten Christen ausfallen (Tert. Ad scap. 4,3 f.) und Statthalter in anderen Provinzen mußten sich keineswegs durch den Briefwechsel zwischen Plinius und Trajan[52] gebunden fühlen, so daß es etwa trotz der Weisung Trajans »conquirendi non sunt« im MartLugd 5,1,14 zum Aufspüren von Christen kommen konnte und auch nach Polykarp wird ja gefahndet, vgl. MartPol 7. Die Statthalter orientieren sich häufig an der Stimmung der öffentlichen Meinung (vgl. schon Pilatus: Mk 15,1–15parr / Joh 19,12.15 / so auch MartPol 3,2; 12,2 f.; 13,1; 17,2; 18,1) und wollen ihre Provinz vor allem »pacata atque quieta« halten.[53]

Das Verhör beginnt mit der üblichen ersten Frage nach der Identität.[54] Dabei bedient sich das MartPol zur Darstellung der sog. Insertionsform, die einen nicht strengen Dialog in eine vorherrschend erzählerische Form einbringt[55], während die Acta-Martyrien streng in sog. Juxtaposition arbeiten, z. B. ActScil: »Saturninus proconsul dixit: ... / Speratus dixit: ...« usw. Bisbee[56] hat in einem Vergleich zu den authentischen Prozeßprotokollen (ὑπομνηματισμοί / commentarii) nachgewiesen, daß selbst die in oratio recta wiedergegebenen Teile des Verhörs Polykarps nicht auf authentische Prozeßakten zurückgehen: »The form in which the trial is recounted is manifestly not commentarius-form«[57]; denn selbst da, wo oratio recta vorliegt, variieren die einführenden Verben (z. B. εἶπεν, λέγοντος, ἔφη, φησίν), während im commentarius nur εἶπεν oder ἀπεκρίνατο plus Name des Sprechers gebraucht werden; stattdessen benutzt MartPol »the copula ὁ δέ which is not commentarius-form.«[58]

---

[51] Vgl. a. a. O., 12 unter Zitation von F. SCHULZ, Principles of Roman Law, Oxford 1936, 173: »To Roman criminal law the rule ›nullum crimen sine lege, nulla poena sine lege‹ was and remained for ever unknown.«

[52] Plin. Epist 10, 96 f. – Vgl. Eus. h. e. 4,26,10 und 4,9 (Minucius Fundanus – Hadrian; vgl. dazu BERWIG, Mark Aurel, 22 f.) – Zur Forschungsgeschichte über den Briefwechsel zwischen Plinius und Trajan vgl. insbesondere: SHERWIN-WHITE, letters of Pliny, Appendix V: 772–787 / WLOSOK, Rechtsgrundlagen / LÜHRMANN, Superstitio, 195–201 / MOLTHAGEN, Staat, 13–21 / BERWIG, Mark Aurel, 20–22.

[53] Ulpian, in: Dig. 1,18,13. Vgl. SORDI, Christians, 194: »The importance of public opinion in the ancient world is often underestimated, and yet ... it seems often to have been the decisive factor which sparked off the persecutions of the Christians.«

[54] Vgl. Act 21,33 (Paulus) / MartLugd 5,1,50 / ActCarpi 2 / MartPionii 9,1.5; 19,2 / MartCononis 4,1 / ActMaximiliani 1,2 / PassIuliVet 1,3 / PassPerp 10 / MartDasii 6 / vgl. GEFFCKEN, Martyrien, 488 ff.

[55] Vgl. HOFFMANN, Dialog, 43.

[56] Pre-Decian Acts, 142 f.

[57] Vgl. a. a. O., 145: »If the author of the Martyrdom of Polycarp did possess a commentarius of Polycarp's trial, which is doubtful, the commentarius-form would have been inimical to his intent.«

[58] BISBEE, Pre-Decian Acts, 143. – Vgl. aber GÄRTNER, ActScil, 151: »In den echten Proto-

**9,2 b:** Wie schon der Eirenarch Herodes (MartPol 8) versucht auch der Prokonsul den Bischof zum Verleugnen[59] seines Glaubens zu überreden, indem er zunächst auf das Alter verweist. Bei Polykarp ist dessen hohes Alter gemeint (86 Jahre, vgl. MartPol 9,3 b); es kann aber auch Rücksichtnahme auf das jugendliche Alter gemeint sein, was bei Germanicos in MartPol 3,1 wahrscheinlich ist, da er ἐπισήμως ἐθηριομάχησεν. Das Motiv der Rücksichtnahme auf das Alter – zu alt oder zu jung – begegnet besonders in 2. und 4. Makk, aber auch andernorts.[60] Polykarp war also schon in hohem Alter, was auch dadurch bestätigt wird, daß er noch Apostelschüler war und von dem Apostel Johannes als Bischof eingesetzt worden war (Iren. adv. haer. 3,3,4; Eus. h. e. 3,36,1). Das alles macht ein späteres Todesdatum als 155/56 n. Chr. unwahrscheinlich.

Der Satz καὶ ἕτερα τούτοις ἀκόλουθα, ὧν ἔθος αὐτοῖς λέγειν – auch von Euseb belegt – muß kein redaktioneller Kommentar sein[61]; denn a) zeigt er an, wie wenig dem Verfasser an der wörtlichen Wiedergabe des Verhörs gelegen ist, was sich mit anderen Beobachtungen, insbesondere den sorgfältigen literarisch geprägten Antithesen in MartPol 9,2 b.c; 11, deckt, b) begegnen in MartPol 8,2 a mit καὶ τὰ τούτοις ἀκόλουθα und in 12,1 a mit καὶ ἕτερα πλείονα λέγων ganz ähnliche abkürzende Wendungen, und c) ist auch der zweite Teilsatz auf die Juden bezogen typischer Sprachgebrauch in MartPol 13,1; 18,1 (ὡς ἔθος αὐτοῖς).

Zur Zeit des MartPol haben der Schwur bei der τύχη des Kaisers (griech.) ὄμοσον τὴν καίσαρος τύχην und der Schwur bei dessen genius (röm.) gleiche Funktion.[62] Die Forderung des Schwurs dient dazu, die Christen als Christen zu entlarven; denn das Christsein an sich gilt als Verbrechen.[63] Zugleich kann der mangelnde Schwur als Majestätsbeleidigung ausgelegt werden. Denn Augustus hatte den genius des Kaisers in die Formel des Beamteneids eingeführt

---

kollen variieren die Ausdrücke, die der Einleitung der direkten Aussagen dienen: εἶπεν, ἀπεκρίνατο, προσέθηκεν, oder das Wort wird ganz ausgelassen. In den Acta Alexandrina dagegen erscheint als Wort für ›sprechen‹ stereotyp nur εἶπεν, wenn es nicht ausgelassen ist. (Dieses ist wohl als literarischer Kunstgriff zu betrachten, der das Ziel hat, den Protokoll-Charakter ganz deutlich zu machen.)«

[59] Zu ἀρνεῖσθαι vgl. MartPol 2,4 / 4 Makk 8,7.38 / Apc 2,13; 3,8 / Diogn 7,7 / Just. Apol. 1,31,6.

[60] 2 Makk 6,18.23 ff.27; 7,25 / 4 Makk 5,7 (αἰδοῦμαι γάρ σου τὴν ἡλικίαν).12. 31.33.36; 6,12.17–23; 8,8.10.14.20.27; 12,2 / MartLugd 5,1,29 ff.53 / PassPerp 5,2; 6,3. – Amnestieangebot in ActScil 1.

[61] Gegen MUSURILLO, Acts, 9 Anm. 12, vgl. DEHANDSCHUTTER, MartPol, 87.

[62] Vgl. ActScil 3.5 / ActApoll 3 ff. / MartLugd 5,1,53 (ὀμνύναι κατὰ τῶν εἰδώλων αὐτῶν) / Orig. Contra Celsum 8.65 (τύχην ... βασιλέως οὐκ ὄμνυμεν), vgl. Orig. Exhort. ad martyrium 7 / Tert. apol. 32,2 / vgl. BASTIAENSEN, Atti, 377 / SCHOEDEL, Fathers, 64 / GUYOT/KLEIN, Christentum I, 332 Anm. 37.

[63] Vgl. GRANT, Sacrifices, 12: »Its thesis is that the basic accusation was simply that of being a Christian and that the matters of sacrifices and oaths which came to the fore in various persecutions and martyr-acts were essentially secondary.«

und im gesamten öffentlichen und privaten Recht verpflichtend gemacht, so daß eine Verletzung als Majestätsverbrechen gilt[64], das die Göttlichkeit und Autorität des Kaisers nicht anerkennt. Das Schwören per genium des Kaisers verbunden mit einem Opfer pro salutate eius bildet in ActScil 3; 14 den Zentralpunkt des mos Romanorum und ist insofern mit dem Vorwurf des Atheismus und der superstitio verbunden. Insbesondere unter Antoninus Pius begegnen die τύχη-Schwüre gehäuft.[65] Für Christen ist das Schwören an sich schon verboten (Mt 5,33–37 / Jak 5,12 vgl. 2 Kor 1,17, aber Gal 1,20 / Justin Apol. 1,16,5; 21,3 / Iren. Adv. Haer. 2,32,1 / Clem. Strom. 7,51,8 / Orig. Exhort. mart. 7), jedenfalls aber können Christen nicht bei der τύχη des Kaisers schwören.[66]

Der Prokonsul fordert den Bischof auf zu sagen: αἶρε τοὺς ἀθέους (= die Christen) (vgl. Hippol. Comm in Dan 1,23,3). Diese Worte hat in MartPol 3,2 noch der Pöbel gerufen: ἐπεβόησεν: Αἶρε τούς ἀθέους: ζητείσθω Πολύκαρπος. In Act 21,36 ruft die Volksmenge gegen Paulus: αἶρε αὐτόν (vgl. 22,22 / Lk 23,18) (Jesus), in Joh 19,15 gegen Jesus: ἆρον, ἆρον, σταύρωσον αὐτόν. Die Griechen und Römer bezeichnen die Christen also als ἄθεοι: »Es gab in der Kaiserzeit ein ›crimen laesae Romanae religionis‹ (Tertull., Apol. 24), welches auch ›crimen laesae divinitatis‹ (c. 27), ›irreligiositas‹ (c. 24) und ›sacrilegium‹ (c. 10) von Tertullian genannt wird. Dasselbe fiel unter die Majestätsverbrechen; doch unterscheidet es Tertullian im Apologeticus von dem crimen maiestatis (der ›majestas impera torum‹) im engeren und schwereren Sinn (s. c. 28 …) … Die Griechen nannten das crimen laesae religionis ›ἀθεότης‹, das crimen maiestatis im engeren Sinne ›ἀσέβεια‹. «[67] Die Christen als ἄθεοι verehren die Staatsgötter nicht (»deos non colitis«, Tert., apol. 10 ff.) – das ist der Vorwurf der Heiden. »Wie die Juden, so wurden auch die aus ihnen hervorgegangenen Christen von den Griechen und Römern als ἄθεοι bezeichnet (lat. atheus: Min. Fel. 8,2; Lact. epit. 63; ira D. 9; Arnob. 1,29; 3,28; 5,30; 6,27). Der Grund dafür lag in der Verweigerung der Götterbilder und in der Verweigerung der Teilnahme an der Verehrung der Staatsgötter einschließlich des Kaiserkults (Plin. ep. 10,96 f.; Apc. 20,4). Celsus (Orig. c.C. 7,62) stellt sie daher auf eine Stufe mit atheistischen primitiven Völkern, während Lukian (Alex. 25.38) sie mit den Epikureern unter die Atheisten einreiht … Die breite Masse … machte sie für allerlei allgemeines Unheil verantwortlich … Da sie keine geschlossene Nation, wie die Juden wenigstens ursprünglich, waren, genossen sie nicht das Recht der religio licita, sondern machten sich durch ihr Verhalten straffällig und des crimen laesae religionis

---

[64] Vgl. GRANT, Sacrifices / BÖMER, Eid, 77 ff.

[65] Vgl. GRANT, Sacrifices, 16.

[66] Vgl. Tert. Apol 32,2: »Sed et iuramus sicut non per genios Caesarum, ita per salutem eorum, quae est augustior omnibus geniis. nescitis genios daemonas dici et unde diminutive voce daemonia?« / vgl. Orig. contra Celsum 8,65.

[67] HARNACK, Vorwurf, 8 f.

Romanae schuldig nach dem in den Act. procons. Cypr. 1,1 überlieferten Gesetz: eos, qui Romanam religionem non colunt, debere Romanas caerimonias recognoscere ...«[68] Aber: »Als Religionsfrevel und Majestätsvergehen ist die Zugehörigkeit zum Christentum von Staats wegen nicht verfolgt worden. Und es ist auch nicht glaubhaft, daß römische Behörden den üblichen Vorwurf des Atheismus, der gegen Juden und Christen von den Heiden erhoben wurde, als hinreichenden Strafgrund angesehen hätten.«[69]

Gleichwohl liegt im Vorwurf des Atheismus[70] als religiöse superstitio die eigentliche Begründung erstens sowohl für das Vorgehen der heidnischen Masse (vgl. MartPol 3,2: ἐπεβόησεν: Αἶρε τούς ἀθέους: ζητείσθω Πολύκαρπος) wie auch zweitens der prokonsularisch-staatlichen Gewalt gegen Polykarp (vgl. MartPol 9,2 c: ὄμοσον ... μετανόησον, εἶπον: Αἶρε τοὺς ἀθέους).

1) Die Feindschaft der heidnischen Bevölkerung resultiert aus der totalen Ablehnung der Christen, einen anderen Gott außer ihrem eigenen zu dienen. Man wirft den Christen vor, durch ihren monotheistischen Exklusivitätsanspruch das Wohlwollen der Götter und die pax deorum zu gefährden und für Unglücke, verursacht durch die Verstimmung der Götter, verantwortlich zu sein.[71] Das »deos non colere«[72], das sich besonders in kultischen Verrichtungen ausdrückt und nicht den theoretisch-philosophischen Atheismus meint, widerspricht außerdem der Bewahrung der religiösen Gebräuche der Vorväter, was man den Juden, die auch als Atheisten galten, immerhin noch zugute hielt.[73] Die Christen aber hatten die Religion ihrer Väter verlassen.[74] Und so erscheinen sie in den Augen der Heiden als Atheisten und verantwortlich für den Zorn der Götter und alle öffentlichen Katastrophen: wenn der Tiber über seine Ufer tritt oder der Nil nicht über seine Ufer tritt – ertönt der Schrei: die Christen vor die Löwen![75]

---

[68] NESTLE, Art. Atheismus, 869 f.

[69] BRINGMANN, Christentum, 3 gegen MOMMSEN, Römisches Strafrecht, 569 Anm. 2: 575 f.

[70] Vgl. zu ἀθεότης: ActJust 5,4 (εὐσέβεια / ἀσέβεια) / MartPionii (θεοσέβεια) 16,6; 19,7–20,2 / ActCarpi 12 ff. / ActApoll 4; 13 f. / Diogn 2,6 / MartLugd 5,1,9 / Justin Apol. 1, 5 f.9.13; Dial. c. Trypho 17,1 / Athenag. Legat. 3,4–30; suppl. 13 / Clem. Alex. strom. 7,1,1,1; protrept. 2,23,1 f. / Tert. Apol. 6,10; 10,1–28,2 / Arnobius, adv. gentes 1,29; 3,28; 5,30; 6,27 / Lactantius, Epit. 63,2; de ira 9,7 / Cicero de nat. deor. 1,63 / Min. Fel., Octav. 8,2/ Tatian, Oratio ad Graecos 27,3 u. ö. – Vgl. die Texte bei: GUYOT/KLEIN, Christentum II, 140–153 / SCHÄFKE, Widerstand, 627–630. – Vgl. zum Folgenden: BROX, Vorwurf des Atheismus / STE. CROIX, Why, 24 ff. / FELDMAN, Jews and Gentile, 368 f. / SPEIGL, Staat, 144–156 / gegen SHERWIN-WHITE, Amendment, 23: »The belief that ›godlessness‹ was the core of the matter depends entirely upon the evidence of the later period ... the martyr-acts, composed from a Christian view-point ...«

[71] Vgl. GUYOT/KLEIN, Christentum II, 190–201 / SCHÄFKE, Widerstand, 648–657.

[72] Vgl. ActCypr 1,1 / Tert. apol. 10,1.

[73] Vgl. Tacitus, Hist. 5,5 / Cicero, de nat. Deorum 3,5–9 / Orig. c. Celsum 5,25 ff. / August., de civit. Dei 4,31 / vgl. VITTINGHOFF, Christianus, 352 f.

[74] Vgl. GUYOT/KLEIN, Christentum II, 168–189 / SCHÄFKE, Widerstand, 630–639.

[75] Tert., Apol. 40,1 f. vgl. 37,2; ad nat. 1,9 / Firmilian apud Cypr., Epist. 75,10 / Cypr., ad

Der Vorwurf des Atheismus beinhaltet auch den der superstitio, die bei den Römern nicht unser heutiges, oftmals harmloses und nicht eigentlich ernstzunehmendes Aberglaubensverständnis meint. Superstitio im römischen Sinne als Gegensatz zur religio[76] ist eine feindliche Gefahr für die res publica Romana (Plin., Epist. 10,96,9: contagio), auch wenn die superstitio kein strafrechtliches Delikt bildet[77]: »the Romans knew the gods would guarantee their *imperium* ... whereas the *superstitiosi* speculated upon the fall of the empire[78] and pursued their own salvation by celebrating mysterious cults ... Christians did not recognize the emperor or the Roman government as the highest authority of the world ...«[79] »*Superstitio* – das meint also nicht ein Delikt im strafrechtlichen Sinn, sondern ist ein moralisch-politisches Werturteil ...: Schwachsinn, Geistesverwirrung (siehe Plinius), Fremdheit, dem öffentlichen Interesse entgegen (siehe Tacitus), Neuheit im negativen Sinn (siehe Sueton), also keineswegs ›harmlos‹, wie eine der stehenden Verbindungen zu dem deutschen Wort ›Aberglaube‹ lautet.«[80]

Die aus der anmaßenden christlichen superstitio hervorgehende Verweigerung des Opfers oder Schwurs in unbeugsamem Starrsinn (pertinacia / obstinatio) ist offener Widerstand gegen die Staatsgewalt und die römische Religion, der als staatsfeindlich ausgelegt wird.[81] »Der Vorwurf des Atheismus ist also immer ein Kennzeichen für Menschen und Gruppen, die sich außerhalb der religiösen und damit der politischen Gemeinschaft stellen ... Das Imperium, die Ökumene, ist von einer Spaltung durch ein neues Volk bedroht, gegen die man sich mit aller Gewalt wehren muß.«[82] Das unter Christen weit verbreitete politische Bewußtsein der Fremdheit in dieser Welt[83] gilt als Widerstand gegenüber Stadt und Staat.

2) Das Verhalten der staatlichen Gewalt gründet neben anderen Elementen (Herstellung von Ruhe und Ordnung / Konspirationsverdacht gegenüber den Christen usw.) letztlich auch in diesen politisch-religiösen Motiven[84]; denn das Hauptinteresse der Christenverfolger im römischen Reich liegt, wie auch

---

Demetrian 2–5 / Arnob., adv. nat. 13,16,26 / August. de civ. Dei 2,3 / Orig., c. Celsum 3,15; comm. ser. in Matt. 39 / Eus. h. e. 9,7,8 f. / vgl. VOGT, Religiosität.

[76] Vgl. LÜHRMANN, Superstitio, 193.

[77] A. a. O., 195 Anm. 4.

[78] Vgl. 4 Esra 11, 37–45; 12, 10–34 / Syr. Bar. 11 f.; 36; 39 / Orac. Sibyll. 2,15–19 u. ö. / vgl. 2 Clem 16,3 / Herm. Vis. 4,3,3 / Apc 18.

[79] JANSSEN, Superstitio, 152 f.

[80] LÜHRMANN, Superstitio, 206 / vgl. MOLTHAGEN, Staat, 30 ff.

[81] Vgl. Tert., apol. 10,1 / Eus. praep. ev. 1,2 / vgl. VOGT, Religiosität, 12.

[82] SCHÄFKE, Widerstand, 630.

[83] Vgl. Phil 3,20 / Hebr 11,13–16; 12,22 ff. / 1 Petr 1,1 / Eph 2,19 / 1 Clem praescr; 3,4; 6,1; 21,1, 44,6; 51,2; 54,4 / MartPol inscr; 13,2; 17,1 / PolPhil 5,2 / Diogn 5,5 / MartLugd 5,1,20 / Herm sim 1,1–6 / Orig. c. Cels. 8,5.29 f. / vgl. SCHÄFKE, Widerstand, 556–579.

[84] Vgl. z. B. Eus. h. e. 7,11,9 / STE. CROIX, Why, 28: »Persecution did not extend to any aspect of the Christian religion other than its refusal to acknowledge other gods.« / VOGT, Religiosität.

MartPol deutlich zeigt, in dem Bestreben, den Widerstand der Christen gegen die Verehrung der heidnischen und staatstragenden Götter zu brechen. Der Grund für die Verurteilung der frühen Christen, z. B. Polykarps, liegt in der unterstellten mangelnden Loyalität zum Staat – trotz oder gerade wegen Polykarps Beteuerung in MartPol 10,2 b –, die sich in atheistischer superstitio ausdrückt und mit Hartnäckigkeit (obstinatio, vgl. MartPol 9,2 c.3 b; 10,1 b; 11,1 b.2 b) vertreten wird. Zum Brechen dieses Widerstands dient die Aufforderung ὄμοσον τὴν καίσαρος τύχην; denn die Heiden werfen den Christen vor: »Deos non colitis, et pro imperatoribus sacrificia non penditis.«[85] Plinius (Epist. 10,96,5) hatte den sich verleugnenden Christen die Möglichkeit gegeben, mit Hilfe des Opfertests die Ernsthaftigkeit ihrer Abkehr vom Christentum zu beweisen. Das Ziel waren also Apostaten – nicht Märtyrer –, die bei Folgeleistung der staatlichen Aufforderung sofort freigelassen wurden, vgl. MartPol 9,3 a: ὄμοσον, καὶ ἀπολύω σε. Das bedeutet aber auch: justiziabel ist nur das Christsein, nicht das Christ-Gewesen-Sein. Der Schwur bei der τύχη des Kaisers dient als Loyalitätsakt, der die politische, religiöse und gesellschaftliche Solidarität der Christen mit dem römischen Reich sicherstellen soll.[86]

**9,2 c:** Polykarp widersetzt sich standhaft (vgl. PolykPhil 7,1) der Aufforderung des Prokonsuls[87] und wendet den Atheismus-Vorwurf zurück gegen die Heiden, schon indem von τὸν ὄχλον τὸν ... ἀνόμων ἐθνῶν gesprochen wird. Das heidnische Volk ist also gesetzlos bzw. gottlos[88] – nicht die Christen (vgl. 1 Kor 9,21). Die Christen verkehren den heidnischen Vorwurf der Gottlosigkeit ins Gegenteil und bezeichnen die Heiden als ἄθεοι, weil sie den wirklichen Gott nicht kennen.[89] Schon in MartPol 3,2 hat die Menge gerufen: Αἶρε τούς ἀθέους. ζητείσθω Πολύκαρπος. Dieselbe vom Prokonsul gesprochene Aufforderung (εἶπον: Αἶρε τούς ἀθέους, vgl. 4 Makk 8,7 f.) kehrt der Bischof nun in paradoxer und ironischer[90] Weise um und wendet sie gegen die Heiden (= ἄθεοι).[91] Schon Eph 2,12 nennt den früheren Zustand der jetzt bekehrten Heiden ἀθεότης (aber nicht als Vorwurf!); denn ἐλπίδα μὴ ἔχοντες. IgnTrall 3 knüpft daran an und ἄθεοι bezeichnet die Heiden. Genau diesen Sinn »die

---

[85] Tert., apol. 10,1. Vgl. zu beiden Vorwürfen auch 10,2-28,1 (sacrilegium / ἀθεότης) und 28,2-35 (maiestas).

[86] Vgl. SPEIGL, Staat, 155.

[87] Zur theologischen Begründung vgl. Tert., apol. 32 / Orig. de exhort. 7.

[88] Vgl. MartPol 16,1: οἱ ἄνομοι / 3,1 c: ἀδίκου καὶ ἀνόμου βίου. – Zur Bedeutung »gottlos« vgl. BAUER/ALAND, Wörterbuch, 143.

[89] Vgl. Eph 2,12 / IgnTrall 3,2 / Just., apol. 1, 6,1: »Daher nennt man uns Atheisten; und wir geben zu, daß wir hinsichtlich solcher sogenannter Götter Atheisten sind, aber nicht hinsichtlich des wahren Gottes und Vaters der Gerechtigkeit und Sittlichkeit und der anderen Tugenden, der rein ist von allem Bösen.« Vgl. dazu: PALMER, Atheism.

[90] Vgl. SIMONETTI, osservazione, 342.

[91] IgnTrall 10 wendet den Vorwurf ἄθεοι nicht gegen Heiden, sondern gegen doketische Häretiker, vgl. HARNACK, Vorwurf, 7.

Heiden sind die ἄθεοι« gibt Polykarp seiner Antwort.[92] »Die Apologeten weisen den Vorurf der ἀθεότης zurück (Aristides 4; Athenag. 3.4.5.10; Min. Fel. 8,2.15 ff.; Clem. Al. strom 7,1,1,4). Nur Justin (apol. 1,6) bestreitet zwar (wie Sokrates bei Plat. apol. 26 c) den Atheismus im absoluten Sinn, gibt ihn aber zu, wenn man dabei die offiziellen Götter im Auge habe: ὁμολογοῦμεν τῶν τοιούτων νομιζομένων θεῶν ἄθεοι εἶναι (vgl. 6.13). Tertullian (apol. 24) sucht durch ein advokatorisches Räsonnement (die Staatsgötter seien gar keine Götter, sondern Dämonen, ihre Verehrung also keine Religion) den Vorwurf zu entkräften. Im NT nimmt vielleicht Eph. 2,12, die einzige Stelle, in der das Wort ἄθεος erscheint, auf den Vorwurf Bezug, indem sie ihn gegen den Polytheismus wendet, wie es auch in Mart.Polyc. 9,2 geschieht ...«[93]

Es kommt zu keinem wirklichen Dialog, weil beide Seiten aneinander vorbeireden: »Das Motiv der Standhaftigkeit äußert sich in dem sich durch alle Märtyrerakten und Martyrien hinziehenden unbeugsamen Bekenntnis zu Jesus Christus ... Die Antworten der Märtyrer von einem ganz anderen Standpunkt aus lassen sich durch zahlreiche Beispiele belegen ... Der Sinn der Frage wird in den Antworten umgedreht und damit angedeutet, daß der Christ die Dinge aus einer anderen Sicht sieht ... Das Verhör ›läuft‹ nicht, es stagniert.«[94] Das Aufgreifen und Wenden der Stichworte[95], das mehr noch den Dialog der späteren Märtyrerakte kennzeichnet, das bewußte Aneinandervorbeireden und das Umkehren der Sinnrichtung von Stichwörtern dient literarisch der Darstellung der eigenen christlichen Position und dem Bekenntnis.[96] Polykarp greift das Stichwort Atheismus des Prokonsuls auf, gibt ihm eine neue Richtung und dreht es quasi um: »Wörter der geläufigen Sprache beginnen in einem neuen Sinn gebraucht zu werden.«[97] Im Lateinischen kommt

---

[92] Vgl. später Clem. Alex., Protrept 2,23, der Eph 2,12 zitiert und den heidnischen Götzendienst und deren Mythologie als ἀθεότης definiert, sowie Orig., exhort. ad mart. 32. Vgl. HARNACK, Vorwurf, 3–7.

[93] NESTLE, Art. Atheismus, 870.

[94] HOFFMANN, Dialog, 53 f.

[95] Vgl. a. a. O., Anm. 2: »Pol. 9,2 (»Weg mit den Gottlosen!« – gegen die Heiden gerichtet); 11,2 (irdisches und ewiges Feuer); Carp. 28 (Kinder durch Gott); 43 (Sohn wird von Gott versorgt; Vater ist Christus, Mutter der Glaube); Just. 4,8 (Strafe Christi); 5,6 (Senatsbeschluß und Ratschluß Gottes); Apoll. 22 f. (irdisches und ewiges Leben); 43 f. (Erleuchtung); Pion. 3,3 (Gebote des Kaisers und Gebote Gottes); 5,4 (Licht); 7,3 (gehorchen); 7,4 (brennen); 19,7 (Torheit und Gottseligkeit); Max. 1,5 (Freier und Diener); 1,10 (Opfer); 2,1 (Folter ist Salbung); 2,2 (Seele retten); Kon. 5,2 (Torheit); 5,7 (ewiges Feuer); Maximil. 2,1.4.6.7 (Kriegsdienst und Zeichen Christi); 2,8 (verderben); 2,11; Fel. (verbrennen von Büchern); Eupl. 1,3 (Herr); 2,6 (Opfer); Iren. 2,3 (Tod); 4,4; Jul. 2,4 (Belohnung und Strafe); 3,2.5.6 (Tod); Claud. 1,5 (Folter); 1,6 (Güter und Heil); 2,3 (Körper und Seele); 4,2 (ewige Folter); Crisp. 1,6 (Gebot).«

[96] Vgl. am Beispiel der ActScil: BERSCHIN, Epochenstil, 41 f. – Vgl. HOFFMANN, Dialog, 53: »Gerade indem die Antworten der Märtyrer die Fragen des Richters umkehren, d. h. zwar den Fragen entsprechen, aber von einer ganz anderen Ebene aus gesprochen werden, erweisen die Antworten die absolute Standhaftigkeit der Märtyrer.«

[97] BERSCHIN, Epochenstil, 42 erläutert das u. a. am Beispiel von »imperator« und »imperator omnium gentium«, vgl. auch GÄRTNER, ActScil, 163 am Beispiel »mysterium simplicitatis«.

es zu tiefgehenden semantischen Verschiebungen, die gebräuchliche Wörter mit neuem christlichen Sinn füllen (dominus, fides, imperium, militia, sacramentum, servus, signum etc.), und zu eindeutigen Christianismen (aus dem Griechischen): agape, anathema, angelus, antichristus, apocalypsis etc.), die gemeinsam eine »altchristliche Sondersprache« bilden. Gleichzeitig aber redet man nur scheinbar aneinander vorbei; denn »im Aneinander-Vorbei-Reden werden in großer Verkürzung grundlegende Antinomien zum Ausdruck gebracht.«[98] Und schon in den scheinbar so authentischen ActScil wird so »aus dem Gerichtsprotokoll ... eine Ermahnung, eine Paränese.«[99]

Die Handbewegung des Bischofs mit finsterer Miene (vgl. Joh 11,33.38.41 / PolPhil 7,1) entspricht der des Paulus auf den Stufen der Tempeltreppe in Jerusalem (Act 21,40).[100] Zu στενάξας τε καὶ ἀναβλέψας εἰς τὸν οὐρανόν vgl. MartPol 14,1.[101]

**9,3 a:** Plinius d. J., Prokonsul von Bithynien von 111–113 n. Chr., forderte nach Epistulae 10,96,5 f. von den Christen ein Brand- und Weihrauchopfer vor dem Bild des Kaisers sowie eine Verfluchung[102] Christi. Nach der Aufforderung zum Schwören (ὄμοσον, vgl. 9,2 b) folgt die Aufforderung zur Abkehr vom Atheismus (αἶρε τοὺς ἀθέους, vgl. 9,2 b), die parallel zu dem jetzigen λοιδόρησον τὸν Χριστόν steht. Als drittes dürfte die Forderung des Opferns damit verbunden gewesen sein, wie indirekt aus MartPol 4 hervorgeht: der Statthalter konnte Quintos überreden, zu schwören und zu opfern (vgl. ActApoll 3: Schwören; 7: Opfern). Die maledictio dient dazu, die wirklichen Anhänger des christlichen Glaubens ausfindig zu machen; insbesondere war die maledictio Christi seit früher Zeit für die Juden ein Unterscheidungsmerkmal von den Christen (vgl. Just., dial. c. Tryph. 93,4; 108,3). Bei Durchführung der maledictio winkt die sofortige Freilassung (καὶ ἀπολύω σε). Auch das ἀπολύω σε (dimitto) entspricht wie das einleitende προσαχθέντα in 9,2 a (inducere) der Rechtssprache (vgl. Joh 19,12). Wenn gemäß Trajans Reskript die Leugner und Apostaten des christlichen Glaubens, die zum Schwören bereit sind, freizulassen sind, dann zeigt das deutlich, daß den Christen nicht flagitia oder Verbrechen zur Last gelegt werden, sondern nur ihre atheistische superstitio[103]; denn sofern und sobald diese aufgegeben wird, kann die Freilassung erfolgen. Das Christenverbrechen ist also durch eine mit

---

[98] GÄRTNER, ActScil, 157 Anm. 20 in Fortführung BERSCHINS.

[99] GÄRTNER, ActScil, 157 vgl. auch 165 f.

[100] Vgl. BEYSCHLAG, Jakobusmartyrium, 175, der aufgrund zahlreicher Parallelen hinter der Auseinandersetzung zwischen Polykarp und Statius Quadratus hier apokryphe (Jakobus-)Tradition vermutet - und nicht historisches Geschehen als Grundlage (172).

[101] Sowie: 2 Makk 6,30; 7,28 / Mk 6,41parr; 7,34 / Act 7,55.59 f. / MartPionii 21,2 / MartCononis 5,1; 6,3 f.

[102] Zu λοιδόρησον vgl.: Joh 9,28 / Act 23,4 / ActCarpi 9 / ActJust 2,1 / ActScil 1,7 f. / ActApoll 3; 13 / ActMax. 2,2 / ActJul 3,5 / ActClaud 3,2.5.

[103] Vgl. STE. CROIX, Rejoinder, 31.

dem Kaiserschwur (vgl. schon MartPol 8: κύριος Καῖσαρ) verbundene maledictio Christi zu heilen; demnach kann nur im Christsein an sich das Verbrechen bestehen.

Der Prokonsul mahnt dringend (ἐγκειμένου) und versucht Polykarp so
vielleicht noch zu retten (vgl. Pilatus in Joh 19,12). Im Gegensatz also zu
Plinius d. J. (Epist. 10,96,3) versucht der Prokonsul den Bischof trotz seiner
christlichen Überzeugung dazu zu bewegen, beim genius des Kaisers zu
schwören und Christus zu verfluchen.

**9,3 b:** Die Elemente des Dialogs sind literarisch stereotyp.[104] Der autobiogra-
phische Treue-Beweis begegnet ähnlich auch in Lk 15,29 (τοσαῦτα ἔτη δουλεύω σοι) und andernorts.[105] »Es ist ein alter Streit, ob man diese Erklärung
Polykarps, er diene Christus nun schon 86 Jahre, mit A. HARNACK, Chronologie der altchristl. Lit. 1 (1897) 342 ff. auf sein ganzes Leben oder unter der
Voraussetzung, daß Polykarp noch als Heide geboren sei, mit Th. ZAHN,
Forsch. z. Geschichte des neutest. Kanons 4 (1891) 249 ff.; 6 (1900) 95 ff. auf
die Zeit nach seiner Bekehrung beziehen solle.«[106] Einige Forscher deuten die
86 Jahre also erst von Polykarps Taufe an (vgl. den Sprachgebrauch bei
Hieronym., de vita Hilarii 45), so daß er beträchtlich älter gewesen wäre.
Andere schließen daraus das Vorhandensein der Kindertaufe; denn Polykarp
könne schwerlich älter als 86 Jahre geworden sein, da er noch eine anstren-
gende Reise zu Bischof Anicet nach Rom unternommen habe. »Both inter-
pretations press the language too narrowly. It means, as Nautin p. 72, n. 1
suggests: ›I have always served Christ and I am not going to cease doing so
at the age of eighty-six.‹ (cf. Eusebius, H. e. 5.24.7).«[107] »Die Interpreten lösen
die Schwierigkeit, daß Polykarp ein allzu hohes Alter erreicht haben sollte,
damit, daß sie entweder annehmen, Polykarp sei schon in frühester Kindheit
getauft worden, oder er gäbe mit seinen Worten seine ganze Lebenszeit an.
Wir haben hier denselben Fall vor uns wie bei der Prophetin Hanna (Lk
2,36 f.) ... Es ist im gewissen Sinn eine Denominatio a parte potiore. Das
ganze Leben wird nach dem benannt, was es prägte.«[108]

»Das οὐδέν με ἠδίκησεν ... (vgl. Act Carpi 33) gehört wieder zur Jesustra-
dition, vgl. außer Mc 15,14parr vor allem Ev.Petr. 14 (= Lc 23,41); Pass.
Petri 7; Pass. Andr. 12.«[109] Indem Polykarp Christus als König bezeichnet

---

[104] Vgl. BEYSCLAG, Jakobusmartyrium, 175, vgl. dort Belege. Vgl. zum Ganzen DEHANDSCHUT-
TER, MartPol, 181.

[105] Vgl. 2 Makk 6,24 (90-jähriger Eleazar) / Act 23,1 (Paulus) / Eus. h. e. 5,24,7 (Polykrates
von Eph.) / ActCarpi 34.37 (Papylus: »a iuventute mea deo servio«) / ActMax 10 / vgl. auch
Eus. h. e. 3,32, 3 f. (MartSimeon).

[106] CAMPENHAUSEN, Pastoralbriefe, 203 Anm. 18.

[107] SCHOEDEL, Fathers, 65. »Consequently it is impossible to deduce anything from this
statement about the likelihood of infant baptism in the case of Polycarp (cf. K. Aland, *Did the
Early Church Baptize Infants?* (Philadelphia, 1963), 70-74).«

[108] BAUER, Polykarpbriefe, 11 f.

[109] BEYSCHLAG, Jakobusmartyrium, 175 Anm. 48. Vgl. auch Lk 10,19 / Act 25,10 / Gal 4,12.

(vgl. Mt 25,34.40; Apc 1,5; 17,14; 19,6; PolPhil 12,3), wird der Kontrast zum römischen Herrscher umso schärfer; denn dem irdischen König wird der König des Himmels gegenübergestellt (vgl. ActScil 3–6).

**10,1 a:** Der Prokonsul bleibt beharrlich und fordert den Bischof ein drittes Mal auf zu schwören (ὄμοσον: 9,2.3; 10,1).[110] Die dritte Aufforderung hat offenbar definitiven Charakter, wie auch die bekenntnishafte Antwort des Polykarp zeigt. Schon Plinius (Epist. 10,96,3) hat den Christen dreimal dieselbe Frage gestellt: »Ich habe sie gefragt, ob sie Christen seien. Gestanden sie, so habe ich ihnen unter Androhung der Todesstrafe ein zweites und drittes Mal dieselbe Frage gestellt; beharrten sie, so habe ich sie (zur Hinrichtung) abführen lassen.« Trotz dreimaliger Aufforderung, beim Glück des Kaisers zu schwören[111], bleibt der Bischof standhaft.

Auch hier schwingt die κατὰ τὸ εὐαγγέλιον-Stilisierung wieder mit: »In the *Martyrdom of Polycarp* ... the use of copulas such as ὁ δέ, the use of participles, and phrases such as ἐπιμένοντος δὲ πάλιν αὐτοῦ καὶ λέγοντος create the impression of rapid movement. To this rapid movement is added the cacophany of verbs of saying, which heightens the atmosphere of tension and chaos. The mood created is much like mood given to Jesus' trial in the Gospels – chaos, tension, mob, violence.«[112]

**10,1 b:** Die Erwartungshaltung des Prokonsuls (vgl. den folgenden ἵνα-Satz) erweist sich als trügerisch und hohl (εἰ κενοδοξεῖς). Das standhafte Bekenntnis Χριστιανός εἰμι[113] stellt Polykarps endgültige Antwort auf das dreimalige ὄμοσον des Prokonsuls dar und bietet zugleich den Grund zur Verurteilung. Im existentiellen Bekenntnis Χριστιανός εἰμι als verbindliche, öffentliche und endgültige Erklärung (ὁμολογία) liegt vermutlich der Ursprung christlicher Bekenntnisbildung – und nicht in bestimmten Bekenntnisformeln. Inhaltlich ist das Bekenntnis ursprünglich keine Aufzählung der dem Glauben wesentlichen Lehrwahrheiten.[114]

Das προσποιεῖ δὲ ἀγνοεῖν με, τίς εἰμι (= Χριστιανός εἰμι) erinnert an die messianischen Selbstbekenntnisse Jesu (Mk 14,61parr / MartJacobi bei Hegesipp, Eus. h. e. 2,23,13). Es ist ein offenes, freimütiges Bekenntnis (μετὰ

---

[110] Vgl. die entsprechenden Aufforderungen zu opfern, zu weihräuchern, zu schwören, Militärdienst zu leisten, Bilder oder Götter anzubeten, Opferfleisch zu essen usw. in: ActCarpi 4,11.21.33 / ActJust 2,1; 5,4 / ActApoll 7 / MartPionii 8,2.4; 19,3.9 f.; 20,1 / ActAcac 1,4; 2,7; 3,1 / ActMax 1,10; 2,1 / ActCypr 3,5 / ActKon 4,4 / ActIren 2,1.3; 3,4; 4,2.8 / ActJul 2,4; 3,6 / ActClaud 1,2 f.; 3,1; 4,1 / ActCrisp 1,4; 2,4 / ActPhil 1,1.4.9; 2,2.8.

[111] Dem entspricht der Opferbefehl in: 4 Makk 6,4; 9,16 / ActScil 3; 5 / ActApoll 3; 11 / vgl. GRANT, Sacrifices, 15 ff.

[112] BISBEE, Pre-Decian Acts, 145 / vgl. SCHOEDEL, Fathers, 63: »hectic atmosphere«.

[113] Vgl. 2 Makk 6,6 / Mk 14,61parr / PassPerp 6,3 / Eus. h. e. 2,23,13 / ActCarpi 5; 23 / MartLugd 5,1,20 / ActScil 9–13 / ActApoll 2 / ActJust 3 f. / ActCypr 1,2.

[114] Vgl. RITTER, Art. Glaubensbekenntnis, 400.

παρρησίας), das dem Ideal eines »heroischen Kämpfers«[115] in der Antike entspricht und in seiner kühnen Dreistigkeit (vgl. auch 11,2) gegenüber den Behörden auch für heidnische Märtyrerakten, stoisch-kynische Helden und die LXX (Lev 26,13 / Hi 22,26; 27,10 / Spr 13,5) charakteristisch ist.[116] Παρρησία ist hier insbesondere wie in Act[117] gegenüber Menschen gemeint, gegenüber dem Forum der Öffentlichkeit des Volkes und der politisch-richterlichen Instanzen, die stets eine feindliche Öffentlichkeit bilden. Παρρησία in Act meint Unerschrockenheit, Freimütigkeit und freudige Zuversicht gegenüber vor allem jüdischen Gegnern. »Jedes *öffentliche Reden* wird damit aber ein offenes oder freimütiges Reden ... Die Bedeutung der παρρησία ist in Ag grundlegend von der Situation des Bekennens bestimmt.«[118] (Vgl. πᾶν und ῥῆσις). In der Märtyrerliteratur zeigt der Märtyrer παρρησία (lat. fiducia, confidentia) gegenüber seinen Verfolgern.[119] Dabei hat die Freimütigkeit ihren Grund in der Zuversicht zu Gott (Hebr 3,6; 4,16; 10,19 / 1 Joh 2,28; 4,17; 5,14 / Eph 3,12 / 1 Tim 3,13), so daß παρρησία gegenüber Menschen und gegenüber Gott letztlich eine Einheit bilden. Die παρρησία, die zu einem Hauptmerkmal der Märtyrer wird[120], »frequently include the forecast of the future punishment of the tyrant.«[121]

Das standhafte Bekenntnis »Ich bin Christ«[122] bildet den Mittelpunkt des Verhörs im MartPol. »C. 8-12 schildern das Bekenntnis des Polykarp. Es hat zwei Höhepunkte, einmal die Begegnung mit dem Eirenarchen ›Herodes‹ ... (c. 8), zum anderen das solenne Bekenntnis vor Statius Quadratus, dem die gleichen Überredungskünste seitens des Prokonsuls vorangehen (c. 9 ff.; vgl. schon c. 3 f.).«[123] »Wenn von einer Verurteilung nur aufgrund des Bekenntnisses Christ zu sein berichtet wird, haben wir es wahrscheinlich mit einer sehr alten Tradition zu tun.«[124] Das Verhör läuft mit paränetischer Intention auf dieses Bekenntnis zu, während es etwa in ActApoll 2 und ActCarpi 5-8 in

---

[115] CAMPENHAUSEN, Idee, 152.

[116] Vgl. MUSURILLO, Pagan Martyrs, 239 f. / SCHOEDEL, Fathers, 66 / BALZ, Art. παρρησία, 106 / PETERSON, Bedeutungsgeschichte. - Siehe auch den Vergleich der Märtyrer mit den antiken Vorbildern der Standhaftigkeit bei Clem, Strom. 4,56 / Tert., apol. 50,3-11.

[117] Act 2,29; 4,13.29.31; 9,27 f.; 13,46; 14,3; 18,25 f.; 19,8; 26,26; 28,31.

[118] SCHLIER, Art. παρρησία κτλ., 880.

[119] Vgl. neben MartPol 10,1: MartLugd 5,1,18: τὴν ὁμολογίαν παρρησιάσασθαι; 5,2,4 / MartAndreae 8 / MartPionii 4,9 / 4 Makk 10,5 / Phil 1,20(?) / vgl. Orig., Hom. in Luc 27; c. Cels. 2,45. - Vgl. BARTELINK, observations, 35-37.

[120] Vgl. BUTTERWECK, Martyriumssucht, 191.

[121] FISCHEL, Martyr, 370 vgl. Anm. 119: »Exemples for the pronouncement of just retribution: II Macc. 7.19; IV Macc. 9.32; 10.10 etc.; Asc.Is. 5.9; Polycarpus XI 2; Martyrion of Pappus and Julianus (Taan. 18 b; Siphra 99 d, etc.); Ten Martyrs, first version, pp. 69,71 etc., Haninamartyrion (Ab. Zarah, Kallah); etc. Palto's Apology.«

[122] Vgl. BREMMER, Christianus sum.

[123] BEYSCHLAG, Jakobusmartyrium, 174.

[124] JENSEN, Töchter, 184. - Vgl. 1 Pt 4,12-16: die Christen werden als Christen bestraft / ActaTheclae 14: Paulus sei als Christ vor Gericht zu bringen.

apologetischer Intention von diesem Bekenntnis ausgeht. Mit dem Bekenntnis zu Christus im Gegensatz zum Kaiser (vgl. 8,2: κύριος καῖσαρ) haben sich die Angeklagten bereits strafbar gemacht und die Todesstrafe erwirkt[125], vgl. Plin., Epist. 10.96.3, wo es im trajanischen Reskript heißt: »si deferantur et arguantur, puniendi sunt.«

Die Bezeichnung Χριστιανός (Christianus) begegnet im NT nur dreimal (Act 11,26; 26,28 und 1 Pt 4,16 im Prozeß-Kontext) und war kein Ehrenname der Christen oder eine volkstümliche Benennung, sondern Terminus der Heiden mit dem Beiklang der Zugehörigkeit zu einer staatsfeindlichen Vereinigung. Erst die Märtyrer, u. a. Ignatius, die es sich aus Glaubensgründen gefallen lassen mußten, sich als Χριστιανοί zu bezeichnen, machten aus dem Schimpfnamen einen Ehrennamen.[126] Die Χριστιανοί stören durch ihre bloße Existenz den Frieden und die öffentliche Ordnung in den Provinzen. So berichtet Plinius dem Kaiser Trajan, daß das Opferfleisch vor seinem Eingreifen kaum noch Käufer gefunden habe. Und schon Paulus hat in Ephesos erleben müssen, »welches explosive Gemisch der religiöse Fanatismus heidnischer Massen und das wirtschaftliche Interesse einzelner darstellten.«[127] (Act 19,23-34; in Philippi: 16,16-22 / vgl. Plin., Epist. 10.96,10 / Tert., apol. 42 f.). Ein pflichtbewußter Statthalter muß jedenfalls für Befriedung und Ruhe seiner Provinz sorgen und alle üblen Elemente (mali homines) entfernen.[128] Das Christentum als Unruhefaktor muß beseitigt werden; denn salus republica suprema lex (Cicero, De legg. 3,8). Bereitwillig und opportun nimmt der römische Staat Rücksicht auf den Druck der Mehrheiten: schon Pilatus gibt dem Drängen der Juden nach (Mt 27,15 ff. / Mk 15,9 ff. / Lk 23,4.14 ff. / Joh 18,38 ff.; 19,6 ff.), auch Paulus mußte befürchten, den Juden zuliebe abgeurteilt zu werden (Act 25,9 vgl. schon 24,27) und die Rolle der Menge, insbesondere der Juden, vgl. zu MartPol 12,2, im MartPol und MartLugd ist eindeutig.

MartPol verdeutlicht wie zahlreiche andere Texte[129], daß das nomen Christianum allein Grund zur Verurteilung ist. »The Christians inevitably drifted away from the *nomen Romanum* and constituted a nomen of their own, the

---

[125] Vgl. MOLTHAGEN, Staat, 36 f.

[126] Vgl. vanDAMME, ΜΑΡΤΥΣ, 296 f. - Grundlegend: PETERSON, Christianus, z. B. 86: »Wenn aber das Wort Χριστιανός schon eine politische Kennzeichnung in sich schloß, wird nun aber begreiflich, warum die einfache Erklärung »Χριστιανός εἰμι« zu einer Verurteilung genügte.« - Ähnlich: MOLTHAGEN, Staat, 30-33. - Dagegen BRINGMANN, Christentum, 3: »Der Name *Christiani* - in Analogie zu *Pompeiani, Othoniani, Vitelliani* etc. gebildet - zwingt keineswegs zu der Annahme, daß die Christen als *politische* Anhänger eines Mannes namens Christus galten.«

[127] BRINGMANN, Christentum, 7. / Vgl. PLANKL, Hintergründe / STE. CROIX, Why, 27.

[128] Vgl. Ulpian, De officio proconsulis 7 / vgl. BRINGMANN, Christentum, 7.

[129] Vgl. die Martyrien: MartPol 12,1 / ActScil 10,14 / ActApoll 1 ff. usw. / die christlichen Apologeten: Justin, apol. 1,4; 2,2 / Athenag., Legat. 1 f. / Tert., apol. 1 ff.; ad nat. 1,3 usw. / der technische Gebrauch des nomen Christianum im Briefwechsel Plinius-Trajan, Plin., Epist. 10,96 f., z. B 96,2 f.: »interrogavi ipsos, an essent Christiani«, »qui Christiani ad te delati fuerant«, 97,1: »qui negaverit se Christianum esse.«

*nomen Christianum* ...«[130] Dieser Name Χριστιανός allein und der damit verbundene Hauptvorwurf des Atheismus (s. o.) konnte sich dann mit anderen, aber sicherlich sekundären Gründen zur Verurteilung verbinden:

a) mit den mit dem Christsein angeblich verbundenen abscheulichen Verbrechen (Plinius: flagitia cohaerentia nomini) des Kannibalismus und Inzests (θυέστεια δεῖπνα καὶ Οἰδιπόδειοι μίξεις)[131],

b) mit dem politischen Vorwurf des Hochverrats (maiestas)[132]; denn die Christen als mali homines (Ulpianus, Dig. 1,18,13) brachten mindestens kriminelle, wenn nicht gar politische Unruhe in die von den Statthaltern befriedet und ruhig zu haltenden Provinzen (pacata atque quieta). Immerhin verehrten die Christen Jesus, der als »König der Juden« (Mk 15,2.9.12.26; Lk 23,2; Joh 19,12.15) und politischer Krimineller (vgl. Min.Fel., Octav. 9.4) hingerichtet worden war.[133] Außerdem verweigerten sie den Schwur beim genius bzw. der τύχη des Kaisers (MartPol 9,2 f.; 10,1 / ActScil 3.5 / ActApoll 3) und sprachen vom Ende der Welt und der Herrschaft Roms (Apc 14,8; 16,19; 17 f.),

c) mit dem Vorwurf des Schadens wirtschaftlicher Interessen einzelner durch die Christen, etwa der Verlust von Opfergeschäften (vgl. Act 19,23 f. sowie die Fülle der anonymen Denunzianten bei Plinius),[134]

d) mit dem Vorwurf starrsinniger Todesbereitschaft der Christen[135] und ihrer Dummheit und Starrsinnigkeit allgemein.[136] Auffällig ist nun, daß Polykarp – wie schon MartPol 4 – sein Bekenntnis Χριστιανός εἰμι nicht mit einer Aussage freiwilligen Martyriumsdrangs verbindet, wie etwa MartEupli 1.[137] Das montanistische Drängen zum Martyrium, von dem sich MartPol deutlich abgrenzt, mochte für den Staat und die öffentliche Meinung für christliches Verhalten schlechthin stehen und hat eine härtere Vorgehensweise der Behörden ausgelöst,[138]

---

[130] JANSSEN, Superstitio, 158.

[131] Vgl. Eus. h.e. 4,7,11; 5,1,14.26; 9,5,2 / Athenag., Legat. 3,31 / Justin, apol., 1,26; 2,12; dial. c. Tryph. 10 / Tert., apol. 6,11–7,2 / Min. Fel., Octav. 8 f.; 28; 30 f.; Orig., c. Cels. 6,27,40. – Vgl. GUYOT/KLEIN, Christentum II, 216–225. – Zur flagitia vgl. die Auseinandersetzung zwischen STE. CROIX und SHERWIN-WHITE, vgl. dazu JANSSEN, Superstitio, 132 und BERWIG, Mark Aurel, 14–18.

[132] Vgl. GUYOT/KLEIN, Christentum II, 154–167.

[133] Vgl. VITTINGHOFF, Christianus.

[134] Vgl. PLANKL, Hintergründe.

[135] Vgl. Marcus Aurelius, In semet ipsum 11,3 / Epictetus, diss. 4,7,1–7. Vgl. GUYOT/KLEIN, Christentum II, 202 ff.

[136] Παράταξις, obstinatio, contumacia, vgl. Tert., apol. 27,2; 50,15; de spect. 1,1; ad nat. 1, 17 ff. / Plin., Epist. 10.96.3 / ActScil 14. Vgl. auch die Hartnäckigkeit Polykarps. Vgl. ferner die Quellentexte bei GUYOT/KLEIN, Christentum II, 204–215.

[137] MartEupli 1: Ἀποθανεῖν θέλω, χριστιανός γάρ εἰμι / Eus., MartPal. 3,2–4: sechs freiwillige Märtyrer / Eus. h.e. 8,9,5: Märtyrer in der Thebais, Ägypten / Tert., ad Scapulam 5,1; apol. 50,3; de spect. 1 / ActaCarpi 42 ff.: Agathonice / MartPol 4: Quintos / IgnRöm 7,2: ἐρῶν τοῦ ἀποθανεῖν.

e) mit dem Vorwurf der Feindschaft gegen die Tradition,[139]

f) mit dem Vorwurf der Christen als Ursache allen Unglücks.[140]

Verbunden mit einem Gemisch dieser Anwürfe aber liegt die entscheidende Anklage im Christsein an sich, die ihre Begründung findet im Vorwurf des Atheismus (vgl. 9,2b), der eng mit der Ablehnung des Schwurs bei der τύχη des Kaisers (vgl. 9,2b) verwandt ist und mit dem monotheistischen Absolutheitsanspruch des Christentums zusammenhängt.[141] Der Vorwurf des Atheismus ist nicht justiziabel, wohl aber der des nomen Christianum; denn der den Schuldspruch ersetzende Ausruf des Herolds (MartPol 12,1) formuliert: »Πολύκαρπος ὡμολόγησεν ἑαυτὸν Χριστιανὸν εἶναι«. »Mindestens bis 249 galt die *confessio nominis*, das Geständnis des einzelnen Christen, er sei Christ, als strafbarer Tatbestand, der die Kapitalstrafe verwirkte ... Damit fallen alle Versuche hin, den straferheblichen Tatbestand, der die Kapitalstrafe des geständigen Christen forderte, in einem eigenen, nichtreligiösen oder religiösen, Verbrechen, etwa der *maiestas* oder dem Religionsfrevel bzw. der Gottlosigkeit zu fixieren.«[142]

Mit dem Bekenntnis Χριστιανός εἰμι hängt die schwierige Bestimmung des μάρτυς-Titels zusammen. In dem öffentlichen Bekenntnis »Ich bin Christ« – und nicht in dem Bezeugen des Christsein durch den blutigen Märtyrertod –[143], sieht ein Teil der Forscher das entscheidende Indiz des μάρτυς-Seins.[144] Für den Verfasser des MartLugd haben alle gestorbenen oder nicht gestorbenen Verfolgten von Lyon den Rang von Märtyrern von dem Augenblick ihres gerichtlichen Bekenntnisses an, was der Verfasser jeweils folgend auf das Verb ὁμολογεῖν durch die formelhafte Wendung ἀνελήφθη καὶ αὐτὸς εἰς τὸν **κλῆρον τῶν μαρτύρων** o. ä. (»er/sie bekannte und wurde zum Klerus der Märtyrer gezählt«) zum Ausdruck bringt (5,1,10: Vettios Epagathos / 5,1,26: Biblis / 5,1,48: Gruppe der zunächst Abgefallenen). Andererseits aber problematisiert gerade MartLugd das Verhältnis von »Bekennern« und »Märtyrern« (5,2,2 f.) dergestalt, daß nur diejenigen wirkliche Märtyrer sind, die Christus »infolge ihres Bekenntnisses für würdig erachtete, aufgenommen zu werden, und ihr Martyrium **kraft ihres Todes** besiegelte.« Und auch das

---

[138] Vgl. SORDI, Christians, 72 f. / STE. CROIX, Why, 21–24: »that the part they (= voluntary martyrs) played in the history of the persecutions was much more important than has yet been realized.« (21). – Kritisch gegen Ste. Croix jüngst: BREMMER, Christianus sum, 17 / BUTTERWECK, Martyriumssucht, 2–6. Vgl. jedoch: BUSCHMANN, Rez. Butterweck. / SPEIGL, Staat, 176 ff.; 201 ff. / FREND, Links, 150. – Auch der Vorwurf des Atheismus wurde durch christlich-provokatives Verhalten erneut geschürt; so setzt etwa Tert., de idol. 11,7 voraus, daß der wahre Christ gegen den Tempel bläst und ausspuckt. Vgl. KÖTTING, Martyrium und Provokation.

[139] Vgl. GUYOT/KLEIN, Christentum II, 168–189.

[140] Vgl. a. a. O., 190–201.

[141] Vgl. STE. CROIX, Why / LÜHRMANN, Superstitio.

[142] FREUDENBERGER, Art. Christenverfolgungen, 24.

[143] So aber u. a. BROX, Zeuge.

[144] Z. B. vanDAMME, ΧΡΙΣΤΙΑΝΟΣ.

MartPol, in dem erstmals der eindeutig martyrologische μάρτυς-(= Blutzeuge) Begriff der Märtyrerkirche begegnet[145], definiert den μάρτυς eindeutig nicht vom Wort-Zeugnis des Χριστιανός εἰμι, sondern vom Tat- und Blutzeugnis als Mitvollzug der passio Christi her[146]; denn das Wortfeld μαρτ- ist im MartPol stets zurückgebunden κατὰ τὸ εὐαγγέλιον an Christi Leiden.[147] Nach dem Sprachgebrauch des MartPol liegt das Charakteristikum des μάρτυς-Seins nicht im Zeugnis des Wortes, sondern im Mitvollzug des Leidens Christi κατὰ τὸ εὐαγγέλιον.[148]

Der Ausdruck χριστιανισμός scheint von Ignatios erstmals geprägt (Ign-Magn 10,1; Röm 3,3; Philad 6,1).[149] Μανθάνειν meint bei den Apologeten speziell die Aneignung einzelner Heilswahrheiten des Christentums.[150] Der christliche Märtyrer vermittelt späterhin seine Wahrheit auch seinen Richtern, hält lange erbauliche Reden und erscheint in der Rolle des Sokrates.[151] Zu δὸς ἡμέραν καὶ ἄκουσον vgl. MartJacobi (Ps.Clem. Rec. 1,43 ff.).

**10,2 a:** Wie wenig MartPol an längeren apologetischen Ausführungen über den christlichen Glauben interessiert ist, erweist sich deutlich daran, daß Polykarp abschlägig auf die Aufforderung πεῖσον τὸν δῆμον[152] reagiert; obwohl er gerade dazu vom Prokonsul aufgefordert wird und der Märtyrer seinen Glauben in Form überzeugender Lehre öffentlich vortragen könnte.[153] Erst später in den Acta-Martyrien wird der lehrhafte Zug (τὸν τοῦ Χριστιανισμοῦ μαθεῖν λόγον) ausgebaut zu langen Reden der Protagonisten. MartPol hingegen ist noch bestimmt von einem einfachen Verhör mit dem Ziel der Betonung der Standhaftigkeit. Polykarp hält keine Verteidigungsrede vor Gericht und vor dem Volk (πεῖσον τὸν δῆμον). Mit τὸν δῆμον wird die Verantwortung für das Martyrium von der römischen Behörde auf das Volk verlagert. Und wie schon Pilatus versucht hatte, Jesus zu retten (Joh 19,12 / Mt 27,13 / Mk 15,3 f.)[154], so bietet auch der Prokonsul dem Bischof diese

---

[145] Vgl. BEUTLER, Art. μάρτυς, 970 / PASCHKE, Art. Märtyrer, 588 f. / STRATHMANN, Art. μάρτυς, 512 / BAUMEISTER, Anfänge, 258 / BROX, Zeuge, 227.

[146] Gegen CAMPENHAUSEN, Idee, 20–56 / vanDAMME, Χριστιανός, 301.

[147] MartPol 1,1: τὸ κατὰ τὸ εὐαγγέλιον μαρτύριον / 2,2: οἱ γενναιότατοι μάρτυρες τοῦ Χριστοῦ / 14,2: ἐν ἀριθμῷ τῶν μαρτύρων ἐν τῷ ποτηρίῳ τοῦ Χριστοῦ / 17,3: τοὺς δὲ μάρτυρας ὡς μαθητὰς καὶ μιμητὰς τοῦ κύριου ἀγαπῶμεν / 19,1: οὗ τὸ μαρτύριον πάντες ἐπιθυμοῦσιν μιμεῖσθαι κατὰ τὸ εὐαγγέλιον Χριστοῦ γενόμενον.

[148] Mit BROX, Zeuge, 232–236 / RORDORF, Entstehung, 42 Anm. 40 / RORDORF, Martyre et témoignage, 22 f. gegen vanDAMME / vgl. insgesamt BUSCHMANN, MartPol, 136–141: Exkurs: Die μάρτυς-Terminologie (MartPol 2,2).

[149] Vgl. BOMMES, Weizen, 30 ff.

[150] Vgl. Justin, apol. 1,6,2; 13,3; 28,1; 34,2; 48,3 / ActCarpi 15; 32 / ActApoll 5; 44 / ActScil 4 / MartPionii 7,3.

[151] Vgl. ActPetri 38 f. / ActAndreae 21–24 / ActPhilipp 139–144 / ActApoll 41 / MartPionii 17,2 f.

[152] Vgl. MartJacobi Eus. h. e. 2,23,10 f. / ActApoll 41 / MartPionii 5,3; 7,3; 8,1.

[153] Vgl. BEYSCHLAG, Clemens, 273.

Chance. Überhaupt scheint der Prokonsul auf das Verlangen des aufgeputschten Volkes zu reagieren (vgl. auch 12,2 f.) und nicht von sich aus aktiv geworden zu sein.[155] Das πεῖσον τὸν δῆμον erfährt unterschiedliche Deutungen: a) Es kann als Verbot oder Abwehr des Prokonsuls aufgefaßt werden, den Angeklagten den christlichen Glauben ausführlicher erklären zu lassen.[156] b) Es kann als peinliche Verlegenheit des Prokonsuls gedeutet werden, der lediglich auf die öffentliche Meinung reagieren muß und am τὸν τοῦ Χριστιανισμοῦ μαθεῖν λόγον desinteressiert ist.[157]

**10,2 b:** Polykarp antwortet: σὲ μὲν ... (vgl. MartLugd 5,1,29 / ActScil 4) und beruft sich auf die überlieferte christliche Lehre (δεδιδάγμεθα γάρ).[158] Das entspricht der κατὰ τὸ εὐαγγέλιον-Stilisierung des MartPol.[159] Kurz aber deutlich fallen die Aussagen zum Verhältnis Christen-Staatsmacht im Sinne von Röm 13,1–7 und 1 Pt 2,13–17 aus.[160] Diese apologetischen Ansätze finden sich ausgeführt erst in den späteren Acta-Martyrien (z. B. ActJust 2,2 ff. / ActScil 2 ff.). Andererseits grenzt MartPol sich mit der grundsätzlichen Anerkennung der *von Gott* eingesetzten staatlichen Mächte und Gewalten[161] (vgl. Act 23,5: Paulus) deutlich ab von der apokalyptischen Grundstimmung anderer christlicher Gruppen, etwa der Montanisten, mit ihrer Welt- und Staatsverachtung, wenn z. B. Speratus in ActScil um 180 n. Chr. in Nordafrika formulieren kann: »Ego imperium huius seculi non cognosco.« (Vgl. auch MartPauli 3 f.). Der antirömische Affekt erscheint im MartPol wie in den Evangelien weitgehend zugunsten eines antijüdischen Affekts vermieden[162], während in den späteren legendenhaften Acta die römischen Behörden in übler Weise verspottet werden.[163] Auch die Schlußaussage ἐκείνους δὲ οὐχ ἡγοῦμαι ἀξίους τοῦ ἀπολογεῖσθαι αὐτοῖς (vgl. Act 19,33) zeigt deutlich, wie wenig MartPol an Apologetik gelegen ist.

---

[154] Vgl. aber SIMONETTI, Osservazione, 342.

[155] Vgl. ausführlich: RONCHEY, Indagine, 121–158, bes. 133–145, zur Rolle und zur juristischen Position von Prokonsul und Volk im MartPol / COLIN, villes, 126–132 / BEYSCHLAG, Jakobusmartyrium, 175 sieht eine Spannung zwischen dem rein persönlichen Gespräch mit dem Prokonsul und der tobenden Menschenmenge.

[156] Vgl. ActCarpi 21 / ActScil 4 f. / vgl. JANSSEN, Superstitio, 134 Anm. 18.

[157] Vgl. SORDI, Christians, 69.

[158] Vgl. Mk 12,16 f.parr/ Justin, apol. 1,6,2: μαθεῖν, ὡς ἐδιδάχθημεν.

[159] Vgl. CAMPENHAUSEN, Idee, 83.

[160] Vgl. auch Mk 12,17 / Tit 3,1 / 1 Clem 60,4; 61,1 ff. / PolycPhil 12,3 / ActScil 9: honorem Caesari quasi Caesari; timorem autem Deo / ActApoll 6;8 f.; 36 f. / ActCypr 1,2 / Tert., apol. 30,4. – Vgl. aber: ActScil 2: propter quod imperatorem nostrum observamus (imperator = Gott), vgl. ActScil 3: imperator = Kaiser / ActScil 6: cognosco dominum meum, regem regum et imperatorem omnium gentium ... ego imperium huius seculi non cognosco. – Vgl. ALAND, Verhältnis, 227 ff.

[161] Zu ἀρχαῖς καὶ ἐξουσίας vgl. Lk 12,11; 20,20 / 1 Kor 15,24 / Röm 13,1 / Eph 1,21; 3,10; 6,12 / Kol 1,16; 2,10.15 / Tit 3,1.

[162] Vgl. BERGER, Gattungen, 1255.

[163] Vgl. DELEHAYE, Genres, 158 f. / GRANT, Christen als Bürger, 23 ff.

Wenn der eigentliche Grund der Verurteilung Polykarps in der mit dem nomen Christianum an sich verbundenen atheistischen superstitio liegt, die eine mangelnde Loyalität zu den staatstragenden Göttern repräsentiert, dann erscheint Polykarps Hinweis auf die grundlegende Loyalität der Christen zu den staatlichen Gewalten gleichermaßen als zwingend notwendig und dennoch letztlich verfehlt: nicht nur, daß eine breite Tradition christlicher Texte ein ganz anderes Verhältnis zum römischen Staat proklamiert (vgl. nur Apc), sondern es fehlt auch das staatstragende, aktive Eintreten für den römischen Staat und den Kaiser als pater patriae; MartPol 9,3b proklamiert den Totalitäts- und Universalitätsanspruch des einen Königs, dem allein zu dienen (δουλεύω) ist: τὸν βασιλέα μου τὸν σώσαντά με. Zugleich spiegelt MartPol 10,2 mit dem Obrigkeitsgedanken ebenso wie mit dem Bezug auf die christliche Lehrtradition und dem Nachahmungsgedanken das kirchlich-normative Interesse des MartPol wider.

**11,1a:** Die Bestien werden bereits in MartPol 2,4 von den edlen Märtyrern allgemein und in 3,1 von Germanicos standhaft ertragen. Quintos hingegen ἰδὼν τὰ θηρία ἐδειλίασεν (MartPol 4a). Der Statthalter droht[164] zwar, räumt aber noch immer trotz Polykarps Bekenntnis versucherisch ein: ἐὰν μὴ μετανοήσῃς.[165] Das läßt sich entweder historisch deuten; die Römer wollten soweit möglich Martyrien vermeiden. Oder es ist literarisches Mittel, um Polykarps trotzige Standhaftigkeit umso stärker hervortreten zu lassen bzw. mit dem Begriff μετάνοια zu spielen (s.u.). Die Forderung einer Tierhetze scheint wiederum auf das Konto der anwesenden Masse zu gehen, wie MartPol 12,2b (ἵνα ἐπαφῇ τῷ Πολυκάρπῳ λέοντα) und Tert., apol. 40,2 (... statim »Christianos ad leonem!« acclamatur) gleichermaßen belegen.

**11,1b:** Auch wenn das Verhör in MartPol einfach gehalten und im Vergleich zu den späteren Acta Martyrum kurz ist, so ist damit noch nichts über seinen »historischen« Wert ausgesagt. Die sorgfältigen Antithesen im ganzen MartPol 11[166] deuten jedenfalls auf literarisches Gepräge hin. »It must be confessed that 11:1-2 as a whole, with its careful antitheses, appears to reflect considerable reworking between Polycarp and the proconsul ...«[167] Wiederum wird im Wortwechsel mit einem Begriff gespielt (μετάνοια), der auch in die christliche Sondersprache eingegangen ist.[168] Polykarps Antwort aber vermeidet im

---

[164] Zur Drohung vgl. HOFFMANN, Dialog, 49 Anm. 3. – ActJust 5,5 / ActMax 1,11 / ActKon 5,5.9 / ActMaximil 2,5 / ActIren 2,2.3; 4,4.9 / ActJul 3,1 / ActCrisp 1,5.7; 3,2.

[165] Vgl. einen ähnlichen Versuch in ActApoll 3; 7 / MartPionii 20,2.4.

[166] 11,1b: κρειττόνων – χείρω / χαλεπῶν – δίκαια / 11,2b: πῦρ ... τὸ πρὸς ὥραν καιόμενον – τὸ τῆς μελλούσης κρίσεως ... πῦρ.

[167] SCHOEDEL, Fathers, 67. Vgl. GEFFCKEN, Martyrien, 489: »hochrhetorische, d.h. der Wirklichkeit wenig entsprechende Form.«

[168] Vgl. Mt 3,8.11; 9,13 / Mk 1,4; 2,17 / Lk 3,3.8; 5,32; 15,7; 24,47 / Act 5,31; 11,18; 13,24 / Vgl. BASTIAENSEN, Atti, 377: »il termine μετανοεῖν – una fra i più densi dell' uso linguistico paleocristiano.«

Spiel um das Wort jeden christlichen Bezug und verwendet μετάνοια als
Wechsel vom Besseren zum Schlechteren ganz im platonischen Sinne.[169] Jedenfalls ist für Polykarp die Forderung des Prokonsuls ganz und gar unmöglich (ἀμετάθετος, vgl. Hebr 6,4 ff.; 10,26 f.), ein Rückfall in die vorhergehende
Lebensweise für einen wirklichen Christen ausgeschlossen (vgl. aber den
Rückfall des Phrygers Quintos in MartPol 4). »Damit aber partizipieren die
Verse an der Diskussion des zweiten Jahrhunderts, wie mit den Menschen
unzugehen sei, die nach Meinung der Großkirche sich von dem überlieferten
und einmal angenommenen Glauben getrennt haben.«[170]

**11,2 a:** Entgegen jedem authentischen Prozeßprotokoll »there is no κρίσις by
the magistrate – he threatens Polycarp and Polycarp says, »Do what you
will«. The magistrate pronounces nothing further during the trial section
...«[171] Nur in 12,1 läßt der Prokonsul seinen Herold verkünden, daß sich
Polykarp als Christ bekannt hat. »Das für ein Verhörprotokoll wesentliche
Urteil ist im amtlichen oder nachgeahmt amtlichen Wortlaut nur in den
wenigsten Fällen vorhanden (Just. 5,8; Scil 14; Pion. 20.7; Max. 2,3; Cypr.
4,1–3; Maximil. 3,1; Marcell. 5,1; Agape 4,3; Eupl. 3,1; Iren. 4,10; Jul. 3,7;
Crisp. 4,1). Daß es aber auch in der unverdächtig amtlichen Form nicht
unbedingt die Abschrift des echten Urteils gewesen zu sein braucht, zeigt Scil.
14, wo nicht alle Märtyrer namentlich aufgeführt sind, was für ein echtes
Protokollurteil einfach unmöglich ist (...). Auch dies zeigt, wie vorsichtig
man in der Annahme sein muß, eine getreue Abschrift des tatsächlichen
Märtyrerprotokolls vorliegen zu haben.«[172]

»In Roman law being burned alive was considered worthy of *summi supplicii
appellatio* (Dig. 48.19.28) and was reserved especially for enemies, traitors,
and *humiles personae* in general (48.19.8; 48.19.28.11).«[173] Der Feuertod der
Märtyrer begegnet in vielfältiger Weise in jüdischen wie christlichen Märtyrertexten (Dan 3 / 2 Makk 7 / 4 Makk / IgnRöm 5,3; Sm 4,2 u. ö.). Hier
bildet er eine Steigerung gegenüber dem Tierkampf.[174] Während die Motiva-

---

[169] Plato, Republ. 381 b–c / Philo, Leges Allegoriae 1.72; 3.246; De Specialibus Legibus 1.62;
4.86; De Aeternitate Mundi 42 f. / vgl. 4 Makk 6,18 / ActJust B 5.4 / 2 Petr 2,20 ff. / Herm
sim 9,17,5–18,2.

[170] PAULSEN, Zweiter Petrusbrief, 145 zu 2 Petr 2,20 ff.

[171] BISBEE, Pre-Decian Acts, 142.

[172] HOFFMANN, Dialog, 49.

[173] SCHOEDEL, Fathers, 67.

[174] Woraus man aber nicht ableiten kann, daß die (später ausgefallenen) elf früheren Märtyrer
den Tierkampf erlitten und Polykarp als zwölfter den Feuertod, so aber CONZELMANN, Bemerkungen, 17. Vgl. EGLI, Martyrien, 66: »Einiges Bedenken erweckt im vornherein das Gespräch,
in dem der Prokonsul dem Polykarp mit den *zwei Todesarten* droht, durch die Bestien oder
durch Feuer. Aber vielleicht hebt sich die Schwierigkeit auf, sobald wir von der Form des
Zwiegesprächs absehen und an die letzte Formel denken, womit oft das Verhör schloss: ›elige
uno de duobus‹... Dass an eine solche Formel zu denken ist, läßt wenigstens die Antwort des
Polykarp vermuten: φέρε ὃ βούλει ...«

tion für den Feuertod des Bischofs hier noch in dessen Verachtung[175] der Tiere liegt, erklärt MartPol 12,2 f. den Feuertod damit, daß die Tierhetzen bereits beendet seien, daß das Volk den Feuertod gefordert habe und schließlich die Vision δεῖ με ζῶντα καῆναι (MartPol 5,2) ihre Erfüllung finden mußte.

**11,2 b:** Die standhafte Antwort des Bischofs nimmt antithetisch die Drohung mit dem Feuer (vgl. 2,3; 5,3; 13,3; 15,1 f.; 16,1; 17,2) auf, spielt wiederum mit dem Begriff (πύρ) und kontrastiert das nur kurze Feuer des Scheiterhaufens mit dem ewigen Feuer des zukünftigen Gerichts[176] in ganz traditionellen Aussagen wie sie etwa auch in 2./4. Makk begegnen.[177] Polykarp reiht sich damit ein in »that peculiar blend of prophetic, ascetical, and dogmatic qualities that characterizes the early Greek fathers.«[178] Der Drohung mit der Gottesstrafe für die Gottlosen[179] entspricht in positiver Hinsicht die Belohnung der standhaften Märtyrer als traditioneller Topos.[180]

---

[175] Zu καταφρονέω vgl. MartPol 2,3 / 4 Makk 5,10; 13,9 / IgnSm 3,2 / Diogn 1.

[176] Vgl. schon MartPol 2,3 / ActCarpi B 4,5: »hic enim ignis ad modicum uret; ille vero in extinguibilis et perpetuus est, per quem deus iudicaturus est mundum.« / Zu »ewiges Feuer – zeitliches Feuer« vgl. Mt 18,8; 25,41 / Mk 9,43.48 / 2 Petr 3,7 / Diogn 10,7 f. / Herm vis 3,7,2.

[177] 4 Makk 9,9.20; 12,12 / ActCarpi B 4.5 / zum zukünftigen Gericht: 2 Makk 7,19 / 4 Makk 9,32; 10,10 f. / MartJes 5,9 / ActCarpi 7 f. / Mt 25,46 / Act 24,25 / 2 Petr 2,9; 3,7/ vgl. RORDORF, espérance, 346 / zu φέρε ὃ βούλει: 2 Makk 7,2 / 4 Makk 6,23; 9,1: τί μελλεῖς ... / ActCarpi 6: ποίει ὃ θέλεις / ActJust B4; 5,7 / MartDasii 9,2 / ActIren 4,2: fac quod iussum est; 4,9: fac quod vis / MartEupli B 2,4: fac quod vis, Christianus sum / ActPhiliae B 5,2.4 / MartPionii 8,1; 16,4 / ActCypr 1,7 / ActJul 2,6; 3,1 / ActCrisp 2,4.

[178] SCHOEDEL, Fathers, 67.

[179] 2 Makk 7,14.16 f.19.23.31.34 f.36 / 4 Makk 9,9.24.32; 10,11.21; 11,3.23; 12,12.15.18; 18,5.22 / AssMos 9,6 f.; 10,2 / aeth Hen 47,1-4 / AscJs 5,9 / Apc 6,9 ff. / MidrKoh 3,17 / vgl. KELLERMANN, Auferstanden, 37 Anm. 22 / SURKAU, Martyrien, 48 Anm. 63; 79 Anm. 92 ff.; 84 Anm. 8 / FISCHEL, Martyr, 370 Anm. 119.

[180] Vgl. MartPol 2,3 / Dan 12,2 / 2 Makk 7,9.14.22 f.36; 14,46 / 4 Makk 9,22; 15,3; 17,12; 18,3.16.19 / IgnMagn 1,3; Pol 2,3.

## 12,1-3: Vorbereitung der Hinrichtung Polykarps: Reaktionen auf das Verhör und das Betreiben der Heiden und Juden

12,1 a  Während er dieses und anderes mehr sagte, wurde er voll Mut und Freude und sein Angesicht war erfüllt von Gnade, so daß er nicht nur nicht die Fassung verlor, eingeschüchtert von dem gegen ihn Gesagten,

b  sondern im Gegenteil der Prokonsul außer sich geriet, seinen Herold in die Mitte des Stadions schickte und verkünden ließ: »Polykarp hat sich dreimal als Christ bekannt.«

12,2 a  Als der Herold das ausgerufen hatte, schrie die ganze Menge der Heiden und Juden aus Smyrna mit unbändiger Wut und lauter Stimme:

b  »Dies ist der Lehrer der Asia, der Vater der Christen, der Vernichter unserer Götter, der viele lehrt, nicht zu opfern und anzubeten.«

c  Dieses schrien sie und forderten von dem Asiarchen Philippos, einen Löwen auf Polykarp loszulassen. Der aber sagte, das sei ihm nicht gestattet, weil die Tierhetzen beendet seien.

12,3  Da beschlossen sie, einstimmig zu rufen, Polykarp solle lebendig verbrannt werden. Denn der Inhalt des ihm offenbarten Gesichts mit dem Kopfkissen mußte erfüllt werden; er hatte dieses beim Gebet brennen sehen und umgewandt zu den Gläubigen, die bei ihm waren, prophetisch gesagt: »Ich muß lebendig verbrannt werden.«

*Lit.: Zum Interpunktionsproblem bei* τρίς: BOEFT, J. den / BREMMER, J., Notiunculae Martyrologicae III, VigChr 39/1985, 110–130: 111ff. / DELLING, G., Art. »τρεῖς κτλ.«, ThWNT 8, 215–225 / MEHRLEIN, Art. Drei, RAC 4, 269–310 / NESTLE, E., Eine kleine Interpunktionsverschiedenheit im Martyrium des Polykarp, ZNW 4/1903, 345f. / *Zum* διδάσκαλος-*Titel:* NORMANN, F., Christos Didaskalos. Die Vorstellung von Christus als Lehrer in der christlichen Literatur des ersten und zweiten Jahrhunderts, MBTh 32, Münster 1967 / ZIMMERMANN, A.F., Die urchristlichen Lehrer. Studien zum Tradentenkreis der διδάσκαλοι im frühen Urchristentum, WUNT 2.12, Tübingen ²1988, 76ff. 213 / *Zum Asiarchen:* LIGHTFOOT, J.B., The Apostolic Fathers. Part II. S. Ignatius. S. Polycarp, 3 vol., London/NewYork ²1889 (Nachdruck Hildesheim/New York 1973): II/3, 404–415 / *Zur Akklamation:* KLAUSER, Th., Art. »Akklamation«, RAC 1, 1950, 216–233 / *Zur Rolle der Juden:* BADEN, H., Das Polykarpmartyrium, PastB 25/1912, 71–81.136–151: 141–145 / HARNACK, A. v., Die Mission und Ausbreitung des Christentums in den ersten drei Jahrhunderten, 1 Bd.: Die Mission in Wort und Tat, Leipzig ⁴1924, 5–23 / KITTEL, G., Das kleinasiatische Judentum in der hellenistisch-römischen Zeit. Ein Bericht zur Epigraphik Kleinasiens, ThLZ 69/1944, 9–20. / LANGE, N.R.M. DE, Art. »Antisemitismus IV. Alte Kirche«, TRE 3, 1978, 128–137 / RICHARDSON, P./GRANSKOU, D. (Hg.), Anti-Judaism in

Early Christianity, Volume 1: Paul and the Gospels, SCJud 2, Waterloo/Ont. 1986 / RONCHEY, S., Indagine sul Martirio di San Policarpo. Critica storica e fortuna agiografica di un caso giudiziario in Asia minore, Istituto storico italiano per il medio evo, Nuovi Studi Storici 6, Roma 1990, 159–184, kritisch dazu: BOEFT, J. den / BREMMER, J., Notiunculae Martyrologicae V, VigChr 49/1995, 146–164: 150 f. / SIMON, M., Verus Israel, Etude sur les relations entre chrétiens et juifs dans l'empire romain (135–425), Paris ²1964, 150 f. / WILDE, R., The Treatment of the Jews in the Greek Christian Writers of the First Three Centuries, PatSt 81, Washington D.C. 1949, 141–147 / WILSON, St. G.(Hg.), Anti-Judaism in Early Christianity, Volume 2: Separation and Polemic, SCJud 2, Waterloo/Ont. 1986.

Das Verhör ist beendet. Polykarp hat es voll Mut, Freude und Gnade ertragen und sich definitiv als Christ bekannt (12,1). Damit beginnen die Vorbereitungen der Hinrichtung, in denen die Menge der Heiden und insbesondere der Juden (12,2 a vgl. 13,1) eine bedeutende Rolle spielt. Noch einmal fassen sie die Vorwürfe gegen Polykarp (12,2 b) zusammen und fordern ihn vor den Löwen (12,2 c), was aber aufgrund der beendeten Tierhetzen nicht mehr möglich ist. Also soll der Bischof lebendig verbrannt werden, wobei sich auch seine Gebets-Vision erfüllen wird (12,3 vgl. 5,2).

MartPol 12 schafft den Übergang vom Verhör zur Hinrichtung und zieht ein Fazit aus Polykarps Verhörverhalten, das durch Audition (9,1) und Vision (5,2 / 12,3) rahmend gestärkt wurde. Der begnadete Polykarp wird in der eigentlich dem Prokonsul zufallenden Rolle des unerschrockenen Siegers des Verhörs dargestellt; er wird zum vorbildlichen und standhaften Bekenner des Christseins (12,1). Die Vorwürfe des feindlichen Mobs geraten letztlich zur Akklamation (12,2 b: Lehrer der Asia / Vater der Christen) und zur verherrlichenden Darstellung des exemplarischen Märtyrers, dem selbst die Art seines Todes als Erfüllung einer Vision zur Darstellung seines prophetischen Wissens gereicht (12,3). Der Bischof wird mithin nicht nur zum standhaften und begnadeten Bekenner stilisiert, sondern zu der christlichen Autorität Kleinasiens schlechthin, zum Vater der Christen, der über wahrhaft prophetische Fähigkeiten verfügt. Dieses wichtige Fazit aus dem Verhör wird in der Sekundärliteratur auffällig wenig gewürdigt.[1]

*Literarkritisch* stimmt die Wiedergabe von MartPol 12 bei Eus. h. e. IV, 15, 25–28 bis auf minimale Unterschiede[2] mit der Pionius-Fassung überein. Für literarkritische Operationen gibt es insofern keinen Anlaß. Gleichwohl wird das visionäre Element in 12,3 bis in jüngste Zeit immer wieder als sekundäre Einfügung in Frage gestellt.[3]

---

[1] MartPol 12 wird häufig beiläufig übergangen, vgl. z. B. CAMPENHAUSEN, Bearbeitungen / CONZELMANN, Bemerkungen / REUNING, Erklärung / MÜLLER, MartPol etc.

[2] 25: μὴ μόνον statt οὐ μόνον / τὸν κήρυκα statt τὸν ἑαυτοῦ κήρυκα / Einfügung von καί vor ἐν μέσῳ / 26: πᾶν statt ἅπαν / 28: μετ᾽ αὐτοῦ πιστοῖς statt σὺν αὐτῷ πιστοῖς, vgl. die synoptische Textausgabe bei DEHANDSCHUTTER, MartPol, 120 f.

[3] Vgl. zuletzt: GUYOT/KLEIN, Christentum I, 333 Anm. 47 / DEHANDSCHUTTER, MartPol, 152 f. 228 f.

*Formkritisch* wird die Märtyrererzählung mit narrativen Elementen fortgesetzt: auf die verklärende Beschreibung des Aussehens und der Gestalt[4] mit Enkomion[5] und Epideixis/Demonstratio[6] in 12,1 a folgt der Bericht über Tätigkeiten Einzelner und ihr Geschick[7] in 12,1 b–2 a und 12,2 c–3 a, unterbrochen durch eine Akklamation[8] mit symbouleutischem Fazit in 12,2 b und abgeschlossen durch ein Vaticinium[9] in 12,3 b. Formkritisch vergleichbar mit MartPol 12 sind zahlreiche Märtyrertexte über das Motiv der Freude im Leiden[10], die Verurteilung[11] und die Verklärung bzw. Admiration der Verfolger[12], wobei die Verklärung allerdings nicht mehr in den späteren apologetisch geprägten Märtyrerakten begegnet; sie haben kein paränetisches Interesse mehr und verzichten deshalb auf identifikatorische Akklamation und Verklärung.

**12,1 a:** Das einleitende abkürzende ταῦτα δὲ καὶ ἕτερα πλείονα λέγων[13] verdeutlicht, wie wenig MartPol an apologetischen Reden des Bischofs gelegen ist. Vielmehr läuft alles auf den Zielpunkt des Verses zu: Polykarps standhaftes ὁμολογεῖν ἑαυτὸν Χριστιανὸν εἶναι (12,1 b). Polykarp bleibt im Verhör mutig (θάρσος), voller Freude (χάρα)[14], erfüllt von der Gnade Gottes (wie schon im zweiten Gebet in MartPol 7,3: πλήρης ὢν τῆς χάριτος τοῦ θεοῦ[15]) und ausgesprochen gefaßt, so daß nicht er in Bestürzung gerät[16], sondern sein Gegenüber.[17]

Wie den dialogischen Gattungselementen in MartPol 8; 9–11 beschreibende Elemente (Enkomien) in 7,2 f. (πλήρης ὢν τῆς χάριτος) vorangegangen waren,

---

[4] Vgl. BERGER, Formgeschichte § 63.

[5] Vgl. a. a. O. § 99.

[6] Vgl. a. a. O. § 79.

[7] Vgl. a. a. O. § 91.

[8] Vgl. a. a. O. § 68.

[9] Vgl. a. a. O. § 76.

[10] Vgl. MartPol 18,3; 19,2; 2 Makk 6,28.30; 7,10.20; 4 Makk 9,29.31 u. ö.; MartLugd 1,23.34.55; ActApoll 46; ActCarpi 38 f.; 44; MartPionii 21; MartPerp 18,1 f.4. Vgl. NAUCK, Freude / KELLERMANN, Auferstanden, 36 Anm. 15.

[11] Vgl. 2 Makk 6,29; Dan 3,19–23; ActScil 14; ActApoll 45; ActJust 5,8; ActCarpi 36; MartPionii 20; MartPerp 6; Mk 14,64; Act 4,18; 5,40; ActAndreaeMart 2,1.

[12] Vgl. 4 Makk 1,11; 5,6; 6,11.13; 8,4; 12,2; 17,17.23; 2 Makk 7,12.24.29; MartPionii 5,1; MartPerp 9,1; 16; Act 6,15; 7,54; 26,24–32; Mk 15,5.; Joseph., Bell. VII, 417 f.

[13] Vgl. schon MartPol 8,2: καὶ τὰ τούτοις ἀκόλουθα / 9,2: καὶ ἕτερα τούτοις ἀκόλουθα.

[14] Vgl. außer den in Anm. 10 genannten Texten: Mt 5,12; Lk 6,23; 1 Petr 1,6; 4,13; Jak 1,2; IgnRöm 4,1; syrBar 52,6; Joseph., Bell. I 653; II 153; VII 418; Origen., Exhort. 22.24; Eus. h. e. VII, 22,4 (Dionys. Alex).

[15] Vgl. Lucian, De morte Peregrini 33: ἤδη νεκρικῶς τὴν χρόαν ἔχοντι.

[16] Vgl. schon MartPol 5,1: »Der höchst bewundernswerte Polykarp hingegen, als er zuerst davon hörte, erschrak nicht (οὐκ ἐταράχθη), sondern wollte in der Stadt bleiben.« Vgl. ferner: Mt 27,14; Lucian, De morte Peregrini 33: ὁ πρεσβύτης οὐ μετρίως ἐθορυβήθη ...

[17] Vgl. 2 Makk 7,39, die in Anm. 12 genannten Texte zur Achtung und Bewunderung bei den Gegnern sowie bereits MartPol 2,2; 3,1.

so folgen diese auch in MartPol 12 – vgl. auch die Rahmung des Verhörs durch Audition 9,1 und Vision 12,3. Ähnlich einer Verklärung (vgl. Mk 9,2 ff.parr) wird das Aussehen des Bischofs im Sinne einer lobenden Darstellung habituellen Verhaltens wie beim Enkomion beschrieben.[18] Die Schönheit des Antlitzes ist Ausdruck des Göttlichen; die χάρις des göttlichen Menschen wird mit stets wiederkehrenden Zügen beschrieben: Gesichtsausdruck, Haartracht, Kleidung, Wandel.[19]

**12,1 b:** Wie bereits in MartPol 7,2 f. schließt sich die Reaktion des Staunens (Epideixis/Demonstratio) an die lobende Beschreibung an. Das ἐκστῆναι umfaßt nicht nur das Außer-Sich-Geraten, sondern ursächlich dazu das Staunen und die Bewunderung des Märtyrers durch die Gegner, wie es schon MartPol 2,2; 3,1 f. belegt (vgl. Anm. 12). Die Gnade stand schon in MartPol 2,3 in engem Zusammenhang mit besonderem Mut und Stärke.[20] Am Gesicht des Märtyrers ist eine besondere Geistesverfassung ablesbar; die Märtyrer sind im Sterben schon Engel.[21]

Das Bekenntnis χριστιανός εἰμι bildet im MartPol »the climax of the hearing« – und nicht seinen Ausgangspunkt. »In some cases the accused makes this statement straightaway at the beginning (e. g. Acts of Carpus and Papylus 3 and 5, Perpetua 6.4, Cyprian 1.2), but in others the declaration is the climax of the hearing … That is exactly the case with Polycarp, too. Thrice the proconsul invites him to swear by the Emperor's *genius:* Ὄμοσον τὴν Καίσαρος τύχην. Each time Polycarp refuses, the third time emphatically adding: μετὰ παρρησίας ἄκουε; χριστιανός εἰμι.«[22] Auch in anderen Märtyrertexten wird ausdrücklich das Bekenntnis des Christseins des zukünftigen Märtyrers in Verbindung mit der Verurteilung proklamiert.[23]

Aufgrund des mutigen, standhaften, freudigen und begnadeten Verhaltens des Polykarp gerät der Prokonsul außer sich (ἐκστῆναι) und läßt seinen Herold mitten im Stadion[24] verkünden, daß Polykarp sich dreimal als Christ bekannt hat. Damit ist abermals das Fazit des Verhörs gezogen und der Übergang zur Hinrichtung begründet. »Diese Verkündung kam dem Todes-

---

[18] Vgl. Act 6,8.15: Στέφανος δὲ πλήρης χάριτος καὶ δυνάμεως ἐποίει τέρατα καὶ σημεῖα μεγάλα ἐν τῷ λαῷ … εἶδον τὸ πρόσωπον αὐτοῦ ὡσεὶ πρόσωπον ἀγγέλου, sowie zur Veränderung des Angesichts: 1 Hen 38,4; 2 Bar 51,3, 2 Makk 6,18, MartLugd 5,1,35; Mt 17,2; Lk 9,29.

[19] Vgl. BETZ, Lukian, 132 f.

[20] Vgl. MartLugd 5,1,35; PassMariani et Jacobi 9,2. Vgl. BETZ, Lukian, 132 f.

[21] Vgl. MartPol 2,3; Act 6,15; ActaPauli et Theclae 3. Vgl. FRANK, ΑΓΓΕΛΙΚΟΣ ΒΙΟΣ.

[22] BOEFT/BREMMER, Notiunculae III, 112.

[23] Vgl. MartPionii 20,7: καὶ ἀπὸ πινακίδος ἀνεγνώσθη Ῥωμαϊτί: Πιόνιον ἑαυτὸν ὁμολογήσαντα εἶναι Χριστιανὸν ζῶντα καῆναι προσετάξαμεν, MartCarpi 36; MartAgapae 6,3.

[24] Euseb bezieht das ἐν μέσῳ durch die Einfügung eines καί eindeutig auf das κηρῦξαι; ἐν μέσῳ kann aber auch auf die Frage »Wohin?« antworten und sich auf πέμψαι beziehen, vgl. BLASS/DEBRUNNER/REHKOPF, Grammatik, § 215.5. – Für den Sinn ist der genaue Bezug unerheblich.

urteil gleich. Nach dem Märtyrerbericht wenigstens wird kein anderes Todesurteil mehr ausgesprochen. Die Forderung, Polykarp solle lebendig verbrannt werden, kam aus dem Volke, und sogleich wurde der Scheiterhaufen
zusammengetragen, ohne daß erwähnt wird, daß der Prokonsul dies angeordnet hätte.«[25] Polykarps schon früher und wiederholt betonte, ruhige Haltung kontrastiert abermals allem Eifer und aller Ekstase seiner Verfolger.

Hinsichtlich des τρίς ergibt sich ein Interpunktionsproblem: ist τρίς auf das
κηρῦξαι des Herolds zu beziehen oder gehört es vielmehr zu der Bekannt-
machung selbst: τρὶς Πολύκαρπος κτλ.?[26] Syntaktisch und stilistisch ist keine
eindeutige Entscheidung möglich; »both a position at the end and at the
beginning of a phrase is feasible.«[27] Gleichwohl ist das τρίς entgegen der in
fast allen Textausgaben üblichen Interpunktion mit Schwartz[28] sicherlich aus
folgenden Gründen zu Πολύκαρπος ὡμολόγησεν zu ziehen:
1) Die Drei als Symbolzahl hat qualifizierte Bedeutung[29] und bezieht sich
insofern wohl eher auf das definitive dreimalige Christsein-Bekenntnis des
Polykarp als auf ein wenig sinnvolles dreimaliges κηρῦξαι des Herolds: »>Die
dreifache Ausführung einer Handlung macht sie endgültig wirksam; das
dreifache Aussprechen eines Wortes, einer Wendung, eines Satzes gibt ihnen
volle Gültigkeit und Kraft.‹ Considering the emphasis laid on τρίς, it would
seem that the ›volle Gültigkeit und Kraft‹ suit the confession of Polycarp
much better than the announcement by the herald.«[30]
2) Im Kontext begegnet dreimal die Aufforderung ὄμοσον (9,2.3; 10,1) und
μετανόησον (9,2; 11,1.2); dreimal bleibt Polykarp standhaft. Auch in anderen
Märtyrertexten bekennen sich die Märtyrer/innen mehrfach.[31] Auch insofern
wird sich das τρίς auf Πολύκαρπος ὡμολόγησεν ἑαυτὸν Χριστιανὸν εἶναι
beziehen.[32] An der richtigen Zuordnung des τρίς wird die ganze Intention des

---

[25] VanDAMME, Martys, 293.

[26] Vgl. BOEFT/BREMMER, Notiunculae III, 111 ff. / DEHANDSCHUTTER, MartPol, 91 / SCHOE-
DEL, Fathers, 67 / NESTLE, Interpunktionsverschiedenheit / DELLING, Art. τρεῖς / MEHRLEIN,
Art. Drei.

[27] BOEFT/BREMMER, Notiunculae III, 112.

[28] Vgl. E. SCHWARTZs Ausgabe der Kirchengeschichte Eusebs (editio minor) zu h. e. 4,15,25:
τρὶς Πολύκαρπος ὡμολόγησεν ἑαυτὸν χριστιανὸν εἶναι. Vgl. jedoch die deutsche Übersetzung
von Ph. HAEUSER in H. KRAFT (Hg.), Eusebius von Caesarea – Kirchengeschichte: »..., sondern
daß vielmehr der Prokonsul voll Schrecken seinen Herold ausschickte, dreimal mitten in der
Rennbahn zu verkünden: Polykarp hat sich als Christ bekannt.«

[29] Vgl. MEHRLEIN, Art. Drei.

[30] BOEFT/BREMMER, Notiunculae III, 112 unter Bezug auf DELLING, Art. τρεῖς.

[31] Vgl. MartLugd 5,1,20 (Sanktus): ... ἐπαλλήλως ὡμολόγει ... / ActEupli 2,1: ... ἰδοὺ καὶ
νῦν τὰ αὐτὰ ὁμολογῶ.

[32] Vgl. BOEFT/BREMMER, Notiunculae III, 113: »By three refusals to swear, the third time
combined with the explicit confession of his being a Christian, and three refusals to recant,
Polycarp must have convinced the proconsul of the absolute finality of his confession. The latter
was now fully entitled to announce officially: τρὶς Πολύκαρπος ὡμολόγησεν ἑαυτὸν Χριστιανὸν
εἶναι.« – NESTLE, Interpunktionsverschiedenheit, 346 findet hingegen unter Berufung auf die
Verurteilung auf einmaliges Geständnis hin (z. B. MartLugd) keine Vorschrift der Prozeßordnung

Verhörs abschließend deutlich: dreimal und damit definitiv hat der Bischof vorbildlich die dreimalige Aufforderung ὄμοσον/μετανόησον abgewehrt und sich als Christ bekannt. Damit kann die Hinrichtung beginnen.

3) Zwei traditionsgeschichtliche Gesichtspunkte belegen den Bezug des τρίς zum Bekennen: Zum einen die dreimalige Verleugnung des Petrus in Mk 14,72parr[33], zum anderen der Briefwechsel zwischen Plinius und Trajan (Plin., Epist. 10,96,3), wo es heißt:»Interrogavi ipsos an essent Christiani. Confitentes iterum ac tertio interrogavi supplicium minatus: perseverantes duci iussi.«»By placing a full stop before tris we get the herald announcing (once) that Polycarp has confessed three times. This would agree even more closely with remarks of Pliny.«[34]

**12,2 a:** Die Bekanntgabe des definitiven Bekenntnisses Polykarps führt sofort zur Aktivität der Gegner. Mit unbändiger Wut und großer Lautstärke[35] tut sich die ganze Menge der Heiden und besonders auch der in Smyrna wohnenden Juden hervor. Zur Zeit Polykarps erstarken zum einen die heidnischen Kulte. »Astrology, dreams, anguries, witchcraft – these and other degraded types of the religious sentiment meet us at every turn in exaggerated forms. The archcharlatans Peregrinus Proteus and Alexander of Abonoteichos were strictly contemporaries of Polycarp, and Asia Minor was the chief scene of their activity.«[36] Zum anderen wird gerade Smyrna zu einem Hauptzentrum römischen Kaiserkults. Die Spiele und Feste der Communae Asiae dienen der Verehrung der römischen Staatsgötter und bringen der Stadt Smyrna Ehre, Privilegien und materiellen Gewinn. Mit ihrer Ablehnung des Kaiserkults konnten die Christen in Smyrna der heidnischen Masse nur schaden.

Mit der Akklamation οὗτός ἐστιν ὁ ... und der Forderung vor den Löwen (12,2 c) bzw. auf den Scheiterhaufen (12,3) wird der Darstellung apologetisch der unmittelbare antirömische Affekt genommen und auf den antiheidnischen und insbesondere antijüdischen verschoben (vgl. schon MartPol 9); denn der Asiarch Philippos wird entschuldigend als nur auf den Mob reagierend dargestellt und spricht selbst kein Urteil. Die Judenpolemik findet sich auch in MartPol 13,1; 17,2 und 18,1; jeweils werden die Juden besonders neben der heidnischen Menge als Anstifter hervorgehoben.[37] Wie ist dieser Antijudais-

---

auf dreimaliges Geständnis der Angeklagten. – Nach Plin. d. J., Epist. 10,96,3 ist jedoch deutlich: wer nach dreimaliger Befragung dabei blieb, Christ zu sein, war des Todes würdig. Dadurch war eine Chance zur Gesinnungsänderung gegeben, vgl. vanDamme, Martys, 292.

[33] Vgl. GNILKA, Markus II, 290: »Nach Klein ... vermögen weder philologische noch andere Argumente die Beweislast dafür zu tragen, daß ›die Dreigliedrigkeit dem Verleugnungskomplex sekundär zugewachsen sein sollte.‹ «.

[34] SCHOEDEL, Fathers, 67.

[35] Zu μεγάλῃ φωνῇ vgl. insbesondere Mt 27,46; Mk 15,34; Act 7,57.

[36] LIGHTFOOT, Fathers II/1, 466.

[37] 12,2: ἅπαν τὸ πλῆθος ἐθνῶν τε καὶ Ἰουδαίων / 13,1: τῶν ὄχλων ... μάλιστα Ἰουδαίων προθύμως ... / 17,2: καὶ ταῦτα ὑποβαλλόντων καὶ ἐνισχυόντων τῶν Ἰουδαίων / 18,1: τὴν τῶν Ἰουδαίων γενομένην φιλονεικίαν ... – Gegen ALVAREZ, Apostolic Writings, 72 bzgl. MartPol:

mus[38] des MartPol zu erklären? Hier stehen sich im wesentlichen zwei Deutungen gegenüber.

1) Die literarische Deutung: Die Rolle der Juden im MartPol wird verstanden als unhistorische, literarische Harmonisierung mit der Passionsgschichte der Evangelien, verbunden mit einer die Römer entlastenden apologetischen Tendenz.[39] »Jews, however, could hardly have said the things that follow. The imitation theme may have something to do with their presence here.«[40] Der Antijudaismus im MartPol muß also mit der κατὰ τὸ εὐαγγέλιον-Intention zusammengesehen werden. Schon in Joh und Act »erscheinen ... ›die Juden‹ als homogener Personenverband, dessen wesentliches Kennzeichen sich in seiner Feindschaft gegen Jesus ... darstellt.«[41] Die Rolle der Juden ist literarisch stereotyp; so tauchen sie etwa auch in der Leidensgeschichte des Paulus (Act 23,12) ähnlich wie im MartPol unmittelbar nach der Ermunterung des Gefangenen (Act 23,11; MartPol 12,1) auf. Act gestaltet ebenfalls das Schicksal der Apostel entsprechend dem Schicksal ihres Meisters (vgl. Act 4,27–30) und das Martyrium des Paulus ist sorgfältig auf die Passion Jesu abgestimmt.[42] Auch die Menge des Volkes erscheint im MartPol literarisch stereotyp gegenüber zum γένος τῶν Χριστιανῶν.[43]

2) Die historische Deutung: Die in der Handels- und Hafenstadt Smyrna wie in kleinasiatischen Städten überhaupt zahlreichen Juden[44] spielen in den Christenverfolgungen eine aktive Rolle[45], vgl. MartPol 13,1; 17,2; 18,1 und bzgl.

---

»Anti-Jewish hatred is completely absent.« – Während sich Ἰουδαῖος / Ἰουδαῖοι bei den Synoptikern selten findet, sind οἱ Ἰουδαῖοι bei Joh häufig und oftmals Bezeichnung für die Gegner Christi (ähnlich Act 12,3.11; 13,50; 14,2.4f.19 u.ö.), in MartPol 12,2; 13,1 fehlt jedoch der bestimmte Artikel.

[38] Der Begriff soll hier mit LUZ, Antijudaismus, 310 verstanden sein als »eine religiös motivierte Ablehnung des Judentums«.

[39] Vertreten u.a. von: SCHOEDEL, Fathers, 67 / DEHANDSCHUTTER, MartPol, 251 Anm.646 / SIMON, Verus Israel, 150f., der den jüdischen Anteil an der Verfolgung insgesamt gering einschätzt. Dagegen: HARNACK, Mission I, 7 Anm.1.

[40] SCHOEDEL, Fathers, 67.

[41] KUHLI, Art. Ἰουδαῖος, 479. – A.a.O., 481: »Die *Juden* sind Träger der antichristlichen Agitation.« / Vgl. GRANSKOU, Anti-Judaismin the Passion Accounts / WILSON, The Jews and the Death of Jesus.

[42] Vgl. MARGUERAT, Juden und Christen, 256 Anm.47.

[43] Vgl. MartPol 3,2: ἐκ τούτου οὖν πᾶν τὸ πλῆθος θαυμάσαν τὴν γενναιότητα τοῦ θεοφιλοῦς καὶ θεοσεβοῦς γένους τῶν Χριστιανῶν, vgl. 9,2; 12,2; 13,1 und 16,1: καὶ θαυμάσαι πάντα τὸν ὄχλον, εἰ τοσαύτη τις διαφορὰ μεταξὺ τῶν τε ἀπίστων καὶ τῶν ἐκλεκτῶν.

[44] Vgl. CADOUX, Ancient Smyrna, 303–404 / KITTEL, kleinasiatisches Judentum / HARNACK, Mission I, 1–17 / FELDMAN, Jew and Gentile, 69–74: »There is good reason to think that there were strong Jewish communities in Asia Minor at least as early as the second century B.C.E.« (69), vgl. Josephus, Ant. 12. 148–153; 14. 185–267: 16. 160–178 / MITCHELL, Anatolia II, 30–37.

[45] Vertreten u.a. von: BADEN, Polykarpmartyrium, 141–145: »eiserne Notwendigkeit geschichtlicher Umstände« (145), mit antisemitischen Aussagen wie: »... Smyrna ... einem Dorado reicher Geschäfts- und Lebejuden« (142), »Zehntausend Juden, die echt jüdisch zusammenhielten« usw. / HARNACK, Mission I, 7 Anm.1 / LIGHTFOOT, Fathers II/1, 468ff. / RONCHEY, Indagine, 159–177 (vgl. aber 179–183!), allerdings mit einer wenig überzeugenden Herabdatie-

Smyrna: Apc 2,8 ff.; 3,9: συναγωγὴ τοῦ σατανᾶ. Die Feindseligkeit und Beteiligung der Juden an der Verfolgung der Christen ist durch zahlreiche altkirchliche Texte belegt[46], wobei Irenäus und Justin die Stadt Smyrna vertraut ist. Die Juden bildeten in der neben Ephesus und Pergamon bedeutendsten kleinasiatischen Stadt einen wohl beachtlichen Bevölkerungsanteil[47], bekleideten offenbar hohe Ämter wie das Beispiel des εἰρήναρχος Ἡρώδης (MartPol 6,2; 8,2) zeigt und haben offenbar Einfluß auf den Asiarchen Philippos (12,2 c) und den Prokonsul Quadratus (17,2).[48]

Für eine historische Deutung spricht auch, daß das MartLugd trotz eines ebenfalls, wenn auch deutlich geringer, vorhandenen Bezugs zwischen Christus und den Märtyrern (5,1,10.23.28.30; 5,2,2 f.) nicht von einem Wirken von Juden in der Christenverfolgung spricht, sondern lediglich von dem Haß der Heiden (5,1,4.37.39.48 u. ö.). Wenn die Rolle der Juden im MartPol aber lediglich eine literarische Anspielung im Sinne der κατὰ τὸ εὐαγγέλιον-Parallelen wäre, dann dürfte man diese ansatzweise auch im MartLugd erwarten. Selbst wenn es in Lyon in der Mitte des zweiten Jahrhunderts eine hinreichend große jüdische Präsenz gegeben hat, so berichten die Lyoner Christen doch nichts von jüdischen Umtrieben gegen sie.[49] Im MartPol stehen hingegen die Juden deutlich im Vordergrund.

Religiöse, soziale und besonders ökonomische Rivalitäten (vgl. Act 19,22–40) haben im Zusammenleben von Heiden, Juden und Christen zu

---

rung des MartPol in das dritte Viertel des dritten Jahrhunderts, vgl. kritisch dagegen: BOEFT/BREMMER, Notiunculae V, 146–151 / DEHANDSCHUTTER, Hagiographie, 299 f.

[46] U. a.: MartPionii 4,11 ff.; 13,1 ff. / Justin, Apol. I, 31,5 f.; 36,3 (der Eifer der Juden bringt die Christen in Bedrängnis) / Justin, Dial. c. Tryph. 16,4; 17,1.3; 49,9; 96,2; 108; 110, 117; 122; 131,2; 133,6 / Eus. h.e. 5,16,12(Antimont. Anonymus); Origen., Contra Celsum 6,27 / Melito v. Sardis, Paschahomilie 72; 99 (jüdisches Unrecht gegen Christus / Gottesmord-Vorwurf) / Tertull., Scorpiace 10 (Synagogas Judaeorum fontes persecutionum) / Tertull., Adv. Nationes 1,14 (quod enim aliud genus seminarium est infamiae) / Tertull., Apologet. 7 (tot hotes eius quot extranei, et quidem proprii ex aemulatione Judaei) / Hippolyt, In Da. 1,21 / Cyprian, Epist. 59,2 / Epiphan., Haer. 29,9 / Iren., Adv. Haer. 4,21,3 (ecclesia insidias et persecutiones a Judaeis patitur); 4,28,3 (Judaei...apostolos interficientes et persequentes ecclesiam). – Vgl. ALVAREZ, Apostolic Writings / BLANCHTIERE, Sources / KNOCH, Stellung / WILDE, Treatment / CONZELMANN, Juden-Heiden-Christen, 235 Anm. 97 f. – Vgl. schon die antijudaistischen Aussagen im Kanon: 1 Thess 2,14 f. / Mk 12,1–12parr; Mt 27,25 / Joh 8,37–59 / Act 13,45.50; 14,2; 17,5.13; 18,6.12 f.; 28,25–28 u. ö. – Zur aktuellen Auseinandersetzung um einen eventuellen Antijudaismus im lukanischen Doppelwerk vgl. MARGUERAT, Juden und Christen / STEGEMANN, Diskussion, bes. 215 ff.

[47] Vgl. BADEN, Polykarpmartyrium, 142 f. / KITTEL, Kleinasiatisches Judentum, 9 ff. / MÜLLER, Offenbarung, 105 / kritisch: BOEFT/BREMMER, Notiunculae V, 151: »Moreover, we have no idea how many Jews were living in Smyrna at the time of Polycarp ...«

[48] Vgl. BOEFT/BREMMER, Notiunculae III, 117 unter Berufung auf Inschriftenfunde: »... the Jews ... in many cases ... even occupied important magistracies. Their influence must have been considerable ...«

[49] Vgl. SIMON, Judaisme et Christianisme en Gaule, 263: »Mais ces Juifs n'ont visiblement joué aucun rôle dans la persécution de 177: la lettre n'en fait pas la moindre mention.«

Spannungen geführt.[50] So ist die Rolle der Juden im MartPol, das gleichwohl in gewisser Tradition jüdischer Märtyrertheologie steht[51], nur vor dem spezifischen Hintergrund in Kleinasien und Smyrna zu begreifen.[52] Schon Antiochus d. G. hatte jüdische Familien aus Babylonien in Kleinasien angesiedelt (vgl. Joseph., Ant. 12.3.4). Und so kann Philo (Lag. ad Gaium 33)[53] formulieren: Ἰουδαῖοι καθ' ἑκάστην πόλιν εἰσὶ παμπληθεῖς Ἀσίας τε καὶ Συρίας. Die Juden bildeten eine besondere Volkskörperschaft (λαός)[54] in der Stadt. »Zu den Privilegien, die das Judentum der kleinasiatischen Städte besaß, gehörte die ungestörte Beachtung des Gesetzes, die freie Abhaltung des Gottesdienstes und die Befreiung vom Militärdienst, da die Sabbatheiligung und die Einhaltung der Speisevorschriften die Teilnahme daran nicht erlaubte (JosAnt XIV 10,11–26). Das Judentum Smyrnas (wie auch der Asia überhaupt) scheint sich modernen, d. h. griechisch-römischen, Strömungen geöffnet zu haben ...«[55] Der jüdische Krieg brachte nicht nur neue Emigranten nach Smyrna, sondern wohl auch eine Verschärfung der Spannungen zwischen Juden und Christen: »Und dem Engel der Gemeinde in Smyrna schreibe: Dies sagt der Erste und der Letzte, der tot war und wieder lebendig wurde: Ich kenne deine Bedrängnis und Armut – aber du bist reich – und die Verleumdung von seiten derer, die sagen, sie seien Juden, und sind es nicht, sondern die Synagoge des Satans. Fürchte nicht, was du erleiden wirst! Siehe, der Teufel wird einige von euch ins Gefängnis werfen, damit ihr versucht werdet; aber ihr werdet nur zehn Tage Bedrängnis haben. Sei getreu bis in den Tod, so werde ich dir den Kranz des Lebens geben.« (Apc 2,8–10). War der Konflikt also schon z. Zt. der Geburt Polykarps vorhanden, so verschärfte er sich abermals durch den Barkochba-Aufstand, der in Verbindung mit der Gründung der heidnischen Stadt Aelia Capitolina auf den Ruinen Jerusalems steht. Die Christen konnten den in ihren Augen falschen Messias nicht unterstützen und erfuhren deshalb die entsprechende Reaktion von Seiten der Juden (vgl. Justin, Apol. 1, 31 / Antimontan. Anonymus bei Eus. h. e. 5,16). »The feud between the Jews and Christians became the more embittered, because Hadrian treated the Chri-

---

[50] Vgl. RONCHEY, Indagine, 159–177. Vgl. aber zu Recht kritisch gegen RONCHEYs spätdatierende, angeblich anachronistische Rolle der Juden im MartPol: BOEFT/BREMMER, Notiunculae V, 150 f. – Gegen BLANCHTIERE, Sources, 395, der MartPol ebenso wenig wie KNOCH, Stellung, berücksichtigt: »... l'antijudaisme chrétien ne présente alors aucune composante ethnique ou économique ...«

[51] Vgl. nur den Einfluß von 2/4 Makk auf MartPol, vgl. HENTEN, Einfluß / PERLER, Makkabäerbuch.

[52] Vgl. KITTEL, kleinasiatisches Judentum, 18 / GOPPELT, Christentum und Judentum, 245–268.

[53] Vgl. Act 2,9 ff. – Vgl. KITTEL, Kleinasiatisches Judentum / HARNACK, Mission I, 7; 500 f.

[54] Vgl. KITTEL, Kleinasiatisches Judentum, 13.

[55] MÜLLER, Offenbarung, 105. Vgl. KITTEL, Kleinasiatisches Judentum, 14 f.: »Gräzisierungs- und Assimilationsprozeß«. Gegen RONCHEY, Indagine, 160 f., die aus dem Barkochba-Aufstand eine orthodox-jüdische Einwanderungswelle auch nach Smyrna folgert, so daß Juden nicht an den im MartPol beschriebenen öffentlichen Spielen am Sabbat hätten teilnehmen dürfen.

stians with forbearance, even with favour, allowing them to settle peacefully in his new city, from which the Jews were excluded for ever. This fresh devastation of Palestine would bring fresh Jewish immigrants to the cities of Asia Minor with feelings exasperated a hundredfold against the Christians.«[56] Polykarp als Schüler des Johannes (vgl. Iren. bei Eus. h.e. 5,20,6; 24,16) knüpft an dessen antijüdische Polemik an und muß folglich mit der feindlichen Reaktion der Juden rechnen. Die konstante Feindschaft spiegelt sich auch noch ein Jahrhundert später im MartPionii (3 f.; 13 f.). »So erweist sich ... der Ursprung des christlichen Antisemitismus als überaus dunkel und vieldeutig. Verschiedene Stränge laufen zusammen: jüdische Sektenpolemik, spezifisch christliche Argumente, Propaganda zur Bekehrung von Nichtjuden, heidnische Kritik am jüdischen Volk. Streitpunkte waren vor allem das Wesen der Menschwerdung und der Erlösung, die Vorstellung der Auserwähltheit, die Bedeutung des Gesetzes, der Status der Heiligen Schrift und ihr richtiges Verständnis, die Messianität Jesu und die Schuld an seinem Tod ...«[57]

Beide Deutungen des Antijudaismus im MartPol schließen einander nicht aus. Das historische Auftreten der Juden kann leicht eine literarische Verstärkung im Sinne der κατὰ τὸ εὐαγγέλιον-Stilisierung erfahren haben, zumal damit erstens eine apologetische, die Römer entlastende Tendenz einhergeht, zweitens Polykarp als Johannes-Schüler in Kontinuität zum Antijudaismus der johanneischen Theologie gezeichnet wird und drittens das gewaltsame Geschick der Propheten und Märtyrer traditionellerweise mit jüdischer Verfolgerpolemik verknüpft ist.[58] Die Schuld Israels sieht nicht nur Mt darin, daß Israel Jesus und seine Boten abgelehnt (Mt 11,20–24; 12,22 ff.; 21,33– 22,7; 23,29–39) und getötet hat (Mt 27,24 f.). Der geschichtlich unhaltbare und polemische Propheten- und Gottesmördervorwurf, der sich explizit erstmals in der Paschahomilie des Melito von Sardes[59] im späten zweiten Jahrhundert findet und im vierten Jahrhundert längst Allgemeinplatz geworden ist[60], deutet sich im MartPol durch das jüdische Betreiben der Tötung Polykarps in Parallele zur Passion Christi an. »Auch der Gedanke, daß Niederlage, Untergang und Exil die Strafe der Juden darstellen, hängt eng mit der Theorie ihrer Schuld am Tod Jesu zusammen.«[61] Das fügt sich gut in die kleinasiatische jüdische Diasporasituation zur Zeit des MartPol nach dem Barkochba-Aufstand. Diese häufige Aussage von der Schuld Israels in der frühchristlichen Literatur, die die Schuld der Römer in der Regel übergeht, darf aber nicht

---

[56] LIGHTFOOT, Fathers II/1, 469.

[57] DeLANGE, Art. Antisemitismus, 129.

[58] Vgl. 1 Thess 2,14 f.; Act 2,23; 3,14 f.; 4,27; 7,51 ff.; 18,6. – Vgl. BAMMEL, Judenverfolgung, 305 / BAUMEISTER, Martyrium in der Sicht Justins, 636 f. / STECK, Gewaltsames Geschick / MOESNER, Paul in Acts.

[59] Zu Quellenlage und Literatur vgl. ALTANER/STUIBER, Patrologie, 88 f.

[60] Vgl. Gregor v. Nyssas Bezeichnung der Juden als κυριόκτονοι, Oratio in Chr. Resurrect., PG 56,85).

[61] DeLANGE, Art. Antisemitismus, 131.

darüber hinwegtäuschen, daß der Antijudaismus des MartPol noch in seiner lokalen Begrenztheit und literarischen Intention begriffen sein will; in anderen Märtyrertexten – abgesehen vom in enger Abhängigkeit zum MartPol stehenden MartPionii – treten Juden so gut wie nie in Erscheinung: »Es geht nicht an, wie es oftmals noch geschieht, diesen einzelnen Martyriumsbericht generalisierend als Beweis für die christenfeindliche Bosheit der Juden zu benutzen.«[62] Insofern handelt es sich noch nicht um einen entwickelten ideologischen Antijudaismus, der sich auch dort findet, wo es gar keine Juden gibt. Das in MartPol 12,2; 13,1 artikellose Ἰουδαίων meint noch wie Apc 2,9; 3,9 eindeutig die örtliche Judenschaft – anders als οἱ Ἰουδαῖοι in Joh. Gleichwohl keimt hier durch die ausufernde Übertragung der Polemik der jüdischen Schuld am Tod des Herrn κατὰ τὸ εὐαγγέλιον auf den Bischof ein konsequenter, zur Ideologie hin sich entwickelnder Antijudaismus, der die vergangene Prophetenmördertheorie auf die christlichen Märtyrer hin aktualisiert und insofern die explizite Gottesmördertheorie vorbereitet. »It is not improbable that friction (between Jews and Christians) arose precisely in Smyrna.«[63]

Darüberhinaus dürften apologetische Motive als Erklärungsmuster für die Darstellung der Rolle der Juden im MartPol ergänzend hinzukommen. In seiner Gesamttendenz möchte MartPol unbedachte Konflikte mit dem römischen Staat vermeiden (vgl. MartPol 4). Der Bischof weist ausdrücklich darauf hin, daß die Christen den ἀρχαῖς καὶ ἐξουσίας ὑπὸ τοῦ θεοῦ τεταγμέναις (MartPol 10,2) Respekt zollen sollen; er differenziert zwischen dem römischen Prokonsul und dem Volk (10,2), das er einer Erklärung für nicht würdig hält. Der Entlastung der römischen Obrigkeit dient gleichzeitig die beschuldigende Belastung der insbesondere jüdischen Menge.[64] Und so geschieht auch die Verhaftung Polykarps durch lokale Behörden und nicht durch den römischen Prokonsul (6,2; 8,2: ὁ εἰρήναρχος / 7,1: διωγμῖται). Selbst wenn das z. Zt. des MartPol den historisch korrekten juristischen Sachverhalt spiegelt[65], so erfährt die lokale verfolgende Behörde doch eine antijudaistische – und somit Rom entlastende – literarische Darstellung, wenn der Eirenarch bezeichnet wird als ὁ κεκληρωμένος τὸ αὐτὸ ὄνομα, Ἡρῴδης ἐπιλεγόμενος (6,2) und in demselben Zusammenhang von der Strafe des Judas die Rede ist.[66] MartPol würde dann eine Tendenz verfolgen, wie wir sie etwa schon aus Mt (27,23–25) kennen, »der deutlichen Absicht, den Römer Pilatus zu entlasten, und die Schuld am Tod Jesu den Juden als eine Kollektivschuld aufzubürden ...«[67]

---

[62] SCHRECKENBERGER, Adversus-Judaeos-Texte, 269.

[63] BOEFT/BREMMER, Notiunculae V, 151.

[64] Vgl. RONCHEY, Indagine, 103, ohne Übernahme ihrer Spätdatierung: »la probabilità di una latente contraapposizione fra potere centrale romano e potere locale ellenico.«

[65] Mit BOEFT/BREMMER, Notiunculae V, 149 f. gegen die Spätdatierung bei RONCHEY, Indagine, 111–120.

[66] Herodes wird damit als Jude gekennzeichnet, vgl. RONCHEY, Indagine, 103 gegen BOEFT/BREMMER, Notiunculae V, 162 Anm. 10.

[67] BEN-CHORIN, Antijüdische Elemente, 208.

**12,2 b:** MartPol läßt den Mob seine Vorwürfe gegen Polykarp in einer Akklamation[68] (οὗτός ἐστιν ὁ ...) formulieren, die natürlich im Kontext des MartPol zum Lobe des Protagonisten gereicht. So werden die Vorwürfe im Munde der Gegner bei den Rezipienten des MartPol letztlich zu positiven Bezeichnungen des Bischofs. Wie die Juden in der Passion schließlich Jesus als Sohn Gottes bezeichnen (Joh 19,7), so wird auch hier den Gegnern gegen ihren Willen das Bekenntnis in den Mund gelegt.[69] Dazu dient auch die Dialektik der verwendeten Begriffe: μὴ θύειν μηδὲ προσκυνεῖν, ὁ καθαιρέτης und ὁ πατὴρ τῶν Χριστιανῶν sind aus heidnischer Perspektive negativ besetzte Begriffe, die sich aber aus christlicher Sichtweise als positiv erweisen (vgl. MartPol 9,2 bc zum dialektischen Gebrauch von αἶρε τοὺς ἀθέους). Auch der ansonsten im MartPol positiv gebrauchte Begriff διδάσκαλος (16,2; 19,1) schimmert in MartPol 12,2 dialektisch, »wobei die verbreitete negative Bedeutung von διδάσκαλος gewiss stark mitschwingt«[70] im Sinne von »Verführer«, »Anstifter«, »Verräter«. Die identifikatorische Akklamation[71] anerkennt als Fazit des standhaften Verhörverhaltens die Person und ihre Leistung schlechthin durch einen inhaltlich affirmativen, bestätigenden Zuruf (μεγάλῃ φωνῇ ἐπεβόα).[72] »So ist die Akklamation auch Teilgattung der Epideixis/Demonstratio (häufig bei wunderhaften Geschichten), in der der so Anerkannte in Macht oder Wohltat hervortrat.«[73] Dabei ist die Akklamation stärker als die Doxologie mit ihrer erzählerischen Basis verbunden: »Identifikatorische Akklamation durch ... ›Dieser ist ...‹ (...) ist ... *als Kernstück von Erzählungen mit dem Ziel der Identifikation* biographische Teilgattung ...«[74] Identifikation begegnet auch im Verklärungskontext Mk 9,7: οὗτός ἐστιν ὁ υἱός μου ὁ ἀγαπητός. Surkau[75] hält MartPol 12,2 für im Anschluß an die Passion Jesu gestaltet, vgl. Joh 19,7, womit auch hier wieder die κατὰ τὸ εὐαγγέλιον-Stilisierung zum Tragen käme. Das wahre Wesen des Bischofs wird aus dem Munde der Gegner endgültig enthüllt und offenbart. Damit ist letztlich wieder eine kommentierende Ebene in der Erzählung erreicht[76], die den Rezipienten

---

[68] Vgl. KLAUSER, Art. Akklamation, 216: »Unter Akklamationen versteht man die oft rhythmisch formulierten und sprechchorartig vorgetragenen Zurufe, mit denen eine Volksmenge Beifall, Lob und Glückwunsch, oder Tadel, Verwünschung und Forderung zum Ausdruck bringt.« – Επεβόα ist einleitender term. techn. einer Akklamation. – Zur vox populi im MartPol vgl. ausführlich RONCHEY, Indagine, 133–145.

[69] Vgl. SURKAU, Martyrien, 102 Anm. 97.

[70] ZIMMERMANN, Lehrer, 213, vgl. 76 ff.

[71] Vgl. BERGER, Formgeschichte § 68.1.e.

[72] Vgl. Act 7,57: κράξαντες δὲ φωνῇ μεγάλῃ / MartLugd 5,1,38 / ActCarpi 30; 43; 46 / Mk 15,34parr.

[73] BERGER, Formgeschichte, 231.

[74] A. a. O., 233. Vgl. Mk 15,39: »Dieser Mensch war Gottes Sohn.«

[75] Martyrien, 130: »Endlich ist vielleicht auch im Anschluß an die Passion Jesu der Zug gestaltet, daß das gesamte heidnische Volk scheinbar anklagend in Wirklichkeit ein ehrendes Zeugnis für den Märtyrer ablegt: ›Dieser ist der Lehrer Asiens ...‹«

[76] Vgl. BERGER, Formgeschichte § 70.1: identifizierender Kommentar.

des MartPol ermöglicht, diese Akklamation unmittelbar für sich als Kernstück der Intention des MartPol mitzusprechen. Solche Identifizierung begegnet häufig als »Identität eines in seinem Wesen zunächst Unbekannten« bzw. als »Deutung des zuvor Rätselhaften«[77] in visionären Kontexten, wo die Identität in einem Offenbarungsvorgang hergestellt wird – etwa in der Verklärung Jesu Mk 9,7. Polykarp hat seine Identität endgültig im Verhör offenbart: Χριστιανός εἰμι. Auch im MartPol begegnen im näheren Kontext (12,3) visionäre Elemente in Form eines Vaticiniums.

Eine erste Betitelung Polykarps lautet: ὁ τῆς Ἀσίας διδάσκαλος[78], dessen Lehre zunächst darin besteht πολλοὺς διδάσκων μὴ θύειν μηδὲ προσκυνεῖν. Aber die Bedeutung des Lehrers/Lehrens geht sicherlich über dieses Konkretum hinaus, wenn Polykarp als der Lehrer τῆς Ἀσίας schlechthin, ja als ὁ πατὴρ τῶν Χριστιανῶν bezeichnet werden kann. Polykarps vorbildliches Martyriumsverhalten und mit ihm das kirchlich-normative Martyriumsverständnis κατὰ τὸ εὐαγγέλιον der katholischen Kirche[79] repräsentieren die wahre Lehre Asiens. Das ist wegen der Betonung des Prophetischen (vgl. 12,3 b; 16,2) sehr wohl in Abgrenzung zum Montanismus verständlich.[80]

Insofern ergibt Ἀσίας anstelle der u. a. von Dehandschutter[81] textkritisch favorisierten Lesart ἀσεβείας durchaus einen guten Sinn, zumal auch die inscriptio sich auf Gemeinden der Asia bezieht. Für die Lesart Asia spricht auch: a) eine Reihe von Textzeugen, auch wenn die meisten griechischen Handschriften ἀσεβείας lesen, b) ἀσεβείας paßt entgegen Dehandschutters Auffassung keineswegs besser in den Kontext: wie soll Polykarp Lehrer τῆς ἀσεβείας sein, wenn er selbst τοῖς ἀσεβέσι in 11,2 das zukünftige Gericht androht? Für positiv gedeutete Gottlosigkeit gebraucht MartPol den Begriff ἄθεος (3,2; 9,2), nicht ἀσεβής (11,2).[82] Im Kontext erscheint in 12,2 c ferner

---

[77] BERGER, Formgeschichte, 284.

[78] Vgl. Joh 3,10; 1 Tim 2,7; 2 Tim 1,11; MartPionii 19,6.

[79] Vgl. 16,2: διδάσκαλος ἀποστολικός καὶ προφητικὸς γενόμενος ἐπίσκοπός τε τῆς ἐν Σμύρνῃ καθολικῆς ἐκκλησίας.

[80] Vgl. etwa die διδασκαλία der Maximilla (Epiph., Panarion, 48.13.1) oder Apollonius bei Eus. h. e. 5,18,2 bezogen auf Montanus: ἀλλὰ τίς ἐστιν οὗτος ὁ προσφάτως διδάσκαλος.

[81] MartPol, 36; 91 f.

[82] Zur Unterscheidung von ἄθεος und ἀσεβής vgl. FOERSTER, Art. ἀσεβής, 185 f. – Gegen SEPP, MartPol, 17: »Dagegen muß es als ein schlimmer Mißgriff bezeichnet werden, wenn Eusebius IV,15,26 für οὗτος ἐστιν ὁ τῆς ἀσεβείας διδάσκαλος (so g K. 12 V. 2) mit m (vgl. L. und Ruf.) οὗτος ἐστιν ὁ τῆς Ἀσίας διδάσκαλος schreibt. Denn da der Pöbel den hl. Polykarp beschimpfen wollte und lästernd fortfährt: »ὁ τῶν ἡμετέρων θεῶν καθαιρέτης, ὁ πολλοὺς διδάσκων μὴ θύειν μηδὲ προσκυνεῖν« (nachdem er die Christen schon vorher als »ἄθεοι« begrüßt hatte, s. K. 3 V. 2, vgl. K. 9 V. 2 αἶρε τοὺς ἀθέους), so ist kaum anzunehmen, daß er ihm den Ehrentitel eines Lehrers von Asien – was Polykarp doch höchstens in den Augen der Christen war (s. K. 19 V. 1) – eingeräumt habe. Es ist daher an der Lesart ἀσεβείας festzuhalten und die Änderung dieses Wortes (durch Auslassung einer Silbe!) in ἀσίας daraus zu erklären, wenn ein so heiligmäßiger Mann, wie Polykarp, als Lehrer der Gottlosigkeit hingestellt wurde, und darum den Text zu verbessern suchte ... es ist völlig ausgeschlossen, daß jemand umgekehrt ἀσίας durch ἀσεβείας ersetzt habe.«

der *Asiarch* Philippos, c) »Wir haben hier ein interessantes Beispiel dafür, wie die fortschreitende und an der Arbeit bleibende Legende nach dem Ausdrucke Delehaye's ›an die Stelle des individuellen Typus die abstrakte Form‹ zu setzen sucht.«[83]

Der Titel διδάσκαλος[84] und das Verbum διδάσκειν[85] deuten die paränetische Grundhaltung des MartPol an. Das Evangelium wird als Lehre vorgestellt (MartPol 4; vgl. 10,2). Auch Stephanus (Act 6,13 f.) und Paulus (Act 21,28) werden im Martyriumskontext als Lehrende dargestellt. Die Nähe von Apostel, Prophet und Lehrer (Act 13,1; 1 Kor 12 ff.) begegnet auch im MartPol.[86] Der διδάσκαλος schlechthin aber ist der Herr Jesus Christus selbst (MartPol 17,3), dessen Nachahmer die Märtyrer sind. Im Umfeld des διδάσκαλος-Titels begegnen die Begriffe μάρτυς (17,3; 19,1) sowie μαθητής, μιμητής und κοινωνός (17,3). »Wie bei Ignatius gilt der Märtyrer als ›Schüler‹ und ›Nachahmer des Herrn‹ im vollen Sinne. Mit der Bezeichnung des Christen als ›Schüler‹ korrespondiert auch hier wiederum der Lehrertitel für Christus selbst.«[87] Die Vorstellung vom Christen als μαθητής begegnet vorrangig bei Ignatius. »Das verbindende Wort zwischen ›μαθητής‹ und ›μάρτυς‹ ist offenbar ›μιμητής‹ … Der ›Mathetes‹ ist so durch das gemeinsame Schicksal an die Person des Meisters gebunden …«[88] Die κατὰ τὸ εὐαγγέλιον-Stilisierung des MartPol erweist sich auch von der διδάσκαλος-Terminologie her zentral: die Kongruenz mit dem Evangelium, mit dem πάθος Χριστοῦ, die volle Kongruenz von Wort und Tat im Sinne von καλὸν τὸ διδάσκειν, ἐὰν ὁ λέγων ποιῇ (IgnEph 15,1) – sie allein ermöglicht die Abgrenzung des wahren Märtyrers vom falschen (vgl. MartPol 4). MartPol betont ebenso wie Ignatius die »Übereinstimmung zwischen der vertretenen Lehre und der ethischen Haltung im Tun«.[89]

Der Titel πατὴρ τῶν Χριστιανῶν erscheint hier erstmals für einen Bischof[90], während sich die Bezeichnung »Lehrer« schon früher findet. »Das große Ansehen des Polykarp wird auch aus einer Reise nach Rom offenbar (im J. 155), wo er mit Bischof Anicet u. a. über die Frage des Ostertermins verhandelte (vgl. Euseb HE V 24,16), Hieronymus nennt ihn sogar princeps Asiae (vir. ill. 17).«[91] Irenäus (IV, 41,2 vgl. Clem., Strom. I, 11,3) betont, die rechte

---

[83] MÜLLER, MartPol, 5 / Vgl. MÜLLER, Überlieferungsgeschichte, 12 f. / SCHOEDEL, Fathers, 68. – Dagegen DEHANDSCHUTTER, MartPol, 92.

[84] MartPol 12,2; 16,2: διδάσκαλος ἀποστολικὸς καὶ προφητικὸς γενόμενος ἐπίσκοπός / 17,3: der Herr als διδάσκαλος / 19,1: οὐ μόνον διδάσκαλος … ἀλλὰ καὶ μάρτυς.

[85] MartPol 4: οὐχ οὕτως διδάσκει τὸ εὐαγγέλιον / 10,2: δεδιδάγμεθα γὰρ …

[86] 12,2 b: διδάσκαλος / 12,3 b: προφητικῶς / 16,2: ἀποστολικός / 19,2: ἀπόστολος.

[87] NORMANN, Didaskalos, 93.

[88] A. a. O., 84.

[89] A. a. O., 89.

[90] Vgl. CAMELOT, Ignace, 259 Anm. 2. – Zur biblischen Grundlegung durch Paulus vgl. z. B. 1 Kor 4,14: »meine Kinder«.

[91] GUYOT/KLEIN, Christentum I, 332 f. Vgl. CAMPENHAUSEN, Polykarp von Smyrna und die Pastoralbriefe.

apostolische Botschaft im Sinne des Sukzessionsprinzips durch die »Presbyter« seiner Heimat, der Asia, vermittelt bekommen zu haben, und gebraucht daneben auch den Titel »Vater«; mit Namen nennt er Papias (Iren. V,33,4) und Polykarp (bei Eus. h. e. 5,20,7). Polykarp vertritt gegenüber Anicet die kleinasiatische Passaordnung, die sich von der palästinischen Presbyter-Tradition her begründet (vgl. Eus. h. e. 5,24,16 f. / Iren. III, 3,4).

Schließlich wird Polykarp beschrieben als der καθαιρέτης der heidnischen Götter, der viele lehrt (διδάσκων), nicht zu opfern (vgl. MartPol 4; 8,2) und anzubeten.[92] Anders als in MartPol 17,3 wird προσκυνεῖν hier und üblicherweise auf heidnische Götter bezogen, vgl. 2 Clem 1,6; 3,1; Diogn 2,4 f.

**12,2 c:** Die Volksmenge verlangt schreiend wie in den Evangelien[93] die Tötung des Protagonisten: zu den Löwen[94] bzw. auf den Scheiterhaufen. Das Volk verlangt den Tod des Polykarp vom Asiarchen Philippos (vgl. MartPol 21: ἐπὶ ἀρχιερέως Φιλίππου Τραλλιανοῦ), der wohl höchsten religiösen Autorität während der Spiele.[95] »Für die Durchführung von Kaiserkult und Volksfesten sorgten die ἀσιάρχαι Asiarchen (Apg 19,31) beim jährlichen Landtag von Ἀσία, der abwechselnd in sieben Städten (vgl. Offb 1,4) gehalten wurde. Verwaltete ein Asiarch einen lokalen Tempel, hieß er wie der Jude Skeuas in Ephesus (Apg 19,14) Hoherpriester (von Ἀσία).«[96] »Der Asiarch Philippus von Tralles war der Vorsteher einer Konföderation von Städten in der röm. Provinz Asia (κοινὸν τῆς Ἀσίας) und als solcher oberster Priester, der auch zur Veranstaltung öffentlicher Spiele verpflichtet war. Ph. muß das Amt länger innegehabt haben, da er bereits für das J. 149 bezeugt ist (...). Um welche Spiele es sich hierbei handelte und wann sie stattfanden, ist unklar.«[97] Ein Gaius Julius Philippus war gemäß Inschriften zwischen 149–153 Asiarch unter Antonius Pius und Prokurator unter Marcus Aurelius.[98] Wenn dies unser Philippus ist, dann bestätigt das ein Datum des Polykarpmartyriums im 6. Jahrzehnt des 2. Jahrhunderts.

---

[92] Vgl. ActJust 5,6: Ῥούστικος ἔπαρχος ἀπεφήνατο· Οἱ μὴ βουληθέντες ἐπιθῦσαι τοῖς θεοῖς, φραγελλωθέντες ἀπαχθήτωσαν τῇ τῶν νόμων ἀκολουθίᾳ.

[93] Vgl. Lk 23,17–23, Mk 15,6–14parr; Joh 18,39 f.; vgl. Act 7,57.

[94] Vgl. Tertull., de spectaculis 26 (leone concesso); de pudicitia 22 (Christianis leonem!).

[95] Vgl. CADOUX, Ancient Smyrna, 231; 355 f.

[96] REICKE, Art. Ἀσία, 414. – Vgl. aber BAUER, Wörterbuch, 232: »Ἀσιάρχης ... ist MPol 12,2 (...) deutlich dem ἀρχιερεὺς Ἀσίας gleich ... Entsprechend wollen es viele auch AG 19₃₁ verstehen. Doch wird zwischen beiden Titeln auch unterschieden (...) und der Pl. spricht in AG mehr f. d. Deutung auf Abgeordnete des κοινὸν Ἀσίας, d. Landtages v. Asien, der in Ephesus zusammentrat ...«

[97] GUYOT/KLEIN, Christentum I, 333. – Vgl. zu den Spielen MartPionii 18,8 / CADOUX, Ancient Smyrna, 297 / RORDORF, Problem, schließt aus der großen Zahl der Heiden und Juden auf das heidnische Terminalien-Fest.

[98] Vgl. LIGHTFOOT, Fathers, II/1, 628–635; 666 f. II/3,383 ff.; 404–415.

Die römische Regierungsgewalt versuchte, durch die Konföderation verschiedener Hauptstädte in zahlreichen Provinzen ihren Einfluß geltend zu machen und die Verbindung zum römischen Imperium insbesondere durch religiöse Bande wie den Herrscherkult zu stärken. Regelmäßige Spiele und Feste der Communae Asiae (Smyrna, Ephesus, Pergamon, Sardes, Philadelphia und Cyzicus) unter der Aufsicht der Konföderation (κοινὸν Ἀσίας) unterlagen dem Asiarchen, der wohl identisch ist mit dem ἀρχιερεὺς (τοῦ κοινοῦ) τῆς Ἀσίας, wie auch MartPol bestätigt: vgl. 12,2c (τὸν Ἀσιάρχην Φίλιππον) mit 21 (ἐπὶ ἀρχιερέως Φιλίππου Τραλλιανοῦ).[99] »After the proconsul, the Asiarch was probably the most important person in the province.«[100] Der Asiarch lehnt die Forderung »Polykarp vor die Löwen« mit Verweis auf das Ende der Tierhetzen ab. Κυνηγέσια (lat. venationes) meint Tierkämpfe und nicht »ludi gladiatori«.[101] »These fights were so costly, however, that already at an early moment the Roman emperors had decided to limit the number of days and animals.«[102]

**12,3:** Der Lehrer Asiens erfährt eine Bestätigung durch die Erfüllung der Vision aus MartPol 5,3: δεῖ με ζῶντα καῆναι.[103] Damit wird von göttlicher Seite her Polykarps κατὰ τὸ εὐαγγέλιον-Martyrium legitimiert – wie schon durch die Audition in 9,1. Zugleich rahmen Audition und Visionserfüllung Polykarps standhaftes Verhörverhalten und stärken ihn. Die wahre Prophetie also erfüllt sich an einem Mann der katholischen Kirche – womöglich im Gegensatz zu den neuen Prophetien des Montanismus. Das Adverb προφητικῶς hat eine eher generalisierende Tendenz (der Bischof besitzt prophetische Qualität) – und nicht so sehr konkrete biblische Bedeutung wie das Adjektiv in den Belegstellen Röm 16,26; 2 Petr 1,19.[104] Erfüllung einer Prophetie ist auch hier Kennzeichen ihrer Wahrheit und Rechtgläubigkeit. Zugleich wird das prophetische Element kritisch gebunden an Lehre, Apostolizität, Bischofsamt und katholische Kirche, vgl. MartPol 16,2: Πολύκαρπος ... διδάσκαλος ἀποστολικὸς καὶ προφητικὸς ... ἐπισκοπός τε τῆς ἐν Σμύρνῃ καθολικῆς ἐκκλησίας. Die »starke Betonung der prophetischen Gabe Polykarps« hat einen »polemisch-antimontanistischen Klang.«[105] Polykarp wird hier ein prophetisches Charisma attestiert wie Ignatius (Phld 7,1f.) und Stephanus (Act 6,10; 7,55). Zugleich wird das Prophetische bei Polykarp auffällig an das

---

[99] Zu weiteren Belegen für die Identität von Asiarch und Hohepriester vgl. LIGHTFOOT, Fathers II/3, 407–411.

[100] LIGHTFOOT, Fathers II/3, 406.

[101] Mit BOEFT/BREMMER, Notiunculae IV, 109 gegen RONCHEYs Übersetzung in BASTIAENSEN, Atti, 19.

[102] BOEFT/BREMMER, Notiunculae IV, 109.

[103] Vgl. ActCarpi 36. – Zu Belegen der crematio (καῆναι) als Todesstrafe vgl. MUSURILLO, Acts of the Pagan Martyrs, 112f.

[104] Vgl. BASTIAENSEN, Atti, 379.

[105] CAMPENHAUSEN, Bearbeitungen, 274.

Bischöfliche und das Apostolische zurückgebunden (16,2) und ebenso auffällig fehlen die in diesem Kontext wichtigen Begriffe παράκλητος und πνεῦμα[106], während sie dem dem Montanismus nahestehenden Vettius Epagathus in MartLugd 5,1,10 eignen: ἔχων δὲ τὸν παράκλητον ἐν ἑαυτῷ, τὸ πνεῦμα τοῦ Ζαχαρίου.

In Form einer kommentierenden Bemerkung (γάρ) wird das Vaticinium aus 5,2 nochmals aufgenommen und bestätigt.[107] »Wunderbares Vorherwissen wird ihm zuteil – er weiß vorher, welches Todes er sterben wird, und wunderbar erfüllt sich sein Wissen gegen die ursprüngliche Absicht seiner Feinde. Darum ist er nicht etwa von Gott verlassen in seinem Martyrium ...«[108] Alles ist wie in der Passion durchdrungen vom göttlichen δεῖ. Gottes Wille geschieht (vgl. 2,1; 7,1); Gott hat es so vorherbereitet, vorheroffenbart und erfüllt (14,2). Das Leiden wird dadurch akzeptabel gemacht, daß es der Wille Gottes ist, daß die Christen leiden, wie es schon im Evangelium angekündigt worden ist: τὰ μαρτύρια πάντα τὰ κατὰ τὸ θέλημα τοῦ θεοῦ γεγονότα (MartPol 2,1 vgl. 1,1). »Der Feuertod des Polykarp ist sicherlich historisch. Die hagiographische Einkleidung berichtet aber anders. Danach blieb er auf dem Scheiterhaufen unversehrt. Ein confector durchbohrt ihn mit dem ξιφίδιον, sein *Leichnam* wird *nachträglich* verbrannt. Man sieht auch hier die Parallelisierung mit dem Leiden Christi. Daß dadurch die wörtliche Erfüllung der Prophezeiung des Polykarp aufs Spiel gesetzt wird, macht der arglos fortspinnenden Legende keine Bedenken.«[109] Das visionäre Element erweist sich als fest und sinnvoll in den Kontext des MartPol eingebunden; literarkritische Verdächtigungen[110] entbehren jeder Grundlage.

---

[106] Nur in MartPol 14,2.3 technisch als »Hl.Geist« / 15,2 als »Wind«.

[107] Vgl. die Synopse bei DEHANDSCHUTTER, MartPol, 152 f.

[108] SURKAU, Martyrien, 128. – Vgl. die Leidensankündigungen Jesu sowie Lk 24,44 / Joh 18,32 / Act 1,16.

[109] MÜLLER, MartPol, 8.

[110] Z. B. bei MÜLLER, Überlieferungsgeschichte, 52 f.

## 13,1–3: Vorbereitung der Hinrichtung: Polykarps Verhalten angesichts des Scheiterhaufens

13,1   Das wurde schneller ausgeführt als sich erzählen läßt; die Massen trugen sofort aus den Werkstätten und Bädern Holz und Reisig zusammen, wobei die Juden – wie es ihre Gewohnheit ist – besonders eifrig mithalfen.

13,2 a  Als der Scheiterhaufen fertig war, legte er selbst alle Oberkleider ab, löste den Gürtel und versuchte, auch seine Sandalen loszubinden; das hatte er früher nicht getan, weil immer jeder der Glaubenden darum wetteiferte, als erster seine Haut zu berühren.

b      Denn in jeder Hinsicht war er wegen seines untadeligen Lebenswandels auch schon vor dem Martyrium ausgezeichnet.

13,3 a  Sofort wurde das Material, das für den Scheiterhaufen vorbereitet war, um ihn herumgeschichtet. Als sie ihn aber auch noch annageln wollten, sagte er:

b      »Laßt mich so; denn der, der mir die Kraft gibt, das Feuer zu ertragen, wird mir auch die Kraft geben, ohne eure Sicherheit auf Grund der Nägel unbeweglich auf dem Scheiterhaufen auszuharren.«

*Lit.: Zum Ablegen der Kleider:* KETTEL, J., Martyrium und Eucharistie, GuL 30/1957, 34–46: 42 f. / WILCKENS, U., Art. »στολή«, ThWNT 7, 687–692.

Der Vollzug der Todesstrafe durch Verbrennung wird in MartPol 13–16 ausführlich beschrieben, insbesondere weil der Verfasser die Verbrennung in Opferterminologie als Dank- und Brandopfer in eucharistischem Kontext interpretiert (MartPol 14 f.). Zuvor aber werden die hektischen Vorbereitungen der Hinrichtung (13,1.3 a) durch die Menge des Volkes, in der sich wiederum die Juden besonders hervortun, dargestellt. Diesem hektischen Treiben kontrastiert erneut die schon bekannte, ruhige Gefaßtheit des heroischen Bischofs, der sich seinem Schicksal gelassen (Ablegen der Kleider: 13,2 a), entschieden, unerschrocken und von Gott gestärkt (Verzicht auf Annageln: 13,2 b) vorbildlich stellt und damit seinem bisherigen untadeligen Lebenswandel entspricht (13,2 b). Der Märtyrer-Bischof wird damit nicht nur zum christlichen Vorbild im Leben und Sterben schlechthin, sondern die Darstellung enthält wiederum Anspielungen an den Tod des Herrn (Ablegen der Kleider / Annageln) und Anzeichen von (Märtyrer-)Verehrung (Berühren der Haut: 13,2 a), die freilich schon im guten Lebenswandel vor dem Martyrium wurzelt (13,2 b).

*Literarkritisch* stimmen MartPol 13 und Eus. h. e. 4,15,29 ff. wiederum bis auf geringe textkritische Unterschiede[1] überein, so daß der Abschnitt zumeist unverdächtig hinsichtlich Interpolationen geblieben ist. Allein Schwartz[2], der in der Annahme von sekundären Einschüben sehr weit geht, findet auch hier Doppelungen, so etwa in der – aber doch wohl intendierten! – Betonung der Eile in 13,1 (μετὰ τοσούτου τάχους / θᾶττον ἢ ἐλέγετο) oder im kompliziert ausgedrückten Bemühen um das Berühren der Haut Polykarps (13,2 a). Der Text läßt sich sehr gut ohne solchen literarkritischen Scharfsinn verstehen.[3]

*Formkritisch* setzt sich der Märtyrerbericht[4] von 13,1 bis 14,1 a fort. Die Hinführung zum Richtplatz bzw. dessen Vorbereitung und das Verhalten des Protagonisten daselbst ist ebenso typisches Element[5] wie die Ablehnung der Milderung der Marterqual (hier: Verzicht auf Annageln) und späterhin das Gebetswort vor (MartPol 14) und außergewöhnliche, wunderbare Ereignisse beim Tod (MartPol 15 f.) Alles dient der enkomionartigen Darstellung des Heroen[6], der in 13,2 b explizit für seinen gesamten Lebenswandel gelobt wird. Auffällig gering im Vergleich zu anderen Märtyrertexten werden im MartPol die einzelnen Qualen erzählerisch ausgestaltet (vgl. lediglich MartPol 2,4); so bildet das Ausziehen des Märtyrers in 4 Makk 6 etwa den Beginn eines langen Peristasenkatalogs: »Ausziehen; Binden der Hände und des Rückens; Geiße- lung; Blut; Wunden; Fußtritt, als er zusammenbrechen will; Peinigung mit glühenden Werkzeugen; stinkende Brühe in die Nasenlöcher; Verbrennungen bis auf die Knochen.«[7] MartPol aber bricht bereits nach dem Ausziehen (13,2 a) ab und gibt selbst dem noch einen freiwilligen Charakter: Polykarp macht sich zum freiwilligen Dank-Opfer für Gott bereit (MartPol 14). Und so wird das Martyrium weniger als brutale Unterdrückung denn als freiwilliges Dank-Opfer gedeutet. So wird der Bischof als Überwinder der Verurteilung vorgestellt und zum Exemplum für die Bewältigung der Verfolgungssituation schlechthin; denn Gott wird letztlich als der sichtbar, der den Leidenden Kraft gibt und sie ihr Martyrium als Dank-Opfer begreifen läßt: ὁ γὰρ δοὺς ὑπομεῖναι τὸ πῦρ δώσει καὶ … ἄσκυλτον ἐπιμεῖναι τῇ πυρᾷ[8] (13,3 b) und εὐλογῶ σε ὅτι ἠξίωσας με … τοῦ λαβεῖν μέρος ἐν ἀριθμῷ τῶν μαρτύρων … (14,2 a).

Formkritisch vergleichbar sind hinsichtlich der Vorbereitung der Hinrich- tung folgende Texte: Act 7,57 f.; 2 Makk 7,3 ff.; 4 Makk 6,24 ff.; 9,19–22; MartPerp 18–21; ActCarpi 37; 40; MartPionii 21. Und hinsichtlich Entklei-

---

[1] Insbesondere liest Eus. in 4,15,30 πρὸ τῆς πολιᾶς statt πρὸ τῆς μαρτυρίας und in 31 ἀσκύλτως statt ἄσκυλτον bzw. ἀσάλευτον.

[2] De Pionio, 14.

[3] Kritisch gegen SCHWARTZ etwa DEHANDSCHUTTER, MartPol, 93.

[4] Vgl. BERGER, Formgeschichte, § 97.

[5] Vgl. a. a. O., 337.

[6] Vgl. a. a. O., § 99.

[7] A. a. O., 226.

[8] Vgl. schon 2,2 c: ὁ κύριος ὡμίλει αὐτοῖς / 9,1: … φωνὴ ἐξ οὐρανοῦ ἐγένετο· Ἴσχυε, Πολύκαρπε, καὶ ἀνδρίζου.

dung und Folterung: 2 Makk 7,13.15; 4 Makk 6,1–3.6–8; 8,10–13; 9,26 ff.; 10,5 ff.; 11,17 ff.; MartJes 5,2 f.; Mk 14,65parr; Act 7,58 (von Lk mißverstanden); 22,24 f.; MartLugd 5, 1,27 f.56; ActCarpi 44; MartPionii 15,8; 20,1; 21. Die von Gott verliehene Kraft zum Ertragen des Leids begegnet (z.T. als Geistmotiv) schon in MartPol 2,3; 12,1 sowie in: 2 Makk 7,12; 4 Makk 6,1; Act 6,10; 7,55.59 f.; MartLugd 5,1,22.28; ActCarpi 38 ff. Insgesamt fällt auf, daß die Vorbereitung der Hinrichtung in den Acta-Martyrien (mit Ausnahme von ActCarpi) nicht berichtet wird; an diesem erzählerischen Moment der lobenden Darstellung des Märtyrers besteht kein Interesse.

**13,1:** Die narrativen Elemente setzen sich mit οὖν (13,1.3) fort.[9] Der Märtyrer stirbt vorbildlich mannhaft.[10] Die Bereitwilligkeit, das Leiden durch Gott gestärkt auf sich zu nehmen (13,3 b) und der Peristasen- und Tugendkatalog (13,2) stehen nach der Vorbereitung der Hinrichtungsstätte (13,1) im Vordergrund. Betont wird wie schon früher (MartPol 6,2; 7,2; 8,3: σπουδή) in Kontrast zur ruhigen Gefaßtheit Polykarps der hektische Eifer der Verfolger: μετὰ τοσούτου τάχους ἐγένετο, θᾶττον ἢ ἐλέγετο / παραχρῆμα / εὐθέως (13,3 a). Die Erzählung zielt wieder auf das geduldig-standhafte ὑπο- bzw. ἐπιμένειν des in jeder Hinsicht (ἐν παντί, 13,2 b) vorbildlichen Bischofs: Gott gibt ihm die Kraft, sogar unangenagelt das Feuer zu ertragen (13,3 b). Die Gegner haben es eilig, den Bischof hinzurichten. Die Ereignisse überstürzen sich – Polykarp aber bewahrt Ruhe, Kraft und Überlegenheit, ist frei von jedem überstürzten Enthusiasmus (vgl. aber Quintos, MartPol 4). Die Juden sind in Smyrna die eigentlichen (vgl. die Ausführungen zu 12,2 a) wie auch die typischen Gegner (wie in den Evangelien). Hier drückt sich deutlich frühchristlicher Antijudaismus aus. »Der geschäftige Eifer der Juden (ὡς ἔθος αὐτοῖς, K. 13, V. 1) erinnert wiederum an das Leiden des Heilandes.«[11] Der Scheiterhaufen wird eilends zusammengetragen, ohne daß erwähnt wird, daß der Prokonsul dieses angeordnet hätte. Ξύλα werden wohl aus den Werkstätten geholt, φρύγανα aus den in Smyrna zahlreichen Bädern.[12]

**13,2 a:** »In 13,2 volgt een nieuwe parenthese: het verhaal gaat over van de activiteit van de Joden naar wat Polycarpus doet. Dit geeft de auteur tegelijkertijd de gelegenheid terug te blikken op de betekenis van Polycarpus' leven.«[13] Der Scheiterhaufen[14] ist bereitet. Damit gelangt Polykarp wieder ins

---

[9] Vgl. DEHANDSCHUTTER, MartPol, 159.

[10] Vgl. BERGER, Formgeschichte, 336.

[11] MÜLLER, MartPol, 11. – Zum Tumult vgl. die versuchte Verbrennung Petri in ActPetri 28. – Ὡς ἔθος αὐτοῖς vgl. auch in 9,2; 18,1.

[12] Vgl. CADOUX, Ancient Smyrna, 181. – Vgl. Cic., in Verr II, 1,69: ligna et sarmenta circumdare, ignemque subicere coeperunt / Tertull., Apol. 50: Licet nunc sarmenticios et semaxios apelletis, quia ad stipitem dimidii axis revincti sarmentorum ambitu exuremur.

[13] DEHANDSCHUTTER, MartPol, 153.

[14] Auch 13,2 f. bietet πυρά, so lesen auch M und Eus.; andere griechische Handschriften lesen πυρκαϊά, zur Textkritik vgl. DEHANDSCHUTTER, MartPol, 93 f.

Blickfeld. Er legt selbst πάντα τὰ ἱμάτια ab. Meint das »sich selbst aller Kleider entledigen«[15] oder nur das Ablegen aller Oberkleider?[16] Πάντα scheint zunächst für ersteres zu sprechen, aber dann wäre das folgende Lösen des Gürtels wenig sinnvoll; denn der Gürtel ist im Altertum »Mittel zur Befestigung von Kleidungsstücken oder zur Aufschürzung des Untergewandes.«[17] Also bedeutet ἱμάτια hier Obergewand; wenn Polykarp dann aber auch den Gürtel des Untergewandes löst, steht er letztlich nackt da. Auch MartPol 15,2 sowie das Ablegen der Kleider in anderen Martyriumskontexten[18] deutet auf Nacktheit hin. Polykarp legt betont selbst (ἑαυτῷ) seine Kleider ab; sie werden ihm nicht heruntergerissen, etwa um ihn zu foltern oder zu verspotten. Der Bischof wird selbst als gefaßter Herr der Situation dargestellt; er legt seine Kleidung quasi freiwillig, würdig und scheinbar sehr bewußt ab. Darauf liegt das Gewicht der Darstellung. Dann aber erscheint in Verbindung mit dem folgenden eucharistischen Gebet in MartPol 14 und der eucharistischen Deutung in MartPol 15 auch im Ablegen der Oberkleider eine Darstellung beabsichtigt, »daß der Bischof mit vollem Bewußtsein im Martyrium seine letzte Eucharistie zu feiern gedachte«[19] und sein Martyrium als Dank-Opfer begreift, zu dem er sich zurüstet. Das fügt sich gut in ein ignatianisch geprägtes Umfeld[20]; Ignatius betrachtet in IgnRöm 7,3 sein bevorstehendes Martyrium in Rom in einzigartiger Weise als eucharistische Feier und beschreibt in IgnRöm 2,2 das Martyrium als eine Opferliturgie.

In der Antike herrscht »die Vorstellung ..., daß Gewandung Ausdruck bestimmten Standes ist, durch den das Dasein der Menschen jeweils verschieden geprägt ist.«[21] Mart Pol deutet also Polykarps Auskleiden als Sich-Frei-

---

[15] BAUER-ALAND, Wörterbuch, 764 / GUYOT/KLEIN, Christentum I, 59 / DEHANDSCHUTTER, MartPol, 229 / MUSURILLO, Acts, 13: »all his clothing« / SCHOEDEL, Fathers, 68: »all his garments«.

[16] So RAUSCHEN, Märtyrerakten, 15 / LIGHTFOOT, Fathers II,3, 482: »upper garments« / EUSEBIUS, Kirchengeschichte (Übersetzung: Ph. Haeuser/H.A.Gärtner) h. e. 4,15,30 / LINDEMANN/PAULSEN, Apostolische Väter, 275 / BASTIAENSEN, Atti, 21: »tutte le sopravvesti« / KETTEL, Martyrium und Eucharistie, 42.

[17] OEPKE, Art. »ζώννυμι κτλ.«, 302.

[18] Mk 15,24parr stellt Jesus unter Rückgriff auf Ps 22,18 f. wohl nackt vor (vgl. GNILKA, Markus II, 316 f.). In MartPerp 10 wird Perpetua zum Wettkampf ausgezogen. Act 7,58 meint nur das Ablegen der Oberkleider, aber wohl von Lk mißverstanden: »Daß die Zeugen (wie in einer Sportveranstaltung) ihre Kleider ablegen, geht vermutlich auf ein lukanisches Mißverständnis zurück: Sanh. 6,3 verlangt die Entkleidung des Verurteilten!« (SCHILLE, Apostelgeschichte, 189). In 4 Makk 6,2 wird der greise Eleazar vollständig ausgezogen – allerdings folgt die Folterung. Auch Dionys Alex (Eus. h. e. 6,40,7 f.) berichtet von der Nacktheit des Märtyrers (mit Anklang an Mk 14,51 f.). Vgl. ferner: ActCarpi 44; MartPionii 21,1; Act 16,22.

[19] KETTEL, Martyrium und Eucharistie, 43.

[20] Zum engen Zusammenhang des ignatianischen Martyriums- und Eucharistieverständnisses vgl. etwa: BOMMES, Weizen Gottes / BIEDER, Abendmahl / WEHR, Arznei der Unsterblichkeit / SCHOEDEL, Ignatius, 142 ff. / STAATS, Katholische Kirche, 251.

[21] WILCKENS, Art. στολή, 690. – Vgl. die Kultgewandung in den hellenistischen Mysterienkulten, die paulinische Vorstellung von der Taufe als Bekleidung (Gal 3,27; Röm 13,14; Eph

Machen für die Überkleidung mit der Gabe des neuen Seins, die in der Eucharistie empfangen wird; dazu wird die gewöhnliche Kleidung abgelegt. So gelingt MartPol eine geschickte theologisch-kultische Deutung des ursprünglich demütigenden Aktes der Entkleidung des Verurteilten, vgl. die Verspottung Jesu und die Folterung des nackten Greises Eleazar.

Das Ablegen der Oberkleider, das Lösen des Gürtels, das Ausziehen der Schuhe: »all das sind Riten, die seit der frühesten Zeit der Liturgie zu der Vorbereitung der Eucharistiefeier gehören.«[22] So erfährt das Ausziehen ebenso wie das Binden (bzw. Annageln) der Hände, die einen üblichen Bestandteil der Peristasen in Märtyrerberichten bilden[23], eine spezifische Deutung durch die Freiwilligkeit bzw. den freiwilligen Verzicht auf das Fixieren der Hände.

Neben der eucharistischen Deutung kann das Ablegen der Sandalen auch eine Anspielung an die Salbung Jesu zum Begräbnis bzw. Salbung in Bethanien sein, die in den Evangelien am Beginn der Leidensgeschichte steht (Mt 26,6–13; Mk 14,3–9 bzw. Lk 7,36–50; Joh 12,1–8). Womöglich wird durch den Nachsatz auch eine beginnende Märtyrerverehrung sichtbar, wenn die Glaubenden darum wetteifern, wer zuerst des Bischofs Haut berührte (vgl. MartPol 17,1: κοινωνῆσαι τῷ ἁγίῳ σαρκίῳ, sowie Act 19,11 f.). »Darum will nun auch die Gemeinde mit seinem heiligen Leichnam in Gemeinschaft bleiben (XVII,1), wie man sich ja auch schon zu seinen Lebzeiten gemüht hatte, ihm behilflich zu sein, um nur einmal die Haut des frommen Mannes berühren zu dürfen (XIII,2), sind doch nun nach dem Martyrium seine Gebeine ›köstlicher denn edle Steine und herrlicher als Gold.‹ (XVIII,2).«[24] Jedenfalls aber hat auch schon der Kontakt zu dem Bischof vor dem Martyrium womöglich heilende Wirkung, wie sie einem göttlichen Menschen eignet, vgl. Mk 5,25–34parr; Act 5,15 f.; 19,11 f. Jedoch ist hier noch nicht von Wundern die Rede, vgl. aber MartPol 15. »Polykarp wird bereits zu Lebzeiten als Bischof besondere Ehre entgegengebracht.«[25] Auf Ignatius verweist wiederum das dort häufig begegnende οἱ πιστοί (Eph 21,2; Magn 5,2; Sm 1,2).

---

4,24; Kol 3,10) und die apokalyptische Vorstellung von der Überkleidung mit neuen Gewändern (Mk 16,5; Apk 3,4 f.; 6,11; vgl. auch 1 Kor 15,53 f.; 2 Kor 5,3).

[22] KETTEL, Martyrium und Eucharistie, 42. »Zum Gottesdienst erschien man in besserer Kleidung. Darum legte der Bischof vorher die Alltagskleider ab und zog seine gewöhnlichen Schuhe aus. Schon der Antike war es fremd, mit Kleidungsstücken aus tierischem Material ins Heiligtum zu treten. Deshalb legte man Kleider aus reinem Leinen an und statt der Ledersandalen solche aus Bast und Stoff. Die christliche Antike hat das übernommen und eine eigene Fußbekleidung eingeführt, ein Brauch, der sich bis heute erhalten hat, da der Bischof im Pontifikalamt eigene Schuhe trägt ... Ebenso ist das oben genannte Ablegen der Kleider und Lösen des Gürtels bis heute im Pontifikalgottesdienst erhalten, wenn der Bischof in einer öffentlich-sichtbaren Handlung seine alltägliche Pontifikalkleidung zum Teil ablegt.« – Manches in der Deutung KETTELs wirkt allerdings konstruiert, vgl. die Kritik bei BAUMEISTER, Anfänge, 300 Anm. 43.

[23] Vgl. BERGER, Formgeschichte, 226 und 337.

[24] SURKAU, Martyrien, 128.

[25] BAUMEISTER, Anfänge, 305.

**13,2 b:** Polykarps Vorbildcharakter beschränkt sich nicht nur auf sein Märtyrer-Sein, sondern bezieht sich auch auf seinen Lebenswandel vor dem Martyrium.[26] Das Enkomion bildet mit der Partikel γάϱ wieder ein zusammenfassendes Interpretament auf der Kommentar-Ebene des Textes[27] (vgl. MartPol 3,1 a; 4 c; 6,2). Das Martyrium allein ist mithin nicht Beweis für ἀγαθή πολιτεία[28]; vielmehr kommt es in jeder Hinsicht auf ein gottgefälliges Leben an (ἐν παντὶ γὰρ ἀγαθῆς ἕνεκεν πολιτείας) – und zwar (nach MartPol 17,1) ἀπ' ἀρχῆς ἀνεπίληπτον πολιτείαν, also kein nur kurzzeitig auflodernndes christliches Leben im Sinne eines spontanen Martyriumsenthusiasmus. Echtes Christsein bewährt sich über einen längeren Zeitraum hin.

Leiden wird hier nicht nur dadurch paradigmatisch bewältigt, daß Polykarp die vor Augen stehenden Qualen gefaßt angeht, sondern auch dadurch, »daß Peristasen ... mit *Tugendkatalogen* verbunden sind«[29]: ἐν παντὶ γὰρ ἀγαθῆς ἕνεκεν πολιτείας[30] καὶ πρὸ τῆς μαρτυρίας ἐκεκόσμητο. Zugleich muß der gute und reine Lebenswandel des Polykarp an dieser Stelle betont werden, wenn man den folgenden Märtyrertod im Sinne einer eucharistischen Opfergabe (MartPol 14) versteht; nach IgnTrall 7,2 und Did 14,1–3 ist Reinheit für den Vollzug des Opfers notwendig.

**13,3 a:** Das Annageln bildet natürlich eine gewollte Anspielung an die Passion Jesu κατὰ τὸ εὐαγγέλιον, um die vorhandene Differenz zwischen Kreuz und Scheiterhaufen zu mindern. Zugleich aber wahrt MartPol wie auch andernorts (vgl. explizit: 17,3) einen bewußten Abstand zwischen Märtyrer und Christus[31]; denn Polykarp lehnt gerade das Annageln ab – er wird gefesselt (vgl. 14,1) –, während diese Übereinstimmungsmöglichkeit κατὰ τὸ εὐαγγέλιον bei IgnSm 1,1 f. und ActCarpi 37–41 besonders akzentuiert ist.

**13,3 b:** »The bishop takes the dimensions of a ›divine man‹.«[32] Mit der »Ablehnung der Milderung der Marterqual«[33] als üblicher Bestandteil des

---

[26] Eus. h. e. 4,15,30 liest statt μαρτυρίας »bevor er graues Haar hatte« (πρὸ τῆς πολιᾶς), bevorzugt von: LIGHTFOOT, Fathers II,3, 386 und 482; II,1, 609 / SCHWARTZ, De Pionio, 14 / SCHOEDEL, Fathers, 68 / CAMPENHAUSEN, Idee, 80 Anm. 9. – Dagegen: SEPP, MartPol, 19: »... lesen wir bei Eusebius IV, 15, 30 καὶ πρὸ τῆς πολιᾶς, was vielleicht nur ein durch das unmittelbar vorausgehende ἕνεκα πολιτείας verursachtes Textverderbnis ist, denn es bedurfte nur des Ausfalls einer Silbe, um aus πολι(τεί)ας πολιᾶς entstehen zu lassen.« – Zur Textkritik vgl. DEHANDSCHUTTER, MartPol, 94 f. / DELEHAYE, Rez. Reuning, 201.

[27] Vgl. BERGER, Formgeschichte, § 70.

[28] Vgl. Vita Polycarpi 6.

[29] BERGER, Formgeschichte, 228. Vgl. BERGER, Gattungen, 1355. – Vgl. 1 Kor 4,9–13; 2 Kor 6,4–10; Diog 7,7–9.

[30] Vgl. 2 Makk 6,23: ... καὶ τῆς ἐκ παιδὸς καλλίστης ἀναστροφῆς, vgl. auch MartLugd 5,1,9: Vettius Epagathus. – Vgl. SCHÄFKE, Widerstand, 562 zu Politeuma.

[31] Vgl. DEHANDSCHUTTER, Development, 661 und 663 / DEHANDSCHUTTER, MartPol, 252 / BADEN, MartPol, 137. 140 f. / REUNING, Erklärung, 13.

[32] SCHOEDEL, Fathers, 68.

[33] BERGER, Formgeschichte, 337.

Märtyrerberichts wird das mannhafte Sterben heroisch dargestellt. »Die Verweigerung steigert die Bewunderung für die Haltung des Märtyrers (vgl. das
Lächeln in den ActCarpi).«[34]

Zugleich begrenzen die Worte des Bischofs aber jeden Heroenkult; denn
es ist die Kraft Gottes – und nicht etwa Menschenwerk –, die das Leiden
erträglich macht: ὁ γὰρ δοὺς ὑπομεῖναι τὸ πῦρ δώσει καὶ ... ἄσκυλτον[35]
ἐπιμεῖναι τῇ πυρᾷ.[36] (Nur) mit Gottes Hilfe ist die moralische Bewährung des
Leidenden möglich. »This connection between God's willing martyrdom and
God's assisting in martyrdom is explicitly made in Mart.Pol. 13:3. ... The
expression ἡ ὑμέτερα ἐκ τῶν ἥλων ἀσφάλεια implies a corresponding ἡ ἡμέτερα
ἀσφάλεια or ἠθεῖα ἀσφάλεια which does not require nails for steadfastness.
God shall guarantee that which He wills.«[37] Diese von Gott verliehene Kraft
begegnet auch in den Makkabäermartyrien (vgl. 2 Makk 6,30; 4 Makk 6,7.9.
30; 7,12.16; 9,26; 13,3). Die ὑπομονή des Märtyrers bestimmt das ganze
MartPol (2,2.3.4.; 3,1; 13,3; 19,2) und die Schmerzunempfindlichkeit bzw.
-verachtung begegnet auch in anderen Martyriumskontexten (z. B. MartLugd
5,1,22 f.28.42.51.56). Hier sind stoische und jüdische Einflüsse christlich aufgenommen worden.[38]

## Exkurs: Traditionsgeschichtliche Analyse des Gebets in MartPol 14 – Ein jüdisches Dankopfergebet des Einzelnen als eucharistisches Märtyrergedächtnisgebet der frühchristlichen kleinasiatischen Gemeinden

Obwohl das Gebet des Bischofs Polykarp auf dem Scheiterhaufen in der
Erforschung des MartPol insgesamt vergleichsweise viel Aufmerksamkeit

---

[34] CONZELMANN, Bemerkungen, 17 Anm. 84.

[35] Ἄσκυλτος = unbewegt, unbeweglich (eigentlich: ungequält, ohne Beschwerde), vgl. BAU-
ER-ALAND, Wörterbuch, 233. Eus. h. e. 4,15,31 liest ἀσκύλτως und die griechischen Handschriften außer M: ἀσάλευτον (unerschüttert).– Zur Textkritik vgl. DEHANDSCHUTTER, MartPol, 36;
39; 95.

[36] Vgl. Röm 8,37: ἀλλ' ἐν τούτοις πᾶσιν ὑπερνικῶμεν διὰ τοῦ ἀγαπήσαντος ἡμᾶς ... / Diog
7,7–9: ταῦτα ἀνθρώπου οὐ δοκεῖ τὰ ἔργα: ταῦτα δύναμις ἐστιν θεοῦ. – Weitere Belege bei BERGER,
Gattungen, 1358 f.

[37] WEINRICH, Spirit, 169.

[38] Vgl. KELLERMANN, Auferstanden, 36 Anm. 12: »... vgl. 4 M 1,9; 5,37; 6,7.9; 7,14.16; 8,28;
9,5 f.8.17.21.28 f.; 10,14.16; 13,1; 14,1; 16,2; Philo von den *philosophischen Märtyrern* Anaxar-
chos und (dem Eleaten) Zenon in Prov II 11 und Prob 106 ff.; Josephus von den zelotischen
Märtyrern in Ant XVIII 23 f.; Bell VII 418. Tacitus berichtet aus den Erfahrungen des jüdischen
Kriegs mit aufständischen Zeloten von den Juden in Hist V 5: ›animosque proelio aut suppliciis
peremptorum aeternos putant; hinc generandi amor et moriendi contemptus.‹«

erfahren hat[1], sind doch wesentliche Fragen bis heute ungeklärt: Handelt es sich um ein historisch-authentisches Gebet des Bischofs? Wenn nicht, handelt es sich dann um (traditionell inspirierte) literarische Fiktion oder um echte liturgische Tradition? Und handelt es sich formkritisch betrachtet eher um einen Hymnus oder um ein Gebet und gibt es hier überhaupt klare Abgrenzungen? Handelt es sich um ein Bitt- oder um ein Dankgebet, um ein Märtyrerabschiedsgebet oder um ein eucharistisches Gebet? Und woher stammt die zugrundeliegende Tradition: aus dem griechischen Hymnenschema, aus dem alttestamentlichen Hymnus und Danklied, aus der Märtyrertradition oder aus den jüdischen Mahlgebeten, die die Basis für die christliche Eucharistie abgeben? Oder handelt es sich hier nicht um wirkliche Alternativen? Und wo schließlich, wenn sich denn hinter MartPol 14 eine Tradition ausmachen läßt, hat sie ihren Sitz im Leben? Und wie wird sie redaktionell verwendet?

## 1. Ein historisch-authentisches Gebet Polykarps?

Auf seine Weise partizipiert das Gebet auf dem Scheiterhaufen an der grundsätzlichen Fragestellung nach der Authentizität der sog. Märtyrerakten überhaupt. Ein aus dem 19. Jhdt stammender historistischer Forschungsansatz auf der Suche nach authentischen Prozeß-Akten, ähnlich problematisch wie die Suche nach einem »Leben Jesu« in den Evangelien, verbunden mit einer primär literarkritisch ausgerichteten Forschung, scheint heute (mit einiger Verzögerung gegenüber der Evangelienforschung!) durch einen formkritischen Ansatz überwunden, der die frühchristliche Märtyrerliteratur als erbaulich-kerygmatisch-paränetische Literatur begreift und nicht mehr als Protokolle historischer Vorgänge ansieht.[2] »Die Einsicht, daß es das von der historischen Kritik so lange gesuchte originale *Martyrer-Aktenstück* überhaupt nicht gibt,«[3] läßt grundsätzlich auch gegenüber einer Annahme von ipsissima verba Polycarpi in MartPol 14 Zweifel aufkommen. Zwar ist nicht völlig auszuschließen, daß wir in dem Gebet authentische Worte Polykarps vorfinden, neben den grundsätzlichen Zweifeln spricht aber auch konkret folgendes dagegen: a) Die Situation auf dem tumultartig errichteten Scheiterhaufen, umgeben von einer lärmenden Menge, erlaubt keine längeren Gebete oder gar die Mitschrift derselben. b) Vergleichbare Märtyrerabschiedsgebete formulieren lediglich einen kürzeren Stoßseufzer oder Dankspruch (»Deo gratias ...«, vgl. ActScil 5; ActApoll 46; MartPionii 11,6 u. ö.). c) MartPol 14 ist deutlich liturgisch

---

[1] Vgl. u. a.: DEHANDSCHUTTER, Research, 507 f. / HAMMAN, Prière II, 134–141 / REUNING, Erklärung, 32–43 / TRIPP, Prayer / LIETZMANN, Bruchstück / ROBINSON, Echoes / BOULEY, Freedom, 105–109 / GOLTZ, Gebet, 238–240.

[2] Vgl. zur Kritik am historistisch-literarkritischen Ansatz: BUSCHMANN, MartPol, 1–70 / GÄRTNER, Acta Scillitanorum/ GÄRTNER, Passio Sanctorum Scillitanorum / BERSCHIN, Biographie und Epochenstil 33–56 / HENTEN, Entstehung.

[3] BERSCHIN, Biographie und Epochenstil, 41.

geprägt. d) Es bestehen Differenzen des Gebets zur Sprache der Polykarpbrie-fe[4]: MartPol 14 benutzt für Jesus Christus die Titel παῖς und ἀρχιερεύς (vgl. PolPhil 12,2: sempiternus pontifex), nicht aber den von PolPhil bevorzugten κύριος-Titel (PolPhil 1,1 f.; 2,1.3; 6,3; 7,2; 9,2; 10,1; 12,2; 14), der im Gebet Gott vorbehalten ist. MartPol 14,2 a.3 verweist auf den Hl. Geist, in den Briefen begegnet der Geist nur in einem Zitat aus 1 Petr 2,11/Gal 5,17 in PolPhil 5,3.

## 2. Gliederung des Gebets in MartPol 14

Das Gebet entspricht mit seinem klaren dreiteiligen Aufbau gleichermaßen dem alttestamentlichen Hymnus und Danklied, dem griechischen Hymnus, den jüdischen Mahl- und den christlichen Eucharistiegebeten wie oftmals durch die Dreizahl geprägten liturgischen Formulierungen überhaupt:

I.     Anrufung Gottes (mit dreifacher Anrede): Κύριε ... ἐνώπιον σου.
II.    Dankgebet: a. εὐλογῶ ... ἁγίου    b. ἐν οἷς ... ἐπλήρωσας
    a. Der Grund des Danks: Teilnahme an der Zahl der Märtyrer (unmittelbare Gegenwart: ὥρας ταύτης)
    b. Aus dem Dank abgeleitete Bitte: Vollendete Aufnahme in die Zahl der Märtyrer in einem wohlgefälligen Opfer (unmittelbare Zukunft: σήμερον)
III.   Schlußdoxologie: ὁ ἀψευδὴς[5] ... ἀμήν.

## 3. Traditionsgeschichtlicher Hintergrund des Gebets in MartPol 14

### 3.1. Hymnus und Danklied in Israel[6]

*Lit.:* BRUCKER, R., »Christushymnen« oder »Epideiktische Passagen«? Studien zum Stilwechsel im Neuen Testament und seiner Umwelt, FRLANT 176, Göttingen 1997, 72–83 / CRÜSEMANN, F., Studien zur Formgeschichte von Hymnus und Danklied in Israel, WMANT 32, Neukirchen-Vluyn 1969, 210–284 / GUNKEL, H., Einleitung in die Psalmen. Die Gattungen der religiösen Lyrik Israels. Zu Ende geführt von J. Begrich. Göttingen 1933 (1985) / WESTERMANN, C., Das Loben Gottes in den Psalmen, Göttingen 1954 (1963), (jetzt in: Lob und Klage in den Psalmen, Göttingen 1977, 11–124).

Philo v. Alexandria bezeichnet die alttestamentliche Lieddichtung, insbesondere die Psalmen pauschal als ὕμνοι[7], die LXX spricht von ψαλμοί bzw.

---

[4] Vgl. TRIPP, Prayer, 101 ff. / BAUER, Polykarpbriefe.
[5] Die Zeile ὁ ἀψευδὴς καὶ ἀληθινὸς ist mit ROBINSON, Hodajot-Formel, 208 Anm. 40 wegen der Parallelen in Nehemia 9,32 und 1 Clem 61,3 entgegen der üblichen Verseinteilung, und vgl. z. B. TRIPP, Prayer, 99, zu MartPol 14,3 zu ziehen.
[6] Zur Forschungsgeschichte vgl. CRÜSEMANN, Hymnus und Danklied, 1–18 / BRUCKER, Christushymnen, 72–83.
[7] Fug 59; Mut Nom 115; Som 1,75; 2,242.245; Plant 29.39 u. ö. – Vgl. THRAEDE, Hymnus, 918 / DELLING, ὕμνος, 500.

ψαλτήριον, der masoretische Text von תהל־ם.[8] »Aber was ist eigentlich ein Hymnus? ... Drei Antworten sind ... möglich: Er ist eine literarische Größe, oder eine kultische Größe, oder er ist eine Weise des Gebets.«[9] »›Sitz im Leben‹ des Hymnus ist: das Erfahren des Eingreifens Gottes in die Geschichte. Gott hat gehandelt; ... Nun *muß* ihm Lob gesungen werden.«[10] Nach Westermann[11] ist die Bezeichnung Hymnus formal, die Bezeichnung Danklied inhaltlich bestimmt. Der Hymnus lobt Gott über seinem Tun und Sein im Ganzen zu allen Zeiten und an allen Orten ohne bestimmten Anlaß (beschreibendes Lob, hebr. הלל), das Danklied lobt Gott über einer bestimmten einmaligen Tat, von der der Gerettete ... berichtet (berichtendes Lob, hebr. ידה hi.). MartPol ist daher eher dem Danklied (des Einzelnen) als berichtendem Lob zuzuordnen (14,2 a: ὅτι ἠξίωσας με <u>τῆς ἡμέρας καὶ ὥρας ταύτης</u>), wenngleich auch hymnische Elemente in 14,1 d (Schöpfung) und 14,3 vorliegen: διὰ τοῦτο καὶ <u>περὶ πάντων</u>.

Nach Gunkel[12] eignet dem Hymnus Israels, mit dem Danklied des Einzelnen verwandt[13], folgender Aufbau:

a) Einführung, im Imperativ oder Kohortativ (»Singet JHWH« / »Ich will JHWH loben« o. ä.)[14], was MartPol 14,2 aα entspricht: εὐλογῶ σε ...

b) Hauptstück, in der Regel durch einen כי‑Satz (»denn«, »daß«, bzw. Relativsatz oder Partizip) eingeleitet, »der die Aufforderung begründet und also den eigentlichen Inhalt des Lobgesangs angibt.«[15] Der Inhalt beschreibt JHWHs Eigenschaften, sein regelmäßiges oder wiederholtes Handeln und seine Taten in der Vergangenheit.[16] Das entspräche MartPol 14,2 aβ: ὅτι ἠξίωσάς με ...

c) Schluß, häufig wieder in Form der Einführung, gelegentlich mit Wunsch oder Bitte versehen, die aber stets kurz und nie eigentlicher Anlaß ist.[17] Dem Wunsch oder der Bitte entspräche MartPol 14,2 b: ἐν οἷς προσδεχθείην ..., dem Schluß 14,3: ... σὲ αἰνῶ ...

Als konstitutiv für den alttestamentlichen Hymnus erweist sich also die einleitende Lob‑ bzw. Dankaufforderung mit Sprechrichtung zu Gott, verbunden

---

[8] Vgl. WESTERMANN, Art. הלל pi. loben / RINGGREN, Art. הלל / DELLING, ὕμνος, 496–501 / – Damit sind letztlich auch die Klagelieder theologisch als Loblieder begriffen, vgl. SPIEKKERMANN, Alttest. Hymnen, 97 f.

[9] WESTERMANN, Loben Gottes, 14.

[10] A. a. O., 17.

[11] A. a. O., 25 f.

[12] Einleitung in die Psalmen.

[13] A. a. O., 83. – WESTERMANN, Loben Gottes, 18; 25 spricht gemeinsam von »Lobpsalm«, den er in »beschreibendes« und »berichtendes Lob« aufgliedert.

[14] GUNKEL, Einleitung, 33–42.

[15] A. a. O., 42 f.

[16] Vgl. a. a. O., 48–52.

[17] Vgl. a. a. O., 58; 68 f., im Gegensatz zu babylonischen und ägyptischen Hymnen.

mit Gottes Wesen und Wirken preisendem Partizipialstil, und die Begründung bzw. Durchführung des Gotteslobs (כִּי‎).[18]

Nach Gunkels Kategorien ist MartPol 14 am ehesten dem »Danklied des Einzelnen« zuzuordnen, nach Westermann dem »berichtenden Lobpsalm des Einzelnen«.[19] Das rettende Eingreifen Gottes ist der Ursprung des berichtenden Lobs und sein Inhalt; dabei hat der berichtende Lobpsalm »offenbar die Tendenz, sich in einem einzigen Satz zu konzentrieren«[20], vgl. MartPol 14,2. Der berichtende Lobpsalm des Einzelnen begegnet im NT wieder in Lk 1,46-55; 2,29-32. Während Westermann[21] die Gunkelschen Kategorien »Hymnus« und »Danklied« zu einer Gattung »Lobpsalm« zusammenzieht, differenziert Crüsemann[22] verschiedene unabhängige Formtypen:

1) Der imperativische Hymnus[23], exemplarisch im »alten Mirjamlied Ex 15,21« als »einfachste und wichtigste Grundform des israelitischen Hymnus« mit dem Aufbau:

a) imperativische Aufforderung zum Singen + Adressat des Liedes: לְ־יהוה‎,

b) כִּי‎ + Heilstat JHWHs, wobei das כִּי‎ nicht Begründung, sondern Durchführung des Lobs mit ursprünglich deiktischem Sinn (»Ja!«), also den eigentlichen Inhalt des Lobgesangs, meint.[24]

Sitz im Leben: der Kult, aber es gibt keinen direkten und unmittelbaren Zusammenhang mit einer Opferdarbringung.[25]

2) Der partizipiale Hymnus[26], der Aussagen über das »typische göttliche Handeln in Schöpfung, Natur und Menschenwelt« aus der altorientalischen Umwelt exklusiv auf JHWH bezieht.

3) Das Danklied des Einzelnen[27], das die eindeutig größte Nähe zu MartPol 14 aufweist und deshalb hier eingehender referiert wird. Entscheidend ist dabei, daß Crüsemann gegen Westermann[28] die gattungsmäßige Trennung von

---

[18] Vgl. SPIECKERMANN, Alttestamentliche Hymnen, 103 f.

[19] Vgl. WESTERMANN, Loben Gottes, 76-84 und die Aufbau-Synopse S. 77. - Texte: Ps 18; 30; 34; 40,1-12; 52; 66,13-20; 107; 116; 118; 138; Jona 2,3-10; Klagelieder 3,52-58; Hiob 33,26-28; JesSir 51; PsSal 15,1-6; 16,1-15; OdSal 25; 29.

[20] A. a. O., 79.

[21] A. a. O., 13. Vgl. CRÜSEMANN, Hymnus und Danklied, 210.

[22] Hymnus und Danklied. - Kritisch erscheint auch an Crüsemanns Ansatz das Gunkelsche Postulat der Suche nach »reinen Grundformen«, die letztlich zu hypothetischen Konstrukten führen, die den konkreten Einzeltexten nicht entsprechen. Vgl. GERSTENBERGER, Literatur zu den Psalmen, 97 ff. / SPIECKERMANN, Alttestamentliche Hymnen, 103 / REVENTLOW, Gebet, 119 ff.

[23] CRÜSEMANN, Hymnus und Danklied, 19-80.

[24] A. a. O., 32-35; vgl. GUNKEL, Einleitung, 42 f. So übersetzt Crüsemann Ex 15,21: »Singet Jahwe! Ja, hoch erhob er sich, Roß und Wagenkämpfer warf er ins Meer!«

[25] A. a. O., 81 f.

[26] A. a. O., 81-154 mit Synopse zur altorientalischen Umwelt, 135-150.

[27] A. a. O., 210-284. - Die im folgenden in Klammern gesetzten Seitenzahlen beziehen sich auf CRÜSEMANN, Hymnus und Danklied.

[28] Aber mit GUNKEL, Einleitung, vgl. 267-272.

Hymnus und Danklied des Einzelnen bestätigt (307). »Das Danklied des Einzelnen darf nicht mit dem Hymnus zu einer gemeinsamen Gattung ›Lobpsalmen‹ o. ä. zusammengezogen werden. Es stellt eine in allen konstitutiven Teilen völlig selbständige Gattung dar. Ihre Form ist entscheidend geprägt durch die kultische Situation des Toda-Opfers: Die Grundform ist ein Reden an zwei verschiedene Adressaten. Mit der Jahwe-anredenden Toda-Formel, die ihren ursprünglichen Sitz bei der Übereignung des Opfertieres an Jahwe hat, stattet der Beter Jahwe selbst den Dank für die Rettung ab; in einer Erzählung beim anschließenden Opfermahl wird das Geschehene der Runde der Zuhörer berichtet.«(309) Das gilt auch für das Gebet in MartPol 14; es hat seine Wurzel damit nicht im (griechischen und israelitischen) Hymnus, sondern im alttestamentlichen Danklied des Einzelnen, das sich formgeschichtlich verwandelt »in das Gebet eines Einzelnen an seinen Gott.« (278) Crüsemann weist eine auch für MartPol 14 geltende klare Grundform von Dankliedern auf, »die in Formelementen und Sitz im Leben unabhängig vom Hymnus ist.« (212) Den Ausgangspunkt sieht Crüsemann im liturgischen Ps 118,5–19.20 f., der inhaltliche Nähe zur Verfolgungs- und Märtyrersituation des MartPol aufweist (217–223). Während Ps 118,5–19 in einheitlichem Er-Stil das eigentliche Rettungsgeschehen durch Jahwe erzählt[29], was MartPol 1–13; 15–20 entspricht, geschieht die Darbringung des eigentlichen Danks und Opfers in kurzer, direkter Anrede (Du-Stil) an Jahwe (Ps 118,21: »Ich danke dir, denn du hast mich erhört und wurdest mir zur Rettung«), was MartPol 14 entspricht. Das Danklied des Einzelnen verbindet den in direkter Anrede an Jahwe ausgesprochenen Dank mit verkündigender Rede über Jahwe vor anderen Menschen (Ps 118; Jes 12,1 f.; Ps 66,13–20; JesSir 51,1–12).

Den Sitz im Leben des Dankliedes des Einzelnen hat Crüsemann in der direkten Jahwe-Anrede mit der unmittelbaren kultischen Übereignung der Opfertiere an Jahwe in Verbindung gebracht (229 ff.); auch das fügt sich sehr gut zur Opferterminologie in MartPol 14 (vgl. Ps 66,13 a.15 a: Brandopfer).[30] Und auch einem weiteren »klaren Formgesetz« in Jes 12,1 f.; Ps 66 und JesSir 51,1–12 folgt MartPol in 14 und 15(!): »Dem Dank für die Rettung, der sich direkt an Jahwe selbst wendet, folgt ein Bericht über die Errettung in 3. ps.« (234 f.).

In Ps 118,21 findet sich ferner die auch für MartPol 14,2 (εὐλογῶ σε, ὅτι …) konstitutive Toda-Formel (ידה hi.) (225), die Crüsemann (268 ff.) gegen Gunkel u. a. nicht mit dem Hymnus in Verbindung bringt: »So bleibt festzuhalten, daß die Toda-Formel nicht ›hymnisch‹ ist.« (270). Vielmehr dürfte

---

[29] »Der Terminus ›ERZÄHLUNG‹ ist insoweit richtig, als er meint, daß in diesen Stücken Not, Anrufung und vor allem Erhörung und Errettung als die Tat Jahwes, für die der Beter jetzt dankt, genannt, berichtet, erzählt werden.« (224).

[30] Die Opferterminologie gehört wie in Ps 116,13–19 und Jona 2,10 zur realen Opferdarbringung selbst hinzu. (vgl. 244 ff.).

die Toda-Formel[31] ursprünglich ein Lobopferspruch gewesen sein und es dürfte »der ursprüngliche Ort der Toda-Formel und mit ihr der Anrede an Jahwe in den Dankpsalmen überhaupt die Übereignung des Opfertieres an Jahwe unmittelbar vor der Schlachtung und ihre Funktion also die notwendige worthafte Sinngebung des jeweiligen Opfers« sein. (273) Das gilt auch für MartPol 14: ὥσπερ κριὸς … Das bestätigt sich insbesondere dadurch, daß das Tier לפני־יהוה (vg. Lev 3,1b.6b.12b u.ö.) gebracht werden soll, vgl. MartPol 14,2 ἐνώπιόν σου, also ein besonderer Akt des Herzubringens vorausgesetzt ist. (272f. Anm. 4). Mit dem mit der Toda-Formel verbundenen Opfer wird der Dank gegenüber der rettenden Gottheit selbst bereits vollzogen. So übersetzt Crüsemann εὐλογῶ σε, ὅτι …, entsprechend ידה hi., mit »ich danke dir, daß du … « bzw. »ich dankopfere dir, denn du … « Dennoch ist die Gleichsetzung von εὐχαριστεῖν und εὐλογεῖν bei Crüsemann[32] nicht unproblematisch; denn die Wendung εὐλογῶ σέ, ὅτι … ist eben nicht die typische griechische Umschreibung der Hodajot-Formel, sondern durch den Indikativ Präsens ungewöhnlich (vgl. zu MartPol 14,2a). In der weiteren Geschichte des Danklieds des Einzelnen und der Toda-Formel wird die für die Gattung konstitutive Rede an zwei verschiedene Adressaten (Du- und Er-Stil) aufgeweicht: »damit haben sich die alttestamentlichen Dankpsalmen, formgeschichtlich gesehen, verwandelt in das Gebet eines Einzelnen an seinen Gott« (278), wie es uns etwa in 1 QH, JesSir 51LXX und MartPol 14 begegnet. Ähnlich wie in den Hodajot von 1QH handelt es sich aber wohl um ein »typisches Ich«.

Wenn MartPol 14 sich traditionsgeschichtlich nicht primär vom griechischen und israelitischen Hymnus herleitet, sondern vom alttestamentlichen Danklied des Einzelnen (282ff.), dann hat das für die Interpretation des Gebets und des gesamten MartPol entscheidende Bedeutung:

1) MartPol kann als ganzes als Dankpsalm des Einzelnen gedeutet werden, auch wenn die gattungstypischen Einleitungszüge fehlen. Es bewahrt das konstitutive Formmerkmal des Redens in zwei Richtungen: an Jahwe direkt (Du-Stil: MartPol 14) und zu anderen Menschen über sein Tun (Er-Stil: MartPol 1–13; 15–20).

2) Die Danklieder als eigene, vom Hymnus vollständig unabhängige Gattung entspringen unmittelbar der kultischen Situation: »Bei der Übereignung der Opfertiere an Jahwe wird dieser als der Retter direkt angeredet und der konkrete Anlaß des Opfers genannt. Vor einer zuhörenden Gruppe von

---

[31] Vgl. CRÜSEMANN, Hymnus und Danklied, 267–282 / ROBINSON, Hodajot-Formel / Texte: Danklied des Einzelnen: Ps 118,21; Jes 12,1; Ps 30,2; Ps 138,1f. u.ö.; außerkanonisch: JesSir 51,1f.; PsSal 16,5; 1 QH 2,20f.; 2,31; 3,19; 3,37; 4,5; 5,5; 7,6; 11,3; frühchristlich: Mt 11,25; Lk 10,21; ActThom 107; MartPol 14,2; Did 10,2.4; ApostConst 7,38,1 u.ö., vgl. ROBINSON, Hodajot-Formel, 210ff.

[32] Vgl. Hymnus und Danklied, 279–282 / ROBINSON, Hodajot-Formel, 194 Anm. 2 / GESENIUS, Wörterbuch, 286: »dankendes Preisen«.

Menschen wird von Not, Anrufung und Errettung im Er-Stil berichtet.« (282). Mit der Übereignung des Opfertieres, vor der eigentlichen Schlachtung vollzogen (vgl. Lev 7,12: זבח־התודה), im MartPol auf den Märtyrer übertragen (14,1 b: ... ὥσπερ κριὸς ἐπίσημος ἐκ μεγάλου ποιμνίου εἰς προσφοράν, ὁλοκαύτωμα δεκτὸν τῷ θεῷ ἡτοιμασμένον ...), wird der Grund der Opfergabe, die Errettung des Beters, mit der Toda-Formel genannt: εὐλογῶ σε, ὅτι ...» Im anschließenden Opfermahl wird den dazu eingeladenen Menschen das vom Beter erlebte Geschehen erzählt.« (283). Mithin erweist sich für MartPol ein kultischer Sitz im Leben in der Eucharistie auch von den traditionsgeschichtlichen Ursprüngen und nicht nur vom vielfältigen eucharistischen Bezug innerhalb des MartPol her als wahrscheinlich. In der Eucharistie und besonders am Jahrestag des Martyriums (vgl. MartPol 18,3) vermag die Übereignung der Opfergabe symbolisch nachvollzogen und im gemeinsamen Opfermahl das Heilsgeschehen erinnert zu werden.

Die weitere Entwicklung der Form des Danklieds in Gebet und Hymnus des Frühchristentums zeichnet Robinson[33] nach. Hodajot etwa in 1QH (מגילת ההודיות / Thanksgiving Scroll) bezeichnet stets eine Danksagung, im Griechischen korrespondieren ἐξομολογεῖσθαι und εὐχαριστεῖν dem hebräischen אודכה אדוני כי, wobei schon in den Danksagungen paulinischer Briefe das εὐχαριστεῖν in einen ὅτι-Satz ausmünden kann.[34] Im Judentum hieß das Beten zu Mahlzeiten ein »Segnen« (ברכה / gr. εὐλογία). Die jüdische Berakah (vgl. noch 1 Kor 10,16: τὸ ποτήριον τῆς εὐλογίας ὃ εὐλογοῦμεν) ist christlich zunehmend durch die Hodajot-Formel (εὐχαριστεῖν) ersetzt worden (vgl. Just., Apol I, 65,5: ἀπὸ τοῦ εὐχαριστηθέντος ἄρτου καὶ οἴνου καὶ ὕδατος). Dabei entspricht die in jüdischen Gebeten formulierte Bitte häufig der in der vorangehenden Gottesprädikation gepriesenen Tat Gottes. In Analogie zur gepriesenen Rettungstat Jahwes (Berakah: 1 Makk 4,30) wird um eine vergleichbare Hilfe in der Gegenwart gebeten (Bitte: 1 Makk 4,31–33). Das entspricht MartPol 14,2 a (Dank: für die bisherige Teilnahme in der Zahl der Märtyrer) und 14,2 b (Bitte: um Vollendung der Aufnahme in die Zahl der Märtyrer in einem wohlgefälligen Opfer heute vor Gott). Diese Struktur setzt sich dann in den jüdischen Nachtischgebeten (Birkat Ha-Mazon) und von dort aus in die Eucharistie fort (s. u.).

### 3.2. Griechischer Hymnus

*Lit.:* BREMER, J. M., Greek Hymns, in: Versnel, H. S. (Ed.), Faith, Hope and Worship. Aspects of Religious Mentality in the Ancient World, SGRR 2, Leiden 1981, 193–215 / BRUCKER, Christushymnen, 37–59 / DELLING, G., Art. ὕμνος κτλ., ThWNT 8, (1969), 492–506 / FRITZ, K. von, Greek Prayers, Review of Religion 10/1945, 5–39

---

[33] Hodajot-Formel.
[34] U. a.: Röm 1,8; 1 Kor 1,4 f.; 1 Thess 2,13; 2 Thess 1,2 f. Vgl. die Texte bei ROBINSON, Hodajot-Formel, 201 f.

/ KROLL, J., Die christliche Hymnodik bis Klemens von Alexandreia, Libelli 240, Nachdruck Darmstadt ²1968 (zuerst: Verzeichnis der Vorlesungen an der Akademie zu Braunsberg im Sommer 1921, Teil I, S.3–46, und im Winter 1921/22, Teil II, 47–98) / NORDEN, E., Agnostos Theos. Untersuchungen zur Formengeschichte religiöser Rede, Leipzig/Berlin 1913, Darmstadt ⁴1956 / THRAEDE, K., Art. Hymnus I., RAC 16, (1994), 915–946.

### 3.2.1. Problemstellung: Hymnus oder Gebet? Literarisch oder liturgisch?

Die Grenzen zwischen frühem griechischen Hymnus und Gebet sind fließend.[35] In der klassischen Altertumswissenschaft wird der Begriff »Hymnus« als Gattungsbezeichnung für das »Preislied auf Götter und Heroen« verwendet.[36] Nach Platon sind die ὕμνοι »Gebete an Götter«[37] (εὐχαὶ πρὸς θεούς). Obwohl MartPol 14 explizit als Gebet (εὐχή) bezeichnet wird (MartPol 15,1), der Beter Polykarp im jetzigen Kontext nicht im Namen einer Gruppe spricht, sondern Gott individuell gegenübersteht und das Gebet nicht zeitlos, sondern auf eine konkrete (Märtyrer-)Situation bezogen ist, eignen diesem Gebet doch hymnische Elemente: a) der jetzige konkrete Märtyrerkontext ist möglicherweise redaktionell, b) in MartPol 14 überwiegt der Lobpreis Gottes bzw. Dank (dann wäre es ein Hymnus) gegenüber der Bitte (dann wäre es ein Gebet)[38], c) die Struktur des Gebets entspricht partiell dem dreiteiligen hymnischen Aufbau: Anrufung – preisender Mittelteil – Bitte[39], selbst wenn das griechische Hymnenschema hinsichtlich MartPol 14 Probleme aufwirft und nur vorsichtig anzuwenden ist, da der traditionsgeschichtliche Hintergrund eher im Bereich der Lxx-Sprache (vgl. Dan 3LXX) und des alttestamentlichen Danklieds des Einzelnen liegt. Jedenfalls ist 14,1d klare hymnische Anrufung mit typischen Elementen (Anrede, Epitheta, Relativsatz).

Dennoch zeigen sich deutliche Unterschiede zum Hymnus: Findet sich aber der preisende Mittelteil in 14,2a und b, worauf ein abschließender Lobpreis in 14,3 (Doxologie) folgt, oder ist 14,2b (ἐν οἷς προσδεχθείην ...) als Bitte zu verstehen und demnach schon hier der Beginn des dritten Teils? Eine Antwort kann hier nicht vom griechischen Hymnenschema erwartet werden, sondern nur von jüdisch-christlichen Traditionen her, auf die schon die Anrede κύριε ὁ θεὸς ὁ παντοκράτωρ verweist, deren einzelne Elemente zwar auch in nichtjüdischen griechischen Hymnen gelegentlich begegnen, die aber in dieser Zusammenstellung jüdisch-christliche Tradition ist (vgl. Am 3,13 u.ö.; Apc 4,8 u.ö.). Dazu paßt auch das ὅτι am Übergang zum Mittelteil,

---

[35] Insbesondere BREMER, Hymns, 193–197 betont die Identität des frühen Hymnus mit dem Gebet. Vgl. auch KEYSSNER, Gottesvorstellung, 2.

[36] Vgl. KNEBEL, Hymnus, 1344f. / WÜNSCH, Art. Hymnos, 142. – Demgegenüber beschreibt das Enkomion treffliche Menschen, vgl. Platon, Politeia X, 607a: ὕμνους θεοῖς καὶ ἐγκώμια τοῖς ἀγαθοῖς; Hymnen für die Götter und Enkomien für die trefflichen (Menschen).

[37] Nomoi III, 700a–b.

[38] Vgl. KROLL, Hymnodik, 11 / THRAEDE, Hymnus, 936.

[39] Vgl. BRUCKER, Christushymnen, 36–43 / BREMER, Hymns.

das in den Hymnen der LXX dem hebräischen ־כ entspricht, während die griechischen Hymnen den argumentativen Charakter des Mittelteils in der Regel mit γάρ ausdrücken.

Wenn aber die Grenze zwischen Hymnus und Gebet tatsächlich fließend ist[40], dann partizipiert auch die Erforschung des hymnisch durchsetzten Gebets in MartPol 14 an den in der jüngeren Forschung[41] wieder zunehmend kritisch in Frage gestellten, formgeschichtlich hypothetisch erschlossenen und angeblich ursprünglich selbständigen »Christushymnen«[42] und rhetorisch »poetischen« Passagen insbesondere in den Paulusbriefen (Phil 2,5–11; Röm 11,33–36; Joh 1,1–18; Kol 1,15–20 usw.)[43] Kann das Gebet in MartPol 14 analog zu den sog. Christushymnen als ursprünglich selbständige Einheit aus dem Zusammenhang des MartPol als »liturgisches Bruchstück«[44] isoliert werden oder ist es als »epideiktische Passage«[45] Zeichen nur eines Stilwechsels

---

[40] Vgl. THRAEDE, Hymnus, 927: »Eines der wichtigsten Probleme ... liegt darin, daß ein Hymnus ... nie ganz zwingend oder auch nur mit der wünschenswerten Wahrscheinlichkeit vom Gebet unterschieden werden kann ...« – Vgl. auch ROBINSON, Hodajot-Formel, 213 ff. – Vgl. nur Act 16,25: προσευχόμενοι ὕμνουν τὸν θεόν.

[41] Vgl. BRUCKER, Christushymnen, der die Frage nach neutestamentlichen Hymnen entschieden in den Zusammenhang antiker Hymnen und verwandter Gattungen stellt, mit BERGER, Gattungen / THRAEDE, Hymnus / LATTKE, Hymnus / DELLING, ὕμνος / SOETING, Hymnen / KENNEL, Frühchristliche Hymnen? / GRÄSSER, Hebr 1,1–4. / RIESENFELD, Unpoetische Hymnen.

[42] Vgl. dazu die klassischen Arbeiten: WEISS, J., Beiträge zur paulinischen Rhetorik, in: Theologische Studien, FS B. Weiss, Göttingen 1897, 165–247 / NORDEN, Agnostos Theos / LOHMEYER, Kyrios Jesus. Eine Untersuchung zu Phil 2,5–11, SHAW, PH 1927/28, 4, Heidelberg 1928 (Darmstadt ²1961) / BULTMANN, R., Der religionsgeschichtliche Hintergrund des Prologs zum Johannesevangelium, in: Schmidt, H. (Hg.), ΕΥΧΑΡΙΣΤΗΡΙΟΝ, FS H. Gunkel, Teil II, FRLANT 36/2, Göttingen 1923, 3–26 / BULTMANN, R., Bekenntnis- und Liedfragmente im ersten Petrusbrief (1947), in: Exegetica, Tübingen 1967, 285–297 / DIBELIUS, M., Zur Formgeschichte des Neuen Testaments (außerhalb der Evangelien), ThR NF 3/1931, 207–242 / BORNKAMM, G., Das Bekenntnis im Hebräerbrief (1942). Studien zu Antike und Urchristentum, Ges. Aufs. II, BEvTh 28, München 1959, 188–203 / BORNKAMM G., Der Lobpreis Gottes. Röm 11, 33–36 (1951), in: Das Ende des Gesetzes. Paulusstudien, Ges. Aufs. I, BEvTh 16, München 1952, 70–75 / BORNKAMM, G., Zum Verständnis des Christushymnus Phil 2,6–11, in: Studien zu Antike und Urchristentum, Ges. Aufs. II, BEvTh 28, München 1959, 177–187 / KÄSEMANN, E., Eine urchristliche Taufliturgie (1949), in: Exegetische Versuche und Besinnungen I, Göttingen 1960, 34–51 / KÄSEMANN, E., Kritische Analyse von Phil 2,5–11, in: Exegetische Versuche und Besinnungen I, Göttingen 1960, 51–95 / KÄSEMANN, E., Aufbau und Anliegen des johanneischen Prologs, (1957), Exegetische Versuche und Besinnungen II, Göttingen 1964, 155–180 / SCHILLE, G., Frühchristliche Hymnen, Berlin 1965 / DEICHGRÄBER, R., Gotteshymnus und Christushymnus in der frühen Christenheit, StUNT 5, Göttingen 1967 / WENGST, K., Christologische Formeln und Lieder des Urchristentums, StNT 7, Göttingen 1972. / MARTIN, R. P., Carmen Christi. Philippians ii.5–11 in recent Interpretation and in the Setting of Early Christian Worship, Cambridge 1967 Grand Rapids ²1983.

[43] Zu weiteren Texten und zur Forschungsgeschichte vgl. BRUCKER, Christushymnen, 1–22 / DELLING, ὕμνος, 503 ff.

[44] Vgl. LIETZMANN, Liturgisches Bruchstück / ROBINSON, Echoes.

[45] Vgl. BRUCKER, Christushymnen.

innerhalb des kontextuellen und geschlossen-verständlichen Gefüges des MartPol? Oder gibt es doch spezifische Unterschiede zwischen dem hymnischen Gebet in MartPol 14 und den sog. Christushymnen, die eine solche Partizipation an der neuen forschungsgeschichtlichen Infragestellung sog. Christushymnen nicht erlauben? M.a.W.: Ist MartPol 14 literarische und rhetorische Leistung des Verfassers und nur auf der synchronen Ebene deutbar oder verbirgt sich hinter MartPol 14 auf diachroner Ebene traditionelles, formelhaftes Hymnen- und Gebetsgut, als dessen »Sitz im Leben« immer wieder der Gottesdienst bestimmt wurde?[46] Handelt es sich in MartPol 14 also um Hymnus oder Gebet, um literarischen oder liturgischen Hymnus?[47]

## 3.2.2. Griechischer Hymnus und das Gebet in MartPol 14

Griechische Hymnen preisen und rühmen (singend) Götter oder Gott-gleiche Heroen.[48] Hymnus als Lobpreis Gottes in feierlichem Stil kann dabei entweder dem Bestreben entspringen, die Gottheit zur Gewährung von Bitten geneigt zu machen oder dem Verlangen, ihr für die erwiesenen Wohltaten zu danken. Aber auch der Dank ist vielfach wieder Mittel zum Zweck.

Der christliche Hymnus hingegen legt den Schwerpunkt auf Lob und Dank: »Lob und Dank sind Selbstzweck geworden. Die Bitte scheidet vollständig aus oder tritt ganz in den Hintergrund.«[49] Damit ist auch die Abgrenzung zum Gebet deutlich. Schon in den alttestamentlichen Psalmen tritt klar heraus, was der jüdisch-christliche »Hymnus seinem ursprünglichen Sinn nach ist: Gotteslob.«[50] So definiert Gloer[51]: »... the hymn in the NT is a song of praise similar to the ›hymnic psalm‹ and ›thanksgiving songs‹ of the psalms. It may be introduced or concluded with a brief acclamation of praise (›doxology‹, ›eulogy‹, or ›χάρις-speech‹), and will be directed either to God or to Christ.«

Der archaische griechische Götterhymnus, der in einem befehlenden »Zauberspruch als Beschwörung eines übermenschlichen Wesens« wurzelt und zu einem bittenden Gebet an souveräne Götter mutiert[52], hat eine dreiteilige

---

[46] Vgl. BRUCKER, Christushymnen, 4.

[47] Vgl. THRAEDE, Hymnus, 936–939.

[48] Vgl. KNEBEL, Hymnus, 1344 / WÜNSCH, Hymnos, 142 / DELLING, ὕμνος, 493 / THRAEDE, Hymnus, 935 f. definiert Hymnus mit KROLL, Hymnodik, 8 ff. als Verherrlichung Gottes in Lob und Dank in feierlich gehobenem Stil bzw. mit SEVERUS, Gebet, 1135: ein Hymnus verbindet in ritualisierter Form und für eine ›wiederkehrende‹ Situation Danksagung und Lobpreis mit der Bitte um Segen. »Anders als im Gebet dürfte für Hymnus eine Bitte ... nicht konstitutiv sein, wie umgekehrt fürs Gebet die Prädikation durchweg nur zweitrangig ist.« (THRAEDE, Hymnus, 936). – Unzureichend ist die Definition BREMERs, Greek Hymns, 95 als »gesungenes Gebet«.

[49] KROLL, Hymnodik, 10. Vgl. aber THRAEDE, Hymnus, 936–939 mit Kritik an der romantisierenden Vorstellung vom urchristlichen Gemeindeleben bei Kroll.

[50] WESTERMANN, Loben Gottes, 17.

[51] GLOER, Homologies 123.

[52] WÜNSCH, Hymnus, 142 f. / vgl. KEYSSNER, Gottesvorstellung, 1 / KNEBEL, Hymnus, 1344.

Struktur[53], die sich grundsätzlich im Gebet MartPol 14 wiederfindet, auch wenn dessen traditionsgeschichtlicher Hintergrund eher im hellenistisch-judenchristlichen Bereich der LXX-Sprache liegt[54]:

a) Anrufung der Gottheit (invocatio / Epiklese). Kennzeichen: Reihung der Namen und Beinamen Gottes (Epitheta), vgl. MartPol 14,1 d.

b) Argumentativer Mittelteil (pars epica / Aretalogie bzw. Prädikation). Kennzeichen: Preis der Geburt und des Wirkens bzw. der Taten des Gottes als Begründung (γάρ) der folgenden Bitte. Im Mittelteil zeigt die betende Person argumentativ diesem spezifischen Gott auf, daß er bzw. sie helfen soll, in folgenden Formen[55]: 1) da quia dedi, 2) da ut dem, 3) da quia dedisti, 4) da quia hoc dare tuum est. MartPol umfaßt die Varianten 2 und 3: 14,2 a beginnt mit »da quia dedisti« (εὐλογῶ σε, ὅτι ἠξίωσας με ...) und setzt in 14,2 b mit »da ut dem« fort (ἐν οἷς προσδεχθείην ... ἐν θυσία πίονι ...). Mithin ist die Bitte untergeordnet, weil sie im »dedisti« Gottes ruht. Dessen Lob und Dank steht im Mittelpunkt. Nicht die Bitte – wie im griechischen Hymnenschema – bildet das Zentrum von MartPol 14, sondern Lob und Dank Gottes wie im jüdischen alttestamentlichen Danklied, vgl. MartPol 14,2 a.

c) Bitte (precatio). Kennzeichen: Anrede in der 2. Ps., während a) und b) auch in der 3. Ps. möglich sind, Bitte um die gnädige Gesinnung der Gottheit, ihr Kommen, Helfen, Retten, Schützen[56], vgl. MartPol 14,2 b(3). Hymnentypisch[57] in MartPol 14 ist ferner:

– Die Beschreibung Gottes als Erzeuger, Mächtiger, Herrscher usw., vgl. MartPol 14,1 d: κύριος / παντοκράτωρ / πατήρ / ὁ θεὸς ἀγγέλων καὶ δυνάμεων καὶ πάσης τῆς κτίσεως. »In the God-hymn each sentence makes a declaration about the greatness of God. A significant characteristic of the ›God-hymn‹ is that it may have no specifically Christian elements ...«[58]

– Die überschwenglichen und superlativischen Aussagen mit πᾶς / ἀεί / μόνος / πολυ-, vgl. MartPol 14,1 d: παντοκράτωρ / πάσης τῆς κτίσεως / παντός τε τοῦ γένους τῶν δικαίων. »Der im Hymnus gepriesene Gott hat alles geschaffen und erhält alles am Leben, er sieht, hört und weiß alles, ihm gehört die Macht

---

[53] Vgl. AUSFELD, Graecorum precationibus / DELLING, ὕμνος, 495 f. / THRAEDE, Hymnus, 928 / BREMER, Greek Hymns, 194–197 / BRUCKER, Christushymnen, 38–43 / GLOER, Homologies, 122.

[54] Vgl. die Nähe zu Dan 3LXX / zur Anrede Κύριε ὁ θεὸς ὁ παντοκράτωρ vgl. Am 3,13 u. ö.; Apc 4,8 u. ö. / ὅτι statt γάρ als Einleitung in den Mittelteil entsprechend hebr. כִּי etc.

[55] Vgl. BREMER, Greek Hymns, 196.

[56] BRUCKER, Christushymnen, 42 betont aber unter Verweis auf Hom., Hymn. 25,6; Kallimachos, Hymn. 3,268: »In manchen Hymnen tritt die Bitte zugunsten des Lobpreises zurück und kann sich etwa auf die freundliche Annahme des Gesanges beschränken«, bzw. kann die Bitte zugunsten eines nochmaligen Lobs der Gottheit ausfallen. – Vgl. Hom. Hymn. 3,545; 4,579.

[57] Vgl. BRUCKER, Christushymnus, 43–45.57 / GLOER, Homologies.

[58] GLOER, Homologies, 123. Vgl. Röm 11,33–36; 1 Tim 6,15 b–16; Apc 4,8; 4,11; 7,10; 7,12; 15,3 f.

über alles ... «[59]: Vgl. MartPol 14,1 d: παντοκράτωρ, MartPol 14,2 b: καθὼς προητοίμασας καὶ προεφανέρωσας καὶ ἐπλήρωσας, MartPol 14,3: περὶ πάντων / διὰ τοῦ αἰωνίου / καὶ νῦν καὶ εἰς τοὺς μέλλοντας αἰῶνας.

- Prädikationen in Form von Partizipien oder Relativsätzen[60] mit dem rück-verweisenden Pronomen ὅς: πατήρ, δι᾽ οὗ (MartPol 14,1 d), ... σου παιδός, δι᾽ οὗ σοι ... (MartPol 14,3).

- Da Martyrium immer auch Bekenntnis (ὁμολογία) des Glaubens bedeutet (vgl. MartPol 9–11: statt κύριος καῖσαρ nun κύριος Ἰησοῦς, vgl. Röm 10,9; 1 Kor 12,3), besteht ein automatischer Bezug zum Hymnus; denn »beaucoup de confessions de foi sont hymniques, beaucoup d'hymnes sont des confessions de foi (*Col.* III,16; *Eph.,* V. 19)«.[61]

- Stilistische und linguistische Differenzen zum sonstigen Text, z.B. der παῖς-Titel oder die Opferterminologie.

Andererseits entbehrt MartPol 14 vermeintlicher sonstiger Kriterien für die Identifizierung von Hymnen, wie Zitationspartikel, Exkurs-Charakter, Paral-lelismen und Chiasmen etc.[62] So bleibt MartPol 14 trotz hymnischer Elemente letztlich vom griechischen Hymnenschema unterschieden: »Auch das Gebet 14,1–3 ist zwar voll von hymnologischem Vokabular, wird aber in 15,1 ausdrücklich als εὐχή bezeichnet. Es klingt jedoch durchaus wie eine liturgi-sche *formula.*«[63] Die Eigenschaften und Taten des zu preisenden Gottes bilden im griechischen wie im israelitischen Hymnus den Mittelpunkt, eingeleitet durch γάρ oder ־כ. »Allerdings wird das ־כ der alttestamentlichen Hymnen in der LXX nicht mit γάρ, sondern stets mit ὅτι wiedergegeben. Dieses ὅτι finden wir im Neuen Testament innerhalb von ›Liedern‹ wieder, die bewußt den LXX-Stil imitieren (...): Lk 1,48.49; 1,68; (2,30); Offbg 4,11; 5,9; (11,17;) 15,4; 19,2; 19,6.7 (...).«[64] MartPol 14 steht mit seinem ὅτι in dieser alttestamentlichen LXX-Tradition, vgl. auch die Nähe zu Dan 3LXX. Dabei kommt das Jahwe anredende Danklied des Einzelnen MartPol am nächsten. Als Crux der Interpretation erweist sich die Gewichtung des Bitt-Teils in MartPol 14,2 b (ἐν οἷς προσδεχθείην ...); er bleibt aber untergeordneter Bestandteil des den Dank begründenden Mittelteils. Gleichwohl ist bei den alttestamentlichen Hymnen eine abschließende Bitte eher selten, bei den griechischen Hymnen eher die Regel.[65] Dieser schillernde Aufbau des Gebets belegt gleichermaßen seine Entstehung im Schnittfeld jüdischer und griechi-scher Welt, wie es der Gesamtstruktur des MartPol zwischen lobender Be-schreibung und paränetischer Intention entspricht. Damit fügt sich MartPol

---

[59] BRUCKER, Christushymnen, 44.
[60] Vgl NORDEN, Agnostos Theos, 166–176 / BERGER, Gattungen, 1165 ff.
[61] HAMMAN, Signification 744 / Vgl. GLOER, Homologies, 116.
[62] Vgl. die Kriterien-Zusammenstellung bei GLOER, Homologies, 131 f.
[63] LATTKE, Hymnus, 239.
[64] BRUCKER, Christushymnen, 81 Anm. 61.
[65] Vgl. a. a. O., 81.

14 in seiner jetzigen Form als integraler Bestandteil in das Gesamtgefüge des MartPol ein und es gilt »die Einbindung und Funktion solcher (sc.: epideiktischer) Passagen in ihrem jeweiligen Kontext herauszuarbeiten; dies bedeutet auch, die ›Gattungsmischung‹ als literarisches Phänomen ernstzunehmen und sie nicht mehr (wie Gunkel) als ›Zersetzung‹ der ›reinen Form‹ abzuqualifizieren.«[66]

Gleichwohl ist in der Forschung begründet die Auffassung vertreten worden, in der Bitte 14,2b (ἐν οἷς προσδεχθείην ... ἐπλήρωσας) sowie der kurzen Einfügung ἐν ἀριθμῷ τῶν μαρτύρων in 14,2a finde sich im wesentlichen die redaktionelle Hand des Verfassers, der ein vorliegendes (eucharistisches) Gebet auf die Märtyrersituation angewendet habe.[67] Dafür spricht: a) ἐν ἀριθμῷ τῶν μαρτύρων ist sicherlich redaktionell (wegen der Doppelung mit ἐν τῷ ποτηρίῳ ...) als Situationsbezug, darauf aber bezieht sich ἐν οἷς ... b) die Zeile καθὼς προητοίμασας ... entspricht sicherlich dem auch redaktionellen Verheißungs-Erfüllungs-Schema κατὰ τὸ εὐαγγέλιον (vgl. MartPol 5,2; 12,3). c) Der Redaktor umschreibt die Worte Polykarps in 15,1 nur als εὐχή – und nicht etwa wie in Dan 3, 24f.51 LXX mit προσηύξατο, ὕμνησαν, ἐξωμολογεῖτο, ἐδόξαζον, εὐλόγουν und ἐξύψουν –, so daß der Bitt- bzw. Gebetscharakter betont wird, d) der Redaktor benutzt auch sonst epideiktische Elemente zu symbouleutischen Zwecken. – Die Bitte könnte also redaktionell sein. Andererseits findet sich eine aus dem Dank abgeleitete Bitte aber schon im Hymnenschema und sicherlich im jüdischen Nachtischgebet Birkat Ha-Mazon (s. u.), so daß die Formulierung einer aus dem Dank abgeleiteten Bitte zumindestens traditionell vorbereitet ist. Traditionell ist in 14,2b jedenfalls ἐν θυσίᾳ πίονι καὶ προσδεκτῇ, 1) weil die Opferterminologie dem Danklied des Einzelnen (Crüsemann) eignet, 2) weil 14,1b die traditionelle Opferterminologie redaktionell und situationsspezifisch als Brandopfer deutet. Ansonsten aber spielt im MartPol die Opferterminologie keine Rolle mehr, so daß sie nicht zur Redaktionsschicht gehören kann.

### 3.3. Jüdische Mahlgebete

*Lit.:* FINKELSTEIN, L., The Birkat Ha-Mazon, JQR 1928/29, 211–262 / ROBINSON, J. M., Die Hodajot-Formel in Gebet und Hymnus des Frühchristentums, in: Eltester, W. / Kettler, F. H., (Hgg.), Apophoreta, FS E. Haenchen, BZNW 30, Berlin 1964, 194–235 / STUIBER, A., Art. Eulogia, RAC 6 (1966), 900–928 / TALLEY, Th. J., Von der Berakah zur Eucharistia. Das eucharistische Hochgebet der alten Kirche in neuerer Forschung. Ergebnisse und Fragen, LJ 26/1976, 93–115 / WENGST, K., (Hg.), Didache (Apostellehre), Barnabasbrief, Zweiter Clemensbrief, Schrift an Diognet, SUC 2, Darmstadt 1984, 43–53.

---

[66] A. a. O., 82.
[67] Vgl. z. B. LIETZMANN, Bruchstück / GAMBER, Ostrakon London 305 f.: »nach Auslassung der situationsbedingten Stellen«.

Die frühchristliche Eucharistie geht zurück auf das jüdische Lobgebet (Bera-kah)[68] mit folgendem Aufbau[69]:

1) ברך-Formel:»Gepriesen bist du, Jahwe, unser Gott, König des Alls.« En-thusiastische Gebetsaufforderung zum Lobpreis Gottes.

2) Kurzes, veränderliches Stammgebet mit dem jeweiligen Motiv für das Lob; in einer längeren Form ggfs. entfaltet (Anamnese der mirabilia Dei), ein-geleitet mit ברך, gr. εὐλογεῖν (ἐξομολογεῖσθαι / εὐχαριστεῖν). »Geschichtlich betrachtet ist εὐλογεῖν gegenüber εὐχαριστεῖν sicher älter und semitischer ...«[70]

3) Ggfs. Bitten.

4) Nur in der längeren Form: Wiederkehr des anfänglichen Lobpreises in Form der Doxologie.

Umfangreiche Berakah-Gebete entsprechen in einer Verbindung von Dank- und Bittgebet etwa Neh 9[71]:

1) 9,5: Berakah (εὐλογία) und Thehilla (αἴνησις) / 9,6: Gottesprädikationen (Schöpfung und Kosmologie).

2) 9,7–31: Dank für die Heilstaten Jahwes.

3) 9,32–38: Bittgebet.

Dabei weist Neh 9 besonders in 5 f. Nähe zu MartPol 14 auf, aber auch in 32 (τῆς ἡμέρας ταύτης).

Auch Danksagungen in frühchristlichen Briefen wie 1 Petr 1,3–7 (εὐλογητὸς θεός ... πατὴρ ... Ἰησοῦ Χριστοῦ, ἀναστάσεως, ἄφθαρτον, δόξαν); Eph 1,3–23 (εὐλογητὸς ὁ θεὸς ... πατὴρ τοῦ ... Ἰησοῦ Χριστοῦ, κατενώπιον, ἠγαπημένῳ, γνω-, πνεύματι ... ἁγίῳ, αἰῶνι ... μέλλοντι); Kol 1,12–20 (μερίδα τοῦ κλήρου τῶν ἁγίων, πάσης κτίσεως); 2 Kor 1,3 f. stellen eine Berakah dar[72] und weisen die o. g. Beziehungen zu MartPol 14 auf.

Talley[73] sieht gegenseitige Beeinflussungen von ברך- und ידה-Formen (Bera-kah und Hodajot) und berücksichtigt dabei besonders die jüdische Danksa-gung nach dem Mahl, die Birkat Ha-Mazon[74] (vgl. Dtn 8,10). Er betont, daß das christliche Eucharistiegebet den klassischen Auftakt der Berakah »gepriesen bist du« nicht gebraucht und folglich auch nicht den allgemeinen Lobpreis des Schöpfergottes in den Mittelpunkt rückt, sondern vermittelt über die jüdische Danksagung nach dem Mahl (Birkat Ha-Mazon) die Danksa-gung für die konkrete Gabe (der Errettung) in den Mittelpunkt stellt.[75]

MartPol 14 weist deutliche Parallelen zum jüdischen Nachtischgebet auf, das auf das Danklied des Einzelnen (Crüsemann) zurückgeht und aus dem

---

[68] Vgl. GAMBER, Sacrificium Laudis, 27–32 / TALLEY, Berakah / STUIBER, Eulogia.
[69] Vgl. TALLEY, Berakah, 94 ff. / STUIBER, Eulogia, 901 f.
[70] STUIBER, Eulogia, 907.
[71] Vgl. GAMBER, Sacrificium Laudis, 28 ff.
[72] Vgl. a. a. O., 38 ff.
[73] Berakah, 96 ff.
[74] Vgl. FINKELSTEIN, Birkat Ha-Mazon.
[75] TALLEY, Berakah, 115.

das christliche Eucharistiegebet erwachsen sein dürfte. Der erste Beleg für die Birkat Ha-Mazon findet sich in Jubiläen 22,6–9[76]:

6) Und er (= Abraham) *aß* und *trank* und *segnete den höchsten Gott, der Himmel und Erde geschaffen* und alles *Fett* der Erde gemacht und den Menschenkindern gegeben hat, zu essen und zu trinken und ihren *Schöpfer* zu *segnen.* 7) Jetzt aber *danke ich* demütig *dir,* mein Gott, *daß du mich diesen Tag hast* sehen *lassen:* Siehe, ich bin 175 Jahre alt, ein Greis und satt an Tagen, und alle meine Tage sind mir Frieden gewesen. 8) Das Schwert des Feindes hat mich nicht besiegt in allem, was du mir und meinen Söhnen gegeben hast alle Tage meines Lebens bis *auf diesen Tag.* 9) Mein Gott, deine Güte und dein Friede sei über deinem *Knecht* und über dem Samen seiner Söhne, damit er dir ein auserwähltes Volk sei und ein Erbe aus allen Völkern der Erde *von jetzt an und bis in* alle Tage der Geschlechter der Erde in *alle Ewigkeiten!*

V. 6) bietet die eigentliche Lobpreisung (Segnen / Berakah) mit Gottesprädikationen, vgl. MartPol 14,1 d.

V. 7 f.) bietet den Dank bzw. die Angabe des Grundes zum Lobpreis in einer Art Zustandsschilderung und Anamnese der mirabilia Dei, vgl. MartPol 14,2 a.

V. 9 a formuliert die aus dem Dank abgeleitete Bitte, vgl. MartPol 14,2 b.

V. 9 b formuliert die Schlußdoxologie (Chatimah), vgl. MartPol 14,3.

Auch die älteste rekonstruierbare Gestalt der Birkat Ha-Mazon[77] weist eine entsprechende, mit MartPol vergleichbare, Struktur auf.

### 3.4. Liturgische Elemente und eucharistische Gebete

*Lit.:* BETZ, J., Eucharistie. In der Schrift und Patristik, HdD 4/4 a, Freiburg u. a. 1979, 24–52 / BOULEY, A., From Freedom to Formula. The Evolution of the Eucharistic Prayer from Oral Improvisation to Written Texts, SCA 21, Washington D.C. 1981, 105–109 / GAMBER, K., Sacrificium Laudis. Zur Geschichte des frühchristlichen Eucharistiegebets, SPLi 5, Regensburg 1973 / GAMBER, K., Das koptische Ostrakon London, B.M. Nr. 32799+33050 und seine liturgiegeschichtliche Bedeutung, OS 21/1972, 298–308 / GOLTZ, E. Frhr. von der, Das Gebet in der ältesten Christenheit. Eine geschichtliche Untersuchung, Leipzig 1901, 238–240.252–256. 335–341 / HÄNGGI, A./PAHL, I., (Hgg.), Prex Eucharistica. Textus e variis liturgiis antiquioribus selecti, SpicFri 12, Fribourg 1968, 62–100 / KETTEL, J., Martyrium und Eucharistie, GuL 30/1957, 34–46 / KILMARTIN, E. J., Sacrificium laudis: Content and Function of Early Eucharistic Prayers, TS 35/1974, 268–287 / KNOPF, R., Die Apostolischen Väter 1: Die Lehre der Zwölf Apostel. Die zwei Clemensbriefe, HNT Erg.Bd. 1, Tübingen 1920, 137–148 / KRETSCHMAR, G., Art. Abendmahl III/1. Alte Kirche, TRE 1 (1977), 59–89 / KRETSCHMAR, G., Art. Abendmahlsfeier I. Alte Kirche, TRE 1 (1977), 229–278 / LIETZMANN, H., Ein liturgisches Bruchstück des zweiten Jahrhunderts, ZWTh 54/1912, 56–61 / NIEDERWIMMER, K., Die Didache, KAV 1, Göttingen ²1993,

---

[76] Vgl. KAUTZSCH, Apokryphen , 77 / FINKELSTEIN, Birkat Ha-Mazon, 218 ff. / ROBINSON, Hodajot-Formel, 205 f. / TALLEY, Berakah, 98. – Die kursiv gesetzten Worte haben inhaltlichen Bezug zu MartPol 14.

[77] Vgl. FINKELSTEIN, Birkat Ha-Mazon, 215 ff. / ROBINSON, Hodajot-Formel, 206 / TALLEY, Berakah, 99.

173–201 / ROBINSON, J.A., Liturgical Echoes in Polycarp's Prayer, The Expositor 5th Ser. 9/1899, 63–72 / TRIPP, D., The Prayer of St Polycarp and the Development of Anaphoral Prayer, EL 104/1990, 97–132.

### 3.4.1. Liturgische Elemente in MartPol 14

Liturgische Einflüsse in MartPol 14 sind früh beobachtet worden.[78] »Liturgische Formeln sind geprägte Einzelworte, Redewendungen, Sätze oder Satzfolgen, deren Verwendung im gottesdienstlichen Zusammenhang als sicher oder wenigstens als sehr wahrscheinlich zu erweisen ist.«[79] Bedeutsam sind folgende Einzelworte und Wortverbindungen aus jüdischer Überlieferung auch für MartPol 14:

– Ἀμήν als responsorische Bekräftigung des gottesdienstlichen Gebets (vgl. 1 Kor 14,16).
– Abschluß von Lobpreisungen durch eine Ewigkeitsformel εἰς τοὺς αἰῶνας o.ä. (Röm 1,25; 9,5; 11,36 u.ö.; erweitert: Gal 1,5; Phil 4,20; 1 Tim 1,17; 2 Petr 3,18; u.ö.; 1 Clem 61,3; 64 u.ö.).
– Hymnische Gottesprädikate.[80]
– Eulogien als kurze Lobsprüche, in der Regel durch εὐλογητός eingeleitet.
– Doxologie: Empfänger des Lobpreises, doxologisches Prädikat, Ewigkeitsformel, Amen.
– Als christliche Eigenschöpfung kommt bzgl. MartPol 14 noch die trinitarische Formel hinzu (vgl. Mt 28,19), die als volle trinitarische Doxologie in MartPol 14,3 anklingt und bei Hippolyt (TradApost 6,4; 22,1) und Clemens v. Alex. (paed. 3,12) erstmals belegt ist.

Hinzu kommen weitere sich als liturgisch geprägt erweisende Elemente:
– Der παῖς-Titel »found in the very earliest liturgical forms«[81], vgl. nur Did 9 f.; in der übrigen Did begegnet der Titel nicht mehr.
– (Κατ)ηξίωσας begegnet vielfältig in liturgischen Dankgebeten.[82]

»The prayer of St. Polycarp ... is full of echoes of the liturgical language of the Church.«[83] Lietzmann meint, man müsse nur die situationsspezifischen Worte ἐν ἀριθμῷ τῶν μαρτύρων fortlassen, »um ein Vorbereitungsgebet auf den Genuß des Abendmahls zu erhalten.«[84]

### 3.4.2. Eucharistische Elemente

Das Gebet Polykarps scheint bis heute viel zu wenig von der frühchristlichen Eucharistie her und auf die Erforschung derselben hin befragt zu wer-

---

[78] Vgl. ROBINSON, Echoes / LIETZMANN, Bruchstück.
[79] DEICHGRÄBER, Formeln, liturgische, II, 256. Vgl. auch zum folgenden.
[80] Vgl. DEICHGRÄBER, Gotteshymnus 87 ff.
[81] ROBINSON, Echoes, 67.
[82] Vgl. a.a.O., 70.
[83] A.a.O., 72.
[84] Bruchstück, 59.

den.[85] Zum einen nötigt dazu aber der Kontext im MartPol; schon MartPol 13 läßt mit dem bewußten Ablegen der Kleider und Sandalen an eine Dank-Opfer-Zeremonie denken[86] und das gebackene Brot in MartPol 15 sowie der Wohlgeruch (vgl. nur das koptische μύϱον-Gebet in Did 10!) lassen einen eucharistischen Vorstellungshintergrund zwingend erscheinen. Zum anderen nötigt der gesamte hier beschriebene Traditionshintergrund vom mit dem Opfer verbundenen Danklied des Einzelnen bis zu den jüdischen Mahlgebeten und der besonderen Beziehung Polykarps zur Verknüpfung von Eucharistie und Martyrium bei Ignatius dazu.

Um den Charakter von MartPol 14 angemessen zu erfassen, muß zunächst die größere Bedeutung des Danks gegenüber der Bitte sowie die größere Nähe zum alttestamentlichen Danklied des Einzelnen als zum griechischen Hymnenschema betont werden. Vom alttestamentlichen Danklied aus führt die Tradition über die jüdischen Mahlgebete zur christlichen Eucharistie.[87] Auch die frühchristlichen Eucharistiegebete sind primär Dank- und Darbringungsgebete, also nicht Bittgebete, mit gewöhnlich folgenden Bestandteilen[88]:
»1. Eine Lobpreisung am Anfang (σε αἰνεῖν, ὑμνεῖν, εὐλογεῖν ...);
2. der Dank für Schöpfung und Erhaltung (...), verbunden mit der Erwähnung des den Thron Gottes umgebenden Engelheers ... und der Lobgesang Heilig, heilig, heilig etc;
3. der Dank für die Erlösung mit Hinweis auf die christlichen Heilsthatsachen (...);
4. der Einsetzungsbericht und die Anrufung des heiligen Geistes.«

### 3.4.2.1. Die Mahlgebete der Didache

Die Mahlgebete der Did 9 f.[89] nehmen die jüdischen Nachtischgebete (Birkat Ha-Mazon) auf, verändern und christianisieren sie jedoch spezifisch. Zum einen ersetzen Did 9,1; 10,1 das εὐλογεῖν der Berakah durch das christliche εὐχαριστεῖν; zum anderen wird der »Inhalt des ersten Teils der Birkat ha-Mazon innerhalb der beiden Danksagungen des zweiten Teils untergebracht.«[90] Ausgehend vom jüdischen Berakah-Gebet, »das im Kontext der

---

[85] Exemplarisch mag auf das Fehlen von MartPol 14 in der Textsammlung von HÄNGGI/PAHL, Prex Eucharistica hingewiesen sein.

[86] Vgl. KETTEL, Martyrium und Eucharistie, 42.

[87] Vgl. TALLEY, Von der Berakah zur Eucharistia.

[88] GOLTZ, Gebet, 254.

[89] Vgl. ROBINSON, Hodajot-Formel, 208–211 / WENGST, Didache, 43–57 / NIEDERWIMMER, Didache, 173–209 / GAMBER, Sacrificium Laudis, 32–36 / MOLL, Eucharistie als Opfer, 104–115 / BOULEY, Freedom, 90–99 / DIBELIUS, Mahl-Gebete / FINKELSTEIN, Birkat Ha-Mazon, 213–217 / GAMBER, Eucharistia der Didache / TALLEY, Berakah, 103–108 / GOLTZ, Gebet, 207–220 / BETZ, Eucharistie, 28–31 / LIETZMANN, Messe und Herrenmahl, 230–238 / MEYER, Eucharistie, 91–94 / BETZ, Eucharistie in der Didache / RORDORF, Didachè: L'eucharistie/ SCHÖLLGEN/GEERLINGS, Didache, 50–54.

[90] ROBINSON, Hodajot-Formel, 209, vgl. 210: Did 10,2–5 in rückversetzter Anordnung der Birkat Ha-Mazon.

Mahlgebete das Segnen Gottes durch den Menschen im Sinne eines dankenden Lobpreises Gottes für die den Menschen geschenkten Gaben und Wohltaten meint«[91], hat sich das christliche Tischgebet »so auf das Dankgebet konzentriert, daß das Abendmahl nach solchen Gebeten die Eucharistie genannt wurde.«[92]

»Möglicherweise will der Verfasser diese christlichen Mahlgebete anstelle des bisher gebräuchlichen, rein jüdischen Tischsegens verbindlich machen.«[93] Dem Bemühen der Did um verbindliche Formulare für Eucharistiegebete – wobei die Propheten das Recht auf freie und eigene Eucharistiegebete behalten (Did 10,7) – und der damit verbundenen Kontrolle jeden enthusiastischen Dankens[94] (vgl. schon 1 Kor 12–14) entspricht auch die exemplarische Gebetsfixierung in MartPol 14.[95] Das gilt insbesondere, wenn man berücksichtigt, daß MartPol 4 in antimontanistischer Auseinandersetzung steht[96] und daß die montanistischen κοινωνοί (vgl. MartPol 6,2) wahrscheinlich in Verbindung mit der Verwaltung der Eucharistie standen.[97] Frühchristliche Prophetie[98], wie sie sich auch im Montanismus darstellt, war wesentlich liturgische Prophetie, wie schon 1 Kor 12–14 zeigt.

Gemein mit Did 9f. hat MartPol 14f. auch die, von der aus der wohl ältesten Darstellungstradition des Abschiedsmahls Jesu bei Lk 22,14ff.[99] stammende Stellung: 1) Kelch (MartPol 14) – 2) Brot (MartPol 15) – 3) Salböl (μύρον, Did 10,8, koptischer Einschub, vgl. MartPol 15,2 εὐωδία).[100]

Insbesondere im Dank finden sich auffällige Übereinstimmungen zwischen Did 9f. und MartPol 14 (der Bitte MartPol 14,2b entspricht Did 10,5):

- εὐχαριστοῦμέν σοι (Did 9,2.3;10,2) – εὐλογῶ σε (MartPol 14,2a),

- πάτηρ (Did 9,2.3;10,2) – MartPol 14,1d,

- Ἰησοῦ τοῦ παιδός σου (Did 9,2.3;10,2.3) – MartPol 14,1d,

- γνω- (Did 9,2.3;10,2) – MartPol 14,1d,

- παντοκράτωρ (Did 10,3) – MartPol 14,1d,

- ζωὴ αἰώνιος (Did 10,3) – MartPol 14,2a,

---

[91] SCHÖLLGEN, Didache, 51.

[92] ROBINSON, Hodajot-Formel, 210.

[93] SCHÖLLGEN, Didache, 51.

[94] Vgl. ROBINSON, Hodajot-Formel, 234f.

[95] Vgl. HANSON, liberty / Vgl. auch IgnEph 5,2f.; Sm7,1; 8,2; 9,1.

[96] Vgl. BUSCHMANN, Montanismus.

[97] Vgl. BUSCHMANN, Χριστοῦ κοινωνός, 261f.

[98] Vgl. SCHÜSSLER FIORENZA, Zu ihrem Gedächtnis, 364. Original: In Memory of Her. A Feminist Theological Reconstruction of Christian Origins …, 1983.

[99] Vgl. GAMBER, Eucharistia in der Didache, 8f.

[100] Vgl. a.a.O., 8–11. – Die εὐωδία in MartPol 15,2 könnte sehr wohl mit dem koptischen Myrongebet (vgl. WENGST, Didache, 57ff. / SCHÖLLGEN, Didache, 54f. / NIEDERWIMMER, Didache, 205–209) nach Did 10,8 in Verbindung gebracht werden, was in der bisherigen Forschung noch unberücksichtigt erscheint. Auch in Apost. Constit. 7,27 findet sich das Stichwort εὐωδία im Zusammenhang mit μύρον, vgl. NIEDERWIMMER, Didache, 206 Anm. 105; 208f. Anm. 127 und 134.

- περὶ πάντων (Did 10,4) - MartPol 14,3,
- (δόξα) εἰς τούς αἰῶνας (Did 9,2.3.4; 10,2.4.5) - MartPol 14,3.

Auch über die Opferterminologie bestehen Verbindungen zwischen Mart-Pol 14 (1 b; 2 b: θυσία) und Did, selbst wenn man Did 14 f. (θυσία) nicht in unmittelbaren Bezug zu Did 9 f. bringt.[101] Denn über die Toda-Formel besteht schon eine Beziehung zwischen Opfer und Mahl[102] und beim Wort Eucharistia bzw. im MartPol Eulogia klingt insofern automatisch das Motiv »Opfer« mit.[103] Mit dem Opfer hängt auch der Vorrang der Danksagung zusammen; die konkrete Danksagung für die Erlösung (ידה), die in der Eucharistie später zum Einsetzungsbericht und zur Anamnese weiterführt, dominiert über den allgemeinen Lobpreis des Schöpfers (ברך) (MartPol 14,1 d).

Auch über die Passa-Tradition, die im MartPol eine nicht unbedeutende Rolle spielt[104], bildet sich eine Beziehung zum Opfergedanken in der Eucharistie: 1) der gebundene Widder (MartPol 14,1 b) geht auf Gen. 22 zurück (vgl. Melito-Fragmente 9 ff.), 2) das καθὼς προητοίμασας ... des Opfers (14,2 b) bezieht Kretschmar (295) nicht auf Polykarps Vision (MartPol 5,2; 12,3), sondern auf Gen 22,8: »Gott wird sich ein Lamm zum Brandopfer ersehen.«, 3) der »große Sabbath« (MartPol 8,1; 21) als Sterbedatum Polykarps deutet auf die Passatradition. - Gleichwohl war das Abschiedsmahl Jesu wohl kein Passa-Mahl.[105]

### 3.4.2.2. Die Eucharistie als Opfer

Die Lehre von der Eucharistie als Opfer, die immer wieder mit den auch in MartPol 14 auftauchenden Begriffen (14,1 b: προσφορά, oblatio; 14,2 b: θυσία, sacrificium) verbunden ist, geht bis auf das Neue Testament zurück.[106] Die Eucharistie gewährt einerseits Anteil an der Sühnekraft des Todes Christi (katabatische Funktion), vgl. 2 Kor 5,14 f.; Jes 53,11 f., und nimmt andererseits zugleich in das Tun Christi hinein (anabatische Funktion). Letzterer Gesichtspunkt erscheint im MartPol mit Ign und Did 14,1 besonders betont: κατὰ τὸ εὐαγγέλιον μαρτύριον / τοῦ λαβεῖν μέρος ἐν ἀριθμῷ τῶν μαρτύρων ἐν τῷ ποτηρίῳ τοῦ Χριστοῦ σου, vgl. 1 Kor 10,16. Jesus Christus wird als mit der Opferhandlung verbundener Hohepriester bezeichnet (MartPol 14,3, vgl. Hebr 2,17; 10,20–29; 12,22–24; 13,10).

---

[101] Vgl. WENGST, Didache, 53–57 / NIEDERWIMMER, Didache, 234–240 / MOLL, Lehre, 108–114.

[102] Vgl. CRÜSEMANN, Hymnus und Danklied / TALLEY, Berakah, 107 f. - Zum Zusammenhang zwischen Opfer und Eucharistie (vgl. BETZ, Eucharistie, 28–38) vgl.: 1 Kor 10,16 ff. / 1 Clem 44,4 (vgl. MOLL, Lehre, 79–92) / IgnPhld 4; Magn 7,2; Trall 7,2; Eph 5,2 f. (vgl. MOLL, Lehre, 98–102) / Just., Dial. 41,1–3;116,3–117,4; Apol. I, 65; 67,3–7 (vgl. MOLL, Lehre, 123–142)/ Philo, De spec. leg. I, 297 / Iren., Adv. Haer. IV,18,6 (vgl. MOLL, Lehre, 154–178).

[103] Vgl. CAZELLES, Anaphora / LAPORTE, doctrine eucharistique.

[104] Vgl. KRETSCHMAR, Christliches Passa, 292–298.

[105] Vgl. GAMBER, Eucharistia der Didache, 6 ff.

[106] Mk 14,22–24; Mt 26,26–28 / Lk 22,19–20; 1 Kor 11,24–25 / Hebr 12,22–24 / Joh 6,51 c–58, vgl. MOLL, Lehre, 50–78.

Insbesondere bei Ign[107] wird das Eintreten in die Existenzform Jesu Christi und dessen Nachahmung in Leiden und Martyrium mit der Lehre von der Eucharistie als Opfer verknüpft (vgl. IgnRöm 2,2; 4,1 f.; 7,3 u. ö.). »Ignatius weiß sich als ein Opfer für Gott, das er im Martyrium einlöst ... Ignatius ahmt das Leidensopfer Christi, das in der Eucharistie anamnetisch fortlebt, im Martyrium nach.«[108] In dieser Tradition bewegt sich MartPol 14,2. »Die opfernde Tätigkeit der Glieder der Gemeinde umfaßt ... die Verwirklichung des Christusschicksals, das ganze Maß ihrer Hingabe, die im Martyrium ihre Vollgestalt erreicht. Obwohl demgemäß das Opfer nicht kultisch limitiert ist, erfährt es doch gerade in der liturgischen Feier seinen Ursprung und seinen Anstoß.«[109] Im Opferbegriff treffen sich Martyrium (vgl. schon Phil 2,17) und Eucharistie.

Zugleich verbindet Ign die Eucharistie stets auffällig mit dem Motiv der Einheit der Kirche, der Sammlung um den Bischof und der Abkehr von den Irrlehrern (vgl. IgnSm 7,1; Phld 4). Ein solcher Hintergrund ist auch für MartPol angesichts der Quintos-Episode in MartPol 4 wahrscheinlich, so daß die polemische Absicht der Betonung der Eucharistie mitberücksichtigt werden muß; denn nur in der Eingebundenheit in die eine eucharistische Gemeinde mit dem einen Bischof kann ein κατὰ τὸ εὐαγγέλιον μαρτύριον gelingen: μὴ μόνον σκοποῦντες τὸ καθ᾽ ἑαυτούς, ἀλλὰ καὶ τὸ κατὰ τοὺς πέλας ... μὴ μόνον ἑαυτὸν θέλειν σῴζεσθαι, ἀλλὰ καὶ πάντας τοὺς ἀδελφούς (MartPol 1,2 b).

### 3.4.2.3. Weitere frühchristliche eucharistische Gebete

Weitere frühchristliche Dankgebete, etwa 1 Clem 59–61, können dann hymnisch erweitert werden[110]; dennoch hat »das Gerüst dieses Gebets ... dieselbe Struktur wie in Mart.Polyc.14.«[111] In MartPol 14 finden sich noch keine solche hymnischen Erweiterungen. Auch in den Danksagungen der frühen Anaphoren, etwa der Traditio Apostolica Hippolyts[112] oder der Serapion-Anaphora[113] finden sich zahlreiche Übereinstimmungen mit dem eucharistisch geprägten Gebet in MartPol 14. Tripp[114] hat die Irenäische Anaphora herausgearbeitet, die in ihrer Grundstruktur ebenfalls MartPol 14 entspricht. Auch weitere frühchristliche anaphorische Dankgebete weisen deutliche Parallelen zu MartPol 14 auf, am auffälligsten vielleicht ein koptisches Ostrakon,[115] in dem

---

[107] Vgl. WEHR, Arznei der Unsterblichkeit.

[108] MOLL, Lehre, 97.

[109] A. a. O., 104.

[110] Vgl. ROBINSON, Hodajot-Formel, 213–221 / BOULEY, Freedom, 99 ff.

[111] ROBINSON, Hodajot-Formel, 213. – 1 Clem 59,3: Dank / 1 Clem 59,4: Bitte. – Vgl. die Synopse bei ROBINSON, Hodajot-Formel, 214 f.

[112] Vgl. TALLEY, Berakah, 108–114 / TRIPP, Prayer, 119–123 / GAMBER, Sacrificium Laudis, 60 ff. / GAMBER, Urtext des Eucharistiegebetes.

[113] Vgl. TRIPP, Prayer, 123–128 / GAMBER, Sacrificium Laudis, 57–60 / GAMBER, Serapion-Anaphora.

[114] Prayer, 115.

[115] Vgl. GAMBER, Sacrificium Laudis, 66–69 / QUECKE, anaphorisches Dankgebet.

besonders die feierliche Epiklese κύριε ὁ θεὸς ὁ παντοκράτωρ ... und das folgende kurze Dankgebet [»(Wir danken dir, Herr Gott,) Allherrscher, denn du hast uns (dich) erkennen lassen (durch deinen eingeborenen Sohn Jesus Christus, unsern Herrn), der freiwillig auf die Erde gekommen ist, um zu retten (...)«] MartPol 14 entspricht. Und wenn »die Oden Salomos als frühchristliche Gesänge beim heiligen Mahl« gedeutet werden können[116], dann bestehen terminologische Übereinstimmungen etwa auch zwischen Ode 19 und MartPol 14: ὁ υἱὸς τὸ ποτήριον / πατήρ / ἅγιον πνεῦμα / γνω- / λαμβ-, vgl. Ode 41: ἐξομολογ- / γνω- / ἡμέρα ...

### 3.4.2.4. MartPol 14 als eucharistisches Gebet

Damit erweist sich MartPol 14 eindeutig als eucharistisches Gebet – auch wenn es aus anderen Traditionen stammende, mit der Struktur von MartPol 14 unvereinbare Anaphoren gibt (z. B. ActJohannis 85; 109).[117] MartPol 14 »is indeed representative of second-century Smyrnaen liturgy«.[118] In den späteren Anaphoren aber fällt auf: »the petition-section has grown to unwieldy proportions.«[119] Der eucharistische Charakter von MartPol 14 ist damit nicht nur kontextuell textimmanent (MartPol 13 und 15), sondern auch traditionsgeschichtlich erwiesen. Das aber hat Auswirkungen auf die Bestimmung der literarischen Gattung: Die sog. Märtyrerakten »wollen beispielhaft vollendete christliche Existenz zeigen, zur Nachahmung ermuntern und die Gemeinde im Gottesdienst mit ihren Märtyrern zusammenschließen. Die Märtyrerakten sind also eine liturgische literarische Gattung.«[120] Der Sitz im Leben erklärt sich von hier aus in Verbindung mit MartPol 18,3: παρέξει ὁ κύριος ἐπιτελεῖν τὴν τοῦ μαρτυρίου αὐτοῦ ἡμέραν γενέθλιον ..., zumal Tertullian die Sitte einer Jahresfeier verbunden mit dem Abendmahl bezeugt (Tert., de cor. mil. 3: Oblationes pro defunctis, pro nataliciis annua die facimus). Es »besteht die Möglichkeit, daß ἐπιτελεῖν auch im Martyrium Polycarpi 18 eine Eucharistiefeier am Grabe des Märtyrers beinhaltet ... Diese Möglichkeit darf man um so eher in Erwägung ziehen, als der ganze Bericht des Polykarpmartyriums in Anlehnung an das Christusmartyrium gestaltet ist, so daß die eucharistische Repräsentation der Passion des Herrn leicht mit der Gedächtnisfeier des Leidens seines Martyrers verbunden werden kann.«[121] (vgl. schon IgnRöm 2,2).

---

[116] Vgl. GAMBER, Oden Salomos.

[117] Vgl. dazu TRIPP, Prayer, 115–118.

[118] TRIPP, Prayer, 118. Ähnlich: LIETZMANN, Bruchstück / BARNARD, defence / TYRER, prayer. – Gegen: ROBINSON, ›Apostolic Anaphora‹ / ROBINSON, Doxology.

[119] TRIPP, Prayer, 126 bzgl. Serapion-Anaphora.

[120] BRENNECKE, Geschichte als Lebensgeschichte, 8.

[121] KARPINSKI, Annua dies, 55. Vgl. SAXER, Ursprünge, 2 f.

### 3.5. Der Hymnus der drei Männer im Feuerofen (Dan 3LXX 24–45; 51–90) und andere Märtyrer(abschieds)gebete

*Lit.:* BAUS, K., Das Gebet der Märtyrer, TThZ 62/1953, 19–32 / HAMMAN, A., La Prière II. Les trois premiers siècles, BTh, Tournai 1963, 125–141 (deutsch: Das Gebet in der Alten Kirche, TC 7, Bern 1989, 84–93) / HENTEN, J.W. van, Zum Einfluß jüdischer Martyrien auf die Literatur des frühen Christentums, II. Die Apostolischen Väter, ANRW II 27.1, Berlin/NewYork 1993, 700–723: 719–722 / HENTEN, J.W. van, The Martyrs as Heroes of the Christian People. Some Remarks on the Continuity between Jewish and Christian Martyrology, with Pagan Analogies, in: Lambergts, M./Deun, P.van (Eds.), Martyrium in Multidisciplinary Perspective. Memorial Louis Reekmans, BEThL 117, Leuven 1995, 303–322: 310–313 / GOLTZ, E. v. d., Das Gebet in der ältesten Christenheit. Eine geschichtliche Untersuchung, Leipzig 1901, 312–319.

#### 3.5.1. Märtyrergebete

»Auch die Märtyrerakten sind in erster Linie zu erbaulichem Zweck geschrieben; ... sie wollen die Zeitgenossen des Erzählers ermutigen, stärken und erbauen.«[122] Dazu dienen auch die Gebete in den Märtyrerakten. Das historische Märtyrergebet – wenn überhaupt im Wortlaut aufbewahrt – wird kurz gewesen sein. Gebete der Märtyrer sind nicht nur Todesgebete (als Stoßseufzer etc.), sondern a) Fürbitten für Gemeinde, Mitchristen, Zurückbleibende und Mitmärtyrer, vgl. MartPol 8,1 a[123], b) visionäre Gebete, vgl. MartPol 5,2; 12,3[124], c) Dank und Lob für die Gnade des Herrn und Bitte um Erlösung, vgl. MartPol 14.[125] Auch im kurzen Märtyrergebet steht also der Dank im Vordergrund, als Antwort auf die Verurteilung, Deo gratias![126], z.B.: »*Tibi gratias ago, Domine Jesu Christe*, qui mihi per varias poenas et tormenta donas tolerantiam et aeternae gloriae me *participem* efficere *dignatus* es.« (Acta Irenaei) / »Christo laudes ago, benedico Dominum, qui sic me de manibus tuis dignatus est liberare.« »Eine Danksagung scheint stereotyper Bestandteil eines Martyriums zu sein.«[127] d) letzte Todesgebete und Sterbeseufzer, meist sehr kurz und einfach, z.B. ActCarpi 41: Εὐλογητὸς εἶ, κύριε Ἰησοῦ Χριστέ, υἱὲ τοῦ θεοῦ, ὅτι κατηξίωσας καὶ ἐμὲ τὸν ἁμαρτωλὸν ταύτης σου τῆς μερίδος / »Gepriesen bist du, Herr Jesus Christus, Sohn Gottes, daß du auch mich, den Sünder, gewürdigt hast dieses deines Loses (Anteils).« Märtyrer haben also eine Eulogia gesprochen (vgl. ActApoll 46 / ActCarpi 41 / MartSabae

---

[122] So schon GOLTZ, Gebet, 312.

[123] PassPerp 4.7.19 / MartLugd 5,2,6 / PassRogatiani et Donatiani 5 u.ö. – Vgl. Cyprian, de lapsis 17 ff.

[124] Vgl. ActCarpi.

[125] In der Regel kurz: »Deo gratias ...« o.ä., vgl. ActScil 5 / MartPionii 11,6 / ActApoll 46 u.ö.

[126] Vgl. HAMMAN, Prière II, 160–163. – Im folgenden kursiv Übereinstimmungen mit MartPol 14.

[127] ROBINSON, Hodajot-Formel, 207 Anm. 38.

7,3 / ActScil 15 / ActCypr 4,3 u. ö.)[128] als Dank nach ihrer Verurteilung. Jeweils wird Dank gesagt, daß Jesus Christus den Beter des Martyriums gewürdigt hat; er wird gebeten, seine Seele aufzunehmen. Eus. (h. e. 8,9,5) berichtet von den Märtyrern in der Thebais: sie »nahmen freudig und lächelnd und wohlgemut schließlich das Todesurteil entgegen. Ja, sie jubelten und sangen dem Gott des Alls Lob- und Danklieder bis zum letzten Atemzuge.« Das ist das Gemeinsame und Auffällige an den Märtyrersterbegebeten und dem Gebet in MartPol 14: Dank und Akzeptanz der Verurteilung, keine Auflehnung gegen das ungerechte Urteil, ganz κατὰ τὸ εὐαγγέλιον wie im Abschiedsgebet Jesu (Joh 17,1 ff.): πάτηρ, ἐλήλυθεν ἡ ὥρα· δόξαζόν σου τὸν υἱόν, ἵνα ὁ υἱὸς δοξάσῃ σέ ...

Der Bezug zur Eucharistie aber ist nicht gegeben: »Ein Gebet wie das des Polykarp steht in der älteren Märtyrerlitteratur einzig da.«[129] Nur in der montanistischer Interpretation offenstehenden PassPerp erscheinen ähnlich intensiv die altchristlichen Initiationsriten Taufe, Firmung und Eucharistie[130] sowie ein »Widerhall der erlebten Liturgie in den Träumen Perpetuas.«[131] Dabei kann die Bluttaufe des Martyriums (PassPerp 18,3; 21) die Wassertaufe ergänzen bzw. ersetzen.[132]

### 3.5.2. Die drei Männer im Feuerofen: Dan 3LXX 24 f.;26-45 (Gebet Asarjas); 51-90 (Hymnus der drei Männer)

Dan 3LXX bietet eine in den Bibelstellen-Apparaten der Ausgaben der Märtyrerakten unbeachtete interessante Parallele zu MartPol, wenn unmittelbar vor Entzünden des Feuers (MartPol) bzw. nach dem Wurf in den Ofen (Dan LXX) die Helden ein Gebet[133] sprechen und in direktem Zusammenhang mit dem Gebet auch von der wunderbaren Bewahrung im Feuer gesprochen wird (MartPol 15 /DanLXX 3,46-50), so daß Nebukadnezar ἑστὼς ἐθεώρει αὐτοὺς ζῶντας (DanLXX 3,91) bzw. ἰδόντες οἱ ἄνομοι μὴ δυνάμενον αὐτοῦ τὸ σῶμα ὑπὸ τοῦ πυρὸς δαπανηθῆναι (MartPol 16,1). Diese Parallele bedeutet zugleich, daß
– einerseits MartPol 14 keineswegs sekundär in MartPol eingefügt ist (gegen Robinson); denn in einem ähnlichen Text (DanLXX 3), der vor MartPol abgefaßt ist, findet sich an gleicher Stelle ebenfalls ein ausführlicher Gebetseinschub,

---

[128] Vgl. STUIBER, Eulogia, 917 f.

[129] GOLTZ, Gebet, 317.

[130] Vgl. JENSEN, Gottes selbstbewußte Töchter, 213-219 / HABERMEHL, Perpetua, 120-129 / PETTERSEN, Perpetua / FRANZ, Passio Perpetuae, 439-443. – Vgl. jedoch auch angedeutet: ActCarpi (Agathonice!).

[131] JENSEN, Töchter, 217.

[132] Vgl. Tert., de bapt. 16; Apol 50,15 f.; Scorp. 6 / Orig., Exh. ad Mart. 30. – Vgl. HAMMAN, Signification, 742 f.

[133] Dan 3,24 f.LXX verwendet nebeneinander: προσηύξατο / ὕμνησαν / ἐξωμολογεῖτο.

– andererseits das Gebet doch eine gewisse Selbständigkeit besitzt, die weitgehend ohne Bezug auf den jetzigen Kontext auskommt, Vorlagen in allgemeinen liturgischen Gebeten hat[134] und eben doch erst in LXX in den kanonischen Text eingedrungen ist.

MartPol 14 f. und DanLXX 3 weisen einige Gemeinsamkeiten auf.[135] Henten[136] sieht hier ausnahmsweise »eine direkte Abhängigkeit von einem jüdischen Text.« MartPol 14 hat vermutlich direkt auf das Gebet des Asarja zurückgegriffen; dafür spricht: 1) Die Ähnlichkeit der Situation Polykarps mit der Hananjas, Misaels und Asarjas, 2) die Situation als Anlaß für ein letztes Gebet der Märtyrer, das jeweils als Lob Gottes einsetzt, 3) die sehr ähnliche Opferterminologie (Dan 3,39 f.LXX / MartPol 14,1 b;2 b). – Gleichwohl gilt es zu beachten, daß MartPol grundsätzlich auf Dank(opfer) ausgerichtet ist, während Dan 3LXX wesentlich um Gericht (3,27 ff.), Buße (3,29 ff.), Bitte und Erbarmen (3,34 ff.) und Errettung (3,42 ff.) kreist.

Unabhängig von der Frage, ob das Bußgebet Asarjas erst später zum Lobgesang der drei Männer hinzugefügt wurde[137], hat das Lob- und Dankgebet in MartPol doch auch zu dem Bußgebet des Asarja über den Opfergedanken eine Beziehung: nämlich in der Einleitung MartPol 14,1 b[138] und in der Bemerkung 14,2 b, mit der das sonst allgemein eucharistische Gebet in den Kontext des Martyriums gestellt wird.[139] Ansonsten aber liegt eher ein Bezug zum Lobgesang der drei Männer vor; denn auch MartPol 14 ist ein Lob- und Dankgebet. Auch nur im Lobgesang der drei Männer – und nicht

---

[134] Das Gebet Asarjas entspricht einem allgemeinen Bußgebet, vgl. Jon 2,2–10. Der Lobgesang der drei Männer entspricht einem allgemeinen Lobpsalm, vgl. Ps 148. Das Gebet Polykarps entspricht einem allgemeinen eucharistischen Dank- und Lobgebet. – Vgl. KAUTZSCH, Apokryphen I, 173 ff.

[135] DanLXX 3,24 f.: προσηύξατο vgl. MartPol 15,1: εὐχή / DanLXX 3,25 und MartPol 14,1: εἶπεν / DanLXX 3,26 f.; 52: εὐλογητὸς εἶ, κύριε … ὅτι … vgl. MartPol 14,1 f.: Κύριε … εὐλογῶ σε, ὅτι / DanLXX 3,26 und MartPol 14,3: δόξα.

DanLXX 3,38–40                      und MartPol 14,1 f. (vgl. HENTEN, Martyrs, 310/
                                                          HENTEN, Einfluß, 721):

3,39 b ἐν ὁλοκαυτώμασι        14,1 ὁλοκαύτωμα
3,39 b κριῶν                           14,1 κριός
3,39 c πιόνων                          14,2 πίονι
3,40 a θυσία                           14,2 ἐν θυσίᾳ
3,40 a ἐνώπιόν σου σήμερον    14,2 ἐνώπιόν σου σήμερον

»Diese Konzentration terminologischer Übereinstimmungen ist so auffallend, daß eine direkte Abhängigkeit fast sicher angenommen werden kann.« (HENTEN, Einfluß, 721).
DanLXX 3,52 und MartPol 14,3: εἰς τοὺς αἰῶνας / DanLXX 3,88 und MartPol 14,2: Begründung ὅτι.

[136] Einfluß, 719.

[137] Vgl. dazu KAUTZSCH, Apokryphen I, 174 f.

[138] Ὥσπερ κριὸς ἐπίσημος ἐκ μεγάλου ποιμνίου εἰς προσφοράν, ὁλοκαύτωμα δεκτὸν τῷ θεῷ ἡτοιμασμένον.

[139] … ἐν ἀριθμῷ τῶν μαρτύρων … ἐν οἷς προσδεχθείην ἐνώπιόν σου σήμερον ἐν θυσίᾳ πίονι καὶ προδεκτῇ καθὼς προητοίμασας καὶ …

im Bußgebet des Asarja – wird der einzige konkrete Bezug auf die jetzige Stellung des Gebets in DanLXX hergestellt (DanLXX 3,88 b+c): ὅτι ἐξείλετο ἡμᾶς ἐξ ᾅδου καὶ ἔσωσεν ἡμᾶς ἐκ χειρὸς θανάτου καὶ ἐρρύσατο ἡμᾶς ἐκ μέσου καιομένης φλογὸς καὶ ἐκ τοῦ πυρὸς ἐλυτρώσατο ἡμᾶς. Strukturell geschieht in MartPol 14,2 das gleiche durch den Satz: ὅτι ἠξίωσας με ... τοῦ λαβεῖν μέρος ἐν ἀριθμῷ τῶν μαρτύρων. Inhaltlich aber besteht ein charakteristischer Unterschied, der die Intention des MartPol nochmals verdeutlicht: Während DanLXX dankt für die Rettung aus dem Tod, dankt MartPol gerade für die Aufnahme in die Zahl der zu Tötenden. Während DanLXX anschließend den positiven Ausgang berichtet, erzählt MartPol die Ermordung durch den Konfektor. MartPol geht es nicht um den Trost durch die ausgleichende Gerechtigkeit Gottes, der den zornig-mächtigen König zum entsetzt-entmachteten Unterlegenen macht, der die Henker tötet, die Denunzianten entlarvt, dessen κρίσεις doch immer wieder sich als ἀληθιναί erweisen (DanLXX 3,27). MartPol geht es vielmehr darum: zum Ertragen des ganzen Martyriums bis hin zum tatsächlichen Tod, zum tatsächlichen Opfer, zum glaubwürdigen Durchhalten des ὁμολογεῖν Χριστιανός εἶναι mit aller Konsequenz. Das ist die (antimontanistische) Intention des MartPol: Zwar nicht den Leidenskelch voreilig zu suchen – im Gegensatz zum Phryger Quintos[140] – ihn dann aber, wenn es sein muß, bis zum bitteren Ende auszuschöpfen – im Gegensatz zum Phryger Quintos, der schon beim Anblick der Tiere vom Glauben abfällt – und das Leben als Dankopfer darzubringen und dafür dankbar zu sein. MartPol erweist sich von daher als ein zutiefst theologischer und tendenziöser Text, der eine Nachahmungs-Christologie[141] vertritt, die – vermittelt über die katholisch-apostolische Traditionskette »wie Christus so die Märtyrer so auch wir« – gerade die theologia crucis und das Durchhalten des Leidens betont. Auch Ignatius betont die »christologische Orientierung des Martyriums« und die »Verbindung des Märtyrers mit seinem Herrn, in Nachahmung und Leid.«[142] Auch Ignatius bedient sich einer Opferterminologie, mit deren Hilfe der Märtyrer für die Gemeinde das werden kann, was auch Christus für sie ist.[143] MartPol ist an einer ähnlichen christologischen Interpretation des Martyriums und an einer Leidensparänese interessiert wie Ignatius.[144] »Im Sterben des Märtyrers ist für die Theologie des Ignatius das Leiden des Kyrios gegenwärtig; erst dadurch wird sein Tod als Martyrium qualifiziert.«[145] Das gilt auch für das MartPol.[146]

---

[140] Vgl. BUSCHMANN, MartPol 4 und der Montanismus.

[141] Vgl. jüngst: BAUMEISTER, Norm des evangeliumsgemäßen Blutzeugnisses.

[142] PAULSEN, Studien, 181.

[143] A. a. O., 184.

[144] Allerdings sind die Unterschiede zu beachten: πάθος und ἀνάστασις begegnen z. B. nicht. Vgl. PAULSEN, Ignatius, 181.

[145] PAULSEN, Ignatius, 187.

[146] Vgl. MartPol 1,1: τὸ κατὰ τὸ εὐαγγέλιον μαρτύριον / MartPol 2,2: μάρτυρες τοῦ Χριστοῦ / MartPol 2,2: ὁ κύριος ὡμίλει αὐτοῖς / MartPol 6,2: Χριστοῦ κοινωνός.

Die LXX-Fassung von Dan 3 bringt an einer genau entsprechenden Stelle zu MartPol 14 ein Gebet des Asarja (und den Hymnus der drei Männer im Feuerofen) ein. Beide Gebete weisen Gemeinsamkeiten auf (s. o.). Dennoch bestehen auch wesentliche Unterschiede:

- der christliche Bezug in MartPol: Jesus Christus als Hohepriester,
- die Vorlage eines Abendmahlsgebets in MartPol 14,[147]
- die vorrangige Formulierung als Dankgebet in MartPol 14 (vgl. aber die Bitte in 14,2b), während Dan 3 vom Dankgebet zum Bittgebet (41 ff.) übergeht: Bitte um Vernichtung der Verfolger und Bitte um Erbarmen. Während es sich in MartPol 14 gattungsmäßig um ein individuelles Dankgebet (eines Todgeweihten) handelt, handelt es sich im Gebet des Asarja um ein Volksklagelied[148] mit dem Duktus: sei gnädig, hilf doch, errette uns (vgl. Ps 51),
- die je andere Füllung des Dankes, von dem zunächst beide Gebete ausgehen (εὐλογ-, ὅτι ...): in MartPol 14 Dank für die Würdigung der Aufnahme in die Zahl der Märtyrer (symbouleutische Ausrichtung), in Dan 3 Dank für Gottes Gerechtigkeit, die letztlich hinter allem steht: »gerechte Gerichte um unserer Sünden willen« (apologetische Ausrichtung).

MartPol hat kein Interesse an einer (apologetischen) Erklärung der Verfolgungssituation, an einem Blick in eine gerechtere und bessere Zukunft (DanLXX 3,41 ff.). MartPol begnügt sich mit dem Dank für die gegenwärtige Aufnahme in die Reihe der Märtyrer im Sinne einer (paränetisch ausgerichteten) Seligpreisung: Selig, wer teilnimmt in der Zahl der Märtyrer in dem Kelche Christi. Das Opfer in MartPol 14 braucht Gott nicht umzustimmen[149]; es ist wohlgefälliger Selbstzweck geworden καθὼς προητοίμασας καὶ προεφανέρωσας καὶ ἐπλήρωσας ... MartPol liegt nicht an den errettenden Wundertaten (vgl. aber DanLXX 3,43; 3,88), die endlich die Bewährung noch zu einem positiven Ausgang führen; Polykarp stirbt trotz wunderbarer Elemente (MartPol 15,2; 16,1); er wird zwar nicht vom Feuer verzehrt, aber vom Konfektor erstochen (MartPol 16,1).

### 3.5.3. Fazit zu Dan3LXX

Zusammenfassend kann man sagen: MartPol will nicht Mut machen zum Martyrium in aussichtsloser Lage[150], sondern ermahnen zu einem Martyrium – wenn dieses denn notwendig ist – das zutiefst überlegt, dankbar angenommen und konsequent evangeliumsgemäß bis zum Ende durchgetragen wird.

---

[147] Aber auch die griechischen Zusätze in Dan 3 haben ursprünglich wohl nichts mit der Erzählung in Dan 3 zu tun. Vgl. KUHL, Die drei Männer, 89.

[148] Vgl. KUHL Männer, 100.

[149] Damit die Verfolgung aufhört – so aber DanLXX 3,40.

[150] Das Volk Israel im Exil / Die Christen in der Verfolgung.

Es geht dem MartPol nicht um Belohnung für die Bewährung, um letztlich ausgleichende Gerechtigkeit Gottes, sondern um Ermahnung zu rechter Bewährung durch Aufforderung zur Nachahmung des Vorbildes Polykarps als orthodox-katholischer Bischof. Das MartPol zielt auf Probleme innerhalb des Christentums; an einer Auseinandersetzung mit der sich absolut setzenden Macht des Herrschers ist MartPol im Gegensatz zu Dan uninteressiert.[151] Das Verbrennungsmotiv als Läuterungsgericht Gottes[152] ist aber auch für MartPol wesentlich[153]; hier erweist sich, wer wirklich μιμητής und κοινωνός Christi ist und wer nur hohle Prophezeiungen macht. Echte Glaubenstreue erweist sich aber gerade in Not und Bedrängnis – dazu will MartPol wie Dan erziehen.[154]

Damit erweist sich die Gesamtintention von Dan 3 doch als wesentlich von MartPol verschieden: »Central to the stories of the three young men and of Daniel is not their suffering as faithful men of God but their deliverance from any pain or suffering at all. A doubt may be voiced whether these stories even represent martyrological literature. To be sure, situations are reflected in which suffering and death are distinct possibilities, but in fact suffering and martyrdom do not occur. The inherent possibility of suffering and death in the situations serves only to highlight the totality and wonder of God's deliverance. The real point of the stories is that God can and will save from harm those who trust in him.« (Dan 3,28 f.).[155] »Der Verfasser schreibt für seine Zeit. Er will Antworten für die in der Verfolgungszeit aufbrechenden Fragen geben. Dem Zweifel an der Macht Gottes wehrt er, indem er zeigt, daß die gesamte Weltgeschichte entsprechend dem Plan Gottes verläuft.«[156] In Dan 3 geht es um die »Frage nach Gott«.[157] Es geht um die Erkenntnis, daß Gott trotz alledem der Höchste ist (Dan 4,14). Eschatologisch wird auf den totalen Umschwung gehofft, der Trost in der Verfolgungszeit bietet. Gott als Herr der Weltgeschichte wird der Bosheit bald ein endgültiges Ende setzen. Von solcher eschatologischer und apologetischer Aussageabsicht ist MartPol mit seiner präsentischen Paränese weit entfernt. Dan erwartet die Rettung in einer Tat Gottes unabhängig von menschlichem Zutun[158] – MartPol setzt gerade auf das menschliche μίμησις-Verhalten.[159] MartPol rekurriert – obwohl es doch so am Vorbild interessiert ist – nicht auf die alttestamentlichen

---

[151] Vgl. PLÖGER, Buch Daniel, 62.

[152] Vgl. a. a. O., 64.

[153] Das Feuer steht ja in einer gewissen Spannung zu den θηρία, vgl. MartPol 2,3 f.; 11,1 f.

[154] Vgl. PLÖGER, Buch Daniel, 178.

[155] WEINRICH, Spirit.

[156] BAUMEISTER, Anfänge.

[157] Dan 2,46; 3,38–30; 6,27 f. – »Welcher Gott kann euch aus meiner Hand retten?«. Parallelen zu dieser Frage bei KUHL, Männer, 29 Anm. 4.

[158] Vgl. BAUMEISTER, Anfänge, 18.

[159] So ist z. B. das Bild von der Läuterung Dan 11,35 zwar auch in MartPol 15,2 bekannt: ὡς χρυσὸς καὶ ἄργυρος ἐν καμίνῳ πυρούμενος – hier aber völlig enteschatologisiert.

Vorbilder der drei Jünglinge.[160] Die Apologetik von Dan 3 zielt aber »nicht auf Andersgläubige ab ... Sie ist nur für Juden berechnet, die sich daran freuen und erbauen sollen«[161]; denn sonst hätte Dan 3 ins Verhör längere Reden einbauen können. Darin sind sich Dan 3 und MartPol einig: beide haben eine nur je innerjüdische bzw. innerchristliche Intention, allerdings je verschieden, einmal apologetisch (den jüdischen Gott verteidigend), einmal symbouleutisch (zur christlichen Nachfolge ermahnend). Dan 3 will keine Märtyrergeschichte sein[162]; denn die Leiden werden nicht mit grellen Farben geschildert, die Standhaftigkeit der Märtyrer wird nicht betont, Dan 3 bringt keine »kraftvolle Mahnung an die Hörer, solch hohem Vorbild in Leidenszeiten nachzueifern.«[163] Vielmehr: der Gott der drei Männer offenbart wunderbar seine Kraft; »so wie dieser Gott kann keiner retten« (Dan 3,29 = DanLXX 3,96). Dan 3 geht es um die »Zuversicht ..., daß der Festigkeit im Glauben in den Zeiten der Bedrängnis die Errettung zuteil werden wird.«[164] Und: daß angesichts dieses Gottes sogar der größte Feind konvertiert (Dan 3,24-30). Dan (insbesondere Dan 3; 6; 12,1-3) erweist sich »als ein Trostbuch für die ins Martyrium gehenden Glaubenskämpfer ... Es bildet sich über die Zeugnisse von Dan 3 und 6 die Hoffnung in 12:1-3 zur letzten Klarheit heraus: Gott rettet in seiner kommenden Herrschaft, zu deren transzendenter Gegenwart sich Dan 3 und 6 mit den doxologischen Schlüssen (3:28 f.; 6:27 f.) bekennen, die Märtyrer und umgekommenen Gerechten aus dem Tode.«[165]

## 4. Tradition, Redaktion und Sitz im Leben von MartPol 14

### 4.1. Liturgischer Bezug (Tradition) oder literarische Fiktion (Redaktion)?

Jüngst hat Brucker in seiner kritischen Infragestellung angeblich selbständiger frühchristlicher Christushymnen[166] das Vorkommen epideiktischer Passagen in größeren literarischen Zusammenhängen - etwa auch innerhalb der Gattung Brief[167] - mit dem in antiker Stiltheorie und -praxis üblichen Phänomen des Stilwechsels begründet, dem Übergang etwa von einem nüchtern-argumentativen in einen überschwenglichen Tonfall.[168] Hymnische Passagen können demnach schon in der Poesie »integrale Bestandteile der übergeordneten Dichtung sein - die Hymnenform dient dem aktuellen poetischen Zweck, ohne

---

[160] Das aber tun andere altchristliche Märtyrertexte wie MartFructuosi 4,3; MartMontani,Lucii etc. 3,4 usw.

[161] KUHL, Männer, 29.

[162] Vgl. a.a.O., 38.

[163] KUHL, Männer, 38.

[164] PLÖGER, Buch Daniel, 67.

[165] KELLERMANN, Danielbuch, 58 f.

[166] BRUCKER, Christushymnen / vgl. auch: KENNEL, Frühchristliche Hymnen?

[167] Vgl. BRUCKER, Christushymnen, 253-279.

[168] A.a.O., bes. 174-252.

daß ein kultischer Bezug vorliegt.«[169] Das gilt erst recht für »hymnische« Passagen in *Prosa*texten.[170]

Schon Goltz hatte um die Jahrhundertwende Polykarps Todesgebet in diesem Sinne als »schriftstellerische Komposition in der erbaulichen Erzählung« verstanden[171]: »Formulierte Gebete sind uns in der ältesten christlichen Litteratur nicht nur als für gottesdienstliche Zwecke bestimmt erhalten, sondern auch als Kompositionen der Erzähler, um eine Person oder eine bestimmte Situation zu charakterisieren oder auch eine Lehre zu geben. Die Worte des Gebets ... sollen dem Leser etwas sagen.« Der Verfasser »reproduziert Gebetsworte, wie sie ihm für jene Situation zu passen scheinen. Eine wirkliche Aufbewahrung des Wortlauts einmaliger ... Gelegenheitsgebete dürfte nur bei sehr kurzen Gebeten, Sterbeseufzern und dergl. möglich sein. Je länger ein aufbewahrtes Gebet ist, desto gewisser haben wir nur eine Reproduktion darin zu erblicken, die jedenfalls ihrer äusseren Formulierung nach dem Schriftsteller angehört.« Gebete werden ein Stück der Erzählung, entweder, weil sie als ursprünglich selbständige Gebete oder Psalmen in die Erzählung hineingestellt worden sind (z. B.: Zusätze zu Dan 3: Gebet Asarjas; Lobgesang der drei Jünglinge; Gebet Manasses) oder eigens für die dazu geeignete Situation der Erzählung komponiert worden sind, um diese noch erbaulicher und wirkungsvoller zu gestalten (Zusätze zu Esther 3: Gebete der Esther und des Mardachai).[172]

Obwohl es sich – gegen Goltz[173] – in MartPol 14 auf Grund der traditionsgeschichtlichen Beobachtungen eindeutig um ein ursprünglich selbständiges und im Kult zu verortendes Gebet handelt, so ist es doch auf der letzten Redaktionsstufe in seinem jetzigen Märtyrerkontext und innerhalb der brieflichen Rhetorik zu interpretieren. Dazu geben Bruckers Studien zum Stilwechsel folgende Hilfestellung, wenngleich aber für MartPol 14 – anders als bei den von Brucker[174] herangezogenen Texten – ein ursprünglich kultisch-liturgischer Zusammenhang auf den Traditionsstufen (jüdische Grundstufe: Danklied des Einzelnen im Opferkontext, vgl. Crüsemann / christliche Traditionsstufe: eucharistisches Dank-Gebet) wie auf der Redaktionsstufe beste-

---

[169] A. a. O., 47 f.; vgl. a. a. O., 92–106.

[170] Vgl. a. a. O., 210–252.

[171] Gebet, 232 f.; 238–240; 312: im MartPol dient das Gebet ebenso wie die gesamte Darstellung des Martyriums erbaulichen Zwecken.

[172] Weitere Texte bei GOLTZ, Gebet, 233 Anm. 3.

[173] Vgl. GOLTZ, Gebet, 238: »Dass es seiner jetzigen Form nach unter die zu erbaulichen Zwecken komponierten Gebete gehört ...« / 239: »Die Verwandtschaft mit dem Lobpreis der Eucharistie bedeutet deshalb hier noch keine direkte Beziehung auf das eucharistische Dankgebet.«

[174] Vgl. BRUCKER, Christushymnen, 55: Neben der ursprünglichen Einbindung in kultisch-liturgische Zusammenhänge »hat sich der Hymnus daneben auch völlig unabhängig vom Kult als literarische Gattung verselbständigt.«

hen bleibt (eucharistisches Gebet beim Märtyrerjahrgedächtnis, vgl. MartPol
18,3):
- »Stilwechsel« dürfen nicht zur Begründung literarkritischer Operationen
mißbraucht werden[175]; MartPol 14 in seiner jetzigen Form kann nicht literarkritisch aus seinem Kontext herausgetrennt werden[176], da es vielfältig mit dem
restlichen Martyrium verwoben ist und der Gesamtintention des Verfassers
entspricht.
- Wenn MartPol insgesamt auch Enkomion-artige Züge[177] auf den Bischof
enthält, dann ist der klassische Sitz im Leben des Enkomions - »das festliche
Gelage (Symposion) und die Feier zu Ehren des Siegers«[178] - in variierter
Form auch für MartPol zu bedenken: die Jahresfeier des Tages seines Martyriums (MartPol 18,3) kann, in eucharistischem Gottesdienst gefeiert, das
hymnische Gebet aus MartPol 14 kultisch verwenden.[179]
- Wenn Stilwechsel in jeder Gattung rhetorisch erlaubt, ja geboten erscheinen
und in der antiken Rhetorik allein die Forderung des Angemessenen (τὸ
πρέπον) gestellt wird[180], dann fügt sich MartPol 14 in seiner jetzigen Form
»angemessen« in seiner sprachlichen Gestalt dem würdigen Gegenstand und
der erhabenen Situation des Todes des ehrwürdigen Märtyrers ein. Lob und
Ermahnung, Epideiktisches und Symbouleutisches stehen im Stilwechsel in
synkritischem Interesse nicht nur in MartPol eng beieinander.[181]

### 4.2. Übersetzung mit Scheidung von Traditionsstufen und Redaktion

Grundstufe: jüdisches Dankopfergebet
*Christianisierung: Eucharistiegebet*
**Redaktion: Märtyrergebet**
14,1 a: **Die aber nagelten ihn zwar nicht an, banden ihn aber fest.**
  b: **Er aber, die Hände auf dem Rücken und festgebunden, wie ein ausge-
    zeichneter Widder aus einer großen Herde zur Opfergabe, zum Gott
    wohlgefälligen Brandopfer bereitet,**
  c: **blickte zum Himmel und sprach:**
  d: **Herr, Gott, Allmächtiger,**
    *Vater deines geliebten und gelobten Knechtes Jesus Christus,*

---

[175] Vgl. BRUCKER, Christushymnen, 280-290: Literarische Einheitlichkeit des Phil.
[176] Vgl. BUSCHMANN, MartPol, 32-39.
[177] Vgl. BRUCKER, Christushymnen, 57-72 (Poesie) und 110-173 (Prosa).
[178] A. a. O., 70.
[179] Die vielfältigen Beziehungen zwischen MartPol und Ignatius v. A. erfahren durch die
liturgische Tradition weitere Bestätigung: »Bei den Apost Vät ist in Ign R 2,2 offenbar gemeinsamer Gesang der ganzen Gemeinde vorausgesetzt, vgl. noch Eph 4,1 f. Hymnischer Stil findet
sich Eph 7,2 (vgl. Ign Pol 3,2); 19,2 f. Nach Socrates, Historia Ecclesiae VI 8 habe Ign den
antiphonischen Hymnengesang in Antiochia eingeführt, u. von dort habe man ihn in den anderen
Kirchen übernommen.« (DELLING, ὕμνος, 506).
[180] Vgl. BRUCKER, Christushymnen, 208 ff.
[181] Vgl. exemplarisch BRUCKER, Christushymnen, 218-226: Philon / 280-353: Philipperbrief.

*durch den wir die Erkenntnis über dich empfangen haben,*
Gott der Engel und Gewalten und aller Schöpfung des ganzen Geschlechts der Gerechten, die vor deinem Angesichte leben,

14,2 a: ich dankopfere dir, daß du mich dieses Tages und dieser Stunde
gewürdigt hast,
teilzunehmen **in der Zahl der Märtyrer** *an dem Kelch deines Christus
zur Auferstehung ins ewige Leben von Seele und Leib in der Unvergänglichkeit heiligen Geistes;*

b: **unter ihnen möchte ich heute** vor deinem Angesichte **aufgenommen
werden** in einem fetten und wohlgefälligen Opfer,
**wie du es zuvor bereitet, vorher offenbart und erfüllt hast,**
trugloser und wahrer Gott.

14,3 Deswegen und für alles:
dich lobe ich, dir dankopfere ich, dich verherrliche ich
*durch den ewigen und himmlischen Hohepriester Jesus Christus,
deinen geliebten Knecht,
durch den dir mit ihm und dem heiligen Geist*
Ehre sei jetzt und in alle Ewigkeiten. Amen.

## 14,1-3: Das Gebet Polykarps auf dem Scheiterhaufen

14,1 a Die aber nagelten ihn zwar nicht an, banden ihn aber fest.

   b Er aber, die Hände auf dem Rücken und festgebunden, wie ein ausgezeichneter Widder aus einer großen Herde zur Opfergabe, zum Gott wohlgefälligen Brandopfer bereitet,

   c blickte zum Himmel und sprach:

   d Herr, Gott, Allmächtiger, Vater deines geliebten und gelobten Knechtes Jesus Christus, durch den wir die Erkenntnis über dich empfangen haben,

    Gott der Engel und Gewalten und aller Schöpfung des ganzen Geschlechts der Gerechten, die vor deinem Angesichte leben,

14,2 a ich dankopfere dir, daß du mich dieses Tages und dieser Stunde gewürdigt hast,

    teilzunehmen in der Zahl der Märtyrer an dem Kelch deines Christus zur Auferstehung ins ewige Leben von Seele und Leib in der Unvergänglichkeit heiligen Geistes;

   b unter ihnen möchte ich heute vor deinem Angesichte aufgenommen werden in einem fetten und wohlgefälligen Opfer,

    wie du es zuvor bereitet, vorher offenbart und erfüllt hast,

    trugloser und wahrer Gott.

14,3 Deswegen und für alles:

    dich lobe ich, dir dankopfere ich, dich verherrliche ich

    durch den ewigen und himmlischen Hohepriester Jesus Christus,

    deinen geliebten Knecht,

    durch den dir mit ihm und dem heiligen Geist

    Ehre sei jetzt und in alle Ewigkeiten. Amen.

*Lit.: Analyse:* CAMELOT, P.Th. (Hg.), Ignace d'Antioche, Polycarpe de Smyrne: Lettres, Martyre de Polycarpe, SC 10, Paris ⁴1969, 202–207 / DEHANDSCHUTTER, B., The Martyrium Polycarpi: a Century of Research, ANRW 2,27,1, 1993, 485–522: 507 f. / GOLTZ, E. Frhr. von der, Das Gebet in der ältesten Christenheit. Eine geschichtliche Untersuchung Leipzig 1901, 238–240 / HAMMAN, A., La Prière II. Les trois premiers siècles, Tournai 1963, 134–141 / KLEIST, J. A., An Early Christian Prayer, OF 22/1948, 201–206 / KRETSCHMAR, G., Christliches Passa im 2.Jahrhundert und die Ausbildung der christlichen Theologie, RSR 60/1972, 287–323: 292–298 / REUNING, W., Zur Erklärung des Polykarpmartyriums, Darmstadt 1917, 32–43 / SAXER, V., Bible et Hagiographie. Textes et thèmes bibliques dans les actes des martyrs authentiques des premiers siècles, Bern 1986, 29 f. / SCHOEDEL, W. R., The Apostolic Fathers. A New Translation and Commentary, Vol. 5: Polycarp, Martyrdom of

Polycarp, Fragments of Papias, Camden, N.Y./Toronto 1967, 69–71 / TRIPP, D., The Prayer of St Polycarp and the Development of Anaphoral Prayer, EL 104/1990, 97–132 / *Zum Gebet:* ALBERTZ, R., Art. Gebet II. Altes Testament, TRE 12, 1984, 34–42 / BAUMEISTER, Th., Art. Gebet V. Alte Kirche, TRE 12, 1984, 60–65 / BERGER, K., Art. Gebet IV. Neues Testament, TRE 12, 1984, 47–60 / MASCHKE, T., Prayer in the Apostolic Fathers, SecCen 9/1992, 103–118 / SEVERUS, E. v., Art. Gebet I, RAC 8, 1972, 1134–1258 / THRAEDE, K., Art. Hymnus I., RAC 16, 1994, 915–946 / *Zum liturgischen Bezug:* DEICHGRÄBER, R./HALL, St. G., Art. Formeln, Liturgische II. Neues Testament und Alte Kirche, TRE 11, 1983, 256–265 / LIETZMANN, H., Ein liturgisches Bruchstück des zweiten Jahrhunderts, ZWTh 54/1912, 56–61 / RO-BINSON, J.A., Liturgical Echoes in Polycarp's Prayer, Exp. 1899, 63–72 / *Zum* Παῖς-*Titel:* BÜHNER, J.A., Art. παῖς, EWNT 3, 1983, 11–14 / HARNACK, A. v., Die Bezeichnung Jesu als »Knecht Gottes« und ihre Geschichte in der alten Kirche, SPAW.PH 1926, 212–238 / JEREMIAS, J., Art. παῖς θεοῦ im Neuen Testament, ThWNT 5, 698–713 / *Zum Opferbegriff:* BETZ, J., Eucharistie. In der Schrift und Patristik, HDG Bd. 4 Sakramente. Eschatologie. Faszikel 4 a, Freiburg/Basel/Wien 1979, 28–38 / KNOPF, R., Die Apostolischen Väter I: Die Lehre der zwölf Apostel. Die zwei Clemensbriefe, HNT Erg.Bd. Tübingen 1920, 24 f. / KRETSCHMAR, G., Art. Abendmahl III.1. Alte Kirche, TRE 1, 1977, 59–89: 70–73 / MOLL, H., Die Lehre von der Eucharistie als Opfer. Eine dogmengeschichtliche Untersuchung vom Neuen Testament bis Irenäus von Lyon, Theoph. 26, Köln-Bonn 1975 / WENGST, K., (Hg.), Didache (Apostellehre), Barnabasbrief, Zweiter Clemensbrief, Schrift an Diognet, SUC 2, Darmstadt 1984, 53–57 / *Zur Schlußdoxologie:* BARNARD, L.W., In Defence of Pseudo-Pionius' Account of Saint Polycarp's Martyrdom, in: Granfield, P., (Hg.), Kyriakon. FS J. Quasten, Vol. 1, Münster 1970, 192–204: 200–203 / CONNOLLY, R.H., The Doxology in the Prayer of St Polycarp, JThS 24/1923, 144–146 / EIJK, T.H.C. van, La Résurrection des Morts chez les Pères Apostoliques, ThH 25, Paris 1974, 134–137 / ROBINSON, J.A., The ›Apostolic Anaphora‹ and the Prayer of St. Polycarp, JThS 21/1920, 97–105 / ROBINSON, J.A., The Doxology in the Prayer of St. Polycarp, JThS 24/1923, 141–144 / TYRER, J.W., The Prayer of St. Polycarp and its concluding Doxology, JThS 23/1922, 390 f. / *Zur Traditionsgeschichte:* s. Exkurs

Anders als MartPol 13 hat MartPol 14 wegen der theologischen und vor allem liturgischen Bedeutung in der Forschungsgeschichte hohe Aufmerksamkeit erzielt[1]; ein altes eucharistisches Dankgebet ist in das MartPol aufgenommen worden. Dieser Aufmerksamkeit entspricht neben der Form auch der bedeutsame Inhalt: Die Darstellung der Vorbereitung der Hinrichtung findet ihren abschließenden Höhepunkt in den letzten Worten des Märtyrers, die hier aber nicht als typisches Sterbegebet formuliert sind mit Rechenschaftsbericht über das bisherige Leben und (Für)Bitte[2], sondern als individuelles Danklied (MartPol 14,2 a: εὐλογῶ σε, ὅτι ...): »Polykarp dankt Gott, daß er in der Schar der Märtyrer ... trinken darf den Leidenskelch Christi ...«[3]

---

[1] Vgl. nur die umfassenden Literaturhinweise und die Wiederaufnahme des Abdrucks von MartPol ab Kap. 14 bei BAUMEISTER, Genese, 78 ff.

[2] Vgl. z.B. Lk 2,29–32; Lk 23,46; Joh 17; Act 7,59f. – Vgl. BERGER, Formgeschichte, § 69,7.

[3] LIETZMANN, Bruchstück, 57.

Schon zuvor war der Bischof als exemplarisch Betender dargestellt[4] - das allein schon spricht für die literarische Integrität von MartPol 14 (s. u.). Damit wird das Martyrium vor der eigentlichen Hinrichtung zum einen theologisch gedeutet, insbesondere als Teilnahme am Leiden Christi (vgl. MartPol 6,2: Χριστοῦ κοινωνός / MartPol 1,1; 4; 19,1: κατὰ τὸ εὐαγγέλιον) sowie als Gott wohlgefälliges Opfer, zum anderen für die Kultgemeinde gottesdienstlich in der Eucharistie liturgisch erfahrbar gemacht.

Auf Liturgie weisen neben den vielfältigen Bezügen zu anderen frühchristlichen liturgischen Texten (vgl. Exkurs zur Traditionsgeschichte) u. a. hin: ποτήριον als term. techn. der Eucharistie, die alte παῖς θεοῦ-Titulatur, synonyme Ausdrücke und die Drei-Zahl (αἴνω, εὐλογῶ, δοξάζω).[5] Das vom Bischof formulierte oder wohl eher ihm in den Mund gelegte[6] Gebet hat eucharistisches Gepräge[7]: »Polykarp spricht eine Danksagung, für die eucharistische Formen auf die spezielle Situation des Martyriums zugeschnitten worden sind.«[8] Schon das zweistündige inspirierte Gebet in MartPol 7,3 »ist wegen des Motivs des Mahls ... als Tischgebet zu denken, dessen Bittgebet um die Kirche, wie wir es aus Did 9,4; 10,5 kennen, ebenfalls erwähnt wird, 8,1: μνημονεύσας ...«[9] Insofern erweist sich MartPol 14 kontextuell vorbereitet, zumal schon MartPol 13 eucharistische Anspielungen enthielt. Auch die Aussagen zur Märtyrer-Verehrung in MartPol 17,1 verwenden Begriffe, die an die Eucharistie erinnern, MartPol 8,1 spricht vom Großen Sabbath, eine Anspielung an Passa, und MartPol 15,2 schließlich beschreibt das Verbrennen Polykarps ebenfalls mit eucharistischen Bezügen.[10] MartPol 14 repräsentiert in seinem typischen Aufbau die smyrnäische Liturgie des 2. Jhdts.[11]

*Literarkritisch* wurde das Gebet in MartPol 14[12] nur ansatzweise problematisiert. Während die Forschung den literarkritischen Operationen H. v. Campenhausens (zu MartPol 4) weitgehend gefolgt ist, ist eine Interpolationshypothese J. A. Robinsons zum Gebet in MartPol 14 zu Recht durchgängig abgelehnt worden.[13] Berechtigterweise erkannte Robinson zunächst eine deut-

---

[4] MartPol 5,2: Gebet mit Vision / 7,2: Gebet in Anwesenheit der Verfolger / 14: Dankgebet. - Also dreimal - wie Jesus in Gethsemane. - Vgl. DEHANDSCHUTTER, MartPol, 154.

[5] Vgl. zur Drei-Zahl: Num 6,24 ff.; 1 Clem 59,3; Did 8,2. Vgl. REUNING, Erklärung, 31 f.

[6] Vgl. BAUMEISTER, Genese, 79 Anm. 1: »Der Verf. legt Polykarp ein Gebet in den Mund, das jener gesprochen haben könnte, das er jedoch nicht genau kennen konnte.«

[7] Vgl. TRIPP, Prayer, 98: »... that it does indeed reflect a formative stage in the development of anaphoral prayer ...«

[8] BAUMEISTER, Anfänge, 299. Vgl. BAUMEISTER, Art. Gebet, 62 / LIETZMANN, Bruchstück, 57. - Das Gebet ist strukturell mit den Gemeindegebeten in 1 Clem 59 ff. und Did 9 f. verwandt, vgl. ROBINSON, Hodayot-Formel.

[9] ROBINSON, Hodayot-Formel, 213.

[10] Vgl. TRIPP, Prayer, 102 f.

[11] Mit LIETZMANN, Bruchstück / BARNARD, Defence / TRIPP, Prayer gegen ROBINSON, Apostolic Anaphora. - Vgl. dazu die formkritische Analyse.

[12] Zur Forschungsgeschichte vgl. DEHANDSCHUTTER, MartPol, 145 Anm. 379.

[13] Vgl. SAXER, Authenticite, 988: »Il y a peu à dire de la prière de Polycarpe (ch. 14), la thèse

liche liturgische Prägung des Gebets in MartPol 14; »illustrating the Prayer from liturgical sources«.[14] Robinson zeigt zahlreiche Parallelen zum (Dank-) Gebet Polykarps auf und rekurriert insbesondere auf den Titel ὁ παῖς σου[15], der als alter messianischer Titel nur in »very earliest liturgical forms«[16] auftauche: »But we see a constant tendency to eliminate it« (durch den Titel ὁ μονογενὴς υἱός).[17] Robinson findet die liturgischen Parallelen »among the earlier rather than among the later formulae«.[18]

H. Lietzmann bestätigt Robinson, indem er in formkritischem Vergleich MartPol 14 als »ein liturgisches Bruchstück des zweiten Jahrhunderts« erkennt[19], das der Vorbereitung auf das Abendmahl diente und für den Kontext des MartPol aufbereitet wurde, etwa durch die Einfügung von ἐν ἀριθμῷ τῶν μαρτύρων in das eucharistische Gebet.[20] »Eine Vergleichung der uns erhaltenen Liturgien zeigt, daß wir es wahrscheinlich mit einem der kirchlichen Liturgie entnommenen Gebet zu tun haben, das durch nur leichte Umänderungen dem Zwecke des Schriftstellers angepaßt ist. Als sicheres Resultat ergibt sich, daß zum mindesten Bruchstücke aus Gebeten verwendet sind, die ihren Platz in den Meßgebeten in der Gegend der Konsekrationssprüche hatten.«[21]

Fraglich erst wurde Robinsons Verschärfung seiner These[22], Polykarps Gebet sei aufgrund der Doxologie als eine spätere Hinzufügung des 3. Jhs. zu werten.[23] Die Doxologie δι' οὗ σοὶ σὺν αὐτῷ καὶ πνεύματι ἁγίῳ δόξα begegne ansonsten nur in der äthiopischen Liturgie. Mithin stehe MartPol 14 ziemlich alleine und könne nicht im 2. Jh. verfaßt sein[24]; denn die dreifaltige Doxologie

---

critique de J. A. Robinson n'ayant pas été reprise par M. von Campenhausen et ayant reçu en son temps la réponse qu'il fallait.« Ähnlich CONZELMANN, Bemerkungen, 18: »Kap. 14 stellt kein literarkritisches Problem.«

[14] ROBINSON, Echoes, 65.

[15] Vgl. ROBINSON, Echoes, 67: »›servant‹ and not … ›son‹«, wie Did 9,2 in der Parallelität David-Jesus deutlich ergibt. Vgl. auch JEREMIAS, Art. παῖς, 701.

[16] ROBINSON, Echoes, 67. Vgl. JEREMIAS, Art. παῖς, 700: »Eine überraschende Bestätigung des hohen Alters der Prädikation liefert endlich ihre Geschichte in der alten Kirche.«

[17] ROBINSON, Echoes, 69.

[18] A. a. O., 72.

[19] LIETZMANN, Bruchstück. Ähnlich REUNING, Erklärung, 31 f.: der liturgische Charakter des Stückes stehe aufgrund der synonymen Ausdrücke und der Dreizahl außer Zweifel: »Es hat von Anfang an in der vorliegenden Form im Text gestanden; denn es ist … einheitlich überliefert und bildet auch in sich eine Einheit.«

[20] Vgl. REUNING, Erklärung, 38 f.

[21] LIETZMANN, Bruchstück, 57. Vgl. BAUMEISTER, Anfänge, 299: »Das Gebet als ganzes hat eucharistisches Gepräge. Polykarp spricht eine Danksagung, für die eucharistische Formen auf die spezielle Situation des Martyriums zugeschnitten worden sind.«

[22] Vgl. ROBINSON, Apostolic Anaphora.

[23] Zustimmend z. B. CAMELOT, Ignace, 207 Anm. 2.

[24] Vgl. ROBINSON, Apostolic Anaphora, 102: »… was not written within the limits of the second century«. Ähnlich STUIBER, Art. »Doxologie«, 217: »Im Polykarpmartyrium endigt das Gebet des Polykarp mit einer Doxologie des Typus διὰ … δι' οὗ, aber nach der Textüberlieferung mit der Einfügung σὺν αὐτῷ καὶ πνεύματι ἁγίῳ, die wohl erst dem 4. Jh. angehören kann.«

mit καὶ πνεύματι ἁγίῳ entfalte sich erst später. Euseb liest übrigens ἐν πνεύματι statt καὶ πνεύματι (h. e. 4, 15,35), was Tyrer[25] für ursprünglich hält, wogegen aber die Handschriften sprechen. Hingegen gilt für Robinson: »It is not in this direction that I look for the solution of the difficulty.«[26] MartPol 14 diente Euseb als Vorlage.[27] Und die Lesart καί ist »zeker niet onmogelijk voor de tijd van Polycarpus.«[28]

Dieser These Robinsons einer späteren Einfügung des Gebets ist berechtigt widersprochen worden.[29] Es sprechen entscheidende Argumente dagegen (s. u.). Dennoch bleibt Robinsons Erstaunen über die dreifaltige Doxologie um 150 n. Chr.[30] beachtenswert: »ofschoon de gevallen die Tyrer aanhaalt interessant zijn, blijft de moeilijkheid van de omschrijving van de relatie van de Heilige Geest tot de Vader en de Zoon in de tweede eeuw bestaan en is het merkwaardig dat de doxologie van MPol daarin so apart staat.«[31] Dafür muß – über alle Argumente gegen Robinson hinaus – eine Erklärung gefunden werden.[32] Hier sollen zunächst die wichtigsten Gegenargumente gegen Robinsons Interpolationshypothese genannt und dann ein eigener Erklärungsversuch für die erstaunliche Konglorifikation des Hl. Geistes vorgebracht werden.

Zunächst: Robinson kann seine Interpolationshypothese nur an **einem** Satz des Gebets festmachen: »... to point to one clause of Polycarp's Prayer which, I am now convinced, was not written within the limits of the second century.«[33] Es geht also nur um den einen Satz der den Hl. Geist konglorifizierenden Doxologie. Ansonsten sprechen die Ergebnisse der früheren Arbeiten Robinsons eher gegen seine spätere These: Die liturgischen Relikte sind früh und passen insofern zum frühen MartPol. Mit Recht erkannte Lietzmann unabhängig von Robinson in ihnen denn auch »ein liturgisches Bruchstück des **zweiten** Jahrhunderts.« Das bestätigt auch der im Gebet offenbar betont zu Beginn und Ende aufgenommene παῖς- / Knecht-Titel Christi. Der παῖς-Titel ist häufig, in der Alten Kirche ausschließlich in liturgischen Gebeten belegt.[34] Er »hat in der Heidenkirche ... nur als früh erstarrte liturgische Formel, die im eucharistischen Gebet, in der Doxologie und im Bekenntnis verankert war, fortgelebt.«[35] Wenn auch Tradition, so wird es sich hier – wie zumeist – um

---

[25] Prayer, 391.

[26] ROBINSON, Doxology, 144.

[27] Vgl. DEHANDSCHUTTER, MartPol, 37.

[28] A. a. O., 146.

[29] U. a. von TYRER, Prayer / SCHOEDEL, MartPol, 70 / BARNARD, Defence, 200–203.

[30] Vgl. ROBINSON, Doxology, 144: »... but even so its appearance in the year 156 is to me no less than amazing.«

[31] DEHANDSCHUTTER, MartPol, 145 Anm. 379.

[32] Schon ROBINSON, Doxology, 144, hatte sich eine Erklärung wohl nur aus einer »new examination« des »Martyrdom as a whole« versprochen.

[33] ROBINSON, Apostolic Anaphora, 102.

[34] Vgl. JEREMIAS, Art. παῖς, 698 und 700.

[35] A. a. O., 701.

bewußt aufgenommene Tradition handeln; das bestätigt implizit sowohl die Gesamtintention des MartPol wie auch explizit die bewußte Aufnahme des παῖς-Titels (neben μονογενής!) in die Schluß-Doxologie des Briefes (MartPol 20,2), (wodurch indirekt bestätigt wird, daß der Brief ursprünglich mit MartPol 20,2 beendet war). In MartPol 21 begegnet nur mehr der κύριος-Titel.

Christus fordert als παῖς die Nachfolge und Nachahmung (μιμητής) bis ins Martyrium. Der Titel ist in diesem Martyriumskontext spezifisch theologisch gewählt und besetzt und dient der dem MartPol ureigenen κατὰ τὸ εὐαγγέλιον-Intention. Der παῖς θεοῦ soll zur Nachahmung innerhalb aller Bedrohung ermutigen: »Und jetzt, Herr, sieh auf ihre Drohungen und verleihe deinen Knechten, dein Wort mit aller Freimütigkeit zu verkündigen.« (Act 4, 29). »Theologisch kann man festhalten, daß die παῖς-Lehre die charakteristischen Züge der Niedrigkeit und Verborgenheit Jesu, seine Messianität der Barmherzigkeit und seine Vollmacht aus der Einheit mit dem verborgenen Vater heraus sichtbar werden läßt.«[36] Insofern kann die παῖς-Titulatur eine große Rolle spielen »in der urchristlichen Paränese und der Märtyrerliteratur. Jesus als der leidende Gottesknecht wird, wie jeweils der Kontext zeigt, als Vorbild des Dienens (Mk 10,45par), der Selbstlosigkeit (Phil 2, 5–11), des willigen, unschuldigen Leidens (1 Pt 2, 21–25) und der Demut (1 Cl 16, 1–17) hingestellt. Insbesondere der Märtyrer ist der vollkommene Nachahmer des Gottesknechts (IgnEph 10,3 / Eus. h. e. V 1, 23; V 2,2).«[37] Das trifft auch im Hinblick auf MartPol zu, und zwar insbesondere im Hinblick auf die Selbstlosigkeit, vgl. Phil 2,4 / MartPol 1,2: μὴ μόνον σκοποῦντες τὸ καθ᾽ ἑαυτούς, ἀλλὰ καὶ τὸ κατὰ τοὺς πέλας, vor allem in der Auseinandersetzung mit montanistischem Selbstruhm. J. N. Bremmer[38] hat deutlich gezeigt, wie wichtig die imitatio Christi und der Bezug auf einen menschlichen, erniedrigten Christus hinsichtlich des Sieges einer orthodoxen Christenheit über doketische Anschauungen unter Bezug auf die Märtyrerakten gewesen ist. Der Märtyrer ist außerdem »Knecht« des Herrn ( MartPol 9,3: δουλεύω αὐτῷ) wie der Herr παῖς Gottes ist. Jeweils liegt ein Herr-Knecht-Schema zugrunde, das heidnischem Henotheismus entspricht.[39] MartPol 14 mit seiner, wenn auch liturgisch erstarrten, aber doch wiederaufgenommenen παῖς-Titulatur paßt sich auch von daher schlüssig in das Textganze ein und stellt keine sekundäre Interpolation dar.

Aber nicht nur durch den παῖς-Titel ist das Gebet in MartPol 14 theologisch und literarisch organisch mit seinem Kontext verknüpft: Polykarp wird im MartPol mehrfach als Beter dargestellt (MartPol 5,1 / 7,2), – wie auch Jesus vor seinem Kreuzestod als Beter gezeichnet ist. Und da Polykarp sein Ver-

---

[36] BÜHNER, Art. παῖς, 14.
[37] JEREMIAS, Art. παῖς, 709.
[38] Christianus sum, bes. 12 Anm. 3.
[39] BREMMER, Christianus sum, 18 ff.

halten und Martyrium eben κατὰ τὸ εὐαγγέλιον ausrichtet, »so kann es nicht
Wunder nehmen, daß sein Tod als Opfer aufgefaßt wird.«[40] Insofern ist auch
der Opfergedanke des Gebets organisch im MartPol verankert.

Auch ansonsten ist MartPol 14 semantisch im Brief fest verankert: παντοκράτωρ (14,1 / 19,2), πατήρ (inscr. / 14,1 / 19,2), εὐλογεῖν (14,2.3 / 19,2),
ἀφθαρσία (14,2 / 17,1 / 19,2), δοξάζειν (14,3 / 19,2 / 20,1). Es spricht also
textimmanent nichts für den Verdacht einer Interpolation des Gebets in
MartPol 14.

Aber auch textextern lassen sich keine zwingenden Argumente für eine
sekundäre Einfügung von MartPol 14 feststellen: Tyrer belegt – wenn auch
spärlich – frühe dreifache Doxologien, die ihn zu der These führen: »Hence
we may infer that when he wrote (150–155) the threefold doxology was
already established in the public prayers of the Church, so that there is no
difficulty in supposing that St Polycarp may have used it at the time of his
martyrdom (155 or 156).«[41] Auch Barnard[42] folgert aus verschiedenen Text-
vergleichen (JustApol 65 / 1 Clem 58,2 / Did 9 / 1 Clem 59 / Hippolyt
Contr.Haer.Noet 18 / Clemens Paed. 3,12.101) »that the use of the threefold
doxology was established in the Church by the mid-second century.« »It
would seem unlikely that Polycarp's Prayer in Ep.Smyrn. 14 is a third-century
production in view of these second century, and even late-first century,
parallels.«[43]

Trotz all dieser Gegenargumente gegen Robinsons Interpolationshypothese
muß eine Erklärung für die erstaunliche dreifache Doxologie gegeben werden.
Zunächst ist, worauf Reuning[44] verweist, das ganze Gebet durch die Dreizahl
geprägt. »The threefold nature of much of the prayer deserves notice.«[45]
Darüber hinaus aber ist die Nennung des Hl. Geistes sinnvoll in einem
(anti-)montanistischen Kontext, in dem man sich auf Eingebungen durch den
Hl. Geist beruft. Dabei wird der Hl. Geist hier kritisch zurückgebunden an
Jesus Christus, der mit dem παῖς-Titel belegt ist, der »der Heidenkirche …
wegen seiner Niedrigkeit von Anfang an anstößig«[46] war. MartPol versucht
dabei, auch gerade den **katholischen** Bischof als geistbegabt darzustellen:
MartPol 5,2 / 12,3. Die ἀφθαρσία πνεύματος ἁγίου wird dabei aber bewußt
zurückgebunden ἐν τῷ ποτηρίῳ (des **Leidens**!) τοῦ Χριστοῦ (MartPol 14,2).
Diesem kritisch-theologischen Interesse vermag die trinitarische Doxologie
zu dienen.

---

[40] LIETZMANN, Bruchstück, 56.
[41] TYRER, Prayer, 390. Ähnlich SCHOEDEL, MartPol, 70 f.: »There seems to be no clear
evidence that elements in the prayer are beyond the range of possibilities in the middle of the
second century.«
[42] Defence, 200.
[43] A. a. O., 203.
[44] Erklärung, 31 f.
[45] SCHOEDEL, MartPol, 71. Vgl. PRETE, ›Confessioni Trinitari‹.
[46] JEREMIAS, Art. παῖς, 701.

Insgesamt kann mit Dehandschutter[47] geschlossen werden: Das Gebet in MartPol 14 »is op geen enkele wijze een bewijs van secundariteit.« »MPol is dus niet een onpersoonlijk verslag over de marteldood van een aantal mensen. De feiten worden verhaald in het licht van een christelijke reflectie die naar bijbelse motieven en formuleringen teruggrijpt. Het gebed van Polycarpus in 14 vormt geen uitzondering: wat is natuurlijker dan dat de auteur Polycarpus' woorden laat aansluiten bij bekende liturgische formules? Dit is op geen enkele wijze een bewijs van secundariteit, wel van het feit dat de schrijver zich bewust is een bepaald literair genre te beoefenen.« In einem tendenziös christologischen Text ist das Gebet sinnvoll – in einem historistischen Tatsachenbericht über den Tod einiger Märtyrer wäre das hingegen nicht der Fall: »this particular prayer looks more like a piece of liturgy than VERBA IPSISSIMA.«[48] Insofern ist MartPol 14 auch ein formkritisches Indiz für den kerygmatisch-christologischen Charakter des MartPol. MartPol hat eben kein historisierendes Interesse an verba ipsissima – ebensowenig wie die Evangelien. Was für die Evangelien formkritisch erkannt ist, sollte – mit einiger Verzögerung ! – nun auch (gegen H. v. Campenhausen u. a.) im Hinblick auf die Märtyrerliteratur realisiert werden.

Darüberhinaus wird im Gebet die »überragende Christozentrik«[49] des MartPol deutlich, z. B. wird der Beiname εὐλογητός hier erstmalig anstatt auf Gott auf Christus angewandt.[50] Christusfrömmigkeit in Form einer Passionsmystik drückt sich aus »in der Auffassung vom Martyrium als der Hochform der Nachfolge Christi«[51], vgl. MartPol 6,2: Χριστοῦ κοινωνός. Gerade die in allen Märtyrergebeten betonte Christusorientierung[52] zeigt, wie konstitutiv die κατὰ τὸ εὐαγγέλιον-Stilisierung des MartPol ist; sie ist ebensowenig sekundär wie das Gebet MartPol 14.

*Formkritisch* setzt sich MartPol 14 zusammen aus dem fortgesetzten Märtyrerbericht (14,1 a)[53] verbunden mit einer kommentierenden[54] Deutung des Geschehens (14,1 b: ὥσπερ ... ) und dem individuellen, aber liturgisch geprägten Dankgebet des Todgeweihten (14,1 c–3)[55] mit dem klassischen Aufbau: Anrede (14,1 d), Eulogie-Grund (14,2) und Doxologie (14,3). Der Todgeweihte dankt dafür, daß Gott ihn diesen Tag hat sehen lassen (vgl. Lk 2,29–32).[56]

---

[47] MartPol, 154.
[48] SCHOEDEL, MartPol, 70.
[49] BAUS, Gebet, 29.
[50] Vgl. REUNING, Erklärung, 33.
[51] BAUS, Gebet, 29.
[52] Vgl. dazu BAUS, Gebet, 23 ff. / SEVERUS, Art.»Gebet«, 1196 ff.
[53] Vgl. BERGER, Formgeschichte, § 97.
[54] Vgl. a. a. O., § 70.
[55] Vgl. a. a. O., § 69.5 b / BERGER, Gattungen, 1372.
[56] Vgl. BERGER, Canticum.

MartPol 14 bildet ab 14,1 b eine für MartPol typische Kommentierung des Geschehens (vgl. 1,1 b; 1,2 b; 3,1; 6,2) auf einer Meta-Ebene, die direkteren Kontakt zu den Rezipienten herstellt[57] und ihnen ermöglicht, das Gebet unmittelbar auf sich zu übertragen. Das Gebet ist mithin mehr als nur Ich-Rede und religiöses Selbstzeugnis[58] des Bischofs, als Gebetswort vor dem Tod nicht nur typisches Element des Märtyrerberichts, der das vorbildliche Sterben darstellen will[59], also nicht nur biographisch-historisch interessiertes ultimum verbum[60] und wohl kaum ipsissima vox des Bischofs auf dem Scheiterhaufen, sondern als testamentarisches Reden[61] »biographisch und symbouleutisch zugleich«.[62] Die Rezipienten sollen überzeugt und ermuntert werden zum eigenen Dankgebet in der Situation des Leidens und die Martyriumssituation als Christusnachfolge (Teilhabe am Leidenskelch Christi) und als Gott wohlgefälliges Opfer theologisch in der Hoffnung auf die Auferstehung deuten. Der παῖς θεοῦ soll – eucharistisch vermittelt – zur Nachahmung in aller Bedrohung und zur Einheit und Gemeinschaft der Gemeinde in Gebet und Sakrament ermutigen.

Formkritisch zu vergleichen sind mit MartPol 14 zahlreiche und vielfältige Texte (vgl. Exkurs zur Traditionsgeschichte): neben den Dankgebeten in der lukanischen Vorgeschichte (Lk 1,46–55; 68–75; 2,29–32) sind in dieser Tradition vor allem die alttestamentlichen Dankopferpsalmen (תּוֹדָה) als »Danklieder des Einzelnen«[63] mit der ihnen eigenen Toda-Formel von Bedeutung, daneben die Dankgebete und »Hymnen« in Eph 1,3–23; Kol 1,12–20; 1 Petr 1,3–7[64], außerdem die Eucharistiegebete bei den Apostolischen Vätern (Did 9 f.; 14; 1 Clem 59–61)[65] sowie des 2.–4. Jhdts[66], die in jüdischer Gebetstradition wurzeln.[67] Daneben die Gebete in entsprechender Märtyrersituation: das Abschiedsgebet Jesu in Joh 17; 4 Makk 6,27–29 und Dan 3LXX 26–45[68]

---

[57] Vgl. BERGER, Formgeschichte, 22; 247.
[58] Vgl. a. a. O., 272.
[59] Vgl. a. a. O., 337.
[60] Vgl. a. a. O., 349.
[61] Vgl. a. a. O., § 24.
[62] A. a. O., 75.
[63] Vgl. z. B. folgende Texte: 1 Sam 2,1–10; Jes 12,1 f.; Jes 38,10–20; Jon 2,3–10; Hiob 33,27 f.; Ps 30; 32; 41; 66,13–20; 116; 118; 138; 1 Chr 29,10; 2 Chr 6,4; Jdt 3,17; JesSir 51,1–12; Tob 3,11; 8,5.15–17; 1 Makk 4,30; PsSal 15; 16; OdSal 25; 29; 1 QH 2,20 f.; 2,31; 3,19; 3,37; 4,5; 5,5; 7,6; 11,3; vgl. CRÜSEMANN, Hymnus und Danklied, 210–284 / GUNKEL, Einleitung, 265 ff. / WESTERMANN, Loben Gottes, 76 ff. / ROBINSON, Hodayot-Formel. – Die Toda-Formel im NT: Mt 11,25 par; Lk 10,21; Joh 11,41.
[64] Vgl. dazu GAMBER, Sacrificium, 38–48.
[65] Vgl. a. a. O., 26–51.
[66] Vgl. a. a. O., 52–79, z. B.: Traditio Apostolica Hippolyts; Const. Apost VIII; Didascalia Apostolorum 57,1–58,5; Just, Dial. 41,1; Just, Apol. I,65;67; Serapion-Anaphora; einige koptische Ostraka (vgl. dazu GAMBER, Ostraka).
[67] Vgl. die jüdische Berakha, z. B. Neh 9; Jubiläen 22,6–9, vgl. GAMBER, Sacrificium, 27–32.
[68] Leider fehlen in den Bibelstellen-Apparaten der Ausgaben von BIHLMEYER, Apostolische

(Gebet Asarjas) und Dan 3LXX 51–90 (Hymnus der drei Männer). »Wie Eleazar nach 4 Makk 6,27–29 spricht auch Polykarp im Feuer ein Gebet (...). Von einem solchen Gebet handelt ebenfalls Dan 3 in den griechischen Fassungen. Es scheint nun speziell zwischen Dan 3,39 f. und der dem Gebet des Polykarp vorangestellten Einleitung in Mart.Pol. 14,1 eine Beziehung zu bestehen.«[69] Insgesamt aber ist die Ausführlichkeit des Gebets Polykarps «ohne Parallele in der alten Martyrienliteratur«[70], so daß die entsprechenden Märtyrergebete an ähnlicher Stelle (ActCarpi 41; MartPionii 21,7 ff. u.ö.) als sehr kurze Gebete kaum wirklich formkritisch von Bedeutung sind. MartPol 14 wurzelt sehr viel stärker in der altkirchlichen Liturgie und (eucharistischen) Mahlgebeten aus jüdischer Tradition[71] als in vergleichbaren Märtyrerabschiedsgebeten. »... this particular prayer looks more like a piece of liturgy than *verba ipsissima*. The above parallels indicate that it is at least closely related to the liturgical tradition and may have Eucharistic affinities in particular.«[72] »Die innere Struktur, die allen Eucharistiegebeten eigen ist, von den ersten schriftlichen Zeugen (etwa der Didache) über Hippolyt von Rom bis hin zu unseren Präfationen, finden wir im hymnischen Gebet Polykarps wieder. Der Grundton ist Dank, zentrales Thema der Tod des Herrn, das Werk der Erlösung, das der Bischof von Smyrna in seinem Martyrium nachvollziehen darf, ist der Aufbau ist trinitarisch. Der Vater steht am Anfang, ihm gilt die Anrede; dann wendet sich das Gebet an ›seinen (des Vaters) Christus‹, unseren einzigen Mittler beim Vater. Am Ende steht schon fast dieselbe Doxologie, die wir später am Ende des bekannten Eucharistiegebets in Hippolyts Apostolischer Überlieferung finden ...«[73]

Die formkritische Betrachtung des eucharistischen Gebets in MartPol 14 bestätigt einen *Sitz im Leben* des MartPol in christlichen Gemeinden Kleinasiens, die in konkreter Verfolgungssituation des Vorbilds ihres Bischofs Polykarp durch Verlesung seines Martyriumsberichts im Gottesdienst und der Stärkung durch gemeinsames Gebet und Sakrament bedürfen. MartPol war zum Verlesen im Gottesdienst bestimmt[74], vgl. schon die erweiterte inscriptio καὶ πάσαις ταῖς κατὰ πάντα τόπον τῆς ἁγίας καὶ καθολικῆς ἐκκλησίας παροικίαις sowie den Hinweis auf den Märtyrergedächtnistag (MartPol 18,3).

---

Väter / CAMELOT, Ignace / BASTIAENSEN, Atti Hinweise auf die bedeutsamen Parallelen in Dan 3,39 f.LXX.

[69] BAUMEISTER, Anfänge, 298.

[70] REUNING, Erklärung, 31.

[71] Zum Einfluß jüdischer Tradition auf die liturgischen Formulierungen vgl. ROBINSON, Hodayot-Formel / KILMARTIN, Sacrificium / TALLEY, Berakah / GAMBER, Sacrificium / CRÜSEMANN, Hymnus und Danklied, 210–284.

[72] SCHOEDEL, Fathers, 70 f.

[73] KETTEL, Martyrium, 37 f.

[74] Vgl. Just., Apol. I,67. Vgl. HAMMAN, Erste Christen, 44. Möglicherweise im Zusammenhang mit dem Jahrgedächtnis des Martyriums, vgl. MartPol 18,3 (vgl. dazu HAMMAN, Prière II, 126).

Zu diesem Zweck enthält MartPol ein liturgisches[75] Gebet für die Eucharistiefeier. Kritisch gegen die Annahme eines solchen Sitzes im Leben äußert sich exemplarisch grundsätzlich Berger; es gehöre »zu den großen Mißlichkeiten in der klassischen Formgeschichte, immer wieder auf Liturgie als den Sitz im Leben« (für Gebete) verweisen zu müssen, »ohne liturgische Formulare aus dieser Zeit zu besitzen.«[76] Er hält die vermeintlichen Indizien für nicht spezifisch liturgisch, sondern zunächst einmal für einen Kommentar des Autors zu seinen eigenen Worten auf anderer Sprachebene: »nicht jedes in einem neutestamentlichen Text vorkommende Gebet ist damit auch schon Wiedergabe eines entsprechenden liturgischen Gebetes.«[77] In MartPol aber sind die Indizien für einen liturgischen Gebrauch so stark, daß wir es nicht nur, aber auch(!), mit einem Gebet auf redaktioneller Ebene des Verfassers zu tun haben, das dieser sehr bewußt und geschickt in seinen jetzigen Martyriumskontext aufgenommen hat.

Schon die Katakomben bezeugen, daß an Märtyrergräbern die Eucharistie gefeiert wurde. Für MartPol erweist sich ferner der auch ansonsten vielfältig belegte ignatianische Hintergrund als bedeutsam; die enge Verbindung von Martyrium, Opfer und Eucharistie[78] belegt früh IgnRöm 2,2 und 4,1, wo das Martyrium selbst als Eucharistie-Opfer verstanden ist: πλέον δέ μοι μὴ παράσχησθε τοῦ σπονδισθῆναι θεῷ, ὡς ἔτι θυσιαστήριον ἕτοιμόν ἐστιν, ἵνα ἐν ἀγάπῃ χορὸς γενόμενοι ᾄσητε τῷ πατρὶ ἐν Χριστῷ Ἰησοῦ, ὅτι τὸν ἐπίσκοπον Συρίας κατηξίωσεν ὁ θεὸς ... (Gewährt mir nicht mehr als Gott geopfert zu werden, solange noch ein Altar bereitsteht, damit ihr in Liebe einen Chor bilden und dem Vater in Christus Jesus lobsingen könnt, weil Gott den Bischof von Syrien gewürdigt hat ...). ἄφετέ με θηρίων εἶναι βοράν, δι᾽ ὧν ἔνεστιν θεοῦ ἐπιτυχεῖν. σῖτός εἰμι θεοῦ καὶ δι᾽ ὀδόντων θηρίων ἀλήθομαι, ἵνα καθαρὸς ἄρτος εὑρεθῶ τοῦ Χριστοῦ. (Laßt mich ein Fraß für Bestien sein, durch die es möglich ist, zu Gott zu gelangen! Weizen Gottes bin ich und durch die Zähne von Bestien werde ich gemahlen, damit ich als reines Brot Christi erfunden werde.) Um 235 n.Chr. begreift Origenes (Exhort. ad mart. 28) dann unter Berufung auf Ps 115 das Martyrium als die letzte Konsequenz aus dem eucharistischen Opfer. Gottes Wohltaten können demnach nicht besser aufgewogen werden als durch das Martyrium und die eucharistische Danksagung für den Tod des Herrn führt zu realem Nachvollzug.

Von Ignatius her zeigt sich damit auch die Problematik eines Dranges zum Martyrium auf, wie es noch MartPol 4 explizit reflektiert.[79] Vielleicht fällt

---

[75] Vgl. ROBINSON, Echoes, 72: »... the prayer of St. Polycarp, whether it be the actual utterance of the Martyr, or whether it be only put into his lips by the martyrologist, is full of echoes of the liturgical language of the Church.«

[76] Gattungen, 1336f.

[77] A.a.O., 1371.

[78] Vgl. LAWYER, Eucharist and Martyrdom.

[79] Vgl. BUSCHMANN, MartPol 4 und der Montanismus.

von der engen Verknüpfung von Martyrium, Eucharistie und Opferbereitschaft her auch neues Licht auf die Gegensätze in den kleinasiatischen Gemeinden, wie sie die Ignatius-Briefe dokumentieren.[80] Immerhin ist das eucharistische Gebet in MartPol 14 an den Bischof(!) und Märtyrer Polykarp
gebunden. Die ignatianischen Gegner in Smyrna lehnen bekanntlich die realistische Auffassung der Eucharistie und den monarchischen Episkopat incl.
der vom Bischof geleiteten Eucharistie ab. Robinson[81] hat ausgehend vom
Problem der Glossolalie in 1 Kor 12–14 als Problem enthusiastischer Danksagung daraufhingewiesen, daß die Festlegung des Gedankengangs der Dankgebete, die nach Kol 3,15 f. als geistgewirkt zu gelten haben, (etwa in Did
9 f., wobei Did 10,7 den Propheten ausdrücklich Freiraum für ihre Gebete
einräumt) zu deren Kontrolle führt, so daß schließlich derjenige, der nicht
nach den gegebenen Weisungen dankt, sondern falsche Lehre bietet, nicht
das Dankgebet sprechen darf (vgl. ApostConst 7,28,1 f.). »Das Endergebnis
dieser Tendenz, das enthusiastische Danken zu kontrollieren, war schließlich
die Unterdrückung des Hymnus.«[82] MartPol 14 könnte mit seiner Festlegung
des Dankgebets und in antimontanistischer Auseinandersetzung solche antienthusiastische Tendenz begünstigt haben; verglichen mit 1 Clem 59 ff. enthält
es jedenfalls auffällig wenig hymnische Elemente. Der Stil des Gebets ist
gediegen, aber geradlinig mit klarem Gedankenfortschritt und ohne Überschwang. Das Dankgebet wird an den Bischof gebunden; auch nach 1 Clem
44,4 haben in Korinth bisher (nur) die Episkopen untadelig und fromm die
Opfergaben dargebracht (vgl. 1 Clem 40,2.4).

**14,1 a:** Bei gleichzeitiger, im MartPol üblicher, Anspielung an die Passion
Christi κατὰ τὸ εὐαγγέλιον durch das »Annageln« wird dennoch die notwendige Distanz zum Herrn (vgl. MartPol 17,2 f.) gewahrt; Polykarp wird »nur«
gebunden.[83] Nur durch das Binden gelingt der Bezug zur Opfervorstellung
des gebundenen Widders in 14,1 b (… προσδεθείς, ὥσπερ κριὸς …), die für
den Verfasser in ignatianischer Tradition die zentrale Deutekategorie für
Martyrium wie Eucharistie bildet.

**14,1 b:** Zwar mag das Bild des Opfertieres auch eine schwache Anspielung
an das Opferlamm Jesus Christus bilden.[84] Jedenfalls spielt das Bild auch auf
die Passa-Tradition (Ex. 12) an.[85] Wichtiger aber ist wohl der Opfergedanke

---

[80] Vgl. besonders: IgnSm 5,1 f.; 7,1; IgnPhil 4; IgnEph 5,2; vgl. Did 10,7; 11,2. – Vgl.
MEINHOLD, Schweigende Bischöfe, 470. Dagegen VOGT, Ignatius.

[81] Hodayot-Formel, 221–235.

[82] A. a. O., 235

[83] Zu den eher unerheblichen textkritischen Varianten in MartPol 14 wie etwa hier ἔδησαν
oder προσέδησαν vgl. DEHANDSCHUTTER, MartPol, 95 ff.

[84] Vgl. LIETZMANN, Bruchstück, 56: »… κατὰ τὸ εὐαγγέλιον, d. h. als Nachbildung der Passion
Christi dargestellt: so kann es nicht Wunder nehmen, daß sein Tod als Opfer aufgefaßt wird.«

[85] Vgl. schon MartPol 8,1: der Große Sabbat.– Zum Passa: vgl. Melito v. Sardes, Fragm. IX.
– Vgl. KRETSCHMAR, Christliches Passa.

an sich, mit dem das Martyrium kommentierend gedeutet wird. Der Opfergedanke eignet schon traditionell dem zugrunde liegenden eucharistischen
Gebet: ἐν θυσίᾳ πίονι καὶ προσδεκτῇ (14,2 b). Dafür spricht nicht nur die
schon bei Ignatius massiv ausgeprägte Vorstellung, sondern auch die Einleitung ins Gebet in MartPol 14,1 b, die eine redaktionelle Überleitung zu dem
im Gebet vorhandenen traditionellen Vorstellungskreis bildet. Wäre die Opfervorstellung erst redaktionelle Deutekategorie des Verfassers, dann müßte
sie auch außerhalb von MartPol 14 begegnen, θυσία, προσφορά, ὁλοκαύτωμα
und κριός finden sich aber nur in MartPol 14. Auch nimmt 14,1 b redaktionell
die traditionellen Begriffe aus 14,2 b auf bzw. umschreibt sie situativ präzi-
sierend: θυσία (14,2 b) – προσφορά / ὁλοκαύτωμα (14,1 b), προσδεκτῇ (14,2 b)
– δεκτόν (14,1 b), προητοίμασας (14,2 b) – ἡτοιμασμένον (14,1 b). Im jetzigen
Kontext bildet unzweifelhaft das Martyrium das eigentliche Opfer, was durch
die Verknüpfung des Martertodes Polykarps mit der Opferterminologie in
14,1 b sowie durch die Einfügung der Martyriumsthematik in das Eucharistiegebet in 14,2 b durch die Worte ἐν ἀριθμῷ τῶν μαρτύρων … ἐν οἷς
προσδεχθείην ἐνώπιον σου σήμερον erreicht wird. Während sich in den eucharistischen Gebeten in Did 9 f. der Opfergedanke nicht findet, aber im (redaktionellen) Did 14,1 f. die Eucharistie als Opfer bezeichnet wird[86], spielt
in MartPol 14 der Bezug auf die Passion Jesu Christi (ἐν τῷ ποτηρίῳ τοῦ
Χριστοῦ) die entscheidende Rolle für das Opferverständnis, das seit Ignatius
(u. a.: IgnRöm 2,2; 4,1 f.)[87] im Märtyrerkontext begegnet (vgl. MartLugd
5,1,36; ActCarpi 3,34; MartCononis 6,7; MartDasii 5,2; MartIren 2,4;
ActJoh 109). Dabei handelt es sich um eine »theologische Weiterentwicklung
des Märtyrer-Christus-Verhältnisses«[88] wie sie für MartPol mit der grundsätzlichen κατὰ τὸ εὐαγγέλιον-Stilisierung typisch ist. Die Opferidee, incl. des
Sühnegedankens, überträgt sich zunehmend von Christus auf die Märtyrer
(vgl. schon 2 Tim 4,6). Zunächst steht noch die Nachahmung im Vordergrund
(vgl. MartPol 17,2 f.), bei Ignatius das θεοῦ ἐπιτυχεῖν (IgnRöm 6,3; Eph 12,2;
Magn 14; Trall 12,2 u. ö.), späterhin die Sühnung (z. B. Clem Alex, Strom
4,75,1 f.; 87,2 / Orig, Exhort. ad mart. 30.37.39).[89] Anders als in Did 14 ist
in MartPol 14 ganz eindeutig, was unter προσφορά bzw. θυσία zu verstehen
ist: als Opfergabe in Form des Widders, des Brandopfers (14,1 b) und des
fetten Opfers (14,2 b) kann nicht das Gebet, sondern nur das Martyrium
selbst gemeint sein, was auch durch die enge Beziehung zum Gebet Asarjas
im Feuerofen im Septuaginta-Text von Dan 3,39 f.[90] belegt wird: »Mit zer-
knirschter Seele und demütigem Geist mögen wir angenommen werden, wie

---

[86] Wobei aber die Gebete als Opfer verstanden werden, vgl. WENGST, Didache, 53–57 /
NIEDERWIMMER, Didache, 237 ff.
[87] Vgl. CAMPENHAUSEN, Idee, 71 ff. / PAULSEN, Studien, 180–187 / BOMMES, Weizen Gottes.
[88] CAMPENHAUSEN, Idee, 93.
[89] Vgl. CAMPENHAUSEN, Idee, 95 ff.
[90] Vgl. dazu HENTEN, Jüdischer Einfluß, 720 f.

bei Brandopfern von Widdern und Stieren und wie bei tausenden von fetten Schafen, so möge unser Opfer heute vor dir sein ...« In Dan 3LXX erscheinen Martyium und Opfervorstellung verknüpft, Ignatius verbindet dann in seinem Sakramentsrealismus (IgnEph 20,2) explizit beides noch mit der Eucharistie (Ign Röm 2,2; 4,1 f.).

Wenn aber die Eucharistie so real als Opfer begriffen wird und symbolisch das Martyrium repräsentiert, dann besteht umgekehrt die Gefahr, im Streben nach dem realen Martyrium den höchsten Gottesdienst und die Vollendung der Eucharistie zu sehen, wie Ignatius Sehnsucht nach dem Martyrium (Ign-Röm 4,1-3) und Quintos Verhalten (MartPol 4), von MartPol kritisiert, gleichermaßen belegen.[91] Zugleich geht mit dem ignatianischen Verständnis der Eucharistie als Opfer und Martyrium die Abwehr des Doketismus einher; denn dieses Verständnis lebt in antidoketischer Absicht von der »Überzeugung, daß es die Realität des Sterbens Jesu bezeugt (IgnRöm 7,3) und Teilhabe an ihm und seinem Heilsweg schenkt (IgnRöm 4,1; 5,3; 6,3). Im Polykarp-Martyrium ist diese Deutung des Märtyrertodes aufgenommen ...«[92]

Das Bild des Schuld-Opferwidders aus einer Herde stammt aus Lev 5,15. Kretschmar[93] verweist von hier aus auf die Passatradition und erläutert vor dem Hintergrund der Fragmente des Melito von Sardes (fragm 9-11) das frühchristliche Martyriumsverständnis. Melito überträgt hier das Stichwort der »Bindung« (Aqedah) als Fesselung eines Tieres, das vor der Schlachtung an den Füßen gebunden wird, auf Isaak (Gen 22) bzw. Jesus. Während das Tier an vier Füßen gefesselt wird, bezieht sich die Bindung beim Menschen auf Hände und Füße. Für Melito ist die Aqedah Isaaks die Vorherbildung der Opferung Jesu. Abrahams und Isaaks (vgl. auch 4 Makk 13,12) Bereitschaft, Gottes Willen zu erfüllen, werden von Melito betont: Bereitwilligkeit (Fragm 9,17 f.), Unerschrockenheit (9,19 ff.), Standhaftigkeit (9,22), Freude (9,16).[94] Schon MartPol 8,1 b hat mit dem »Großen Sabbat« auf die Passa-tradition angespielt; EpistApost 15 bezeichnet die Eucharistie als »Gedächtnis seines Todes und als Passa«; im 2.Jhdt. bezeichnet Passa die christliche Eucharistie (Epiph., Haer. 42,11,15 / Ps.-Hippol., Hom. in s. pascha 40 / häufig: Origenes) und die damit verbundene Vergegenwärtigung von Tod und

---

[91] Vgl. HAMMAN, Erste Christen, 197: »Das Gebet des Polykarp auf dem Scheiterhaufen stellt bis in seine Ausdrucksform hinein das Martyrium als höchsten Gottesdienst und Vollendung der Eucharistie dar.« / CORSSEN, Begriff, 499: »Aber wenn man bedenkt, daß die Sakramente dem Gläubigen durch symbolische Handlungen die Gemeinschaft mit Christus vermitteln und ihn vor allem in den Besitz der Wirkungen seines Todes setzen wollten, so ist es begreiflich, daß eine Handlung oder vielmehr ein Leiden, welches dem gleich war, durch das Christus den Tod überwunden hatte, nämlich das freiwillige Opfer des eigenen Leibes, instinktiv als noch wirksamer und sicherer empfunden wurde als das Symbol.«

[92] KRETSCHMAR, Art. Abendmahl III/1, 75.

[93] Christliches Passa.

[94] Vgl. ANGERSTORFER, Melito und das Judentum, 142-148 / O. PERLER, Méliton de Sardes: Sur la Pâque et fragments, SC 123, Paris 1966, 234-237.

Auferstehung Jesu Christi. Diese anamnetische Note des Begriffs Passa suchen manche Kirchenväter durch eine etymologische Ableitung von πάσχειν zu stützen (z. B. Melito v Sardes, Peri Pascha 46 / Iren., Adv. Haer. 4,10,1 u. ö.).

Zum Binden vgl. 4 Makk 6,3; 9,11; Melito von Sardes, fragm 9. Das auch von VitaPolyc 6,3 bezeugte ὁλοκαύτωμα wird im AT wie NT in liturgischen Zusammenhängen gebraucht (vgl. Barn 2,4,5)[95], δεκτός bezeichnet in der LXX kultische Opfer.[96] Das textkritisch auch gebotene ὁλοκάρπωμα[97] bildet ein Wortspiel mit dem Namen des Bischofs und würde den Sinn nicht ändern; denn es handelt sich um Synonyme für עלה (vgl. Lev 16,24).[98]

**14,1 c:** Das Aufheben der Augen zum Himmel (vgl. MartPol 9,2 c; 4 Makk 6,6; Mk 6,41parr; Joh 17,1; ActCarpi 4; ActaFelicis 6,1; MartCononis 5,1) und der Kyrie-Ruf am Anfang des Gebets entsprechen dem Martyrium des Stephanus (Act 7,55 ff.).[99] Üblicherweise senkt der jüdische Hausvater und Gastgeber bei der ברכה über der Speise den Kopf. Polykarp folgt auch hier seinem Herrn Jesus Christus, der bei der Speisung der 5000 (Mk 6,41par) auch »den Blick bei dem Gebet nicht, wie vorgeschrieben, senkt, sondern zum Himmel erhebt. Das könnte dadurch erklärt werden, daß nicht eine gewöhnliche Mahlzeit eingenommen werden sollen, sondern ein Wunder geschehen soll, für das Jesus Gottes Hilfe erfleht.«[100]

»Der Verfasser wußte, wie Polykarp in der Eucharistiefeier gesprochen hatte«[101] und läßt ihn jetzt entsprechend beten. So ist das folgende Gebet weniger durch direkten Einfluß biblischer Schriften geprägt – obwohl die Anklänge vielfältig sind[102] – als durch liturgische Traditionen.[103] Es ist zwar nicht ganz auszuschließen, daß wir es hier mit ipsissima verba Polycarpi zu tun haben – aber doch höchst unwahrscheinlich. Dagegen spricht nicht nur die Situation, sondern auch der formkritische Zweifel an historisch-authentischem Akten-Material überhaupt, sowie hier inbesondere der Vergleich zu den Briefen, die wir von Polykarp besitzen. Diese zeigen Übereinstimmungen (z. B. ἀρχιερεύς/pontifex in PolykPhil 12,2), aber auch Differenzen zum Gebet Polykarps[104]: vgl. ... μέρος ἐν ἀριθμῷ τῶν μαρτύρων ἐν τῷ ποτηρίῳ τοῦ Χριστοῦ σου ... mit PolykPhil 9,2: ... τῷ κυρίῳ, ᾧ καὶ συνέπαθον ... und

---

[95] Weitere Belege bei HAMMAN, Prière II, 135 Anm. 2.

[96] Belege a. a. O., 135 Anm. 3.

[97] Vgl. DEHANDSCHUTTER, MartPol, 96.109.

[98] Vgl. LIGHTFOOT, Fathers II/3, 386 Anm. 12.

[99] Vgl. BEYSCHLAG, Jakobusmartyrium, 176.

[100] BEYER, Art. εὐλογέω, 760.

[101] BAUMEISTER, Genese, 79 Anm. 3.

[102] Vgl. CAMELOT, Ignace, 202–207 / DEHANDSCHUTTER, MartPol, 252 f. / SCHOEDEL, Fathers, 69–71 / REUNING, Erklärung, 32–43.

[103] Vgl. GUILLAUMIN, En marge, 467.

[104] Vgl. TRIPP, Prayer, 101 f.

PolykPhil 1,1: ... τὰ μιμήματα τῆς ἀληθοῦς ἀγάπης ..., was weniger empha-
tisch klingt. Auch gebraucht das Gebet den κύριος-Titel nicht für Christus,
PolykPhil hingegen häufig (1,1 f.; 2,1.3; 6,3; 7,2; 9,2; 10,1; 12,2; 14).

**14,1 d:** Das nun überlieferte Gebet erfüllt an dieser Stelle vielfältige Funktio-
nen:[105] Erstens wird es dargeboten als vermeintlich authentisches Gebet des
auf dem Scheiterhaufen befindlichen Bischofs (ipsissima verba), der sich
zweitens auf diese Weise konform mit Jesus Christus (Lk 23,34.46) κατὰ τὸ
εὐαγγέλιον sowie dem Proto-Märtyrer Stephanus (Act 7,59 f.) verhält. Drittens bezeugt und summiert es Polykarps Leben und Märtyrertum vor Juden
und Heiden als Einladung zum Glauben durch die Eucharistie (vgl. Act 27,35).
Viertens spricht es das Vertrauen der Märtyrerkirche in den ultimativen Sieg
des Vaters, des Sohnes und des Heiligen Geistes aus. Fünftens interpretiert
es das Martyrium als Teilhabe an den Leiden Christi und oberstes Privileg
sowie sechstens als Gebet und Opfer, das Gott annehmen möchte. »Seventhly,
in a letter ..., this prayer expects to be echoed in the prayers that will be
uttered in the liturgy of those churches. Eightly, ..., this prayer sets the
interpretation of martyrdom in the context of the Eucharist.«[106] Das Gebet
ist Dankgebet und an Gott gerichtet, nicht Bittgebet an den Sohn um Errettung wie andernorts in Märtyrerakten, z. B. ActCarpi 4 (Papylos) »Domine
Jesu Christe, suscipe spiritum meum« und 6 (Agathonice) »Domine, Jesu
Christe, tu me adiuva ...« Gott wird in der 3. Person genannt, dann folgen
Gottesprädikationen, mit אשר bzw. ὅς eingeführt wie im jüdischen Gebetsfor-
mular[107], wo sich die folgende Bitte oft auch auf die in der Berakah gepriesene
Tat Gottes berufen kann. Die Anrufung Gottes κύριε ὁ θεὸς ὁ παντοκράτωρ
findet sich wörtlich im koptischen Ostrakon London B.M. Nr.
32799+33050.[108] Das Dankgebet (εὐλογῶ σε) »ist Gott vorbehalten. Christus
ist nicht der Empfänger, sondern Vermittler desselben: εὐχαριστῶ τῷ θεῷ μου
διὰ Ἰησοῦ Χριστοῦ (R 1,8).«[109]
Alte Eucharistiegebete feiern am Anfang meistens die Schöpfung (πάσης
τῆς κτίσεως)[110], in der sich Gott als Allmächtiger (παντοκράτωρ)[111] zeigt. Die

---

[105] Vgl. a. a. O., 97 f.
[106] A. a. O., 98.
[107] Vgl. ROBINSON, Hodayot-Formel, 204.
[108] Vgl. QUECKE, Dankgebet / GAMBER, Ostrakon, 299.
[109] CONZELMANN, Art. εὐχαριστέω, 403. – Zu Jesus als Mittler des christlichen Glaubens vgl.
Tert., Apol. 2,28. – Aber schon Stephanus betet zu Jesus Christus selbst und 48 von 56 Gebeten
sind in den Martyriumsberichten an ihn gerichtet, vgl. BAUS, Gebet der Märtyrer, 29 / HAMMAN,
Gebet, XX.
[110] Vgl. Did 10,3: σύ, δέσποτα παντοκράτορ / ApostConst 8,15,2 mit zahlreichen Anklängen
an MartPol 14: Δέσποτα ὁ θεὸς ὁ παντοκράτωρ, ὁ πατὴρ τοῦ Χριστοῦ σου, τοῦ εὐλογητοῦ παιδός
... εὐχαριστοῦμέν σοι ... ὅτι κατηξίωσας ἡμᾶς μεταλαβεῖν τῶν ἁγίων σου μυστηρίων ... εἰς κτλ.
/ Koptisches Ostrakon London B.M. 32799+33050: τὸν πρωτότοκον πάσης κτίσεως.
[111] Vgl. im AT: Amos 3,13; 4,13; 5,8; 5,14 ff.; 9,15; Hos 12,5; Nahum 2,13; Hag 1,2.5.7.9;
Sach 1,14.16 f.; / 2 Makk 6,26; 7,35; 3 Makk 2,2: Κύριε, κύριε, βασιλεῦ τῶν οὐρανῶν καὶ

Anrede, häufig als Einleitung von Prophetensprüchen, ist der alttestamentlichen liturgischen Sprache entlehnt; deshalb auch die Bezeichnung κύριος für Gott, die ansonsten im frühen Christentum eher Christus meint.[112] Das entspricht dem Bekenntnis zur alleinigen Macht Gottes und der Ablehnung von Kaiser- und Götzenkult am Beginn der Märtyrerprozesse (vgl. MartPol 9,3 / ActCarpi 10: θεοί, οἳ τὸν οὐρανὸν καὶ τὴν γῆν οὐκ ἐποίησαν, ἀπολέσθωσαν / ActJust 2,5 / ActApoll 2). Zugleich ist der Glaube an Gott als den Schöpfer allen Lebens Voraussetzung für eine Aufforderung zum Martyrium; denn es ist die Probe auf das Vertrauen in die Schöpfermacht Gottes. Παντοκράτωρ meint dabei mehr als die oft verwendete lateinische Wiedergabe »omnipotens«, was eher παντοδύναμος entspricht; der »Allmächtige« ist von seiner bewahrenden, erhaltenden, zusammenhaltenden Fähigkeit (πάντα κρατῶν) her zu verstehen. Die Anrufung Gottes ist typisch liturgisch dreifach gegliedert (vgl. Num 6,24ff.; 1 Clem 59,3; Did 7,1; 8,3): a) κύριε ..., b) ὁ ... πατήρ ..., c) ὁ θεὸς ...

Die Bezeichnung παῖς kann sowohl »Sohn« als auch »Sklave/Knecht« bedeuten.[113] In den Übersetzungen des MartPol wird παῖς meistens mit »Sohn« wiedergegeben[114], obwohl MartPol 17,3 für »Sohn« eindeutig υἱός verwendet. Das ist auch die übliche Sohnes-Bezeichnung Jesu Christi im NT und der Alten Kirche. Παῖς bezeichnet im NT fast immer »Sklave/Knecht«.[115] Für Jesus findet sich παῖς nur in Lk 2,43; Act 3,13.26; 4,27.30, als Bezeichnung für »das kleine Kind«, nur zweimal ist es unmißverständlich theologischer Begriff für »Sohn Gottes«.[116]

Als archaische Bezeichnung Jesu[117] findet sich παῖς wie in unserem Kontext in frühchristlichen Eucharistiegebeten: 1 Clem 59,2.4; Barn 6,1; 9,2; Did 9,3; 10,2f.; Hippolyt, TradApost 3,4,8; ApostConst 8,15,2.; (Herm Sim V,5: δοῦλος).[118] Ursprung der παῖς-Titulatur bilden die Gottes-Knecht-Lieder (Jes

---

δέσποτα πάσης κτίσεως, ἅγιε ἐν ἁγίοις, μόναρχε, παντοκράτωρ / im NT: 2 Kor 6,18; Apc 1,8; 4,8; 11,17(!); 15,3; 16,7.14; 19,6.15; 21,22 / Diogn 7,2: ὁ παντοκράτωρ καὶ παντοκτίστης καὶ ἀόρατος θεός / ApostConst 7,38,1 – Eucharistisch: 1 Clem 59,2 (vgl. 60,4; 62,2); Did 10,3; ApostConst 8.15.2; Ostrakon London B.M. 32799+33050. – »La formule est courante dans le judaisme, par exemple dans les Septante et chez Philon, pour traduire les titres divins *Iahveh Sebaoth* ou *Saddai*.« (CAMELOT, Ignace, 203). Vgl. HOMMEL, Pantokrator / KEYSSNER, Gottesvorstellung, 45 f.54. – Euseb bietet keinen Artikel vor παντοκράτορι.

[112] Eus. h. e. 1,15,33 bietet folgerichtig: κύριε ὁ θεὸς ὁ παντοκράτωρ.

[113] Vgl. HARNACK, Bezeichnung Jesu.

[114] Vgl. exemplarisch die Begründung bei CAMELOT, Ignace, 205 / SCHOEDEL, Fathers, 69 Anm. 5 / Ausnahme: »Knecht« bei PAULSEN, Väter / KETTEL, Martyrium, 35 f.

[115] Mt 8,6.13; 12,18 (=Jes. 42,1); 14,2; Lk 1,54.69; 7,7; 12,45; 15,26; Act 4,25.

[116] Vgl. HARNACK, Bezeichnung Jesu, 217 f. / BASTIAENSEN, Atti, 379. – CAMELOT, Ignace, 204 kann für seine Deutung »Sohn Gottes« nur auf die nachapostolischen Schriften verweisen: Did 9,3; 10,2 f.; PsBarnabas 6,1; 1 Clem 59,2.4; TradApost 3,4,8.

[117] Vgl. ROBINSON, Echoes, 66 ff.

[118] Vgl. ROBINSON, Echoes, 67: »the title perpetually recurs in primitive eucharistic formulae.« / HAMMAN, Prière II, 136 / HARNACK, Bezeichnung Jesu, 219 zu Did 9 f.: »Also waren ihm (= dem Didachisten) die Worte eine überlieferte, und zwar eben in diesen eucharistischen

42,1–4; 49,1–7; 50,4–11; 52,13–53,12), späterhin auf Christus gedeutet (Mk 1,11parr; 9,7parr; 12,6; Mt 17,5; 2 Pt 1,17), wobei David das Bindeglied gewesen sein dürfte; vgl. das Nebeneinander von David (דּוִד עבדּךָ / Δαυὶδ ὁ παῖς σου) und Jesus als παῖς (θεοῦ) in Act 4,25 ff. (vgl. Lk 1,69). Auch in MartPol begegnet παῖς nur in der διὰ Ἰησοῦ τοῦ παιδός σου-Formel: ὁ **τοῦ ... παιδός σου Ἰησοῦ** Χριστοῦ πατήρ, **δι᾽** οὖ ... (14,1 d), **διὰ τοῦ** ... **Ἰησοῦ** Χριστοῦ, ... **σου παιδός** (14,3), **διὰ τοῦ παιδὸς** αὐτοῦ, τοῦ ... **Ἰησοῦ** Χριστοῦ (20,2). Alle drei Stellen determinieren παῖς; »also ertrug man das einfache ›ὁ παῖς σου Ἰησοῦς‹ nicht mehr, und man präzisierte es so, daß ›παῖς‹ nun notwendig als ›Sohn‹ verstanden werden mußte.«[119] Die διὰ Ἰησοῦ τοῦ παιδός σου-Formel ist »eine alte liturgische Wendung« (Did 9,3; 10,2 f.) »Die παῖς-Prädikation Jesu ist bekanntlich selten. Sie findet sich vorwiegend (wenn auch nicht ausschließlich) in liturgischem Gut. Die Rede von Jesus als dem ›Knecht Gottes‹ klingt altertümlich. Die Prädikation Jesu als παῖς (θεοῦ) wäre dann ein Signum für das Alter der hier vorliegenden Tradition ... Welche speziellen Assoziationen mit diesem Hoheitstitel Jesu in unserem Traditionsbereich verbunden waren, läßt sich nicht sicher sagen. Nur das munus des παῖς θεοῦ als eschatologischer Heilsmittler und Offenbarer (γνωρίζειν!) ... und das Verheißung-Erfüllung-Schema (...) treten deutlich heraus.«[120] Das gilt auch für MartPol: ἐπίγνωσιν (14,1 d), προεφανέρωσας καὶ ἐπλήρωσας (14,2 b). Ob, wie in der Didache[121], die παῖς-Prädikation für den Verfasser nur mehr liturgisches Relikt ist, bleibt fraglich. Dafür spricht: wo er selbst formuliert, greift er zu anderen Bezeichnungen (MartPol inscr; 19,2: κύριος in Verbindung mit πάτηρ, in 17,3: υἱός). Gleichwohl kann gerade diese Tradition bewußt gewählt sein, denn – wie bereits in den literarkritischen Erwägungen festgestellt – eignet sich die παῖς-Prädikation im Märtyrerkontext besonders als Vorbild des Dienens (Mk 10,44 f.par), der Selbstlosigkeit (Phil 2,5–11), des willigen Leidens (1Pt 2,21–25), der Demut (1 Clem 16,1–17) und der vollkommenen Nachahmung des Gottesknechts (IgnEph 10,3 /MartLugd 5,1,23; 5,2,2). Auch dürfte ein besonderer messianischer Klang noch in der παῖς-Prädikation mitschwingen.[122] In Jesus als dem παῖς sind die messianischen Erwartungen erfüllt (Verheißung-Erfüllung, vgl. MartPol 14,2 b) – und die Märtyrer haben in der Nachahmung Jesu Christi κατὰ τὸ εὐαγγέλιον daran Anteil: τοῦ λαβεῖν μέρος ... εἰς ἀνάστασιν ζωῆς αἰωνίου ....

Bzgl. des παῖς-Titels »we see a constant tendency to eliminate it, and again and again we find as its substitute the title ὁ μονογενὴς υἱός.«[123] Der archaische παῖς-Titel zeigt jedenfalls an, daß das Gebet alte liturgische Konventionen

---

Dankgebeten überlieferte Formel, die ihn aber nicht veranlaßt hat, seinerseits in seinem Büchlein Jesus »παῖς θεοῦ« zu nennen.«

[119] HARNACK, Bezeichnung Jesu, 221.

[120] NIEDERWIMMER, Didache, 184 f.

[121] Vgl. a. a. O., 185 Anm. 27.

[122] Vgl. WENGST, Didache, 49: Lk 1,54.69; Act 4,25 ff.; Barn 6,1; 1 Clem 59,2 ff.

[123] ROBINSON, Echoes, 69.

der Kirche von Smyrna beinhaltet[124], wie überhaupt διὰ Ἰησοῦ τοῦ παιδός σου ursprünglich ausschließlich eine Gebetsformel innerhalb des eucharistischen Gebets darstellt.[125]

Nach dem Schöpfungstopos ist die erlösende Menschenliebe Gottes in Jesus Christus typischer Bestandteil der Heilsgeschichte in den frühchristlichen Eucharistiegebeten (in den Märtyrerakten vgl. ausführlich ActApoll 37 f.). Ἀγαπητός ist typische Bezeichnung Christi[126], das Attribut εὐλογητός eignet üblicherweise eher dem Vater.[127] Die Anrede πατήρ legt die Deutung des παῖς als »Sohn« nahe, für den aber ansonsten υἱός gebraucht wird (17,3) und in Verbindung mit der Vater-Prädikation κύριος (inscr: θεοῦ πατρὸς καὶ τοῦ κυρίου ἡμῶν Ἰησοῦ Χριστοῦ; 19,2: δοξάζει τὸν θεὸν καὶ πατέρα παντοκράτορα καὶ εὐλογεῖ τὸν κύριον). MartPol betont mehr als den Schöpfergott die Vaterschaft Gottes und damit die spezifisch christliche Dimension des jüdischen Monotheismus. Die Vaterschaft Gottes verweist auf die für das ganze MartPol tragende Sohnschaft Jesu Christi κατὰ τὸ εὐαγγέλιον. Genauso beziehen sich die Doxologien des MartPol immer auch auf Jesus Christus; denn er vermittelt die wahre γνῶσις (vgl. Eph 1,9).

Der παῖς offenbart die wahrhaftige Gotteserkenntnis: δι᾽ οὗ[128] τὴν περὶ σοῦ ἐπίγνωσιν εἰλήφαμεν (vgl. Jud. 9,15: καὶ ποίησον ἐπὶ πᾶν τὸ ἔθνος σου καὶ ἐπὶ πάσης φυλῆς ἐπίγνωσιν τοῦ εἰδῆσαι ὅτι σὺ εἶ ὁ θεὸς πάσης δυνάμεως καὶ κράτους ...; Mt 11,27; Joh 17,25). Der Dank für die Vermittlung der γνῶσις[129]/Erkenntnis gehört zu den Grundelementen des frühchristlichen Eucharistiegebets[130]:

Did 9,3[131]: Εὐχαριστοῦμέν σοι, πάτερ ἡμῶν, ὑπὲρ τῆς ζωῆς καὶ γνώσεως ἧς ἐγνώρισας ἡμῖν διὰ Ἰησοῦ τοῦ παιδός σου· σοὶ ἡ δόξα εἰς τοὺς αἰῶνας. (vgl. Did 9,2; 10,2).

1 Clem 59,2: ... ὁ δημιουργὸς τῶν ἀπάντων διὰ τοῦ ἠγαπημένου παιδὸς αὐτοῦ Ἰησοῦ Χριστοῦ τοῦ κυρίου ἡμῶν, δι᾽ οὗ ἐκάλεσεν ἡμᾶς ἀπὸ σκότους εἰς φῶς, ἀπὸ ἀγνωσίας εἰς ἐπίγνωσιν δόξης ὀνόματος αὐτοῦ, ...

---

[124] Vgl. TRIPP, Prayer, 103.

[125] Vgl. HARNACK, Bezeichnung Jesu, 234.

[126] Vgl. Mt 3,17; 12,8 (jedoch nicht in Jes. 42,1!); 17,5; Mk 1,11; 9,7; 12,6; Lk 3,22; 9,35; 20,13; 2 Pt 1,17; Diogn 8,11. – Liturgisch: 1 Clem 59,2; ActPauli et Theclae 24; ApostConst 8 (ἀγαπητός παῖς).

[127] Vgl. Mk 14,61; Lk 1,68; Röm 1,25; 9,5; 2 Kor 1,3; 11,31; Eph 1,3; 1 Pt 1,3; Barn 6,10; IgnEph 1,3; eucharistisch: ApostConst 8.15.2.

[128] Δι᾽ οὗ ... verweist üblicherweise auf Christus (vgl. 1 Clem 58,2; 59,2 f.; 61,3; 64; 65,2; 2 Clem 20,5) und begegnet häufig in der altchristlichen liturgischen Sprache (Vgl. REUNING, Erklärung, 35) sowie in der Doxologie, die dem Vater durch den Sohn zuteil wird.

[129] Γνῶσις kann hier schon wegen des liturgischen Formulars nicht Schriftgnosis meinen, vgl. TRIPP, Prayer, 106: »Do we need to waste time in explaining that this is not ›Gnosticism‹, whatever the parallels may be, and that ›knowledge‹ in these contexts means the whole saving relationship with God in Christ?« – Vgl. auch NIEDERWIMMER, Didache, 186 f.

[130] Vgl. GAMBER, Ostrakon, 305.

[131] Vgl. ROBINSON, Echoes, 68.

Serapion-Anaphora[132]: Αἰνοῦμεν σὲ τὸν γιγνωσκόμενον ὑπὸ τοῦ μονογενοῦς τὸν δι' αὐτοῦ λαληθέντα ...

Vgl. ferner: ActJohannis 109; ApostConst 8,11,2;7,25 ff. (=Did 9 f.); Koptisches Ostrakon B.M. 32799+33050.[133]

Der Dank, den Polykarp formuliert, wurzelt also in der Erkenntnis (γνῶσις) Gottes, wie sie durch Christus den Gläubigen zuteil wird (vgl. schon Eph 1,17 ff.; 3,14–21; Kol 1,9–12). Dabei sind »Erkenntnis« (14,1 d) und »Leben« (14,2 a) wie schon in Did 9,3 und Joh 17,3 (αὕτη δέ ἐστιν ἡ αἰώνιος ζωὴ ἵνα γινώσκωσιν σὲ τὸν μόνον ἀληθινὸν θεὸν καὶ ὃν ἀπέστειλας Ἰησοῦν Χριστόν) verbunden.[134] Ζωή, γνῶσις, πίστις und ἀθανασία (Did 9,3; 10,2) werden durch das γνωρίζειν Christi und die Eucharistie vermittelt.

»Auch in der dritten Anrede Gottes ist die Dreizahl angedeutet«[135], so daß der Ausdruck wieder deutlich liturgisch klingt[136]: ὁ θεὸς ἀγγέλων[137] καὶ δυνάμεων[138] καὶ πάσης τῆς κτίσεως.[139] Das Attribut παντός τε τοῦ γένους τῶν δικαίων, οἳ ζῶσιν ἐνώπιόν σου ist typisch für MartPol (vgl. 3,2; 17,1; 19,2)[140] und könnte auf den Verfasser zurückgehen. Die Gerechten bezeichnen in griechischen Liturgien oft die Heiligen des ATs.[141]

**14,2 a:** Nach der dreifachen Anrede Gottes im ersten Teil des Gebets folgt jetzt der zweite Gebetsteil, der das situationsspezifische Hauptstück ausmacht und den Grund des Danks verdeutlicht (14,2 a) sowie eine Bitte daraus ableitet (14,2 b), bevor das Gebet mit seinem dritten Teil, der Doxologie (14,3) schließt. »Wenn also der Anfang wie der Schluß des Gebetes aus technischen Formeln der Liturgie besteht, so haben wir ein Recht, auch das scheinbar rein auf die Situation des Polykarp zugespitzte Mittelstück § 2 auf etwaige Abhängigkeit von der gleichen Quelle anzusehen. Und in der Tat brauchen wir aus dem ersten Satze nur die speziell auf Polykarp zielenden Worte ἐν ἀριθμῷ τῶν μαρτύρων wegzulassen, um ein Vorbereitungsgebet auf den Genuß des Abendmahls zu erhalten.«[142]

In griechischer Umschreibung begegnet hier die sog. Toda (תודה)-Formel[143]

---

[132] Vgl. GAMBER, Serapion-Anaphora, 34.

[133] Vgl. GAMBER, Ostrakon / QUECKE, Dankgebet.

[134] Vgl. GAMBER, Eucharistia der Didache, 12.

[135] REUNING, Erklärung, 32.

[136] Vgl. a. a. O., 36 / ROBINSON, Echoes, 69.

[137] Der Ausdruck erklärt den »Allherrscher«. - Vgl. Mk 8,38parr; 1 Pt 3,22; Eph 1,21; ApostConst 8, 12,27,30. - In der Einleitung zum Sanctus in den koptischen Anaphoren spielen die himmlischen Mächte eine große Rolle.

[138] Vgl. 1 Kön 17,1; Judith 9,14; 13,4; Ps 24,10; 58,6; 59,5; 1 Pt 3,22; Kol 1,16; Herm Vis 1,3.4.

[139] Vgl. Ps 103; Judith 9,12; 3 Makk 3,2; Eph 3,9; Kol 1,16; Apc 3,14; 4,11.

[140] Vgl. CAMELOT, Ignace, 204. - Vgl. HermSim 9,17,5: ἐκ τοῦ γένους τῶν δικαίων.

[141] Vgl. ROBINSON, Echoes, 69.

[142] LIETZMANN, Bruchstück, 59.

[143] Bzw. הודה, vgl. ROBINSON, Hodayot-Formel. - Vgl. zur Toda-Formel: CRÜSEMANN, Hymnus und Danklied, 267–282. Vgl. u. a.:

εὐλογῶ σε, ὅτι ..., entsprechend ידה hi., im Deutschen am besten mit »ich danke dir, daß du ...« wiederzugeben[144], nicht mit »ich lobe dich, daß du ...«[145]; denn der Beter wendet sich dem Geber der Wohltat selber zu und das »Danken« korrespondiert besser einer konkret erfahrenen Rettung. Auch der Kontext zum Opfer läßt wie bei der Toda-Formel (vgl. Lev 7) an ein *Dank*opfer denken, so daß Crüsemann[146] als Übersetzung vorschlägt: »ich dankopfere dir, denn du ...« »Im Judentum hieß das Beten zu Mahlzeiten ein ›Segnen‹ ... also ברכה (gr. εὐλογία) ... Um so auffallender ist es, daß das NT oft vom ›Danken‹ (εὐχαριστεῖν) beim Tischgebet spricht.«[147] Das Christentum ersetzt allmählich die jüdische Berakah (vgl. exemplarisch Neh 9 oder Jubiläen 22,6–9)[148] durch die Hodajot-Formel (אודכה אדוני כי־ / εὐχα-ριστῶ σοι, κύριε, ὅτι): »das Judentum hat bei Tisch gesegnet, das Frühchristentum gedankt ... (Rm 14₆).«[149] MartPol entspricht mit leichten Abweichungen der Hodajot-Formel, indem εὐλογῶ eine Übersetzungsvariante bildet und das κύριε an den Gebetsanfang gerückt ist. Während im NT εὐχαριστεῖν und εὐλογεῖν noch synonym nebeneinander stehen[150], wird in der Folgezeit εὐχαριστεῖν term. techn. für das Abendmahl.[151] MartPol verwendet εὐλογεῖν[152], was hebräisch ברך / ברכה[153] entspricht, das stets die dankbar lobpreisende Reaktion auf erfahrene Wohltaten meint. Insofern ist MartPol 14 grundsätzlich *Dank*gebet.[154] »The ›eulogy‹ is an expression of praise by those who have

---

Ps 30,2: Ὑψώσω σε, κύριε, ὅτι ...
Ps 118,21: Ἐξομολογήσομαί σοι, ὅτι ...
Ps 138,1: "            ", κύριε ..., ὅτι ...
JesSir 51,1 f.: "            "     "     "
PsSal 16,5: "            ", ὁ θεός,     "
Jes 12,1: **Εὐλογήσω** σε, κύριε, διότι ...

[144] Vgl. CRÜSEMANN, Hymnus und Danklied, 279–282 / ROBINSON, Hodajot-Formel, 194 Anm. 2.

[145] So WESTERMANN, Loben Gottes, 20–24. – Und auch nicht mit »ich bekenne, daß du ...«, – gegen: MAND, Eigenständigkeit / BORNKAMM, Lobpreis.

[146] Hymnus und Danklied, 282.

[147] ROBINSON, Hodajot-Formel, 202.

[148] Vgl. zu Neh 9: GAMBER, Sacrificium, 28 ff. / zu Jubiläen 22,6–9: ROBINSON, Hodajot-Formel, 205 f.; TALLEY, Berakah, 98 f.; FINKELSTEIN, Birkat, 219.

[149] A. a. O., 204.

[150] Einsetzungsberichte: Mk 14,22 f.; Mt 26,26 f. / 1 Kor 10,16 / Speisung: Mk 6,41; 8,6; Mt 14,16; 15,36 u. ö.

[151] Ansätze des technischen Gebrauchs in Did 9 f.; IgnEph 13,1; Phld 4; Sm 7,1; 8,1; JustApol I, 65,3–66,3. – Vgl. CONZELMANN, Art. εὐχαριστέω.

[152] Vgl. BEYER, Art. εὐλογέω. »Insbesondere spricht der Jude den Lobspruch als Tischgebet. Es ist für ihn strenge Vorschrift, daß er nichts genießt, bevor er nicht einen Segen gesprochen hat.« (758).

[153] Vgl. SCHARBERT, Art. ברך / KELLER/WEHMEIER, Art. ברך.

[154] Vgl. MASCHKE, Prayer, 107 zu Didache und εὐχαριστία – und nicht Bittgebet, gegen MASCHKE, Prayer, 110.

either directly experienced or heard an account of God's intervention and activity in history. It is like the sigh of relief which comes after one is rescued from danger. Its basic form is εὐλογητὸς εἰς τοὺς αἰῶνιας (ἀμήν). We find extended eulogies in Ephesians 1:3–14, 1 Peter 1,3–5, and Colossians 1:12–14.«[155] Dabei wird der Grund der Freude zumeist mit folgendem עשׂר, Partizip o. ä., hier ὅτι, genau angegeben.

Über den folgenden Begriff des Würdig-Seins (ἀξι-) und die Opferterminologie (θυσία, vgl. schon 14,1 b: προσφόρα / ὁλοκαύτωμα) besteht über das Tisch- und Speisegebet hinaus eine große Nähe zur alttestamentlich-orientalischen Dankopferliturgie[156] »Es sind dies ursprünglich Psalmen, die im Gebet nach empfangener Rettung vorgetragen wurden und die das eigentliche Dankopfer begleiten.«[157] Statt εὐλογεῖν verwendet die Lxx hier üblicherweise ἐξομολογεῖν, daneben αἰνεῖν. Auch hier ist der Lobpreis Antwort auf das heilshandelnde Tun Gottes, vgl. das ἀνθ-ομολογεῖσθαι der Hanna in Lk 2,38.

Im Martyriumskontext ist eine Danksagung stereotyper Bestandteil, vgl. ActScil 2 (Speratus) »… numquam maledixitus, sed male accepti gratias egimus«, ActScil 15 »Deo gratias (agimus)«, PassPerp 3 u. ö. Dabei wird gern auch εὐλογεῖν verwendet:

Dan 3Lxx 25 f.: στὰς δὲ Ἀζαρίας προσηύξατο οὕτως καὶ ἀνοίξας τὸ στόμα αὐτοῦ ἐξωμολογεῖτο τῷ κυρίῳ … Εὐλογητὸς εἶ, κύριε ὁ θεὸς … ὅτι …

ActaTheclae 24: Πάτερ, ὁ ποιήσας τὸν οὐρανόν καὶ τὴν γῆν, ὁ τοῦ παιδός τοῦ ἀγαπητοῦ σου Ἰησοῦ Χριστοῦ πατήρ, εὐλογῶ σε ὅτι ἔσωσάς με ἐκ πυρός, ἵνα Παῦλον ἴδω.

ActCarpi 41: Ταῦτα εἰπὼν καὶ προσφερομένου τοῦ πυρὸς προσηύξατο λέγων. Εὐλογητὸς εἶ, κύριε Ἰησοῦ Χριστέ, υἱὲ τοῦ θεοῦ, ὅτι κατηξίωσας καὶ ἐμὲ τὸν ἁμαρτωλὸν ταύτης σου τῆς μερίδος.

Das ὅτι als Einleitung des Grundes ist typisch auch für die Danksagungen in den Einleitungen der paulinischen Briefe (Röm 1,8; 1 Kor 1,4 f.; 1 Thess 2,13; 2 Thess 1,2 f. u. ö.).[158] Was ist nun der Grund des Danks? Das Auserwähltsein und Für-Würdig-Erachtet-Werden in der Zahl der Märtyrer. Der Dank bezieht sich also auf das Geschehen bis in die unmittelbare Gegenwart; der Bischof bedankt sich dafür, bis hierher gelangt zu sein, bis in die Aufnahme in die Zahl der Märtyrer. Aus diesem dankbaren Grund heraus leitet er in 14,2 b eine Bitte für die unmittelbar bevorstehende Zukunft ab: wie Gott ihn bis hierher gebracht und in die Zahl der standhaften Zeugen aufgenommen hat, so möchte er aus dieser dankbaren Zuversicht heraus auch sein Martyrium heute vollenden in einem wohlgefälligen Opfer, d. h. er bittet

---

[155] GLOER, Homologies, 123.

[156] Vgl. Ps 22; 30; 34; 40; 116; 118; 1 Sam 2,1–10; Jes 38,9–20; Jona 2,3–10; Tob 8,15–17; JesSir 51,1–12; Lk 1,46–55; Lk 1,68–79; Lk 2, 29–32. – Nur in geringerem Maße zur hellenistisch-gnostischen Dankopferliturgie, vgl. ActThomae 107.

[157] MICHEL, Art. ὁμολογέω, 202.

[158] Vgl. die Textübersicht bei ROBINSON, Hodayot-Formel, 201 f.

zuversichtlich und dankbar gestärkt durch Gottes bisheriges Verhalten um eine letzte Erfüllung von Gottes Verheißung (14,2 b). So ruht die Bitte im Dank.

Das folgende ἠξίωσάς με (vgl. ActCarpi 41; 4 Makk 18,3; MartPionii 22,1) oder ἄξιος begegnet häufig in liturgischen Formulierungen[159], in Verbindung mit εὐλογεῖν, ἐξομολογεῖν, εὐχαριστεῖν ὅτι in Tradition der jüdischen Hodayot-Formel.[160] »Endlich ist das Schlussdankgebet mit der Formel εὐχαριστοῦμέν σοι ὅτι κατηξίωσας μεταλαβεῖν κ.τ.λ. oder einer ähnlichen ein fester alter Bestandteil der älteren Abendmahlsliturgie«[161]:

ApostConst 8,14: Δέσποτα ὁ θεὸς ὁ παντοκράτωρ, ὁ πατὴρ τοῦ Χριστοῦ σου τοῦ εὐλογητοῦ παιδός … εὐχαριστοῦμέν σοι ὅτι κατηξίωσάς ἡμᾶς μεταλαβεῖν τῶν ἁγίων σου μυστηρίων …

Hippolyt, TradApost: gratias tibi agentes, quia nos dignos habuisti adstare coram te et tibi ministrare / εὐχαριστοῦντες σοι ἐφ' οἷς ἡμᾶς κατηξίωσας ἑστάναι ἐνώπιόν σου καὶ σοὶ ἱερατεύειν.[162]

Auf der jetzigen Redaktionsstufe erhalten ἠξίωσας, ἡτοιμασμένον (14,1 b) und προσδεχθείην (14,2 b) noch eine weitere Konnotation: »Das Martyrium ist nicht etwas, das man sich selbst wählen kann, sondern zu dem man von Gott ›zubereitet‹, ›gewürdigt‹, ›auserlesen‹ ist«[163], was sich sehr gut in die programmatische Intention des MartPol (1 f.; 4; 20,1) fügt: sich nicht selbst in den Vordergrund zu drängen (Quintos!), sondern ein κατὰ τὸ εὐαγγέλιον-Martyrium anzustreben.

Im jetzigen Kontext meint τῆς ἡμέρας καὶ ὥρας ταύτης[164] »*this day* of persecution *and this hour* of death«[165], aber auf der Traditionsstufe des eucharistischen Gebets die Stunde der Eucharistie, da die Teilnahme nur den Getauften vorbehalten war.[166] »Mit dem Dank für die Erkenntnis ist, …, in

---

[159] Vgl. ROBINSON, Echoes, 70.

[160] U. a.: ActThomae 107: ἐξομολογοῦμαί σοι Ἰησοῦ ὅτι … ἄξιόν με ἐποίησας, …; HermSim 7,5: καὶ τοῦτο εὐχαρίστει τῷ κυρίῳ, ὅτι ἄξιόν σε ἡγήσατο … JustDial 117,2: καὶ εὐχαὶ καὶ εὐχαριστίαι, ὑπὸ τῶν ἀξίων γινόμεναι; JustApol I, 65,3: εὐχαριστίαν ὑπὲρ τοῦ κατηξιῶσθαι τούτων παρ᾽ αὐτοῦ ἐπὶ πολὺ ποιεῖται; vgl. ferner: 1 Tim 1,12; IgnRöm 2,2; HermVis 4,1,3; HermSim 9,28,5. Auch 1 Clem 59,4 nimmt mit ἀξιοῦμέν σε den Terminus auf und zeigt damit die Entsprechung von Dank und Bitte auf.

[161] GOLTZ, Gebet, 255. Dort Belege. – Vgl. in der jüdischen Berakah schon Jubiläen 22,7. – ROBINSON, Hodayot-Formel, 214 f. rekonstruiert hinsichtlich 1 Clem 59,3: (ἐξομολογούμεθά σοι ὅτι ἠξίωσας ἡμᾶς τοῦ) ἐλπίζειν ἐπὶ τὸ ἀρχέγονον πάσης κτίσεως ὄνομά σου, …

[162] Griech. Rückübersetzung nach GAMBER, Griechischer Urtext, 46 f.

[163] RORDORF, Enstehung, 42.

[164] Vgl. Joh 12,27 f. – Vgl. MartPol 2,2: ἐκείνη τῇ ὥρᾳ βασανιζόμενοι.

[165] LIGHTFOOT, Fathers II/3, 387 Anm. 18.

[166] Vgl. zu den liturgischen Parallelen: ROBINSON, Echoes, 70 / LIETZMANN, Bruchstück, 59, z. B. Jakobusliturgie: ἀξίους ἡμᾶς ἀπέργασαι τῆς ὥρας ταύτης; vgl. in der jüdischen Berakah: Neh 9,32: ἕως τῆς ἡμέρας ταύτης; Jubiläen 22,7: »Jetzt aber danke ich demütig dir, mein Gott, daß du mich diesen Tag hast sehen lassen … « – Gegen SCHOEDEL, Fathers, 70 Anm. 14: »Despite parallels in the liturgies (…), it is unlikely that this once had to do with the hour of the Eucharist rather than with the hour of martyrdom.« (Vgl. REUNING, Erklärung, 38). – GAMBER,

den ältesten Eucharistiegebeten verbunden ein Dank für die Erwählung, ...
«[167]: τοῦ λαβεῖν μέρος[168] ἐν ἀριθμῷ τῶν μαρτύρων ... σήμερον. Das Gebet
bietet der Verfasser des MartPol denjenigen Christen zur Verherrlichung
Gottes, zum Dank und zum eigenen Trost an, denen das Martyrium in
Nachahmung Polykarps womöglich bevorsteht. Wie den Rezipienten das
Verhalten des Bischofs zur Identifikation angeboten wird, so auch dieses
Gebet der Abendmahlsliturgie, in das die Rezipienten einstimmen können und
das der Erzählung durch die kleine Einfügung von (ἐν ἀριθμῷ)[169] τῶν μαρτύρων dienstbar gemacht worden ist[170]; denn das ἐν nach λαβεῖν μέρος (ἐν
ἀριθμῷ ... ἐν ... ποτηρίῳ ...) wirkt gedoppelt.[171] Ἀριθμός (vgl. MartLugd:
κλῆρος τῶν μαρτύρων) meint dabei die von Gott im voraus festgesetzte Zahl
(Vgl. Ex 12,4; Dtn 32,8; Lk 22,3; Apc 6,9 ff.; 7,4; 13,17 f.; 15,2). Alles würde
wie ein übliches eucharistisches Gebet klingen, wenn »(die Zahl) der Märtyrer« und das sich jetzt darauf beziehende ἐν οἷς ... ἐπλήρωσας (14,2 b)
ausgelassen wären. Dann würde das zugrunde liegende eucharistische Gebet
ursprünglich formuliert haben: εὐλογῶ σε, ὅτι ἠξίωσάς με ... τοῦ λαβεῖν μέρος
ἐν τῷ ποτηρίῳ τοῦ Χριστοῦ σου ... Das ist nach Did 9,5; 10,6 (Apc 22,15;
JustApol 66,1) sinnvoll; denn nur die Getauften dürfen an der Eucharistie
teilnehmen.

»Den ›Becher Christi‹ will der Hagiograph natürlich hier symbolisch als
den Leidenskelch verstanden wissen, der dem Märtyrer die Auferstehung von
Leib und Seele verschafft. Aber jeder Christ erwartete vom Genuß des Abend-
mahlskelches (und Brotes) das Gleiche.«[172] Auf den ersten Blick fehlt scheinbar
das zweite Element des Brotes[173], aber auch in Did 9,2 f. steht jüdischer Sitte
entsprechend der Kelch voran (vgl. Lk 22,17) und MartPol muß in seinem
eucharistischen Zusammenhang gesehen werden; in MartPol 15,2 wird das
Brot genannt: ὡς ἄρτος ὀπτώμενος. Auf der Traditionsstufe bezieht sich die
Wendung ἐν τῷ ποτηρίῳ τοῦ Χριστοῦ σου auf den eucharistischen Trank[174],
auf der Redaktionsstufe des jetzigen Martyriumszusammenhangs verweist sie
jedoch über den Abendmahlskelch hinaus auf das Leiden Christi, entsprechend der in der Evangelientradition belegten Bezeichnung des Leidens als

---

Ostrakon, 305 hält τῆς ἡμέρας καὶ ὥρας ταύτης für eine situationsbedingte Einschiebung. Σήμερον
begegnet freilich schon im Leningrader Ostrakon, vgl. GAMBER, Ostrakon, 300.

[167] GAMBER, Ostrakon, 306. – Vgl. schon im Hymnus Kol 1,12.
[168] Vgl. 4 Makk 18,3; OdenSal 19,7; Mt 26,26; Apc 20,6; MartCarpi 41; IgnPol 6,1: μετ᾽
αὐτῶν μοι τὸ μέρος γένοιτο σχεῖν ἐν θεῷ.
[169] Ἐν ἀριθμῷ kann aber auch noch der Traditionsstufe angehören, da es in liturgischem
Kontext begegnet: 1 Clem 59,2; ApostConst 8,5,6; 8,22,3.
[170] Vgl. LIETZMANN, Bruchstück / BREKELMANS, Martyrerkranz, 55: »... eine eucharistische
Hymne, die auf das Martyrium bezogen worden ist.«
[171] Vgl. REUNING, Erklärung, 38 / LIETZMANN, Bruchstück, 59.
[172] LIETZMANN, Bruchstück, 59 f.
[173] Vgl. TRIPP, Prayer, 119: »... it reflects an anaphora which could be only for a cup.«
[174] Vgl. Mk 14,23 ff.parr 1 Kor 10,16.21; 11,25–28; IgnEph 20,2; ApostConst 8,12,38 f.; 8,15,2.

des Bechers.[175] Dem Text steht Mk 10,38 f. sicherlich näher als Mk 14,36, wo Jesus in Gethsemane – entgegen MartPol 14,2! – darum bittet, den Kelch an ihm vorüber gehen zu lassen.[176] Nach Mk 10,38 f. übernehmen die Jünger Becher und Taufe Christi, wenn sie bereit sind, in seiner Nachfolge Drangsal und Tod zu ertragen. Die Anteilnahme am Kelch Christi entspricht sachlich auch der paulinischen Teilnahme am Leiden Christi, vgl. Phil 3,10[177] und MartPol 6,2[178]: κοινωνία mit dem Leiden Christi. Auch im AT ist der Becher schon Bild für das menschliche Geschick, vor allem im negativen Sinn (Jes 51,17; Jer 25,15; Ps 75,9 u.ö.). Schon in MartJes 5,13 meint der Becher aber nach der Evangelientradition nicht mehr den Becher des Zornes Gottes (so noch Apc 14,10), sondern wie im MartPol das zugeteilte Leidenslos.

Über den schon in Mk 10,38 f. mit der Taufe gekoppelten Kelch-Begriff ist die explizite Assoziation zur Eucharistie gegeben, wie sie JustApol I,67 um 160 n.Chr. beschreibt: hier wird das Dankgebet, die Eucharistia, vom Vorsteher allein gesprochen und frei formuliert, so viel er mag. Hippolyts Kirchenordnung überliefert um ca. 215 n.Chr. erstmals ein altkirchliches Eucharistiegebet (die Danksagung) in ganzer Länge. Dort finden sich dann aber schon, entgegen MartPol 14, die Einsetzungsworte, die Anamnese (Gedächtnis an Tod und Auferstehung Jesu), die Darbringung von Brot und Kelch und die Epiklese (Herabrufung des Heiligen Geistes). Eine Doxologie schließt wie in MartPol 14,3 das Gebet ab. Dennoch ist »die Deutlichkeit der Parallele zwischen Martyrium und Eucharistiefeier ... in den Martyrerakten des Polykarp einmalig.«[179] Selbst Goltz[180], der gegen Robinson das Gebet insgesamt für redaktionell gestaltet hält und keinen unmittelbaren liturgischen Bezug annimmt, weil die liturgischen Anspielungen und Gebetsformulierungen viel zu allgemeiner Natur seien, stellt zu der Wendung hinter ποτήριον fest: »Hier scheint in der That ein Anklang an ein eucharistisches Gebet vorzuliegen.« Das Trinken des Bechers Christi aber hat mit dem Sitzen zur Linken und Rechten Gottes zu tun, mit der Teilhabe an παντός τε τοῦ γένους τῶν δικαίων, οἳ ζῶσιν ἐνώπιόν σου (MartPol 14,1 d).[181]

Die Worte εἰς ἀνάστασιν ζωῆς αἰωνίου ψυχῆς τε καὶ σώματος ἐν ἀφθαρσίᾳ πνεύματος ἁγίου bestätigen auf ihre Weise, daß hier ein eucharistisches Gebet

---

[175] Vgl. Mk 10,38 f.par; 14,36parr; Joh 18,11. – MartJes 5,13: »Denn mir allein hat Gott den Becher gemischt.«

[176] Vgl. DEHANDSCHUTTER, MartPol, 252.

[177] Vgl. AHERN, Fellowship.

[178] Vgl. BUSCHMANN, Χριστοῦ κοινωνός.

[179] KETTEL, Martyrium, 38.

[180] Gebet, 240. – Auch EIJK, Résurrection, 135 f. sieht in dem Begriff ποτήριον die Hand des Verfassers des MartPol am Werk, da der Begriff nirgends bei den Apostolischen Vätern verwendet werde und eindeutig im Sinne der κατὰ τὸ εὐαγγέλιον-Stilisierung auf Mt 20,20–23par; 26,39par anspielen wolle.

[181] Vgl. später: Tertull, Scorp. 12; De Pat. 13 / Origen. ExhMart 28 / Clem. Strom 4, 11,75,2. – Vgl. HILL, Regnum Caelorum, 105 ff.

redaktionell in eine Martyriumssituation eingepaßt worden ist; denn sie wirken jetzt wie ein Eingriff: das folgende ἐν οἷς bezieht sich eindeutig auf das vorherige ἐν ἀριθμῷ τῶν μαρτύρων zurück, dazwischen stehen nun aber sehr breit Becher, Auferstehung, ewiges Leben und Unvergänglichkeit des Geistes. »The insertion of the eternal privileges conveyed by sharing Christ's cup fits at the position ... in a eucharistic prayer, less naturally in a highly specific martyrdom prayer.«[182] Die Worte gehören dem traditionellen Eucharistiegebet an, sie passen in die Zeit (vgl. Iren., Adv. Haer. 4,18,5 / ActJohannis 109) und bilden mithin keine Interpolation. Der Verfasser des Gebets »included a well-known and precious anaphoral phrase that did not fit neatly within the restricted role of the prayer required by this narrative.«[183]

MartPol 14,2 entspricht – wie Lk 2,29–32 – dem »Vorstellungsgefüge individueller Eschatologie«[184]: ὅτι ἠξίωσάς με ... εἰς ἀνάστασιν ζωῆς.[185] Polykarp teilt das Leidensgeschick Jesu und damit auch die Auferstehungshoffnung (vgl. MartPol 18,2; 19,2; ActScil 16). »Its eschatology has moved from Second Advents imagery to resurrection and incorruptibility terms.«[186] Die im Israel der Zeitenwende keineswegs dominierende Auferstehungsvorstellung rankt sich seit Dan um die Martyriumssituation und antwortet auf das Leiden um der göttlichen Überlieferung willen; exemplarisch ist 2 Makk 7[187], wo die Auferstehung in den Himmel führt (vgl. auch Mk 12,25parr). In MartPol 14 wird zwar die ψυχή vor dem σῶμα genannt – der Körper ist aber erwähnt; biblisch findet sich die Auferstehung des Fleisches noch gar nicht; erst 1 Clem 26,3 belegt sie. Mit der Formulierung ψυχῆς τε καὶ σώματος unterscheidet sich das Gebet spezifisch von Did 10,3, wo neben ζωὴν αἰώνιον besonders πνευματικὴν (!) τροφὴν καὶ ποτὸν betont sind.[188] Mit Lietzmann[189] darf in ἐν τῷ ποτηρίῳ ... καὶ σώματος eine traditionelle liturgische Formulierung gesehen werden, die IgnEph 20,2 inhaltlich aufnimmt (ἕνα ἄρτον κλῶντες, ὅς ἐστιν φάρμακον ἀθανασίας ἀντίδοτος τοῦ μὴ ἀποθανεῖν) und in der Anaphora des Serapion eine liturgische Parallele hat (ποίησον πάντας τοὺς κοινωνοῦντας φάρμακον ζωῆς λαβεῖν εἰς θεραπείαν παντὸς νοσήματος καὶ εἰς ἐνδυνάμωσιν πάσης προκοπῆς καὶ ἀρετῆς), sowie u. a. in ApostConst 8,14,2 (εἰς ὠφέλειαν

---

[182] TRIPP, Prayer, 105.

[183] Ebd.

[184] BERGER, Canticum, 30 f. – Von hier fällt weiteres Licht auf den παῖς-Titel: die Vorstellung vom Tod als dem Ende des Sklavendienstes, vgl. ActThomae 167.

[185] Eine johanneische Wendung: Joh 5,29; Apc 20,6: ὁ ἔχων μέρος ἐν τῷ πρώτῃ. Vgl. ferner: 1 Kor 15,42ff.; Röm 8,11; 2 Makk 7,9.14; 4 Makk 15,3; 17,12; 18,3; IgnEph 17,1; 20,2. – Eucharistisch: ApostConst 8,14,2.

[186] TRIPP, Prayer, 106.

[187] Vgl. KELLERMANN, Auferstanden / SCHWANKL, Sadduzäerfrage, 245 ff. / HENTEN, Entstehung.

[188] Vgl. NIEDERWIMMER, Didache, 197. – Seele und Körper benennt in eucharistischem Kontext ApostConst 8,14,2.

[189] Bruchstück, 60.

ψυχῆς καὶ σώματος ... εἰς ζωὴν τοῦ μέλλοντος αἰῶνος). Einen Zusammenhang zwischen ἀθάνατος αἰών und eucharistischen Elementen stellt auch das koptische μύρον-Gebet in Did 10 her: εὐχαριστοῦμέν σοι ... ὑπὲρ τῆς εὐωδίας τοῦ μύρου καὶ ὑπὲρ τοῦ ἀθανάτου αἰῶνος, οὗ ἐγνώρισας ἡμῖν διὰ Ἰησοῦ ...[190] Die Unvergänglichkeit begegnet erneut in MartPol 19,2.[191] Die Unvergänglichkeit des Hl. Geistes in direkter Parallele zum ewigen Leben begegnet dann de facto wieder in MartPol 15,2, wo Polykarp unvergänglich inmitten der Flammen, die vom πνεῦμα (!) vom Bischof abgehalten werden, steht: die Flammen können ihm nichts anhaben (MartPol 16,1 a). Besonders im jüdisch-apokalyptischen Denken und in seiner Folge bei Paulus wird die Vergänglichkeit von Welt und Mensch streng von der Unvergänglichkeit als der Zukunft Gottes unterschieden (φθορά/ἀφθαρσία), vgl. Röm 1,23; 1 Kor 9,25; 1 Pt 1,4;23, besonders in der paulinischen Erörterung der Auferstehungswirklichkeit 1 Kor 15,42–54 (vgl. Röm 2,7). Dem πνεῦμα entspricht die ζωή, der σάρξ die φθορά, vgl. Gal 6,8; 1 Pt 3,4; 2 Tim 1,10; 2 Clem 14,5.[192]

**14,2 b:** »Für den nächsten Satz ἐν οἷς bis ἀληθινὸς θεός kenne ich keine brauchbare Parallele, aber trotzdem mag auch dieser nicht frei erfunden sein ...«[193] In der Tat ist der Satzteil wesentlich aus Dan 3,39 f.Lxx entlehnt[194]: ... προσδεχθείημεν ὡς ἐν ὁλοκαυτώμασι κριῶν καὶ ταύρων καὶ ὡς ἐν μυριάσιν ἀρνῶν πιόνων· οὕτω γενέσθω ἡμῶν ἡ θυσία ἐνώπιόν σου σήμερον ... Der hier auftauchende Opfergedanke (vgl. Ps 19,4: ἐν θυσίᾳ πίονι) war schon in der redaktionellen Einleitung (14,1 b) vorbereitet worden (mit Begriffen, die an Dan 3,38 Lxx erinnern: ... οὐδὲ ὁλοκαύτωσις οὐδὲ θυσία οὐδὲ προσφορὰ οὐδὲ θυμίαμα οὐδὲ τόπος τοῦ καρπῶσαι ἐνώπιόν σου καὶ εὑρεῖν ἔλεος ...) Diese Konzeption des Martyriums als Opfer ist eindeutig über jüdische Tradition vermittelt[195], von Ignatius aufgenommen (IgnEph 21,1; Sm 10,2; Polyc 2,3; 6,1) und mit der Eucharistie verknüpft worden. Dabei handelt es sich allerdings wohl weniger um ein Sühn- als um eine Dankopfer, worauf schon die Toda-Formel verwiesen hat. »In Mart.Polyc. 14:1,2 the vicarious and/or atoning nature of this sacrifice is hardly hinted at. We seem to be dealing with a conception of the martyr's perfection – the truly acceptable form of sacrifice or gift which a man can offer God (...).«[196] Die Opfervorstellung ist also bereits traditionell und wohl in den ersten beiden Jahrhunderten von

---

[190] Vgl. PETERSON, Didache-Überlieferung, 156 f.
[191] Vgl. paulinisch: 1 Kor 15,42.50.53 / 2 Tim 1,10; 4 Makk 17,12; IgnPolyk 2,3; 2 Clem 14,5. – Zur mit der Eucharistie verbundenen Unvergänglichkeit: IgnEph 20,2; IgnSm 7,1; Iren AdvHaer 4,18,5; ActJohannis 109. – Vgl. PRETE, incorruptibilitate.
[192] Vgl. HARDER, Art. φθείρω.
[193] LIETZMANN, Bruchstück, 61.
[194] Vgl. REUNING, Erklärung, 40 / HENTEN, Einfluß, 721.
[195] Vgl. neben Dan3, 38 ff.Lxx: 2 Makk 1,24 ff.; 4 Makk 1,11; 6,29; 17,22. Zu weiteren jüdischen Parallelen vgl. FISCHEL, Martyr, 372 ff.
[196] SCHOEDEL, Fathers, 71. Gegen REUNING, Erklärung, 40: Martyrium als sündentilgendes Opfer.

besonderem Stellenwert für die eucharistische Sprache.[197] Nach jüdischem Verständnis stellt schon das feierliche Aussprechen einer Berakah und der damit verbundenen Anrufung Gottes ein Lobopfer dar, vgl. (Hallel-)Psalm 115,4.8.13.17: »Den Kelch des Heiles will ich nehmen und anrufen den Namen des Herrn … Dir bringe ich dar ein Opfer des Lobes.«

Aus dem σήμερον ist womöglich herauszulesen, daß der Märtyrer als Lohn die Auferstehung noch heute erwartet.[198] Der Zweck des Vergleichs von Polykarps Sterben mit einem Brandopfer »bezieht sich auf Polykarps post-mortale Rettung, wie sie mit dem Hinweis auf die Auferstehung in 14,2 angedeutet«[199] und durch das σήμερον betont wird: der Bischof wird direkt nach seinem Tod bei Gott wieder zum Leben erweckt (vgl. 19,2). »Hananja, Asarja und Misael galten als Gerechte, die aufgrund ihrer Treue bis in den Tod hinein durch Gott gerettet werden. Ihrem Beispiel Folge zu leisten eröffnete die Aussicht auf eine ähnliche Rettung.«[200] (Dan 3Lxx; vgl. auch 4 Makk 18,6–19).

Insgesamt wird in 14,2b inmitten des Dankgebets nun eine Bitte um Aufnahme (in die Zahl der Märtyrer) als wohlgefälliges Opfer formuliert. Das entspricht der Struktur der jüdischen Berakah[201] (vgl. Neh 9,5–31: Dank: Kosmologie und Soteriologie; 32–38: Bitte / Jubiläen, 22,6–8: Dank: Kosmologie und Soteriologie; 9: Bitte), dabei kann sich die Bitte argumentativ auf die zuvor gepriesene Tat Gottes (εὐλογῶ σε ὅτι …) berufen (vgl. 1 Makk 4,31: … οὕτως …), die Bitte entspricht inhaltlich dem Dank und leitet sich argumentativ aus dem erfahrenen Heilshandeln Gottes ab. So entsprechen sich denn auch Dank- und Bittformulierungen: τῆς ἡμέρας καὶ ὥρας ταύτης (14,2a) und σήμερον (14,2b); ἐν ἀριθμῷ τῶν μαρτύρων (14,2a) und ἐν οἷς (14,2b). Eine deutliche Entsprechung zwischen Dank und Bitte weisen auch 1 Clem 59,3f. auf, wenn das Bittgebet 59,4 verschiedene Begriffe des hymnischen Verses 3 aufnimmt.[202] »A thanksgiving-petition-doxology pattern of prayer is obviously similar to a *berakah*; and a prayer asking for the acceptance of offering shows thematic parallels with the prayer after the Passover meal asking that the observance may be accepted before God *lezikkaron*, for a

---

[197] Vgl. Did 9f.;14; Philo v. Alex.; Just, Dial c. Tryph. 29,1; 117,1.3 – Vgl. Talley, Berakah, 107 / Tripp, Prayer, 108f. / Goltz, Gebet, 253: Die ältesten Liturgien und eucharistischen Gebete »setzen die Auffassung des Abendmahls als eines heiligen Opfers und Mysteriums voraus.«

[198] Vgl. später: MartFruct 5 / MartJacobi et Marianus 11,4.6.

[199] Henten, Einfluß, 722.

[200] Ebd.

[201] Vgl. Robinson, Hodayot-Formel, 204 ff. / Talley, Berakah, 98 ff. / Finkelstein, Birkat, 215 ff. / Gamber, Sacrificium, 28 ff. – In einem anderen Traditionsstrang eucharistischer Gebete, den exemplarisch ActJohannis 85; 109 repräsentieren, begegnet kein Bitt-Teil. Sie sind unvereinbar mit dem bei Polykarp, Justin und Irenäus zugrunde liegenden Aufbau; »they consist of thanksgiving only, with no hint of any petionary section.« (Tripp, Prayer, 117f.). Zu den verschiedenen Traditionssträngen vgl. Kretschmar, Abendmahlsfeier I, 232–235.

[202] Βοηθόν / βοηθόν; σῶσον / σωτῆρα; γνώτωσάν σε ἅπαντα τὰ ἔθνη / τὸν διαλύοντα λογισμοὺς ἐθνῶν, vgl. Robinson, Hodayot-Formel, 215.

memorial.«[203] Dabei wird das Schema Verheißung-Erfüllung (καθὼς προ-
εφανέρωσας καὶ ἐπλήρωσας) offenbar bewußt in der Bitte aufgenommen; denn
die Bitte darf auf das vertrauen, was Gott bereits getan hat. Die Bitte um
Annahme des Opfers darf insofern getrost auf Erhörung rechnen, weil der
Herr sein Erbarmen und seine Güte zeigen wird, um die vergleichbare jüdische
Gebete an gleicher Stelle bitten.

Die hier formulierte Bitte kann nicht darüber hinwegtäuschen, daß es sich
in MartPol 14 grundsätzlich um ein Dankgebet handelt; darauf weist nicht
nur mehrheitlich der Text, sondern auch die traditionsgeschichtliche Herkunft: Berakah, Birkat ha-Mazon, eucharistische Gebete, das Vorherrschen
des Danks in Did 9 f., der Dank in den übrigen Märtyrerakten. Die Bitte ist
nur erst minimal ausgeführt, späterhin gilt, etwa bei Bischof Serapion: »The
petition-section has grown to unwieldy proportions (and was to grow much
further).«[204] Εὐλογεῖν (ברך) wie sein Synonym εὐχαριστεῖν (ידה) meint stets
die an Gott gerichtete Abstattung von Dank für eine erwiesene Gunst, entweder entsprechend der jüdischen Vorschrift, über jeder Speise die Benedik-
tion zu sprechen (ברוך) oder als Dankopfer (θυσία) oder als Danklied. Der
Dank ist jeweils geschuldete Erstattung für empfangene Gaben (Rückerstattung, vgl. Philo, Plant 130). »Der Dank selbst aber ist die intentionale
Herleitung einer Gunst vom Geber und dessen Rückleitung zu ihm, die
anabatische Kehre der katabatischen Wohltat.«[205] Lob und Dank überragen
gegenüber der Bitte.[206]

Mit der dankenden Rückwendung und Rückerstattung der Gabe an Gott
als Ursprung, deren Annahme durch Gott die Bitte formuliert, hängt auch
das Verständnis der Eucharistie als Opfer zusammen, das im Gebet betont
wird: der hervorragende Bischof als Widder aus der großen Herde (der
Christen) als wohlgefällige Dankopfergabe (προσφορά)[207] τῷ θεῷ ἡτοιμασμένον (14,1c) ἐν θυσίᾳ[208] πίονι καὶ προσδεκτῇ (14,2b). »Dank und Opfer
sind Antwort auf Gottes Wohltun, anabatischer Umschlag der katabatischen
Guttat Gottes, sie haben daher eine anamnetische Dimension.«[209] Kelch und
Brot erinnern[210] das Leiden Christi. Hier verbindet sich das Opferverständnis
der Eucharistie mit der redaktionellen Intention des MartPol: κατὰ τὸ

---

[203] TRIPP, Prayer, 119.

[204] A. a. O., 126.

[205] BETZ, Eucharistie, 27.

[206] Vgl. CONZELMANN, Art. εὐχαριστέω, 403.

[207] Lat. oblatio. Vgl. Iren, Adv Haer 4,17,5; 4,18,4 / Just, Dial. 41,1 / 1 Clem 40,4.

[208] Lat. sacrificium. Vgl. Just, Dial. 41,3 (unter Anspielung auf Mal 1,10ff.); 117,2 f. / Did
14,1–3.

[209] BETZ, Eucharistie, 33. Vgl. KNOPF, Lehre der Zwölf Apostel, 25.

[210] Vgl. Just, Dial 117,2 f. / Barn 5,3 / Origen, De oratione 14,2 / Joh Chrys, in Mt hom
25,3 / Theodor v. Mopsuestia, in Ps 34,18 b u. ö. – Wie eng Opfer und dankbares Gedächtnis
zusammen gehören, das zeigt noch Hippolyts Kirchenordnung (TradApost 4) durch die Formel
»memores offerimus« / μεμνημένοι προσφέρομεν, vgl. BETZ, Eucharistie, 42.

εὐαγγέλιον. Opfer und Dank haben ebenso anamnetische Funktion wie das κατὰ τὸ εὐαγγέλιον μαρτύριον (MartPol 1,1; 19,1). Und wie dem Märtyrer der Herr beisteht (MartPol 2,2 c: παρεστὼς ὁ κύριος ὡμίλει αὐτοῖς), so wird der erhöhte Herr in der Eucharistie gegenwärtig geglaubt (Did 10,6: Maranatha). Ist so die Eucharistie anamnetisch zurückbezogen auf Jesu Person und Werk, so wirkt sie zugleich auch seine Heilsgegenwart (IgnRöm 7,3; Eph 20,2). Die Gleichung Dank=Opfer hat schon Philo durchgeführt (De spec leg I, 297: »... denn es ist recht, den Dank ein Opfer zu nennen ...«). Die dort aber ebenfalls auftretende Vergeistigung des Opferbegriffs[211], wie sie schon Mal 1,10-14 formuliert und dann Did 14, Iren, AdvHaer 4,17,5, Just, Dial 117,1-4; Apol 1,13, Athenagoras, Suppl 13,2[212] fortführen, begegnet in MartPol noch nicht. Das Opfer des Polykarp ist keineswegs unblutig (vgl. MartPol 16,1: πλῆθος αἵματος!) oder vergeistigt, sondern noch ganz sakramentsrealistisch und ignatianisch (IgnRöm 7,3; Trall 8,1; Phld praescr; Eph 1,1) dem Blute Christi verpflichtet.

Möglicherweise hat das Opferverständnis der Eucharistie durch die Märtyrertheologie einen neuen Impuls erhalten; denn schon im Märtyrerkontext von Dan 3Lxx begegnet die Opfervorstellung und gerade die Märtyrertheologen Ignatius[213], Justin[214] und Irenäus unterstreichen den Opfercharakter des Abendmahls, wofür Did 14,1-3[215] das älteste explizite Zeugnis bietet, vgl. auch 1 Clem 40-44 und die Vorstellung schon in 1 Kor 10,16 ff.

Die Dreizahl der Ausdrücke προητοίμασας καὶ προεφανέρωσας καὶ ἐπλήρωσας ist wieder typisch liturgisch.[216] Die Vorsehung Gottes (vgl. Eph 1,5.11 f.) als weiteres Geheimnis der Erlösung ist typischer Bestandteil frühchristlicher Eucharistiegebete.[217] Andererseits wirkt καθὼς προητοίμασας ..., selbst wenn es sich um eine traditionelle Wendung handelt, im jetzigen Zusammenhang durchaus redaktionell: Der Verfasser nimmt »in der Wendung ... Bezug auf den Punkt, auf den seine ganze Erzählung zugeschnitten ist, dass sich in wunderbarer Weise an dem Bischof erfüllte, was Gott ihm schon vorher geoffenbart habe (vgl. 5,2; 12,3, 16,2).«[218] Seit dem Gesicht (MartPol 5,2) wußte Polykarp: »Ich muß lebendig verbrannt werden.« (vgl. 12,3). Gott hat das Opfer vorbereitet (προητοίμασας)[219] und schließlich das Vorhergesehene erfüllt. Damit steht Gott hinter allem und das Martyrium erweist sich als

---

[211] Vgl. CONZELMANN, Art. εὐχαριστέω, 400.
[212] Ἀναίμακτος θυσία - λογικὴ λατρεία. - Zu dem anti-kultischen Opferverständnis, zur Bedürfnislosigkeit Gottes und zum unblutigen Opfer- und geistigen Gottesdienstverständnis der Apologeten vgl. MOLL, Lehre, 142-151 / GUYOT/KLEIN, Christentum II, 146 f.
[213] IgnEph 5,2; Phil 4; Magn 7,2; Trall 7,2 u. ö.
[214] Apol I, 65-67; Dial 41; 117 u. ö.
[215] Vgl. KNOPF, Lehre der Zwölf Apostel, 24 / NIEDERWIMMER, Didache, 237.
[216] Vgl. REUNING, Erklärung, 31 f.40.
[217] Vgl. im Märtyrerkontext: ActJust 2,5.7; in eucharistischem Kontext: Just., Dial. 70,4.
[218] GOLTZ, Gebet, 239.
[219] Der Ausdruck kann sich auch auf die Eucharistie beziehen, vgl. Did 10,5.

κατὰ τὸ εὐαγγέλιον μαρτύριον (MartPol 1,1 b) bzw. κατὰ τὸ θέλημα τοῦ θεοῦ (2,1 a). Insofern können »die drei Ausdrücke ... in dieser Form vom Verfasser stammen, der sich bemühte, ihnen schon durch die Dreizahl liturgischen Klang zu verleihen.«[220]

Die folgenden Worte ὁ ἀψευδὴς[221] καὶ ἀληθινὸς[222] θεός, die zweifellos der liturgischen Sprache angehören[223], können sowohl den Abschluß der Bitte als auch den Beginn der Doxologie bilden: »Obwohl diese Zeile gewöhnlich mit dem Vorhergehenden verbunden wird (vgl. Verseinteilung), ist doch zu vermuten, daß die Anrede Gottes zum Folgenden gehört (wie am Anfang eines Gebets), zumal wenn man die in ihrem Aufbau sehr enge Parallele in Mart.Polyc. 14,3 und I Clem 61 vergleicht; letztere beginnt ähnlich: ὁ μόνος δυνατὸς ποιῆσαι ταῦτα καὶ περισσότερα ἀγαθὰ μεθ' ἡμῶν.«[224] Dafür spricht auch der ähnliche Beginn des Bitt-Teils in der Berakah in Nehemia 9,32: καὶ νῦν, ὁ θεὸς ἡμῶν ὁ ἰσχυρὸς ὁ μέγας ..., μὴ ὀλιγωθήτω ἐνώπιόν σου ...

**14,3:** Die typisch liturgische Dreizahl findet sich auch wieder deutlich in der Doxologie; schon insofern sollte ein trinitarischer Abschluß nicht zu sehr überraschen[225]: 1) ... σὲ αἰνῶ, ... διὰ ... Ἰησοῦ Χριστοῦ, ... καὶ πνεύματι ἁγίῳ ..., 2) ... σὲ αἰνῶ, σὲ εὐλογῶ, σὲ δοξάζω ...[226], 3) ... δι' οὗ σοὶ σὺν αὐτῷ καὶ πνεύματι ἁγίῳ. Die Doxologie entspricht strukturell dem dreiteiligen Aufbau des Gesamtgebets, wie er sowohl der jüdischen Berakah als auch dem Hymnus eigen ist (vgl. formkritische Analyse). Die Doxologie beschließt das Märtyrer- wie das Eucharistiegebet gleichermaßen. Doxologische Elemente, die Begriffe aus MartPol wieder aufnehmen, beschließen sowohl das MartPol (19,2: ἀφθαρσία; δοξάζω; παντοκράτωρ; εὐλογέω; 20,2: παῖς; δόξα; αἰών) wie auch andere Märtyrerakten (ActCarpi 47[227] / ActScil 17[228] / ActJust 6). Auch diese Schlußdoxologien weisen auf eine Verwendung der Akten als Lesung in der Liturgie beim Märtyrergedächtnis hin.[229]

---

[220] REUNING, Erklärung, 40 f.

[221] Vgl. Ex 19,11; Röm 8,2; Tit 1,2.

[222] Vgl. Ex 34,6; Joh 17,3; 1 Thess 1,9; 1 Joh 5,20; Apc 19,11; MartJust 4; IgnRöm 8,2; liturgisch: ApostConst 7,26,3; 8,18,1.

[223] Vgl. REUNING, Erklärung, 41.

[224] ROBINSON, Hodayot-Formel, 208 Anm. 40.

[225] Mit REUNING, Erklärung, 32. Gegen ROBINSON, Doxology.

[226] »Schon in der Lxx komen die drei Worte αἰνῶ, εὐλογῶ, δοξάζω häufig in liturgischer Sprache vor, jedoch nicht in dieser Zusammenstellung«, z.B. Jes 25,1. (REUNING, Erklärung, 41). – Ansonsten in den großen liturgischen Lobgesängen, z.B. ApostConst 7,47,2, vgl. ApostConst 8,12,27; 8,13,10 bis hinein in die lateinische Liturgie des »Gloria in excelsis«: »Laudamus te, benedicimus te, glorificamus te ...«

[227] ... εἰς δόξαν Χριστοῦ καὶ ἔπαινον τῶν μαρτύρων αὐτοῦ, ὅτι αὐτῷ πρέπει ἡ δόξα καὶ τὸ κράτος, τῷ πατρὶ καὶ τῷ υἱῷ καὶ τῷ ἁγίῳ πνεύματι, νῦν καὶ ἀεὶ καὶ εἰς τοὺς αἰῶνας τῶν αἰώνων. ἀμήν.

[228] Et ita omnes simul martyrio coronati sunt, et regnant cum Patre et Filio et Spiritu Sancto per omnia secula seculorum. amen.

[229] Vgl. KETTEL, Martyrium, 39 / URNER, Lesung.

Das περὶ πάντων[230] zeigt wiederum Nähe zu Did 10,4, die auf das jüdische Nachtisch-Gebet zurückgeht: »Und für alles preisen wir dich ...«[231] Die summarische Wendung περὶ πάντων entspricht der Angabe des Grundes mit על in der zusammenfassenden Wiederholung des Danks am Ende des zweiten Teils der Birkat ha-Mazon: ועל כולס אנו מודיס לך.

Die Reihung σὲ αἰνῶ, σὲ εὐλογῶ, σὲ δοξάζω findet sich am ehesten in Dan 2,23Lxx[232] und Dan 4,37Θ[233]; ansonsten sind in der Lxx die Futurformen εὐλογέσω und αἰνέσω (z.B. Ps 144) oder Imperative (z.B. Ps 145–150) gebräuchlicher. Δοξάζειν τὸν κύριον findet sich häufig bei Herm, z.B. Sim 6,1 mit περὶ πάντων). Elemente der doxologischen Formel σὲ δοξάζω διὰ τοῦ αἰωνίου καὶ ἐπουρανίου ἀρχιερέως Ἰησοῦ Χριστοῦ sind aus Hebr 6,20; 9,11 bekannt und Polykarp benutzt sie in seinem Brief an die Philipper (12,2), vgl. ferner 1 Clem 36,1; IgnPhld 9,1, liturgisch: 1Clem 61,3; 64; ApostConst 7,47,2.

Trotz all dieser liturgischen Anklänge erachtet Goltz[234] das ganze Gebet für vom Verfasser des MartPol gestaltet und begründet es mit der unspezifischen Allgemeinheit der Schlußdoxologie, was aber doch letztlich gerade wegen der fehlenden Märtyrerspezifität für die Annahme traditionellen Gebetsguts spricht: »Eingerahmt ist das Gebet durch eine Epiklese am Anfang und durch Lobpreis und Doxologie am Schluss, wie sie für jedes christliche Gebet auch anderen Inhalts passen würden.« »Die Berührung der Doxologie mit liturgischen Gebeten späterer Zeit ist nahezu selbstverständlich. Der ganze Vergleich mit altem liturgischen Material bringt uns also nur eine nicht genau abgrenzbare Berührung mit dem eucharistischen Dankgebet und die Bestätigung des allgemeinen Eindrucks, dass der liturgische Stil gottesdienstlicher Gebete hier nachgeahmt ist.«

Die abschließende Doxologie in der üblichen Form σοὶ ἡ δόξα εἰς τοὺς αἰῶνος (ἀμήν) o. ä. ist typisch hymnischer Lobspruch[235] (vgl. Röm 11,36; Gal 1,5; Eph 3,21; 1 Petr 5,11; Jud 25; 1 Tim 1,17; 6,16), der durch die Worte διὰ τοῦ ... Ἰησοῦ Χριστοῦ ... καὶ πνεύματι ἁγίῳ verchristlicht worden ist. Diese Schlußdoxologie wurde wegen der im zweiten Jahrhundert angeblich

---

[230] Mit »für alles« bzw. »in jeder Hinsicht« zu übersetzen, vgl. BOEFT/BREMMER, Notiunculae IV, 110f. Vgl. aber 3 Joh 2: περὶ πάντων εὔχομαί σε ...: »vor allem«, vgl. BLASS/DEBRUNNER/REHKOPF, Grammatik § 229 Anm. 4.

[231] Vgl. NIEDERWIMMER, Didache, 198 / FINKELSTEIN, Birkat ha-Mazon, 228.247f. / ROBINSON, Hodayot-Formel, 211. – Vgl. ferner: 1 Clem 38,4; HermSim 5,1,1; 6,1; ApostConst 7,38,1: εὐχαριστοῦμέν σοι περὶ πάντων, δέσποτα παντοκράτορ ...; 38,4: περὶ πάντων σοι διὰ Χριστοῦ εὐχαριστοῦμεν ...

[232] Σοί, κύριε τῶν πατέρων μου, ἐξομολογοῦμαι καὶ αἰνῶ, ὅτι σοφίαν καὶ φρόνησιν ἔδωκάς μοι καὶ νῦν ἐσήμανάς μοι ὅσα ἠξίωσα ...

[233] Ἐγὼ Ναβουχοδονοσορ αἰνῶ καὶ ὑπερυψῶ καὶ δοξάζω τὸν βασιλέα τοῦ οὐρανοῦ, ὅτι πάντα τὰ ἔργα αὐτοῦ ἀληθινά ...

[234] Gebet, 239f.

[235] Vgl. GLOER, Homologies, 123.

außergewöhnlichen Trinität von Robinson für sekundär interpoliert erachtet[236], aber: »there seems to be no clear evidence that elements in the prayer are beyond the range of possibilities in the middle of the second century.«[237] Und Robinsons Parallelen aus der späteren Liturgie zeigen lediglich die große Kontinuität liturgischer Sprache an.

Euseb liest ἐν (anstatt καὶ) πνεύματι ἁγίῳ; »diese Lesart ist wohl besser als καὶ πνεύματι ἁγίῳ; denn die letztere wäre im Jahr 156 sehr auffallend (...) Dann ist auch noch keine Rede von der Trinitätslehre.«[238] »Einige liturgische Wendungen bringen die Ehre Christus dar (Melito, Peripascha 10.45.65.105; M.Polyc. 22,3: Christus mit (σύν) dem Vater und dem Geist). Frühe Doxologien preisen jedoch in der Regel den Vater durch oder mit (διά, μετά, σύν) dem Sohn mit oder in (σύν, ἐν) dem Geist (M.Polyc. 14,3).«[239]

Nach Justin, Apol I, 65 ff. (vgl. auch Did 10,6; ActPhil 146 f.; ActaJoh 94 f.) bekräftigt die Gemeinde nach den anfänglichen Gebeten für die Neugetauften und die Christen allerorten (vgl. Polykarps Gebet für alle Menschen: MartPol 5,1; 7,3; 8,1) und dem Herbeibringen von Brot, Wein und Wasser (vgl. Polykarps Herbeibringen seines Körpers als Opfer: MartPol 14,1 b) durch ihr zustimmendes ἀμήν das folgende Dankgebet des Vorstehers (vgl. MartPol 14), woran dann die Kommunion der Gläubigen anknüpft (in Mart-Pol 15 symbolisch angedeutet: Brot, Wohlgeruch, Weihrauch).

---

[236] Vgl. ROBINSON, Apostolic Anaphora / ROBINSON, Doxology / STUIBER, Art. Doxologie, 217 / dagegen: TYRER, Prayer / CAMELOT, Ignace, 207 Anm. / EIJK, Résurrection, 134 ff. / TRIPP, Prayer, 103: »It is fairly safe to take ›in‹ as closer to the original. It is tempting to bracket the whole phrase, ›with him and/in the Holy Spirit‹ as an addition to the text made before the time of Eusebius. The original ending of the *Martyrdom* (xxi.1) has a doxology to the Christ only; the author was not anxious about Trinitarian formulae! It is the later scribes who added those in xxii. 1 and 3 ... Still less are we driven, with Joseph Armitage Robinson, to dismiss the doxology, and with it the entire *Martyrdom*, as a third-century fiction.« – Zur Forschungsgeschichte: DEHANDSCHUTTER, MartPol, 145 Anm. 379.

[237] SCHOEDEL, Fathers, 70 f.

[238] REUNING, Erklärung, 42 f.

[239] HALL, Art. Formeln, liturgische III, 264.

## 15,1-2: Polykarps Hinrichtung – die Verbrennung: Das Feuer des Scheiterhaufens und seine wunderbaren Züge

15,1 a  Als er das Amen hinaufgesandt und das Gebet vollendet hatte, zündeten die dafür zuständigen Menschen das Feuer an.

b  Mächtig loderte die Flamme empor; ein Wunder sahen wir, denen es gegeben war, es zu sehen, und uns war es vorbehalten, die Geschehnisse den Übrigen zu verkünden.

15,2 a  Denn das Feuer nahm die Form einer Wölbung an, wie ein vom Wind aufgeblähtes Schiffssegel, und umhüllte ringsum (schützend) den Leib des Märtyrers.

b  Er befand sich mittendrin, nicht wie Fleisch, das brät, sondern wie Brot, das gebacken wird, oder wie Gold und Silber, das im Schmelzofen gereinigt wird.

c  Auch empfanden wir einen solchen Wohlgeruch wie von duftendem Weihrauch oder von irgendeinem anderen der kostbaren Rauchwerke.

*Lit.: Zur Literarkritik:* CAMPENHAUSEN, H. v., Bearbeitungen und Interpolationen des Polykarpmartyriums, in: ders., Aus der Frühzeit des Christentums. Studien zur Kirchengeschichte des ersten und zweiten Jahrhunderts, Tübingen 1963, 253–301: 272 f. / *Zum Wunder:* BERGER, K., Formgeschichte des Neuen Testaments, Heidelberg 1984, § 78 / BERGER, K., Hellenistische Gattungen im Neuen Testament, ANRW 2.25.2, Berlin/NewYork 1984, 1031–1378: 1212–1218 / DÖLGER, F.J., Der Flammentod des Martyrers Porphyrios in Caesarea Maritima. Die Verkürzung der Qualen durch Einatmung des Rauches, AuC 1/1929 ([2]1974), 243–253 / HENTEN, J.W. van, Zum Einfluß jüdischer Martyrien auf die Literatur des frühen Christentums, II. Die Apostolischen Väter, ANRW 2.27.1, Berlin/NewYork 1993, 700–723: 722 f. / *Zum Wohlgeruch:* BULTMANN, R., Der zweite Brief an die Korinther, KEK.S, hg. v. E. Dinkler, Göttingen [2]1987, 67–70 / DAUTZENBERG, G., Art. εὐωδία / ὀσμή, EWNT 2, 226–229 / DELLING, G., Art. ὀσμή, ThWNT 5, 492–495 / GERO, St., The So-Called Ointment Prayer in the Coptic Version of the Didache: a Re-Evaluation, HThR 70/1977, 67–84 / KÖTTING, B., Wohlgeruch der Heiligkeit, Jenseitsvorstellungen in Antike und Christentum, FS A. Stuiber, JAC.E 9, Münster 1982, 168–175 / LALLEMAND, A., Le parfum des martyrs dans les Actes des martyrs de Lyon et le Martyre de Polycarpe, StPatr 16/2, TU 129, (Ost-)Berlin 1985, 186–192 / LIETZMANN, H., Messe und Herrenmahl. Eine Studie zur Geschichte der Liturgie, AKG 8, Bonn 1926, 81–92 / LOHMEYER, E., Vom göttlichen Wohlgeruch, SHAW. PH 9, Heidelberg 1919 / NESTLE, E., Der süsse Geruch als Erweis des Geistes, ZNW 4/1903, 272 und ZNW 7/1906, 95 f. / NIEDERWIMMER, K., Die Didache, KAV 1, Göttingen [2]1993, 205–209 / PAULSEN, H., Studien zur Theologie des Ignatius von Antiochien, FKDG 29, Göttingen 1978, 82 f. / PETERSON, E., Über einige Probleme der Didache-Überlieferung, in: ders., Frühkirche, Judentum und Gnosis. Studien und Untersuchungen, (Nachdruck) Darmstadt 1982, 146–182: 156 ff. / REUNING, W., Zur Erklärung des Polykarpmartyriums, Darmstadt 1917, 43 ff. / SAXER, V., Bible et hagiographie. Textes et thèmes bibliques dans les actes des martyrs authentiques des premiers siècles, Bern 1986, 52 ff. / SCHÖLLGEN, G./GEERLINGS, W., (Hgg.), Didache. Zwölf-Apostel-Lehre / Traditio Apostolica. Apostolische Überlieferung. Übersetzt und eingeleitet, FC 1, Freiburg 1991, 54 f. / STUMPFF, A., Art. εὐωδία, ThWNT 2, 808–810 / WENGST, K. (Hg.), Didache (Apostellehre), Barnabasbrief, Zweiter Clemensbrief, Schrift an Diognet, SUC 2, Darmstadt 1984, 57 ff. / *Zum eucharistischen Bezug:* KETTEL, J., Martyrium und Eucharistie, Geist und Leben, ZAM 30/1957, 34–46: 42 / KLEIST, J. A., An Early Christian Prayer, Orate Fratres 22/1948, 201–206.

Mit dem Amen des Gebets ist das aktive Handeln Polykarps abgeschlossen; das Feuer auf dem Scheiterhaufen wird entzündet (15,1 a). Folgerichtig setzt nun das Handeln Gottes ein, das sogleich von den Gläubigen als Wunder wahrgenommen und verkündet wird (15,1 b): das Feuer gelangt nicht wirklich an den Leib des Märtyrers, kann ihm nicht ernstlich etwas anhaben (vgl. 16,1 a: μὴ δυνάμενον αὐτοῦ τὸ σῶμα ὑπὸ τοῦ πυρὸς δαπανηθῆναι), sondern umgibt ihn nur ringsum (15,2 a). Nicht wie bratendes Fleisch also, sondern wie gebackenes Brot (eucharistischer Bezug!) oder zu reinigendes Geschmeide im Schmelzofen erscheint der Märtyrer auf dem Scheiterhaufen (15,2 b). Kostbarer Wohlgeruch (eucharistischer Bezug!) – und damit die Anwesenheit Gottes – umgibt die Szene.

*Literarkritisch* sind die wunderbaren Züge des MartPol, wie sie sich in MartPol 15,1 b–2 – vgl. auch 16,1 b: Taube und Blut – finden, auf der Suche nach einem von sog. sekundären Interpolationen literarkritisch befreiten, angeblich »historischen Kern« immer wieder gern ausgeschieden worden.[1] So zeichnet sich angeblich nach v. Campenhausen[2] »der echte Bericht vom Sterben Polykarps durch große Schlichtheit aus«, in die eine sog. κατὰ τὸ εὐαγγέλιον-Redaktion erst nachträglich ebenso wie eine Wunder-Redaktion ausschmückend eingegriffen habe. Die Annahme eines knappen Tatsachenbe-

---

[1] Vgl. CAMPENHAUSEN, Bearbeitungen, 272 f. hält zwar die Wunder für schon der ursprünglichen Erzählung zugehörig, aber der Text von MartPol 15,2 sei »nachträglich aufgefüllt worden« (Anm. 50) und der echte Bericht zeichne sich durch »große Schlichtheit« aus. – CONZELMANN, Bemerkungen, 18: »Gegen die Ursprünglichkeit dieser wunderbaren Bewahrung vor dem Feuer spricht der Widerspruch zu der Vision (5,2; 12,1). Auch das weitere Mirakel mit der Taube nach dem Stich des Konfektors, das bei Euseb fehlt, wird man nicht für ursprünglich halten.« – Selbst der Campenhausen-kritische (vgl. 140–155) DEHANDSCHUTTER, MartPol, 230 klammert in seiner niederländischen Übersetzung 15,1 b–2 ein. Und schon SCHWARTZ, De Pionio scheidet in 15,1 οἵ καὶ ... γενόμενα und 15,2 ἢ ὡς ... πυρούμενος aus. – Zur Kritik an solch literarkritisch-historistischem Ansatz vgl.: BUSCHMANN, MartPol, 1–70 / in anderen Märtyrerakten: BERSCHIN, Biographie und Epochenstil / GÄRTNER, Acta Scillitanorum.

[2] Bearbeitungen, 268 und 272. Dessen Interpolationshypothese noch 1987 von KÖHLER, Rezeption, 487 und 1990 von TRIPP, Prayer, 98 Anm. 2 als zwingend angesehen wurde – trotz der umfassenden Kritik durch DEHANDSCHUTTER, MartPol, 140–155.

richts am Beginn der Überlieferung des MartPol[3] erweist sich aber als Fiktion: »Die Einsicht, daß es das von der historischen Kritik so lange gesuchte originale *Martyrer-Aktenstück* überhaupt nicht gibt, daß vielmehr auch die bescheidendste Passio, sobald sie aufgezeichnet wird, Literatur ist, befreit uns von den hermeneutischen Problemen von Texten, die nur Niederschlag der Wirklichkeit und nicht mehr sein sollen, und ermöglicht die Frage nach dem Ausdruckswillen, der hinter der Überlieferungsform eines Martyriums im ›Aktenstil‹, in der ›Protokollform‹, steht.«[4] Die Wunderelemente gehören konstitutiv und ursprünglich der Erzählung an. »The miraculous element has … been urged in some quarters as an objection to the genuineness of the document. Yet, …, we have more occasion to be surprised at the comparative absence at the special prominence of the supernatural in the narrative.«[5] »Ich sehe nicht ein, warum Derartiges nicht recht bald nach dem Martyrium geschrieben werden konnte. Man darf überhaupt solcher (= wunderhafter) Züge wegen die Märtyrerakten nicht a priori verwerfen.«[6]

*Formkritisch* setzt MartPol 15,1a nach dem Gebet in MartPol 14, auf das MartPol 15,1aα Bezug nimmt, den eigentlichen Märtyrerbericht[7] aus 13–14,1 fort, bevor damit verknüpfte, interpretierende Wunderelemente[8] in Verbindung mit eucharistischen Deuteelementen erzählt werden. MartPol 15 f. berichten keineswegs unüblich im Kontext eines Märtyrerberichts (15,1a) »außergewöhnliche Ereignisse beim Tod«.[9] Nach Berger[10] gibt es keine eigenständige Gattung Wundererzählung, sondern Wundermotive haften vielmehr »einer ganzen Reihe von an der Beschreibung von Einzelfiguren orientierten erzählenden Gattungen«[11] an. Sie sind »staunenswerter Erweis charismatischer Macht in erzählter Geschichte.«[12] Wundermotive begegnen hier im MartPol im für sie üblichen Rahmen der Gattungen Konflikt- bzw. Märtyrererzählung und Demonstratio bzw. Epideixis, in MartPol 15 im Rahmen eines Visionsberichts (θαῦμα εἴδομεν), in MartPol 16 im Rahmen einer erzählten Akklamation. Formkritisch betrachtet deutet mithin nichts auf eine sekundäre Interpolation der Wundermotive.

*Formkritisch* zu vergleichen mit den Wundermotiven in MartPol 15 (und 16,1) sind nur wenige Passagen in den ausführlichen Märtyrertexten Mart-Lugd 5,1, 22.24.42 und MartPerp 6,4; 19,3, wo allerdings nur andeutungs-

---

[3] Vgl. schon MÜLLER, MartPol, 2.10 f.12.16.
[4] BERSCHIN, Biographie und Epochenstil, 41.
[5] LIGHTFOOT, Fathers II/1, 614. – Lightfoot aber möchte den den Märtyrer schützenden Wind bzw. Geist in MartPol 15 »as a strictly natural occurrence« erklären.
[6] So schon mit Recht EGLI, Martyrien, 71 im Jahr 1887.
[7] Vgl. BERGER, Formgeschichte, § 97.
[8] Vgl. a.a.O., § 78.
[9] A.a.O., 337.
[10] Vgl. Formgeschichte, § 78 / Gattungen, 1212–1218.
[11] BERGER, Formgeschichte, 305.
[12] Ebd.

weise Wundermotive vorliegen. In den Acta-Martyrien fehlen Wunderelemente ganz. Die größte Nähe besteht – wie schon in MartPol 14 – zu Dan 3, hier 24–27 (DanLXX 3, 46–50). Die Wunderelemente in Dan 3 dienen aber der Legitimation Gottes, nicht der lobenden und bestätigenden Darstellung des Märtyrers, der in Dan 3 wunderbar bewahrt wird. Trotz der wunderbaren Bewahrung im Feuer (MartPol 15 / DanLXX 3, 46–50)[13], die MartPol als traditionelles Motiv wichtig ist, hat MartPol doch entscheidendes Interesse am Durchtragen des Martyriums bis hin zum Tode (MartPol 16,1) und bietet deshalb anders als Dan 3, 24–30 (DanLXX 3, 91 ff.) keine »Bewährung mit positivem Ausgang.«[14]

Nach dem Gebet wird das Feuer entfacht[15] bzw. besonders geschürt[16] Die Flamme lodert mächtig empor.[17] Wieder hat Dan dabei im Gegensatz zu MartPol das Interesse, die Vernichtung der Gegner aufzuzeigen (DanLXX 3,48). Während die drei Männer allerdings damit letztlich bewahrt werden, wird Polykarp daraufhin vom Konfektor erstochen. Das ist freilich mit einem neuen Wunder verbunden: das Blut löscht das Feuer. Zuvor geschah das andere Wunder: Ein Windzug (πνεῦμα) hält die Flamme von den Opfern fern (MartPol 15,2 / DanLXX 3,49 f.).[18] Nicht einmal Brandgeruch findet sich (Dan 3,37 = DanLXX 3,94), sondern εὐωδία (MartPol 15,2). Typischerweise beendet MartPol die Wunderelemente mit einer Akklamation auf Polykarp (MartPol 16,2). Alles ist symbouleutisch ausgerichtet auf das identifikatorische Nachahmungsvorbild. In Dan 3 hingegen steht die gewandelte Einstellung des Nebukadnezar im Mittelpunkt: die wahre Gerechtigkeit wird (apologetisch) wiederhergestellt, die »Diener des höchsten Gottes« kommen zu ihrem Recht. Der neue Befehl des Nebukadnezar wird nun dem wahren und einzigen Gott gerecht. Während in Dan 3,38 (=DanLXX 3,95) eine Eulogie auf Gott vorliegt[19], hat MartPol Interesse an einer Akklamation auf Polykarp.[20] Die Wunderelemente in Dan 3 dienen der Legitimation Gottes, die Wunderelemente in MartPol 15 f. der lobenden und bestätigenden Darstellung des Polykarp als Vorbild zur Nachahmung.

Wenn aber in MartPol 14 *und* 15 eine direkte Abhängigkeit von dem jüdischen Text Dan 3LXX sehr wahrscheinlich ist[21], dann spricht das literarkritisch erneut gegen eine Ausgrenzung der Wundermotive in MartPol 15

---

[13] Nach KAUTZSCH, Apokryphen I, 175 f., haben diese traditionellen Verse »einst wirklich auch dem biblischen Danieltext angehört.«

[14] PLÖGER, O., Das Buch Daniel, KAT 18, Gütersloh 1965.

[15] MartPol 15,1: οἱ τοῦ πυρὸς ἄνθρωποι ἐξῆψαν τὸ πῦρ.

[16] DanLXX 3,46: οὐ διέλιπον ... καίοντες τὴν κάμινον.

[17] MartPol 15,1: μεγάλης δὲ ἐκλαμψάσης φλογός / DanLXX 3,47: καὶ διεχεῖτο ἡ φλὸξ ἐπάνω τῆς καμίνου.

[18] Zum Motiv der Kühlung im Feuer vgl. KUHL, Männer, 45 Anm. 1 f.

[19] Εὐλογητὸς ... ὁ θεὸς ..., ὅς ... ἔσωσε τοὺς παῖδας αὐτοῦ.

[20] Οὗτος γεγόνει ὁ θαυμασιώτατος Πολύκαρπος (MartPol 16,2).

[21] Vgl. HENTEN, Einfluß, 719–723.

als sekundärer Einfügung; denn auch das Gebet des Asarja (Dan 3LXX) ist mit dem Wunder im Feuerofen Nebukadnezars (Dan 3LXX 46–50) verbunden.

»Die inhaltliche Übereinstimmung zwischen Mart Pol. 15 und Dan.3 (besonders 3,46–50 LXX/Th) ist ... bezeichnend. Mart Pol.15 erzählt, daß an dem Feuer auf Polykarps Scheiterhaufen ein Wunder geschieht. Das Feuer umringt Polykarp wie ein Gewölbe, wie ein durch den Wind geblähtes Segel. Das erklärt, warum Polykarps Körper nicht durch das Feuer verzehrt wurde (vgl. Jes. 43,2, zitiert in 4 Makk.18,14: κἂν διὰ πυρὸς διέλθῃς, φλόξ οὐ καταπαύσει σε.) und der Konfektor nachhelfen muß, um Polykarp zu töten (16,1). Polykarp stirbt also nicht durch das Feuer, obwohl er seinen eigenen Feuertod in 5,2 prophezeit hatte (vgl. 12,3). Dieses Wunder gleicht sehr dem Wunder im Feuerofen Nebukadnezars, das in dem aramäischen Text größtenteils ein Mysterium bleibt, in Dan. 3,46–50 LXX/Th aber erklärt wird. Diesen Versen zufolge stieß der rettungbringende Engel die Flammen aus dem Ofen, so daß die jungen Männer völlig unversehrt den Ofen wieder verlassen konnten (Dan.3, 26 f. MT; 93LXX/ Th.). Im Ofen weht durch Zutun des Engels gleichsam eine angenehme Morgenbrise: Dan.3,50LXX/Th.: καὶ ἐποίησε τὸ μέσον τῆς καμίνου ὡς (εἰ) πνεῦμα δρόσου διασυρίζον. (›Und er bewirkte, daß der Innenraum des Ofens war, wie wenn ihn ein frischer Tauwind durchwehte.‹). Daß diese frappante Ähnlichkeit der Wunder in Dan.3 und MartPol. im Kontext einer Hinrichtung durch Verbrennungstod nicht zufällig ist, zeigen zweierlei in MartPol. 15,2: 1) der Verweis auf den Ofen (κάμινος) im Motiv der Läuterung (vgl. Apk. 1,15), und 2) der Vergleich mit dem Effekt des Windes (πνεῦμα; ›denn das Feuer wölbte sich wie ein vom Winde geschwelltes Segel ...‹). Der Wind könnte eine Anspielung auf Gottes Eingreifen sein ...«[22]

**15,1 a:** Das ἀμήν[23] und der Terminus εὐχή definieren MartPol 14 eindeutig als Gebet. Die Verwendung des Feuers als irdisches Straf- und Foltermittel greift auf alttestamentliche Tradition zurück, vgl. die Sodomstrafe Gen 19,24 f. (vgl. 1 Clem 11,1) und die drei Männer im Feuerofen Dan 3,19 ff. (vgl. 1 Clem 45,7). Der römische Staat verwendet beim Vorgehen gegen die Christen häufig die Todesstrafe durch Feuer, vgl. IgnRöm 5,3; IgnSm 4,2. Aber das Feuer kann den Glaubenden letztlich nichts anhaben, vgl. MartPol 2,3; Dan 3,19 ff.; 1 Makk 2,59; 4 Makk 11,26; Hebr 11,34; ActaPauli et Theclae 22.

**15,1 b:** Das jetzt erzählte Wunder unterbricht die bruta facta aus 15,1 a in kommentierender Weise: »Het wonder van het vuur in 15 is te vergelijken

---

[22] A. a. O., 722 f.

[23] Zum mit bestimmten Artikel versehenen τὸ ἀμήν als Gebetsschluß vgl. 1 Kor 14,16 / 2 Kor 1,20 / Just., Apol., 1,65 / Eus., h. e., 7,9: συνεπιφθεγξάμενον τὸ ἀμήν. – Vgl. zum ganzen Vers MartPionii 21,9: ἤδη δὲ τῆς φλογὸς αἰρομένης ...

met 9,1: ook nu stopt het verhaal. Er wordt verteld wat alleen aan een kleine groep was voorbehouden om te zien.«[24] Wieder begegnet das für MartPol typische »Wir« als »schriftstellerischer Plural«[25]: »Der Schreibende (...) zieht damit die Leser (...) in eine Gemeinschaft mit seinem eigenen Tun«[26] und betrachtet sich selbst als Augenzeuge in der Erzählung. Verbunden mit dem sonstigen Stil, besonders den häufigen μὲν - δέ-Konstruktionen, erweist dies den Verfasser des MartPol als recht gebildeten Christen.[27] Zu μεγάλης δὲ ἐκλαμψάσης φλόγος vgl. ActaPauli et Theclae 22.

Das zentrale Stichwort in MartPol 15,1b–2 ist θαῦμα, - in 16,1b.2a wiederaufgenommen. Das Wundermotiv, - vgl. schon das Wunder der Stimme in MartPol 9,1 -, hat dabei eine ganz ähnliche Funktion wie das Gebet im vorangegangenen Kapitel und erweist sich auch von daher keinesfalls als interpoliert: in der Situation der Verfolgung dient es als Hilfsangebot, transzendiert mögliche Ängste und bestärkt die Rezipienten in der Nachfolge des vorbildlichen Bischofs. Wundergeschichten wollen zu Glaube und Nachfolge ermuntern; Wunder wollen Wunder sein - man darf sie nicht naturalistisch wegzuerklären suchen.[28] Schon in MartPol 2,3 hatte es wunderbar geheißen: καὶ τὸ πῦρ ἦν αὐτοῖς ψυχρόν ... Noch wird im Gegensatz zu späterer Zeit ein Wunder an Polykarp vollzogen - und nicht durch ihn.[29] Es handelt sich um ein nach innen, an die Christen gerichtetes, tröstliches, den Märtyrer schützendes Wunder[30] - noch nicht um ein später im Martyriumskontext übliches, nach außen gerichtetes, apologetisches Demonstrationswunder. Das gilt selbst dann, wenn der Märtyrer - anders als in Dan 3 - faktisch nicht gerettet wird.[31]

Die Verknüpfung der Wundermotive in MartPol 15f. (Feuer; Taube) hat eine steigernde Funktion und die Wunder stehen keineswegs unüblich im Gesamtkontext des MartPol als Bekräftigung am Schluß.[32] Die Wundermotive sind wie üblich unselbständige Gattung, ihre nähere Zielsetzung erfahren sie

---

[24] DEHANDSCHUTTER, MartPol, 153.

[25] Vgl. BLASS/DEBRUNNER/REHKOPF, Grammatik, § 280. - Vgl. MartPol 1,1.2;2,1.2; 4; 9,1; 15,1.2;16,2;17,1.3; 18,2.3;19,2; 20,1.2.

[26] Ebd.

[27] Vgl. DEHANDSCHUTTER, MartPol, 189 unter Verweis auf E. NORDEN.

[28] So aber letztlich DOELGER, Flammentod, wenn er das Sterben auf dem Scheiterhaufen durch Rauchvergiftung erklärt (vgl. dazu DEHANDSCHUTTER, MartPol, 136 Anm. 334), oder LIGHTFOOT, Fathers I, 614f., der schreibt, daß »this may be explained as a strictly natural occurance«; das Beiseitewehen der Flammen durch den Wind sei als Wunder gedeutet worden.

[29] Vgl. HOLL, Vorstellung, 77 Anm. 1.

[30] SCHLATTER, Märtyrer, 35 / SURKAU, Martyrien, 131 Anm. 124. Vgl. dort jüdische Vorläufer-Texte. - Gegen WEINRICH, Spirit, 170. - Vgl. zur relativen Unverletzbarkeit jüdischer Märtyrer auch die Quellen bei FISCHEL, Martyr, 376f.

[31] Mit dieser Begründung lehnt CAMPENHAUSEN, Idee, 84 Anm. 1 die Deutung als Schutzwunder ab.

[32] Vgl. BERGER, Formgeschichte, 307.

»nahezu vollständig aus der sie inkorporierenden Großgattung«[33] – im Mart-
Pol also nicht Selbstzweck, sondern durchaus unselbständige Vehikel zur
Bestätigung der Gesamtintention des MartPol.[34] Wunder bestätigen Polykarps
vorbildliches Exemplum. »The martyrdom of Polycarp exhibits several inci-
dents in which the ›supernatural‹ plays a role ... As we shall see, the Spirit
is clearly implied as present at the climax of the narrative, the martyrdom
itself (Mart.Pol. 15). The ›supernatural‹ elements, however, are not hapha-
zardly recounted but serve to confirm that Polycarp's death was a ›martyrdom
according to the gospel‹ ...«[35]

Im MartPol handelt es sich um Elemente eines »Rettungswunders«, wobei
allerdings die »wunderbare Bewahrung« – anders als in Dan 3 – nicht die
Oberhand behält.[36] Denn das Wunder will im MartPol nur die Kompetenz,
die höhere Qualität des Polykarp belegen. Im MartPol kann man »in der Tat
... zeigen, daß die meisten sog. Wundergeschichten der epideiktischen Gattung ›zum Lobe‹ vor allem von Personen ... zuzurechnen sind ... Was wir
daher als ›Wundergeschichten‹ bezeichnen, sind epideiktisch-enkomische Gattungen, die die besondere Qualität ihres Gegenstandes herausstellen.«[37] Insofern hat das Wunder in MartPol 15,1 wieder kommentierende Funktion, wie
wir es schon im MartPol kennen: »Het wonder van het vuur in 15 is te
vergelijken met 9,1: ook nu stopt het verhaal. Er wordt verteld wat alleen
aan een kleine groep was voorbehonden om te zien ... Γοῦν heeft hier
dezelfde functie als οὖν (...).«[38]

Die Intention der Wunderelemente trifft sich in MartPol 15 mit der des
visionären Aspekts: θαῦμα εἴδομεν, οἷς ἰδεῖν ἐδόθη ... Auch Visionen bestätigen, stellen eine Gegeninstanz gegen irdische Macht dar und haben »als
Begegnung mit Gott juridische Relevanz: Sie sind Zeugnisse höheren, über-
legenen Rechts.«[39] Visionen bestätigen und legitimieren ebenso wie Wunder.
»Die Rettung aus Bedrängnis ist Bestätigung, daß Gott ›mit‹ dem Geretteten
ist«[40] – auch wenn MartPol faktisch keine Rettung berichtet. »Die vorsichtigen
Andeutungen des Wunderbaren (...) sollen die im Tod liegende Vollendung
und das Hineinreichen der göttlichen Herrlichkeit in das irdische Geschehen
deutlich machen. Einflüsse des griechischen Bildes vom sog. göttlichen Menschen (θεῖος ἀνήρ) sind möglich.«[41] »The wonder reported in Mart.Pol. 15:2

---

[33] BERGER, Gattungen, 1214.
[34] Vgl. BERGER, Formgeschichte, 308.
[35] WEINRICH, Spirit, 166.
[36] Vgl. BERGER, Formgeschichte, 334: »Daß die drei Männer in Dan 3 gerettet werden,
verändert nicht prinzipiell die Gattung, wie auch Jesu Passion als Märtyrerbericht unbeschadet
des folgenden Auferstehungsberichts als solcher bestehen bleibt.«
[37] BERGER, Gattungen, 1215.
[38] DEHANDSCHUTTER, MartPol, 153.
[39] BERGER, Formgeschichte, 288.
[40] A. a. O., 343.
[41] BAUMEISTER, Genese, 81 Anm. 8.

at once confirms that Polycarp is a chosen and faithful instrument of God and gives the reason why Polycarp has continuing significance for the life of the Church.«[42] Die eigentliche Wunder-Vision geschieht in Form eines Vergleichs[43] mit ὡς, wobei der Vergleich in argumentativen und symbouleutischen Kontexten seine wichtigste Rolle spielt.[44]

Endlich ist in MartPol 15 noch ein kommentierendes, weil das »Wir« identifizierendes, Element eingebaut, das den Lesern eine unmittelbare Identifikation nahelegt: εἴδομεν, οἷς ἰδεῖν ἐδόθη· οἳ καὶ ἐτηρήθημεν εἰς τὸ ἀναγγεῖλαι τοῖς λοιποῖς τὰ γενόμεθα.

Das οἷς ἰδεῖν ἐδόθη mag an Joh 19,35 erinnern, vgl. auch die Wunder nach der Kreuzigung Jesu – hier aber begegnen die Wunder vor Polykarps Tod, so daß nur Mk 15,33.38parr zu vergleichen sind. Und vgl. schon die wunderbare Bestärkung Polykarps durch die Stimme aus dem Himmel in MartPol 9,1: Ἴσχυε, Πολύκαρπε, καὶ ἀνδρίζου. Καὶ τὸν μὲν εἰπόντα οὐδεὶς εἶδεν, τὴν δὲ φωνὴν τῶν ἡμετέρων οἱ παρόντες ἤκουσαν.

Aus dem οἳ καὶ ἐτηρήθημεν εἰς τὸ ἀναγγεῖλαι τοῖς λοιποῖς τὰ γενόμενα kann keine späte Verfasserschaft des Martyriumsberichts herausgelesen werden.[45] Jedenfalls aber beansprucht MartPol, auf Augenzeugenschaft zu beruhen, geschrieben innerhalb eines Jahres (vgl. MartPol 18,3). Nichts spricht gegen diesen Anspruch.[46]

**15,2 a:** Vgl. grundsätzlich die ähnliche Erzählung in ActaTheodoti 32–34. Zu ὀθόνη[47] vgl. Act 10,11; 11,5. Auf den ersten Blick erscheint es wenig auffällig, daß das Schiffssegel als ὑπὸ πνεύματος πληρουμένη beschrieben wird. Im Kontext von MartPol 14 bedeutet πνεῦμα aber nicht nur »Wind«, sondern auch »Geist«, vgl. MartPol 14,2: εἰς ἀνάστασιν ζωῆς αἰωνίου ψυχῆς τε καὶ σώματος ἐν ἀφθαρσίᾳ πνεύματος ἁγίου. »When the fire is blown as a sail filled ›by the wind‹ (ὑπὸ πνεύματος) leaving Polycarp's body untouched, we are to understand that the ›incorruptibility of the Holy Spirit‹ for which Polycarp prayed has been granted. Ὑπὸ πνεύματος is a play on words allowing the author vividly to express this salvific occurence. Polycarp's body cannot be burnt (Mart.Pol.16:1 a) for it has become the recipient of this incorruptibility of the Holy Spirit.«[48] (Vgl. MartPol 17,1; 19,2). Πνεῦμα führt also zu ἀφθαρσία, vgl. MartPol 14,2.[49] Auch in der Epistula Jacobi Apocrypha (NHC

---

[42] WEINRICH, Spirit, 170.

[43] Vgl. BERGER, Formgeschichte, § 7.

[44] Vgl. a. a. O., 27.

[45] Mit LIGHTFOOT, Fathers II/1, 616: »... (ἐτηρήθημεν)? The aorist shows that the providence does not lie, as Keim supposes, in a continuous guardianship, but in a momentary deliverance.« / REUNING, Erklärung, 3 / HILGENFELD, MartPol, 161 f. gegen KEIM, Urchristenthum, 108.

[46] So auch SCHOEDEL, Fathers, 48.

[47] Bei Euseb, h. e. 4,15,37 wird ὀθόνη zu ὀθόνης ... πληρούμενης und damit als Genitiv aufgefaßt zu καμάρας direkt bezogen; so wird die Wölbung beschrieben.

[48] WEINRICH, Spirit, 171.

[49] Vgl. PRETE, Incorruptibilitate / HARDER, Art. φθείρω.

1,2) beschützt der Hl. Geist die Märtyrer (5,21–23), indem er sie als Wand umgibt. »In MART. POLYCARPI, ..., the miracle only visually illustrates the martyr's participation in the ›incorruptibility (ἀφθαρσία) of the Spirit‹ (14,2). Here the real parallel with EpJac shows up.«[50]

Die Vorstellung vom helfenden Wind oder Geist (πνεῦμα) als einem Wunder Gottes, das zur ἀφθαρσία verhilft (vgl. MartPol 14,2 a / IgnEph 17,1: ... ὁ κύριος, ἵνα πνέῃ τῇ ἐκκλησίᾳ ἀφθαρσίαν), findet sich auch in Dan 3,50LXX in ganz paralleler Situation: καὶ ἐποίησε τὸ μέσον τῆς καμίνου ὡς(εἰ) πνεῦμα δρόσου διασυρίζον (Und er bewirkte, daß der Innenraum des Ofens war, wie wenn ihn ein frischer Tauwind durchwehte.). Die Vorstellung geht traditionsgeschichtlich zurück auf das alttestamentliche Wirken der יהוה רוח als Wind bzw. Geist Gottes (πνεῦμα θεοῦ) zur Wende und Neuschöpfung.[51] Der hebräische Begriff רוח, der Wind, vom leichten Luftzug (Gen 3,8) bis zum Sturm (Ex 10,19; Jes 7,2; Jon 1,4 u.ö.) gilt im Alten Testament als Schnauben der Nase Gottes (Ex 14,21; 15,8), folglich als sein Werkzeug (Gen 8,1; Ps 104,4; 148,8; Ex 10.13.19; Num 11,31; Am 4,13; Ez 37,8ff.) und »ist Mittel eines konkreten göttlichen Handelns in der Geschichte zur Rettung (Ex 14,31; Num 11,31) oder zur Bestrafung seines Volkes (Ez 13,11 ff.).«[52] Auch das griechische Synonym πνεῦμα meint die elementare Natur- und Lebenskraft, weil Luft schlechthin Träger des Lebens ist[53], auf die als Schöpferkraft Gottes alle Kreatur in der יהוה רוח angewiesen ist (vgl. Hiob 33,4): »mein Geist bleibt mitten unter euch; fürchtet euch nicht!« (Hag 2,5; vgl. MartPol 9,1: ἴσχυε καὶ ἀνδρίζου). Der Wind Gottes ist häufig Element seiner Theophanie und mit Sturm, Donner, Regen, Blitz und Beben verbunden, vgl. nur Ex 19,16ff. Und so wird Thecla in den ActaPauli et Theclae 22[54] ganz parallel zu MartPol 15 anstatt durch Wind durch Regen geschützt: »... sie aber stieg auf das Holz, indem sie die Gestalt des Kreuzes machte (d.h. die Arme ausbreitete). Sie aber legten von unten Feuer an. Und obwohl ein mächtiges Feuer aufleuchtete, berührte das Feuer sie nicht. Denn Gott hatte Erbarmen und ließ ein unterirdisches Grollen eintreten und von obenher überschattete eine Wolke voll Wasser und Hagel (das Theater) und ihr ganzer Inhalt ergoß sich, so daß viele in Gefahr gerieten und starben und das Feuer ausgelöscht, Thekla aber gerettet wurde.« Auch wenn die ActaPauli et Theclae hier von MartPol abhängig sein dürften[55], ist es nur folgerichtig, daß auch in MartPol 16,1 das Feuer (hier: durch Blut) ausgelöscht wird, wobei der

---

[50] VLIET, Epistula Jacobi, 31.

[51] Vgl. ALBERTZ/WESTERMANN, Art. רוח / BAUMGÄRTEL, Art. πνεῦμα / SCHMIDT, Art. Geist, 172.

[52] ALBERTZ/WESTERMANN, Art. רוח, 732.

[53] Vgl. KLEINKNECHT, Art. πνεῦμα.

[54] Vgl. HENNECKE/SCHNEEMELCHER, Neutestamentliche Apokryphen II, 1971, 247. – Vgl. auch ActaPauli et Theclae 35: ringsum lodernde Flamme, Wunder, Wohlgerüche.

[55] Vgl. DEHANDSCHUTTER, MartPol, 191.

Ersatz von Wasser bzw. Regen durch Blut wieder eucharistische Konnotation hat. Auch wirft der Geist bzw. Wind (πνεῦμα) in MartPol 15,2 Licht auf den angeblichen Einschub der Taube in MartPol 16,1 (περιστερὰ καὶ ...); denn die Taube symbolisiert den Geist.

Ferner ist auffällig die zu MartPol 14 f. parallele Verbindung von μύρον bzw. εὐωδία, πνε-, ἀφθαρσία, ζῆν und γνῶσις bei IgnEph 17,1 f.: διὰ τοῦτο μύρον ἔλαβεν ἐπὶ τῆς κεφαλῆς αὐτοῦ ὁ κύριος (vgl. Mk 14,3parr), ἵνα πνέῃ τῇ ἐκκλησίᾳ ἀφθαρσίαν (vgl. 2 Kor 2,14 ff.). Μὴ ἀλείφεσθε δυσωδίαν τῆς διδασκαλίας τοῦ ἄρχοντος τοῦ αἰῶνος τούτου, μὴ αἰχμαλωτίσῃ ὑμᾶς ἐκ τοῦ προκειμένου ζῆν. Der wahren Lehre (vgl. MartPol 16,2: Polykarp als apostolischer Lehrer) entspricht nach Ign die εὐωδία bzw. ὀσμή, der Häresie die δυσωδία. Auch wird die διδαχὴ ἀφθαρσίας zur Forderung der Einheit mit dem Bischof verwendet (vgl. IgnMagn 6,2: ἑνώθητε τῷ ἐπισκόπῳ ... εἰς ... διδαχὴν ἀφθαρσίας), sowie in Verbindung mit der Eucharistie gebracht, vgl. IgnRöm 7,3: ... καὶ πόμα θέλω τὸ αἷμα αὐτοῦ, ὅ ἐστιν ἀγάπη ἄφθαρτος.[56] Da auch das Bild vom Segeln bei IgnPol 2,3 erscheint, ist ein traditionsgeschichtlicher Hintergrund von MartPol 14 und 15 von Ign her um so wahrscheinlicher.

**15,2 b:** Der Vergleich ὡς ἄρτος ὀπτώμενος bietet zunächst den positiven Gegensatz zu ὡς σὰρξ καιομένη; der Bischof wird nicht – wie bratendes Fleisch – unmittelbar von den Flammen erfaßt, vielmehr wird er vom Feuer nur umgeben – wie Brot, das gebacken wird –, so daß das Feuer ihn nicht wirklich erreicht. Das Feuer kann den Glaubenden letztlich nichts anhaben[57]; es ist für sie kalt: καὶ τὸ πῦρ ἦν αὐτοῖς ψυχρὸν (MartPol 2,3).

Andererseits wird über das Motiv des Brots (ἄρτος) sowie εὐωδία bzw. λιβανωτός in 15,2 c der Bezug zum eucharistischen Gebet in MartPol 14 und zum gottesdienstlichen Kontext hergestellt: »la menzione del pane qui, quella di ποτήριον (...) ..., e la presenza di molte reminiscenze liturgiche in questo contesto sembrano indicare che ἄρτος e ποτήριον possano contenere un riferimento indiretto all' Eucaristia.«[58]

Eus., h. e. 4, 15,37 bietet diesen ersten Vergleich ὡς ἄρτος ὀπτώμενος nicht.[59] Der Grund dafür ist am ehesten darin zu sehen, daß Eus. den gottesdienstlichen und eucharistischen Sitz im Leben des Martyriumsberichts in seiner literarischen Darstellung des Martyriums nicht mehr für bedeutsam erachtet.[60]

---

[56] Beide Aspekte in IgnEph 20,2: Einheit im Bischof und in der Eucharistie, ὅς ἐστιν φάρμακον ἀθανασίας, ἀντίδοτος τοῦ μὴ ἀποθανεῖν, ἀλλὰ ζῆν ἐν Ἰησοῦ Χριστῷ διὰ παντός. Vgl. noch IgnPhil 9,2: das Evangelium ist Vollendung der Unvergänglichkeit / τὸ εὐαγγέλιον ἀπάρτισμά ἐστιν ἀφθαρσίας.

[57] Vgl. Dan 3,19 ff. / 1 Makk 2,59 / 4 Makk 11,26 / Hebr 11,34.

[58] ORBAN in: BASTIAENSEN, Atti, 380. Vgl. KLEIST, Prayer / BAUMEISTER, Genese, 81 Anm. 9.

[59] Für die richtige Lesart hält das SCHOEDEL, Fathers, 72. CAMPENHAUSEN, Bearbeitungen, 273 Anm. 50 hält den Vergleich zum gebackenen Brot und/oder zum Schmelzprozeß für nachträglich in den Text eingefügt. – Dagegen zu Recht: SCHWARTZ, De Pionio, 15 / REUNING, Erklärung, 44 f. / KEIM, Urchristenthum, 94 Anm. 1.

[60] Das ist jedenfalls wahrscheinlicher als LIGHTFOOTs Vermutungen, Fathers II/3, 389

»Das Wort κάμινος (Ofen) ist mit der Geschichte der drei Jünglinge im Feuerofen verwachsen. Vgl. außer Dan 3 noch 4. Makk 13,9 und 16,3. Jedoch paßt das Wort auch zum häufiger begegnenden Bild des Schmelzprozesses, so daß eine Beziehung zu Dan. nicht zwingend ist.«[61] Das verbreitete Bild des Schmelzprozesses[62] und der Prüfung von Gold und Silber im Ofen entspricht dem Bild vom gebackenen Brot: das Feuer hat nicht vernichtende, sondern auferbauende, hier reinigende Wirkung. Damit wird die rezipierende, womöglich in Eucharistie und Gottesdienst versammelte Gemeinde aufgefordert und gestärkt, die Prüfung des Goldes im Feuer ebenfalls auf sich zu nehmen. Das, was geprüft wird, nämlich das Bekenntnis Χριστιανός εἰμι (vgl. MartPol 3,2; 10,1; 12,1 f.) ist mithin Gold wert.

Insgesamt ergibt MartPol 15,2 eine schlüssige Vorstellung: Der Bischof steht vom πνεῦμα geschützt inmitten des Feuers, das seinem Leib nichts anhaben kann – also nicht wie bratendes Fleisch, sondern wie Brot, das gebacken wird, oder wie Edelmetalle im Schmelzofen. Der Vergleichspunkt ist deutlich: die Flammen gelangen nicht an den Körper des Märtyrers heran.[63] Von daher leuchtet Conzelmanns[64] zwanghaft wunderkritischer Einwand nicht ein: »Die Einzelheiten der Vorstellung sind schwerlich exakt zu übersetzen bzw. zu deuten. Es bestehen Unsicherheiten in der Analyse: Der Vergleich des (nicht brennenden) Polykarp mit gebackenem Brot, der bei Euseb fehlt, paßt in sich ebenso schlecht wie zum geschmolzenen Metall; beide stimmen nicht zum Wunder.«

**15,2 c:** Der Wohlgeruch (εὐωδία) darf ebensowenig wie der wundersam schützende Wind historistisch-naturalistisch erklärt und damit neutralisiert werden, etwa als Geruch wohlriechender verbrennender Hölzer auf dem Scheiterhaufen[65]; er ist vielmehr in seiner symbolischen Bedeutung zu fassen.[66] Das

---

Anm. 20: »This first comparison may have been omitted by Eusebius from homoeoteleuton, or not improbably, because the homely image offended his literary taste.« Die Tatsache aber, daß hier kein »homely image« vorliegt, sondern eucharistischer Bezug, erkennt Lightfoot selbst, wenn er anschließend auf IgnRöm 4 verweist.

[61] BAUMEISTER, Genese, 81 Anm. 10. – Vgl. auch Apc 1,15: ὡς ἐν καμίνῳ πεπυρωμένης.

[62] Vgl. Dan 11,30–12,3 / Prov 17,3 / Dan 3,46LXX / Sap 3,6 / 3 Makk 6,6 / 4 Makk 13,9; 16,3 / 1 Petr 1,6 f. / Apc 3,18 / Herm vis 4,3,4 / Eus., MartPol 10: διὰ πυρὸς οἷα χρυσὸς ἀκραιφνέστατος ... τὴν δοκιμὴν ἀποδέδωκε.

[63] Vgl. Dan 3,50LXX: καὶ ἐποίησε τὸ μέσον τῆς καμίνου ὡς(εἰ) πνεῦμα δρόσου διασυρίζον, wobei der Tau zum löschenden Regen werden kann, vgl. MartPol 16,1 (Blut) / Sirach 51,6: »Du hast mich erlöset aus dem erstickenden Feuer, das ringsum war, und mitten aus dem Feuer...« / 4 Makk 18,14, wo Jes 43,2LXX zitiert wird: κἂν διὰ πυρὸς διέλθῃς, φλόξ κατακαύσει σε.

[64] Bemerkungen, 18 Anm. 87.

[65] So aber LIGHTFOOT, Fathers II/1, 615 / SEPP, MartPol, 22 / BADEN, Polykarpmartyium, 137.

[66] Vgl. REUNING, Erklärung, 44: »Die Annahme, daß wohlriechende Hölzer im Scheiterhaufen waren, hat schon ... Harnack (...) abgewiesen. Sepp (...) und Baden (...) hätten sie nicht wieder aufstellen sollen.« – Vgl. auch HOLL, Vorstellung, 72 Anm. 4.

Wunderbare zeigt sich ja gerade darin, daß hier unerwartet ein Wohlgeruch zu empfinden ist.

Das in der Antike weit verbreitete ὀσμή- bzw. εὐωδία-Motiv[67] konnotiert drei nicht immer klar voneinander abgrenzbare Vorstellungskreise:

1) Die εὐωδία und die Präsenz des Göttlichen.
2) Die εὐωδία und die Opfervorstellung.
3) Die εὐωδία und die Eucharistie.

Zu 1): Εὐωδία als »a sweet odor was often symbolic of the divine presence«[68] und wird zum Standard-Element in Märtyrertexten.[69] Der Herr gibt der Gemeinde mit seinem Duft die Unvergänglichkeit (ἀφθαρσία, vgl. MartPol 14,2; IgnEph 17,1 vgl. IgnMagn 10,2). Die εὐωδία ist bei Polykarp »Zeichen seines auch durch den Feuertod nicht ausgelöschten Lebens, seiner Unvergänglichkeit und Heiligkeit.«[70] Das in hellenistischer Religiosität weit verbreitete Motiv hat bei Ignatius ein soteriologisches Verständnis ausgeprägt. Schon in paulinischem Kontext (2 Kor 2,14 ff.; Eph 5,1 f.) findet sich eine Verbindung von εὐωδία und γνῶσις (zu γνῶσις vgl. MartPol 14,1 d). Gott offenbart in der Verkündigung Christi und mit Hilfe der Verkündiger die γνῶσις θεοῦ. Damit werden die Boten selbst zur Χριστοῦ εὐωδία. »Εὐωδία ist für Ign ein christologisch definierter Terminus, der in der Verbindung zur γνῶσις immer auch die wahre διδασκαλία einschließt.«[71]

Nestle, Lohmeyer, Delling und Bultmann (vgl. Anm. 67) begreifen demzufolge die ὀσμή- bzw. εὐωδία-Vorstellung nicht von der alttestamentlichen Opfervorstellung her, sondern von der hellenistischen Symbolsprache vom »göttlichen Wohlgeruch« aus als Präsenz Gottes. Gerüche sind dabei auch Träger von Leben und Tod bringenden Energien. Duft kann als Zeichen göttlicher Gegenwart und göttlichen Lebens gelten. Diese Deutung entwickelt Bultmann von 2 Kor 2,14 ff. her. Der Bezug zu MartPol 14 f. besteht über die Begriffe εὐωδία bzw. ὀσμή und γνῶσις (ὀσμὴ τῆς γνώσεως αὐτοῦ, V. 14). Dabei bestreitet Bultmann aber auf fragliche Weise einen Zusammenhang mit dem übrigen paulinischen Sprachgebrauch, der wie in MartPol 14 f. essentiell mit der Opferterminologie verknüpft ist, wenn er schreibt[72]: »Schwerlich ist auch an den Opferduft gedacht, den Paulus als Opfer verströmt, wenngleich Paulus Phil 4,18 die Gabe der philippischen Gemeinde als ὀσμὴν εὐωδίας, θυσίαν δεκτήν bezeichnet. Vgl. Eph 5,2: Χριστὸς ... παρέδωκεν ἑαυτὸν ὑπὲρ

---

[67] Vgl. PAULSEN, Studien, 82 f. / KÖTTING, Wohlgeruch / STUMPFF, Art. εὐωδία / LOHMEYER, Wohlgeruch / DELLING, Art. ὀσμή / BULTMANN, Zweiter Korintherbrief, 67–70 / BAUER/PAULSEN, Ignatius, 41 / LALLEMAND, Parfum / SAXER, Bible et Hagiographie, 52 ff. / NESTLE, Geruch.

[68] WEINRICH, Spirit, 171. – Vgl. 2 Kor 2,14 ff. / IgnEph 17,1 f. / Hippol., Philosoph., 7,22: ἡ ἀπὸ τοῦ πνεύματος τοῦ ἁγίου φερομένη ὀσμὴ ἄνωθεν κάτω.

[69] MartLugd 5,1,35: ἡ εὐωδία ἡ Χριστοῦ / MartPerp 13,3 / Eus., MartPal 11,27.

[70] LOHMEYER, Wohlgeruch, 48.

[71] BAUER/PAULSEN, Ignatius, 41.

[72] BULTMANN, Zweiter Korintherbrief, 67 f.

ἡμῶν προσφορὰν καὶ θυσίαν τῷ θεῷ εἰς ὀσμὴν εὐωδίας ... Vielmehr beruht die Wendung auf der antiken Vorstellung, daß Wohlgeruch ein Zeichen göttlicher Gegenwart und ein Zeichen göttlichen Lebens ist (vgl. ... Lohmeyer, Wohlgeruch ... ).« Die Teilhabe am göttlichen Leben wird durch Düfte vermittelt, der Duft kannTote beleben. Insofern sieht Lohmeyer[73] hinsichtlich MartPol 15,2 Richtiges: der Duft, der von dem Scheiterhaufen des Märtyrers ausgeht, ist Zeichen seiner Unvergänglichkeit und Heiligkeit. Im Duft Christi (vgl. MartLugd 5,1,35) offenbart sich die Leben und Tod überdauernde göttliche Kraft, die Kraft der Unvergänglichkeit (vgl. IgnEph 17,1 f.). Zugleich ist nicht nur Christus Träger des Duftes, sondern auch das πνεῦμα ἅγιον (vgl. MartPol 14,2.3 und πνέοντος in 15,2 c): »... gerade die Verbindung mit ›Hauch‹ oder ›Wind‹, wie sie etwa in der doppelsinnigen Verwendung im Johannesevangelium geboten wird (Joh 3,8: τὸ πνεῦμα ὅπου θέλει πνεῖ), erlaubt leicht die Assimilation mit Duft und Wohlgeruch beim Auftreten des ἅγιον πνεῦμα.«[74]

Von 2 Kor 2,14–16 und der Symbolik des Duftes für die Präsenz Gottes her sind wohl auch IgnMagn 10,2 und IgnEph 17,1 f. zu deuten.[75] MartPol 14 f. haben mit IgnEph 17,1 f. das Motiv der γνῶσις θεοῦ durch Jesus Christus (vgl. 14,1 d) und der ἀφθαρσία (14,2 a) gemeinsam, andererseits begegnet in MartPol 14 f. nicht der für IgnEph 17,1 f. und 2 Kor 2,14 ff. typische Dualismus: Tod / Leben. Und immerhin begegnet auch im Kontext von IgnEph 18,1 die Opferterminologie (περίψημα).

Diese hellenistische Deutung der εὐωδία als Präsenz des Göttlichen aber reicht für eine Erklärung in MartPol 15 nicht aus. Das gilt auch für die spätere Zeit, wo etwa Tertullian (mart 2,4) schreibt: »Der Kerker ist finster, aber ihr seid frei vor Gott; es gibt dort schlechte Ausdünstung, aber ihr seid ein Wohlgeruch.« »Die Antwort, daß hier unbesehen die antike Vorstellung vom ›göttlichen Wohlgeruch‹ übernommen worden sei, erscheint mir nicht differenziert genug.«[76] Schon der gesamte alttestamentliche Hintergrund des MartPol – vgl. nur in MartPol 14! – sowie die LXX-Bezüge (vgl. Dan 3LXX!), aber auch der konkrete alttestamentliche Hintergrund der ὀσμὴ εὐωδίας im Opferkontext, wie er auch in MartPol 14 f. vorliegt (MartPol 14,1 a.b / 14,2 b: κριός ... εἰς προσφοράν ... δεκτόν ... / ἐν θυσίᾳ πίονι καὶ προσδεκτῇ) verweisen auf eine andere Deutung des εὐωδία-Begriffs. MartPol 15,2 c bleibt wie Eph 5,1 f. noch stärker im Kontext des alttestamentlichen Sprachgebrauchs. »Dabei geht es vor allem um die Hingabe Christi: er ist προσφορά und θυσία, sein Tod dient der ὀσμὴ εὐωδίας.«[77] Polykarp wirkt hier wiederum κατὰ τὸ εὐαγγέλιον.

---

[73] Wohlgeruch, 48.
[74] KÖTTING, Wohlgeruch, 171.
[75] Vgl. PAULSEN, Studien, 82 f. / BAUER/PAULSEN, Ignatius, 41.
[76] KÖTTING, Wohlgeruch, 168.
[77] PAULSEN, Studien, 83.

Zu 2): Ursächlich dürfte das εὐωδία-Motiv mit der Opfervorstellung in Zusammenhang gestanden haben, vgl. das Noahopfer in Gen 8,21; durch den angenehmen Opferduft wird Gott günstig gestimmt. Die Opfervorstellung begegnet ebenso wie der Begriff γνῶσις in MartPol 14. Das alles deutet literarkritisch wiederum auf eine enge Verknüpfung von MartPol 14 und 15, so daß die Wundermotive in 15,1b–2 auch von daher nicht als sekundär interpoliert betrachtet werden können. »Der Wohlgeruch ist als sinnbildlicher Ausdruck des Wohlgefallens zu verstehen, das Gott an den Märtyrern hat, da sie auserlesene und Gott wohlgefällige Opfer sind (so auch Euseb. HE V,1,35 über die Märtyrer von Lyon).«[78] Die εὐωδία von MartPol 15,2 kann insofern als Anspielung auf das Opfer eines Gerechten verstanden werden (vgl. JesSir 24,15; 35,5 f. / Eph 5,2: προσφορὰν καὶ θυσίαν τῷ θεῷ εἰς ὀσμὴν εὐωδίας / Phil 4,18: ὀσμὴν εὐωδίας, θυσίαν δεκτήν, εὐάρεστον τῷ θεῷ / Barn 2,10).[79]

Schon der Kontext in MartPol 14 verweist auf ein Verständnis der εὐωδία im Opferzusammenhang. Aber auch der Sprachgebrauch in MartPol 15,2 c definiert εὐωδία eindeutig vom Opfer her und läßt eine Erklärung als Symbol der Präsenz des Göttlichen als falsch erscheinen[80]; denn λιβανωτός[81] und ἄρωμα verweisen ebenfalls eindeutig auf den Opferkontext.[82] Hinzu kommen die alttestamentliche Verwendung, die LXX-Bezüge und die neutestamentliche Begrifflichkeit von εὐωδία im Opferkontext: Noahs Opfer in Gen 8,20 f. belegt die ursprüngliche Verknüpfung des lieblichen Geruchs mit dem Brandopfer; der Opfergeruch bestimmt Gott zu freundlicher Haltung gegenüber den Menschen. Eine ganz spezifische, im Kult beheimatete Vorstellung kommt in der Wortverbindung ריח ניחח (reaḥ niḥōaḥ / lieblicher Geruch / ὀσμὴ εὐωδίας) zum Ausdruck: »Vom Opfer her steigt ein ›Beschwichtigungsgeruch‹ zur Gottheit auf und bringt so das Verhältnis zwischen Gott und Mensch in Ordnung; die Altertümlichkeit der Vorstellung liegt auf der Hand (Speisung des Gottes durch den Geruch). Der Ausdruck kommt in Gen 8,21 (J) vor, … Sonst begegnet die Formel vor allem in der priesterschriftlichen Gesetzgebung im Zusammenhang mit verschiedenen Opferarten (Ex 29,18.25.41; Lev 1,9 u.ö. …) Ezechiel wirft seinen Mitbürgern vor, fremden Göttern derartige ›Beschwichtigungsgerüche‹ dargebracht zu haben (Ez 6,13; 16,19; 20,28), erwartet aber eine Zeit, in der Jahwe wieder seine legitimen Opfer erhält (20,41).«[83] MartPol 14 f. bewegt sich eindeutig in dieser ὀσμὴ εὐωδίας-

---

[78] GUYOT/KLEIN, Christentum I, 333 Anm. 58.

[79] Vgl. REUNING, Erklärung, 43 ff. / KRETSCHMAR, Passa, 293 / STUMPFF, Art. εὐωδία, 808 ff.

[80] Vgl. LALLEMAND, Parfum, 191: »D'autre part sa thèse de E. Lohmeyer dans son livre *Vom göttlichen Wohlgeruch* … nous apparait fausse.«

[81] Vgl. LOHMEYER, Wohlgeruch, 28–31 / KÖTTING, Wohlgeruch, 172.

[82] Vgl. LALLEMAND, Parfum, 190: »Dans ce texte, de toute évidence, l'auteur a voulu assimiler le supplice du martyr sur le bûcher au sacrifice d'agréable odeur offert à Dieu dans l'Ancien Testament.«

[83] STOLZ, Art. נחח, 46 / vgl. DAUTZENBERG, Art. εὐωδία, 226.

Opferterminologie der LXX; in Gen 8,20 f. begegnen die auch in MartPol vorhandenen Ausdrücke: θυσ-, ὁλοκάρπω-, τῷ θεῷ, εὐωδ-; in Ex 29,18 (25.41): κριός, θυσ-, ὁλοκαύτωμα, εὐωδία; vgl. auch Lev 1,9. In Ez 20,41 ist die gnädige Annahme Gottes, die auch schon auf das Noah-Opfer in Gen 8,21 mit dem Versprechen des ewigen Bundes erfolgt, explizit ausgesprochen: »Ich will euch gnädig annehmen beim lieblichen Geruch der Opfer ...« Das gilt auch Polykarp und allen Märtyrern κατὰ τὸ εὐαγγέλιον. »Ainsi dans le récit du *Martyre de Polycarpe*, l'odeur délicieuse qui s'élève du bûcher signifie le sacrifice parfait accompli par l'évêque supplicié en offrande à Dieu.«[84]

Auch Paulus benutzt den Ausdruck ὀσμὴ εὐωδίας in Phil 4,18 eindeutig neben anderen *Opfer*ausdrücken (θυσία!), vgl. auch Eph 5,2, wo die Deutung der Lebenshingabe Christi in Termini der Opfersprache durchgeführt wird; insofern ist der εὐωδία-Begriff in MartPol 15 in diesem Opfersinn zu verstehen. Schon in Eph 5,2 ist dabei die Opferprädikation wie in MartPol paränetisch motiviert.[85] Ob von dieser eindeutigen Konnotation die Duftmetaphern in 2 Kor 2,14 ff. wirklich scharf abzutrennen sind und allein vom »göttlichen Wohlgeruch« her zu deuten sind, erscheint fraglich; denn die Nähe zur LXX-Wendung ὀσμὴ εὐωδίας und das τῷ θεῷ (2 Kor 2,15) lassen ebenso wie 2 Kor 2,14 an Opfersymbolik erinnern, zumal die apostolische Existenz in 2 Kor 2,15 (vgl. Phil 2,17) einem Opfer verglichen wird. Nach den Texten Eph 5,2; Phil 4,18 legt auch für 2 Kor 2,14–16 »der paulinische Sprachgebrauch die Deutung nahe, die den biblischen Ausdruck mit dem Opfergedanken verbindet.«[86] Auch die Ausdrücke »Duft vom Tode zum Tode« bzw. »Duft vom Leben zum Leben« (2 Kor 2,16) deuten auf Leichengeruch und Lebenshauch – und damit auf Opfer und Martyrium. Jedenfalls teilt MartPol 14 f. mit Phil 4,18; Eph 5,2 die Opferterminologie, mit Eph 5,1 f. auch die auf Christus bzw. Polykarp als alter Christus bezogene paränetische Intention: »So folgt nun Gottes Beispiel als die geliebten Kinder und lebt in der Liebe, wie auch Christus uns geliebt hat und hat sich selbst für uns gegeben als Gabe und Opfer, Gott zu einem lieblichen Geruch.«

Zu 3): Wenn aber die Deutung der εὐωδία in MartPol 15,2 aus dem alttestamentlichen, kultischen Opferzusammenhang heraus über die hellenistische, allgemein-religiöse Vorstellung vom »göttlichen Wohlgeruch« dominiert, dann liegt eine Beziehung zwischen εὐωδία und der christlichen, kultischen Opfervorstellung in der Eucharistie nahe. Diese hat sich schon in MartPol 14 gezeigt. Der beim Feuertod Polykarps entstehende Wohlgeruch wird dem Duft des Weihrauchs (λιβανωτός) verglichen. Weihrauch verweist wie schon die eucharistischen Elemente in MartPol 14,2 (ποτήριον) und 15,2 b (ἄρτος) auf den Gottesdienst. Der gottesdienstliche Weihrauch und die eucharistischen Elemente lassen das Vorbild Polykarps geradezu sinnlich wahr-

---

[84] LALLEMAND, Parfum, 191.
[85] Vgl. DAUTZENBERG, Art. εὐωδία, 227.
[86] STUMPFF, Art. εὐωδία, 809.

nehmbar werden. Bezüge zwischen dem εὐωδία-Motiv und dem Herrenmahl lassen sich zum einen über die Terminologie in MartPol 15,2c und die frühchristliche Liturgie aufzeigen, zum anderen findet sich ein möglicher Bezug zum koptischen Myrongebet im Anschluß an Did 10,7.

Die parallel zur εὐωδία stehenden Begriffe λιβανωτός und ἄρωμα konnotieren eindeutig einen kultischen (Opfer-)Kontext. Ἄρωμα, im NT nur im Plural, meint nach Mk 16,1 par. Lk 23,56; 24,1 die wohlriechenden Öle bzw. Salben zur Salbung Jesu (im Grab); nach Joh 19,40 wurde Jesu Leichnam vor dem Begräbnis unter Beifügung der duftenden Substanzen in Leintücher gewickelt. Ἀρώματα sollen offenbar der Erhaltung der Leiche dienen. Ἀρώματα können auch Räucherwerk, besonders bei Toten angewendet, meinen, vgl. 1 Clem 25,2: »... und wenn er bereits seiner Auflösung im Tode nahe ist, macht er sich ein Nest aus Weihrauch und Myrrhe und den übrigen Spezereien ...« Λιβανωτός, häufig in Verbindung mit ἀρώματα, vgl. 3 Makk 5,2, meint den Weihrauch eindeutig im Opferzusammenhang.[87]

Die frühchristliche Liturgie hat sog. Opfergebete hervorgebracht.[88] Die Eucharistie wurde in dreifachem Sinn als Opfer aufgefaßt: »Es gelten als das Gott dargebrachte Opfer erstens die Gebete, zweitens Brot und Wein, die von der Gemeinde oder auf dem Altar niedergelegt werden, drittens die heilige Handlung am Altar selbst als Analogon des Todesopfers Christi.«[89] Das Offertoriumsgebet bittet um Gottes freundliche Annahme des Opfers. Hier begegnet wieder die ὀσμὴ εὐωδίας (wie auch θυσία und ὁλοκαρπω-). Der Weihrauch wird im 4.Jhdt. als Opfer in die Messe eingeführt: »It is generally recognized that the use of incense in the eucharistic ceremony as described in the developed liturgies is a post-Constantinian phenomenon.«[90] Bereits Ps 141,2; Apc 5,8;8,3 und Hermas, mand. 10,3,3 begreifen das Weihrauchopfer als liturgische Form des Gebets. Λιβανωτός steht auch in MartPol 15,2c in engem Kontext zum eucharistischen Gebet in MartPol 14, das sich als Opfer im Sinne von Ex 29,18 versteht: »... und den ganzen Widder im Rauch aufgehen lassen auf dem Altar; denn es ist dem Herrn ein Brandopfer, ein lieblicher Geruch (ὀσμὴ εὐωδίας), ein Feueropfer für den Herrn.« Gott soll den Weihrauch annehmen, wie er die Opfer der alttestamentlichen Gottesmänner (Noah, Abraham, Aaron etc.) angenommen hat. Der Weihrauch und der Wohlgeruch nehmen wie schon das Brot in MartPol 15,2b Bezug auf das Eucharistie-Gebet in MartPol 14 und sind von daher im Opferkontext zu deuten.

Dieser Zusammenhang wird schließlich bestätigt durch das in dem eucharistischen Umfeld nach Did 10,7 sich befindliche koptische Myron-Gebet:

---

[87] Vgl. MICHAELIS, Art. λίβανος/λιβανωτός, 268 f. – In Apc 8,3.5 ist die Räucherpfanne gemeint, auf der Weihrauch verbrennt.

[88] Vgl. LIETZMANN, Messe und Herrenmahl, 81–92.

[89] A. a. O., 82.

[90] GERO, Ointment prayer, 74.

Nachdem Did 9 f. in großer Nähe zu MartPol 14 eucharistische Dankgebete über Kelch (9,2) und Brot (9,3 f.) überliefert hat, bietet das koptische Fragment der Didache[91] im Anschluß an Did 10,7 ein Gebet über »stinoufi« (kopt.) (griech.: μύϱον), im Deutschen zumeist, aber fraglich mit »Salböl« wiedergegeben, das in deutscher Übersetzung lautet: »Wegen des Wortes aber des Salböls (?) danket also, indem ihr sagt: Wir danken dir, Vater, wegen des Salböls (?), das du kundgetan hast durch Jesus, deinen Sohn. Dein ist Ruhm in Ewigkeit. Amen.«[92]

Umstritten ist, ob das Myron-Gebet ursprünglich zur Didache gehörte[93]; die Apostolischen Constitutionen (CA)[94] bieten in 7,27,1 f. an derselben Stelle ein Myron-Gebet, das weitgehend mit dem koptischen Text übereinstimmt, aber zugleich auch verdeutlicht, »that the exegesis of this passage depends entirely on the interpretation one gives to the word stinoufi«[95]:

| Koptisch: | CA: |
|---|---|
| πεϱὶ δὲ τοῦ λόγου | Πεϱὶ δὲ |
| τοῦ μύϱου (?) | τοῦ μύϱου |
| οὕτως εὐχαϱιστήσατε | οὕτως εὐχαϱιστήσατε |
| λέγοντες | |
| Εὐχαϱιστοῦμέν σοι, | Εὐχαϱιστοῦμεν σοι, |
| πάτηϱ, | θεὲ δημιουϱγὲ τῶν ὅλων, |
| ὑπὲϱ τοῦ μύϱου (?) | καὶ ὑπὲϱ τῆς εὐωδίας τοῦ μύϱου |
| | καὶ ὑπὲϱ τοῦ ἀθανάτου αἰῶνος |
| οὗ ἐγνώϱισας ἡμῖν | οὗ ἐγνώϱισας ἡμῖν |
| διὰ Ἰησοῦ τοῦ παιδός σου | διὰ Ἰησοῦ τοῦ παιδός σου, |
| σοὶ ἡ δόξα | ὅτι σοῦ ἐστιν ἡ δόξα |
| | καὶ ἡ δύναμις |
| εἰς τοὺς αἰῶνας ἀμήν. | εἰς τοὺς αἰῶνας ἀμήν. |

»Zudem weist das Gebet eine große stilistische Nähe zu den ›Eucharistie‹-Gebeten auf, denen es in Wortwahl und Aufbau in frappanter Weise gleicht. Im übrigen findet sich auch in der *Traditio Apostolica* und im Euchologion des Serapion von Thmuis im Anschluß an Eucharistiegebete ein Gebet über

---

[91] Zur Textüberlieferung vgl. SCHÖLLGEN, Didache, 88 f.

[92] Vgl. zur Übersetzung: SCHÖLLGEN, Didache, 54 / NIEDERWIMMER, Didache, 205 f., dort auch verschiedene griech. Rekonstruktionen. – Zum Gebet insgesamt: SCHÖLLGEN, Didache, 50–54 / NIEDERWIMMER, Didache, 205–209 / WENGST, Didache, 57 ff. / GERO, Ointment prayer / PETERSON, Probleme, 156 ff.

[93] WENGST/GERO/PETERSON u. a. treten für Ursprünglichkeit ein. NIEDERWIMMER/VÖÖBUS, Liturgical traditions, 51–60 / RORDORF/TUILIER, doctrine, 47 f. u. a. halten das Myron-Gebet für sekundär.

[94] Vgl. zu deren beschränktem Textüberlieferungswert: SCHÖLLGEN, Didache, 92 f.

[95] GERO, Ointment prayer, 68. – Vgl. die folgende, entsprechende Synopse bei NIEDERWIMMER, Didache, 206.

das Salböl. Trotz dieser beachtlichen Argumente kann die ursprüngliche Zugehörigkeit der Passage zur Didache nicht als sicher gelten.«[96] Zwar kann auch die Betrachtung von MartPol 14 f. hier keine Lösung bringen. Jedoch wurde in der bisherigen Forschung eine Beziehung zu den eucharistischen Elementen in MartPol 14 f. und der εὐωδία nicht hergestellt. Liturgisch gelesen vermag MartPol 14 f. jedoch den frühen Gebrauch von εὐωδία / λιβανωτός im eucharistischen Kontext zu bestätigen; denn obwohl es sich vordergründig um eine Märtyrerszene handelt (vgl. 15,1 a: οἱ τοῦ πυρὸς ἄνθρωποι ἐξῆψαν τὸ πῦρ), liegt hintergründig eucharistische Tradition vor. Das belegt nicht nur das Gebet in MartPol 14, sondern auch der Terminus ἄρτος in 15,2 b.

Entscheidend ist die Frage: was ist mit dem koptischen Begriff stinoufi im koptischen Fragment gemeint? Ist Salböl gemeint? Als Kranken-, Tauf- oder sonstiges Öl?[97] Nach Gero[98] handelt es sich im koptischen Fragment gar nicht um ein Salböl-, sondern um ein Weihrauch-Gebet. Wengst geht von Salböl aus und deutet es von der (exorzistischen) Krankenheilung als Mittel der Unversehrtheit (vgl. Mk 6,13; Jak 5,14; ApcMos 9; Euchologion des Serapion 17 u. ö.). Vööbus[99] denkt an einen Salbungsakt nach der Taufe – dagegen spricht der Kontext in der Did.

In MartPol, das nicht von μύρον, sondern von εὐωδία / λιβανωτός / ἄρωμα spricht, ist von einer (Kranken-)Salbung keine Rede, auch nicht von einer Einbalsamierung (vgl. Lk 23,56). Auch begegnet die Vorstellung vom Martyrium als (Bluts-)Taufe nicht. So bleibt Geros Anfrage, ob der kopt. Begriff stinoufi angemessen mit griech. μύρον wiederzugeben ist, bestehen. Schon CA 7,27,1 f. umschreibt griechisch mit ὑπὲρ τῆς **εὐωδίας** τοῦ μύρου. Vielleicht ist weder an Krankensalbung noch Taufe gedacht, sondern an εὐωδίας … ὡς λιβανωτοῦ … ἢ ἄλλου τινὸς τῶν τιμίων ἀρωμάτων (MartPol 15,2 c) bei der Eucharistie; zumal, wenn stinoufi nicht mit μύρον wiederzugben ist, sondern mit dem griech. Äquivalent εὐωδία[100]: »… stinoufi – the reference is specifically to incense, and the text is a prayer over incense burned at the solemn communal meal described in Didache 9 and 10.«[101] Erst später wäre an die Stelle der benedictio incensi das Myron der Taufe getreten. MartPol 14 f.

---

[96] SCHÖLLGEN, Didache, 55.

[97] Vgl. SCHÖLLGEN, Didache, 54 Anm. 125 / NIEDERWIMMER, Didache, 207, der aber nur eine Alternative zwischen Kranken- und Tauföl sieht.

[98] Ointment prayer, 69 Anm. 10: »… a Coptic translator normally would not have chosen stinoufi to render myron.« – Zur Kritik an Gero vgl. NIEDERWIMMER, Didache, 208 f. / WENGST, Didache, 57 Anm. 193: In den Apostolischen Konstitutionen handele es sich eindeutig um ein Salböl(= Myron-)Gebet, wohingegen GERO, Ointment Prayer, 73 behauptet: »… it is quite clear that … the amplified Greek text of the Ap. Const. has no reference to incense, but is intended to be an ointment prayer, whereas … the Coptic text has strong claim to be referred to incense but almost none to myron.«

[99] Traditions, 46–50.

[100] Vgl. GERO, Ointment prayer, 69 Anm. 12.

[101] A. a. O., 70.

könnte diese Vermutung indirekt bestätigen. Die εὐωδία in MartPol 15,2c kann über die Eucharistie hinaus mit einer Feier am Grabe des Märtyrers (vgl. MartPol 18,3) verbunden gewesen sein: »The employment of incense in Christian funery ceremonies is attested earlier than a connection of censing with the eucharistic liturgy.«[102]

Für die orientalische Kirche ist der Duft bis heute Voraussetzung des Heiligen. Wohlgeruch, Unvergänglichkeit und Leben sind in MartPol 14f. ebenso wie in 2 Kor 2,14–16 miteinander verbunden. Die Worte λιβανωτοῦ πνέοντος verweisen möglicherweise wieder auf die Anwesenheit des heiligen Geistes (πνεῦμα: Wind/Geist), vgl. IgnEph 17,1: ἵνα πνέῃ τῇ ἐκκλησίᾳ ἀφθαρσίαν.

---

[102] A.a.O., 75. Dort Belege.

## 16,1-2: Polykarps Hinrichtung:
## Wunder und Bewunderung bei der Verbrennung

16,1 a  Als endlich die Gottlosen sahen, daß sein Leib nicht vom Feuer verzehrt werden konnte, befahlen sie, daß der Vollstrecker zu ihm träte und den Dolch hineinstoße.

b  Und als er dies tat, kam (eine Taube und) eine solche Menge Blut hervor, daß das Feuer verlosch und die ganze Menge sich verwunderte, welch ein Unterschied zwischen den Ungläubigen und den Auserwählten besteht.

16,2 a  Einer von ihnen war auch dieser äußerst bewundernswerte Polykarp, zu unseren Zeiten ein apostolischer und prophetischer Lehrer und Bischof der katholischen Kirche in Smyrna.

b  Denn jedes Wort, das aus seinem Munde kam, hat sich erfüllt und wird sich erfüllen.

*Lit.: Zur Taube:* BÜHNER, J. A., Art. περιστερά, ᾶς, ἡ, EWNT 3, 1983, 184–186 / CORSSEN, P., Begriff und Wesen des Märtyrers in der Alten Kirche, NJKA 18/1915, 481–501: 498 / GREEVEN, H., Art. περιστερά, τρυγών, ThWNT 6, 1959, 63–72 / NESTLE, E., Die Taube als Symbol des Geistes, ZNW 7/1906, 358f. / NESTLE, E., Ein Gegenstück zum Gewölbe und zur Taube im Martyrium des Polykarp, ZNW 7/1906, 359f. / SÜHLING, F., Die Taube als religiöses Symbol im christlichen Altertum, RQ.S 24, Freiburg i. B. 1930, 124–130 / *Zur katholischen Kirche:* KEIM, Th., Aus dem Urchristenthum. Geschichtliche Untersuchungen in zwangloser Folge, Bd. 1, Zürich 1878, 114–119 / REUNING, W., Zur Erklärung des Polykarpmartyriums, Darmstadt 1917, 20–23.

MartPol 16 setzt die Wunderthematik von MartPol 15 mit einem weiteren Wunder fort: Polykarps Körper kann nicht vom Feuer aufgezehrt werden (15,1 b-2; 16,1 a), und sein nach dem Gnadenstoß des Vollstreckers aus seinem Körper ausströmendes Blut löscht das Feuer (16,1 b). Über den Begriff des Bluts (αἷμα; 16,1 b) wird wiederum der eucharistische Bezug hergestellt, wie schon in 15,2 durch das Brot (ἄρτος). Alles zielt auf die bewunderswerte Person des Bischofs (16,2), der als exemplarisch Auserwählter (ἐκλεκτός), apostolischer und prophetischer Lehrer und Bischof der katholischen Kirche dargestellt wird. Dabei wird seine prophetische Gabe besonders betont. Seine apostolische Vorbildlichkeit gründet wiederum in Evangeliums-Anspielungen (u. a. Mt 15,31; Joh 19,34) und verstärkt durch den Gegensatz zwischen Ungläubigen und Auserwählten die Nachfolgeaufforderung; das Blut Polykarps (und Christi) – womöglich vermittelt über die Eucharistie (MartPol 14) – löscht das Feuer der Verfolgung (16,1 b; 1,1 a).

*Literarkritisch* sind in MartPol 16 zwei Elemente immer wieder in Frage gestellt worden. Zum einen die Worte περιστερὰ καί, die sich bei Eus. h. e. 4,15,39 nicht finden. Zum anderen die Wunderelemente, die, von der Annahme eines ursprünglich angeblich historisch-faktischen Berichts ausgehend, immer wieder Interpolationshypothesen hervorgerufen haben.[1] Schoedel[2] etwa vermutet, daß 16,2 eine sekundäre Interpolation darstellt; denn:

a) ἐν τοῖς καθ' ἡμᾶς χρόνοις unterstelle eine nicht-zeitgenössische Perspektive,

b) die Betonung des Prophetischen sei anti-montanistisch und damit erst späterhin verständlich,

c) »katholisch« sei nur im späteren technischen Sinne als »orthodox« verständlich und widerspreche dem sonstigen Gebrauch im MartPol.

Dagegen spricht: a) erscheint überinterpretiert, b) die prophetische Dimension des Bischofs wird auch andernorts überdeutlich betont (MartPol 5,2; 12,3), c) auch der sonstige Gebrauch von »katholisch« im MartPol ist nicht frei von einem technischen Sinn (vgl. zu inscr.; 8,1; 19,2) immerhin begegnet der Ausdruck im MartPol viermal. Polykarps apostolische Autorität als nachzuahmender Lehrer, Bischof und Märtyrer wird auch in 1,1 f., 17,3 und 19,1 herausgestellt.

*Formkritisch* kann MartPol 16 weitgehend als Epideixis/Demonstratio[3] verstanden werden: in 16,1 a mit Bericht über die Tätigkeiten Einzelner und ihr Geschick[4] und Wunderelement[5] in 16,1 b. In 16,2 epideiktische Akklamation/Doxologie[6] mit symbouleutischer Absicht. Insgesamt »ein erbaulicher Lobpreis Polykarps.«[7] Die Augenzeugen reagieren mit Verwunderung[8], Staunen (θαυμάσαι πάντα τὸν ὄχλον, vgl. Mt 15,31: ὥστε τὸν ὄχλον θαυμάσαι) und der impliziten Frage »wer ist dieser, dem solches geschieht?«, worauf MartPol 16,2 antwortet.[9] Die erstaunte Frage »wer ist dieser?« konnte schon in MartPol 12,2 mit einer identifikatorischen Akklamation beantwortet werden. Ähn-

---

[1] Vgl. DEHANDSCHUTTER, MartPol, 133–140 / KEIM, Urchristenthum, 133–143 / CORSSEN, Begriff, 498 / CADOUX, Ancient Smyrna, 308 Anm. 5 / CAMPENHAUSEN, Bearbeitungen, 272 ff. / CONZELMANN, Bemerkungen, 18: »Daher ist zu folgern, daß in der ohnehin zu postulierenden Urform, in der der Bericht über Polykarp zwar bereits den Zielpunkt bildete, aber den über die übrigen Leidensgenossen noch nicht verdrängt hatte, die Wunder fehlten und damit etliche Konfusionen.«

[2] Fathers, 73, unter Berufung auf REUNING, Erklärung, 21 f. und CAMPENHAUSEN, Bearbeitungen, 273 f.

[3] Vgl. BERGER, Formgeschichte, § 79.

[4] Vgl. a. a. O. § 91.

[5] Vgl. a. a. O. § 78.

[6] Vgl. a. a. O. § 68.

[7] CAMPENHAUSEN, Bearbeitungen, 273.

[8] ... ἰδόντες οἱ ἄνομοι ... δαπανηθῆναι ... εἰ τοσαύτη ... ἐκλεκτῶν.

[9] Vgl. BERGER, Formgeschichte, 310 f.

lich verhält es sich hier in 16,2. Diese Art der Kommentierung weist das
Geschehen als offenbarungshaft, von Gott kommend aus.[10]

Alle Wunder und die damit verbundene Bewunderung dienen der lobenden
und bestätigenden Darstellung des Polykarp als Vorbild zur Nachahmung
(Enkomion): τὸ μέγεθος αὐτοῦ τῆς μαρτυρίας καὶ τὴν ἀπ' ἀρχῆς ἀνεπίληπτον
πολιτειάν (MartPol 17,1). Das fügt sich dem Kontext: War es nach MartPol
9-11 das standhafte Bekennen, das die staunende Bewunderung hervorrief
und nur durch göttliche Legitimation zu erklären war, so ist es nach MartPol
13 f. das standhafte Aushalten des Martyriums, das ähnliche Bewunderung
hervorruft und offensichtlich ähnlich göttlich legitimiert ist, was die Wunder,
die an Polykarp geschehen, belegen.

**16,1a:** Zu den ἄνομοι vgl. MartPol 3,1; 9,2 sowie 1 Kor 9,21; 2 Thess 2,8;
1 Tim 1,9. Polykarps Körper bleibt vom Feuer unberührt, deshalb muß der
Konfektor, der Vollstrecker, bemüht werden. Es handelt sich um ein lateini-
sches Lehnwort: »Confector=carnifex, ...: derjenige, der das Todesurteil
schließlich vollstreckt.«[11] »Aufgabe des confector war es, im Amphitheater
den verwundeten Kämpfern und Tieren den Todesstoß zu geben (vgl. Suet.
vit. Aug. 43,2; Nero 12,1; Sen. ira III, 43,2).«[12] Der Konfektor paßt eigentlich
nicht zum Feuertod, sondern gehört der Tierhetze an. Wenn der Sachverhalt
überhaupt historisch ist und nicht nur aus literarischen Gründen verschiedene
Tötungtraditionen zusammengearbeitet worden sind, dann kann der Konfektor nur zugegen sein, weil die Spiele gerade beendet worden waren (Mart-
Pol 12,2). Wie sehr wieder literarische Intention vorliegt, zeigt sich auch
daran, daß jeweils die Tötung durch Lanze, Dolch oder Schwert mit der
eigentlich vorgesehenen Form der Exekution nicht kompatibel und unvorher-
gesehen ist: Scheiterhaufen und Kreuzigung zielen gleichermaßen auf einen
anderen Tod. Wiederum dürfte κατὰ τὸ εὐαγγέλιον-Intention vorliegen, vgl.
Joh 19,34: εἷς τῶν στρατιωτῶν λόγχῃ αὐτοῦ τὴν πλευρὰν ἔνυξεν καὶ ἐξῆλθεν
εὐθὺς αἷμα καὶ ὕδωρ.[13]

**16,1b:** Die Worte περιστερὰ καί[14] finden sich bei Eus. h. e. 4,15,39 nicht und
werden in der Forschungsgeschichte fast durchgängig als späterer Zusatz

---

[10] Vgl. Act 28,3-6; Mk 15,39parr: ὄντως ὁ ἄνθρωπος οὗτος δίκαιος ἦν. - Vgl. BERGER,
Formgeschichte, 233; 311.

[11] BAUMEISTER, Genese, 81 Anm. 12.

[12] GUYOT/KLEIN, Christentum I, 334 Anm. 59. - Weitere Belege: vgl. MartLugd 5,1,40;
PassPerp 21,3.6, der »Walker« im Jakobusmartyium Eus. h. e. II,23. Vgl. ferner: LIGHTFOOT,
Fathers II/3, 390 Anm. 5.

[13] Dagegen SCHOEDEL, Fathers, 72: »No parallelism with John 19:34 is intended (we are not
even told that the dagger pierced *his side* as we would expect if John were imitated.).«

[14] Vgl. dazu LIGHTFOOT, Fathers II/3, 390-393 Anm. 6 / NESTLE, Gegenstück / BIHLMEYER,
Väter, XLI / GREGOIRE, Date, 14 / Zur Forschungsgeschichte vgl. DEHANDSCHUTTER, MartPol,
99 ff.; 131-140. Dort auch zu Konjektur-Vorschlägen.

verdächtigt[15]: »Da bei Eusebius und in der syrischen Überlieferung im Gegensatz zu den griechischen Handschriften die Angabe περιστερὰ καί fehlt,
ist sie von den modernen Herausgebern zu Recht gestrichen worden (als
spätere Interpolation, anders B. Dehandschutter, Martyrium Polycarpi, Een
literair-kritische Studie, Löwen 1979, 99 ff.). Die Taube gilt in der Alten
Kirche als Symbol der aus dem Leibe scheidenden Seele des Gerechten (vgl.
G. H. Mohr, Lexikon der Symbole. Bilder und Zeichen der christlichen Kunst,
Darmstadt [8]1984, 280 ff.).«[16]

Für eine solche Sekundarität der Taube spricht: 1) Die innere Logik: die
Taube wirkt fehl am Platz; das Wunder zielt auf die Menge Blut, die das
Feuer verlöscht.[17] Die Taube erhält im weiteren Verlauf der Erzählung keine
Bedeutung. 2) Die äußere Bezeugung durch Euseb; auch kann Euseb kein
Interesse an Unterdrückung des Ausdrucks nachgewiesen werden, da er in
h. e. 6,29,3 eine Taube erwähnt. Nach Schwartz[18] hätte Euseb die Worte
niemals ausgelassen, wenn sie im Original gestanden hätten. 3) Der Glaube
späterer Zeit könnte zur Einfügung geführt haben; das mirakulöse Element
wächst.

Für die Originalität[19] von περιστερὰ καί spricht aber: 1) »De weggelaten
woorden beharen evenwel tot de tekst van alle Griekse manuscripten.«[20] 2)
Das vertraute Motiv der Taube begegnet etwa schon in Mk 1,10 und ist in
der frühen Kirche ein Symbol der vom Leibe scheidenden Seele des Gerechten.
3) »De hypothese van de echtheid steunt vooral op het feit dat in VITA
POLYCARPI 21 van een duif sprake is.«[21] 4) Eusebius Textüberlieferung des
MartPol erweist sich text- wie literarkritisch keineswegs als sicher[22]: »De
verwerping van de lezing van de Griekse codices is sterk beinvloed door het
belang dat men aan de tekst van Eusebius toekent. Wanneer men het gewicht
van deze versie outkent, blijft de mogelijkheid dat περιστερὰ καί een oor-
spronkelijk element van de tekst geweest is.«[23] Euseb gibt das MartPol nicht
wortwörtlich wieder, sondern läßt auch andernorts Sätze und Ausdrücke aus

---

[15] RAUSCHEN, Märtyrerakten, 305 Anm. 2 / GASS, Märtyrerthum, 391 / KEIM, Urchristen-
thum, 94 / LIGHTFOOT, Fathers, II/1,614; 643 ff.; II/3, 390–393 / MÜLLER, MartPol, 15 /
SEPP, MartPol, 21 / SURKAU, Martyrien, 131 Anm. 126 / SÜHLING, Taube, 129 / CAMPEN-
HAUSEN, Bearbeitungen, 272 / MUSURILLO, Acts, 15 / SCHOEDEL, Fathers, 72: »A dove and:
Omitted by Eusebius (H. E. 4.15.39). There is almost universal agreement that this was added
later (probably by ps-Pionius).« – Zuletzt wieder: BAUMEISTER, Norm, 125.

[16] GUYOT/KLEIN, Christentum I, 334 Anm. 60.

[17] Vgl. zuletzt wieder: BAUMEISTER, Norm, 125.

[18] De Pionio, 15.

[19] Mit EGLI, Studien, 71 / CORSSEN, Vita Polycarpi, 286 / NESTLE, Gegenstück / DEHAND-
SCHUTTER, MartPol, 99 ff.

[20] DEHANDSCHUTTER, MartPol, 99.

[21] Ebd. – »εἶδεν περὶ τὴν κεφαλὴν Πολυκάρπου περιστερὰν λευκὴν περὶ ἣν κύκλος ἦν φωτός.«
– Vgl. auch Lukian, De morte Peregrini, 39.

[22] Vgl. BUSCHMANN, MartPol, 39–48.

[23] DEHANDSCHUTTER, MartPol, 101.

und faßt zusammen. So glaubt schon Corssen[24] in dem Schweigen Eusebs keinen zwingenden Grund für eine Interpolation erkennen zu dürfen, da Euseb auch sonst zweifellos Ursprüngliches ausgelassen habe. 5) Euseb könnte sich an dem unverhohlenen Materialismus der Taube gestoßen haben; schon in MartPol 15 begegnet bei ihm ὡς ἄρτος ὀπτώμενος nicht (h. e. 4,15,37). 6) Schon 1 Joh 5,6–8 verdeutlicht einen Zusammenhang von Geist, Wasser und Blut als Zeugnis für Jesus Christus.

Unabhängig von der Frage, ob die Worte περιστερὰ καί originär sind, muß aber der Gehalt der Vorstellung geklärt werden. Es liegt zunächst die Vorstellung zu Grunde, daß die menschliche Seele sich beim Tod in der Form eines Vogels vom Körper trennt, also die Vorstellung vom Seelenvogel.[25] Die Vorstellung findet sich in zahlreichen späteren Martyrien. Die Taube bildet das Enblem einer christlichen Seele (vgl. Ps 55,6; Mt 10,16; Tertull. Scorp. 15; de Baptismo 8). »It was a common belief also that there was no gall in the dove …«[26], so daß die Taube als »anima innocens« gelten kann. »Die Taube wird als Weiterbildung von Evangelium nach Marcus zu fassen sein, wo sie noch in alttestamentlicher Weise als Friedenstaube verstanden ist, während der Smyrnäer und nach ihm die Maler der Katakomben darunter den Geist oder die Seele darstellen.«[27] Der Geist (πνεῦμα) aber ist in MartPol 14 f. deutlich genannt; insofern ist περιστερὰ καί keineswegs ohne Anbindung im Kontext!

Neben der in der Antike weit verbreiteten Vorstellung der Taube als Seelenvogel[28] »muß die Taube als gestalthaftes Symbol verstanden werden, das die Bedeutung der Geistbegabung im Rahmen von Taufe und Himmelsstimme ›verwirklicht‹.«[29] Die Taube als Gestalt Gottes repräsentiert πνεῦμα bzw. רוח Gottes.[30] So hat der geliebte Sohn bei der Taufe mit der gestalthaften Gegenwart des Geistes, mit der μορφὴ Gottes zu tun. Und der κατὰ τὸ εὐαγγέλιον gezeichnete Polykarp ist, wie die entfliehende Taube bei seinem Tod andeutet, im Besitz des πνεῦμα Gottes gewesen. Schon MartPol 14 hatte auf das πνεῦμα ἅγιον verwiesen und in MartPol 15 ist der Wind (πνεῦμα) als Geist (רוח) Gottes zugegen und schützt den Leib des Märtyrers. Der taubengestaltige Geist symbolisiert auch in MartPol 16 die charismatische, apostolische und prophetische Verbindung zwischen dem Bischof, dem Sohn und dem Vater. Hinsichtlich MartPol 16,1 gilt variiert, was auch für die Tauferzählung gilt: »Auch die Hörer der Tauferzählung empfanden die Tau-

---

[24] Vita Polycarpi, 278.

[25] Vgl. BAUER-ALAND, Wörterbuch, 1313 f. / LIGHTFOOT, Fathers II/3, 390 Anm. 6. Dort Belege / LEEUW, Phänomenologie, 331 f.

[26] LIGHTFOOT, Fathers II/3, 391 Anm. 6 mit Belegen. Vgl. BAUER-ALAND, Wörterbuch, 1313 f.

[27] EGLI, Studien, 71.

[28] Vgl. GREEVEN, Art. περιστερά, 63–67 / SÜHLING, Taube, §§ 15–18.

[29] BÜHNER, Art. περιστερά, 185. – Vgl. die Taube bei der Taufe Jesu: Mk 1,9–11parr; Joh 1,32–34. Vgl. OdenSal 24,1.

[30] Vgl. SÜHLUNG, Taube, §§ 2–9.

bengestalt des Pneuma schwerlich als überraschendes Kuriosum, sondern gewiß als Bestätigung der realen Herabkunft.«[31] Der Vorgang des Entschwebens der Seele als Taube steht mit den damals volkstümlichen Anschauungen also keineswegs im Widerspruch.[32] Auch in der Alten Kirche bleibt die Taube figura spiritus sancti[33] und Bild rechtgläubiger Gotteskindschaft. Die Gläubigen selbst können als Tauben Christi bezeichnet werden. »In Verbindung mit dem Herrenwort Mt 10,16 ebnete der Glaube an die Einwohnung des Heiligen Geistes in den Gläubigen dieser Redeweise den Weg. Dazu gehören dann auch die Berichte, nach denen beim Tode des Märtyrers eine Taube von ihm auffliegt, wo die Taube Abbild des Heiligen Geistes und Seelenvogel in einem ist.«[34]

Schließlich ist die Taube als Symbol des Hl. Geistes und Sinnbild des himmlischen Christus auch mit der eucharistischen Logosepiklese verknüpft.[35] In MartPol 14 liegt ein deutlicher Bezug zur Eucharistie vor; αἷμα, repräsentiert durch den Kelch, und πνεῦμα stehen in enger Beziehung. In MartPol 16,1 bilden wiederum περιστερά als Repräsentant des πνεῦμα und αἷμα eine Einheit. »In diesen dogmengeschichtlichen Zusammenhang gehört auch ein Fragment des *Apollinaris von Hierapolis*, in dem dieser von den zwei ›Reinigungsmitteln‹ spricht, die nach Jo 19,34 aus der Seite Jesu hervorströmen, ›Wasser und Blut, Logos und Pneuma‹. Die Wendung ›Logos und Pneuma‹ meint ein- und dasselbe, die göttliche Seite an Jesus und den übernatürlichen Gehalt des Taufwassers und des eucharistischen Kelches.«[36]

Das Wunder der Menge des Bluts, das das Feuer verlöscht, ist, wie Wunder schlechthin, integrativer Bestandteil von Heiligkeitsvorstellungen[37] und insofern keineswegs sekundär. Die zahlreichen Analogien belegen das: vgl. Joh 19,34 (καὶ ἐξῆλθεν εὐθὺς αἷμα); 4 Makk 9,20 (ἐμολύνετο δὲ πάντοθεν αἵματι ὁ τροχός, καὶ ὁ σωρὸς τῆς ἀνθρακιᾶς τοῖς ἰχῶρσιν ἐσβέννυτο σταλαγμοῖς); VitaPolycarpi 32,4 (Regenwunder); ActaPauli et Theclae 22 (Regen- und Hagelwunder); Cyprian, Epist 10: »Fluebat sanguis qui incendium persecutionis extingueret, qui flammas et ignes gehennae glorioso cruore sopiret.«

Zu ὥστε ... θαυμάσαι ... ὄχλον vgl. Mt 15,31: ὥστε τὸν ὄχλον θαυμάσαι. Der Begriff ἐκλεκτοί bezeichnet auch MartPol 22,1.3 und PassPerp 21,5 die Märtyrer.[38]

---

[31] GREEVEN, Art. περιστερά, 68.

[32] Vgl. CORSSEN, Vita Polycarpi, 275 ff.

[33] Vgl. GREEVEN, Art. περιστερά, 70 ff.

[34] A. a. O., 71. »Wenn auch die Erwähnung der Taube in Mart Pol 16,1 schwerlich zum Originaltext gehört ...«

[35] Vgl. SÜHLING, Taube, § 12.

[36] BETZ, Eucharistie, 40.

[37] Vgl. LOTTER, Methodisches, 319 / DELEHAYE, Sanctus, 252 ff.

[38] Vgl. ansonsten: Mt 20,16; 22,14; 24,22.24.31; Mk 13,20.22.27; Lk 18,7;23,35; Röm 8,33; Kol 3,12; Tit 1,1;2,10; 1 Petr 1,1;2,9; Apc 17,14.

**16,2 a:** Euseb, h. e. 4,15,39 läßt Πολύκαρπος nach θαυμασιώτατος aus.[39] Das
Epitheton θαυμασιώτατος verweist schon auf die Ansätze kultischer Verehrung des Märtyrers, wie in MartPol 17 f. beschrieben.[40] Polykarp ist nach
MartPol 16,2 der ἐν τοῖς καθ᾽ ἡμᾶς χρόνοις[41] διδάσκαλος ἀποστολικὸς καὶ
προφητικὸς γενόμεμος ἐπίσκοπος.[42] Die Formulierung ἐν τοῖς καθ᾽ ἡμᾶς
χρόνοις dient seit Keim[43] immer wieder zu Spätdatierung und/oder Interpolationshypothesen (s.o.); denn Keim interpretiert »in diesen unsern, d.h.
thatsächlich viel späteren Zeiten.« Das aber sagt der Text keineswegs zwingend aus. »In temporibus nostris« bezeichnet schon im Muratorianum »einen
Gegensatz gegen die Zeiten der Propheten und Apostel«[44] und ist damit
durchaus zeitgenössisch zur Verfassung des MartPol zu verstehen.

Polykarp ist jedenfalls noch Apostelschüler. »Polykarp galt in seiner Zeit
als einer der letzten Zeugen des apostolischen Zeitalters. Irenäus (adv. haer.
III 4) und Eusebius (HE III 36,1 u. V 20,7) zeichnen ihn mit dem gleichen
Titel aus.«[45] Das bezeugt auch Irenäus von Lyon, der im übrigen von Polykarp
sagt: »Wie er es von den Augenzeugen des Lebens des Logos übernommen
hatte, erzählte Polykarp alles im Einklang mit den Schriften.«[46] Der hier
erstmals belegte Begriff ἀποστολικός meint hier noch im spezifischen Sinn
den Nachfolger und Zeitgenossen der Apostel, hier: des Johannes, und damit
die Bewahrung der Tradition κατὰ τὸ εὐαγγέλιον. Überhaupt erinnert ja nicht
nur das Herausströmen des Bluts analog dem Joh 19,34 κατὰ τὸ εὐαγγέλιον
Berichteten, sondern »das feierliche Elogium des Polykarp unmittelbar nach
seinem Tode (K. 16, V.2) erinnert an das Bekenntnis beim Tode Christi:
ὄντως ὁ ἄνθρωπος οὗτος δίκαιος ἦν (Lc 23,47; vgl. Mt. 27,54; Mc. 15,39);
das Lob der Glaubwürdigkeit seines Wortes an Jo 19,35 ff.: ›Der, der es sah,
hat es bezeugt, und sein Zeugnis ist wahrhaftig, und er weiss, dass er die
Wahrheit sagt, damit auch ihr glaubet. Denn dieses ist geschehen, damit das
Wort der Schrift erfüllt werde.‹«[47]

So verteidigt Polykarp unter Berufung auf die apostolische Tradition als
Vertreter der Provinz Asia in Rom die Quartadezimaner.[48] Wenn gerade von
einem Vertreter ursprünglicher apostolischer Glaubenswahrheit dieses Martyrium mit dieser Intention erzählt wird, so darf dahinter nicht nur Historisches vermutet werden, sondern für den Verfasser des MartPol ist es Pro-

---

[39] Zur Textkritik vgl. DEHANDSCHUTTER, MartPol, 101 f.
[40] Vgl. CAMPENHAUSEN, Idee, 80 f.
[41] Vgl. II Clem 19,4; MartPerp 1; 21,5.
[42] Vgl. MEINHOLD, Art. Polykarpos.
[43] Urchristenthum, 108.
[44] HILGENFELD, MartPol, 163.
[45] GUYOT/KLEIN, Christentum I, 334 Anm. 61.
[46] Eus. h. e. V 20,6. – Vgl. FISCHER, Väter, 229: »Irenäus bezeugt Polykarp von Smyrna damit
als gewissenhaften Künder ursprünglicher und apostolischer Glaubensüberlieferung ...«
[47] MÜLLER, MartPol, 11.
[48] Vgl. FISCHER, Väter, 230.

gramm, das Martyrium dieses katholisch-apostolischen Bischofs darzustellen. Das Martyrium wird damit in kirchlich-orthodoxe Bahnen gelenkt - vgl. die Stichworte ἐκκλησία, καθολικός und ἐπίσκοπος im MartPol. Prophetie, Martyrium und kirchlich-apostolische Tradition werden –in polemischer Absicht - miteinander verschränkt. Die richtige Lehre (Stichwort: διδάσκαλος) κατὰ τὸ εὐαγγέλιον befindet sich auf der Seite der katholischen Kirche.[49]

Diese Bedeutung Polykarps muß auch bei der Deutung der Darstellung seines Martyriums berücksichtigt werden. Nach dem Epilogus Mosquensis 3 des MartPol[50] sagt Polykarp zu Marcion: Ἐπιγινώσκω, ἐπιγινώσκω τὸν πρωτότοκον τοῦ σατανᾶ (vgl. Polyk 7,1). »Die altkirchlichen Zeugnisse kennzeichnen ihn (= Polykarp) einhellig als hervorragenden Kirchenmann und Ketzerbekämpfer ... Allerdings war weder seine hierarchische noch seine theologische Position unangefochten. Er hatte, wie aus IgnSm und Pol hervorgeht, in seiner eigenen Gemeinde mit gnostischen Gegnern zu kämpfen, die eine doketische Christologie (Sm 2f.; 7,1) und eine rigoristische Askese vertreten (Pol 5,2), Kritik am AT und am ›Evangelium‹ übten (Sm 5,1) ... «[51] (Vgl. Phld 9,2). In eben diese Situation hinein ist auch MartPol verfaßt.

Von IgnSm 5,1 her kann auch neues Licht auf die durchgängige κατὰ τὸ εὐαγγέλιον-Intention des MartPol fallen: ὃν (= Jesus Christus) τινες ἀγνοοῦντες ἀρνοῦνται, μᾶλλον δὲ ἠρνήθησαν ὑπ' αὐτοῦ, ὄντες συνήγοροι τοῦ θανάτου μᾶλλον ἢ τῆς ἀληθείας· οὓς οὐκ ἔπεισαν αἱ προφητεῖαι οὐδὲ ὁ νόμος Μωϋσέως, ἀλλ' οὐδὲ μέχρι νῦν τὸ εὐαγγέλιον οὐδὲ τὰ ἡμέτερα τῶν καθ' ἄνδρα παθήματα. Diesen τινες ἀγνοοῦντες (in MartPol 17,2 werden die Juden als ἀγνοοῦντες bezeichnet) will MartPol nocheinmal mit »Zeugnis des Evangeliums ... und Leiden der Märtyrer«[52] begegnen, weil μέχρι νῦν weder τὸ εὐαγγέλιον (vgl. IgnPhld 9,2) noch τὰ ἡμέτερα τῶν κατ' ἄνδρα παθήματα Eindruck auf sie gemacht haben. Das εὐαγγέλιον ὡς σαρκὶ Ἰησοῦ (IgnPhld 5,2) scheinen die τινες ἀγνοοῦντες in Smyrna nicht zu kennen. In mancher Hinsicht liest sich MartPol wie ein Kommentar zu IgnSm, wenn es etwa in IgnSm 7,1 heißt: Εὐχαριστίας (vgl. MartPol 14) καὶ προσευχῆς (vgl. die Stilisierung des Polykarp als Beter im ganzen MartPol) ἀπέχονται, διὰ τὸ μὴ ὁμολογεῖν τὴν εὐχαριστίαν σάρκα εἶναι τοῦ σωτῆρος ἡμῶν Ἰησοῦ Χριστοῦ (vgl. MartPol 17,2; 19,2) τὴν ὑπὲρ τῶν ἁμαρτιῶν ἡμῶν (vgl. MartPol 17,2) παθοῦσαν (vgl. MartPol 17,2 und die Betonung des Leidens im MartPol), ἣν τῇ χρηστότητι ὁ πατὴρ ἤγειρεν. Οἱ οὖν ἀντιλέγοντες τῇ δωρεᾷ τοῦ θεοῦ συζητοῦντες ἀποθνήσκουσιν. Συνέφερεν δὲ αὐτοῖς ἀγαπᾶν (vgl. MartPol 1,2), ἵνα καὶ ἀναστῶσιν. Von solchen sollen die Adressaten fernbleiben, dagegen jedoch

---

[49] Vgl. FISCHER, Väter, 230: »Während seines römischen Aufenthalts setzte sich Polykarp mit den dortigen Häretikern, namentlich den Anhängern der valentinischen Gnosis und Marcions, auseinander und führte viele von ihnen in die Kirche zurück (nach Irenäus, Adv. haer. III, 3,4).«

[50] Vgl. MUSURILLO, Acts, 18 f.

[51] VIELHAUER, Geschichte, 555.

[52] BAUER/PAULSEN, Ignatius, 94.

προσέχειν … τοῖς προφήταις, ἐξαιρέτως δὲ τῷ εὐαγγελίῳ, ἐν ᾧ τὸ πάθος ἡμῖν δεδήλωται (IgnSm 7,2). Was liegt näher, als nach diesem Hinweis eine πάθος-Darstellung des Bischofs und Ketzerbekämpfers Polykarp κατὰ τὸ εὐαγγέλιον zu verfassen?! Πάντες τῷ ἐπισκόπῳ ἀκολυθεῖτε (vgl. den μίμησις-Gedanken im MartPol), ὡς Ἰησοῦς Χριστὸς τῷ πατρί, καὶ τῷ πρεσβυτερίῳ ὡς τοῖς ἀποστόλοις … ὅπου ἂν φανῇ ὁ ἐπίσκοπος, ἐκεῖ τὸ πλῆθος ἔστω, ὥσπερ ὅπου ἂν ᾖ Χριστὸς Ἰησοῦς, ἐκεῖ ἡ καθολικὴ ἐκκλησία (IgnSm 8,1 f.). Das Martyrium ist der beste Beweis gegen den Doketismus: εἰ γὰρ τὸ δοκεῖν ταῦτα ἐπράχθη ὑπὸ τοῦ κυρίου ἡμῶν, κἀγὼ τὸ δοκεῖν δέδεμαι (IgnSm 4,2; vgl. IgnSm 5,2). Es gilt, die Gegner zu bekehren εἰς τὸ πάθος, ὅ ἐστιν ἡμῶν ἀνάστασις (IgnSm 5,3). Polykarp soll πάντας παρακαλεῖν ἵνα σώζωνται (IgnPol 1,2) und προσ-ευχαῖς σχόλεζε ἀδιαλείπτοις (1,3). Dieser Aufforderung wird auch noch mit dem paränetischen MartPol Genüge getan, das eben bewußt das Martyrium Polykarps darstellt; »Polykarp war ein energischer Vorkämpfer im Kampf der ›Rechtgläubigkeit‹ gegen die ›Ketzerei‹, d. h. ein entschiedener Vertreter der Tradition. Er verkündigte und verteidigte nach seinen eigenen Worten τὸν ἐξ ἀρχῆς ἡμῖν παραδοθέντα λόγον (Polyk 7,2) …«[53] Vermittelt über das Geschick Polykarps selbst holt das MartPol mit seiner Darstellung das ein, was Polykarp gefordert hat: μιμηταὶ οὖν γενώμεθα τῆς ὑπομονῆς αὐτοῦ, καὶ ἐὰν πάσχομεν διὰ τὸ ὄνομα αὐτοῦ, δοξάζωμεν αὐτόν. Τοῦτον γὰρ ἡμῖν τὸν ὑπογραμμὸν ἔθηκε δι' ἑαυτοῦ, καὶ ἡμεῖς τοῦτο ἐπιστεύσαμεν (Polyk 8,2). »Noch aus dem Bericht über das Martyrium, das mit der Passion Christi in eine eigentümliche Parallele gerückt wird, erhellt das Bestreben, das Vorbild Po-lykarps im Sinne bestimmter Richtlinien für das praktische Verhalten in Verfolgungszeiten für die gesamte Kirche nutzbar zu machen.«[54]

So erfährt die κατὰ τὸ εὐαγγέλιον-Stilisierung des MartPol eine Intention, die den Pastoralbriefen entspricht: »In der Front, die der Verfasser gegen die Ketzer errichtet, ist ihm die Berufung auf die Lehre als eine feste apostolische Überlieferung entscheidend geworden.«[55]

Der Begriff προφητικός wird in der Übersetzung sowohl auf den Bischof[56] als auch auf den Lehrer[57] bezogen, die Satzstellung spricht eher für letzteres. Die prophetischen Fähigkeiten des Bischofs Polykarp werden schon in Mart-Pol 5,2; 12,3 betont. Auch die Stichworte θαυμασιώτατος und διδάσκαλος begegnen wiederholt (MartPol 5,1 bzw. 12,2; 17,3; 19,1). Insofern erweist

---

[53] VIELHAUER, Geschichte, 556.

[54] CAMPENHAUSEN, Pastoralbriefe, 215. – Später allerdings von CAMPENHAUSEN, Bearbeitun-gen, dementiert.

[55] CAMPENHAUSEN, Pastoralbriefe, 211. – CAMPENHAUSEN, Pastoralbriefe, 197, stellt die Vermutung auf: »Könnte Polykarp nicht selbst der Mann gewesen sein, der die Pastoralbriefe niederschrieb …?«

[56] So u.a. PAULSEN, Väter, 279: »ein apostolischer Lehrer und prophetischer Bischof« / BASTIAENSEN, Atti, 25.

[57] GUYOT/KLEIN, Christentum I, 61: »ein apostolischer und prophetischer Lehrer« / BAU-MEISTER, Genese, 83.

sich MartPol 16 sehr wohl als »fully in harmony with the context«.[58] Die prophetische Gabe Polykarps verweist außerdem auf die Leidensansagen Jesu sowie auf das Bild vom göttlichen Menschen, für den es typisch ist, daß er seinen Tod voraussieht.[59] Zugleich tritt der Märtyrer in der alttestamentlichen Tradition vom gewaltsamen Geschick der Propheten an die Stelle des Propheten.[60]

Der Begriff des »katholischen« (ἐπίσκοπός τε τῆς ἐν Σμύρνῃ καθολικῆς[61] ἐκκλησίας) bedeutet hier nicht »universal«, »allgemein«, wie in der inscr. und 8,1, sondern »orthodox«, »rechtgläubig« im Gegensatz zu häretischen Gruppen; in diesem Sinne erscheint er hier zum ersten Mal[62] nachdem ἡ καθολικὴ ἐκκλησία allererst in IgnSm 8,2 Verwendung findet, freilich noch im geographischen Sinne der »allgemeinen Kirche«, die in Einzelkirchen zerfällt. Schon Reitzenstein[63] hat einen polemisch-antimontanistischen Klang aus MartPol 16,2 herausgehört. Der Übergang von der geographischen zur dogmatischen Bedeutung des Begriffs »katholisch« scheint also in der zweiten Hälfte des zweiten Jhdts. vollzogen und könnte nach MartPol im Zusammenhang mit der Auseinandersetzung mit dem aufkommenden Montanismus stehen; denn der erbauliche Lobpreis auf Bischof Polykarp in MartPol 16,2 nimmt die antimontanistisch-polemische Intention von MartPol 4 und 12 wieder auf. Damit erweist sich »katholisch« im Sinne von »orthodox« auch inhaltlich als sehr wohl mögliche Vorstellung[64]: Der bewunderungswürdige Märtyrer Polykarp und damit exemplarisch das Martyrium schlechthin wird in MartPol 16,2 in auffälliger Weise mit den Begriffen apostolisch, katholisch, prophetisch und Bischof verbunden. Die enge Verbindung von Martyrium und Prophetie streben nach Eus. h. e. 5,16[65] (12; 20 ff.) in besonderer Weise auch die phrygischen Propheten des frühen Montanismus an[66], denen aber die

---

[58] Gegen SCHOEDEL, Fathers, 73.

[59] Vgl. BIELER, ΘΕΙΟΣ ANHP, 91 ff.

[60] Vgl. bes. HOLL, Vorstellung.

[61] Zur Textkritik ἁγίας statt καθολικῆς vgl. DEHANDSCHUTTER, MartPol, 102 f. / LIGHTFOOT, Fathers II/1, 622.

[62] Vgl. RAUSCHEN, Märtyrerakten, 305 Anm. 3 / GUYOT/KLEIN, Christentum I, 334 Anm. 62 / BASTIAENSEN, Atti, 381 / DEHANDSCHUTTER, MartPol, 103 / BAUER, Ignatius, 270.

[63] Bemerkungen, 461. – Ähnlich und richtig auch CAMPENHAUSEN, Bearbeitungen, 274, – jedoch muß man deshalb keine Interpolation annehmen!: »Das wäre dann die gleiche Tendenz, die wir schon zweimal, im Quintuskapitel und in der Euangelion-Bearbeitung wirksam gesehen haben.«

[64] Gegen die übliche Forschungsmeinung, vgl. jüngst wieder BAUMEISTER, Norm, 125 f., mit DEHANDSCHUTTER, MartPol, 102 f.: »Er is geen dwingende reden om te twijfelen aan de mogelijkheid van καθολική als juiste lezing en vroeg voorbeeld van de nieuwe betekenis ›orthodox‹.« – Vgl. auch KEIM, Urchristenthum, 114 ff., allerdings ohne dessen Spätdatierung.

[65] Vgl. HEINE, Oracles, 14–22.

[66] Vgl. GASS, Märtyrerthum, 317 / LABRIOLEE, Crise montaniste, 112–123 / KOSCHORKE, Gnosis, 223: »Für die Montanisten gehören Prophetie und Martyrium schon darum zusammen, weil sie beide als *Erweis des Geistes* gelten.« / VLIET, Epistula Jacobi, 40: »... Montanism warmly advocated both martyrdom and prophecy ...«

antimontanistischen Schriftsteller, auf die Euseb sich beruft, in polemischer
Weise sowohl echtes Märtyrertum wie wahre Prophetie absprechen. Beides
aber wird dem Bischof Polykarp betont zugesprochen. Und so erfährt auch
MartPol 16,2b geradezu einen diametral entgegengesetzten Kommentar im
antimontanistischen Schrifttum; in der unbekannten Quelle des Epiph., Pan.
48.2.1 heißt es über die Montanisten: μὴ δυνάμενοι πληροῦν τὰ ὑπ' αὐτῶν ἐν
φιλονεικίᾳ ὑπισχνούμενα[67] (sie können nicht erfüllen, was sie fälschlicherweise
versprochen haben) – während sich jede Weissagung aus dem Munde Polykarps erfüllt. Polykarp ist wahrer Märtyrer und wahrer Prophet – und das
ist er als katholischer Bischof und apostolischer Lehrer. Gerade die Bischöfe
treten in der antimontanistischen Literatur als die eigentlichen Gegner der
Neuen Prophetie in Erscheinung (vgl. Eus. h.e. 5,16,16; 19,1-4) und im
Gegensatz zum διδάσκαλος ἀποστολικός Polykarp wird Montanus vom antimontanistischen Apollonius in Eus. h.e. 5,18,2 als ὁ πρόσφατος διδάσκαλος
bezeichnet. Selbst wenn die Verbindung von Prophetie und Martyrium nicht
auf den Montanismus beschränkt ist, sondern die charismatische Autorität
des Märtyrers seit dem AT in seinem prophetischen Bekenntnis wurzelt, so
sind die hier vorgetragenen Zusammenhänge besonders vor dem Hintergrund
von MartPol 4 sprechend.[68] Das fügt sich gut zu einem traditionsgeschichtlichen Zusammenhang zwischen Ignatius und dem MartPol: Schon Ign scheint
gegen »Prophetie« als antiepiskopale Aktivität in einer dritten Front gegen
eine vormontanistische Bewegung zu stehen.[69] Schon bei Ign steht das kirchliche Amt keineswegs im Gegensatz zur geistlichen Vollmacht[70] – und das
verdeutlicht auch MartPol 16,2.

Der in MartPol 16,2a im Sinne von »rechtgläubig« verwandte Begriff der
καθολικὴ ἐκκλησία wirft die Frage nach dem »Frühkatholizismus«[71] des Mart-
Pol auf. Frühkatholizismus als Übergang von der apostolischen zur nachapostolischen Zeit findet sich nicht nur am Rande bereits im Neuen Testament.[72]
MartPol weist »die wichtigsten typologischen Merkmale des Frühkatholizismus«[73] auf, der die Unterordnung des Geistes unter die Tradition forciert:
»1. der bewußte Rückbezug auf die ›apostolische‹ Zeit« gelingt dem MartPol
nicht nur durch die Bezeichnung Polykarps als διδάσκαλος ἀποστολικός (16,2)
und σὺν τοῖς ἀποστόλοις (19,2), sondern auch durch die im MartPol zentrale

---

[67] Vgl. auch Epiph., Pan. 48,2,5 ff. / Eus. h.e. 5,18,8 (Apollonius): »Es ist notwendig, die
Früchte des Propheten zu prüfen; denn an der Frucht wird der Baum erkannt.«

[68] Vgl. BUSCHMANN, MartPol 4.

[69] Vgl. TREVETT, Prophecy.

[70] Vgl. STAATS, Katholische Kirche, 135.

[71] Vgl. u.a.: KÄSEMANN, Paulus und der Frühkatholizismus / KÄSEMANN, Apologie/ KRET-
SCHMAR, Frühkatholizismus / HAHN, Frühkatholizismus / LUZ, Erwägungen / PAULSEN, Wissenschaft / KERTELGE, Frühkatholizismus. – Forschungsgeschichtlich: SCHMITZ, Frühkatholizismus / WAGNER, Ursprünge.

[72] Vgl. LUZ, Erwägungen, 89.

[73] Vgl. LUZ, Erwägungen, 90 ff. zum Folgenden.

rückverweisende Kategorie κατὰ τὸ εὐαγγέλιον (1,1;4;19,1), die sich u. a. in den zahlreichen Evangeliumsanspielungen der Martyriumsdarstellung spiegelt. Die Kategorie berührt sich dabei in besonderer Weise mit demselben Ausdruck beim antimontanistischen Anonymus in Eus. h. e. 5,16,3 (vgl. 16,7), den W. Kühnert mit Bischof Polykrates von Ephesus identifiziert hat: »τὸ εὐαγγέλιον: Es ist nicht so sehr die Kunde von dem in Christus dem Gläubigen geschenkten Heil, sondern vielmehr die gesetzlich verstandene Norm, nach der dieser sein Leben zu gestalten sich verpflichtet weiß (κατὰ τὸ εὐαγγέλιον πολιτεύεσθαι, 16,3) ... die παράδοσις καὶ διαδοχὴ ἄνωθεν τῆς ἐκκλησίας (16,7) erlangt entscheidende Bedeutung ... Insoweit spiegeln die Lehranschauungen des Anonymus wie des Polykrates den dogmatischen common sense der frühkatholischen Kirche getreu wider ...«[74] Der Verfasser des MartPol will die Autorität der Apostel vertreten und apostolische Tradition überliefern; der Hinweis auf die Überlieferung κατὰ τὸ εὐαγγέλιον rangiert mithin vor der eigenen Theologie. Die Wahrheit des Vergangenen bestimmt den Ausgangspunkt aller gegenwärtiger Martyriumsdarstellung – ganz im Gegensatz etwa zum montanistischen Redaktor der PassPerp, der in seiner Einleitung auf neue Offenbarungen verweist. Die Ausbildung eines Geschichtsbewußtseins wird damit zum Kennzeichen des Frühkatholizismus[75] – ganz im Gegensatz zur Neuen Prophetie, die eine neue Offenbarungsperiode voraussetzt, die über das Evangelium hinausgeht.[76]

»2. die Unterscheidung zwischen Orthodoxie und Häresie als Unterscheidung zwischen rechter und falscher Lehre« betont MartPol nicht nur in dem wahrscheinlich Montanismus-kritischen MartPol 4 mit dem Satz οὐχ οὕτως διδάσκει τὸ εὐαγγέλιον, sondern auch in den einleitenden Sätzen in MartPol 1 mit ihrer μὴ μόνον ... ἀλλὰ καί-Struktur. Die Irrlehre wird an der apostolischen παραθήκη gemessen; sie ist illegitime Neuerung.

»3. die Verselbständigung und Betonung der Ethik« wird auch im MartPol deutlich; geht es doch um das rechte Martyriumsverhalten in der Nachahmung Christi (MartPol 1;4;19) und »die Norm des evangeliumgemäßen Blutzeugnisses ... als vorsichtige Exhortatio ad Martyrium«.[77]

»4. die Sicherung der wahren Lehre durch die sichtbare Amtskirche« gelingt im MartPol durch die Betonung des Bischofs- (16,2) (vgl. schon Ign!) und Lehreramts (12,2; 16,2; 19,1) des Polykarp und Ansätze eines Sukzessionsgedankens: der Herr – die Märtyrer – wir (17,3). Zugleich aber werden dem Bischof, Lehrer und Märtyrer Polykarp insbesondere auch prophetische Fähigkeiten zugesprochen (5,2; 12,3; 16,2), so daß Prophetie und Amt (in polemischer Weise?) gekoppelt in einer Person erscheinen.[78] MartPol bindet

---

[74] KÜHNERT, Anonymus, 443 f.
[75] Vgl. PAULSEN, Wissenschaft.
[76] Vgl. Hippolyt, Phil. 8,19; Eus. h. e. 5,16,3 (Anonymus). – Vgl. UNNIK, Règle.
[77] Vgl. BAUMEISTER, Norm.
[78] Die Tendenz scheint mir also anders zu sein als SCHÜSSLER-FIORENZA, Gedächtnis, 366

das Prophetisch-Visionäre an einen katholischen Amtsträger. Hier erscheint der Märtyrer und Prophet gerade nicht als Konkurrent zum Bischof.

**16,2 b:** Diese Behauptung reiht den Bischof nicht nur κατὰ τὸ εὐαγγέλιον ein (vgl. Joh 19,28.30.36 f.; Joh 12; Mt 4,4) und verweist auf das Vaticinium in MartPol 12,3 bzw. 5,2, sondern »the emphasis on the prophetic role of the bishop may be anti-Montanist ...«[79] Der wahre Prophet wird daran erkannt, daß sich sein Wort erfüllt. Dieses Argument spielt auch in der antimontanistischen Debatte eine Rolle (vgl. Epiph., Pan. 48,2). Auch wird der Bischof im MartPol insgesamt als sehr ruhig und gelassen dargestellt (5,1 f.; 7,1-3), auch im Kontext seiner prophetischen Vision (5,2; 12,3); seiner prophetischen Begabung mangelt mithin jedes Element der Ekstase. Insbesondere diese aber kennzeichnet nach dem Anonymus (Eus. h.e. 5,16 f.) die falschen montanistischen Propheten. Und nach Epiphanius (Pan. 48,2 ff.) spricht der wahre Prophet vollkommen verständlich und vernünftig.[80] Mit der Bestätigung, daß jede Weissagung Polykarps sich erfüllt (vgl. MartPol 5,2;12,3), wird der Bischof als wahrer Prophet[81] erwiesen. (Vgl. auch das Schema von Verheißung und Erfüllung in MartPol 14,2 b). Zugleich verwendet MartPol im Verlauf der Darstellung keinerlei weitere Visionen – ganz im Gegenteil etwa zur PassPerp.[82] Lediglich eine weitere Audition in MartPol 9,1 legitimiert Polykarps Verhalten. Jedoch ereignet auch sie sich völlig unekstatisch. Der Ekstase hingegen eignet ein irrationales und selbstzerstörerisches Element, das auch in MartPol 4 kritisiert wird. Polykarp erweist sich als echter Prophet auch, weil er die »Wesensart des Herrn« an sich trägt (Did 11,8 ff.), was zunächst die Uneigennützigkeit meint (vgl. MartPol 1,2 b: μὴ μόνον σκοποῦντες τὸ καθ᾽ ἑαυτούς, ἀλλὰ καὶ τὸ κατὰ τοὺς πέλας), dann aber auch Sanftmut, Ruhe, Bescheidenheit und Demut (vgl. MartPol 6 f.; Herm., Mand. 11,7).

Schon in den Pastoralbriefen ist die Betonung der Nüchternheit womöglich vor dem Hintergrund ekstatischer Prophetie zu lesen[83] – in diesem Kontext würde sich MartPol gut fügen. »Der eigentliche Streitgegenstand war nicht die Geltung der Prophetie, wie die Montanisten behaupteten, auch nicht die

---

sie deutet: »In der Mitte des 2.Jahrhunderts nennt das ›Martyrium des Polykarp‹ Polykarp ›einen prophetischen Mann‹ und weist damit darauf hin, daß seine prophetische Leitung größeren Beifall erfahren hat als seine Funktion als Ortsbischof.«

[79] SCHOEDEL, Fathers, 73. Vgl. schon REITZENSTEIN, Bemerkungen, 461.

[80] Zum Problem der Ekstase im Montanismus vgl.: KLAWITER, New Prophecy, 173 ff. / JENSEN, Töchter, 283 f.300 ff. / STROBEL, Land, 277-284 / BONWETSCH, Montanismus, 57-69 / SCHEPELERN, Montanismus, 17-25 / ASH, Decline / BURGHARDT, Condemned, 344 ff. / GROH, Utterance / HEINE, Gospel, 4-11 / HUBER, Women, 29 ff.

[81] Vgl. Dtn 18,21 f. – Vgl. BACHT, Prophetentum / CAMPENHAUSEN, Kirchliches Amt, 195-205 / CAMPENHAUSEN, Entstehung, 260 ff.

[82] Zum Vergleich von MartPol mit PassPerp vgl. BUSCHMANN, MartPol, 294-307. – Zu den Visionen der PassPerp vgl. HABERMEHL, PassPerp.

[83] Vgl. MESSINGBERD FORD, Proto-Montanism, 342 f.

Gattung der ekstatischen Prophetie, wie man auf kirchlicher Seite erklärte, sondern die Autorität der Prophetie. Der Streit entsteht dadurch, daß die Autorität der Propheten mit einer anderen Autorität in Konkurrenz gerät, mit der des institutionellen Amtes, genauer gesagt, mit der des monarchischen Episkopates.«[84]

---

[84] KRAFT, Lyoner Märtyrer, 251 / vgl. KRAFT, Altkirchliche Prophetie.

## 17,1–3: Polykarps sterbliche Überreste und die Frage nach dem Verhältnis von Märtyrer- und Christusverehrung

17,1 a  Als aber der Widersacher, Verleumder und Böse, der gegen das Geschlecht der Gerechten ankämpft, die Größe seines Martyriums, den
von Anfang an untadeligen Lebenswandel und ihn selbst sah, wie er
bekränzt mit dem Kranz der Unvergänglichkeit den unbestreitbaren
Kampfpreis davontrug,

   b  da trachtete er danach, daß sein Leichnam von uns nicht weggetragen
werde, obwohl viele wünschten, dies zu tun und mit seinem heiligen
Fleisch Gemeinschaft zu haben.

17,2 a  Er stiftete also den Niketes, den Vater des Herodes und Bruder der
Alke, dazu an, den Oberen zu bitten, seinen Leib nicht herauszugeben.
»Damit sie nicht« – so seine Worte – »den Gekreuzigten verlassen und
anfangen, diesen zu verehren.«

   b  Dies geschah auf Antrieb und Drängen der Juden; sie hatten auch schon
aufgepaßt, als wir ihn aus dem Feuer nehmen wollten,

   c  unwissend, daß wir weder Christus verlassen werden, der für das Heil
der in der ganzen Welt Geretteten litt, als ein Schuldloser für die
Sünder, noch einen anderen verehren werden.

17,3  Denn diesen verehren wir als den Sohn Gottes, die Märtyrer aber lieben
wir in angemessener Weise als Jünger und Nachahmer des Herrn wegen
der unüberbietbaren Zuneigung zu ihrem König und Lehrer; wenn doch
auch wir deren Teilhaber und Mitjünger würden!

*Lit.: Zur Literarkritik:* CAMPENHAUSEN, H. v., Bearbeitungen und Interpolationen des
Polykarpmartyriums, in: ders., Aus der Frühzeit des Christentums. Studien zur Kirchengeschichte des ersten und zweiten Jahrhunderts, Tübingen 1963, 253–301:
274–280 / CONZELMANN, H., Bemerkungen zum Martyrium Polykarps, NAWG 1978,
3–20: 18 f. / RORDORF, W., Zur Entstehung der christlichen Märtyrerverehrung,
Lilienfeld, F. v., (Hg.), Aspekte frühchristlicher Heiligenverehrung. Quellen und Studien zur orthodoxen Theologie, Oikonomia 6, Erlangen 1977, 35–53; 150–168: 39 f.
/ SAXER, V., L'authenticité du »Martyre de Polycarpe«: Bilan de 25 ans de critique,
MAH 94/1982, 979–1001 / *Zum Siegerkranz:* BAUS, K., Der Kranz in Antike und
Christentum. Eine religionsgeschichtliche Untersuchung mit besonderer Berücksichtigung Tertullians, Bonn 1940, 180–190 / BREKELMANS, A.J., Martyrerkranz. Eine
symbolgeschichtliche Untersuchung im frühchristlichen Schrifttum, AnGr 150, Rom
1965 / *Zur kultischen Märtyrerverehrung:* CAMPENHAUSEN, H. v., Die Idee des Martyriums in der alten Kirche, Göttingen ²1964, 79 ff.; 126 ff. / DAMME, D. v., Art.
Polycarpe de Smyrne, DSp 12/1986, 1902–1908: 1905 ff. / DEHANDSCHUTTER, B.,

The Martyrium Polycarpi: a Century of Research, ANRW 2.27.1, 1993, 485–522: 502 f. / DELEHAYE, H., Les origines du culte des martyrs, Brüssel ²1933, 33 f. / KLAUSER, Th., Christlicher Märtyrerkult, heidnischer Heroenkult und spätjüdische Heiligenverehrung. Neue Einsichten und neue Probleme, in: Arbeitsgemeinschaft für Forschung des Landes Nordrhein-Westfalen. Geisteswissenschaften. Heft 91, Köln-Opladen 1960, 27–38 / LIGHTFOOT, J.B., The Apostolic Fathers, Part II: S. Ignatius. S.Polycarp. Revised texts with introductions, notes, dissertations and translations, Vol. 1–3, London/New York ²1889 (Nachdruck Hildesheim/NewYork 1973): II/1, 470 ff.; 617 f. / MARTIN, J., Die Macht der Heiligen, in: Martin, J. / Quint, B., (Hgg.), Christentum und antike Gesellschaft, WdF 649, Darmstadt 1990, 440–474: 443–446 / REUNING, W., Zur Erklärung des Polykarpmartyriums, Darmstadt 1917, 45–49 / RORDORF, W., Zur Entstehung der christlichen Märtyrerverehrung, Lilienfeld, F. v., (Hg.), Aspekte frühchristlicher Heiligenverehrung. Quellen und Studien zur orthodoxen Theologie, Oikonomia 6, Erlangen 1977, 35–53; 150–168 / RORDORF, W., Art. Martyre, DSp 10/1980, 718–732: 723–726 / RORDORF, W., Aux origines du culte des martyrs, in: Liturgie, foi et vie des premiers chrétiens, Etudes Patristiques, ThH 75, Paris 1986, 363–379 / RORDORF, W., Wie steht es um den jüdischen Einfluß auf den christlichen Märtyrerkult?, in: Amersfoort, J. van / Ooort, J. van (Hgg.), Juden und Christen in der Antike, Kampen 1990, 61–71. (Weitere Lit. zu MartPol 18)

MartPol 17 und 18 thematisieren gemeinsam die sterblichen Überreste Polykarps – wohl vor dem Hintergrund griechischen Toten- und Heroenkults[1] sowie jüdischer Propheten-Märtyrer-Tradition[2] – und die Frage nach der angemessenen Märtyrerverehrung. Damit geht MartPol in eine theologische Schlußbetrachtung über, die das Verhältnis und die κοινωνία (MartPol 6,2) zwischen Märtyrer und Christus κατὰ τὸ εὐαγγέλιον systematisch umschreibt und das zentrale Anliegen des MartPol verdeutlicht. Hier in der Frage nach der angemessenen Märtyrerverehrung findet sich auch der eigentliche Sitz im Leben des MartPol in der eucharistischen (MartPol 14) Märtyrergedächtnisfeier (MartPol 18).

Obwohl sich in MartPol 17 die Erzählelemente fortsetzen, ist das eigentliche Martyrium und die damit verbundenen Wunder beendet (17,1 a). Der Schwerpunkt liegt auf der theologischen Kommentierung (γοῦν) in MartPol 17,2 f.[3], wie MartPol ja überhaupt Erzählung und Deutung der Geschehnisse stets miteinander verbindet[4]; der theologisch kommentierende Teil darf deshalb nicht als Interpolation ausgegrenzt werden. Es geht um den Leichnam des Polykarp und die damit verbundene Märtyrer(reliquien)verehrung (17,1 b.2 ab). Die dabei entstehende theologische Frage nach dem Verhältnis von Christus- und Märtyrerverehrung (17,2 c.3) wird eindeutig zuungunsten eines übertriebenen Märtyrerkults beantwortet, ohne eine angemessene (ἀξίως)

---

[1] Vgl. REUNING, Erklärung, 45 / SCHOEDEL, Fathers, 73 f. / KARPINSKI, Annua dies dormitionis.

[2] Vgl. FISCHEL, Martyr, 374 ff. / KLAUSER, Märtyrerkult / RORDORF, Aux origines.

[3] Vgl. DEHANDSCHUTTER, MartPol, 153.

[4] BAUMEISTER, Anfänge, 306.

Liebe zu den Märtyrern und die dringliche Aufforderung zur Nachahmung
derselben in Abrede zu stellen (17,3), so daß ein angemessener Märtyrerkult
installiert wird (18). »Das ist trotz des predigenden Tons ein lehrhaft-pole-
mischer Text, dem das Verhältnis der Märtyrerverehrung zum Christuskult
offenbar schon Problem geworden ist.«[5] Wie nochmals abschließend in Mart-
Pol 19,1 f. wird damit die zentrale Fragestellung des MartPol nach dem κατὰ
τὸ εὐαγγέλιον μαρτύριον aus dem einleitenden MartPol 1 f. wiederaufgenommen: die richtige Verhältnisbestimmung von Christus, den Märtyrern und
deren Nachahmern. Die Stichworte μαρτυρία, μιμητής, ἀγαπ- und κύριος
begegnen hier wie in MartPol 1.

»Long before VON CAMPENHAUSEN, the radical criticism of the 19th century
stressed that the many passages expressing veneration for Polycarp as a»martyr excluded an early date.«[6] *Literarkritisch* gesehen hält deshalb Campenhausen MartPol 17 für »eine … wahrscheinlich frühe Interpolation (um 200!)
… um das Recht der Märtyrerverehrung«[7] und reiht MartPol 17 damit ein
in eine Reihe weiterer *vor*-eusebianischer Interpolationen (Wunder: 9,1; 15,2;
16,1 f. / Quintos: 4 / Anhang: 21), die er neben der *nach*-eusebianischen sog.
Euangelion-Redaktion auszumachen können glaubt. Der von Campenhausen
stets bemühte Euseb kann hier jedoch nicht als Gewährsmann gelten; Eus.
h.e. 4, 15, 40 ff. überliefert MartPol 17 annähernd wörtlich. Und auch
Campenhausens[8] stets zweite Begründung angeblicher Interpolationen, der
literarkritische Aufweis von Text-Inkohärenzen, gelingt hinsichtlich MartPol
17 nicht: der Text ist fest in das Gefüge des MartPol eingebunden[9], die
Thematisierung der leiblichen Überreste ist nach dem Tod folgerichtig und
die Frage nach dem Verhältnis von angemessener Märtyrer- und Christusverehrung schwingt schon in der Frage nach einem κατὰ τὸ εὐαγγέλιον-Martyrium (1,1; 4; 19,1) mit. Campenhausen[10] behauptet außerdem: »Entscheidend
spricht gegen die Ursprünglichkeit des ganzen Textes m. E. dies: der ganze,
ausführlich und wirr erzählte Vorgang, wonach der Teufel oder die Juden
den Niketes, Niketes seinerseits den Prokonsul dazu bestimmen will, die
Herausgabe des Leichnams zu verweigern, verläuft am Ende ohne jedes
greifbare Resultat. Es gibt dem Interpolator nur die Gelegenheit, später
gewisse theologische Auseinandersetzungen einzufügen … Alles Vorhergehende ist eine für den Hergang selbst gänzlich belanglose, störend eingescho-
bene Zutat.« Dagegen ist nun aber zu betonen, daß gerade die »theologische
Auseinandersetzung« das Anliegen des MartPol und seiner κατὰ τὸ εὐαγ-

---

[5] CAMPENHAUSEN, Bearbeitungen, 279.

[6] DEHANDSCHUTTER, Century of Research, 502.

[7] CAMPENHAUSEN, Bearbeitungen, 291.

[8] Zur grundsätzlichen Kritik an Campenhausens Interpolationshypothese vgl. DEHANDSCHUT-
TER, MartPol, 140–156 / BUSCHMANN, MartPol, 48–68.

[9] Μαρτυρία: 1,1; 13,2; 17,2 / ἀφθαρσία: 14,2; 17,1; 19,2 / κοινων-: 6,2; 17,1.3 / Νικήτης:
8,2; 17,2 / Ἰουδαῖοι: 12,2; 13,1; 17,2; 18,1 / μιμητής: 1,2; 17,3; 19,1.

[10] Bearbeitungen, 277.

γέλιον-Intention ist und nicht der »Hergang selbst«. Nur Campenhausens historistischer Ansatz muß also einen Interpolator bemühen.[11] Auch die sonstigen Argumente Campenhausens reichen für die Annahme einer Interpolation nicht aus: – der Subjektwechsel in 17,2 a durch Euseb, – die abermalige Erläuterung der Beziehung des Niketes zu Herodes, vgl. schon MartPol 8,2, – die diffizile Syntax.[12] So wird denn in der jüngeren Forschung die Authentizität von MartPol 17 f. nicht mehr bezweifelt.[13]

*Formkritisch* betrachtet setzen MartPol 17,1–2 a den narrativen Märtyrerbericht fort: 17,1 a schildert den Märtyrer als Athlet[14] verbunden mit einem Enkomion[15], 17,1 b–2 aα setzen den Märtyrerbericht als Leichnams- und Bestattungserzählung[16] fort. 17,2 aβ–3 hingegen verlassen die narrative Ebene und bilden eine theologische Kommentierung[17] mit Hilfe eines synkritischen Enkomions[18] (17,2 b–3) zwischen Christus und den Märtyrern, das mit einer symbouleutischen Aufforderung als Epilog des Enkomions (17,3 b) endet.

Formkritisch vergleichbare Texte mit dem Motiv der Bestattung und Verehrung des Märtyrers in MartPol 17 f. begegnen in der Acta-Literatur kaum (vgl. nur ActJust 6,2; ActCarpi 47), hingegen häufiger in den Märtyrer-Erzählungen (MartLugd 5,1,57–63;2,1–8; Act 8,2; MartPetri 40), womöglich inspiriert durch Mk 15,42–47.

**17,1 a:** Der Vers zeigt die für einen Märtyrerbericht typische »Vorstellung des Märtyrers als eines ›Athleten‹«[19] (vgl. 18,3: προηθληκότων), der quasi mit dem Satan selbst kämpft (vgl. Apc 12,3.9.15; 13,1; 20,2; 1 Clem 5; TestHiob 27,3–5; MartLugd 5,1,6.14.16 f.25.27.35.41.57; 2,6; ActCarpi 17 ff.; PassPerp 10,7[20]; Tert. Ad mart. 1)[21], alle Peristasen durchsteht und damit zum Paradigma für die Bewältigung von Leiden schlechthin wird. Der Satan (vgl. MartPol 3,1: ὁ διαβόλος / 19,2: τὸν ἄδικον ἄρχοντα) wird mit ὁ ἀντίζηλος[22] καὶ βάσκανος καὶ πονηρός, ὁ ἀντικείμενος[23] τῷ γένει τῶν δικαίων umschrieben.

---

[11] Mit SCHOEDEL, Fathers, 74: »Regarded as an interpolation by von Campenhausen … on insufficient grounds.« – Zur Kritik an Campenhausen vgl. auch SAXER, Authenticité, 992 ff.

[12] Vgl. CAMPENHAUSEN, Bearbeitungen, 275: »Das Durcheinander des überlieferten Textes.« / 278: »den durch die Interpolationen heillos verdorbenen Text.« – Vgl. schon SCHWARTZ, De Pionio, 16: »turbata est narratio …«

[13] Vgl. DEHANDSCHUTTER, Century of Research, 496 f. / SAXER, Authenticité, 992–999 / RORDORF, Entstehung.

[14] Vgl. BERGER, Formgeschichte § 97,6.

[15] Vgl. a. a. O. § 99.

[16] Vgl. a. a. O. § 97

[17] Vgl. DEHANDSCHUTTER, MartPol, 153.

[18] Vgl. BERGER, Formgeschichte § 64 (Synkrisis) und § 99 (Enkomion).

[19] BERGER, Formgeschichte, 337.

[20] Zu Perpetuas Kampf mit dem Ägypter vgl. HABERMEHL, Perpetua, 130–170.

[21] Zum Motiv der Feindschaft zwischen Märtyrer und Satan vgl. SAXER, Bible et Hagiographie, 41 f.

[22] Vgl. Mt 12 / Lev 18,18LXX. – Zur Textkritik vgl. DEHANDSCHUTTER, MartPol, 104.

[23] Vgl. Mt 13,19 / Joh 17,15.

»Hinter den Verfolgern steht die widergöttliche Macht, die jedoch gegenüber der Standhaftigkeit der Blutzeugen machtlos ist (3,1 und 17,1). Diese leben mitten im Leiden schon anfanghaft in der göttlichen Welt.«[24] Hinter dem Martyrium steht der Satan – aber eben letztlich doch Gott als dessen Überwinder; denn der Märtyrer erhält den Siegerkranz. Ähnlich haben die Evangelisten die Passion Jesu Christi gedeutet, womit sich MartPol wieder κατὰ τὸ εὐαγγέλιον erweist. »Die Aussage von der Bekränzung der Märtyrer in Mart. Pol. 17,1 dürfte sowohl 4 Makk. 17,12.15 als auch Phil. 3,14 verpflichtet sein (vgl. auch 1 Kor. 9,24 f.)«[25], vgl. ferner: 1. Pt 5,4; Apc 2,10; MartLugd 5,1,36.42; ActScil 17; ActApoll 47; Herm sim 8,3,6; MartPionii 22,2; Lucian, Peregrin. 33; Cyprian, Epist. 10,4; Laktanz, de mortibus persecutorum 1,1; Div. Inst. 4,25,10. Στέφανος wie βραβεῖον (lat. bravium) meinen in agonistischer Terminologie den Lohn des Siegers; der Märtyrer hat durch seine Standhaftigkeit den ungerechten Herrscher niedergekämpft: διὰ τῆς ὑπομονῆς καταγωνισάμενος τὸν ἄδικον ἄρχοντα. Diese Belohnung entspricht aber nicht nur der Größe des Martyriums (μαρτυρία[26]) des Polykarp, sondern auch seinem unbefleckten Lebenswandel: τὴν ἀπ᾽ ἀρχῆς ἀνεπίληπτον (vgl. 1 Tim 3,2; 6,14) πολιτείαν (vgl. MartPol 13,2). Dabei korrespondiert die Idee der Unvergänglichkeit (ἀφθαρσία) der Vorstellung der ζωὴ αἰώνιος (beide Begriffe schon in MartPol 14,2), wie folgende Texte belegen:

»Δίκαιοι δὲ εἰς αἰῶνα ζῶσιν καὶ ἐν κυρίῳ ὁ μισθὸς αὐτῶν (Weish. 5,15: Die Gerechten leben in Ewigkeit und ihr Lohn ist beim Herrn).

καὶ δώσω σοι τὸν στέφανον τῆς ζωῆς. ὁ νικῶν οὐ μὴ ἀδικηθῇ ... (Apk. 2,10–11: und ich werde dir den Kranz des Lebens geben. Der Sieger wird keinen Schaden leiden ... ).

τὸ βραβεῖον; ... ἡμεῖς δὲ ἄφθαρτον (στέφανον) (1 Kor. 9,24–25: ... den Kampfpreis? ... wir aber um einen unvergänglichen Kranz zu erhalten).

τὸ νῖκος ἀφθαρσία ἐν ζωῇ πολυχρονίῳ (4 Makk. 17,12: Der Sieg war die Unvergänglichkeit in einem langwährenden Leben).

τὸ θέμα ἀφθαρσία καὶ ζωὴ αἰώνιος (*Ignatius an Polykarp* 2,3: Der Kampfpreis ist Unvergänglichkeit und ewiges Leben.«[27]

**17,1 b:** Wiederum haben nur die Gegner des Polykarp eifrige Eile (vgl. σπουδ- in MartPol 7,2; 8,3; 13,2). Der Wille, die Märtyrerleiber zu vernichten (ὡς μηδὲ τὸ σωμάτιον[28] αὐτοῦ ὑφ᾽ ἡμῶν ληφθῆναι) ist auch MartLugd 5,1,61 f.

---

[24] BAUMEISTER, Anfänge, 305.

[25] A. a. O., 297. – Zum Kranzmotiv vgl.: BAUS, Kranz, 180–190 / BREKELMANS, Martyrerkranz, 52 ff.

[26] Μαρτυρία meint hier wie in MartPol 1,1 und 13,2 mehr als nur »Zeugnis«, nämlich den »Zeugentod«, das »Martyrium« und entspricht damit μαρτύριον, vgl. MartPol 1,1; 2,1; 18,3; 19,1. Vgl. BAUER/ALAND, Wörterbuch, 1001.

[27] BREKELMANS, Martyrerkranz, 63.

[28] Anstelle der Lesart σωμάτιον (Leichnam, armer Leib, vgl. IgnSm 11,2) entscheidet sich DEHANDSCHUTTER, MartPol, 231 für λείψανον (Überrest).

belegt: ὅπως μηδὲ λείψανον αὐτῶν φαίνηται ἐπὶ τῆς γῆς ἔτι (vgl. auch Mt 27,64). »Permission to bury the bodies of executed criminals could be obtained by anyone, according to Roman law.«[29] Das konzessive καίπερ[30] leitet das früheste Zeugnis der Verehrung von Märtyrerreliquien ein. Diese Form der Verehrung suchen die heidnischen Behörden und die mit den Christen rivalisierenden Juden (17,2) zu verhindern, indem sie die Überreste der Märtyrer vernichten wollen. Die Verehrer Polykarps aber wünschen, seinen Leichnam an sich zu nehmen und »mit seinem heiligen Fleisch Gemeinschaft zu haben«. Der Stamm κοινων- begegnet erneut in MartPol 17,3 (ἡμᾶς κοινωνούς τε καὶ συμμαθητάς) und schon in MartPol 6,2 (Χριστοῦ κοινωνὸς γενόμενος). Ein kultischer Bezug der Märtyrerreliquienverehrung ergibt sich nicht nur aus der Formulierung κοινωνῆσαι[31] τῷ ἁγίῳ αὐτοῦ σαρκίῳ[32], denn κοινωνῆσαι meint doch wohl die Versammlung über dem Grab zum Zwecke kultischer Verehrung, sondern auch durch die Verbindung zur Eucharistie. Die eucharistische Formulierung in MartPol 14,2 knüpft mit τοῦ λαβεῖν μέρος fast synonym an κοινωνῆσαι an (τοῦ λαβεῖν μέρος ἐν ἀριθμῷ τῶν μαρτύρων ἐν τῷ ποτηρίῳ τοῦ Χριστοῦ σου) und der Χριστοῦ κοινωνός (MartPol 6,2) dürfte auch in montanistischem Kontext mit der Eucharistie in Verbindung stehen.[33]

Das ganze MartPol zeigt Ansätze einer kultischen Verehrung der Märtyrer und des Reliquienwesens[34]: a) die höchste religiöse Bewunderung wird durch Vokabeln wie γενναῖος (edel, MartPol 2,1.2), ὑπομονή (Standhaftigkeit, MartPol 2,2; 3,1; 19,2; vgl. 7,2), ἔξοχος (hervorragend, MartPol 19,2), θαυμασιώτατος (höchstbewundernswert, MartPol 5,1; 16,2) usw. verdeutlicht. b) die eigentliche Märtyrer- und Reliquienverehrung (MartPol 13,2; 17,1; 18,2). c) Der Nachtrag in MartPol 21 und das MartPionii (2,1) nehmen auf den Polykarpkult in Smyrna Bezug. d) Auch in der PassPerp finden sich ähnliche Motive der Märtyrerverehrung wie in MartPol.[35] Gerade diese beginnende Märtyrerverehrung wird im folgenden aber deutlich kritisch begrenzt: MartPol 17,2 f. setzt einerseits den Märtyrerkult »gegen die volle kultische Verehrung, die Gott und Christus vorbehalten bleibt, als einen bescheideneren Ausdruck der Pietät und ›Liebe‹« ab. »Anderseits gilt auch dieser den Märtyrern nicht einfach als menschlichen Personen, sondern als Schülern und Nachahmern Christi, dessen Ehre somit in keiner Weise zu nah getreten ist.«[36] MartPol intendiert eine theologisch eingegrenzte Märtyrerverehrung, die das gemeindliche Leben intensiviert, der Erinnerung vergangener

---

[29] SCHOEDEL, Fathers, 74.
[30] BLASS / DEBRUNNER / REHKOPF, Grammatik § 425.
[31] Vgl. ActThomae 170 / ActCypr 5,6.
[32] Σαρκίῳ ist wie σωμάτιον ein Diminutiv.
[33] Vgl. BUSCHMANN, Χριστοῦ κοινωνός (MartPol 6,2).
[34] Vgl. RORDORF, Entstehung, 42 f.
[35] Vgl. a. a. O. 46–53.
[36] CAMPENHAUSEN, Idee, 81 f.

und der Vorbereitung zukünftiger Martyrien dient (MartPol 18,3: εἰς τε τὴν τῶν προηθληκότων μνήμην καὶ τῶν μελλόντων ἄσκησιν τε καὶ ἑτοιμασίαν) und übertriebene Märtyrerverehrung polemisch begrenzt.

**17,2 a:** Statt singularisch ὑπέβαλεν γοῦν Νικήτην liest Eus. h. e. 4,15,41 pluralisch ὑπέβαλον γοῦν τινες Νικήτην, um mit dem pluralischen Subjekt des nächsten Satzes übereinzustimmen. Singularisch ist das Subjekt von ὑπέβαλεν der ἀντίζηλος καὶ βάσκανος καὶ πονηρός aus 17,1 a – pluralisch sind es die Juden: ταῦτα ὑποβαλλόντων ... τῶν Ἰουδαίων (17,2 b).

Alke[37] könnte eine Christin sein, falls dieselbe Bewohnerin von Smyrna namens Alke gemeint ist, die IgnPolyk 8,3; Sm 13,2 besonders grüßt. Aber ist das wahrscheinlich, wenn Alke Schwester des Niketes und Tante des Eirenarchen Herodes ist, also Verwandte zweier bei der Verhaftung und Hinrichtung Polykarps beteiligter Männer? Religiöse Spaltungen verlaufen jedoch in der Antike nicht selten quer durch die Familien.

Mit dem ἄρχων könnte der Prokonsul der Provinz Asia L. Statius Quadratus gemeint sein, vgl. MartPol 3,1; 21,2. Anders aber Dehandschutter[38]: es sei nicht sicher, daß der ἄρχων mit einem zuvor Genannten, etwa dem Prokonsul, identisch sein müsse. Dafür spricht auch, daß hier ἄρχων und nicht wie sonst ἀνθύπατος benutzt wird.[39] MartPol 19,2 spricht wohl für den Teufel von τὸν ἄδικον ἄρχοντα.

Das ὥστε μὴ δοῦναι αὐτοῦ τὸ σῶμα hier und das μετὰ στρατιωτικῆς ἐπιμελείας in MartLugd 5,1,59 stellt wohl eher eine Ausnahme in der römischen Praxis dar: »Cependant les autorités romaines ne refusaient qu'exceptionnellement de rendre le corps du supplicié a ses parents (ULPIAN, in Dig., XLVIII, 24,1); que les chrétiens obtenaient généralement cette faveur sans autres difficultés, la lecture des actes des martyrs le prouve suffisamment.«[40]

Die Worte »damit sie nicht den Gekreuzigten verlassen und anfangen, diesen (= Polykarp) zu verehren« wirken im Munde des Niketes unpassend: »Die Begründung, die hier gegeben wird, ist im Munde eines römischen Beamten, dem die Verehrung Christi doch nicht lieber sein konnte als die Polykarps, jedenfalls völlig undenkbar.«[41] Der Grund für den Wunsch der

---

[37] Vgl. dazu: HARNACK, Mission, 595 / CAMELOT, Ignace, 232 Anm. 1 / JOLY, dossier, 119.

[38] MartPol, 231.

[39] CAMPENHAUSEN, Bearbeitungen, 276 benutzt diesen Terminus-Wechsel zu literarkritischen Zwecken.

[40] LOPUSZANSKI, police romaine, 44.

[41] CAMPENHAUSEN, Idee, 81. Vgl. CAMPENHAUSEN, Bearbeitungen, 277 f.:»Nun ist es allenfalls noch denkbar, daß es im heidnischen Interesse lag, einen neuen Kult am Grabe Polykarps unmöglich zu machen ... Aber die Kontrastierung mit dem Christuskult, der durch die Polykarpverehrung nicht Schaden leiden dürfe, ist im Munde eines Heiden völlig unsinnig, und nur dazu in den Text gebracht, um auf eine nicht für die Heiden, wohl aber für die Christen wichtige Streitfrage etwas näher eingehen zu können.« Vgl. schon KEIM, Urchristenthum, 122-125 / REUNING, Erklärung, 47.

Verfolger, die Überreste des Märtyrers zu vernichten, wird in MartLugd 5,1,62 damit angegeben, alle Hoffnung auf Auferstehung endgültig zu tilgen. Überhaupt mißt die Antike der Beerdigung größte Bedeutung bei, da nur ein Begräbnis Ruhe und einen Ort für den Totenkult gewährt. Deshalb werden selbst Feinde nicht ohne Begräbnis gelassen (Pausanias, Peri heg. 1,32,5; 9,32,9), Arme und Fremde werden bei den Christen auf Kosten der Gemeinde begraben (Tert., Apol. 39,6 / Aristides, Apol. 15), Schiffbrüchige werden von Diakonen bekleidet und begraben (Laktanz, Inst. 6,12 / Const. apost. 3,7 / Testamentum Domini 1,34; 2,24).[42] Aber auch eine innerchristliche Begründung scheint möglich, wie sie schon IgnRöm 4,2 formuliert: »Schmeichelt lieber den wilden Tieren, damit sie mir zum Grab werden und nichts von den (Bestandteilen) meines Körpers übriglassen, damit ich nach meinem Tode niemandem zur Last falle. Dann werde ich wirklich Jünger Jesu Christi sein, wenn die Welt nicht einmal meinen Leib sehen wird ...« Schon Ign also liegt der Gedanke fern, irgendein Überbleibsel seines Körpers könnte Gegenstand der Verehrung werden. Diese Notiz jedoch kann auch ein indirekter Beweis für eine solche Praxis darstellen. MartPol kann sich mit seiner Kritik an einer übertriebenen Märtyrerverehrung also auch gegen einen enthusiastisch überzogenen Ignatianismus wenden; mißt doch Ign seinem eigenen Tod eine Heilsbedeutung im Sinne eines Sühneopfers für die Kirche zu: »Ein Lösegeld bin ich für die, die sich dem Bischof, den Presbytern, den Diakonen unterordnen, und mit ihnen möchte ich meinen Anteil erlangen in Gott.« (IgnPolyk 6,1). In IgnRöm 4,1 vergleicht sich Ign mit dem eucharistischen Brot selbst. »Die Gefahr liegt nahe, daß die so vorgestellte Parallelität zwischen dem Kreuz Christi und dem Tod des Märtyrers wie eine Konkurrenz verstanden werden kann: der Märtyrer als Stellvertreter Christi!«[43]

Um so besser fügen sich die Worte also zur innerchristlichen Intention des MartPol. Es handelt sich um eine theologische Kommentierung des Geschehens, die dem Niketes Worte in den Mund legt, gegen die mit dem folgenden ἀγνοοῦντες, ὅτι ... (17,2 c) polemisiert werden kann[44]: offenbar stellt die Verwechslung von Märtyrer- und Christusverehrung bei den Rezipienten des MartPol eine Gefahr dar; (montanistische) Märtyrer treten an die Stelle Christi. Um seine Intention einer klaren Abgrenzung und Unterordnung von Christus- und Märtyrerverehrung zu erreichen, verbindet MartPol geschickt Narratives (γοῦν / 17,2 a) mit Argumentativ-Interpretativem (γάρ / 17,3 a).

So hat der im MartPol ansatzweise enthaltene Märtyrerkult zwar seine Wurzeln im antiken Toten- und Heroenkult.[45] Ausdrücklich findet sich der

---

[42] Vgl. HAMMAN, Die ersten Christen, 152 f.; 224 f.

[43] STAATS, Katholische Kirche, 248.

[44] Polemisch deutet den Abschnitt auch REUNING, Erklärung, 47: »Wenn eine Form von Märtyrerkult, die Christus bedenklich zurückdrängte, noch nicht vorgekommen wäre, könnten wir uns MPol 17, 2.3 nicht denken.«

[45] Vgl. HAMMAN, Die ersten Christen, 227 / KLAUSER, Märtyrerkult / RORDORF, origines.

Glaube an die Wunderkraft der Reliquien dann im auf das MartPol Bezug
nehmende MartPionii 22,3.4, aber auch schon die Berührung von Elisas
Leichnam macht einen Toten wieder lebendig (2 Kön 13,20 f.). Schon Jesu
Gewand, der Schatten des Petrus und die Kleider des Paulus haben heilende
Kraft (Mk 5,25–38 / Act 5,15; 19,11 f.).[46] Und schon MartPol 13,2 berichtet,
daß jeder Gläubige sich bemühte, Polykarps Schuhe zu lösen, damit er τοῦ
χρωτὸς αὐτοῦ ἅψηται; d. h. schon der lebende Polykarp wurde verehrt, umso
mehr sind dann seine Überreste τιμιώτερα λίθων πολυτελῶν καὶ δοκιμώτερα
ὑπὲρ χρυσόν (MartPol 18,2). Die Seele des Toten wird in der Nähe seiner
leiblichen Überreste vermutet, deshalb spielt sich der Kult am Grabe des
Toten ab (vgl. MartPol 18). Dieser Kult dürfte mit der Eucharistie (MartPol
14)[47] verbunden gewesen sein.

Dennoch aber richtet sich MartPol 17 wohl weniger gegen einen aufkommenden Märtyrerkult[48] als gegen eine überzogene Märtyrerverehrung, die sich
nicht mehr κατὰ τὸ εὐαγγέλιον an eine übergeordnete Christusverehrung
gebunden weiß. Auch diese Frage nach dem Rang der Märtyrer im Verhältnis
zu Christus führt wieder in die frühkatholisch-montanistische Kontroverse:
»Schon der etwa ein Jahrzehnt nach dem Polykarpmartyrium entstandene
Lyonerbrief kennt die Frage nach dem Rang der Märtyrer im Verhältnis zu
Christus (HE V,2,3 ...), und die montanistische Kritik der katholischen
Martyrien, wie sie uns besonders im Spotte Tertullians begegnet (Adv. Prax.
1; de pud. 22; de ieiun. 12), dürfte sie weiter verschärft haben.«[49] Möglicherweise deutet Tertullians spöttische Kritik an einer Gleichstellung von Märtyrern und Christus aber gerade auf ein ureigenes Problem im Lager der
Montanisten hin, das zu solch heftig abgrenzendem Spott nötigt; denn insbesondere die echten montanistischen Orakel[50] überschreiten nicht selten eine
klare Grenze zwischen montanistischem/er Propheten/in und Märtyrer/in
einerseits und dem Herrn andererseits: z. B. der ἐγὼ κύριος-Anspruch der
Orakel des Montanus und der Maximilla. Hinzu kommt die Martyriumssucht
des Montanismus (vgl. Tert. de fuga 9,4; de anima 55,5).[51] Der montanistische
Märtyrer Alexander (vgl. Eus. h. e. 5,18,6–10) wird sogar so sehr verehrt
(τετιμημένων), daß er daraus materiellen Gewinn zieht.

**17,2 b:** Die Christen wollen sich nach der Hinrichtung den Leichnam des
Bischofs sichern, die Juden aber wissen das zu verhindern und veranlassen
das Eingreifen des Centurio, der die endgültige Verbrennung stattfinden läßt

---

[46] Vgl. REUNING, Erklärung, 45.

[47] Vgl. ActaJohannis 72 / Tert., De corona 3 / Didaskalia 26,22,2 f. – Schon MartPol 15,2
stellt eine Analogie zur eucharistischen Transfiguration dar.

[48] Vgl. dazu REUNING, Erklärung, 45–49 / CAMPENHAUSEN, Bearbeitungen, 274–280 /
CAMPENHAUSEN, Idee, 126 ff.

[49] CAMPENHAUSEN, Bearbeitungen, 280.

[50] Vgl. HEINE, oracles, 2–9.

[51] Vgl. BUSCHMANN, MartPol 4 und der Montanismus.

(MartPol 18,1). Die Rolle der Juden in MartPol 17,2 wie die antijüdischen Passagen des MartPol überhaupt (vgl. MartPol 12,2 f.; 13,1 / vgl. Act 19,33) sind wiederum weniger Reflex historischer Realität als vielmehr literarisches Mittel der κατὰ τὸ εὐαγγέλιον-Intention: »Ähnlich wie die Hohenpriester und Pharisäer den Pilatus nach dem Tode Jesu interpellieren (Mt 27,62 ff.), so lassen auch hier die Juden durch Niketes dem Prokonsul ihre Besorgnis kundtun, die Christen möchten nun den Polykarp anbeten.«[52] Dafür spricht auch der Ausdruck τηρεῖν, der am ehesten inhaltlich an die um die Grabeswache bittende Intervention der Juden bei Pilatus erinnert, vgl. Mt 27,36.54; 28,4, – gegen die historistische Deutung: »Dabei war die Judenschaft auch beteiligt. Der Bericht über Niketes ... und die Hetze der Juden sind geschichtlich. Diese entfalteten in Smyrna eine reiche antichristliche Tätigkeit (vgl. Apc 2) und spielten im Prozeß des Polykarp eine große Rolle. Überhaupt nahmen sie an den Verfolgungen der Christen regen Anteil (vgl. Joh 8,44.47; Tertullian, Scorpiace 10; Justin, Apologie I 31,6; Euseb h. e. V 16). Hier ist also der Bericht des MartPol geschichtlich.«[53]

**17,2 c:** Die Worte ἄμωμον ὑπὲρ ἁμαρτωλῶν finden sich bei Eus. h. e. 4,15,41 nicht. Sie erinnern an Hebr 7,26 (Christus als Hohepriester, selbst ohne Sünde, gestorben für die Sünden der Welt), 1 Pt 1,19; 3,18, 1 Tim 1,15. Diese Worte über die Sünde machen besonders dann Sinn, wenn hier in der Tat Polemik gegen eine übertriebene Märtyrerverehrung vorliegt, die mit einem Glauben an die satisfaktorische Kraft des Martyriums auch für andere Christen verbunden ist: »Das Martyrium wünscht eine kultische Verehrung Polykarps nicht. Diese gebührt Christus allein.«[54] MartPol unterscheidet eindeutig zwischen der Passion Christi und der eines Märtyrers: Passion und Sterben Christi haben eine Bedeutung für das Heil der Welt. Das unterscheidet Christi Leidensweg von jedem anderen Martyrium; nur von Christus gilt: τὸν ὑπὲρ τῆς τοῦ παντὸς κόσμου τῶν σωζομένων σωτηρίας παθόντα ἄμωμον ὑπὲρ ἁμαρτωλῶν.

**17,3:** MartPol 17,3 schließt die theologische Kommentierung mit einer klaren Unterscheidung zwischen Märtyrer- und Christusverehrung ab: »The form of the statement seems to reflect a debate within Christian circles and points forward to the careful distinction made in 17:3.«[55] Eine ähnlich klare Unter-

---

[52] MÜLLER, MartPol, 11 f. Dort weitere Parallelen. – Vgl. SCHOEDEL, Fathers, 75: »JEWS: Their role in early Christian persecution is slight. Some have conjectured that their presence here is more an aspect of the imitation theme (cf. Matt. 27:36,64; 28:4) than of history (...). But there is no need to rule out such activity entirely (...).«

[53] REUNING, Erklärung, 47. – Auch CAMPENHAUSEN, Bearbeitungen, 275 hält in MartPol 17,2 nur τῶν Ἰουδαίων, οἳ καὶ ἐτήρησαν, μελλόντων ἡμῶν ἐκ τοῦ πυρὸς αὐτὸν λαμβάνειν ... für nicht interpoliert.

[54] REUNING, Erklärung, 48.

[55] SCHOEDEL, Fathers, 75.

scheidung zwischen σέβεσθαι und προσκυνεῖν als Begriffe für die auf Christus bezogene Anbetung einerseits und ἀγαπᾶν als nur verehrende Liebe für die Märtyrer tritt erneut im MartLugd 5,2,2 ff. auf. Σέβεσθαι und προσκυνεῖν gelten allein Gott und finden sich in dieser Kombination noch in ActCarpi 5,7; ActJust 2; 4; und Just., Apol. 1, 6,2. Eus. h. e. 4,15,42 bietet offenbar in Angleichung an συμμαθητὰς συγκοινωνούς anstelle von κοινωνούς.

Der Nachahmungsgedanke (vgl. schon PolPhil 8,2) vollzieht sich dabei so, daß der Märtyrer μαθητής καὶ μιμητής Christi ist (vgl. MartLugd 5,2,2: ζηλωταὶ καὶ μιμηταί, vgl. auch 5,1,6 ff.)[56] und die Gläubigen den Märtyrer nachahmen wollen und sollen; das ist eine frühkatholisch-episkopalem Denken entsprechende Traditionskette. Die Begriffe μαθητής und μιμητής werden auch häufig von Ignatius verwendet.[57] MartPol »ne veut pas imiter la passion, mais démontrer que l'attitude de Polycarpe est en harmonie avec la volonté de Dieu et conforme à l'evangile. De cette facon les martyrs sont les disciples et les imitateurs du Seigneur (17,3) ...«[58]

Die martyriumstypische Bestattungserzählung des Polykarp führt über die Frage der Verehrung seines Leichnams auf die grundsätzliche und theologisch im Mittelpunkt stehende Frage nach dem Verhältnis von Christus- und Märtyrerverehrung. »Damit ist nun aber der Märtyrer auch unmittelbar neben Christus gestellt, und es entsteht eigentlich unabweisbar das Problem, wie solch eine Verehrung für einen Menschen, ja wie eine solche Nachfolge eines Menschen sich mit dem verträgt, was eingangs im Martyrium gesagt wurde, daß man ›alle Gewalt Gott darbringen müsse‹.«[59] Ähnlich dem Anliegen des Lukas hat MartPol weitgehend parallele Lebensläufe zwischen Jesus und einem Märtyrer (hier: Polykarp) dargestellt, um so »die ›heilsgeschichtliche‹ Zusammengehörigkeit dieser Figuren zu erweisen.«[60] Andererseits wird - wie bei Lukas - Christus in Überbietung des Märtyrers dargestellt und der Märtyrer deutlich in der Nachahmung Christi und die Rezipienten wiederum als Nachahmer des Märtyrers. So können denn auch beide, Christus und der Märtyrer, mit abgestuften Enkomien ausgezeichnet werden: das Christus-Enkomion in MartPol 17,2, mit seinem typisch relativischen Beginn[61] τὸν Χριστὸν ..., τὸν ..., hat »hymnische Elemente in sich aufgenommen«[62]: a) Beschreibung der Herkunft aus Gott: υἱὸν ὄντα τοῦ θεοῦ, b) Aufzählung der Werke: παθόντα ἄμωμον ὑπὲρ ἁμαρτωλῶν, c) »Alles«-Prädikation: ὑπὲρ τῆς

---

[56] Vgl. dazu CROUZEL, imitation, 29 f.

[57] Vgl. IgnRöm 4,2: τότε ἔσομαι μαθητὰς ἀληθὴς Ἰησοῦ Χριστοῦ / IgnMagn 9,2: ἵνα εὑρεθῶμεν μαθηταί Ἰησοῦ Χριστοῦ τοῦ μόνου διδασκάλου ἡμῶν / IgnEph 1,2: ἵνα ἐπιτυχεῖν δυνηθῶ μαθητὴς εἶναι / IgnRöm 4,1 f. - Vgl. BAUMEISTER, Anfänge, 265.

[58] DEHANDSCHUTTER, Martyre, 663.

[59] SURKAU, Martyrien, 129.

[60] BERGER, Gattungen, 1175. - Zu den Evangelien-Anspielungen in MartPol 17 vgl. DEHAND-SCHUTTER, MartPol, 253 f.

[61] Vgl. BERGER, Formgeschichte, 346.

[62] A. a. O., 240.

τοῦ παντὸς κόσμου, d) Semantik »Retten«: τῶν σῳζομένων σωτηρίας. »Uit de vergelijking van de dood van Christus met die van de martelaars in 17,3 wordt ... duidelijk dat de eerste een heilsbetekenis heeft waarop de tweede geen aanspraak kan maken. Slechts Christus komt ›verering‹ toe.«[63]

MartPol 17,3 stellt eine Imitatio-Frömmigkeit dar, wie sie κατὰ τὸ εὐαγγέλιον das gesamte MartPol programmatisch durchzieht und in 1 Petr erstmals ausgeprägt erscheint (1 Petr 2,18–25), sich in 1 Clem 16 und PolPhil 8,12 fortsetzt und in der Vorstellung vom Märtyrertod als wahrem Jüngertum Jesu Christi bei Ignatius eine neue Ausprägung im Sinne des paulinischen συμμορφίζεσθαι τῷ θανάτῳ αὐτοῦ (Phil 3,10) erfährt (vgl. IgnRöm 4; 6,3; IgnEph 1,1; 10,3; IgnMagn 9 f.; IgnTrall 1,2; IgnPhil 7,2; IgnSm 12,1), die zwangsläufig zu einer Verhältnisbestimmung von Christus und Märtyrer führen muß, wie MartPol 17,3 sie vornimmt. Damit unterscheidet sich der christliche Märtyrer auch vom antiken Heroen, der als Gott oder Halb-Gott verehrt wird. Die Verehrung Polykarps besteht außerdem noch nicht darin, ihn als Gott-ähnliches Wesen um etwas zu bitten, sondern hat zum Ziel, zur Nachfolge anzuspornen: ὧν γένοιτο καὶ ἡμᾶς κοινωνούς[64] τε καὶ συμμαθητὰς γενέσθαι.

Aus MartPol 17,3 läßt sich ebenso wie aus 16,2; 18,3 und 19,1 entnehmen, daß der Verfasser seiner Angabe nach ein Zeitgenosse des Polykarp ist. »Auch sonst zeigt sich der Verfasser wohlunterrichtet, denn er kennt nicht nur die Amtstitel und die diesen entsprechenden Befugnisse der Beamten, sondern er führt diese Beamten auch mit ihren (teilweise historisch beglaubigten) Namen auf, so z. B. den Irenarch Herodes, dessen Vater Niketes und Tante Alce s. K. 6 V. 2, K. 8 V. 2, K. 17 V. 2, den Asiarch (C. Julius) Philippus (aus Tralles) s. K. 12 V. 2; vgl. auch die römischen Termini: κομφέκτωρ = confector K. 16 V. 1 und κεντυρίων = centurio K. 18 V. 1; ... ).«[65]

---

[63] DEHANDSCHUTTER, MartPol, 197. – Zur symbouleutisch-vorbildlichen Funktion der Enkomien s. o.: ὧν γένοιτο καὶ ἡμᾶς κοινωνούς τε καὶ συμμαθητὰς γενέσθαι. Es handelt sich um eine Summar und eine Aufforderung zur Nachahmung: ἐπιλόγος, vgl. BERGER, Gattungen, 1177.

[64] Κοινωνία meint einerseits die Teilhabe an Christi Leidensweg, andererseits wird communio zum term. techn. und Synonym der Eucharistie, vgl. POPKES, Gemeinschaft / HAUCK, κοινός. – Zur Leidens-Teilhabe in der paulinischen Theologie vgl. WOLTER, Apostel.

[65] SEPP, MartPol, 26 f.

## 18,1–3: Sammlung und Bestattung der Gebeine des Polykarp zur Feier des Jahrestages seines Martyriums

18,1 Als nun der Centurio den Widerstand der Juden sah, ließ er ihn in die Mitte legen und – wie es ihre Gewohnheit ist – verbrennen.

18,2 Auf diese Weise sammelten wir später seine Gebeine auf, die wertvoller als Edelsteine und kostbarer als Gold sind, und bestatteten sie, wo es angemessen war.

18,3 Dort wird uns, die wir uns nach Möglichkeit in Jubel und Freude dort versammeln, der Herr die Feier des Geburtstages seines Martyriums ermöglichen zum Gedächtnis derer, die zuvor den Kampf bestanden haben, und zur Übung und Vorbereitung für die, denen dies bevorsteht.

*Lit.: Zur kultischen Märtyrerverehrung:* (vgl. zu MartPol 17) ACHELIS, H., Das Christentum in den ersten drei Jahrhunderten, Leipzig ²1925 (Nachdruck Aalen 1975), Bd. 2, Exkurs 95, 442 / CAMPENHAUSEN, H. v., Bearbeitungen und Interpolationen des Polykarpmartyriums, in: ders., Aus der Frühzeit des Christentums, Studien zur Kirchengeschichte des ersten und zweiten Jahrhunderts, Tübingen 1963, 253–301: 281 ff. / BARNARD, L. W., In Defence of Pseudo-Pionius' Account of Saint Polycarp's Martyrdom, in: Granfield, P. (Hg.), Kyriakon. FS J. Quasten, Vol. 1, Münster 1970, 192–204 / BAUMEISTER, Th., Art. Heiligenverehrung I., RAC 14, 1987, 96–150: 111–124 / HAUSBERGER, K., Art. Heilige/Heiligenverehrung III. Anfänge der christlichen Heiligenverehrung, TRE 14, 1985, 646–660 / SAXER, V., Die Ursprünge des Märtyrerkultes in Afrika, RQ 79/1984, 1–11 / *Zum Märtyrer-Jahresgedächtnis:* KARPINSKI, P., Annua dies dormitionis. Untersuchungen zum christlichen Jahrgedächtnis der Toten auf dem Hintergrund antiken Brauchtums, EHS.T 300, Frankfurt/Bern/New York 1987, 40–64 / STUIBER, A., Art. Geburtstag, RAC 9, 1976, 217–243: 229 f. / URNER, H., Die außerbiblische Lesung im christlichen Gottesdienst. Ihre Vorgeschichte und Geschichte bis zur Zeit Augustins, Göttingen 1952.

Die Darstellung der Bestattung und Verehrung der Gebeine des Bischofs in MartPol 18 und die Feier des Jahrestages seines Martyriums dient derselben Funktion wie MartPol überhaupt: der Erinnerung und Vergegenwärtigung (μνήμη) dieses paradigmatischen Märtyrerverhaltens zwecks Einübung (ἄσκησις) und Vorbereitung darauf (ἑτοιμασία). Im Gefolge einer (mißverstandenen) ignatianischen Theologie und unter dem Einfluß des beginnenden Montanismus und seiner Hochschätzung des Martyriums, vgl. Tert. de fuga 9,4, betont MartPol die (ignatianische) christologische Orientierung des Martyriums κατὰ τὸ εὐαγγέλιον. In diesem Kontext ist es schlüssig, daß MartPol 18 auf die sich institutionalisierende (ἐπιτελεῖν τὴν τοῦ μαρτυρίου αὐτοῦ ἡμέραν γενέθλιον) und liturgische (MartPol 14) Heiligenverehrung Bezug nimmt: »In der Rezitation des Enkomions selbst wird der Name des Helden gefeiert, wird sein Gedächtnis aktuell begangen.«[1] Polykarp und sein nachzuahmendes Martyrium werden dadurch bei den Rezipienten präsent.

*Literarkritisch* wurde besonders MartPol 18,3 immer wieder als sekundärer Einschub verdächtigt[2], obwohl nicht einmal die in Eus. h. e. 4, 15,43 f. identische Textüberlieferung dafür Anlaß gibt. Angeblich – so wurde schon vor von Campenhausen argumentiert – schließe die Märtyrerverehrung ein frühes Entstehungsdatum aus: »Die regelmäßige kultische Verehrung der Märtyrer hat sich ... wesentlich im Laufe des dritten Jahrhunderts entwickelt.«[3] Dagegen und für die Authentizität von MartPol 18,3 spricht u. a.[4]: a) Die Anfänge eines solchen Kults finden sich schon im hellenistischen Judentum des ersten Jahrhunderts (4 Makk 17,8), andererseits sind sie in MartPol noch nicht so weit entwickelt wie etwa in Tert., De corona 3, so daß sich MartPol 18 gut dazwischen fügt: »There is nothing in the Polycarpian cult which would be out of place in the mid-second century ...«[5] b) Von Campenhausen selbst muß zugestehen, daß schon MartLugd 5,2,3 ähnlich früh wie MartPol die Frage nach dem Rang der Märtyrer im Verhältnis zu Christus stellt und vermag deshalb die angeblichen Interpolationen zeitlich gar nicht weit vom MartPol zu entfernen: »Die Anfänge einer kultischen Verehrung des Martyrergrabes fallen gewiß noch in das zweite Jahrhundert.«[6]

*Formkritisch* setzt sich MartPol 18 zusammen aus Märtyrerberichts-Elementen, hier als Leichnams- und Bestattungserzählung[7] (18,1–2) mit Enkomion[8] als Heiligenverehrung (18,2) und symbouleutischem Fazit (18,3).

**18,1:** Mit οὖν wird die theologisch-kommentierende Darstellungsebene verlassen (MartPol 17,3) und der Erzählfaden wieder aufgenommen, vgl. γοῦν in 17,2 a; οὖν leitet narrative Elemente ein. Die Verfechter einer Interpolationshypothese mißverstehen das historistisch: »Mit 18,1 wird der Bericht wieder historisch ...«[9] MartPol 18,1 beginnt auffallend parallel mit Mk 15,39: ἰδὼν δὲ ὁ κεντυρίων. Der Centurio als Anführer des Hinrichtungskommandos gibt den Leichnam Polykarps auf Grund der Intervention der Juden nicht

---

[1] BERGER, Gattungen, 1189.

[2] KEIM, Urchristenthum, 111 / CAMPENHAUSEN, Bearbeitungen, 275 f.; 282 / STUIBER, Geburtstag, 229 ff. / CONZELMANN, Bemerkungen, 19.

[3] CAMPENHAUSEN, Bearbeitungen, 279.

[4] Vgl. weitere Argumente für die Authentizität bei: LIGHTFOOT, Fathers II/1, 617 f. / SCHOEDEL, Fathers, 73–76 / DEHANDSCHUTTER, Century of Reasearch, 502 f. / BARNARD, Defence, 199 / KARPINSKI, Annua dies dormitionis, 43 f. / RORDORF, Origines / RORDORF, Entstehung, 39 f.

[5] BARNARD, Defence, 199.

[6] CAMPENHAUSEN, Bearbeitungen, 280.

[7] Vgl. BERGER, Formgeschichte § 97.

[8] Vgl. a. a. O. § 99.

[9] CONZELMANN, Bemerkungen, 19, vgl. CAMPENHAUSEN, Bearbeitungen, 275.

frei. Der Latinismus Centurio anstelle des üblicheren griechischen ἑκατοντάρχης, vgl. Eus. h. e. 4, 15,43, begegnet in der frühchristlichen Literatur
nur hier und in Mk 15,39.44 f., was der κατὰ τὸ εὐαγγέλιον-Stilisierung
entspricht, sowie im Petrusevangelium (EPt 8,31; 10,38; 11,45.47.49) und den
ActaPauli 11,4.12.[10] Auch τὴν … γενομένην φιλονεικίαν deutet auf eine
Evangelienanspielung: ἐγένετο δὲ καὶ φιλονεικία ἐν αὐτοῖς (Lk 22,24), wo
φιλονεικία hapax im NT ist. Das θεὶς αὐτὸν ἐν μέσῳ heißt doch wohl »in die
Mitte des Scheiterhaufens«[11], nicht »in die Mitte, für alle sichtbar«[12]; der
Leichnam soll ja gänzlich verbrannt werden. Das ὡς ἔθος αὐτοῖς (vgl. Joh
18,39; 19,40; Lk 22,39) meint die Heiden. Die Christen bestatteten ihre Toten
von Anfang an. Zugleich stellt dieses für das MartPol typische ὡς ἔθος αὐτοῖς
(vgl. MartPol 5,1; 9,2; 13,1) nochmals die Beispielhaftigkeit des MartPol
heraus: so verläuft üblicherweise und nach den Gewohnheiten der Heiden ein
Martyrium. Und eben so wie Polykarp sollte sich daraufhin jeder Christ
verhalten, eben κατὰ τὸ εὐαγγέλιον.

**18,2:** Diese Aussage bildet den ältesten Beleg für kirchliche Märtyrer- und
Reliquienverehrung[13]: Polykarps Gebeine sind wertvoll und werden gesammelt
(vgl. ActCarpi 47). Am Ort des Grabes wird der Todestag jährlich – als
(eucharistisches) Mahl – gefeiert. Die Gebeine dienen jedoch noch zu nichts
anderem, als an einem angemessenen Ort begraben zu werden, also wohl
dort, wo die christliche Gemeinde sich versammeln konnte[14] und an einer
ehrenvollen Stätte, vgl. Mt 27,60 sowie den Friedhof außerhalb der Stadttore
von Ephesus in VitaPolycarpi 20. Das κοινωνῆσαι τῷ ἁγίῳ αὐτοῦ σαρκίῳ aus
MartPol 17,1 b meint von daher wohl kein physisches Berühren – wofür aber
MartPol 13,2 sprechen könnte: ὅστις τάχιον τοῦ χρωτὸς αὐτοῦ ἅψηται –,
sondern die Versammlung am Märtyrergrab.[15]

»Die Ausdrucksformen des frühchristlichen Märtyrerkults knüpfen an die
antike Totenverehrung an. Namentlich in der lokalen Bindung an das Grab,
das nach damaliger Denkweise das ›Haus des Toten‹ darstellt, ist die christliche
Märtyrerverehrung dem jüdischen Heiligen- wie dem hellenistischen Heroen-

---

[10] Vgl. dazu SURKAU, Martyrien, 129 f. / CAMELOT, Ignace, 200 ff.

[11] So CAMPENHAUSEN, Bearbeitungen, 275 / CONZELMANN, Bemerkungen, 19 / BAUMEISTER,
Genese, 83.

[12] BASTIAENSEN, Atti, 27.

[13] Mit der Mehrheit der Literatur, z. B. REUNING, Erklärung, 45 f. / CAMPENHAUSEN, Bearbeitungen, 280 / HAUSBERGER, Heilige, 648, gegen DEHANDSCHUTTER, MartPol, 197, der in
MartPol 17 f. keine Märtyrerverehrung und entsprechende innerkirchliche Auseinandersetzung
erkennen will.

[14] Vgl. ActJust 6,2: λατραίως αὐτῶν τὰ σώματα λαβόντες κατέθεντο ἐν τόπῳ ἐπιτηδείῳ … –
Vgl. RORDORF, origines, 366.

[15] So etwas überinterpretiert WEINRICH, Spirit, 182 Anm. 30: »›To touch his flesh‹ and ›to
have communion with the holy flesh‹ are not synonymous. κοινωνῆσαι τῷ ἁγίῳ σαρκίῳ is dativus
comitativus. The Christians wish to share *with* the holy flesh *in* something else …« – Zum
Dativus sociativus bzw. comitativus vgl. BLASS/DEBRUNNER/REHKOPF, Grammatik § 193.

kult gefolgt. Unbeschadet der theologischen Überzeugung, daß die Seele bereits im Jenseits war, bot das Grab des Zeugen Christi den Hinterbliebenen eine irdische Kontaktmöglichkeit. Hier war er anrufbar, und hier versammelte sich die ganze Ortskirche, um nach den Worten der Christen von Smyrna ›in Jubel und Freude den Jahrestag seines Martyriums zu feiern‹.«[16]

**18,3:** Das ἔνθα zeigt, daß das Märtyrergedächtnis am Grabe begangen wird. Das einschränkende ὡς δυνατόν deutet an, daß auch noch in Zukunft Verfolgungen erwartet werden. Aber man ist fest entschlossen, das Märtyrergedächtnis zu feiern, wenn irgend möglich. Der hier erstmals begegnende Ausdruck ἡμέρα γενέθλιος[17] (dies natalis), eigentlich »Geburtstag«, meint den Todestag des Märtyrers, der zum Geburtstag seiner Unvergänglichkeit bzw. des ewigen Lebens wird und als Jahrestag gefeiert wird: »Unter Jahrestag (dies natalis) ist der Todestag zu verstehen. Das allgemeine Jahresgedächtnis für die Toten ist von Tertullian erstmals bezeugt, dürfte aber früher anzusetzen sein. Für Smyrna wird die Feier der γενέθλιος ἡμέρα des Märtyrers in Mart. Pion. 2,1 f. vorausgesetzt (im J. 250); vgl. aber schon Ign. ep. ad Rom. 6,1.«[18] U. a. aus der Tatsache, daß das MartPol und Tertullian mit einer Differenz von 30 Jahren die ersten sind, die vom Totenjahrestag im christlichen Sinne sprechen, leitet Saxer[19] die Vermutung ab, daß der afrikanische Märtyrerkult in seinen christlichen Ausdrucksformen vom asiatischen abhängt. Schon IgnRöm 6,1[20] versteht den Märtyrertod als eine Geburt zum Leben bei Gott (zu IgnRöm 6,3 vgl. MartPol 17,3). Der Sterbetag der Märtyrer »wird deshalb von der Gemeinde als Geburtstag ihrer himmlischen Existenz gefeiert.«[21] Dabei ist »die Interpretation des Martyriums als eines μιμεῖσθαι τὸ πάθος Ἰησοῦ Χριστοῦ ... entscheidend: Gerade weil für Ignatius im Tod des Märtyrers der direkte Zugang zu Gott gegeben ist, bleibt an diese christologische Orientierung zu erinnern. Im Sterben des Märtyrers ist für die Theologie des Ignatius das Leiden des Kyrios gegenwärtig; erst dadurch wird sein Tod als Martyrium qualifiziert.«[22] Das paradigmatische Martyiumsverhalten Polykarps κατὰ τὸ εὐαγγέλιον soll an der ἡμέρα γενέθλιος alljährlich

---

[16] HAUSBERGER, Heilige, 648.

[17] Vgl. IgnRöm 6,1 f.: ὁ τοκετός μοι ἐπίκειται ... μὴ ἐμποδίσητέ μοι ζῆσαι / Tert., de corona 3: Oblationes pro defunctis, pro natalitiis annua die facimus / Tert., Scorpiace 15: Tunc Paulus civitatis Romane consequitur nativitatem, cum illic martyrii renascitur generositate. - Vgl. STUIBER, Geburtstag / SAXER, Ursprünge, 8 ff. / KARPINSKI, Annua dies, 46–56 / RORDORF, origines, 367 f.

[18] GUYOT/KLEIN, Christentum I, 334 f. / vgl. KARPINSKI, Annua dies, 69: »... bezeugt Martyrium Pionii 2 ..., daß die Christen in Smyrna die γενέθλιος ἡμέρα des Martyrers Polykarp auch in der Verfolgungssituation des Jahres 250 mit liturgischer Feier begehen.«

[19] Ursprünge, 8 ff.

[20] Vgl. auch IgnRöm 9,2 / 4 Makk 15,16; 16,13 / Seneca, ep. 102, 23.6.

[21] KELLERMANN, Auferstanden, 132.

[22] PAULSEN, Ignatius, 187.

liturgisch vergegenwärtigt werden. Da der Begriff ἡμέρα γενέθλιος nicht näher erläutert und als bekannt vorausgesetzt ist, läßt sich möglicherweise auch auf eine Polemik gegen andere Märtyrerfeste schließen, bei denen die Märtyrer praktisch in eine Linie mit Christus gestellt werden.[23]

Eine Kombination aus dem Sterbedatum Polykarps und der Mitteilung, daß die ἡμέρα γενέθλιος noch nicht gefeiert worden ist, ermöglicht eine Datierung des MartPol binnen eines Jahres nach dem Tode Polykarps. Und MartPionii 2,1 belegt, daß der Ausdruck ἡμέρα γενέθλιος ursprünglich und nicht späterer Einschub ins MartPol ist[24]: Μηνὸς ἕκτου δευτέρᾳ ἐνισταμένου σαββάτου μεγάλου, ἐν τῇ γενεθλίῳ ἡμέρᾳ τοῦ μακαρίου μάρτυρος Πολυκάρπου … (vgl. MartPionii 2,2: πρὸ μιᾶς ἡμέρας τῶν Πολυκάρπου γενεθλίων). »Neemt men *MPol* in zijn bekende vormgeving ernstig, dan kan men slechts besluiten dat het geschreven is binnen het jaar na de dood van Polycarpus.«[25]

Ob mit dem »Gedächtnis derer, die den Kampf schon bestanden haben«, nur die elf Märtyrer vor Polykarp in Smyrna gemeint sind (MartPol 19,1) oder auch andere, wird nicht deutlich. Auch bleibt unklar, ob neben Germanikos (MartPol 3) auch Quintos (MartPol 4) zu den elf anderen gehört. Mit Polykarp hatte diese Verfolgung jedoch ein Ende: διὰ τῆς μαρτυρίας αὐτοῦ κατέπαυσεν τὸν διωγμόν (MartPol 1,1 a). Und die Zwölf-Zahl ist wohl eher Harmonisierung κατὰ τὸ εὐαγγέλιον als historisches Faktum.

Jedenfalls hat die Verehrung des Polykarp und seiner Gebeine nur eine Funktion: Erinnerung (μνήμη, vgl. 4 Makk 17,7–10) und Vergegenwärtigung seines exemplarischen Märtyrerverhaltens zur Einübung und Vorbereitung zukünftiger Martyrien. Insofern dient das Märtyrergedächtnis einer exhortatio ad martyrum κατὰ τὸ εὐαγγέλιον. Die noch zum Martyrium Bestimmten sollen in einem nicht-selbstsüchtigen (vgl. MartPol 1,2), evangeliumsgemäßen Verhalten gestärkt werden: »Das Martyrium wünscht eine kultische Verehrung Polykarps nicht. Diese gebührt Christus allein.«[26] In der Verfolgungszeit hat diese Märtyrerverehrung wie das gesamte MartPol eine paränetische Intention, nämlich die Christen in ihrer Standhaftigkeit zu bestärken und zugleich eine übertriebene Martyriumssucht (MartPol 4) und -verehrung (MartPol 17,3) κατὰ τὸ εὐαγγέλιον einzugrenzen. Die erst beginnende Märtyrerverehrung ist noch nicht nur nach rückwärts gewandt (τὴν τῶν προηθληκότων[27]

---

[23] Vgl. REUNING, Erklärung, 47.

[24] Gegen CAMPENHAUSEN, Bearbeitungen, 275 f.; 282 / STUIBER, Geburtstag, 229 f.

[25] DEHANDSCHUTTER, MartPol, 219. Vgl. LIGHTFOOT, Fathers II/1, 470 ff. / HILGENFELD, MartPol, 165.

[26] REUNING, Erklärung, 48.

[27] Die Verbalform von »Athlet« bildet wie »Krone«, »Preis«, »Übung« etc. ein stoisches Bild, das schon 4 Makk 17,11–16 und 1 Clem 5,1–2 begegnet. Die seltene, der Athletensprache entnommene Vokabel προηθληκώς (Vorkämpfer) hat neutestamentliche Vorbilder im Athleten- und Wettkampfbild: 1 Kor 9, 24 ff. / 2 Tim 2,5 / Hebr 10,32 / Phil 3,12–21, besonders aber bei Ignatius: IgnRöm 5,1 / IgnPolyc 1,3; 2,3; 3,1; 6,1; 7,2. Vgl. SAXER, Bible et Hagiographie, 212 ff.

μνήμην[28]), sondern dient gerade auch εἰς ... τῶν μελλόντων ἄσκησίν τε καὶ ἐτοιμασίαν, vgl. auch das futurische παρέξει. Das impliziert die Möglichkeit neuer Martyrien. Das Enkomion auf den Märtyrer, das in MartPol 17 allgemein und in MartPol 19,1 speziell für Polykarp formuliert ist, will als μνήμη (MartPol 18,3; 19,1) institutionell und liturgisch immer wieder vergegenwärtigt werden, um das herrliche Vorbild des Märtyrer-Bischofs in erbaulicher und paränetischer Absicht vor Augen treten zu lassen. Das ist die Absicht dieser beginnenden »Heiligenverehrung«. Dabei fällt auf, »wie anders hier die Gemeinde vom Märtyrer denkt, als noch im Martyrium des Jakobus. Noch nie zuvor waren so liebevoll Einzelheiten seines Lebens und seiner letzten Stunden geschildert worden, und es ist nicht zufällig: der Märtyrer steht der Gemeinde gegenüber als einer, dessen Tun nachahmenswert ist und der Verehrung würdig.«[29] Der Märtyrer ist »so hoch gestiegen, daß man ihm den Ehrennamen eines ›Koinonos Christou‹ geben kann«[30] (MartPol 6,2; vgl. 17,3). Der Bericht über sein Martyrium wird vermutlich in den alljährlichen Martyriums-Gedächtnis-Feiern verlesen oder erzählt worden sein; dafür spricht u. a. das MartPionii, dessen Verfasser das MartPol bekannt gewesen sein muß. Das MartPol erzählt also beispielhaftes Märtyrerverhalten zu paränetischem und erbaulichen Zweck: es »ist nicht in erster Linie als authentische Zeugenaussage, sondern als Lehre, als Verkündigung zu verstehen«[31] und insofern Bestandteil der »außerbiblischen Lesung im christlichen Gottesdienst« (Urner).

So endet das MartPol nicht mit dem Tod des Bischofs, sondern mit dem sich fortentwickelnden Leben der christlichen Gemeinde. Bei der Feier des Märtyrergedächtnisses dürfte zum einen der Inhalt des MartPol erinnert worden sein (vgl. MartPionii 2), zum anderen eine kultische Mahlzeit eingenommen worden sein. Dafür sprechen nicht nur der eucharistische Charakter von MartPol 14[32] und die kultischen Worte ἐν ἀγαλλιάσει καὶ χαρᾷ[33], sondern auch die traditionsgeschichtliche Ableitung aus dem antiken Totenjahrgedächtnis mit kultischem Mahl.[34] »Die Darbringung des eucharistischen Opfers, bei der im Gebet und durch die Verlesung der Märtyrerakten (...) die

---

[28] Vgl. MICHEL, μιμνήσχομαι - Μνήμη, vgl. 2 Makk 7,20, meint kein unverbindliches Sich-Erinnern, sondern die Nach-Ahmung der Vor-Kämpfer. - Tert., de cor 3,3 (vgl. de exhort. cast 11 und de monogam. 10,4) sowie Cyprian, Epist 39,3 belegen: »on fait la commemoratio des défunts et des martyrs en célébrant le sacrifice eucharistique pour eaux.« (RORDORF, origines, 369 f.)

[29] SURKAU, Martyrien, 129.

[30] Ebd.

[31] URNER, Lesung, 27.

[32] Vgl. ActaJohannis 72 / Tert., de corona 3 / Didaskalia 26,22,2 f.

[33] Ἀγαλλίασις meint speziell den im Kult geäußerten Jubel, vgl. Act 2,46; 16,34; 20,7-12; Lk 1,14; 1 Clem 63,2. Vgl. BULTMANN, ἀγαλλιάομαι. - »Jubel und Freude« scheinen dem traurigen Anlaß eigentlich zu widersprechen; denn Ausdruck ist auch deshalb am ehesten von der Eucharistie her zu verstehen, vgl. RORDORF, origines, 369.

[34] Vgl. KARPINSKI, Annua dies, 40-64.

Erinnerung an den Blutzeugen wachgerufen wurde, verband sich in der Regel mit einem Totenmahl (refrigerium). Nach der Verfolgungszeit wurde es weithin auch Sitte, im Anschluß an die Eucharistiefeier (...) öffentliche Märkte und Vergnügungen zu veranstalten. Doch blieb die kultische Begehung des dies natalis (Geburtstag = Tag des Martyriums) am Grab auf Jahrhunderte hin der eigentliche Inhalt der kirchlichen Märtyrerverehrung.«[35] Die Polykarpfeier in Smyrna dürfte den Charakter einer eucharistischen Totengedächtnisfeier gehabt haben, womöglich inclusive einer Lesung des MartPol. Schon das Verb ἐπιτελεῖν[36] deutet eine kultisch geprägte Zusammenkunft an und läßt vermuten, »daß ἐπιτελεῖν auch im Martyrium Polycarpi 18 eine Eucharistiefeier am Grabe des Martyrers beinhaltet, was einer Umformung und Überhöhung antiker Mahlfeiern am Grabe gleichkäme. Diese Möglichkeit darf man um so eher in Erwägung ziehen, als der ganze Bericht des Polykarpmartyriums in Anlehnung an das Christusmartyrium gestaltet ist, so daß die eucharistische Repräsentation der Passion des Herrn leicht mit der Gedächtnisfeier des Leidens seines Martyrers verbunden werden kann. Möglicherweise kennt Ignatius von Antiochien schon eine Eucharistiefeier, die am Gedächtnistag der Martyrer gehalten wird, wenn er die römische Gemeinde auffordert: πλέον δέ μοι μὴ παράσχηθε τοῦ σπονδισθῆναι θεῷ, ὡς ἔτι θυσιαστήριον ἕτοιμόν ἐστιν, ἵνα ἐν ἀγάπῃ χορὸς γενόμενοι ᾄσητε τῷ πατρὶ ἐν Χριστῷ Ἰησοῦ«[37] (IgnRöm 2,2: Gewährt mir nicht mehr, als Gott geopfert zu werden, solange noch ein Altar bereitsteht, damit ihr in Liebe einen Chor bilden und dem Vater in Christus lobsingen könnt): – dafür spricht auch der Zusammenhang zwischen Martyrium und Eucharistie in MartPol 14. Auch das συνάγειν wird in Did 9,4 und später häufig im eucharistischen Kontext gebraucht. Der Plural deutet den Gemeinschaftscharakter an. »Das Vokabular ... spricht also eindeutig von einer kultischen Versammlung.«[38] Hier hat MartPol seinen Sitz im Leben.[39] MartPionii 2 f. zeigt, daß die γενέθλια um das Jahr 250 n. Chr. bereits am Vortag mit Fasten beginnt (ἐν νηστείᾳ, vgl. dazu Did 7,4). Am Tag des Jahrgedächtnisses wird dann die Eucharistiefeier begangen: προσευξαμένων δὲ αὐτῶν καὶ λαβόντων ἄρτον ἅγιον καὶ ὕδωρ, MartPionii 3. Auch das Bestreben, den Tag des Martyriums exakt zu datieren, vgl. MartPol 21 und MartPionii 2; 3; 23, dient dazu, die γενέθλια ἡμέρα in Zukunft an einem gesicherten Termin feiern zu können.[40]

---

[35] HAUSBERGER, Heilige, 648 f. – Vgl. HAMMAN, Die ersten Christen, 225 ff. / KLAUSER, Cathedra, 140: »Es steht fest, daß an einigen Gedenktagen, wenigstens am ›Dritten‹ und beim Jahresgedächtnis, schon im 2. Jahrhundert auch die eucharistische Mahlfeier abgehalten wurde, und zwar am Grabe.«

[36] »Gottesdienstliche Handlungen verrichten«, »Opfer darbringen«, »(religiöse) Feste feiern«, vgl. Hebr 9,6; 1 Clem 40,2 – Vgl. RORDORF, origines, 369 / KARPINSKI, Annua dies, 53 Anm. 22.

[37] KARPINSKI, Annua dies, 54 ff.

[38] A. a. O., 61.

[39] Vgl. RORDORF, Martyre et témoignage, 10 ff.

[40] KARPINSKI, Annua dies, 74.

## 19,1–2: Das Briefthema: Polykarps Bedeutung als Vorbild eines evangeliumsgemäßen Märtyrerverhaltens – ein Fazit

19,1aα Soviel über den seligen Polykarp, der – mit denen aus Philadelphia – als zwölfter in Smyrna das Martyrium erlitt,

β doch er allein bleibt allen ganz besonders im Gedächtnis, so daß auch durch die Heiden überall von ihm gesprochen wird.

19,1b Er war nicht nur ein ausgezeichneter Lehrer, sondern auch ein herausragender Märtyrer, dessen Martyrium, da es dem Evangelium Christi gemäß geschah, alle nachzuahmen begehren.

19,2a Durch seine Standhaftigkeit besiegte er den ungerechten Herrscher und empfing so den Kranz der Unsterblichkeit;

19,2b zusammen mit den Aposteln und allen Gerechten verherrlicht er voller Jubel Gott, den Vater, den Allmächtigen, und preist unseren Herrn Jesus Christus, den Retter unserer Seelen und den Lenker unserer Körper, den Hirten der katholischen Kirche auf dem ganzen Erdkreis.

*Lit.: Zur Literarkritik / pro Interpolationen:* CAMPENHAUSEN, H.v., Bearbeitungen und Interpolationen des Polykarpmartyriums, in: ders., Aus der Frühzeit des Christentums, Studien zur Kirchengeschichte des ersten und zweiten Jahrhunderts, Tübingen 1963, 253–301: 263 / CONZELMANN, H., Bemerkungen zum Martyrium Polykarps, NAWG 1978, 3–20: 20 / KEIM, Th., Aus dem Urchristenthum. Geschichtliche Untersuchungen in zwangloser Folge, Bd 1, Zürich 1878: 111 / *contra Interpolationen:* HILGENFELD, Das Martyrium Polykarp's von Smyrna, ZWTh 22/1879, 145–170: 165 ff. / BEYSCHLAG, K., Clemens Romanus und der Frühkatholizismus. Untersuchungen zu I. Clemens 7, BHTh 35, Tübingen 1966, 312 f. Anm. 2 / *Zur Formkritik:* BEYSCHLAG, Clemens Romanus, 312–318 / *Zum Brief:* ANDRESEN, Zum Formular frühchristlicher Gemeindebriefe, ZNW 56/1965, 233–259: 247 f.

MartPol 19 leitet den Briefschluß ein. Während MartPol 20 mit der Korrespondenz, der Doxologie, den Grüßen und der Verfasser- und Schreiberangabe den *formalen* Abschluß bildet, formuliert MartPol 19 ein *inhaltliches* Fazit und betont am Ende nochmals Polykarps Bedeutung als Vorbild eines evangeliumsgemäßen Märtyrerverhaltens. Dabei nimmt MartPol 19 bewußt Terminologie aus der inscriptio und den Eingangskapiteln MartPol 1 f. auf und verbindet sie hinsichtlich der doxologischen Momente (19,2b / 20,2)

auch mit den doxologischen Aussagen des Gebets in MartPol 14, was einer
Verlesung im Gottesdienst auch »der weiter entfernt wohnenden Brüder«
(20,1 b) als Sitz im Leben des MartPol entspricht. Unter Hinweis auf Polykarps paradigmatische Nachahmung Christi will der Verfasser mit seiner
Darstellung, genau wie Christus, ein κυβερνήτης (vgl. 19,2 b) seiner Rezipienten zum rechten Martyriumsverhalten sein und zugleich die katholische Kirche
damit wie ein Hirte vor Fehlverhalten im Martyrium bewahren. Deshalb faßt
diese abschließende Lobrede auf den Bischof (τὸν μακάριον Πολύκαρπον ὅς
...) nochmals zusammen und zeigt die enge Verbindung mit dem Herrn bzw.
der Verherrlichung des Herrn auf (19,2). MartPol 19 bildet eine abschließende[1] Doxologie auf den Bischof und seinen Herrn Jesus Christus. Wie MartPol
14 klingt der Text »liturgisch-doxologisch, braucht aber deshalb noch kein
späterer Zusatz zu sein. Die Stelle ist ganz organisch in das Ende der
Erzählung aufgenommen. Überdies entspricht eine derartige doxologische
Formel der frühesten christlichen Epistolographie.«[2] Die Doxologie setzt das
Vorher-Erzählte voraus und rekapituliert es in rhetorischer Weise.[3] Damit
erweist sich MartPol 19 als inhaltliches Resumée des Martyriums im Sinne
der zentralen Kategorie κατὰ τὸ εὐαγγέλιον.[4]

*Literarkritisch* erweist sich MartPol 19 insofern als besonderes Problem, als
Eusebs Textwiedergabe des MartPol mit MartPol 19,1 aβ (= Eus. h. e.
4,15,45) endet und von daher der Rest des Kapitels (MartPol 19, 1 b-2) als
nacheusebianische sog. Euangelion-Redaktion[5] angesehen wurde: »H. v. Campenhausen (...) möchte den ganzen zweiten Teil der Aussage (...) einer
nacheusebianischen ›Evangelienredaktion‹ zuweisen, ähnlich wie die entsprechenden Betrachtungen über μίμησις Χριστοῦ in c. 1-2; 4 u. 6 f. Gegen solche
Ausscheidung spricht: 1. Der Gedanke der Imitatio Christi findet sich außer
in MPol 1,2; 19,1 auch in 17,3 = Eus. h. e. IV, 15,42 (...). 2. Die Verbindung
von μίμησις θεοῦ (vgl. II Clem 1,1), dem Gebot der Nächstenliebe und
Martyrium wird schon in MLugd (b. Eus. h. e. V, 1,9 f. vgl. V, 2,7), in Diogn
10,4 ff. und (...) möglicherweise auch b. Tert Apol 39,7 vorausgesetzt
(PsClemHom III, 19,4). Alle drei Stellen sind voreusebianisch. 3. Die Wendungen ὡς καὶ ὁ κύριος (MPol 1,2) und κατὰ τὸ εὐαγγέλιον (1,1 vgl. c. 4;
19,1) sind bereits bei Hegesipp und Polykrates von Eph (Eus. h. e. IV, 22,4;

---

[1] Abschließend wirkt auch das καὶ οὕτως, vgl. die Parallelen bei BEYSCHLAG, Clemens, 314 f.

[2] BREKELMANS, Martyrerkranz, 54 unter Hinweis auf Röm 16,27 etc.

[3] BAUMEISTER, Anfänge, 234 unter Hinweis auf 1 Clem 5,1-6,2.

[4] Vgl. dazu: REUNING, Erklärung, 10-20 / DEHANDSCHUTTER, Martyre, 660-663 / DE-
HANDSCHUTTER, Century, 508-514 / BADEN, MartPol / MÜLLER, MartPol.

[5] CAMPENHAUSEN, Bearbeitungen, 263: »οὐ μόνον ... κατὰ τὸ εὐαγγέλιον Χριστοῦ γενόμενον.
Die Verbindung des charakteristischen Stichworts mit dem martyrologischen Muster- und
Nachahmungsgedanken springt sofort in die Augen: hier ist immer die gleiche, uns schon
bekannte Hand des ›evangelischen‹ Redaktors am Werke. Ihm dürfte auch noch der folgende,
liturgisch klingende Satz M 19,2 ... zuzuschreiben sein.« / CONZELMANN, Bemerkungen, 20:
»... eine nicht genauer zu fassende Überarbeitung zur höheren Ehre Polykarps ...«

V, 24,6 ...) als kirchliche Maßstäbe gebräuchlich. 4. Die Darstellung der Leiden der Märtyrer sowie die Schau der Herrlichkeit (I Kor 2,9 parr.) in c. 2 ist mit IV Makk u. a. frühchristlichen Quellen zu vergleichen (...). 5. Die Berufung auf die ›Strafe des Judas‹ (MPol 6,2 ...) ist in Kleinasien spätestens am Ende des 2. Jahrhunderts traditionell gewesen, wie der Anon antimont (b. Eus. h. e. V, 16,13) beweist. 6. Soweit ich sehe, stimmen sämtliche apokryphen Absender des MPol (...) gegen Euseb mit dem Langtext des MPol überein.«[6] Conzelmann hat die Campenhausen-Hypothese, nachdem schon dieser selbst und vor ihm Reitzenstein die Frage aufgeworfen hatten[7], noch dadurch verschärft, daß er den Hinweis auf die nicht näher genannten elf weiteren philadelphischen Märtyrer (19,1 aα: ... Πολύκαρπον, ὃς σὺν τοῖς ἀπὸ Φιλαδελφίας δωδέκατος ἐν Σμύρνῃ μαρτυρήσας, ...) zu der ansonsten unbegründeten Vermutung benutzt, hier seien neben der Einfügung der folgenden Interpolation auch weitere Informationen über die übrigen Märtyrer ausgelassen worden.[8]

Gegen solche sich auf Euseb berufende literarkritischen Interpolationshypothesen erheben sich neben den o. g. Gründen von MartPol 19 her folgende Einwände:

1) Entgegen der Vermutung, schon 19,1 sei im Sinne einer einseitigen Hervorhebung Polykarps nachträglich überarbeitet worden[9], zielt die Darstellung des MartPol von vornherein auf eine verehrende Darstellung des seligen Polykarp[10], wie unzweideutig auch aus dem Eusebius-Text hervorgeht: ἐγράψαμεν ὑμῖν, ἀδελφοί, τὰ κατὰ τοὺς μαρτυρήσαντας καὶ τὸν μακάριον Πολύκαρπον, ὅστις ὥσπερ ἐπισφραγίσας διὰ τῆς μαρτυρίας αὐτοῦ κατέπαυσε τὸν διωγμόν (Eus. h. e. 4, 15,3 = MartPol 1,1 a). Weitere Märtyrer werden, von Germanicos (3,1 b = Eus. h. e. 4, 15,5) und Quintos (4 = Eus. h. e. 4, 15,7 f.) abgesehen, auch von Euseb nicht erwähnt. Und warum sollten *innerhalb* des Briefes Ausführungen über weitere Märtyrer herausgenommen worden sein, wenn Euseb ausdrücklich vermerkt (h. e. 4, 15,46): »Das Geschehen um den wunderbaren, apostolischen Polykarp war eines solchen Abschlusses gewürdigt worden nach dem Berichte, den die Brüder der Kirche von Smyrna in dem erwähnten Briefe niedergelegt haben. Dem gleichen Schreiben über Polykarp waren noch andere Martyrien beigefügt worden, die ebenfalls in Smyrna eben zur Zeit, da Polykarp Blutzeuge wurde, erfolgt waren ...« Auch die Zwölfzahl (ὅς ... δωδέκατος ἐν Σμύρνῃ μαρτυρήσας) ist biblisch hinreichend metaphorisch belegt – vgl. etwa nur Jak 1,1 als Repräsentanz für die

---

[6] BEYSCHLAG, Clemens, 312 f. Anm. 2.

[7] Vgl. CAMPENHAUSEN, Bearbeitungen, 284 f. / REITZENSTEIN, Bemerkungen, 459 f.

[8] CONZELMANN, Bemerkungen, 7.

[9] So CAMPENHAUSEN, Bearbeitungen, 286 f.

[10] Man hat aber immer wieder die angeblich zu frühe Verehrung des Polykarp direkt nach seinem Tod als Argument gegen die Authentizität bestimmter entsprechender Passagen des MartPol, z. B. 16,2; 19,1, zu benutzen versucht. Vgl. z. B. KEIM, Urchristenthum, 133–143, vgl. grundsätzlich DEHANDSCHUTTER, MartPol, 133 f.

christliche Gemeinde in der Zerstreuung –; sie kann nicht historistisch auf den Ausfall eines Berichts über elf weitere Märtyrer mißdeutet werden[11]: »There may be some emphasis on the number (...; note that the number seven is regarded as significant in 4 Macc 14:8). Some have thought that Eusebius (H. E. 4.15.46) refers to further accounts (...) of the eleven Philadelphian martyrs when he says, ›in the same writing (...) concerning him (= Polycarp) other martyrdoms as well were subjoined ...‹ But it seems more likely that Eusebius is referring to a collection of martyr acts.«[12] Die Zwölfzahl ist abstrakt und wirkt nicht aus dem Martyrium heraus begründet.[13]

2) Der Text der angeblichen Interpolation in 19,1b–2 fügt sich, abschließend auf das Textganze zurückblickend, harmonisch in das MartPol ein: so werden zentrale Stichworte des Eingangsteils wiederaufgenommen incl. des programmatischen κατὰ τὸ εὐαγγέλιον (MartPol 1,1b; 4; 19,1b), aber auch Topoi aus anderen zentralen und der Interpolation unverdächtigen Teilen des MartPol: διδάσκαλος (12,2; 16,2; 17,3; 19,1b), ὑπομονή (2,2.3.4; 3,1; 13,3; 19,2a), ἀφθαρσίας (14,2; 17,1; 19,2) στέφανον (17,1; 19,2), Elemente des Gebets aus MartPol 14 besonders in MartPol 19,2b: δοξάζω / πάτηρ / παντοκράτωρ / θεός / κύριος / εὐλογῶ, Elemente der inscriptio: καθολικῆς ἐκκλησίας. MartPol erweist sich, auch im besonderes Gewicht tragenden Schlußkapitel, als höchst doxologisches (19,1b: δοξάζει / 20,1b: δοξάζωσιν / 20,2: δόξα) und christologisches Schreiben (19,1b: κατὰ τὸ εὐαγγέλιον Χριστοῦ / 19,2b: καὶ εὐλογεῖ τὸν κύριον ἡμῶν Ἰησοῦν Χριστόν / 20,1b: τὸν κύριον / 20,2: τοῦ μονογενοῦς Ἰησοῦ Χριστοῦ) – und eben nicht als historische Vita Polykarps. Man kann von daher nicht 19,1b–2 als spätere Interpolation ausscheiden, ohne die Gesamtintention des MartPol zu verkennen.[14]

3) Außerdem ist MartPol 19,2a durch und durch mit dem Agon-Motiv und der ὑπομονή traditionell geprägt[15]: ὑπομονή (4 Makk 1,11; 7,9; 9,8.30; 15,30; 17,4.12.17.23 / 1 Clem 5,5.7; 46,1), Siegerkranz als Bestandteil der athletischen Metapher (4 Makk 17,12.15 / Herm sim 8,3,6 / ActScil 17), Sieg des Märtyrers über den Feind (4 Makk 7,4; 8,15; 9,18; 11,20f.24.27; 16,14; 17,2 / Herm sim 8,3,6).

4) Schließlich bildet MartPol 19,1b die notwendige Begründung für MartPol 19,1aβ: die Frage, *warum* Polykarp besonders im Gedächtnis bleibt und sogar die Heiden von ihm berichten. Für Euseb hingegen reicht die Tatsache, *daß* Polykarp besondere Erinnerung erfährt und auch von den Heiden beachtet wird, aus; auf die Begründung *(warum?)* kann er verzichten, wie er auch auf die in 19,2–20,2 folgenden brieflichen Elemente verzichten kann, die den

---

[11] Gegen CONZELMANN, Bemerkungen, 20.
[12] SCHOEDEL, Fathers, 76.
[13] ANDRESEN, Formular, 248.
[14] Gegen CAMPENHAUSEN, Bearbeitungen, 263.
[15] Vgl. HENTEN, Einfluß, 706 f.; 716 Anm. 48; 717.

aktuellen Brief einer weiteren Christenheit zugänglich machen soll; das ist z. Zt. Eusebs schon Geschichte.

5) Wenn MartPol 19 formkritisch der Schablone eines abschließenden Märtyrer-Summariums entspricht (vgl. 1 Clem 5,1–6,2 / vgl. unten zu »formkritisch vergleichbare Texte«), dann kann es nicht literarkritisch zerstückelt werden.

Der Abbruch der Textüberlieferung bei Euseb in 19,1a (= Eus. h. e. 4,15,45) erklärt sich also aus Eusebs Arbeitsweise und nicht aus einer fiktiven sog. Euangelion-Interpolation.[16] Denn überhaupt gilt, »dat Eusebius met een grote mate van vrijheid zijn bron(nen) citeert. Men moet er dus rekening mee houden dat, waar zijn tekst verschilt van MPol, hie niet noodzakelijk op een andere overlevering steunt.«[17] Möglich ist auch, daß dem Euseb schon eine Kopie des MartPol vorgelegen hat, in der der konkrete Briefschluß mit seiner Korrespondenz bereits ausgefallen war. So gilt: »Auch der Schluß des Briefes der smyrnäischen Gemeinde (19, 20) ist fraglos echt, wenn ihn auch Euseb nicht wiedergibt. Auf vollständige Wiedergabe des Martyriums kommt es ihm ja gar nicht an.«[18]

*Formkritisch* ist MartPol 19 f. Bestandteil der brieflichen Rahmung wie schon MartPol inscr. und 1; dabei ist das briefliche Element grundsätzlich als symbouleutisches Formmerkmal zu begreifen, da Briefe oft »schriftlicher Ersatz für mündliche Rede« sind und von daher oft den »Charakter ... schriftlicher Mahnrede« tragen.[19] Das biographische Zeugnis des Polykarp hat dabei exemplarische Vorbildfunktion: μόνος ὑπὸ πάντων μᾶλλον μνημονεύεται ... οὗ τὸ μαρτύριον πάντες ἐπιθυμοῦσιν μιμεῖσθαι ... (19,1b). Formkritisch betrachtet finden sich im einzelnen folgende Elemente:

19,1a beendet mit τοιαῦτα τὰ κατὰ ... das Briefcorpus[20], in 19,1αβ.b schließt sich ein Enkomion[21] mit Epideixis/Demonstratio[22] mit symbouleutischem Schluß-Fazit an: οὗ τὸ μαρτύριον πάντες ἐπιθυμοῦσιν ... In 19,2 folgt ein Märtyrer- und ein Christus-Enkomion.[23] MartPol 19 wird mit einer kommentierenden Über- bzw. Unterschrift eingeleitet[24] (τοιαῦτα τὰ κατὰ ... ), die hier zugleich – als Gegenstück zur sog. »introductory convention of the letter-body« (MartPol 1,1) – die sog. »closing convention of the body« bildet. Das folgende, abschließende Enkomion auf Polykarp mündet in ein Christus-Enkomion ein und stellt damit erneut die Beziehung κατὰ τὸ εὐαγγέλιον

---

[16] So aber jüngst wieder: GUYOT/KLEIN, Christentum I, 335 Anm. 72 / KÖSTER, Einführung, 784: »Eusebs Text ist im ganzen zuverlässiger ...«

[17] DEHANDSCHUTTER, MartPol, 38.

[18] REUNING, Erklärung, 2.

[19] BERGER, Formgeschichte, 216. Vgl. BERGER, Apostelbrief.

[20] Vgl. BERGER, Formgeschichte §61.

[21] Vgl. a. a. O. § 99.

[22] Vgl. a. a. O. § 79.

[23] Vgl. a. a. O. § 99.

[24] Vgl. BERGER, Formgeschichte, 247.

her. Das Enkomion hat den typisch relativischen Beginn ὅς ... [25] Es wird ergänzt durch den kommentierenden Bericht über die Admiration der Heiden (Epideixis/Demonstratio): ὥστε καὶ ὑπὸ τῶν ἐθνῶν ἐν παντὶ τόπῳ λαλεῖσθαι. »Die Zusammenfassung des Wichtigsten am Briefende«[26] geschieht mit Hilfe dieses Enkomions, das zwar epideiktische Form hat, aber in seiner Funktion der symbouleutisch-brieflichen Schlußparänese entspricht: οὐ μόνον ... γενόμενον. Unter nochmaligem Bezug auf den Märtyrer als Athleten[27] endet das Lob auf Polykarp »am Schluß in einem Lob Gottes« und Jesu Christi[28]: δοξάζει τὸν θεὸν καὶ ... Χριστόν. Dabei nimmt das abschließende doxologische Christus-Enkomion wieder hymnische Elemente in sich auf.[29]

*Formkritisch vergleichbar* mit MartPol 19 ist am ehesten ein Text wie 1 Clem 5,1–6,2. »Am ehesten paßt der Abschnitt zu einer ein Martyrium abschließenden Zusammenfassung, die das vorher Erzählte voraussetzt und in rhetorischer Weise rekapituliert.«[30] Schon MartPol inscr. hatte eine Nähe zu 1 Clem inscr. aufgewiesen.[31] Henten[32] hat gezeigt, daß die Beispielreihe in 1 Clem 5–6 mit Hebr 11 verwandt ist, das wiederum durch 2./4. Makk geprägt ist. MartPol 19 bildet ein abschließendes Fazit aus dem Leben und Sterben des Polykarp, wie es auch Irenäus zusammenfassend in Bezug auf den Apostelschüler Polykarp formuliert, vgl. Iren adv haer 3, 3,4 (= Eus. h. e. 4, 14,3 f.). Auch MartLugd 5, 2,2–7[33] beschließt mit einem summarischen Nachruf den Ruhm seiner Märtyrer, so daß Beyschlag[34] sogar übertreibend von einer auf 1 Clem 5 f. zurückgehenden »literarischen Schablone« sprechen kann; denn überall begegnen die gleichen Elemente:

a) Berufung auf die »Apostel«: MartPol 19,2 b / 1 Clem 5,3 / Iren adv haer 3, 3,4 / MartLugd 5, 2,5,

b) wahre Lehre: MartPol 19,1 b / 1 Clem 5,7 / Iren adv haer 3, 3,4,

c) μάρτυς-Motiv: MartPol 19,1 b / 1 Clem 5,4.7 / Iren adv haer 3, 3,4,

d) Schlußformel mit καὶ οὕτως[35]: MartPol 19,2 a / 1 Clem 5,4.7 / Iren adv haer 3, 3,4,

e) Kampf-Motiv (mit den Machthabern dieses Äons): MartPol 19,2 a / 1 Clem 5,5.7; 6,2 / Iren adv haer 3, 3,4 / MartLugd 5, 2,4.6,

f) Wort-Tat-Zusammenhang (Lehre-Martyrium): MartPol 19,1 b / 1 Clem 5 / MartLugd 5, 2,4,

---

[25] Vgl. a. a. O., 346.
[26] BERGER, Gattungen, 1349.
[27] Zu καταγωνισάμενος vgl. MartPerp 18,2 / ActThomae 39.
[28] BERGER, Gattungen, 1187. – Vgl. Phil 2,11: εἰς δόξαν θεοῦ πατρός.
[29] Vgl. BERGER, Formgeschichte, 240.
[30] BAUMEISTER, Anfänge, 234. Vgl. BEYSCHLAG, Clemens, 312 ff. 344.
[31] Vgl. DEHANDSCHUTTER, MartPol, 165 ff.
[32] HENTEN, Einfluß, 705–711.
[33] Text u. a. bei BAUMEISTER, Genese, 88–93.
[34] Clemens, 314.
[35] Vgl. dazu die Synopse bei BEYSCHLAG, Clemens, 314–317.

g) »Auserwählte«: MartPol 20,b / 1 Clem 6,1 / MartLugd 5, 2,3,
h) Beispielhaftigkeit des Martyriums: MartPol 19,1 b / 1 Clem 6,1 / Mart-
   Lugd 5, 2,2.

**19,1 aα:** Mit der Formulierung τὰ κατὰ τὸν μακάριον Πολύκαρπον, ὅς σύν
τοῖς ... μαρτυρήσας wird fast wörtlich der Beginn des Schreibens wieder
aufgenommen: τὰ κατὰ τοὺς μαρτυρήσαντας καὶ τὸν μακάριον Πολύκαρπον
(MartPol 1,1 a), wie überhaupt MartPol 19 vielfältig wieder an MartPol 1 f.
anknüpft und damit den Abschluß des Briefes einleitet: Σμύρνα (inscr. /
19,1 a), κατὰ πάντα τόπον (inscr) – ἐν παντὶ τόπῳ (19,1 aβ), κατὰ τὸ
εὐαγγέλιον (1,1 b / 19,1 b), μιμηταί (1,2 b) – μιμεῖσθαι (19,1 b), ὑπομονή
(2,2.3.4 / 19,2), θεός, πατήρ, κύριος (inscr / 19,2 b), σώζεσθαι (1,2 b) – σωτήρ
(19,2 b), καθολικῆς ἐκκλησίας (inscr / 19,2 b). Der Verweis auf elf andere
Märtyrer, u. a. aus Philadelphia – nur Germanikos und Quintos (MartPol
3 f.) werden namentlich genannt –, also zusammen mit Polykarp zwölf Märtyrer, macht auch hier »die Harmonisierung mit der Hl. Schrift deutlich«.[36]
Mit Polykarp hatte diese Verfolgung ein Ende (MartPol 1,1 a: κατέπαυσεν
τὸν διωγμόν). Unklar bleibt, ob alle elf anderen Märtyrer Philadelphier (nicht
zu verwechseln mit Philomelium in der inscr)[37] waren oder ob der Ausdruck
bedeutet »mit elf anderen, einschließlich denen aus Philadelphia.«[38] Die
Zwölfzahl muß also nicht auf ein ursprüngliches Märtyrerverzeichnis deuten;
sie kann als Evangeliumsanspielung symbolisch gedeutet werden und entsprechend Jak 1,1 als Repräsentanz für die christliche Gemeinde in der Zerstreuung gedeutet werden. Jedenfalls wirkt die Zwölfzahl abstrakt und nicht durch
das Martyrium begründet.[39]

**19,1 aβ:** Die Tatsache, daß Polykarp von allen besonders[40] erinnert wird (vgl.
μνήμη in 18,3) und sogar die Heiden überall von ihm berichten (zur Rolle
der Heiden vgl. besonders 12,2), bedarf der Begründung, die dann auch in
19,1 b auf zweifache Weise gegeben wird:
1) Polykarp war nicht nur Lehrer, sondern auch Täter seiner Lehre: Wort
   und Tat stimmen bei ihm überein. Das beeindruckt auch die Heiden.
2) Sein Martyrium war ein dem Evangelium Christi gemäßes Martyrium
   (κατὰ τὸ εὐαγγέλιον), das nun ihrerseits wieder viele nachzuahmen begehren. Auch das dürfte besonderen Eindruck auf die Heiden hinterlassen.

---

[36] GUYOT/KLEIN, Christentum I, 335 Anm. 70.

[37] In der inscr ist ἐν Φιλομηλίῳ die bessere Textlesart gegenüber dem auch bezeugten ἐν
Φιλαδελφίᾳ, vgl. SEPP, MartPol, 20 f.

[38] Vgl. LIGHTFOOT, Fathers II/3, 397 Anm. 17 / SCHOEDEL, Fathers, 76.

[39] Vgl. ANDRESEN, Formular, 248.

[40] DEHANDSCHUTTER, MartPol, 106. 109 hält μᾶλλον für textkritisch sekundär. Vgl. auch
SCHOEDEL, Fathers, 77 / SCHWARTZ, De Pionio, 17: original πάντων μᾶλλον, sekundär: μόνος
ὑπό / Die Formulierung μόνος ὑπὸ πάντων μᾶλλον gilt auch CAMPENHAUSEN, Bearbeitungen,
285 als »sprachlich nicht in Ordnung.«

3) Außerdem war Polykarp schon zu Lebzeiten ein weithin berühmter und
geachteter Bischof (vgl. MartPol 13,2; 17,1).
Auf die Rührung und Bewunderung der heidnischen Zuschauer hatte schon
MartPol 2,2; 7,2 verwiesen. Der Märtyrer braucht »als der heroische Kämpfer
... Gegner, die er überwinden kann, und Zuschauer, die ihn bewundern.
Beides fällt am besten in eins. Es muß den Verfolgern selbst deutlich werden,
daß sie mit aller List und Gewalt gegen den Anhänger des wahren Glaubens
nichts auszurichten vermögen; gerade wenn sie dies selbst eingestehen, ist die
wirksamste Folie für die bewunderungswürdige Größe des heiligen Märtyrers
geschaffen.«[41] Die Wirkung auf die Heiden ist hier also nicht im apologetischen Sinne zu verstehen, sondern es soll nur auf alle Weise der Ruhm des
Märtyrers dargestellt werden, der als Muster dient.
»Eusebius H.E. 4.15.45 ends at this point. This can hardly be used as
evidence that he was ignorant of the imitation theme which follows (Campenhausen ...). Once again Eusebius ignores what does not have to do rather
directly with the ›story of the beloved Polycarp‹ (...) and takes the martyrdom's own remarks at this point as a signal to stop. (That he stops in the
middle of a sentence – in the Greek – is not unusual; ...).«[42]
Die Bemerkung, daß über Polykarp von den Heiden ἐν παντὶ τόπῳ gesprochen wird, wird von Keim[43] und Campenhausen als Argument für eine
Spätdatierung bzw. Interpolation benutzt: »... die ... Behauptung ... in der
Heiden Mund, stellt bei der vorausgesetzten Abfassungszeit des Briefes, noch
kein Jahr nach dem Martyrium, doch wohl eine etwas starke Übertreibung
dar.«[44] Hilgenfeld[45] hat hier gegen Keims Spätdatierung berechtigterweise
angefragt, ob Keims Alternative logischer sei: »Seltsam nimmt sich freilich
nach ungefähr hundert Jahren, insbesondere nach der scharfen Christenverfolgung des Decius die Bemerkung aus, dass Polykarp im Munde selbst der
Heiden an allen Orten war.«

**19,1 b:** Polykarp ist nicht nur hervorragender Lehrer; als solcher war er schon
in MartPol 12,2 b nach dem standhaften Verhör charakterisiert worden: Οὗτός
ἐστιν ὁ τῆς Ἀσίας διδάσκαλος, ὁ πατὴρ τῶν Χριστιανῶν, ὁ τῶν ἡμετέρων θεῶν
καθαιρέτης, ὁ πολλοὺς διδάσκων μὴ θύειν μηδὲ προσκυνεῖν. Und nach der
Erfüllung seiner Weissagungen nach der Tötung durch den Konfektor in
MartPol 16,2: διδάσκαλος ἀποστολικὸς καὶ προφητικός. Nach MartPol 17,3
sind die Märtyrer Schüler und Nachahmer des Herrn, der selbst als König

---

[41] CAMPENHAUSEN, Idee, 152.
[42] SCHOEDEL, Fathers, 77. Gegen CAMPENHAUSEN, Bearbeitungen, 263: »Es ist unwahrscheinlich, daß er (= Eusebius) dabei mitten in einem Satz seiner Vorlage abgebrochen und den Punkt
gesetzt hätte.«
[43] Urchristenhum, 109 f.
[44] CAMPENHAUSEN, Bearbeitungen, 285.
[45] MartPol, 165.

und Lehrer (διδάσκαλος) bezeichnet wird. Die Mitchristen sollen Mitschüler (συμμάθηται) und Mitgenossen (κοινωνοί) der Märtyrer werden. Hier schon kommt ein Gedanke zum Ausdruck, der in 19,1b explizit wird: das Mitschüler-Sein führt in die Schicksalsgemeinschaft (κοινωνία) – genau wie Polykarp nicht nur (οὐ μόνον) Lehrer ist, sondern auch (ἀλλὰ καί) das Wort der Lehre durch die Tat des Blutzeugnisses (μάρτυς ἔξοχος), also die Schicksalsgemeinschaft im Leiden, unterstreicht. Das Wort der Lehre wird also durch ein Wort der Tat bestätigt. Und dieses nicht in der theoretischen Lehre steckenbleibende Tatzeugnis wird sogar von den Heiden verstanden (19,1 αβ). Dieser Zusammenhang von Wort und Tat dürfte traditionsgeschichtlich auf Ignatius zurückgehen.[46] Das Lehrersein wird durch das Märtyrersein überboten. »Der Martys ist jemand, der das, was er lehrt, im Märtyrertod auch selbst verwirklicht.«[47] Eine polemische, womöglich anti-montanistische Spitze ist dabei unüberhörbar; hat sich doch der Phryger Quintos zunächst übereifrig mit Worten zum Martyrium gedrängt, es dann aber in der Tat nicht verwirklicht (MartPol 4). Μάρτυς ist also nicht mehr nur Wort-Zeuge, sondern Tat- und Blutzeuge. Der martyrologische Gebrauch der Zeugnisterminologie wird hier nicht mehr erklärt, seine Kenntnis auch für die Adressaten als bekannt vorausgesetzt.[48]

Zugleich wird Polykarp als διδάσκαλος ... ἐπίσημος und als μάρτυς ... ἔξοχος bezeichnet: das sind Töne höchster religiöser Bewunderung[49], die unverkennbar auf Ansätze einer kultischen Verehrung deuten (Vgl. 13,2; 17,1.3; 18,2.3): »daß zum Mittelpunkt eines literarischen Erzeugnisses ein einzelner Märtyrer genommen werden konnte, zeigt, daß sich der Märtyrer eine betonte Sonderstellung innerhalb der Gemeinde geschaffen hat ... Zwar erhebt das Martyrium die Gläubigen zum Lobpreis Gottes und stimmt seine Leser auch gleich zu Anfang darauf ein: bei der Betrachtung eines Martyriums sei ›wahre Frömmigkeit verpflichtet, alle Gewalt Gott darzubringen‹, d. h. doch wohl: ›Gott als den eigentlichen Urheber aller Märtyrerherrlichkeit zu preisen.‹ Aber dennoch tritt der Märtyrer entschieden in den Mittelpunkt der Darstellung ...«[50]

Noch einmal wird die Intention in der für das MartPol programmatischen Formulierung κατὰ τὸ εὐαγγέλιον deutlich[51]: das κατὰ τὸ εὐαγγέλιον-Martyrium soll Jesus Christus a) als den Retter unserer Seelen, b) als den Lenker unserer Körper und c) als den Hirten der ganzen katholischen Kirche dar-

---

[46] Vgl. IgnRöm 2,1. Aber auch: MartLugd 5,2,4: καὶ τὴν μὲν δύναμιν τῆς μαρτυρίας ἔργῳ ἐπεδείκνυντο. Vgl. BAUMEISTER, Genese, 49 Anm. 5; 85 Anm. 5.

[47] BAUMEISTER, Anfänge, 266.

[48] Für die Übersetzung »Blutzeuge« = Märtyrer mit: BAUMEISTER, Genese, 85 / RAUSCHEN, Märtyrerakten, 307. Gegen das einfache »Zeuge« bei PAULSEN, Väter, 281.

[49] Sie finden sich auch schon in MartPol 2,1.2 (γενναῖον, ὑπομονητικόν etc., ὑπομονή als heroische Tugend: 2,2; 3; 19,2), 5,1 (θαυμασιώτατος), 7,2 (εὐσταθές), 16,1.2.

[50] SURKAU, Martyrien, 127.

[51] Vgl. oben zu MartPol 1,1 und 4 sowie: BUSCHMANN, MartPol 4 und der Montanismus, bes. 123–129.

stellen. Jesus ist für den Märtyrer »Typus und Vorbild des richtigen marty-rologischen Verhaltens«.[52] Die Wiederaufnahme der programmatischen For-mulierung aus MartPol 1,1 (und 4) hier am Beginn des Brief-Schlusses zeigt entgegen allen literarkritischen Optionen: »Cette répétition constitue une in-clusion qui me semble fortement souligner d'unité de composition des chapitres qu'elle délimite (1-19).«[53]

Der mit dem μιμεῖσθαι (vgl. schon MartPol 1,2; 17,3) verbundene Para-digma-Gedanke ergibt sich auch formkritisch aus den verwandten Texten: sowohl Hebr 11 als auch 1 Clem 5,1-6,2, 2 und 4 Makk (4 Makk 9,23: μιμήσασθε με, ἀδελφοί, …) und MartLugd 5, 2,2 ff. weisen Beispielreihen auf, die zur Nachahmung dienen sollen. »Polykarp hat viel für die Gemeinde getan, aber die Verehrung besteht nicht darin, ihn um etwas zu bitten, sondern hat zum Ziel, zur Nachfolge anzuspornen. Der Märtyrer wird hier eindeutig als Vorbild in der Christusnachfolge verstanden.«[54]

**19,2 a:** Die Standhaftigkeit (ὑπομονή) war schon im Eingangsteil des Briefs von zentraler Bedeutung, vgl. 2,2.3.4.; 3,1; 13,3. Diese ἀγών-Terminologie (διὰ τῆς ὑπομονῆς καταγωνισάμενος), vgl. auch 17,1, ist traditionell geprägt: vgl. 4 Makk 17,2; Hebr 10,32-36; 12,1; 1 Tim 6,12; 2 Tim 4,7 f.; PassPerp 18,2; ActThomae 39; MartSabae 8,3 u. ö.[55]

Mit τὸν ἄδικον ἄρχοντα ist nicht nur der Prokonsul gemeint (vgl. 17,2: ἐντυχεῖν τῷ ἄρχοντι), sondern der Diabolos schlechthin, wie MartPol 3,1 (πολλὰ γὰρ ἐμηχανᾶτο κατ' αὐτῶν ὁ διάβολος) und 17,1 (ὁ δὲ ἀντίζηλος καὶ βάσκανος καὶ πονηρός, ὁ ἀντικείμενος τῷ γένει τῶν δικαίων) nahelegen.[56]

In dem zunächst unscheinbaren καὶ οὕτως kann »ein Stilelement der älteren Märtyrerliteratur«[57] gesehen werden; analoge Schlußformeln mit καὶ οὕτως begegnen vielfältig in frühen Martyrien, z. B. in 1 Clem 5,4.7; MartJak (Eus. h. e. 2,23,18); Eus. h. e. 3,32,3; 4 Makk 12,19; MartSabae 7,5; Eus. h. e. 5, 16,13; MartCarpi 42; ActScil 17. Das οὕτως ist dabei nicht retrospektiv, d. h. im Rückblick auf das erfolgte Martyrium gemeint, sondern prospektiv im Blick auf den jetzt eintretenden Tod des Märtyrers[58] und kann mit »und so« = »und daraufhin« übersetzt werden.

Der Kranz der Unsterblichkeit[59] führt sofort in die Unvergänglichkeit

[52] CAMPENHAUSEN, Idee, 87.
[53] SAXER, Bible, 31.
[54] MARTIN, Macht der Heiligen, 444.
[55] Vgl. PFITZNER, Paul and the Agon Motif.
[56] Mit BAUMEISTER, Genese, 85 Anm. 6 gegen die üblichen Übersetzungen »Statthalter« oder »Prokonsul«, z. B. PAULSEN, Väter, 281 / RAUSCHEN, Märtyrerakten, 307 / GUYOT/KLEIN, Christentum I, 63.
[57] BEYSCHLAG, Clemens Romanus, 314, vgl. dort eine ausführliche Synopse einschlägiger Texte.
[58] Vgl. a. a. O., 317. 318 Anm. 4.
[59] Vgl. schon MartPol 17,1: ἐστεφανωμένον τε τὸν τῆς ἀφθαρσίας στέφανον καὶ βραβεῖον ἀναντίρρητον / 14,2: εἰς ἀνάστασιν ζωῆς αἰωνίου ψυχῆς τε καὶ σώματος ἐν ἀφθαρσίᾳ πνεύματος ἁγίου / vgl. BREKELMANS, Martyrerkranz, 52-57.

Gottes. »Gemeint ist das volle Heil, nicht ein refrigerium interim.«[60] Die Ausdrücke aus der Wettkampfsprache finden sich traditionell in fast allen jüdischen Martyrien und in der Popularphilosophie der Stoa.[61]

**19,2b:** Die Formulierung σὺν τοῖς ἀποστόλοις deutet an, wie nahe die Märtyrer an Gottes Thron sind (vgl. Apc 6,9; 20,4; Eus. h.e. 6,42,5; Cyrian, Ep. 6,2; 15,3; 31,3). MartPol 19,2b weist zahlreiche liturgische Elemente auf, wie sie sich schon in MartPol 14 (vgl. nur δοξ- in 14,3) finden. Auch das weist daraufhin, daß MartPol als Brief für die öffentliche Verlesung in den Gemeinden »der katholischen Kirche auf dem ganzen Erdkreis« konzipiert war; deshalb in 20,1b auch die explizite Aufforderung: καὶ τοῖς ἐπέκεινα ἀδελφοῖς τὴν ἐπιστολὴν διαπέμψασδε, ἵνα καὶ ἐκεῖνοι δοξάζωσιν τὸν κύριον ...[62] Der Ausdruck δοξάζει τὸν θεὸν begegnet vielfältig im NT, vgl. besonders Joh 21,19. Das Präsens δοξάζει zeigt: »der Märtyrer gehört also dem besonderen Stand der schon Seligen an; das impliziert m. E., daß er gegenüber den übrigen verstorbenen Christen den Vorzug genießt, nicht in den Hades zu kommen. Das führt zur Vorstellung, daß die Märtyrer an der Liturgie der ›Gemeinschaft der Heiligen‹ im Himmel und auf Erden beteiligt sind«[63], vgl. auch schon 14,2. »In the Mart Polyc. the crown, very notably, is awarded not at resurrection day but upon entering heaven at death.«[64] Παντοκράτωρ begegnet u. a. in MartPol 14,1 (vgl. 2 Kor 6,18; Apc 1,8; 4,8; 11,17; 15,3; 16,7.14; 19,6.15; 21,22). Zu εὐλογεῖ τὸν κύριον ... vgl. Jak 3,9: εὐλογοῦμεν τὸν κύριον καὶ πατέρα. Zu Χριστὸν ... ψυχῶν ... ποιμένα vgl. 1 Petr 2,25: τὸν ποιμένα καὶ ἐπίσκοπον τῶν ψυχῶν ὑμῶν, (vgl. ferner: Jak 1,21; 5,20; Joh 10,14.16; Hebr 13,20; ActApoll 36). Retter bzw. Heiland (σωτήρ) wird Jesus auch bei Ignatius genannt (IgnEph 1,1; Magn Inscr; Phld 9,2; Smyrn 7,1). Dem »Heiland« eignen Fähigkeiten gegen Krankheit und Tod (vgl. 2 Tim 1,10), wobei profane Herrscherterminologie aufgenommen und ihr polemisch widersprochen wird (vgl. Joh 4,42): Nicht der Soter-Herrscher, sondern Jesus Christus ist wirklich der Soter des Kosmos. Auch eignet dem christlichen Soter-Begriff ein eschatologisches Moment: »Unsere Heimat ist im Himmel. Von dort her erwarten wir auch den Soter, den Herrn Jesus Christus.« (Phil 3,20, vgl. Tit 2,13). Zum Ausdruck καθολικὴ ἐκκλησία vgl. zu MartPol inscr, 8,1 und 16,2. Die Verbindung mit κατὰ τὴν οἰκουμένην verweist hier eher auf die Bedeutung »katholisch-allgemein« als auf »katholisch-orthodox«.[65]

---

[60] BAUMEISTER, Genese, 85 Anm. 7.
[61] Vgl. SURKAU, Martyrien, 131f. / HENTEN, Einfluß.
[62] Vgl. URNER, Außerbiblische Lesung, 138–142.
[63] RORDORF, Entstehung, 43.
[64] HILL, Regnum, 106.
[65] Vgl. DEHANDSCHUTTER, MartPol, 102f.

## 20,1–2: Der Briefschluß (postscriptum), erweitert zum »Diaspora-Rundschreiben«

20,1 a Ihr zwar batet darum, daß die Ereignisse euch genauer berichtet würden, wir aber haben sie euch für den Augenblick nur der Hauptsache nach durch unseren Bruder Markion mitgeteilt.

20,1 b Nach Kenntnisnahme schickt den Brief auch den weiter entfernt wohnenden Brüdern, damit auch jene den Herrn rühmen, der eine Auswahl trifft unter seinen Knechten.

20,2 a Dem aber, der mächtig ist, uns alle durch seine Gnade und Gabe in sein ewiges Reich zu führen durch seinen Knecht, den Eingeborenen, Jesus Christus, ihm sei Ruhm, Ehre, Stärke und Erhabenheit in Ewigkeit.

20,2 b Grüßt alle Heiligen! Die mit uns zusammen sind, grüßen euch, auch Euaristos, der dies schrieb, mit seinem ganzen Haus.

*Lit.: Zur Briefform:* ANDRESEN, C., Zum Formular frühchristlicher Gemeindebriefe, ZNW 56/1965, 233–259 / BEILNER, W., Art. ἐπιστολή, EWNT 2 (1981), 95–99 / BERGER, K., Apostelbrief und apostolische Rede. Zum Formular frühchristlicher Briefe, ZNW 65/1974, 190–231 / BRUCKER, R., »Christushymnen« oder »epideiktische Passagen«? Studien zum Stilwechsel im Neuen Testament und seiner Umwelt, FRLANT 176, Göttingen 1997, 253–279 / CLASSEN, C.J., Paulus und die antike Rhetorik, ZNW 82/1991, 1–33 / DEHANDSCHUTTER, B., Martyrium Polycarpi. Een literair-kritische studie, BEThL 52, Leuven 1979, 171 ff. / DOTY, W.G., Letters in Primitive Christianity, Philadelphia ⁴1983 / DOTY, W.G., The Classification of Epistolary Literature, CBQ 31/1969, 183–199 / JEGHER-BUCHER, V., Der Galaterbrief auf dem Hintergrund antiker Epistolographie und Rhetorik. Ein anderes Paulusbild, AThANT 78, Zürich 1991, 9–23 / RENGSTORF, K.H., Art. στέλλω κτλ., ThWNT 7 (1964), 588–599: 593 ff. / SCHNIDER, F./STENGER, W., Studien zum neutestamentlichen Briefformular, NTTS 11, Leiden 1987 / WHITE, J.L., New Testament Epistolary Literature in the Framework of Ancient Epistolography, ANRW 2.25.2, Berlin/NewYork 1984, 1730–1756.

MartPol 20 schließt den Bericht über das Martyrium Polykarps mit konkreter Korrespondenz (ὑμεῖς / ἡμεῖς) zwischen Adressat und Absender ab: Es hat eine Anfrage der Adressaten gegeben (ὑμεῖς μὲν οὖν ἠξιώσατε), die Antwort ist nur »für den Augenblick« (κατὰ τὸ παρὸν) und auf das Hauptsächliche (ἐπὶ κεφαλαίῳ) ausgerichtet (20,1 a). Nach Kenntnisnahme sollen die Empfänger den Brief zur Verherrlichung des Herrn weiterversenden (20,1 b). Mit der abschließenden Doxologie, den Grüßen und der Nennung von Verfasser

(Markion) und Schreiber (Euarestos) enthält MartPol verbunden mit der inscriptio alle Kennzeichen eines echten Briefs.[1]

*Literarkritisch* gilt: »Im Brief ist ein deutlicher Einschnitt am Ende von Kap. 20 feststellbar. Auf eine Doxologie folgen Grüße, wie sie das Ende eines Briefes markieren.«[2] Neben dieser formalen Zugehörigkeit sprechen auch die vielfältigen inhaltlichen Bezüge zwischen MartPol 20 und 1–19 für eine Einheit[3]: ὑμεῖς (1,1 a / 20,1.2), τὰ κατὰ τοὺς μαρτυρήσαντας (1,1 a) – τὸ γενόμενα (20,1 a), ἀδελφοί (1,1 a / 20,1 b), δόξα (14,3 / 20,1.2), παῖς (14,1.2 / 20,2).

*Formkritisch* betrachtet bildet MartPol 20 einen deutlichen Briefschluß, so daß es sich in MartPol 21 f. nur um spätere Anhänge handeln kann. Schon MartPol 19 hatte das Briefthema inhaltlich zusammenfassend abgeschlossen. MartPol 20,1 bietet den Beginn des formalen eigentlichen Briefendes mit Kommentar über eigenes Tun am Briefschluß[4], Paideutikon[5] eines Diaspora-Rundschreibens, sowie in 20,2 die Brief-üblichen Elemente: Doxologie, Grüße und Verfasser-Angabe. Der Briefschluß[6] enthält Grüße (hier προσαγορευεῖν statt ἀσπαζεῖν) und nennt den Schreiber (Εὐάρεστος). Das ist üblicherweise der letzte Satz eines Briefs.[7] Ein Heilswunsch oder eine Segnung fehlt aus mangelndem Kontakt zwischen Absender und Adressat oder wegen inhaltlicher Divergenzen; er begegnet erst sekundär in MartPol 22,1: ἐρρῶσδαι ὑμᾶς εὐχόμεθα. Hingegen findet sich eine Doxologie (– bei Paulus nur in den umstrittenen Stellen Phil 4,20; Röm 16, 25–27). MartPol 20, das den Anfang des Schreibens wieder aufnimmt (MartPol 1,1: ὑμεῖς, τὰ γενόμενα), bietet also briefliche (ἐπιστολή: 20,1 b) Korrespondenz (20,1; 20,2 b), eine Schluß-Doxologie mit Anklängen an MartPol 14 (παῖς / δόξα) und endet mit Briefelementen, wie es mit solchen beginnt (vgl. Präskript).

Obwohl das MartLugd ebenfalls in Briefform und insofern *formkritisch vergleichbar* erscheint[8], fehlen hier die abschließenden Briefelemente; sie sind

---

[1] Vgl. DEHANDSCHUTTER, MartPol, 164 f.

[2] BAUMEISTER, Anfänge, 292. Ähnlich REUNING, Erklärung, 3: MartPol 21 f. »gehören nicht zum Brief, der mit der Schlußdoxologie in 20 deutlich zu Ende geht.« Vgl. auch CAMPENHAUSEN, Bearbeitungen, 283: »Der ursprüngliche Briefschluß scheint in Kap. 20 noch einigermaßen gut erhalten zu sein; zu irgendwelchen Eingriffen besteht kein Anlaß.«

[3] Gegen SAXER, Bible, 31: »Le 20 est sans doute un post-scriptum, ajouté à la lettre, soit par son rédacteur lui-même, soit par un membre de sa communauté, avant qu'elle n'ait été envoyée à ses destinataires. Cet ajout est comparable aux post-scriptum des lettres pauliniennes (Rm 16,21–23; 1 Co 16,19–24; Ph 4,21–22; Col 4, 10–17; 2 Tm 4,19–21).« / PAULSEN, Väter, 258: »der ursprüngliche Briefschluß könnte in Kap. 19 vorliegen, während 20 und 21 je einen späteren Abschluß bilden ...«

[4] Vgl. BERGER, Formgeschichte § 61.

[5] Vgl. a.a.O. § 57.

[6] Vgl. SCHNIDER/STENGER, Briefformular, 71–176.

[7] Vgl. a.a.O., 108: »Der Gruß des Briefschreibers ... steht immer ganz am Schluß des Briefs ...«

[8] Zum Vergleich von MartPol mit MartLugd vgl. BUSCHMANN, MartPol, 103–120.

uns von Euseb, wie auch in seiner Fassung des MartPol in Eus. h. e. 4,15,45 nicht überliefert. Nicht form-, sondern textkritisch interessant ist das aus der zweiten Hälfte des 4. Jhdts stammende Martyrium Sabae hinsichtlich inscriptio und MartPol 20; es setzt MartPol in der Version des Codex M voraus[9]:

| Martyrium Sabae 8,3 c–4: | MartPol 20,1–2: |
|---|---|
| δοξάζοντες τὸν κύριον | δοξάζωσιν τὸν κύριον |
| τὸν ἐκλογὰς ποιούμενον | τὸν ἐκλογὰς ποιοῦντα |
| τῶν ἰδίων δούλων αὐτοῦ | ἀπὸ τῶν ἰδίων δούλων. |
| | … |
| προσαγορεύετε πάντας | (προσαγορεύετε πάντας |
| τοὺς ἁγίους ὑμᾶς οἱ σὺν | τοὺς ἁγίους ὑμᾶς οἱ σὺν |
| ὑμῖν δεδιωγμένοι | ἡμῖν |
| προσαγορεύουσιν | προσαγορεύουσιν …) |
| τῷ δὲ δυναμένῳ πάντας ἡμᾶς | τῷ δὲ δυναμένῳ πάντας ἡμᾶς |
| εἰσαγαγεῖν | εἰσαγαγεῖν |
| τῇ ἑαυτοῦ χάριτι | ἐν τῇ αὐτοῦ χάριτι |
| καὶ δωρεᾷ εἰς τὴν | καὶ δωρεᾷ εἰς τὴν |
| ἐπουράνιον βασιλείαν | αἰώνιον αὐτοῦ βασιλείαν |
| | διὰ τοῦ παιδὸς αὐτοῦ τοῦ |
| | μονογενοῦς Ἰησοῦ Χριστοῦ |
| δόξα, τιμή, κράτος | ᾧ ἡ δόξα, τιμή, κράτος |
| μεγαλωσύνη | μεγαλωσύνη |
| σὺν παιδὶ μονογενεῖ | |
| καὶ ἁγίῳ πνεύματι | |
| εἰς τοὺς αἰῶνας | εἰς τοὺς αἰῶνας, |
| τῶν αἰώνων, ἀμήν. | ἀμήν. |

Hinsichtlich der doxologischen Schlußformel sind zu vergleichen: Röm 16,25 ff.; Phil 4,20–23; 2 Tim 4,18–22; Eph 3,20 f.; Hebr 13,20 f.; 1 Petr 4, 10–14; 2 Petr 3,17; Jud 24 f.

**20,1 a:** Auch MartPol 20,1 nimmt wieder Bezug auf die Brieferöffnung: ὑμεῖς und ἀδελφοί begegnen in MartPol 1,1 a, zu τὰ γενόμενα vgl. πάντα τὰ προάγοντα in 1,1 b und zu τοῖς ἐπέκεινα ἀδελφοῖς vgl. in der inscr καὶ πάσαις ταῖς κατὰ πάντα τόπον τῆς ἁγίας καὶ καθολικῆς ἐκκλησίας παροικίαις.

Die Ausdrücke κατὰ τὸ παρόν und ἐπὶ κεφαλαίῳ deuten wohl eher auf die Nähe des Schreibens am Geschehen (τὰ γενόμενα), als daß ein Bericht über etwaige weitere Märtyrer hier ausgefallen wäre.[10] Μαρκίωνος ist offenbar der recht gebildete Verfasser und nicht nur der Überbringer, der später genannte

---

[9] Vgl. DEHANDSCHUTTER, MartPol, 46 f. Vgl. die folgende Synopse a. a. O., 173.
[10] So aber CAMPENHAUSEN, Bearbeitungen, 287.

Εὐάρεστος (20,2) der Schreiber des gut stilisierten[11] Briefs. Dehandschutter[12] hält Markion sogar für einen Augenzeugen des Martyriums (vgl. 15,1), indem er μηνύειν im Sinne von »berichten«, »zeigen« deutet und nicht nur für ein Äquivalent mit γράφειν διὰ τινος erachtet (vgl. Act 15,23; 1 Petr 5,12). In der Erwähnung Markions[13] findet sich ein deutliches Indiz für das Alter und die Echtheit von MartPol 19 f.: »Einem späteren Fälscher wäre jeder andere Name willkommener gewesen als der des Marcion, der sofort an den Häretiker des gleichen Namens und an Polykarps ablehnende Stellung zu diesem erinnern mußte. Wie unangenehm der Name den späteren sein mußte, ergibt sich aus den Änderungen in einigen Handschriften an dieser Stelle.«[14]

**20,1 b:** Der Vers zeigt mit τὴν ἐπιστολὴν[15] διαπέμψασθε den engen Kontakt durch wandernde Apostel, Propheten und Abgesandte in den frühchristlichen Gemeinden auf (vgl. Did 11,1–3). Es handelt sich um die abschließende Wiederaufnahme der Rundschreiben-Erweiterung der adscriptio (καὶ πάσαις ταῖς κατὰ πάντα τόπον τῆς ἁγίας καὶ καθολικῆς ἐκκλησίας παροικίαις) und um das Gebot der Weitergabe des Briefs in Form eines Paideutikons als Untergattung der Großgattung Brief.[16] »Der Briefsteller beauftragt den Angesprochenen, daß dieser nun seinerseits von ihm abhängige und ihm untergebene Menschen in angegebener Weise belehren oder erziehen ... soll«[17]: Stichwort μανθάνειν. Es geht um eine Dreier-Konstellation: ein übergeordneter Lehrer mahnt im Brief einen Schüler, der wiederum aktueller Lehrer anderer Schüler werden soll. »Die Gattung ist mithin in halb oder ganz autoritären Konstellationen belegt. Bezeichnenderweise fehlt sie in den echten Paulusbriefen.«[18] Dem Paideutikon eignet eine autoritäre, paränetische Ausrichtung (ἵνα καὶ ἐκεῖνοι δοξάζωσιν τὸν κύριον τὸν ἐκλογὰς[19] ποιοῦντα ἀπὸ τῶν ἰδίων δούλων[20]) sowie Affinität zum Protreptikon.[21] Es verbindet Mahnwort und Vorbild und stellt damit abschließend die Grundintention des MartPol – Vermittlung eines Vorbilds in paränetischer Absicht – erneut heraus. Der Zweck des MartPol liegt mithin in der Erbauung der Gemeinden[22]

---

[11] Dafür spricht z. B. die häufige μὲν ... δέ-Konstruktion. Vgl. NORDEN, Kunstprosa, 512.

[12] MartPol, 187 ff.

[13] Zur Textkritik des Namens vgl. LIGHTFOOT, Fathers II/3, 398 / DEHANDSCHUTTER, MartPol, 187 Anm. 491.

[14] REUNING, Erklärung, 2.

[15] Auch Eus. h. e. 4,15,46 spricht von MartPol als einem »Brief«.

[16] Vgl. BERGER, Apostelbrief, 216 / BERGER, Gattungen, 1350–1353 / BERGER, Formgeschichte § 57.

[17] BERGER, Gattungen, 1350.

[18] A. a. O., 1352.

[19] Vgl. 1 Thess 1,4; 2 Petr 1,10.

[20] Zu δούλων vgl. Polykarps Aussage im Verhör in MartPol 9,3: ὀγδοήκοντα καὶ ἓξ ἔτη δουλεύω αὐτῷ ...

[21] Vgl. BERGER, Gattungen, 1350.

[22] Vgl. SURKAU, Martyrien, 126.

im rechten Martyriumsverhalten. Damit ist zunächst die Gemeinde ἐν Φιλομηλίῳ (inscr.) gemeint, dann aber auch die weiter entfernt wohnenden
Gemeinden (inscr.; 20,1 b).

Das entspricht dem gewissermaßen »amtlichen«, autoritativen Wesen des
urchristlichen Briefs[23] und dessen Rechtswirkung, vgl. Act 9,2; 22,5. Brief
heißt im Altertum sonst eher γράμμα, hingegen betont ἐπιστολή eher das
Förmliche und meint eher ein offizielles Schreiben.[24] In MartPol haben wir
es mit einem »diskursiven Brief«[25] oder einem »letter-essay«[26] zu tun, einem
öffentlichen, auch zur Zirkulation bestimmten Brief, hier mit politisch-sym-
bouleutischer Funktion. »Nach Doty stellt er die Übergangsform zwischen
dem persönlichen und offiziellen Bief und der Monographie dar, in der der
lehrhafte Inhalt, was Anfang, Ende, Komposition und Stil anbelangt, in die
für Briefe charakteristische Form eingekleidet ist.«[27] Damit steht MartPol als
ἐπιστολή jenseits der rein privaten Mitteilung und wendet sich allgemeinen
Fragen zu. Dadurch vergrößert sich die Nähe zur Rede[28], so daß Brief und
Rede nicht mehr streng zu unterscheiden sind und MartPol der rhetorischen
Analyse offensteht. Das gilt umso mehr, wenn der Brief in der Gemeindever-
sammlung öffentlich vorgelesen und damit wieder ins Stadium der Mündlichkeit überführt wird (vgl. MartPol 20,1 b; 14; 1 Thess 5,17). Damit lassen sich
die Briefelemente des MartPol nicht mehr nur einlinig aus dem geschichtlichen
Vorbild des spätjüdischen Diasporaschreibens ableiten[29], so sehr MartPol
inscr. und 20,1 f. auch Nähe dazu aufweisen. MartPol enthält sowohl Elemente des γένος ἐπιδεικτικόν (genus demonstrativum) mit lobendem (und
tadelndem, vgl. MartPol 4) Inhalt (μαρτύριον ... κατὰ τὸ εὐαγγέλιον Χριστοῦ,
MartPol 19,1 b) wie des γένος συμβουλευτικόν (genus deliberativum) mit zu-
und abratender Absicht[30]: MartPol verwendet die lobende Darstellung des
Martyriums des Polykarp (und die tadelnde Darstellung des Phrygers Quintos) zur Unterstützung seiner beratenden Briefabsicht eines κατὰ τὸ
εὐαγγέλιον-Martyriums.

MartPol kann insofern als Brief rhetorisch analysiert werden und weist
folgende Disposition als schriftlich fixierte apostolische Rede auf[31]: Nach der

---

[23] Vgl. RENGSTORF, στέλλω, 594 / BEILNER, ἐπιστολή, 95 / VOUGA, Brief als Form der
apostolischen Autorität.

[24] Vgl. JEGHER-BUCHER, Galaterbrief, 9.

[25] Vgl. DOTY, Letters in Primitive Christianity, 5 ff.

[26] Vgl. STIREWALT, Form and Function.

[27] JEGHER-BUCHER, Galaterbrief, 12.

[28] Vgl. BRUCKER, Christushymnen, 264 sowie die Thesen von BERGER, Apostelbriefe (Apostelbriefe sind Ersatz für apostolische Rede) und BETZ, Galatians (Der Gal folgt als apologetischer
Brief dem Aufbau einer Verteidigungsrede). – Zur Kritik an BETZ vgl. u. a. CLASSEN, Paulus und
die antike Rhetorik.

[29] So aber PETERSON, 1 Clem / ANDRESEN, Formular.

[30] Vgl. die formanalytische Gliederung bei BUSCHMANN, MartPol, 73–76.

[31] Vgl. zum Folgenden: BRUCKER, Christushymnen, 290–300.

brieflichen Rahmung (inscr.) folgen – unter Auslassung eines Proömiums (προίμιον / exordium), das für eine Beratungsrede nicht unbedingt erforderlich ist[32] – die Einleitung in die Erzählung (διήγησις / *narratio*) in MartPol 1,1 a (ἐγράψαμεν ὑμῖν, ἀδελφοί, τὰ κατὰ τοὺς μαρτυρήσαντας καὶ τὸν μακάριον Πολύκαρπον ...) und die Angabe des Beratungsthemas (τὸ κατὰ τὸ εὐαγγέλιον μαρτύριον, 1,1 b). In MartPol 2 folgt die *propositio* (πρόθεσις), die das Hauptziel der brieflichen Rede in Kurzform darstellt. Der argumentative Hauptteil des Briefs (πίστις / *probatio*) beginnt in MartPol 3 und endet in MartPol 18. »Als Mittel der Argumentation findet sich in erster Linie der Gebrauch von Beispielen (παραδείγματα / exempla), was wiederum typisch für die Gattung der ›Beratungsrede‹ ist.«[33] Dabei bilden die positiven (Germanikos) und negativen (Quintos) Exempla in MartPol 3 f. die Folie, auf der sich das bewunderungswürdige Vorbild des evangeliumsgemäßen Martyriums des Polykarp (MartPol 5,1–18,3) abbildet. MartPol 19 bildet die *conclusio* / *peroratio* als Erinnerung an die Hauptpunkte der Darlegung (19,1) und als Erregung der Gefühle und emotionaler Appell (19,2). Das *postscriptum* in MartPol 20 beendet τὴν ἐπιστολήν.

Analog zum Philipperbrief, den MartPol 1,2 zitiert (Phil 2,4), »läßt sich also« MartPol »als ein rhetorisch vollständiges Schreiben der beratenden Gattung (γένος συμβουλευτικόν / genus deliberativum) verstehen ... Die Bestimmung der übergeordneten Gattung als ›beratend‹ oder ›symbuleutisch‹ schließt jedoch die Verwendung epideiktischer Elemente keineswegs aus.«[34] Auch inhaltlich ergibt sich ein auffälliger Zusammenhang mit der Intention des Phil, wenn das μόνον ἀξίως τοῦ εὐαγγελίου τοῦ Χριστοῦ πολιτεύεσθε (Phil 1,27) mit dem ὁ κύριος ... ἐπιδείξῃ τὸ κατὰ τὸ εὐαγγέλιον μαρτύριον ... ἵνα μιμηταὶ καὶ ἡμεῖς αὐτοῦ γενώμεθα (MartPol 1) zusammengesehen wird und für Phil gilt: »Im Argumentationszusammenhang des Briefes, den wir als symbuleutisch bestimmt hatten, dienen die epideiktischen Passagen überwiegend der Vorführung von Beispielen (παραδείγματα / exempla), an denen die mahnend entfaltete Lebenshaltung ›würdig des Evangeliums‹ (1,27) verdeutlicht wird.«[35]

Hinsichtlich des Brief-(ἐπιστολή-)Schlusses finden sich in MartPol 20 folgende Elemente:

20,1 a: *Korrespondenz:* Die Gemeinde von Smyrna (ἡμεῖς) antwortet auf die Bitte der Gemeinde von Philomelium (ὑμεῖς), vgl. inscr., um einen ausführlichen Bericht mit einer vorläufigen, kurzen Zusammenfassung der Ereignisse durch den Smyrnäer Markion (κατὰ τὸ παρὸν ἐπὶ κεφαλαίῳ).

---

[32] Vgl. a. a. O., 292.
[33] BRUCKER, Christushymnen, 296.
[34] A. a. O., 299 f.
[35] A. a. O., 345.

20,1 b: *Erweiterung zum Diaspora-Rundschreiben:* der Brief soll zur Verherrlichung des Herrn auch an weiter entfernt wohnende Gemeinden weiterversandt werden.

20,2: *Doxologie, Grüße, Schreiber.*

20,1 b erinnert dabei an die frühe Sammlung von Paulusbriefen,[36] vgl. Kol 4,16 (vgl. auch 1 Thess 5,27): »Und wenn der Brief bei euch gelesen ist, so sorget dafür, daß er auch in der Gemeinde der Laodicener gelesen wird und daß auch ihr den von Laodicea lest.« Solche Sammlungen von Zirkular-Schreiben können auch den Beginn von Zusammenstellungen von Märtyrerakten gebildet haben.

**20,2 a:** Die Doxologie MartPol 20,2 a enthält mit dem Begriff παῖς einen Titel, der auch im Gebet MartPol 14 begegnet. Hier liegt nicht einfach nur ein »Bedeutungswechsel vom ›Knecht Gottes‹ zu ›Kind Gottes‹«[37] vor. Die Affinität von παῖς zu δοῦλος läßt einen bewußten Einsatz dieser παῖς-Christologie hier wahrscheinlich erscheinen, zumal in diesem paränetischen, christologischen Nachfolge-Kontext. Wie Jesus als παῖς/δοῦλος, so auch Polykarp als δοῦλος (9,3), so auch die Rezipienten des MartPol als δοῦλοί (20,1).

Die typische Schluß-Doxologie enthält ansonsten die üblichen Elemente: (erweiterter) Dativ der Person, der die Doxologie zugesprochen wird, (erweitertes) »durch Jesus Christus«, Heilsnomen, »in Ewigkeit (Amen).«[38] »Die literarische Funktion der Doxologie in Briefen ist vor allem die Verwendung als Schlußformel.«[39] Sie hat eine feste Struktur und zahlreiche Parallelen im frühen Christentum[40] (1 Thess 5,23; 1 Petr 4,11; Röm 16, 25–27; Eph 3,20; Phil 4,20; 1 Tim 1,17; 6,15; 1 Clem 65,7)[41], ist also nicht später zugefügt.[42] Durch den Begriff μεγαλωσύνη wird wie in Jud 25 »das Wesen solcher Doxologie hervorgehoben; es geht um die Wahrnehmung der Größe Gottes im Lob der Gemeinde. Zugleich darf die briefliche Funktion nicht unterschätzt werden: Wie im Präskript ordnen sich in der brieflichen Kommunikation der Vf. und die Gemeinde mit der Bindung an den einen Gott einander zu.«[43]

**20,2:** Dem Ausdruck τὴν αἰώνιον αὐτοῦ βασιλείαν entspricht am ehesten 2 Petr 1,11: »Denn so wird euch der Einzug in das ewige Reich unseres Herrn und Heilands Jesus Christus reichlich zuteil werden.« Der Zutritt zur Got-

---

[36] Vgl. LOHSE, Briefe an die Kolosser und an Philemon, 245. – Zur Sammlung von Paulusbriefen vgl. ferner 1 Kor 1,2; 2 Kor 1,1.

[37] JEREMIAS, Art. παῖς, 702.

[38] Vgl. BERGER, Formgeschichte, 237.

[39] Ebd. – Vgl. auch: DEICHGRÄBER, Gotteshymnus, 27 ff.

[40] »Dabei kann liturgischer Sprachgebrauch analoges, formbildendes Beispiel gewesen sein.« (BEILNER, Art. ἐπιστολή, 96).

[41] Vgl. PAULSEN, Judasbrief, 86.

[42] So aber STUIBER, Art. Doxologie, 217.

[43] PAULSEN, Judasbrief, 87.

tesherrschaft hängt unauflöslich an der Bindung zum Herrn und Heiland Jesus Christus. Zur Briefschluß-Doxologie mit τῷ δὲ ... δόξα und dem durch διὰ Ἰησοῦ Χριστοῦ verursachten Anakoluth[44] neben Röm 16,25 ff., Eph 3,20 f., Jud 24 f., 2 Clem 20,5 besonders 1 Clem 65,2: δι᾽ οὗ αὐτῷ δόξα, τιμή, κράτος καὶ μεγαλωσύνη, θρόνος αἰώνιος ἀπὸ τῶν αἰώνων εἰς τοὺς αἰῶνας τῶν αἰώνων. ἀμήν. Χάρις begegnete schon in MartPol 2,3; 3,1; 7,2; 12,1 und zur Verbindung χάριτι καὶ δωρεᾷ vgl. Röm 5,15; Eph 3,7. Auch hier in der Schluß-Doxologie tauchen Elemente aus MartPol 14 wieder auf, z. B. wird Jesus Christus schon in 14,1 f. als παῖς tituliert.[45] Gerade der liturgische Sprachgebrauch auch der Schluß-Doxologie fügt sich der von MartPol 14 her wahrscheinlichen gottesdienstlichen Verwendung des MartPol gut ein.

---

[44] Vgl. zur Textkritik DEHANDSCHUTTER, MartPol, 107.
[45] Vgl. zu τοῦ παιδὸς ... μονογενοῦς Joh 1,14.18; 3,16.18; 1 Joh 4,9.

## 21: Anhang 1 – Chronologischer Appendix
## über den Todestag Polykarps

21 a: Der selige Polykarp erlitt das Martyrium am zweiten (Tag) des beginnenden Monats Xanthikos, am 23. Februar [des römischen Kalenders], am großen Sabbat, um die achte Stunde.

  b: Er wurde ergriffen von Herodes zur Zeit des Oberpriesters Philippus von Tralles unter dem Prokonsulat des Statius Quadratus.

  c: Unser Herr Jesus Christus aber war und ist König in Ewigkeit. Ihm sei Ruhm, Ehre, Erhabenheit und ein ewiger Thron von Geschlecht zu Geschlecht. Amen.

## 22,1: Anhang 2 – Empfehlungs-Postscriptum
## zur Imitation des Exempels Polykarps

Wir beten, daß es euch gut geht, Brüder, die ihr im Einklang mit dem Wort Jesu Christi lebt, das dem Evangelium gemäß ist; mit ihm sei Ruhm Gott dem Vater und dem heiligen Geist um des Heils der auserwählten Heiligen willen, wie der selige Polykarp dafür Zeugnis abgelegt hat, auf dessen Spuren wir im Reich Jesu Christi gefunden werden mögen.

## 22,2: Anhang 3 a – Überlieferungsgeschichte
## der Abschreiber und ihrer Kopien

Dies hat Gaius abgeschrieben aus den Aufzeichnungen des Irenäus, eines Schülers des Polykarp; er hat auch mit Irenäus zusammen gelebt. Ich, Sokrates, habe in Korinth aus der Abschrift des Gaius abgeschrieben. Gnade sei mit allen!

## 22,3: Anhang 3 b – Sicherung der Überlieferung des MartPol

Ich wiederum, Pionius, habe nach dem eben Beschriebenen die Abschrift gefertigt, als ich es aufgespürt hatte. Ich fand es aber auf Grund einer

Offenbarung des seligen Polykarp, der es mir zeigte, wie ich im folgenden dartun werde. Ich habe die Schriftstücke, die vom Zahn der Zeit fast vernichtet waren, zusammengetragen, damit auch mich der Herr Jesus Christus mit seinen Auserwählten zusammenführt in seinem himmlischen Reich. Ihm sei Ruhm mit dem Vater und dem heiligen Geist in alle Ewigkeit. Amen.

## Moskauer Epilog: Anhang 4 – Irenäus als Garant der Überlieferung über Polykarp und deren antimarkionitische Haltung

1   Dies hat Gaius aus den Aufzeichnungen des Irenäus abgeschrieben; er hat auch selbst mit Irenäus zusammen gelebt, der Schüler des heiligen Polykarp war.

2   Dieser Irenäus, der zur Zeit des Martyriums des Bischofs Polykarp in Rom war, hat viele unterwiesen. Er hat auch viele vorzügliche und außerordentlich wahrhaftige Aufzeichnungen verfaßt, in denen er des Polykarp gedenkt, weil er sein Schüler war. Jede Häresie widerlegte er in hinreichender Weise und die kirchliche und katholische Richtschnur überlieferte er so, wie er sie vom Heiligen empfangen hat.

3   Er berichtet auch dies: Als einmal Markion, auf den die sogenannten Markioniten zurückgehen, den heiligen Polykarp traf, sagte er: Erkenne uns an, Polykarp! Jener antwortete Markion: Ich erkenne dich, ich erkenne den Erstgeborenen des Satans.

4   Auch dies steht in den Aufzeichnungen des Irenäus: An dem Tag und der Stunde, zu der Polykarp in Smyrna das Martyrium erlitt, hörte Irenäus, der in Rom war, eine Stimme wie von einer Posaune, die sagte: Polykarp hat das Martyrium erlitten.

5   Aus diesen Aufzeichnungen des Irenäus hat, wie zuvor gesagt, Gaius eine Abschrift gefertigt, aus der Abschrift des Gaius dann Isokrates in Korinth. Ich wiederum, Pionius, habe es aus der Abschrift des Isokrates aufgeschrieben. Ich hatte sie aufgespürt nach einer Offenbarung des heiligen Polykarp und habe die Schriftstücke, die vom Zahn der Zeit fast vernichtet waren, zusammengetragen, damit auch mich der Herr Jesus Christus mit seinen Auserwählten zusammenführt in seinem himmlischen Reich. Ihm sei Ruhm mit dem Vater und dem Sohn und dem heiligen Geist in alle Ewigkeit. Amen.

*Lit.: Zu den Anhängen:* CAMELOT, P. Th., (Hg.), Ignace d'Antioche, Polycarpe de Smyrne: Lettres, Martyre de Polycarpe, SC 10, Paris ⁴1969, 208 f. / HILGENFELD, A., Das Martyrium Polykarp's von Smyrna, ZWTh 22/1879, 145–170: 167–170 / KEIM, Th., Aus dem Urchristenthum. Geschichtliche Untersuchungen in zwangloser

Folge, Bd. 1, Zürich 1878, 133–170 / LIGHTFOOT, J. B., The Apostolic Fathers, Part
II: S. Ignatius. S. Polycarp. Revised Texts with Introductions, Notes, Dissertations
and Translations, Vol. 1–3, London/NewYork ²1889 (Nachdruck Hildesheim/Ne-
wYork 1973), II/1, 626–645 / REUNING, W., Zur Erklärung des Polykarpmartyriums,
Darmstadt 1917, 2 f. / RORDORF, W., Zur Entstehung der christlichen Märtyrerverehrung, in: Lilienfeld, F.v. (Hg.), Aspekte frühchristlicher Heiligenverehrung. Quellen
und Studien zur orthodoxen Theologie, Oikonomia 6, Erlangen 1977, 35–53; 150–168:
44 ff. / SAXER, V., Bible et Hagiographie. Textes et thèmes bibliques dans les actes
des martyrs authentiques des premiers siècles, Bern 1986, 31 / SCHOEDEL, W. R., The
Apostolic Fathers. A New Translation and Commentary, Vol. 5: Polycarp, Martyrdom
of Polycarp, Fragments of Papias, Camden, N.Y./Toronto 1967, 78–82 / *Zur Datierung (MartPol 21)* vgl. folgende jüngere Forschungsüberblicke: DEHANDSCHUTTER,
B., Martyrium Polycarpi. Een literair-kritische studie, BEThL 52, Leuven 1979,
191–219 / DEHANDSCHUTTER, B., The Martyrium Polycarpi: a Century of Research,
ANRW 2.27.1, Berlin/NewYork 1993, 485–522: 497–502 / HENTEN, J. W. v., Zum
Einfluß jüdischer Martyrien auf die Literatur des frühen Christentums, II. Die Apostolischen Väter, ANRW 2.27.1, Berlin/NewYork 1993, 700–723: 701 ff. / KARPINSKI,
P., Annua dies dormitionis. Untersuchungen zum christlichen Jahrgedächtnis der Toten
auf dem Hintergrund antiken Brauchtums, EHS.T 300, Frankfurt/Bern/NewYork,
1987, 40 Anm. 2 / SCHOEDEL, W. R., Polycarp of Smyrna and Ignatius of Antioch,
ANRW 2.27.1, Berlin/NewYork 1993, 272–358: 354 f. / STROBEL, A., Ursprung und
Geschichte des frühchristlichen Osterkalenders, TU 121, (Ost-)Berlin 1977, 245–253.

MartPol geht »mit der Schlußdoxologie in 20 deutlich zu Ende.«[1] MartPol
21 und 22 bilden drei je spätere Abschlüsse des MartPol mit je unterschiedlichen Intentionen und aus unterschiedlichen Händen[2] MartPol 21 bemüht
sich um eine möglichst exakte Datierung. MartPol 22,1 bietet eine Schluß-
Verabschiedung (Lebewohl) und ein empfehlendes Postskript zur Imitation
Polykarps unter Aufnahme zentraler Topoi des MartPol: στοιχοῦντας τῷ **κατὰ
τὸ εὐαγγέλιον** λόγῳ Ἰησοῦ Χριστοῦ (vgl. 1,1; 4; 19,1), **ἐμαρτύρη**σεν ὁ
**μακάριος Πολύκαρπος**, Doxologie (vgl. 14; 19,2; 20) und Auserwählung der
Heiligen (**εκλεγ**-, vgl. 16,1; 20,1). MartPol 22,2 + 3 bietet eine Überlieferungs-
kette der Abschreiber unter Verweis auf den Polykarpschüler Irenäus und die
Betonung der Rettung der Schriftstücke. Der Moskauer Epilog schließlich
bietet in dieser Traditionskette noch weitere Informationen über Polykarp
und Irenäus als antimarkionitische Ketzerbekämpfer. – Alle Anhänge gehören
»zur Rezeptionsgeschichte des Briefes«.[3]

---

[1] REUNING, Erklärung, 3.

[2] Vgl. LIGHTFOOT, Fathers II/1, 626.

[3] PAULSEN, Väter, 258. – Gegen LIGHTFOOT, der MartPol 21 noch zum ursprünglichen Text
des Martyriums zählt.

## MartPol 21: Der chronologische Anhang

»Le chapitre 21 émane d'un auteur différent de celui de la lettre, mais s'inspire de précédents scripturaires. Les doxologies font écho à celles des apôtres (1 Tm 6,16; 1 P 4,11; Jud 25; Ap 5,12–13; 7,12; 19,1); de même la recommandation de ›saluer tous les saints‹ (Rm 16,15; Hb 13,24; 2 Co 13,12; Ph 4,22).«[4] Es handelt sich in MartPol 21 um einen »nachträglichen hagiographisch-kalendarischen Anhang, dessen Alter nicht zu bestimmen ist.«[5] Dafür spricht:

1) Eusebs Überlieferung des MartPol bietet den chronologischen Anhang nicht. – Das allein aber ist kein hinreichendes Argument für die Sekundarität, da Eusebs Wiedergabe bereits mit MartPol 19,1 a endet. Die Tatsache, daß Euseb MartPol 21 nicht bietet, muß also keineswegs notwendig bedeuten, daß er es nicht kennt. MartPol 21 kann sehr wohl eine frühe, voreusebianische Hinzufügung sein.

2) Zwingender ist das formkritische Argument: Der Brief der Smyrnäer hat mit MartPol 20 einen klaren Abschluß gefunden. Auch die Doxologie in 21 c wirkt gegenüber 20,2 b gedoppelt. Die von Lightfoot[6] zu Gunsten der Originalität geltend gemachte Parallele von MartPol 21 c zu 1 Clem 65,2 b – analog zu 1 Clem inscr und MartPol inscr – ist zu allgemein, um zwingend zu sein. Auch kann eine zweite Hand entsprechend formuliert haben:

| 1 Clem 65,2 b | MartPol 21 c |
|---|---|
| αὐτῷ δόξα, τιμή, **κράτος καὶ** μεγαλωσύνη, θρόνος αἰώνιος, ἀπὸ **τῶν αἰώνων καὶ εἰς τοὺς αἰῶνας τῶν αἰώνων.** ἀμήν. | ᾧ ἡ δόξα, τιμή, μεγαλωσύνη, θρόνος αἰώνιος, ἀπὸ **γενεᾶς εἰς γενεάν.** ἀμήν. |

3) Die auf geringem Umfang extrem große Zahl historischer Referenzen wirkt wie ein sekundärer Datierungsversuch, der nur Sinn macht in einer gewissen Distanz zum Geschehen. Aus MartPol 20,1 a (κατὰ τὸ παρὸν ἐπὶ κεφαλαίῳ) darf aber geschlossen werden, daß der ursprüngliche Brief dicht am Geschehen des Martyriums entstanden ist. Dafür spricht auch die Feier des Märtyrergedächtnisses binnen eines Jahres in MartPol 18,3, so daß MartPol noch im ersten Jahr nach dem Tod Polykarps verfaßt sein dürfte.

4) MartPol 21 bringt nichts eigentlich Neues, sondern wirkt wie eine sekundäre Zusammenfassung von schon in MartPol 1–20 Berichtetem: σαββάτῳ μεγάλῳ (8,1; 21)[7], συλληφθῆναι (5,2; 6,1; 7,2; 9,1; 21), Ἡρῴδης (6,2; 8,2; 17,2; 21), Φίλιππος (12,2; 21) usw.

---

[4] SAXER, Bible, 31.

[5] CAMPENHAUSEN, Bearbeitungen, 283. – Z. B. gegen LIGHTFOOT, Fathers, II/1, 627: »... to accept this chronological postscript as part of the original letter ...«

[6] Fathers, II/1, 626 f.

[7] Gegen LIGHTFOOT, Fathers, II/1, 628, der in der abermaligen Nennung des »großen Sabbaths« eine »indication of the same authorship« sieht.

5) Die wenigen über MartPol 1–20 hinausgehenden Informationen, die Mart-
Pol 21 bietet, deuten eher auf einen zweiten Verfasser, der um präzise Orts-,
Zeit- und Titelangaben bemüht ist:
a) Φίλιππος wurde in MartPol 12,2 c als »Asiarch« bezeichnet, jetzt als
»Hohepriester«. Die unterschiedliche Terminologie ist auffällig, selbst wenn
beide Begriffe dasselbe Amt umschreiben können.[8]
b) Φίλιππος wird als aus »Tralles« stammend bezeichnet.[9]
c) Der Name des in MartPol 1–20 anonymen Prokonsuls wird mit Statius
Quadratus angegeben.

Obwohl die literarkritische Einschätzung von MartPol 21 und die Datierungsfrage des MartPol in einem Zusammenhang stehen, gilt dennoch: »Het
additioneel karakter van 21 betekent niet, dat het voor de datering van MPol
waardelos is ...«[10] Die Glaubwürdigkeit der Datierung ist also durch die
literarkritische Einschätzung von MartPol 21[11] als sekundär nicht direkt
berührt.

**21 a:** Der Monat Xanthicus war der sechste Monat des macedonischen Jahres
und begann am 22. Februar des römischen Kalenders (κατὰ δὲ Ῥωμαίους).[12]
Am 23. Februar ist das Gedächtnis des Märtyrers Polykarp immer in der
griechischen Kirche gefeiert worden.[13] Der 23. Febr. fiel in den Jahren 155
und 166 auf einen Sabbat. Quadratus Prokonsulat wird gewöhnlich auf
154/155 datiert, so daß sich der 23. Febr. 155 n.Chr. für Polykarps Martyrium ergibt.

Der »große Sabbat« (MartPol 8,1; 21,1) taugt aber nur bedingt für eine
präzisere Datierung des MartPol (außer dem 23. Febr. 155 fiel auch der
22. Febr. 156 wegen Schaltjahrs auf einen Sabbat), wenn – wie das gesamte
MartPol – nicht historische Datierung, sondern literarische Angleichung an
Joh 19,31 (κατὰ τὸ εὐαγγέλιον) vorliegt[14]: Die Datierungsbemühungen »probably take the ›Great Sabbath‹ more seriously than is justifiable.«[15] Wie sehr

---

[8] Vgl. SCHOEDEL, Fathers, 79: »Our editor seems to be in touch with sound information not
contained in 12:2.«

[9] Vgl. dazu die inschriftlichen Funde bei LIGHTFOOT, Fathers II/1, 629–633.

[10] DEHANDSCHUTTER, MartPol, 173. – Vgl. BARNES, Note, 433 Anm. 2: »But even if it is a
later addition, it is not eo ipso shown to be false or unreliable.« – Gegen VIELHAUER, Geschichte,
554: »Man wird bei der Frage nach dem Datum des Todes Polykarps methodisch von Euseb
ausgehen müssen. MartPol 21 kann ›schlechterdings nicht als ursprünglich gelten‹ ...«

[11] Vgl. DEHANDSCHUTTER, MartPol, 173: »Hoofdstuk III leerde ons dat de inauthenticiteit
van 21 vrij algemeen aanvaard is.«

[12] Diese Lesart von MUSURILLO, Acts, 18 in den griechischen Text aufgenommen.

[13] Vgl. RAUSCHEN, Märtyrerakten, 307 Anm. 3 / GUYOT/KLEIN, Christentum I, 335 Anm. 74
/ SCHWARTZ, Ostertafeln, 129.

[14] Mit VIELHAUER, Geschichte, 554. Vgl. DEHANDSCHUTTER, MartPol, 217. Ein historisierendes Mißverständnis findet sich auch wieder in dem neueren Datierungsversuch von
BRIND'AMOUR, Date, 456 ff.

[15] SCHOEDEL, Fathers, 79. Gegen z.B. STROBEL, Osterkalender, 247: »Die unantastbare

der »große Sabbat« der κατὰ τὸ εὐαγγέλιον-Stilisierung des MartPol entspricht, zeigt sich schon in der Gebetsformulierung in MartPol 14,2: εὐλογῶ σε, ὅτι ἠξίωσάς με τῆς ἡμέρας καὶ ὥρας ταύτης. »Somit leidet es überhaupt keinen Zweifel, daß der Imitatio-Gedanke in eigentümlicher Ausprägung das Martyrium des Polykarp von Grund auf bestimmt.«[16]

Die achte Stunde meint ca. zwei Uhr nachmittags[17]; vielleicht aber liegt wieder Angleichung κατὰ τὸ εὐαγγέλιον vor, indem Polykarps Tod zeitlich in die Nähe der Todesstunde des Herrn gerückt wird, ohne doch mit dieser deckungsgleich zu sein: eine trotz aller Parallelisierung bewußte Distanz zwischen Polykarp und Jesus Christus, vgl. MartPol 17,3: τοὺς δὲ μάρτυρας ὡς μαθητὰς καὶ μιμητὰς τοῦ κυρίου ἀγαπῶμεν ἀξίως. Die Lesart des Codex M bringt dann ἐνάτῃ, die neunte Stunde, in Angleichung an Mt 27,46.

**21 b:** Die in der Datierung angegebenen Namen können als glaubwürdig betrachtet werden und führen zu einer Datierung um 155 n. Chr.[18] C. Julius Philippus von Tralles ist als Asiarch im September 149 bezeugt, L. Statius Quadratus als consul ordinarius für 142, so daß ein Prokonsulat um 155 anzusetzen ist.[19] Das Todesjahr des Polykarp läßt sich also nicht ganz sicher ermitteln; Euseb nennt in seiner Kirchengeschichte nur allgemein die Regierungszeit Mark Aurels (161-180) (h. e. 4,14,10-15,2), in seiner Chronik spricht er vom 7. Regierungsjahr dieses Kaisers (also 167/168). Auch die Jahresangaben aus den Amtszeiten in MartPol 21 lassen sich nicht ganz zweifelsfrei errechnen. Die Datierung des MartPol ist umstritten und läßt sich in vier Hauptvarianten einteilen: a) eine von der Mehrheit der Forschung favorisierte Frühdatierung, ca. 155-160[20], b) eine mittlere Datierung, ca. 167[21],

---

Kernüberlieferung des Polykarpmartyriums beruht auf der Feststellung, daß der Bischof an einem ›großen Sabbat‹ starb.«

[16] STROBEL, Osterkalender, 252.

[17] Vgl. MUSURILLO, Acts, 19: »about two o'clock in the afternoon.«

[18] Vgl. LIGHTFOOT, Fathers II/1, 626-637.

[19] Vgl. ALFÖLDI, Konsulat, 214 f. / BARNES, Note, 434-437 / GUYOT/KLEIN, Christentum I, 329 Anm. 20 (Statius Quadratus) und 333 Anm. 46 (Philippus von Tralles).

[20] U. a. vertreten von: ALFÖLDY, Konsulat, 214 f. (156-158) / ALTANER/STUIBER, Patrologie, 52 (156) / BARNARD, Defence, 192 / BARNES, Note / BARNES, Pre-Decian Acta, 509 ff. (156/57) / BAUMEISTER, Anfänge, 291 f. (um 160) / BISBEE, Pre-Decian Acts, 119 ff. (155-158) / BUSCHMANN, MartPol, 19-24 / BUSCHMANN, MartPol 4 und der Montanismus, 129 f. / CADOUX, Ancient Smyrna, 355 Anm. 3 (155) / DEHANDSCHUTTER, MartPol, 191-219 (156-160) / DEHANDSCHUTTER, Research, 497-502 (155-160) / EGLI, Studien, 74-79 (155) / FISCHER, Väter, 229-232 (155/56) / GRANT, Eusebius, 115 f. (156/57) / GRIFFE, A propos / GRIFFE, Nouvel article (155) / HENTEN, Einfluß, 701 ff. (155-160) KARPINSKI, Annua dies, 40 Anm. 2 (155) / LIGHTFOOT, Fathers II/1, 471 f.; 626-637 (155) / MUSURILLO, Acts, xiii (156) / REUNING, Erklärung, 8 f. (156) / SCHOEDEL, Fathers, 78 f. (155-160) / SCHWARTZ, Ostertafeln, 127-131 (156) / WADDINGTON, Mémoire (155). – Und weitere in den o. g. Forschungsberichten genannte Literatur.

[21] U. a. vetreten von: BERWIG, Mark Aurel, 41 (168) / BRIND'AMOUR, date (167) / CAMPENHAUSEN, Bearbeitungen, 253 f. (166/67) / FREND, Martyrdom, 295 Anm. 1 (165-168) / MAR-

c) eine von wenigen Forschern vetretene Spätdatierung, ca. 177[22] und d) eine extreme Spätdatierung, nach 250 n. Chr.[23] Letztgenannte jüngst von S. Ronchey vorgenommene extrem späte Datierung nach Decius hat durch Dehandschutter[24] und Boeft/Bremmer[25] eine eindeutige Zurückweisung erfahren: Roncheys Verweis auf viele angebliche »anachronistische« Elemente im MartPol entbehrt jeden Verständnisses für die theologisch-kerygmatische Intention des MartPol und mißversteht den Text historistisch in der einseitigen Perspektive geschichtlicher Verläßlichkeit; damit fällt Ronchey letztlich in das literarkritische Interpretationsmuster zurück. Gegen die extreme Spätdatierung bei Keim hat schon Hilgenfeld[26] überzeugend argumentiert. So bleibt die mehrheitliche Datierung auf 155-177. Dabei beruft man sich entweder auf MartPol 21 (Frühdatierung) oder auf zwei Notizen bei Euseb (mittlere und späte Datierung), der in seiner Chronik Polykarp als Opfer einer Verfolgung in das siebte Regierungsjahr Mark Aurels (= 167/68) und in h. e. 4,15, 1 ohne nähere Angabe in die Regierungszeit Marc Aurels (161-180) legt. Geht man von MartPol 21 aus, dann fiel unter dem Prokonsulat des Statius Quadratus im Jahre 155 der 23. Febr. auf einen Sabbat (σαββάτῳ μεγάλῳ)[27], wegen Schaltjahrs ist auch der 22. Febr. 156 möglich.[28] »Man kann nach wie vor in jenem 21. Kap. eine glaubwürdige und die gegenüber Euseb vorzuziehende Quelle für die Bestimmung des Todesdatums Polykarps sehen, auch wenn diese Kapitel eine - allerdings frühe - Nachschrift darstellen sollte.«[29] D. h.: MartPol 21 enthält authentische Informationen trotz späterer Anfügung.

Unabhängig von MartPol 21 und Eusebs Dtierungsangaben gilt für MartPol als terminus ante quem der Gebrauch des MartPol in späteren Märtyrerakten, den Dehandschutter[30] in Acta Pauli et Theclae, MartPionii, Acta Carpi und MartLugd vorfindet. Demzufolge muß MartPol vor 177 n. Chr. datiert werden. Als terminus post quem gilt natürlich das Sterbedatum Polykarps.[31] Das futurische παρέξει in MartPol 18,3 stellt das erste Märtyrerjahrgedächtnis noch als zukünftig dar, d. h. MartPol muß binnen eines Jahres

---

ROU, date (167/68) / SAXER, Bible, 33 Anm. 2 (167) / SIMONETTI, martirio, 328-332 (167/68) / STROBEL, Osterkalender, 245-253 (167) / TELFER, date (168).

[22] Besonders: GREGOIRE/ORGELS, veritable date, (177).

[23] Jüngst wieder vertreten von RONCHEY, Indagine, 55-65; 209-221. Zuvor schon: KEIM, Urchristenthum, 90 ff.

[24] Hagiographie, 299 f.

[25] Notiunculae V, 146-151.

[26] MartPol, 167-170.

[27] So erstmals WADDINGTON, Mémoire, als Begründer der These.

[28] So SCHWARTZ, Ostertafeln.

[29] FISCHER, Väter, 233.

[30] MartPol, 191-194.

[31] Vgl. DEHANDSCHUTTER, MartPol, 194-198.

nach Polykarps Tod verfaßt sein[32] (vgl. auch 20,1 a: κατὰ τὸ παρὸν ἐπὶ κεφαλαίῳ). Außerdem erhebt der Verfasser Anspruch auf Augenzeugenschaft, vgl. MartPol 15,1 f.; 17,1; 18,1.[33] MartPol erweist sich formkritisch als echter Brief, der kurz nach dem Tod des Polykarp verfaßt worden sein dürfte[34]: »Die Erinnerung an die einzelnen Vorgänge bei Polykarps Tode ist noch sehr lebendig. Auch schweigt der Brief über einen Nachfolger Polykarps im Bischofsamte. Und die Gemeinde von Philomelium hat sicherlich nicht erst nach einigen Jahren um nähere Auskunft über Polykarps Tod gebeten ...«[35]

Gegen die von Grégoire/Orgels vertretene Spätdatierung auf 177 n. Chr. spricht[36]:

– Die Datierung in Eusebs Chronik auf das 7. Regierungsjahr Mark Aurels (= 167/68) kann nicht auf einen lapsus calami statt des 17. Jahrs zurückgeführt werden, wie Grégoire/Orgels argumentieren. »177 kann als Todesjahr für Polykarp nicht in Betracht kommen. Diese neue Datierung führt neue Schwierigkeiten herauf, ohne die bisherigen Probleme befriedigend zu lösen.«[37]

– Wenn Polykarp nach MartPol 9,3 schon seit 86 Jahren Christus dient, dann muß er (bei Kindtaufe) mindestens ebenso alt gewesen sein; bei einer Frühdatierung auf ca. 155/56 wäre Polykarp um 70 n. Chr. geboren. Eine Spätdatierung ist dann aber schlecht mit seiner Kenntnis der Apostel vereinbar, da ein Märtyrertod um 177 erst einer Geburt um ca. 90 n. Chr. entspräche.

– Irenäus berichtet auch von Polykarps Besuch als kleinasiatischer Vertreter bei dem römischen Bischof Anicet (154/55–166/67) zur Klärung des quartodecimanischen Osterfeststreits (Iren adv haer 3,3,4). Das bezeugt nicht nur das Ansehen und die Stellung des Bischofs von Smyrna, sondern es gilt auch: je später das Todesjahr Polykarps angesetzt wird, um so älter wird der Bischof und desto unwahrscheinlicher die beschwerliche Reise eines so alten Mannes nach Rom.

– Die Datierung der Entstehung des Montanismus ist umstritten. Grégoires Argument[38], die Quintos-Episode in MartPol 4 könne erst nach Entstehung

---

[32] Vgl. DEHANDSCHUTTER, MartPol, 195 / FISCHER, Väter, 230 / REUNING, Erklärung, 3: »Die ungenaue Schilderung der Feier zeigt, daß sie noch nicht stattgefunden hat (...), daß also noch kein Jahr seit Polykarps Tode verflossen sein kann.«

[33] Vgl. REUNING, Erklärung, 3. – Die von Lipsius und Keim als unpassend und deutlich später datierten Textstellen 15,1 (οἵ καὶ ἐτηρήθημεν), 16,2 (καθολικὴ ἐκκλησία) und 19,1 (Märtyrerverehrung), die binnen eines Jahres nach Polykarps Tod unerklärlich seien, lassen sich als durchaus mögliche und authentische Textpassagen verstehen: vgl. in diesem Kommentar zu den genannten Stellen sowie DEHANDSCHUTTER, MartPol, 195–197.

[34] Vgl. DEHANDSCHUTTER, MartPol, 157–190; 218 f. / BUSCHMANN, MartPol, 78–103.

[35] REUNING, Erklärung, 3.

[36] Vgl. die Kritik von: GRIFFE, A propos / MEINHOLD, Art. Polykarpos / MARROU, date / DEHANDSCHUTTER, MartPol, 211–217.

[37] FISCHER, Väter, 232

[38] Veritable date, 21 f. – Vgl. DEHANDSCHUTTER, MartPol, 209 Anm. 569.

des Montanismus verfaßt worden sein – und also erst um 170 n. Chr. – greift nicht. Zwar ist an diesem Argument richtig, daß MartPol 4 sich kritisch mit dem Montanismus auseinandersetzt[39], falsch aber ist die Annahme einer daraus abgeleiteten Spätdatierung oder einer sekundären Interpolation von MartPol 4.[40] Gegen Grégoire gilt methodisch: Der Montanismus muß von den Quellen her interpretiert werden und nicht die Quellen von einem angenommenen Entstehungsdatum des Montanismus her.[41] In der modernen Forschung gilt womöglich wie in der frühen Kirche, »daß die präzise, zeitliche Festsetzung einer ›Häresie‹ im Blick auf ihre Entstehung den großkirchlichen Interessen sehr genau entspricht; sie dient damit der Kennzeichnung des sekundären Charakters solcher Bewegungen und trifft deshalb a priori nicht notwendig zu.«[42]

Die unsichere Datierung der Anfänge des Montanismus geht auf die Diskrepanz der zeitlichen Angaben des Eusebius (ca. 170 n. Chr.) und des Epiphanius (ca. 150 n. Chr.) zurück. Ohne hier die einzelnen Argumente der umfänglichen Literatur zum Problem des zeitlichen Beginns des prophetischen Auftretens des Montanus[43] sowie der teilweise damit zusammenhängenden[44] Datierung des MartPol ausführen zu können, konvergieren beide Datierungsfragen in der jüngeren Forschung dahingehend, daß sich eine Frühdatierung des MartPol vor 160 n. Chr. durchsetzt und daß letztens auch wieder »die Anfänge des Montanismus etwas vor 160 n. Chr. gesucht werden müssen.«[45] Die Konvergenz in der Datierung ist ein weiterer indirekter Beleg für einen inneren Zusammenhang von Montanismus und MartPol; MartPol wird als Reflex auf den beginnenden Montanismus gerade in seiner Verbindung von Brief und paränetischer Erzählung verständlich, weil wir voraussetzen dürfen: »Montanism (a later appellation) or the New Prophecy (Eusebius HE V,16,4; V, 18,2) was the flowering of tendencies already present. The New Prophets'

---

[39] Ausführlich: BUSCHMANN, MartPol 4 und der Montanismus. Richtig auch: RONCHEY, Indagine, 45–55, falsch aber ihre extreme Spätdatierung.

[40] Mit BARNES, Pre-Decian Acta, 511: »the episode of Quintus ... surely belongs to the original letter.« Gegen CAMPENHAUSEN, Bearbeitungen.

[41] Mit SIMONETTI, martirio, 332 ff.

[42] PAULSEN, Montanismus, 41. – Vgl. grundsätzlich: BAUER, Rechtgläubigkeit.

[43] Vgl. STROBEL, Land, 9 ff., dort auch Lit. / KLAWITER, New Prophecy, 48–62 / GRANT, Augustus to Constantine, 158 f. / GOLDHAHN-MÜLLER, Grenze, 290 Anm. 201.

[44] Vgl. KLAWITER, New Prophecy, 63 Anm. 2: »How much before A. D. 167 one can date the appearance of Montanus is in the end dependent upon one's interpretation of chapter four of the Martyrdom of Polycarp. But since one's interpretation of chapter four is in turn dependent upon an understanding of the character of Montanism ... « / SORDI, Cristianesimo, 467 f.

[45] STROBEL, Land, 52, vgl. die dortige Begründung, sowie BLANCHTIERE, montanisme, 127 ff. / PAULSEN, Bedeutung, 40 f. / COLIN, empire, 95 Anm. 209 / FREEMAN-GRENVILLE, date / FORD, note on proto-montanism / FISCHER, antimontanistische Synoden / SCHWEGLER, Montanismus, 249–256 / BONWETSCH, Montanismus, 140–148 – Gegen die Spätdatierung bei: LABRIOLLE, crise, 569 ff. / EHRHARDT, Kirche der Märtyrer, 231 f. / POWELL, Tertullianists, 41 ff. / BARNES, Chronology / FREND, Montanism, 26.

teachings would have engendered less interest were there not already in Asia an atmosphere conducive to their acceptance.«[46] Tatsächlich muß mit Trevett der Samen des Montanismus in der Region Philadelphias in der Apokalypse und bei Ignatius gesucht werden und dann wird deutlich: »Bei dem organischen Zusammenhang, in dem jene geschichtliche Entwicklung (=Montanismus) mit dem kirchlichen Gesamtbewusstseyn ihrer Zeit steht, ist es überhaupt unmöglich, den Moment ihrer selbständigen Existenz chronologisch zu fixiren. Sie fängt erst dann an Parthei zu seyn, wenn ihr eigenes und das allgemeine Bewusstseyn aus einander zu laufen beginnen. Die Frage ist also in Wahrheit nicht, wann der Montanismus zu seyn – sondern, wann er eine Häresie zu seyn anfieng, d. h. von welcher Zeit an er hinter den Fortschritten der dogmatischen Bildung zurück blieb.«[47] Der Montanismus war zunächst rechtgläubig, ein entscheidender Konfliktstoff mit der Großkirche scheint sich an der Frage nach dem rechten Martyriumsverhalten aufgetan zu haben; diese Thematik bestimmt den paränetischen Brief der Smyrnäer an die Gemeinde in Philomelium. MartPol enthält womöglich die älteste literarische Bezeugung des Montanismus.[48] Demzufolge ist Grégoires Anliegen, die antimontanistische Tendenz von MartPol (und MartLugd) ernstzunehmen, mit einer Frühdatierung des MartPol zu kombinieren.

Gegen die mittlere, eusebianische Datierung auf ca. 167/68[49] spricht:
– Die eusebianische Datierung ist in sich selbst widersprüchlich[50] und zudem sehr summarisch. Euseb unterliegt in der zeitlichen Einordnung von Ereignissen auch sonst Irrtümern.[51] Er datiert summarisch die Christenverfolgungen unter Mark Aurel. »Demnach hätte Eusebius, wie das wohl öfters vorkam, Antoninus Pius mit Marcus Aurelius (Antoninus) verwechselt; denn er wußte herzlich wenig über diese Kaiser.«[52] »Eusebius seems to have exchanged the true date of Justin's martyrdom for the true date of Polycarp's. In other words, Polycarp should have been set in 156/57, Justin a decade later.«[53] Außerdem scheint Euseb fälschlicherweise MartPol und MartPionii als etwa zeitgleich erachtet zu haben.[54]
– Die literarkritische (Dehandschutter) und formkritische Untersuchung des MartPol (Buschmann) hat insgesamt bestätigt, daß der durch Euseb überlie-

---

[46] TREVETT, Apocalypse, 313.
[47] SCHWEGLER, Montanismus, 256.
[48] Vgl. REUNING, Erklärung, 25.
[49] Exemplarisch vertreten von: MARROU, date / TELFER, date / kritisch: GRIFFE, article.
[50] Vgl. BADEN, MartPol, 80: h.e. 4,15,1, »wo er das Ende Polykarps unter Mark Aurel verlegt, dessen Regierung 161 begann, in der Chronik näherhin ins 7.Jahr Aurels, also um 168.«
[51] Vgl. GRIFFE, date / GRIFFE, article / DEHANDSCHUTTER, MartPol, 214 / ein Beispiel solcher chronologischer Unkorrektheit Eusebs gibt BARNES, Acta, 512 Anm.4.
[52] HENTEN, Einfluß, 702.
[53] GRANT, Eusebius, 115.
[54] Vgl. STROBEL, Osterkalender, 245.

ferte Text des MartPol keineswegs die älteste Textform des MartPol darstellt.[55]

– »Je höher das Todesdatum Polykarps hinaufgerückt wird, umso mehr
Schwierigkeiten bereitet auch die Behauptung von Irenäus, jener habe noch
mit mehreren Aposteln des Herrn Umgang gehabt.«[56]

– Wenn Statius Quadratus 142 n. Chr. Consul war, dann erscheint ein Intervall
von 13 Jahren zwischen Consulat und Proconsulat (155 n. Chr.) in der Zeit
von Antonius Pius möglich, eine Zwischenzeit von ca. 23 Jahren (166 n. Chr.)
wäre unwahrscheinlich.[57]

– Die literarkritische Sekundarität von MartPol 21 bedeutet noch nicht, daß
die in MartPol 21 gegebenen Informationen unglaubwürdig sind.

Mithin kann MartPol mit der Mehrzahl der Forscher auf ca. 155–160
n. Chr. (früh)datiert werden. Auch wenn es nicht ganz unmöglich ist, daß
Polykarp als beinahe Hundertjähriger in den sechziger Jahren des zweiten
Jahrhunderts noch gelebt hätte, so ist es doch realistischer, die Zeitangaben
aus MartPol 21 für echt zu erachten und das Todesjahr des Bischofs frü-
hestmöglich zu datieren. Wenn Polykarp um 155 n. Chr. hingerichtet worden
ist, dann ist er – je nach Auslegung von MartPol 9,3 ab Geburt oder Taufe
(86 Jahre) in den sechziger Jahren des ersten Jahrhunderts geboren und eine
Beziehung zu den Aposteln und Ignatius gut vorstellbar. Auch theologiege-
schichtliche Gründe sprechen dafür: »Indem Jesus als der Prototyp des Märtyrers gesehen wird, kann der Tod Polykarps in Analogie zur Passion und
zum Tode Jesu dargestellt werden. Diese Auffassung des Martyriums aber,
von der aus sich auch die vorbildliche Bedeutung des Märtyrers Polykarp
ergibt, wie sie das Mart.Polyc. hervorhebt, muß als ein Zeichen seines Alters
gesehen werden. Sie weist dem Mart.Polyc. auch einen bestimmten Platz in
der Entwicklung der martyrologischen Literatur zu: das Mart.Polyc. steht
zwischen den Ignatianen und dem Gemeindeschreiben von Vienne und
Lugdunum (...). So ist es die Auffassung des Martyriums selbst, welche die
bisherige Datierung des Todes von Polykarp auf die Jahre 155/56 als die
beste erweist.«[58] MartPol steht theologiegeschichtlich vor dem MartLugd, das
schon einen deutlichen Unterschied zwischen μάρτυς und ὁμολογήτης formuliert (MartLugd 5,2,2–5) und *nach* Ignatius von Antiochien, der die spezifische
μάρτυς-Terminologie noch nicht kennt.

**21 c:** Die Kontrastierung (δέ!) von »weltlicher« und »göttlicher« Herrschaft,
wie sie in βασιλεύοντος ... Ἰησοῦ Χριστοῦ (vgl. Apc 11,15) zum Ausdruck
kommt, entspricht a) dem Gesamtduktus der Martyriumsdarstellung, die die

---

[55] Gegen GREGOIRE, date, 4 und jede »retour à la tradition eusébienne«: »la formela plus
ancienne de cette passion que nous puissions atteindre se trouve dans Eusèbe.«

[56] FISCHER, Väter, 233. Vgl. DEHANDSCHUTTER, MartPol, 203 / BONWETSCH, Polycarp, 537
/ MEINHOLD, Polykarp, 1677 ff.

[57] Vgl. DEHANDSCHUTTER, MartPol, 203.

[58] MEINHOLD, Polykarpos, 1680.

Alternative »Caesar ist Herr« oder »Christus ist Herr« aufzeigt, b) der biblischen Tradition, die zwischen irdischem und himmlischen König (vgl. Joh 19,15), zwischen dem Äon dieser und jener Welt unterscheidet, c) den übrigen frühen Märtyrertexten, vgl. z. B. ActScil 6 (Speratus): »ego imperium huius seculi non cognosco; sed magis illi Deo servio ...« Zu ᾧ ἡ δόξα ... vgl. 1 Clem 65,2b: δι' οὗ αὐτῷ δόξα, τιμή, κράτος καὶ μεγαλωσύνη, θρόνος αἰώνιος, ἀπὸ τῶν αἰώνων ... Schon MartPol inscr. hatte deutliche Nähe zu 1 Clem inscr. aufgewiesen. Das aber ist kein Beweis für die Authentizität von MartPol 21. »De meeste martelarsakten eindigen hun chronologische notitie nochtans met een doxologische formule (zie Acta Carpi 47; Acta Justini 6,2; Acta Apollonii 47; Martyrium Pionii 23; Martyrium Cononis 6,7; Martyrium Dasii 12,2; Martyrium Agapes 7,2). MPol staat apart ten opzichte van 1 Clemens 65 en andere teksten met de formulering ἀπὸ γενεᾶς εἰς γενεάν (vergelijk Ef 3,21).«[59]

## MartPol 22,1: Empfehlungs-Postskript

Ab MartPol 22 spricht die Forschung fast durchgängig von späteren Zusätzen.[60] MartPol 22,1 findet sich nicht im Moskauer Manuskript und in der lateinischen Version des MartPol: »it has less support than any other part of the letter.«[61] Im originären Schreiben wirkt es insgesamt überflüssig, indem es zentrale Topoi und Anliegen des MartPol abermals bündelt, u. a. die κατὰ τὸ εὐαγγέλιον-Terminologie. Nicht aber, wenn es etwa als Anhängsel verstanden wird »added by the Philomelian Church, when they forwarded copies of the letter, as they were charged to do (§ 20), to churches more distant from Smyrna than themselves.«[62] Dann wäre der Inhalt nicht überflüssig, sondern würde als Element der frühen Rezeptionsgeschichte des MartPol nochmals zusammenfassend allen Nachdruck auf dessen zentrale Intentionen legen. Demnach betont das MartPol das Leben κατὰ τὸ εὐαγγέλιον – womit auch von der frühen Rezeptionsgeschichte her die Interpolationshypothese (H. v. Campenhausen) grundsätzlich in Frage gestellt ist[63] – sowie die Nachfolge des Zeugnisses des Polykarp durch die auserwählten Heiligen. 22,1 muß aber nicht in der Gemeinde von Philomelium verfaßt sein, jede kleinasiatische Gemeinde ist möglich. Jedoch kann auch 22,1 nicht sehr spät hinzugefügt worden sein, da es Ausdrücke verwendet, die noch auf ein frühes Stadium

---

[59] DEHANDSCHUTTER, MartPol, 108.
[60] Vgl. z. B. RAUSCHEN, Märtyrerakten, 308 Anm. 3: »Nachträge(n) von späteren Händen« / GUYOT/KLEIN, Christentum I, 335 Anm. 75: »Das folgende Kapitel 22 (...) ist ganz offensichtlich eine spätere Zutat, da über das Leben des Heiligen nichts mehr ausgesagt wird.«
[61] LIGHTFOOT, Fathers, II/1, 638.
[62] Ebd.
[63] Vgl. SCHOEDEL, Fathers, 80: »The presence here of language associated with the imitation theme – ›in accord with the gospel‹– need not be taken as further evidence that its appearance in 1:1 is secondary.« – Gegen CAMPENHAUSEN, Bearbeitungen, 263.

deuten: 1) ὁ μακάριος Πολυκάρπος (vgl. MartPol 1,1; 19,1) statt des späteren ἅγιος Πολυκάρπος (Moskauer Epilog), 2) μεθ᾽ οὗ δόξα: der Geist ist nicht erwähnt, 3) τῶν ἁγίων ἐκλεκτῶν (vgl. 20,1b). – »Hoofdstuk 22,1 is een latere toevoeging, die het briefkarakter van MPol heeft willen bewaren.«[64] Zu ἐρρῶσθαι vgl. Act 15,29; 23,30 und besonders IgnPol 8,3: ἐρρῶσθαι ὑμᾶς διὰ παντὸς ... εὔχομαι, zu στοιχοῦντας κτλ. vgl. Act 21,24; Röm 4,12; Gal 5,25; 6,16; Phil 3,16 und besonders IgnEph 12,2; 1 Pt 2,21.

MartPol 22,2: Überlieferungsgeschichte der Abschreiber und ihrer Kopien
MartPol 22,3: Sicherung der Überlieferung des MartPol
**Moskauer Epilog:** Irenäus als Garant der Überlieferung über Polykarp und
deren antimarkionitische Haltung

| Synopse: MartPol 22,2–3 | Epilogus Mosquensis |
|---|---|
| Ταῦτα μετεγράψατο μὲν Γάϊος ἐκ τῶν Εἰρηναίου, μαθητ**οῦ** τοῦ Πολυκάρπου, | Ταῦτα μετεγράψατο μὲν Γάϊος ἐκ τῶν Εἰρηναίου **συγγραμμάτων**, |
| ὃς καὶ συνεπολιτεύσατο τῷ Εἰρηναίῳ. | ὃς καὶ συνεπολιτεύσατο τῷ Εἰρηναίῳ, μαθητ**ῇ γεγονότι** τοῦ **ἁγίου** Πολυκάρπου. |

Epilogus Mosquensis 2–4

Ἐκ τούτων οὖν, ὡς προλέλεκται, τῶν τοῦ Εἰρηναίου συγγραμμάτων
ἐγὼ δὲ Σωκράτης ἐν Κορίνθῳ ἐκ **Γάιως μ**ετεγράψατο, ἐκ δὲ
τῶν Γάιου ἀντιγράφων ἔγραψα. τῶν Γάιου ἀντιγράφων Ἰσοκράτης
**ἡ χάρις μετὰ πάντων.** ἐν Κορίνθῳ.
Ἐγὼ δὲ πάλιν Πιόνιος ἐκ **τοῦ** Ἐγὼ δὲ πάλιν Πιόνιος ἐκ **τῶν**
**προγεγραμμένου** **Ἰσοκράτους ἀντιγράφων**
ἔγραψα **ἀνα**ζητήσας αὐτά, ἔγραψα
κατὰ ἀποκάλυψιν **φανερώσαντός** κατὰ ἀποκάλυψιν
**μοι** τοῦ **μακαρίου** Πολυκάρπου τοῦ **ἁγίου** Πολυκάρπου ζητήσας αὐτά,
**καθὼς δηλώσω ἐν τῷ καθεξῆς**,
συναγαγὼν αὐτὰ ἤδη σχεδὸν ἐκ συναγαγὼν αὐτὰ ἤδη σχεδὸν ἐκ
τοῦ χρόνου κεκμηκότα, ἵνα κἀμὲ τοῦ χρόνου κεκμηκότα, ἵνα κἀμὲ
συναγάγῃ ὁ κύριος Ἰησοῦς Χριστὸς συναγάγῃ ὁ κύριος Ἰησοῦς Χριστὸς
μετὰ τῶν ἐκλεκτῶν αὐτοῦ εἰς τὴν μετὰ τῶν ἐκλεκτῶν αὐτοῦ εἰς τὴν
οὐράνιον βασιλείαν αὐτοῦ, **ἐπ**ουράνιον αὐτοῦ βασιλείαν·
ᾧ ἡ δόξα σὺν τῷ πατρὶ καὶ ᾧ ἡ δόξα σὺν τῷ πατρὶ καὶ
ἁγίῳ πνεύματι **τῷ υἱῷ καὶ τῷ** ἁγίῳ πνεύματι
εἰς τοὺς αἰῶνας τῶν αἰώνων. ἀμήν. εἰς τοὺς αἰῶνας τῶν αἰώνων. ἀμήν.

---

[64] DEHANDSCHUTTER, MartPol, 174.

Die von Pseudo-Pionius stammenden Bemerkungen zur Geschichte der Überlieferung des MartPol und seiner Abschreiber umfassen folgende Stationen: Von einer im Besitz des Polykarp-Schülers Irenäus befindlichen Kopie schreibt ein gewisser Gaius[65] ab, von dessen Kopie wiederum ein gewisser Sokrates (oder Isokrates) in Korinth transskribiert. Davon schreibt dann ein gewisser Pionius ab, dem Polykarp in einer Vision den Ort der Aufbewahrung des Dokuments, das dem Verfall nahe war, offenbart habe. – »Clearly a separate appendix. It makes no claim to be part of the original. The effort to put even the copying of the letter in a sort of succession extending back to Polycarp is disquieting, and suggests that this appendix was reformulated (or even invented) by the editor who appended 22:3.«[66] Pseudo-Pionius war um die Mitte des 4. Jhdts der Verfasser einer uns nur teilweise erhaltenen Vita des Polykarp von zweifelhaftem Wert.[67] Er gibt sich gemäß MartPionii 23[68] aus als der unter Decius gestorbene Märtyrer Pionius. Die Worte καθὼς δηλώσω ἐν τῷ καθεξῆς läßt der Moskauer Epilog fort; sie schienen fehl am Platze, als der Brief der Smyrnäer losgelöst wurde von Pionius Leben des Polykarp, in das der Brief offenbar inkorporiert war (Corpus Polycarpianum). Insofern bietet der Moskauer Epilog nicht die bessere und ältere Lesart. In MartPol 22,3 ist ein Redaktor am Werk, für den das wundersame Element von Offenbarung und Wiederauffinden des annähernd zerstörten Textes des MartPol von Bedeutung ist.

Der Moskauer Epilog betont darüberhinaus Irenäus als Garant der Überlieferung über Polykarp und deren beider antihäretische, insbesondere antimarkionitische Haltung. Irenäus bezeugt seinen Lehrer Polykarp als gewissenhaften Verkündiger ursprünglicher apostolischer Glaubensüberlieferung und als Apostelschüler (vgl. Eus. h. e. 3,36,1;5,20,6; 5,24; Iren adv haer 3,3,4 u. ö.): Polykarp ist mithin »apostolischer Lehrer« (MartPol 16,2). Epilogus Mosquensis 2 betont ebenso wie VitaPolycarpi 12,2 die orthodoxe Lehre. Zur Begegnung Polykarps mit Markion vgl. auch Eus. h. e. 4,14,7 und Iren adv haer 3,3,4. VitaPolycarpi und Moskauer Epilog datieren aus der Zeit nach Euseb.[69]

---

[65] Gaius ist ein zu häufiger Name, als daß er mit dem bei Eus. h. e. 2,25,6; 6,20 genannten Gaius identifiziert werden könnte.

[66] SCHOEDEL, Fathers, 80.

[67] Zur VitaPolycarpi im Verhältnis zu MartPol 22 vgl.: REUNING, Erklärung, 6 ff./ RORDORF, Entstehung, 45 / DEHANDSCHUTTER, MartPol, 63 ff. (kritisch gegen Lightfoot) / LIGHTFOOT, Fathers, II/1, 642–645 / CORSSEN, Vita Polycarpi.

[68] Vgl. KARPINSKI, Annua dies, 66 ff.

[69] Vgl. DEHANDSCHUTTER, MartPol, 68.

# Literaturverzeichnis

Quellentexte, Handbücher, Lexikon-Artikel, Zeitschriftenaufsätze, Kommentare werden nicht gesondert aufgeführt, sondern alphabetisch nach Verfassern bzw. Herausgebern geordnet.

Die Abkürzungen entsprechen dem von S. M. Schwertner zusammengestellten Abkürzungsverzeichnis der Theologischen Realenzyklopädie (TRE), 2., überarbeitete und erweiterte Auflage, Berlin/New York 1994. Daneben werden folgende Abkürzungen benutzt:

Märtyrertexte – sofern nicht im Abkürzungsverzeichnis der TRE aufgeschlüsselt – werden wie folgt abgekürzt:

ActApoll     – Akten des Apollonius
ActCarpi     – Akten des Carpus, Papylus und der Agathonike
ActCypr     – Akten Cyprians
ActJust     – Akten Justins und seiner Genossen
MartLugd     – Martyrium der Lugdunenser
ActMax     – Akten des Maximus
MartPerp     – Martyrium der Perpetua und Felicitas
MartPionii     – Martyrium des Pionius
MartSabae     – Martyrium des Sabas
ActScil     – Akten der Scilitanischen Märtyrer

Literatur wird mit dem Verfassernamen und einem Stichwort des Titels zitiert.

ACHELIS, H. Das Christentum in den ersten drei Jahrhunderten, Leipzig ²1925 (Nachdruck Aalen 1975)

–, Art. Märtyrer-Akten, ²RGG 3, 1836 f.

AHERN, B. M., The Fellowship of His Sufferings (Phil 3,10). A Study of St. Paul's Doctrine on Christian Suffering, CBQ 22/1960, 1–32

ALAND, K., Augustin und der Montanismus, ders., Kirchengeschichtliche Entwürfe, Gütersloh 1960, 149–165

–, Bemerkungen zum Montanismus und zur frühchristlichen Eschatologie, ders., Kirchengeschichtliche Entwürfe, Gütersloh 1960, 105–148

–, Der Montanismus und die kleinasiatische Theologie, ZNW 46/1955,

–, Art. Montanismus, RGG 4, 1117 f.

–, Noch einmal: Das Problem der Anonymität und Pseudonymität in der christlichen Literatur der ersten beiden Jahrhunderte, Dassmann, E. / Frank, K. Suso (Hg.), Pietas, FS B. Kötting, JAC.E 8, Münster 1980, 121–139

–, The Problem of Anonymity and Pseudonymity in Christian Literature of the first two Centuries, JThS 12/1961, 39–49

–, Das Verhältnis von Kirche und Staat in der Frühzeit, ANRW 2.23.1., Berlin/New York 1979, 60–246

ALBERTZ, R., Art. Gebet II. Altes Testament, TRE 12, 1984, 34–42

– / WESTERMANN, C., Art. רוּחַ ruᵃḥ Geist, THAT 2, ³1984, 726–753

ALFÖLDY, G., Konsulat und Senatorenstand unter den Antoninen. Prosopographische Untersuchungen zur senatorischen Führungsschicht, Ant., Reihe 1, Abhandlungen zur Alten Geschichte 27, Bonn 1977

ALLEN, R. F. / MATHIESEN, R., An Early Church Slavonic Translation of the Martyrdom of St. Polycarp, HThR 72/1979, 161–163

ALTANER, B. / STUIBER, A., Patrologie. Leben, Schriften und Lehre der Kirchenväter, Freiburg u. a. ⁸1978

ALTENDORF, H.-D., Rez. W. Bauer, Rechtgläubigkeit und Ketzerei im ältesten Christentum. 2., durchges. Aufl. m. einem Nachtrag, hrsg. v. G. Strecker. Tübingen: Mohr 1964, ThLZ 91/1966, 192–195

ALVAREZ, J., Apostolic Writings and the Roots of Anti-Semitism, Studia Patristica 13, TU 116, (Ost-)Berlin 1975, 69–76

AMAT, J., L'authenticité des songes de la passion de Perpétue et de Félicité, Aug. 29/1989, 177–191

ANDRESEN, C., Geschichte des Christentums 1. Von den Anfängen bis zur Hochscholastik, ThW 6, Stuttgart 1975

–, Zum Formular frühchristlicher Gemeindebriefe, ZNW 56/1965, 233–259

ANGERMEYER, H., Verfolgte und bekennende Kirche im 2. Jahrhundert (Polycarp von Smyrna), EvErz 19/1967, 222–229

ANGERSTORFER, I., Melito und das Judentum, (Diss. theol.) Regensburg 1985

ASH, J. L., The Decline of Ecstatic Prophecy in the Early Church, TS 37/1976, 227–252

ATZBERGER, L., Geschichte der christlichen Eschatologie innerhalb der vornicänischen Zeit. Mit theilweiser Einbeziehung der Lehre vom christlichen Heile überhaupt, Freiburg 1896

AUBE, B., Les chrétiens dans l'empire romain de la fin des Antonins au milieu du IIIᵉ siècle (180–249), Studia Historica 103, Paris 1881 (Nachdruck Rom 1972)

AUNE, D. E., Prophecy in Early Christianity and the Ancient Mediterranean World, Grand Rapids 1983

AUSFELD, C., De Graecorum precationibus quaestiones, JCPh.S 28/1903, 503–547

BACHT, H., Art. Montanismus, LThK 7, Freiburg 1962, 578–580

–, Wahres und falsches Prophetentum. Ein kritischer Beitrag zur religionsgeschichtlichen Behandlung des frühen Christentums, Bib. 32/1951, 237–262

BADEN, H., Der Nachahmungsgedanke im Polykarpmartyrium, ThGl 3/1911, 115–122

–, Das Polykarpmartyrium, PastB 24/1911, 705–713 und PastB 25/1912, 71–81.136–151

BALZ, H., Art. παρρησία / παρρησιάζομαι, EWNT 3, 1983, 105–112

BAMMEL, E., Zum jüdischen Märtyrerkult, ThLZ 78/1953, 119–126

–, Judenverfolgung und Naherwartung. Zur Eschatologie des Ersten Thessalonicherbriefs, ZThK 56/1959, 294–315

BARDENHEWER, O., Geschichte der altkirchlichen Literatur 1: Vom Ausgang des apostolischen Zeitalters bis zum Ende des zweiten Jahrhunderts, Freiburg 1913 (Nachdruck Darmstadt 1962)

BARDY, G., Art. Dialog, RAC 3, 1957, 945–954

–, Art. Montanisme, DThC 10,2, 1929, 2355–2370

BARNARD, L. W., Art. Apologetik 1. Alte Kirche, TRE 3, 1978, 371–411

-, In Defence of Pseudo-Pionius' Account of Saint Polycarp's Martyrdom, Granfield, P., (Hg.), Kyriakon. FS J. Quasten, Vol. 1, Münster 1970, 192–204

BARNES, T. D., The Chronology of Montanism, JThS 21/1970, 403–408

-, Eusebius and the date of the martyrdoms, Les martyrs de Lyon (177), Lyon 20–23 Septembre 1977, Colloques internationaux du centre national de la recherche scientifique, No 575, 137–143, Paris 1978

-, A Note on Polycarp, JThS 18/1967, 433–437

-, Pre-Decian Acta Martyrum, JThS 19/1968, 509–531

-, Some Inconsistencies in Eusebius, JThS 35/1984, 470–475

-, Tertullian. A Historical and Literary Study, Oxford 1971 (Nachdruck 1985)

BARRETT, C. K., Jews and Judaizers in the Epistels of Ignatius, Hamerton-Kelly, R. / Scroggs, R. (Hg.), Jews, Greeks and Christians. Religious Cultures in Late Antiquity, Essays in Honor of W. D. Davies, Leiden 1976, 220–244

BARTELINK, G. J. M., Umdeutung heidnischer Termini im christlichen Sprachgebrauch, Frohnes, H. / Knorr, U. W. (Hg.), Die Alte Kirche I, Kirchengeschichte als Missionsgeschichte, München 1974, 397–418

-, Quelques observations sur ΠΑΡΡΗΣΙΑ dans la littérature paléo-chrétienne, GLCP 3, Nijmegen 1970, 7–57

BASTIAENSEN, A. A. R. u. a. (Hg.), Atti e Passioni dei Martiri, Fondazione Lorenzo Valla, ²1990

BAUER, A., Heidnische Märtyrerakten, APF 1/1901, 29–47

BAUER, J. B., Die Polykarpbriefe, KAV 5, Göttingen 1995

BAUER, W., Die Apostolischen Väter 2: Die Briefe des Ignatius von Antiochia und der Polykarpbrief, HNT ErgBd. 2, Tübingen 1920

- / PAULSEN, H., Die Apostolischen Väter 2: Die Briefe des Ignatius von Antiochia und der Polykarpbrief, HNT 18, zweite, neubearbeitete Auflage der Auslegung von W. Bauer, Tübingen 1985

-, Rechtgläubigkeit und Ketzerei im ältesten Christentum, hg. v. G.Strecker, BHTh 10, Tübingen ²1964

BAUER, W. / ALAND, K. / ALAND, B., Griechisch-deutsches Wörterbuch zu den Schriften des Neuen Testaments und der frühchristlichen Literatur, von Walter Bauer. 6., völlig neu bearbeitete Auflage im Institut für neutestamentliche Textforschung unter besonderer Mitwirkung von Viktor Reichmann herausgegeben von Kurt Aland und Barbara Aland, Berlin/New York 1988

BAUMEISTER, Th., Die Anfänge der Theologie des Martyriums, MBTh 45, Münster 1980

-, Rez. C. Scholten, Martyrium und Sophiamythos im Gnostizismus nach den Texten von Nag Hammadi. Münster 1987, ThRv 86/1990, 114–116

-, Rez. W. C. Weinrich, Spirit and Martyrdom, Washington 1981, VigChr 37/1983, 308–310

-, Zur Datierung der Schrift an Diognet, VigChr 42/1988, 105–111

-, Genese und Entfaltung der altkirchlichen Theologie des Martyriums, TC 8, Bern 1991

-, Art. Gebet V. Alte Kirche, TRE 12, 1984, 60–65

-, Art. Heiligenverehrung I, RAC 14, 1987, 96–150

-, Die Norm des evangeliumgemäßen Blutzeugnisses. Das Martyrium Polycarpi als vorsichtige Exhortatio ad Martyrium, Stimuli. Exegese und ihre Hermeneutik in Antike und Christentum, FS E. Dassmann, JAC.E 23, Münster 1996, 122–128

-, Märtyrer und Verfolgte im frühen Christentum. Ekklesiologisch-dogmatische Überlegungen, Conc (D) 19/1983, 169–173

-, Das Martyrium in der Sicht Justins des Märtyrers, StPatr 17,2, 631–642

-, Montanismus und Gnostizismus. Die Frage der Identität und Akkommodation des Christentums im 2.Jahrhundert, TThZ 87/1978, 44–60

-, Rez. G. Buschmann, Martyrium Polycarpi. Eine formkritische Studie. Ein Beitrag zur Frage nach der Entstehung der Gattung Märtyrerakte, BZNW 70, Berlin/New York 1994, BZ 40/1996, 290 ff.

BAUMGÄRTEL, F., Art. πνεῦμα κτλ. B. Geist im Alten Testament, ThWNT 6, 1959, 357–366

BAUR, F. C., Das Christenthum und die christliche Kirche der drei ersten Jahrhunderte, Ausgewählte Werke in Einzelausgaben. Dritter Band. Stuttgart-Bad Cannstatt 1966

-, Das Wesen des Montanismus nach den neuesten Forschungen, ThJb (T) 10/1851, 538–594

BAUS, K., Das Gebet der Märtyrer, TThZ 62/1953, 19–32

-, Der Kranz in Antike und Christentum. Eine religionsgeschichtliche Untersuchung mit besonderer Berücksichtigung Tertullians, Bonn 1940

BECK, B. E., ›Imitatio Christi‹ and the Lucan Passion Narrative, Horbury, W. / McNeil, B. (Eds.), Suffering and Martyrdom in the New Testament, Studies presented to G. M. Styler by the Cambridge New Testament Seminar, Cambridge 1981, 28–47

BEILNER, W., Art. ἐπιστολή, EWNT 2, 1981, 95–99

BEN-CHORIN, Sch., Antijüdische Elemente im Neuen Testament, EvTh 40/1980, 203–214

BENTZEN, A., Daniel 6. Ein Versuch zur Vorgeschichte der Märtyrerlegende, in: FS A. Bertholet, Tübingen 1950, 58–64

BENZ, E., Christus und Sokrates in der alten Kirche. Ein Beitrag zum altkirchlichen Verständnis des Märtyrers und des Martyriums, ZNW 43/1950 f., 195–224

BERGER, K., Apostelbrief und apostolische Rede. Zum Formular frühchristlicher Briefe, ZNW 65/1974, 190–231

-, Die Auferstehung des Propheten und die Erhöhung des Menschensohnes. Traditionsgeschichtliche Untersuchungen zur Deutung des Geschickes Jesu in frühchristlichen Texten, StUNT 13, Göttingen 1976

-, Das Canticum Simeonis (Lk 2,29–32), NT 27/1985, 27–39

-, Formgeschichte des Neuen Testaments, Heidelberg 1984

-, Art. Gebet IV. Neues Testament, TRE 12, 1984, 47–60

-, Art. Geist, Heiliger Geist, Geistesgaben 3. Neues Testament, TRE 12, 1984, 179 f.

-, Hellenistische Gattungen im Neuen Testament, ANRW 2.25.2, Berlin/New York 1984, 1031–1378

-, Die impliziten Gegner. Zur Methodik des Erschliessens von »Gegnern« in neutestamentlichen Texten, D. Lührmann / G. Strecker, (Hg.), Kirche. FS G. Bornkamm, Tübingen 1980, 373–400

BERSCHIN, W., Biographie und Epochenstil im lateinischen Mittelalter. I. Von der Passio Perpetuae zu den Dialogi Gregors des Großen, Quellen und Untersuchungen zur lateinischen Philologie des Mittelalters 8, Stuttgart 1986

BERTRAM, G., Die Leidensgeschichte Jesu und der Christuskult. Eine formgeschichtliche Untersuchung, FRLANT 32, Göttingen 1922

BERWIG, D., Mark Aurel und die Christen, München 1970

BETZ, H. D., Galatians. A Commentary on Paul's Letter to the Churches in Galatia, Hermeneia, Philadelphia 1979

–, Lukian von Samosata und das Neue Testament. Religionsgeschichtliche und paränetische Parallelen. Ein Beitrag zum Corpus Hellenisticum Novi Testamenti, TU 76, Berlin 1961

–, Nachfolge und Nachahmung Jesu Christi im Neuen Testament BHTh 37, Tübingen 1967

BETZ, J., Eucharistie. In der Schrift und Patristik, HDG 4,4 a, Freiburg/Basel/Wien 1979

–, Die Eucharistie in der Didache, ALW 11/1969, 10–39

BEUTLER, J., Art. μάρτυς, EWNT 2, 1981, 969–973

–, Martyria. Traditionsgeschichtliche Untersuchungen zum Zeugnisthema bei Johannes, FTS 10, Frankfurt a. M. 1972

BEYER, H. W., Art. εὐλογέω κτλ., ThWNT 2, 1935, 751–763

BEYSCHLAG, K., Clemens Romanus und der Frühkatholizismus. Untersuchungen zu I. Clemens 7, BHTh 35, Tübingen 1966

–, Das Jakobusmartyrium und seine Verwandten in der frühchristlichen Literatur, ZNW 56/1965, 149–178

BIEDER, W., Das Abendmahl im christlichen Lebenszusammenhang bei Ignatius von Antiochia, EvTh 16/1956, 75–97

BIELER, L., ΘΕΙΟΣ ΑΝΗΡ. Das Bild des »Göttlichen Menschen« in Spätantike und Frühchristentum, (Nachdruck) Darmstadt 1967

BIHLER, J., Der Stephanusbericht (Apg 6,8–15 und 7,54–8,2), BZ 3/1959, 252–270

BIHLMEYER, K.,(Hg.), Die Apostolischen Väter, Tübingen ³1970

BISBEE, G. A., The Acts of Justin Martyr: A Form-Critical Study, The SecCen 3/1983, 129–157

–, Pre-Decian Acts of Martyrs and Commentarii, Cambridge, Mass. 1986

BLANCHETIERE, F., Le montanisme originel, RevSR 52/1978, 118–134, 53/1979, 1–22

–, Aux sources de l'anti-judaisme chrétien, RHPhR 53/1973, 353–398

–, Le christianisme asiate aux IIème et IIIème siecles, Lille 1981

BLINZLER, J., Der Prozeß Jesu, Regensburg ⁴1969

BOEFT, J. den, Are You their Teacher? (Mart. Pionii 19.6), StPatr 21, 1987, Leuven 1989, 60–65

BOEFT, J. den / BREMMER, J., Notiunculae Martyrologicae 1–5, VigChr 35/1981, 43–56 / VigChr 36/1982, 383–402 / VigChr 39/1985, 110–130 / VigChr 45/1991, 105–122 / VigChr 49/1995, 146–164

BÖMER, F., Der Eid beim Genius des Kaisers, At. 44/1966, 77–133

BOMMES, K., Weizen Gottes. Untersuchungen zur Theologie des Martyriums bei Ignatius von Antiochien, Theoph. 27, Köln/Bonn 1976

BONNER, G., The Scillitan Saints and the Pauline Epistles, JEH 7/ 1956, 141–146

BONWETSCH, G. N., Die Geschichte des Montanismus, Erlangen 1881 (Nachdruck Hildesheim 1972)

–, Art. Polycarp, Bischof und Märtyrer zu Smyrna, ³RE 15, Leipzig 1904, 535–537

BORNKAMM, G., Lobpreis, Bekenntnis und Opfer, Geschichte und Glaube I, (Ges. Aufs. III), BEvTh 48, München 1968, 122–139 (ursprünglich in: Apophoreta, FS E. Haenchen, BZNW 30, Berlin 1964, 46–63)

BOULEY, A., From Freedom to Formula. The Evolution of the Eucharistic Prayer from Oral Improvisation to Written Texts, SCA 21, Washington D. C. 1981

Bower, R.A., The Meaning of ΕΠΙΤΥΓΧΑΝΩ in the Epistles of St. Ignatius of Antioch, VigChr 28/1974, 1–14

Bowersock, G.W., Les églises de Lyon et de Vienne: relations avec l'Asie, Les martyrs de Lyon (177), Lyon 20–23 Septembre 1977, Colloques internationaux du centre national de la recherche scientifique N0 575, 249–255, Paris 1978

–, Martyrdom and Rome, Cambridge 1995

Breitenstein, U., Beobachtungen zu Sprache, Stil und Gedankengut des vierten Makkabäerbuchs, Basel/Stuttgart ²1978

Brekelmans, A.J., Martyrerkranz. Eine symbolgeschichtliche Untersuchung im frühchristlichen Schrifttum, AnGr 150, Rom 1965

Bremer, J.M., Greek Hymns, Versnel, H.S. (Ed.), Faith, Hope and Worship, Aspects of Religious Mentality in the Ancient World, SGRR 2, Leiden 1981, 193–215

Bremmer, J.N., »Christianus sum«. The Early Christian Martyrs and Christ, Eulogia. Mélanges offerts à A.A.R. Bastiaensen, hg. v. Bartelink, G.J.M., IP 24, Steenbrügge/Den Haag 1991, 11–20

–, Why did Early Christianity attract Upper-class Women, Fructus Centesimus, FS G.J.M. Bartelink, hg. v. Bastiaensen, A.A.R. u.a., Steenbrügge/Dordrecht 1989, IP 19, 37–47

Brennecke, H.Chr., Geschichte als Lebensgeschichte. Die Alte Kirche im Spiegel biographischer Darstellungen, VF 39/1994, 4–25

Brind'amour, P., La Date du Martyre de Saint Polycarpe (Le 23 Février 167), AnBoll 98/1980, 456–462

Bringmann, K., Christentum und römischer Staat im ersten und zweiten Jahrhundert n.Chr., GWU 29/1978, 1–18

Brox, N., Der einfache Glaube und die Theologie. Zur altkirchlichen Geschichte eines Dauerproblems, Kairos 14/1972, 161–187

–, Der erste Petrusbrief, EKK 21, Zürich u.a. 1979

–, Kirchengeschichte des Altertums, LeTh 8, Düsseldorf 1983

–, Art. Häresie, RAC 13, 1986, 248–297

–, Der Hirt des Hermas, KAV 7, Göttingen 1991

–, Der Glaube als Weg. Nach biblischen und altchristlichen Texten, Bücherei der Salzburger Hochschulwochen, München 1968

–, Zeuge und Märtyrer. Untersuchungen zur frühchristlichen Zeugnis-Terminologie, StANT 5, München 1961

–, Zum Vorwurf des Atheismus gegen die alte Kirche, TThZ 75/1966, 274–282

Brucker, R., »Christushymnen« oder »epideiktische Passagen«? Studien zum Stilwechsel im Neuen Testament und seiner Umwelt, FRLANT 176, Göttingen 1997

Bühner, J.A., Art. παῖς, EWNT 3, 1983, 11–14

–, Art. περιστερά, EWNT 3, 1983, 184–186

Bultmann, R., Art. Briefliteratur, urchristliche, formgeschichtlich, ²RGG 1, 1927, 1254–1257

–, Art. ἀγαλλιάομαι κτλ., ThWNT 1, 1932, 18–20

–, Der zweite Brief an die Korinther, KEK.S, hg. v. E. Dinkler, Göttingen ²1987

Bundy, D.D., Rez. B. Dehandschutter, Martyrium Polycarpi, 1979, EThL 57/1981, 185–187

Burghardt, W.J., Primitive Montanism: Why Condemned?, From Faith to Faith, Essays in Honor of Donald G. Miller on his Seventieth Birthday, hg. v. D.Y. Hadidian, Pittsburgh 1979, 339–356

BUSCHMANN, G., Martyrium Polycarpi – eine formkritische Studie. Ein Beitrag zur Frage nach der Entstehung der Gattung Märtyrerakte, BZNW 70, Berlin/New York 1994

–, Martyrium Polycarpi 4 und der Montanismus, VigChr 49/1995, 105–145

–, Χριστοῦ κοινωνός (MartPol 6,2), das Martyrium und der ungeklärte κοινωνός-Titel der Montanisten, ZNW 86/1995, 243–264

–, Rez., Chr. Butterweck, »Martyriumssucht« in der Alten Kirche? Studien zur Darstellung und Deutung frühchristlicher Martyrien, BHTh 87, Tübingen 1995, VigChr 50/1996, 212–215

BUTTERWECK, Chr., »Martyriumssucht« in der Alten Kirche? Studien zur Darstellung und Deutung frühchristlicher Martyrien, BHTh 87, Tübingen 1995

CADOUX, C. J., Ancient Smyrna: A History of the City from the Earliest Times to 324 A. D., Oxford 1938

CALDER, W. M., Leaves from an Anatolian Notebook, BJRL 13/1929, 254–271

–, The New Jerusalem of the Montanists, Byzantion 6/1931, 421–425

–, Philadelphia and Montanism, BJRL 7/1922/1923, 309–354

CAMELOT, P. Th., (Hg.), Ignace d'Antioche, Polycarpe de Smyrne: Lettres, Martyre de Polycarpe, SC 10, Paris ⁴1969

–, Rez. H. v. Campenhausen, Bearbeitungen und Interpolationen des Polykarpmartyriums, 1957, DLZ 81/1960, 303 f.

–, Rez. B. Dehandschutter, Martyrium Polycarpi, 1979, RHE 75/1980, 646 f.

CAMPENHAUSEN, H. Freiherr v., Bearbeitungen und Interpolationen des Polykarpmartyriums, in: ders., Aus der Frühzeit des Christentums. Studien zur Kirchengeschichte des ersten und zweiten Jahrhunderts, Tübingen 1963, 253–301 (ursprünglich: SHAW. PH 1957, 5–48)

–, Das Bekenntnis im Urchristentum, ZNW 63/1972, 210–253

–, Die Entstehung der christlichen Bibel, BHTh 39, Tübingen 1968

–, Die Idee des Martyriums in der alten Kirche, Göttingen 1936 ²1964

–, Kirchliches Amt und geistliche Vollmacht in den ersten drei Jahrhunderten, BHTh 14, Tübingen ²1963

–, Das Martyrium in der Mission, in: Frohms, H. G. / Knorr, U. W., (Hg.), KGMG 1 (Die Alte Kirche), München 1974, 71–85

–, Das Martyrium des Zacharias. Seine früheste Bezeugung im zweiten Jahrhundert, in: ders., Aus der Frühzeit des Christentums. Studien zur Kirchengeschichte des ersten und zweiten Jahrhunderts, Tübingen 1963, 302–307

–, Neue Literatur zur alten Kirchengeschichte, ThR 6/1934, 1–32–, Art., Polykarp von Smyrna, ³RGG 5, 448–449

–, Polykarp von Smyrna und die Pastoralbriefe, in: ders., Aus der Frühzeit des Christentums. Studien zur Kirchengeschichte des ersten und zweiten Jahrhunderts, Tübingen 1963, 197–252

CARDMAN, F., Acts of the Women Martyrs, AThR 70/1988, 144–150

CASEL, O., Prophetie und Eucharistie, JLW 9/1929, 1–19

CAVALIERI, P. F. de, Note agiografiche 6, StT 33/1920, 3–45

–, La Passio SS. Perpetuae et Felicitatis, RQ.S 5, Rom 1896

CAZELLES, H., Die Anaphora und das Alte Testament, in: Eucharisties d'Orient et d'Occident I, Lex Orandi 46, Paris 1970, 11–21

CHADWICK, H., Rez. H. v. Campenhausen, Bearbeitungen und Interpolationen des Polykarpmartyriums, 1957, ZKG 69/1958, 330 f.

CHURRUCA, J. de, Confesseurs non condamnés à mort dans le procès contre les chrétiens de Lyon l'année 177, VigChr 38/1984, 257–270

CLASSEN, C. J., Paulus und die antike Rhetorik, ZNW 82/1991, 1–33

CLEVENOT, M., Die Christen und die Staatsmacht. Geschichte des Christentums im II. und III. Jahrhundert. Fribourg 1988

COLIN, J., L'empire des Antonins et les martyrs Gaulois de 177, Ant., Reihe 1, Abhandlungen zur Alten Geschichte 10, Bonn 1964

–, Les villes libres de l'Orient gréco-romain et l'envoi au supplice par acclamations populaires, Collection Latomus 82, Bruxelles/Berchem 1965

COLPE, C., Heidnische, jüdische und christliche Überlieferung in den Schriften aus Nag Hammadi VII, JAC 21/1978, 125–146

CONNOLLY, R. H., The Doxology in the Prayer of St Polycarp, JThS 24/1923, 144–146

CONZELMANN, H., Bemerkungen zum Martyrium Polykarps, NAWG 1978, 3–20

–, Art. εὐχαριστέω κτλ., ThWNT 9, 1973, 397–405

–, Heiden – Juden – Christen. Auseinandersetzungen in der Literatur der hellenistisch-römischen Zeit, BHTh 62, Tübingen 1981.

–, Historie und Theologie in den synoptischen Passionsberichten, in: ders., Theologie als Schriftauslegung, Aufs. zum NT, BEvTh 65, München 1974, 74–90

–, Der erste Brief an die Korinther, KEK 5, Göttingen 1969

CORSSEN, P., Begriff und Wesen des Märtyrers in der Alten Kirche, NJKA 18/1915, 481–501

–, Die Vita Polycarpi, ZNW 5/1904, 266–302

CROIX, G. E. M. de Ste., Aspects of the »Great« Persecution, HThR 47/1954, 75–113

–, Why Were the Early Christians Persecuted?, PaP 26/1963, 6–38

–, Why Were the Early Christians Persecuted? – A Rejoinder, PaP 27/1964, 28–33

CROUZEL, H., L'imitation et la »suite« de Dieu et du Christ dans les premiers siècles chrétiens ainsi que leurs sources Gréco-Romaines et Hébraïques, JbAC 21/1978, 7–41

CRÜSEMANN, F., Studien zur Formgeschichte von Hymnus und Danklied in Israel, WMANT 32, Neukirchen-Vluyn 1969

DAMME, D. van, Gott und die Märtyrer. Überlegungen zu Tertullian, Scorpiace, FZPhTh 27/1980, 107–119

–, ΜΑΡΤΥΣ – ΧΡΙΣΤΙΑΝΟΣ (Martys – Christianus). Überlegungen zur ursprünglichen Bedeutung des altkirchlichen Märtyrertitels, FZPhTh 23/1976, 286–303

–, Art. Polycarpe de Smyrne, DSp 12, Paris 1986, 1902–1908

DASSMANN, E., Kirchengeschichte I. Ausbreitung, Leben und Lehre der Kirche in den ersten drei Jahrhunderten, Studienbücher Theologie 10, Stuttgart 1991

–, Sündenvergebung durch Taufe, Buße und Martyrerfürbitte in den Zeugnissen frühchristlicher Frömmigkeit und Kunst, MBTh 36, Münster 1973

DAUER, A., Die Passionsgeschichte im Johannesevangelium. Eine traditionsgeschichtliche und theologische Untersuchung zu Joh 18,1–19,30, StANT 30, München 1972

DAUTZENBERG, G., Art. εὐωδία / ὀσμή, EWNT 2, 1981, 226–229

DEHANDSCHUTTER, B., Hagiographie et histoire à propos des actes et passions des martyrs, Martyrium in multidisciplinary perspective, Memorial L. Reekmans, hg. v. Lamberigts, M. / Deun, P. van, BEThL 117, Leuven 1995, 295–301

–, Le Martyre de Polycarpe et le développement de la conception du martyre au deuxième siècle, StPatr 17.2, 1982, 659–668

-, The Martyrium Polycarpi: a Century of Research, ANRW 2. 27. 1, Berlin/New York 1993, 485–522

-, Martyrium Polycarpi. Een literair-kritische studie, BEThL 52, Leuven 1979

-, Some Notes on 1 Clement 5,4–7, Fructus Centesimus, FS G.J.M. Bartelink, hg. v. Bastiaensen, A.A.R. u.a., Steenbrügge/Dordrecht 1989, IP 9, 83–89

DEICHGRÄBER, R., Art. Formeln, Liturgische II. Neues Testament und Alte Kirche, 1.–4., TRE 11, 1983, 256–263

-, Gotteshymnus und Christushymnus in der frühen Christenheit, StUNT 5, Göttingen 1967

DEININGER, J., Die Provinziallandtage der römischen Kaiserzeit von Augustus bis zum Ende des dritten Jahrhunderts n. Chr., Vestigia 6, München/Berlin 1965

DEISSMANN, G.A., Licht vom Osten. Das Neue Testament und die neuentdeckten Texte der hellenistisch-römischen Welt, Tübingen 1908

DELEHAYE, H., Les Légendes Hagiographiques, SHG 18, Brüssel ⁴1955

-, Martyr et Confesseur, AnBoll 39/1921, 20–49

-, Les origines du culte des martyrs, Brüssel 1933

-, Les passions des martyres et les genres littéraires, SHG 13,2, Brüssel ²1966

-, Sanctus. Essai sur le culte des saints dans l'antiquité, SHG 17, Brüssel 1927

-, Rez. W. Reuning, Zur Erklärung des Polykarpmartyriums, 1917, AnBoll 38/1920, 200–202

DELLING, G., Art. ὀσμή, ThWNT 5, 1954, 492–495

-, Art. πλήρης, ThWNT 6, 1959, 283–285

-, Art. τρεῖς κτλ., ThWNT 8, 1969 215–225

-, Art. ὕμνος κτλ., ThWNT 8, 1969 492–506

DERONAUX, W., Rez. H. v. Campenhausen, Die Idee des Martyriums in der alten Kirche, 1936, AnBoll 55/1937, 357–359

DEVOS, P., Rez. H.W. Surkau, Martyrien in jüdischer und frühchristlicher Zeit, 1938, AnBoll 57/1939, 136–138

-, »ΜΕΓΑ ΣΑΒΒΑΤΟΝ« chez Saint Epiphane, AnBoll 108/1990, 293–306

DIBELIUS, M., Die Formgeschichte des Evangeliums, Tübingen ⁶1971

-, Gethsemane, in: ders., Botschaft und Geschichte 1, GAufs., hg. v. Bornkamm, G. / Kraft, H., Tübingen 1953, 258–271

-, Die Apostolischen Väter 4: Der Hirt des Hermas, HNT Erg. Bd. 4, Tübingen 1923

-, Die Reden der Apostelgeschichte und die antike Geschichtsschreibung, in: ders., Aufsätze zur Apostelgeschichte, FRLANT 60, Göttingen ⁵1968, 120–162

-, Rom und die Christen im ersten Jahrhundert, in: ders., Botschaft und Geschichte 2, GAufs., hg. v. Bornkamm, G. / Kraft, H., Tübingen 1956, 177–228

-, Die Mahl-Gebete der Didache, Botschaft und Geschichte, Ges. Aufs., 2.Bd: Zum Urchristentum und zur hellenistischen Religionsgeschichte, Tübingen 1956, 117–127

DODDS, E.R., Heiden und Christen in einem Zeitalter der Angst. Aspekte religiöser Erfahrung von Marc Aurel bis Konstantin, suhrkamp TB Wissenschaft 1024, Frankfurt/M. 1992

DÖLGER, F.J., Antike Parallelen zum leidenden Dinokrates in der Passio Perpetuae, AuC 2/1930, 1–40

-, Der Feuertod ohne die Liebe. Antike Selbstverbrennung und christlicher Martyrium-Enthusiasmus. Ein Beitrag zu I Korinther 13,3, AuC 1/1929 (²1974), 254–270

-, Der Flammentod des Martyrers Porphyrios in Caesarea Maritima. Die Verkürzung der Qualen durch Einatmung des Rauches, AuC 1/1929 (²1974), 243–253

–, Der Kampf mit dem Ägypter in der Perpetua-Vision. Das Martyrium als Kampf mit dem Teufel, AuC 3/1932, 177–188

–, Sol Salutis, LF 5/4, Münster ²1925

–, ΘΕΟΥ ΦΩΝΗ. Die »Gottes-Stimme« bei Ignatius von Antiochien, Kelsos und Origenes, AuC 5/1936, 218–223

DONAHUE, P. J., Jewish Christianity in the Letters of Ignatius of Antioch, VigChr 32/1978, 81–93

DORMEYER, D., Evangelium als literarische und theologische Gattung, EdF 263, Darmstadt 1989

–, Die Passion Jesu als Verhaltensmodell. Literarische und theologische Analyse der Traditions- und Redaktionsgeschichte der Markuspassion, NTA 11, Münster 1974

–, Der Sinn des Leidens Jesu. Historisch-kritische und textpragmatische Analysen zur Markuspassion, SBS 96, Stuttgart 1979

DOTY, W. G., The Classification of Epistolary Literature, CBQ 31/1969, 183–199

–, Letters in Primitive Christianity, Philadelphia ⁴1983

DOWNING, J., Jesus and Martyrdom, JThS 14/1963, 279–293

DRONKE, P., Women Writers of the Middle Ages. A Critical Study of Texts from Perpetua ( 203) to Marguerite Porete ( 1310), Cambridge 1984

EDWARDS, M. J., Martyrdom And The FIRST EPISTLE of John, NT 31/1989, 164–171

EGLI, E., Altchristliche Studien. Martyrien und Martyrologien ältester Zeit. Mit Textausgaben im Anhang, Zürich 1887

EHRHARDT, A., Die Kirche der Märtyrer. Ihre Aufgaben und ihre Leistungen. München 1932

EIJK, T. H. C. van, La Résurrection des Morts chez les Pères Apostoliques, ThH 25, Paris 1974

ERNST, J., Johannes der Täufer. Interpretation – Geschichte – Wirkungsgeschichte, BZNW 53, Berlin/New York 1989

ESKING, E., Das Martyrium als theologisch-exegetisches Problem, in: Schmauch, W., (Hg.), In Memoriam E. Lohmeyer, Stuttgart 1951, 224–232

EUSEBIUS VON CÄSAREA, Kirchengeschichte, hg. v. E. Schwartz (griechische Ausgabe), Berlin ⁵1952

–, Kirchengeschichte, hg. v. H. Kraft (deutsche Übersetzung), Darmstadt 1984

FARKASFALVY, D., Christological Content and Its Biblical Basis in the Letter of the Martyrs of Gaul, SecCen 9/1992, 5–25

FASCHER, E., Zum Begriff des Fremden, ThLZ 96/1971, 161–168

–, Art. Briefliteratur, urchristliche, formgeschichtlich, ³RGG 1, 1412–1415

–, Art. Fremder, RAC 8, 1972, 306–347

–, Jesus der Lehrer. Ein Beitrag zur Frage nach dem »Quellort der Kirchenidee«, ThLZ 79/1954, 325–342

–, Der Vorwurf der Gottlosigkeit in der Auseinandersetzung bei Juden, Griechen und Christen, in: Betz, O. u. a. (Hg.), Abraham unser Vater. Juden und Christen im Gespräch über die Bibel. FS O. Michel, AGSU 35, 1963, 78–105

FELDMAN, L. H., Jew and Gentile in the Ancient World. Attitudes and Interactions from Alexander to Justinian, Princeton N. J., 1993

FIEBIG, P., Jüdische Wundergeschichten des neutestamentlichen Zeitalters unter besonderer Berücksichtigung ihres Verhältnisses zum Neuen Testament. Ein Beitrag zum Streit um die »Christusmythe«, Tübingen 1911

-, (Hg.), Rabbinische Wundergeschichten des neutestamentlichen Zeitalters, KlT 78, Berlin ²1933

FINEGAN, J., Die Überlieferung der Leidens- und Auferstehungsgeschichte Jesu, BZNW 15, Gießen 1934

FINKELSTEIN, L., The Birkat Ha-Mazon, JQR 19/1928/29, 211-262

FISCHEL, H.A., »Martyr and Prophet« (A Study in Jewish Literature) JQR 37/1946 f., 265-280.363-386

FISCHER, J.A., Die antimontanistischen Synoden des 2./3.Jahrhunderts, AHC 6/1974, 241-273

-, Die Apostolischen Väter, SUC 1, Darmstadt ⁸1981

-, Art. Polykarpos, LThK 8, 1963, 597

FOERSTER, W., Art. ἀσεβής κτλ., ThWNT 7, 1964, 184-190

FORD, J.M., A Note on Proto-Montanism in the Pastoral Epistles, NTS 17/1970/71, 338-346

-, Was Montanism a Jewish-Christian Heresy?, JEH 17/1966, 145-158

FOX, R.L., Pagans and Christians, New York ³1987

FRANK, S., ΑΓΓΕΛΙΚΟΣ ΒΙΟΣ. Begriffsanalytische und begriffsgeschichtliche Untersuchung zum »Engelgleichen Leben« im frühen Mönchtum, BGAM 26, Münster 1964

FRANZ, M.-L. von, Die Passio Perpetuae. Versuch einer psychologischen Deutung, C.G. Jung, Aion. Untersuchungen zur Symbolgeschichte, Psychologische Abhandlungen 8, Zürich 1951, 387-496

FREEMAN, G., Montanism and the Pagan Cults of Phrygia, DomSt 3/1950, 297-316

FREEMAN-GRENVILLE, G.S.P., The Date of the Outbreak of Montanism, JEH 5/1954, 7-15

FREI, W., Bischof Polykarp von Smyrna und die beginnende Heiligenverehrung, IKZ 72/1982, 207-213

FREND, W.H.C., Art. Montanismus, TRE 23, 1994, 271-279

-, Blandina and Perpetua: Two Early Christian Heroines, Les martyrs de Lyon (177), Lyon 20-23 Septembre 1977, Colloques internationaux du centre national de la recherche scientifique N0 575, 167-177, Paris 1978

-, Rez. H. v. Campenhausen, Bearbeitungen und Interpolationen des Polykarpmartyriums, 1957, JThS 9/1958, 370-373

-, Rez. B. Dehandschutter, Martyrium Polycarpi, 1979, JEH 33/1982, 157

-, Martyrdom and Persecution in the Early Church. A Study of a Conflict from the Maccabees to Donatus, Oxford 1965

-, Montanism: A Movement of Prophecy and Regional Identity in the Early Church, BJRL 70/1988, 25-34

-, Montanism: Research and Problems, in: ders., Archaeology and History in the Study of Early Christianity (Collected studies series; CS 282), 521-537, London 1988

-, A Note on the Chronology of the Martyrdom of Polycarp and the Outbreak of Montanism, in: Oikoumene, Studi paleocristiani in onore del Concilio Ecumenico Vaticano II. Centro di Studi sull' Antico Cristianesimo. Università di Catania 1964, 499-506

-, The Persecutions: some Links between Judaism and the Early Church, JEH 9/1958, 141-158

-, The Rise of Christianity. London 1984

FREUDENBERGER, R., Die Acta Justini als historisches Dokument, in: Beyschlag, K., (Hg.), Humanitas - Christianitas, FS W. Loewenich, Witten 1968, 24-31

–, Die Akten der scilitanischen Märtyrer als historisches Dokument, WSt 86/1973, 196–215

–, Art. Christenverfolgungen 1. Römisches Reich, TRE 8, 1981, 23–29

–, Die Überlieferung vom Martyrium des römischen Christen Apollonius, ZNW 60/1969, 111–130

FRIDH, A., Le problème de la passion des Saintes Perpétue et Félicité, SGLG 26, Göteborg 1968

FRIEDRICH, G., Lohmeyers These über das paulinische Briefpräskript kritisch beleuchtet, ThLZ 81/1956, 343–346

FRIEDRICH, J., Ueber die Cenones der Montanisten bei Hieronymus, SBAW.PPH 1895, II, 207–221

FRITZ, K. von, Greek Prayers, Review of Religion 10/1945, 5–39

GÄRTNER, H. A., Acta Scillitanorum in literarischer Interpretation, WSt 102/1989, 149–167

–, Passio Sanctorum Scillitanorum. A Literary Interpretation, StPatr 20/1989, 8–14

GAIFFIER, B. de, Rez. G. Lazzati, Gli sviluppi della letteratura sui martiri nei primi quattro secoli, 1956, AnBoll 75/1957, 422–424

–, La lècture des actes des martyrs dans la priere liturgique en occident, AnBoll 72/1954, 134–166

GAMBER, K., Das koptische Ostrakon London, B.M. Nr. 32799 + 33050 und seine liturgiegeschichtliche Bedeutung, OS 21/1972, 298–308

–, Die »Eucharistia« der Didache, EL 101/1987, 3–32

–, Der griechische Urtext des Eucharistiegebetes in der Ägyptischen Kirchenordnung, OS 17/1968, 44–47

–, Die Serapion-Anaphora ihrem ältesten Bestand nach untersucht, OS 16/1967, 33–42

–, Sacrificium Laudis. Zur Geschichte des frühchristlichen Eucharistiegebets, SPLi 5, Regensburg 1973

–, Der Christus-Hymnus im Philipperbrief in liturgiegeschichtlicher Sicht, Biblica 51/1970, 369–376

–, Die Oden Salomos als frühchristliche Gesänge beim heiligen Mahl, OS 15/1966, 182–195

GASS, F. W., Das christliche Märtyrerthum in den ersten Jahrhunderten, und dessen Idee, ZHTh 29/1859, 323–392 / 30/1860, 315–381

GEBHARDT, O. v., (Hg.), Acta martyrum selecta. Ausgewählte Märtyreracten und andere Urkunden aus der Verfolgungszeit der christlichen Kirche, Berlin 1902

GELIN, A., Les origins biblique de l'idée de martyre, LV (B), 36/1958, 123–129

GEFFCKEN, J., Die Acta Apollonii, NGWG.PH 1904, 262–284

–, Die christlichen Martyrien, Hermes 45/1910, 481–505

–, Die Stenographie in den Akten der Märtyrer, Archiv für Stenographie 57/1906, 81–89

GERO, St., The So-Called Ointment Prayer in the Coptic Version of the Didache: a Re-Evaluation, HThR 70/1977, 67–84

GERSTENBERGER, E., Literatur zu den Psalmen, VF 17/1972, 82–99

GESENIUS, W., Hebräisches und aramäisches Handwörterbuch über das Alte Testament, [17]1915 (Nachdruck Berlin/Göttingen/Heidelberg 1962)

GIBSON, E., The »Christians for Christians« Inscriptions of Phrygia. Greek Texts, Translation and Commentary, HThS 32, Missoula 1978

GLOER, W. H., Homologies and Hymns in the New Testament: Form, Content and Criteria for Identification, PRSt 11/1984, 115–132

GNILKA, Chr., Ultima Verba, JAC 22/1979, 5–21

GNILKA, J., Das Evangelium nach Markus, EKK 2, Zürich u. a. 1978 f.

–, Das Martyrium Johannes des Täufers (Mk 6,17–29), in: Hoffmann, P., u. a., (Hg.), Orientierung an Jesus. Zur Theologie der Synoptiker, FS J. Schmid, Freiburg u. a. 1973, 78–92

GÖDECKE, M., Geschichte als Mythos. Eusebs »Kirchengeschichte«, EHS.T 307, Frankfurt a.M. 1987

GOLDHAHN-MÜLLER, I., Die Grenze der Gemeinde: Studien zum Problem der Zweiten Buße im Neuen Testament unter Berücksichtigung der Entwicklung im 2.Jh. bis Tertullian, GTA 39, Göttingen 1989

GOLTZ, E. v. d., Das Gebet in der ältesten Christenheit. Eine geschichtliche Untersuchung, Leipzig 1901

GOODSPEED, E.J., Index Apologeticus sive clavis Iustini Martyris Operum aliorumque apologetorum pristinorum, Leipzig 1912

–, Index Patristicus sive clavis patrum apostolicorum operum, ex editione minore Gebhardt, Harnack, Zahn, Chicago/Leipzig 1907 (Neudruck Naperville 1960)

GOPPELT, L., Christentum und Judentum im ersten und zweiten Jahrhundert. Ein Aufriß der Urgeschichte der Kirche, BFChTh.M 55, Gütersloh 1954

GRÄSSER, E., Der Glaube im Hebräerbrief, MThSt 2, Marburg 1965

–, Hebr 1,1–4. Ein exegetischer Versuch, EKK. V 3, Zürich u. a. 1971, 55–91

GRANSKOU, D., Anti-Judaism in the Passion Accounts of the Fourth Gospel, Richardson, P. / Granskou, D. (Ed.), Anti-Judaism in Early Christianity. Volume 1: Paul and the Gospels, SCJud 2, Waterloo/Ont. 1986, 201– 216

GRANT, R. M., Augustus to Constantine. The Thrust of the Christian Movement into the Roman World. London 1971

–, The Case Against Eusebius. Or, Did the Father of Church History Write History?, StPatr 12, 413–421, TU 115, (Ost-)Berlin 1975

–, Christen als Bürger im römischen Reich, Göttingen 1981

–, Eusebius and the martyrs of Gaul, Les martyrs de Lyon (177), Lyon 20–23 Septembre 1977, Colloques internationaux du centre national de la recherche scientifique No 575, 129–135, Paris 1978

–, Eusebius as church historian. Oxford 1980

–, Art. Montanismus, EKL 3, 539–541

–, Sacrifices and Oaths as Required of Early Christians, in: Granfield, P., (Hg.), Kyriakon, FS J. Quasten Vol. 1, Münster 1970, 12–17

GREEVEN, H., Art. περιστερά, τρυγών, ThWNT 6, 1959, 63–72

GREGOIRE, H., Du nouveau sur la hiérarchie de la secte Montaniste, Byz. 2, 1925, 329–337

–, Un nouvéau κοινωνός montaniste, La Nouvelle Clio 4/1952, 314

–, Les persecutions dans l'empire romain, Brüssel ²1964

– / ORGELS, P., La veritable date du martyre de S. Polycarpe (23. février 177) et le »Corpus Polycarpianum«, AnBoll 69/1951, 1–38

– / ORGELS, P. / MOREAU, J., Les martyres de Pionius et de Polycarpe, BAB.L 47/1961, 72–83

GRIFFE, E., Un nouvel article sur la date du martyre de Saint Polycarpe, BLE 54/1953, 178–181

-, A propos de la date du martyre de Saint Polycarpe, BLE 52/ 1951, 170–177

GROH, D. E., Utterance and Exegesis: Biblical Interpretation in the Montanist Crisis, Groh, D.E. / Jewett, R. (Hg.),The Living Text, FS E.W. Saunders, Lanham 1985, 73–95

GÜLZOW, H., Christentum und Sklaverei in den ersten drei Jahrhunderten, Bonn 1969

GÜNTHER, E., Zeuge und Märtyrer, ZNW 47/1956, 145–161

GUILLAUMIN, M. L., En merge du »Martyre de Polycarpe«. Le discernement des allusions scripturaires, in: Bellis, M., (Hg.), Forma Futuri. Studi in onore del Cardinale M. Pellegrino, Torino 1975, 462–469

GUNKEL, H., Einleitung in die Psalmen. Die Gattungen der religiösen Lyrik Israels. Zu Ende geführt von J. Begrich. Göttingen 1933 ⁴1985

GUSTAFSSON, B., Eusebius' Principles in Handling his Sources Found in his Church History Books I–VII, StPatr 4.2, TU 79, Berlin 1961, 429–441

GUTBROD, W., Art. Ἰσραήλ κτλ. (C.D.), ThWNT 3, 1938, 370–394

GUYOT, P. / KLEIN, R. (Hg.), Das frühe Christentum bis zum Ende der Verfolgungen. Eine Dokumentation. Bd. 1: Die Christen im heidnischen Staat, TzF 60, Darmstadt 1993. Bd. 2: Die Christen in der heidnischen Gesellschaft, TzF 62, Darmstadt 1994

HAAG, E., Die drei Männer im Feuer nach Dan 3: 1–30, in: Henten, J.W. v., u. a., (Hg.), Die Entstehung der jüdischen Martyrologie, StPB 38, Leiden 1989, 20–50

-, Die Errettung Daniels aus der Löwengrube. Untersuchungen zum Ursprung der biblischen Danieltradition, SBS 110, Stuttgart 1983

HABERMEHL, P., Perpetua und der Ägypter - oder: Bilder des Bösen im frühen afrikanischen Christentum. Ein Versuch zur Passio Sanctarum Perpetuae et Felicitatis, TU 140, Berlin 1992

HABICHT, Chr., (Hg.), 2. Makkabäerbuch, JSHRZ 1, Gütersloh 1976

HAENCHEN, E., Die Apostelgeschichte, KEK 3, Göttingen ⁶1968

-, Historie und Geschichte in den Johanneischen Passionsberichten, in: ders., Die Bibel und Wir, GAufs. 2, Tübingen 1968, 182–207

HÄNGGI, A. / PAHL, I., (Hg.), Prex Eucharistica. Textus e variis liturgiis antiquioribus selecti, SpicFri 12, Fribourg 1968

HAGEMEYER, O.,(Hg.), Ich bin Christ. Frühchristliche Märtyrerakten, Düsseldorf 1961

-, Polykarps Eucharistia, HlD 38/1984, 21–24

HAHN, F., Christologische Hoheitstitel. Ihre Geschichte im frühen Christentum, FRLANT 83, Göttingen ³1966

-, Das Problem des Frühkatholizismus, EvTh 38/1978, 340–357

HALKIN, F., Une nouvelle Passion des Martyrs de Pergame, in: Stuiber, A. / Hermann, A., (Hg.), Mullus, FS Th. Klauser, JAC.E 1, Münster 1964, 150–154

-, Rez. N. Brox, Zeuge und Märtyrer, München 1961, AnBoll 80/1962, 449 f.

HALL, St. G., Formeln, Liturgische II. Neues Testament und Alte Kirche, 5.–8., TRE 11, 1983, 263–265

HAMMAN, A., La Confession de la Foi dans les Premiers Actes des Martyrs, in: Fontaines, J. / Kannengiesser, Ch., (Hg.), EPEKTASIS, Mélanges Patristiques offerts au Cardinal J. Daniélou, Beauchesne 1972, 99–105

-, Die ersten Christen. Stuttgart 1985

-, Das Gebet in der Alten Kirche, (aus dem Franz. ins Dt. übertragen von A. Spoerri), TC 7, Bern 1989 (Original: La Prière, Paris/Tournai 1963)

-, Art. Martyrerakten, LThK 7, 133 f.

-, La Prière II Les Trois Premiers Siècles, BT, Tournai 1963

-, Signification doctrinale des Actes des martyrs, NRTh 75/1953, 739–745

HAMMERSHAIMB, E., Das Martyrium Jesajas, JSHRZ 2: Unterweisung in erzählender Form, Gütersloh 1973, 15–34

HANDRICK, Th., Das Bild des Märtyrers in den historischen Schriften des Eusebius von Caesarea. Die »erste Verfolgung« in Chronik und Kirchengeschichte, StPatr 19, 1987, 72–79

HANSON, J. S., Dreams and Visions in the Graeco-Roman World and Early Christianity, ANRW 2.23.2, Berlin/New York 1980, 1395–1427

HANSON, R. P. C., The liberty of the bishop to improvise prayer in the eucharist, VigChr 15/1961, 173–176

HARDER, G., Art. σπουδάζω κτλ., ThWNT 7, 1964, 559–568

-, Art. φθείρω κτλ., ThWNT 9, 1973, 94–106

HARNACK, A. v., Die Acten des Karpus, des Papylus und der Agathonike. Eine Urkunde aus der Zeit M. Aurels, TU 3.3.4., Leipzig 1888, 433–466

-, Die Bezeichnung Jesu als »Knecht Gottes« und ihre Geschichte in der alten Kirche, SPAW. PH, Berlin 28/1926, 212–238

-, Geschichte der altchristlichen Literatur bis Eusebius, Leipzig ²1958

-, Die Mission und Ausbreitung des Christentums in den ersten drei Jahrhunderten. 2 Bde Leipzig ⁴1924

-, Der Process des Christen Apollonius vor dem Praefectus praetorio Perennis und dem römischen Senat, SPAW 37, 1893, 721–746

-, Rez. J. W. Thompsen, The Alleged Persecution of the Christians at Lyons in 177, ThLZ 38/1913, 74–77

-, Das ursprüngliche Motiv der Abfassung von Märtyrer- und Heilungsakten in der Kirche, SPAW.PH 7, 1910, 106–125

-, Der Vorwurf des Atheismus in den ersten drei Jahrhunderten, TU 13.4, Leipzig 1905, 1–16

HARRINGTON, D. J., The Reception of Walter Bauer's *Orthodoxy and Heresy in Earliest Christianity* During the Last Decade, HThR 73/1980, 289–298

HAUCK, F., Art. κοινός κτλ., ThWNT 3, 1938, 789–810

HAUSBERGER, K., Art. Heilige/Heiligenverehrung III. Anfänge der christlichen Heiligenverehrung, TRE 14, 1985, 646–651

HAUSCHILDT, W. D., Rez. Th. Baumeister, Die Anfänge der Theologie des Martyriums, 1980, ThLZ 108, 1983, 363–365

-, Der römische Staat und die frühe Kirche, Gütersloh 1974

HEFFERNAN, Th. J., The Passion of Saints Perpetua and Felicitas and the Imitatio Christi, Sacred Biography. Saints and Their Biographers in the Middle Ages, New York/Oxford 1988, 185–230

HEINE, R. E., The Montanist Oracles and Testimonia, PatMS 14, Macon 1989

-, The Gospel of John and the Montanist Debate at Rome, StPatr 21, 1987, Leuven 1989, 95–100

-, The Role of the Gospel of John in the Montanist Controversy, SecCen 6/1987–88, 1–19

HEINRICI, D., Das altchristliche Märtyrertum, Jahrbuch der Sächsischen Missionskonferenz 1904, 14–42

HEITMANN, A., Imitatio Dei. Die ethische Nachahmung Gottes nach der Väterlehre der zwei ersten Jahrhunderte, StAns 10, Rom 1940

HENGEL, M., Zwischen Jesus und Paulus. Die »Hellenisten«, die »Sieben« und Stephanus (Apg 6,1–15; 7,54–8,3), ZThK 72/1975, 151–206

–, Leiden in der Nachfolge Jesu. Überlegungen zum leidenden Menschen im Neuen Testament, in: Schulze, H., (Hg.), Der leidende Mensch. Beiträge zu einem unbewältigten Thema, Neukirchen-Vluyn 1974, 85–94

HENNECKE, E. / SCHNEEMELCHER, W., (Hg.), Neutestamentliche Apokryphen in deutscher Übersetzung 2: Apostolisches, Apokalypsen und Verwandtes, Tübingen ⁴1971

HENTEN, J. W. v., u. a., (Hg.), Die Entstehung der jüdischen Martyrologie, StPB 38, Leiden 1989

–, Zum Einfluß jüdischer Martyrien auf die Literatur des frühen Christentums, II. Die Apostolischen Väter, ANRW 2.27.1, Berlin/New York 1993, 700–723

–, Das jüdische Selbstverständnis in den ältesten Martyrien in: ders., u. a., (Hg.), Die Entstehung der jüdischen Martyrologie, StPB 38, Leiden 1989, 127–161

–, The Martyrs as Heroes of the Christian People. Some Remarks on the Continuity between Jewish and Christian Martyrology, with Pagan Analogies, Lamberigts, M. / Deun, P. van (Hg.),Martyrium in Multidisciplinary Perspective, Memorial Louis Reekmans, BEThL 117, Leuven 1995, 303–322

HILGENFELD, A., Rez. »J. Friedrich, Über die Cenones der Montanisten bei Hieronymus. Aus den Sitzungsberichten der philos.-philol. und der hist. Classe der K. bayer. Akad. d. Wiss. 1895. Heft II. München. 8. S. 207–221«, ZWTh 38/1895, 635–638

–, Die Ketzergeschichte des Urchristentums. Urkundlich dargestellt. Leipzig 1884. Nachdruck Darmstadt 1963

–, Das Martyrium Polykarp's von Smyrna, ZWTh 22/1879, 145–170

HILL, C. E., Regnum Caelorum. Patterns of Future Hope in Early Christianity, Oxford Early Christian Studies, Oxford 1992

HIRSCHFELD, O., Zur Geschichte des Christentums in Lugdunum vor Constantin, in: ders., Kleine Schriften, Berlin 1913, 154–185

–, Die Sicherheitspolizei im römischen Kaiserreich, SPAW. PH 39/1891, 845–877; 40/1892, 815–824; 41/1893, 421–441

HOCEDEZ, E., Le concept de martyr, NRTh 55/1928, 81–99. 198–208

HOFFMANN, M., Der Dialog bei den christlichen Schriftstellern der ersten vier Jahrhunderte, TU 96, Berlin 1966

HOLL, K., Die Vorstellung vom Märtyrer und die Martyrerakte in ihrer geschichtlichen Entwicklung, in: ders., Gesammelte Aufsätze zur Kirchengeschichte 2, Tübingen 1928 (Nachdruck Darmstadt 1964), 68–102

HOLZHAUSEN, J., Gnosis und Martyrium. Zu Valentins viertem Fragment, ZNW 85/1994, 116–131

HOMMEL, H., Pantokrator, ThViat 5/1953 f., 322–378

HUBER, E. C., Women and the Authority of Inspiration. A Reexamination of Two Prophetic Movements From a Contemporary Feminist Perspective, Lanham/New York/London 1985

HÜBNER, H., Art. Israel III. Neues Testament, TRE 16, 1987, 383–389

IBER, G., Zur Formgeschichte der Evangelien, ThR 24/1957 f., 283–338

JANSSEN, L. F., ›Superstitio‹ and the Persecution of the Christians, VigChr 33/1979, 131–159

JEGHER-BUCHER, V., Der Galaterbrief auf dem Hintergrund antiker Epistolographie und Rhetorik. Ein anderes Paulusbild, AThANT 78, Zürich 1991

JENSEN, A., Gottes selbstbewußte Töchter. Frauenemanzipation im frühen Christentum? Freiburg/Basel/Wien 1992

JEREMIAS, J., Art. παῖς ϑεοῦ im Neuen Testament, ThWNT 5, 1954, 698–713

–, Die Abendmahlsworte Jesu, Göttingen ⁴1967

JOHNSON, Sh. E., Early Christianity in Asia Minor, JBL 77/1958, 1–17

JOLY, R., Le dossier d'Ignace d'Antioche, Bruxelles 1979

JONES, C. P., A Note on *Diogmitae*, Illinois Classical Studies 12/1987, 179 f.

JOUASSARD, G., Le rôle des chrétiens comme intercesseurs auprès de Dieu dans la chrétienté lyonnaise au second siècle, RevSR 30/1956, 217–229

JÜLICHER, A., Ein gallisches Bischofsschreiben des 6. Jahrhunderts als Zeuge für die Verfassung der Montanistenkirche, ZKG 16/1896, 664–671

KÄHLER, Chr., Studien zur Form- und Traditionsgeschichte der biblischen Makarismen, Jena 1974

KÄSEMANN, E., Eine Apologie der urchristlichen Eschatologie, Exegetische Versuche und Besinnungen 1, Göttingen 1960, 135–157

–, Paulus und der Frühkatholizismus, Exegetische Versuche und Besinnungen 2, Göttingen 1964, 239–252

KAHRSTEDT, U., Die Märtyrerakten von Lugdunum 177, RMP 68, 1913, 395–412

KARPINSKI, P., Annua dies dormitionis. Untersuchungen zum christlichen Jahrgedächtnis der Toten auf dem Hintergrund antiken Brauchtums, EHS.T 300, Frankfurt/Bern/New York 1987

KARPP, H., Die Zahl der Scilitanischen Märtyrer, VigChr 15/1961, 165–172

KARRER, M., Die Johannesoffenbarung als Brief. Studien zu ihrem literarischen, historischen und theologischen Ort, FRLANT 140, Göttingen 1986

KATTENBUSCH, F., Der Märtyrertitel, ZNW 4/1903, 111–127

KATZENMAYER, H., Polykarpos, Bischof der katholischen Kirche in Smyrna, IKZ 41/1951, 16–156

KAUTZSCH, E., (Hg.), Die Apokryphen und Pseudepigraphen des Alten Testaments, 2. Bd.: Die Pseudepigraphen des Alten Testaments, Tübingen 1900 (Darmstadt ⁴1975)

KEIM, Th., Aus dem Urchristenthum. Geschichtliche Untersuchungen in zwangloser Folge, Bd. 1, Zürich 1878

KELLER, C. A. / WEHMEIER, G., Art. ברך brk pi., segnen, THAT 1, ⁴1984, 353–376

KELLERMANN, U., Auferstanden in den Himmel. 2. Makkabäer 7 und die Auferstehung der Märtyrer, SBS 95, Stuttgart 1979

–, Das Danielbuch und die Märtyrertheologie der Auferstehung, in: Henten, J. W. v., u. a., (Hg.), Die Entstehung der jüdischen Martyrologie, StPB 38, Leiden 1989, 51–75

KENNEL, G., Frühchristliche Hymnen? Gattungskritische Studien zur Frage nach den Liedern der frühen Christenheit, WMANT 71, Neukirchen-Vluyn 1995

KERESZTES, P., Marcus Aurelius a Persecutor?, HThR 61/1968, 321–341(deutsche Übersetzung: ders., War Marc Aurel ein Christenverfolger? Klein, R., (Hg.), Marc Aurel, WdF 550, Darmstadt 1979, 279–303)

–, The Massacre at Lugdunum in 177 A. D., Historia 16/1967, 75–86 (deutsche Übersetzung: ders., Das Christenmassaker von Lugdunum im Jahre 177, Klein, R., (Hg.), Marc Aurel, WdF 550, Darmstadt 1979, 261–278)

KERTELGE, K., »Frühkatholizismus« im Neuen Testament als Herausforderung für die

Ökumene, Jesu Rede von Gott und ihre Nachgeschichte im frühen Christentum, FS W. Marxsen, hg. v. D.-A. Koch, G. Sellin, A. Lindemann, Gütersloh 1989, 344–360

KETTEL, J., Martyrium und Eucharistie, Geist und Leben. ZAM 30/1957, 34–46

KEYSSNER, K., Gottesvorstellung und Lebensauffassung im griechischen Hymnus, WSAW 2, Stuttgart 1932

KILMARTIN, E.J., Sacrificium Laudis: Content and Function of Early Eucharistic Prayers, TS 35/1974, 268–287

KIRCHMEYER, J., Rez. N. Brox, Zeuge und Märtyrer. Untersuchungen zur frühchristlichen Zeugnis-Terminologie, München 1961, RAM 40/1964, 215–217

KIRCHNER, D., Epistula Jacobi Apocrypha. Die zweite Schrift aus Nag-Hammadi-Codex I, neu herausgegeben, übersetzt und kommentiert, TU 136, (Ost-)Berlin 1989

KITTEL, G., Das kleinasiatische Judentum in der hellenistisch-römischen Zeit. Ein Bericht zur Epigraphik Kleinasiens, ThLZ 69/1944, 9–20

KLAUSER, Th., Art. Akklamation, RAC 1, 1950, 216–233

–, Die Cathedra im Totenkult der heidnischen und christlichen Antike, Münster 1927 ²1971

–, Christlicher Märtyrerkult, heidnischer Heroenkult und spätjüdische Heiligenverehrung. Neue Einsichten und neue Probleme, in: Arbeitsgemeinschaft für Forschung des Landes Nordrhein-Westfalen. Geisteswissenschaften. Heft 91, Köln-Opladen 1960, 27–38 (wiederabgedruckt mit selbstkritischer Anmerkung in: ders., Gesammelte Arbeiten zur Liturgiegeschichte, Kirchengeschichte und christlichen Archäologie, JAC E. 3, Münster 1974, 221–229)

KLAWITER, F.Ch., The New Prophecy in Early Christianity. The Origin, Nature, and Development of Montanism, A.D. 165–220, Diss. Chicago 1975 (Microfilm)

–, The Role of Martyrdom and Persecution in Developing the Priestly Authority of Women in Early Christianity: A Case Study of Montanism, ChH 49/1980. 251–261

KLEINKNECHT, H., Art. πνεῦμα κτλ. A. πνεῦμα im Griechischen, ThWNT 6, 1959, 333–357

KLEINKNECHT, K.Th., Der leidende Gerechtfertigte. Die alttestamentlich-jüdische Tradition vom ›leidenden Gerechten‹ und ihre Rezeption bei Paulus, WUNT 2.13, Tübingen 1984

KLEIST, J.A., An Early Christian Prayer, Orate Fratres 22/1948, 201–206

KNEBEL, G., Art. Hymnus 1–3, LAW 1344f.

KNOCH, O., Die Stellung der Apostolischen Väter zu Israel und zum Judentum. Eine Übersicht, Begegnung mit dem Wort, FS H. Zimmermann, hg. v. Zmijewski, J. / Nellessen, E., BBB 53, Bonn 1980, 347–378

KNOPF, R., Die Apostolischen Väter 1: Die Lehre der Zwölf Apostel. Die zwei Clemensbriefe, HNT ErgBd. 1, Tübingen 1920

– / KRÜGER, G. / RUHBACH, G., (Hg.), Ausgewählte Märtyrerakten, SQS 3, Tübingen ⁴1965

KOCH, K., Das Buch Daniel, EdF 144, Darmstadt 1980

KOEP, L., Antikes Kaisertum und Christusbekenntnis im Widerspruch, JAC 4/1961, 58–76

KÖTTING, B., Darf ein Bischof in der Verfolgung die Flucht ergreifen? Ecclesia peregrinans. Das Gottesvolk unterwegs, Gesammelte Aufsätze 1, MBTh 54,1, Münster 1988, 536–548

–, Martyrium und Provokation, Ritter, A.M. (Hg.), Kerygma und Logos. Beiträge zu den geistesgeschichtlichen Beziehungen zwischen Antike und Christentum, FS C. Andresen, Göttingen 1979, 329–336

–, Die Stellung des Konfessors in der Alten Kirche, JAC 19/1976, 7–23

–, Wohlgeruch der Heiligkeit, Jenseitsvorstellungen in Antike und Christentum, FS A. Stuiber, JAC. E 9, Münster 1982, 168–175

KOSCHORKE, K., Die Polemik der Gnostiker gegen das kirchliche Christentum. Unter besonderer Berücksichtigung der Nag-Hammadi-Traktate »Apokalypse des Petrus« (NHC VII,3) und »Testimonium Veritatis« (NHC IX,3), NHS 12, Leiden 1978

KRAFT, H., Die altkirchliche Prophetie und die Entstehung des Montanismus, ThZ 11/1955, 249–271

–, (Früchtel, U.), Clavis patrum apostolicorum. Catalogum Vocum in Libris Patrum Qui Dicuntur Apostolici Non raro Occurentium, Darmstadt 1963

–, Einführung in die Patrologie. Darmstadt 1991

–, Vom Ende der urchristlichen Prophetie, Panagopoulos, J. (Hg.), Prophetic Vocation in the New Testament and Today, NT.S 45, Leiden 1977, 162–185

–, Zur Entstehung des altchristlichen Märtyrertitels, Kretschmar, G. / Lohse, B. (Hg.), Ecclesia und Res Publica, FS K. D. Schmidt, Göttingen 1961, 64–75

–, Die Lyoner Märtyrer und der Montanismus, in: Dassmann, E. / Frank, K. S., (Hg.), PIETAS, FS B. Kötting, JAC.E 8, Münster 1980, 250–266

–, Die Offenbarung des Johannes, HNT 16 a, Tübingen 1974

KRETSCHMAR, G., Christliches Passa im 2. Jahrhundert und die Ausbildung der christlichen Theologie, RSR 60/1972, 287–323

–, Art. Abendmahl III/1. Alte Kirche, TRE 1, 1977, 59–89

–, Art. Abendmahlsfeier I. Alte Kirche, TRE 1, 1977, 229–278

–, Frühkatholizismus. Die Beurteilung theologischer Entwicklungen im späten ersten und im zweiten Jahrhundert nach Christus, Unterwegs zur Einheit, FS H. Stirnimann, hg. v. Brantschen, J. / Selvatico, P., Fribourg/Freiburg/Wien 1980, 573–587

KROLL, J., Die christliche Hymnodik bis zu Klemens von Alexandreia, Braunsberg 1921/22, Nachdruck Darmstadt ²1968 (= Libelli 240)

KÜHNERT, W., Der antimontanistische Anonymus des Eusebius, ThZ 5/1949, 436–446

KUHL, C., Die drei Männer im Feuer. (Daniel Kapitel 3 und seine Zusätze). Ein Beitrag zur israelitisch-jüdischen Literaturgeschichte, BZAW 55, Giessen 1930

KUHLI, H., Art. Ἰουδαῖος, EWNT 2, 1981, 472–482

LABRIOLLE, P. de, La crise montaniste. Paris 1913

–, »Mulieres In Ecclesia Taceant«. Un Aspect de la Lutte Antimontaniste, BALAC 1/1911, 3–24; 103–122

–, Paroecia, RSR 18/1928, 60–72

–, Les sources de l'histoire du Montanisme. Textes grecs, latin, syriaques publiés avec une introduction critique, une traduction francaise, des notes et des »indices«, CF 15, Fribourg/Paris 1913

–, Le style de la Lettre des chrétiens de Lyon, dans Eusèbe, H. E., V, I–IV, BALAC 3/1913, 198 f.

LALLEMAND, A., Le parfum des martyrs dans les Actes des martyrs de Lyon et le Martyre de Polycarpe, StPatr 16/2, TU 129, (Ost-)Berlin 1985, 186–192

LAMPE, G. W. H., Martyrdom and Inspiration, Horbury, W. / McNeil, B. (Eds.), Suffering and martyrdom in the New Testament, Studies presented to G. M. Styler by the Cambridge New Testament Seminar, Cambridge 1981, 118–135

LAMPE, G. W. H., A Patristic Greek Lexicon, Oxford ¹⁰1991

LAMPE, P., Die stadtrömischen Christen in den ersten beiden Jahrhunderten. Untersuchungen zur Sozialgeschichte, WUNT 18, Tübingen 1987

LANATA, G., Gli atti dei martiri come documenti processuali, Studi e testi per un Corpus Iudiciorum 1, Milano 1973

LANGE, N. R. M. de, Art. »Antisemitismus IV. Alte Kirche«, TRE 3, 1978, 128–137

LAPORTE, J., La doctrine eucharistique chez Philon d'Alexandrie, Paris 1972

LAST, H., Art. Christenverfolgung II (juristisch), RAC 2, 1954, 1208–1228

–, Art. Coercitio, RAC 3, 1957, 235–243

LATTKE, M., Hymnus. Materialien zu einer Geschichte der antiken Hymnologie, NTOA 19, Fribourg/Göttingen 1991

LAWLOR, H.J,, The Heresy of the Phrygians, Eusebiana, Essays on the Ecclesiastical History of Eusebius Pamphili, ca 264–349 A.D. Bishop of Caesarea, Oxford 1912 (Reprint Amsterdam 1973), 108–135

LAWYER, J.E., Eucharist and Martyrdom in the Letters of Ignatius of Antioch, AThR 73/1991, 280–296

LAZZATI, G., Gli Atti di S. Giustino Martire, Aevum 27/1953, 473–497

–, Gli Sviluppi Della Letteratura Sui Martiri Nei Primi Quattro Secoli. Con appendice di testi, Studi Superiori, Torino 1956

–, Nota su Eusebio epitomatore di atti dei martiri, in: Studi in onore di A. Calderini e di R. Paribeni 1, Milano 1956, 377–384

LEBLANT, E., Les actes des martyrs. Supplément aux Acta Sincera de Dom Ruinart, Mémoires de l'Institut Impérial de France, Académie des Inscriptions et Belles Lettres 30,2/1883, 57–348

LEBRAM, J.C.H., Die literarische Form des vierten Makkabäerbuches, VigChr 28/1974, 81–96

LECLERQ, H., Art. Actes Des Martyrs, DACL 1, 373–446

–, Art. Lyon, 15–21, DACL 10, 72–115

LEEUW, G. van der, Phänomenologie der Religion, Tübingen 1956

LEEUWEN, C.v., Art. עד / Zeuge, THAT 2, ³1984, 209–221

LEFKOWITZ, M.R., The Motivations for St. Perpetua's Martyrdom, JAAR 44/1976, 417–421

LEGASSE, S., Art. μικρός, EWNT 2, 1981, 1051 f.

LEIPOLDT, J., Art. Antisemitismus, RAC 1, 1950, 469–476

LIEBERMAN, S., The Martyrs of Caesarea, AIPh 7/1939–1944, 395–446

LIETZMANN, H., Die älteste Gestalt der Passio SS. Carpi, Papylae et Agathonices, in: ders., Kleine Schriften 1. Studien zur spätantiken Religionsgeschichte, hg. v. K. Aland, TU 67, Berlin 1958, 239–250

–, Geschichte der alten Kirche 2: Ecclesia catholica, Berlin ²1953

–, An die Korinther 1/2, HNT 9, Tübingen ⁵1969

–, Ein liturgisches Bruchstück des zweiten Jahrhunderts, ZWTh 54/1912, 56–61 (wiederabgedruckt in: ders., Kleine Schriften III, TU 74, Berlin 1962, 43–47, wo der Ort der Erstveröffentlichung fälschlicherweise mit ZNW angegeben ist)

–, Messe und Herrenmahl. Eine Studie zur Geschichte der Liturgie, AKG 8, Bonn 1926

–, Notizen zu H. Delehaye. Die liturgischen Probleme der Martyrerakten, ZNW 21/1922, 158 f.

LIGHTFOOT, J.B., The Apostolic Fathers, Part II: S. Ignatius. S. Polycarp. Revised Texts with introductions, notes, dissertations and translations, Vol. 1-3, London/New York ²1889 (Nachdruck Hildesheim/New York 1973)

LINDEMANN, A., Paulus im ältesten Christentum. Das Bild des Apostels und die Rezeption der paulinischen Theologie in der frühchristlichen Literatur bis Marcion, BHTh 58, Tübingen 1979

LINDEMANN, A. / PAULSEN, H. (Hg.), Die Apostolischen Väter. Griechisch-deutsche Parallelausgabe auf der Grundlage der Ausgaben von Franz Xaver Funk, Karl Bihlmeyer und Molly Whittaker, mit Übersetzungen von M. Dibelius und D.-A. Koch, neu übersetzt und herausgegeben. Tübingen 1992

-, Die Clemensbriefe, HNT 17, Tübingen 1992

LINTON, O., Art. Ekklesia 1, RAC 4, 905-921

LIMBECK, M., (Hg.), Redaktion und Theologie des Passionsberichtes nach den Synoptikern, WdF 481, Darmstadt 1981

LIPSIUS, R. A., Der Märtyrertod Polykarps, ZWTh 17/1874, 188-214

LÖHR, W. A., Der Brief der Gemeinden von Lyon und Vienne (Eusebius, h. e. V, 1-2(4)), Papandreou, D. u. a., (Hg.), Oecumenica et Patristica, FS W. Schneemelcher, 135-149, Stuttgart 1989

LOHMANN, H., Drohung und Verheißung. Exegetische Untersuchungen zur Eschatologie bei den apostolischen Vätern, BZNW 55, Berlin/New York 1989

LOHMEYER, E., Die Idee des Martyriums im Judentum und Urchristentum, ZSTh 5/1927, 232-249

-. Vom göttlichen Wohlgeruch, SHAW.PH 9, Heidelberg 1919

LOHSE, B., Das Passafest der Quartadecimaner, BFChTh.M 54, Gütersloh 1953

LOHSE, E., Die Geschichte des Leidens und Sterbens Jesu Christi, Gütersloh 1964 (Nachdruck als Taschenbuch Gütersloh 1979)

-, Märtyrer und Gottesknecht. Untersuchungen zur urchristlichen Verkündigung vom Sühntod Jesu Christi, FRLANT 64, Göttingen ²1963

-, (Hg.), Die Texte aus Qumran. Hebräisch und Deutsch. Mit masoretischer Punktation. Übersetzung, Einführung und Anmerkungen. Darmstadt ⁴1986

-, Die Briefe an die Kolosser und an Philemon, KEK 9/2, Göttingen 1968

LONA, H. E., Über die Auferstehung des Fleisches. Studien zur frühchristlichen Eschatologie, BZNW 66, Berlin/New York 1993

LOPUSZANSKI, G., La police romaine et les chrétiens, AnCl 20/1951, 5-46

LOTTER, F., Methodisches zur Gewinnung historischer Erkenntnisse aus hagiographischen Quellen, HZ 229/1979, 298-356

LÜHRMANN, D., SUPERSTITIO - die Beurteilung des frühen Christentums durch die Römer, ThZ 42/1986, 193-213

LUZ, U., Der Antijudaismus im Matthäusevangelium als historisches und theologisches Problem. Eine Skizze, EvTh 53/1993, 310-327

-, Erwägungen zur Entstehung des Frühkatholizismus. Eine Skizze, ZNW 65/1974, 88-111

MAND, F., Die Eigenständigkeit der Danklieder als Bekenntnislieder, ZAW 70/1958, 185-199

MANSON, T. W., Martyrs and Martyrdom, BJRL 39/1957, 463-484

MARGUERAT, D., Juden und Christen im lukanischen Doppelwerk, EvTh 54/1994, 241-264

MARROU, H. I., La date du martyre de S. Polycarpe, AnBoll 71/1953, 5-20

–, Rez. H.v. Campenhausen, Bearbeitungen und Interpolationen des Polykarpmartyriums, 1957, ThLZ 84/1959, 361–363

MARTIN, Ch., Rez. B. Dehandschutter, Martyrium Polycarpi, 1979, NRTh 104/1982, 123 f.

MARTIN, J., Die Macht der Heiligen, Martin, J. / Quint, B., (Hg.), Christentum und antike Gesellschaft, WdF 649, Darmstadt 1990, 440–474

MASCHKE, T., Prayer in the Apostolic Fathers, SecCen 9/1992, 103–118

MASSAUX, E., Influence de l'Evangile de Saint Matthieu sur la Littérature Chrétienne avant Saint Irénée, BEThL 75, Réimpression anastatique par F. Neirynck, Supplément Bibliographie 1950–1985 par B. Dehandschutter, Leuven 1986

MAY, G., Rez. A. Strobel, Das heilige Land der Montanisten, 1980, JAC 27 f./1984 f., 231–234

MAYER, G. / BERGMAN, J. / SODEN, W. v., Art. ידה jdh תודה, ThWAT 3, 1982, 455–474

McDERMOTT, M., The Biblical Doctrine of ΚΟΙΝΩΝΙΑ, BZ 19/1975, 64–77.219–233

McNEIL, B., Suffering and martyrdom in the Odes of Solomon, Horbury, W. / McNeil, B. (Eds.), Suffering and martyrdom in the New Testament. Studies presented to G. M. Styler by the Cambridge New Testament Seminar, Cambridge 1981, 136–142

MEHRLEIN, R., Art. Drei, RAC 4, 1959, 269–310.

MEINHOLD, P., Art. Polykarpos, PRE 21, 1662–1693

–, Schweigende Bischöfe. Die Gegensätze in den kleinasiatischen Gemeinden nach den Ignatianen, Glaube und Geschichte, Bd. 2, FS J. Lortz, Baden Baden 1958, 467–490

MERKELBACH, R., Art. Drache, RAC 4, 1959, 226–250

MERTENS, C., Les premiers martyrs et leurs rêves. Cohésion de l'histoire et des rêves dans quelques »passions« latines de l'Afrique du nord, RHE 81/1986, 5–46

MEYER, E., Ursprung und Anfänge des Christentums 3, Stuttgart 1923 (Nachdruck Darmstadt 1962)

MEYER, H. B. (u. a. Hg.), Gottesdienst der Kirche. Handbuch der Liturgiewissenschaft, Teil 4: Eucharistie. Geschichte, Theologie, Pastoral, Regensburg 1989, 91–107: Eucharistische Liturgie und Eucharistiegebet (1.–4. Jh.)

MICHAELIS, W., Art. λίβανος / λιβανωτός, ThWNT 4, 1942, 268 f.

MICHEL, O., Art. Evangelium, RAC 6, 1107–1160

–, Art. μικρός κτλ., ThWNT 4, 1942, 650–661

–, Art. μιμνήσκομαι κτλ., ThWNT 4, 1942, 678–687

–, Art. ὁμολογέω κτλ., ThWNT 5, 1954, 199–220

–, Prophet und Märtyrer, BFChTh 37,2, Gütersloh 1932

MILLAR, F., Rez. H. Musurillo, The Acts of the Christian Martyrs, 1972, JThS 24/1973, 239–243

MILLAUER, H., Leiden als Gnade. Eine traditionsgeschichtliche Untersuchung zur Leidenstheologie des ersten Petrusbriefes, EHS.T 56, Bern/Frankfurt a.M. 1976

MITCHELL, St., Anatolia. Land, Men, and Gods in Asia Minor. Vol. II: The Rise of the Church, Oxford 1993

MOESNER, D. P., Paul in Acts: Preacher of Eschatological Repentance to Israel, NTS 34/1988, 96–104

MOLL, H., Die Lehre von der Eucharistie als Opfer. Eine dogmengeschichtliche Untersuchung vom Neuen Testament bis Irenäus von Lyon, Theoph. 26, Köln-Bonn 1975

MOLTHAGEN, J., Der römische Staat und die Christen im zweiten und dritten Jahrhundert, Hyp. 28, Göttingen ²1975

MORARD,. F., Souffrance et martyre dans les Actes apocryphes, in: Bovon, F., u. a., (Hg.), Les Actes apocryphes des apôtres. Christianisme et monde paien, Genf 1981, 95–108

MOREAU, J., Die Christenverfolgung im römischen Reich, Berlin/ New York ²1971

MÜLLER, H., Eine Bemerkung zum Martyrium Polycarpi, ThGl 2/1910, 669 f.

–, Das Martyrium Polycarpi. Ein Beitrag zur altchristlichen Heiligengeschichte, RQ 22/1908, 1–16

–, Aus der Überlieferungsgeschichte des Polykarp-Martyrium. Eine hagiographische Studie, Paderborn 1908

MÜLLER, K., Kleine Beiträge zur alten Kirchengeschichte 5. Die Reden der Märtyrer, ZNW 23/1924, 225 f.

MÜLLER, U. B., Die Offenbarung des Johannes, ÖTBK 19, Gütersloh/Würzburg 1984

MUNDLE, W., Die Stephanusrede Apg 7: eine Märtyrerapologie, ZNW 20/1921, 133–147

MUSURILLO, H. A., (Hg.), The Acts of the Pagan Martyrs. Acta Alexandrinorum, Oxford 1954

–, (Hg.), The Acts of the Christian Martyrs, OECT, Oxford ²1979

NAUCK, W., Freude im Leiden. Zum Problem einer urchristlichen Verfolgungstradition, ZNW 46/1955, 68–80

NAUTIN, P., La lettre des églises de Vienne et de Lyon à celles d'Asie et Phrygie, ders., Lettres et écrivains chrétiens du IIe et IIIe siècles, 33–61, Paris 1961

NELLESSEN, E., Zeugnis für Jesus und das Wort. Exegetische Untersuchungen zum lukanischen Zeugnisbegriff, BBB 43, Köln 1976

NESTLE, E., Ein Gegenstück zum Gewölbe und zur Taube im Martyrium des Polykarp, ZNW 7/1906, 359 f.

–, Eine kleine Interpunktionsverschiedenheit im Martyrium des Polykarp, ZNW 4/1903, 345 f.

–, Der süsse Geruch als Erweis des Geistes, ZNW 4/1903, 272 / ZNW 7/1906, 95 f.

–, Zur Taube als Symbol des Geistes, ZNW 7/1906, 358 f.

NESTLE, W., Art. Atheismus, RAC 1, 1950, 866–870

NICHOLSON, O., Flight from Persecution as Imitation of Christ: Lactantius' Divine Institutes IV. 18,1–2, JThS 40/1989, 48–65

NIEDERMEYER, H., Über antike Protokoll-Literatur, Göttingen 1918

NIEDERWIMMER, K., Die Didache, KAV 1, Göttingen ²1993

NORDEN, E., Agnostos Theos. Untersuchungen zur Formengeschichte religiöser Rede. Leipzig/Berlin 1913, Darmstadt ⁴1956

–, Die antike Kunstprosa vom VI. Jahrhundert v. Chr. bis in die Zeit der Renaissance. 2 Bde. Leipzig/Berlin ²1909, Darmstadt ⁹1983

NORMANN, F., CHRISTOS DIDASKALOS. Die Vorstellung von Christus als Lehrer in der christlichen Literatur des ersten und zweiten Jahrhunderts, MBTh 32, Münster 1967

NORRIS, F. W., Asia Minor before Ignatius: Walter Bauer Reconsidered, Livingstone, E. A., (Hg.), StEv 7/1973, TU 126, (Ost-)Berlin 1982, 365–377

–, Ignatius, Polycarp, and I Clement: Walter Bauer Reconsidered, VigChr 30/1976, 23–44

OEPKE, A., Art. ἔκστασις κτλ., ThWNT 2, 1935, 447–457

-, Art. ὄναρ ThWNT 5, 1954, 220–238

-, Art. ζώννυμι κτλ., ThWNT 5, 1954, 302–308

OVERBECK, F., Über die Anfänge der Kirchengeschichtsschreibung. Programm zur Rektoratsfeier der Universität Basel, Basel 1892 (Nachdruck Darmstadt 1965)

-. Über die Anfänge der patristischen Literatur, Basel 1882 (Nachdruck Darmstadt 1954)

PACIORKOWSKI, R., L'héroisme religieux d'après la Passion des saintes Perpétue et Félicité, REAug 5/1959, 367–389

PAGELS, E. H. Gnostic and Orthodox Views of Christ's Passion: Paradigms for the Christian's Response to Persecution?, Layton, B. (Ed.), The Rediscovery of Gnosticism 1, Leiden 1980, 262–288

-, Versuchung durch Erkenntnis. Die gnostischen Evangelien, Frankfurt 1987

PALMER, D. W., Atheism, Apologetic and Negative Theology in the Greek Apologists of the Second Century, VigChr 37/1983, 234 ff.

PASCHKE, F., Art. Märtyrer 2. Christliche Märtyrer, ³RGG 4, 588 f.

PAULSEN, H., Art. Apostolische Väter, ³EKL 1, 231–234

-, Auslegungsgeschichte und Geschichte des Urchristentums – die Überprüfung eines Paradigmas, in: Koch, D. A., u. a., (Hg.), Jesu Rede von Gott und ihre Nachgeschichte im frühen Christentum. Beiträge zur Verkündigung Jesu und zum Kerygma der Kirche, FS W. Marxsen, Gütersloh 1989, 361–374

-, Die Bedeutung des Montanismus für die Herausbildung des Kanons, VigChr 32/1978, 19–52

-, Erwägungen zu Acta Apollonii 14–22, ZNW 66/1975, 117–126

-, Art. Jakobusbrief, TRE 16, 1987, 488–495

-, Art. Judasbrief, TRE 17, 1988, 307–310

-, Papyrus Oxyrhynchus 1.5 und die ΔΙΑΔΟΧΗ ΤΩΝ ΠΡΟΦΗΤΩΝ, NTS 25/1978 f., 443–453

-, Sola Scriptura und das Kanonproblem, H. H. Schmid / J. Mehlhausen (Hg.), Sola Scriptura. Das reformatorische Schriftprinzip in der säkularen Welt, Gütersloh 1991, 61–78

-, Studien zur Theologie des Ignatius von Antiochien, FKDG 29, Göttingen 1978

-, Synkretismus im Urchristentum und im Neuen Testament, in: Greive, W. / Niemann, R., (Hg.), Neu glauben? Religionsvielfalt und neue religiöse Strömungen als Herausforderung an das Christentum, Gütersloh 1990, 34–44

-, Von der Unbestimmtheit des Anfangs. Zur Entstehung von Theologie im Urchristentum, FS F. Hahn, hg. v. Breytenbach, C. / Paulsen, H., Göttingen 1991, 25–41

-, Zur Wissenschaft vom Urchristentum und der alten Kirche – ein methodischer Versuch, ZNW 68/1977, 200–230

-, Der Zweite Petrusbrief und der Judasbrief, KEK 12.2, Göttingen 1992

PELIKAN, J., Montanism and its Trinitarian Significance, ChH 25/1956, 99–109

PELLEGRINO, M., L'imitation du Christ dans les actes des martyrs, VS 98/1958, 38–54

PERKINS, J., The Apocryphal Acts of the Apostles and the Early Christian Martyrdom, Arethusa 18/1985, 211–230

PERLER, O., Das vierte Makkabaeerbuch, Ignatius von Antiochien und die aeltesten Martyrerberichte, RivAC 25/1949, 47–72

PESCH, R., Die Apostelgeschichte 1 (Apg 1–12), EKK 5.1, Zürich u. a. 1986

-, Zur Entstehung des Glaubens an die Auferstehung Jesu, ThQ 153/1973, 201–228

PETERSON, E., Zur Bedeutungsgeschichte von ΠΑΡΡΗΣΙΑ, FS R. Seeberg I, 1929, 283–297

–, Christianus, in: ders., Frühkirche, Judentum und Gnosis. Studien und Untersuchungen, Freiburg i. B. 1959, (Nachdruck) Darmstadt 1982, 64–87

–, ΕΙΣ ΘΕΟΣ. Epigraphische, formgeschichtliche und religionsgeschichtliche Untersuchungen, FRLANT 41, Göttingen 1926

–, Das Kreuz und das Gebet nach Osten, in: ders., Frühkirche, Judentum und Gnosis, Studien und Untersuchungen, (Nachdruck) Darmstadt 1982, 15–35

–, Das Martyrium des Hl. Petrus nach der Petrus-Apokalypse, in: ders., Frühkirche, Judentum und Gnosis. Studien und Untersuchungen, (Nachdruck) Darmstadt 1982, 88–91

–, Das Praescriptum des 1. Clemens-Briefes, in: ders., Frühkirche, Judentum und Gnosis. Studien und Untersuchungen, (Nachdruck) Darmstadt 1982, 129–136

–, Über einige Probleme der Didache-Überlieferung, in: ders., Frühkirche, Judentum und Gnosis. Studien und Untersuchungen, (Nachdruck) Darmstadt 1982, 146–182

–, Zeuge der Wahrheit, Leipzig 1937

–, Zwei angeblich montanistische Inschriften, RQ 2/1934, 173–176

PETTERSEN, A., Perpetua – Prisoner of Conscience, VigChr 41/1987, 139–153

PFITZNER, V. C., Paul and the Agon Motif, NT.S 15, Leiden 1967

PIZZOLATO, L. F., Note alla »Passio Perpetuae Et Felicitatis«, VigChr 34/1980, 105–119

PLANKL, W., Wirtschaftliche Hintergründe der Christenverfolgungen in Bithynien, Gym. 60/1953, 54–56

PLÖGER, O., Das Buch Daniel, KAT 18, Gütersloh 1965

–, Zusätze zu Daniel, JSHRZ 4, Gütersloh 1973

PLUMPE, J., Mater ecclesia, Washington 1943

POBEE, J. S., Persecution and Martyrdom in the Theology of Paul, JSNT.S 6, Sheffield 1985

POIRIER, M., Note sur la *Passio Sanctarum Perpetuae et Felicitatis*: Félicité était-elle vraiment l'esclave de Perpétue?, StPatr 10/1, TU 107, (Ost-)Berlin 1970, 306–309

POPKES, W., Art. Gemeinschaft, RAC 9, 1100–1145

POWELL, D., Tertullianists and Cataphrygians, VigChr 29/1975, 33–54

PRATSCHER, W., Der Herrenbruder Jakobus und die Jakobustradition, FRLANT 139, Göttingen 1987

PREMERSTEIN, A. v., Zu den sogenannten alexandrinischen Märtyrerakten, Ph.S 16.11, Leipzig 1923

PRETE, S., ›Confessioni Trinitari‹ in alcuni Atti di martiri del sec. II (Giustino, Apollonio, Policarpo), Aug. 13/1973, 469–482

–, In incorruptibilitate (ἀφθαρσία) Spiritus s. (Mart. Polyc. 14,2), Aug. 20/1980, 509–521

–, Rez. H. v. Campenhausen, Bearbeitungen und Interpolationen des Polykarpmartyriums, 1957, Paideia 13/1958, 306–309

PRIME, Ph., The Lyons Martyrs of A. D. 177, JER 58/1941, 182–189

QUASTEN, J., Patrology. Vol. 1: The Beginnings of Patristic Literature, Utrecht/Brüssel 1950

QUECKE, H., Das anaphorische Dankgebet auf den koptischen Ostraka B.M. Nr. 32 799 und 33 050 neu herausgegeben, OCP 37/1971, 391–405

RADER, R., The Martyrdom of Perpetua: A Protest Account of Third-Century Christianity, P. Wilson-Kastner u. a. (Hg.), A Lost Tradition. Women Writers of the Early Church, Washington 1981, 1–17

RAHNER, H., (Hg.), Die Märtyrerakten des zweiten Jahrhunderts, Freiburg ²1953

RAMSAY, W. M., The date of St. Polycarp's Martyrdom, JÖAJ 27/1932, 245–258

RAUSCHEN, G., (Hg.), Echte alte Märtyrerakten, BKV 14.2, Kempten/München 1913

REBELL, W., Neutestamentliche Apokryphen und Apostolische Väter, München 1992

–, Das Leidensverständnis bei Paulus und Ignatius von Antiochien, NTS 32/1986, 457–465

REICKE, B., Art. Ἀσία, EWNT 1, 1980, 413 ff.

REITZENSTEIN, R., Bemerkungen zur Martyrienliteratur 1. Die Bezeichnung Märtyrer, NGWG.PH, Berlin 1916, 417–467

–, Eine frühchristliche Schrift von den dreierlei Früchten des christlichen Lebens, ZNW 15/1914, 60–90

–, Die Nachrichten über den Tod Cyprians. Ein philologischer Beitrag zur Geschichte der Märtyrerliteratur, SHAW.PH 14/1913, 3–69

–, Der Titel Märtyrer, Hermes 52/1917, 442–452

RENGSTORF, K. H., Art. διδάσκω κτλ., ThWNT 2, 1935, 138–168

–, Art. στέλλω κτλ., ThWNT 7, 1964, 588–599

REUNING, W., Zur Erklärung des Polykarpmartyriums, Darmstadt 1917

REVENTLOW, H. Graf, Gebet im Alten Testament, Stuttgart u. a. 1986

RIDDLE, D. W., Die Verfolgungslogien in formgeschichtlicher und soziologischer Beleuchtung, ZNW 33/1934, 271–289

–, The Martyr Motif in the Gospel According to Mark, JR 4/1924, 397–410

RIESENFELD, H., Unpoetische Hymnen im Neuen Testament? Zu Phil 2,1–11, Kiilunen, J. u. a. (Hg.), Glaube und Gerechtigkeit, In Memoriam R. Gyllenberg, SESJ 38, Helsingfors 1983, 155–168

RINGGREN, H., Art. הלל 1 und 2, ThWAT 2, 1977, 433–441

RISSI, M., Rez. M. Karrer, Die Johannesoffenbarung als Brief, 1986, ThLZ 113/1988, 348 f.

RITSCHL, A., Die Entstehung der altkatholischen Kirche. Eine kirchen- und dogmengeschichtliche Monographie. Erste Abtheilung. Bonn 1850

RITTER, A. M., Art. Glaubensbekenntnis(se) V. Alte Kirche, TRE 13, 1984, 399–412

ROBINSON, J. A., The ›Apostolic Anaphora‹ and the Prayer of St. Polycarp, JThS 21/1920, 97–105

–, The Doxology in the Prayer of St. Polycarp, JThS 24/1923, 141–144

–, Liturgical Echoes In Polycarp's Prayer, Exp. 1899, 63–72

ROBINSON, J. M., Die Hodajot-Formel in Gebet und Hymnus des Frühchristentums, Eltester, W. / Kettler, F. H. (Hg.), Apophoreta. FS E. Haenchen, BZNW 30, Berlin 1964, 194–235

RONCHEY, S., Indagine sul Martirio di San Policarpo. Critica storica e fortuna agiografica di un caso giudiziario in Asia minore, Istituto storico italiano per il medio evo, Nuovi Studi Storici 6. Roma 1990

RORDORF, W., Zur Entstehung der christlichen Märtyrerverehrung, Lilienfeld, F. v., (Hg.), Aspekte frühchristlicher Heiligenverehrung. Quellen und Studien zur orthodoxen Theologie, Oikonomia 6, Erlangen 1977, 35–53; 150–168

–, La Didachè: L'eucharistie des premiers chrétiens, Liturgie, foi et vie des premiers chrétiens, ThH 75, Paris 1986, 187–208

–, L'espérance des martyrs chrétiens, Liturgie, Foi et Vie des Premiers Chrétiens.

Etudes Patristiques, ThH 75, Paris 1986, 345–361 (ursprünglich in: Forma Futuri. Studi in onore del Cardinale Michele Pellegrino, Turin 1975, 445–461)

–, Martyre et »Témoignage«. Essai de réponse à une question difficile, Liturgie, Foi et Vie des Premiers Chrétiens. Etudes Patristiques, ThH 75, Paris 1986, 381–403 (ursprünglich italienisch in: RSLR 8/1972, 238–258)

–, Art. Martyre, DSp 10, Paris 1980, 718–732

–, Art. Martyre, I. Le martyre chrétien, DECA 2, Paris 1990, 1570 ff.

–, Aux origines du culte des martyrs, Liturgie, Foi et Vie des Premiers Chrétiens. Etudes Patristiques, ThH75, Paris 1986, 363–379 (ursprünglich in: Irénikon 45/1972, 315–331)

–, Zum Problem des »großen Sabbats« im Polykarp- und Pioniusmartyrium, in: Dassmann, E. / Frank, K.S., (Hg.), PIETAS, FS B. Kötting, JAC.E. 8, Münster 1980, 245–249

–, Wie steht es um den jüdischen Einfluß auf den christlichen Märtyrerkult?, Amersfoort, J. van / Oort, J. van (Hg.), Juden und Christen in der Antike, Kampen 1990, 61–71

– / TUILIER, A., La doctrine des douze apôtres (Didachè), SC 248, Paris 1978

ROSSI, M.A., The Passion of Perpetua, Everywoman of Late Antiquity, Smith, R.C. / Lonnibas, J. (Hg.), Pagan and christian anxiety. A Response to E.R. Dodds. Lanham/New York/London 1984, 53–86

RUHBACH, G., Neuere Literatur zur Alten Kirche, ThR 39/1974, 70–86

RUINART, Th., Acta Martyrum, Ratisbonae 1859

RUPPERT, L., Jesus als der leidende Gerechte? Der Weg Jesu im Lichte eines alt- und zwischentestamentlichen Motivs, SBS 59, Stuttgart 1972

RUPPRECHT, E., Bemerkungen zur Passio SS. Perpetuae et Felicitatis, RMP 90/1941, 177–192

RUYSSCHAERT, J., Les »martyrs« et les »confesseurs« de la lettre des églises de Lyon et de Vienne, Les martyrs de Lyon (177), Lyon 20–23 Septembre 1977, Colloques internationaux du centre national de la recherche scientifique N0 575, 155–166, Paris 1978

SATAKE, A., Christologie in der Johannesapokalypse im Zusammenhang mit dem Problem des Leidens der Christen, Breytenbach, C., / Paulsen, H., Anfänge der Christologie, FS F. Hahn, Göttingen 1991, 307–322

SAXER, V., L'Authenticite Du »Martyre De Polycarpe«: Bilan De 25 Ans De Critique, MAH 94/1982, 979–1001

–, Bible et Hagiographie. Textes et thèmes bibliques dans les Actes des martyrs authentiques des premiers siècles, Bern 1986

–, Art. Martyre II. Le culte des martyrs, des saints et des reliques, III. Actes, Passions, Légendes , DECA 2, Paris 1990, 1572–1580

–, Die Ursprünge des Märtyrerkultes in Afrika, RQ 79/1984, 1–11

SCHÄFKE, W., Frühchristlicher Widerstand, ANRW 2.23.1, 1979, 460–723

SCHARBERT, J., Art. ברך, ThWAT 1, 1973, 808–841

SCHATKIN, M., The Maccabean Martyrs, VigChr 28/1974, 97–113

SCHEELE, J., Zur Rolle der Unfreien in den römischen Christenverfolgungen. (Diss. Phil.) Tübingen 1970

SCHEIDWEILER, F., Zur Kirchengeschichte des Eusebios von Kaisarea, ZNW 49/1958, 123–129

SCHENK, W., Rez. D.Dormeyer, Die Passion Jesu als Verhaltensmodell, 1974, ThLZ 101/1976, 189–192

–, Der Passionsbericht nach Markus. Untersuchungen zur Überlieferungsgeschichte der Passionstraditionen, Gütersloh 1974

SCHENKE, L., Der gekreuzigte Christus. Versuch einer literarkritischen und traditionsgeschichtlichen Bestimmung der vormarkinischen Passionsgeschichte, SBS 69, Stuttgart 1974

–, Studien zur Passionsgeschichte des Markus. Tradition und Redaktion in Markus 14,1–42, fzb 4, Würzburg 1971

SCHEPELERN, W., Der Montanismus und die phrygischen Kulte. Eine religionsgeschichtliche Untersuchung. Tübingen 1929

SCHLATTER, A., Der Märtyrer in den Anfängen der Kirche, BFChTh 19.3, Gütersloh 1915

SCHLIER, H., Religionsgeschichtliche Untersuchungen zu den Ignatiusbriefen, BZNW 8, Gießen 1929

–, Art. παρρησία / παρρησιάζομαι, ThWNT 5, 1954, 869–884

SCHMIDT, K. L. u. a., Art. πάροικος κτλ., ThWNT 5, 1954, 840–852

SCHMIDT, W. H., Art. Geist/Heiliger Geist/Geistesgaben I. Altes Testament, TRE 12, 1984, 170–173

SCHMITZ, H.-J., Frühkatholizismus bei Adolf von Harnack, Rudolf Sohm und Ernst Käsemann, Düsseldorf 1977

SCHNEEMELCHER, W., (Hg.), Bibliographia Patristica. Internationale Patristische Bibliographie, Berlin 1956 ff.

–, Neutestamentliche Apokryphen in deutscher Übersetzung, 6. Auflage der von Edgar Hennecke begründeten Sammlung, I. Band: Evangelien, Tübingen 6 1990

SCHNEIDER, G., Die Apostelgeschichte 1. Einleitung. Kommentar zu Kap. 1,1–8,40, HThK 5, Freiburg 1980

–, Verleugnung, Verspottung und Verhör Jesu nach Lukas 22,54–71. Studien zur lukanischen Darstellung der Passion, StANT 22, München 1969

SCHNEIDER, J., Art. Brief, RAC 2, 1954, 564–585

SCHNIDER, F. / STENGER, W., Studien zum neutestamentlichen Briefformular, NTTS 11, Leiden 1987

SCHOEDEL, W. R., The Apostolic Fathers. A New Translation And Commentary, Vol. 5: Polycarp, Martyrdom of Polycarp, Fragments of Papias, Camden, N.Y./Toronto 1967

–, Ignatius of Antioch. A Commentary on the Letters of Ignatius of Antioch, edited by H. Koester, Hermeneia, Philadelphia 1985

–, Die Briefe des Ignatius von Antiochien. Ein Kommentar. Hermeneia. München 1990

–, Polycarp of Smyrna and Ignatius of Antioch, ANRW 2.27.1, Berlin/New York 1993, 272–358

SCHÖLLGEN, G. / GEERLINGS, W. (Hg.), Didache. Zwölf-Apostel-Lehre / Traditio Apostolica. Apostolische Überlieferung. Übersetzt und eingeleitet, FC 1, Freiburg 1991

SCHOEPS, H. J., Von der Imitatio Dei zur Nachfolge Christi, in: ders., Aus frühchristlicher Zeit. Religionsgeschichtliche Untersuchungen, Tübingen 1950, 286–301

–, Die jüdischen Prophetenmorde, in: ders., Aus frühchristlicher Zeit, Religionsgeschichtliche Untersuchungen, Tübingen 1950, 126–143

SCHOLTEN, C., Martyrium und Sophiamythos im Gnostizismus nach den Texten von Nag Hammadi, JAC.E 14, Münster 1987

SCHRECKENBERGER, H., Die christlichen Adversus-Judaeos-Texte und ihr literarisches und historisches Umfeld (1.-11.Jh.), EHS.T 172, Frankfurt / Bern 1982

SCHREINER, J., Art. אמץ, ThWAT 1, 1973, 348-352

SCHÜSSLER FIORENZA, E., Zu ihrem Gedächtnis ... Eine feministisch-theologische Rekonstruktion der christlichen Ursprünge, München/Mainz 1988

SCHÜTZ, R., Johannes der Täufer, AThANT 50, Zürich 1967

SCHULZ, A., Unter dem Anspruch Gottes. Das neutestamentliche Zeugnis von der Nachahmung, München 1967

-, Nachfolgen und Nachahmen. Studien über das Verhältnis der neutestamentlichen Jüngerschaft zur urchristlichen Vorbildethik, StANT 6, München 1962

SCHWANKL, O., Die Sadduzäerfrage (Mk 12,18-27parr.), BBB 66, Frankfurt/M. 1987

SCHWARTZ, E., Christliche und jüdische Ostertafeln, AGWG.PH 8, Berlin 1905

-, Art. Eusebios von Caesarea, PRE 6, Stuttgart 1909, 1370-1439

-, Zu Eusebius Kirchengeschichte 1. Das Martyrium Jakobus des Gerechten, ZNW 4/1903, 48-61

-, De Pionio et Polycarpo, Göttingen 1905

SCHWARTZ, J., Autour Des Acta S. Apollonii, RHPhR 50/1970, 257-261

-, Note sur le Martyre de Polycarpe de Smyrne, RHPhR 52/1972, 331-335

SCHWEGLER, F. C. A., Der Montanismus und die christliche Kirche des zweiten Jahrhunderts. Tübingen 1841

SEPP, B., Das Martyrium Polykarpi nebst Anhang über die Afralegende, Regensburg 1911

-, Das Datum des Todes des hl. Polykarp, Kath. 24/1914 (= 4.F./Bd. 13) Septuaginta. Id est Vetus Testamentum graece iuxta LXX interpretes, edidit A. Rahlfs, Stuttgart 1935

SEVERUS, E. v., Art. Gebet 1, RAC 8, 1972, 1134-1258

SHERWIN-WHITE, A. N., Why were the early christians persecuted? - An amendment, PaP 27/1964, 23-27

-, The letters of Pliny, a historical and social commentary, Oxford 1966

SIEBEN, H. J., Voces. Eine Bibliographie zu Wörtern und Begriffen aus der Patristik (1918-1978), BPatr Suppl. 1, Berlin/New York 1980

-, Die Ignatianen als Briefe: Einige formkritische Bemerkungen, VigChr 32/1978, 1-18

SIMON, M., Judaïsme et christianisme en Gaule, Les martyrs de Lyon (177), Lyon 20-23 Septembre 1977. Colloques internationaux du centre national de la recherche scientifique (CNRS) No. 575, Paris 1978, 257-266

-, Verus Israel. Etudes sur les relations entre Chrétiens et Juifs dans l'Empire Romain (135-425), Paris ²1964

SIMONETTI, M., Qualche osservazione sui luoghi comuni negli atti dei martiri, GIF 10/1957, 147-155

-, Alcune osservazione sul martirio di S. Policarpo, GIF 9/1956, 328-344

-, Qualche osservazione a proposito dell' origine degli atti dei martiri, REAug 2/1956, 39-57

SLUSSER, M., Art. Martyrium III/1. Neues Testament/Alte Kirche, TRE 22, 1992, 207-212

SOETING, A. G., Hat Paulus in seinen Briefen aus existierenden Hymnen zitiert? I.A.H. Bulletin 19, Groningen 1991, 123–129

SORDI, M., Die »neuen Verordnungen« Marc Aurels gegen die Christen, Klein, R., (Hg.), Marc Aurel, WdF 550, Darmstadt 1979, 176–196 (ursprünglich: SORDI, M., I »Nuovi Decreti« di Marco Aurelio contro i Cristiani, StRo 9/1961, 365–378)

–, Il Cristianesimo e Roma, Istituto di Studi Romani, Bologna 1965

–, The Christians and the Roman empire. Worcester 1983

–, La data del Martirio di Policarpo e di Pionio e il rescritto di Antonino Pio, RSCI 15/1961, 277–285

SPEIGL, J., Der römische Staat und die Christen. Staat und Kirche von Domitian bis Commodus. Amsterdam 1970

SPEYER, W., Rez. B. R. Voß, Der Dialog in der frühchristlichen Literatur, 1970, JAC 15/1972, 201–206

SPIECKERMANN, H., Alttestamentliche »Hymnen«, Burkert, W./Stolz, F., (Hg.), Hymnen der Alten Welt im Kulturvergleich, OBO 131, Fribourg/Göttingen 1994, 97–108

STAATS, R., Die katholische Kirche des Ignatius von Antiochien und das Problem der Normativität im zweiten Jahrhundert, ZNW 77/1986, 126–145; 242–254

STÄHLIN, G., Art. ξένος κτλ., ThWNT 5, 1954, 1–36

STAUDINGER, F., Art. ἔλεος κτλ., EWNT 1, 1980, 1046–1052

STAUFFER, E., Art. θεός κτλ. 2. Die Einzigkeit Gottes, ThWNT 3, 1938, 95–122

STECK, O. H., Israel und das gewaltsame Geschick der Propheten. Untersuchungen zur Überlieferung des deuteronomistischen Geschichtsbildes im Alten Testament, Spätjudentum und Christentum, WMANT 23, Neukirchen-Vluyn 1967

STEGEMANN, W., Zur neueren exegetischen Diskussion um die Apostelgeschichte, EvErz 46/1994, 198–219

STIREWALT, M. L., The Form and Function of the Greek Letter-Essay, in: K. P. Donfried, (Ed.), The Roman Debate, Minneapolis 1977, 175–206

STOCKMEIER, P., Zum Begriff der καθολικὴ ἐκκλησία bei Ignatius von Antiochien, in: Fleckenstein, H., (Hg.), Ortskirche / Weltkirche, FG J. Döpfner, Würzburg 1973, 63–74

STOLZ, F., Art. נוח nuªḥ ruhen, THAT 2, ³1984, 43–46

STRATHMANN, H., Art. μάρτυς κτλ., ThWNT 4, 1942, 477–520

STROBEL, A., Das heilige Land der Montanisten. Eine religionsgeographische Untersuchung, RVV 37, Berlin/New York 1980

–, Ursprung und Geschichte des frühchristlichen Osterkalenders, TU 121, (Ost-)Berlin 1977

STUIBER, A., Art. Doxologie, RAC 4, 1959, 210–226

–, Art. Geburtstag, RAC 9, 1976, 217–243

–, Art. Eulogia, RAC 6, 1966, 900–928

STUMPFF, A., Art. εὐωδία, ThWNT 2, 1935, 808–810

SÜHLING, F., Die Taube als religiöses Symbol im christlichen Altertum, RQ.S 24, Freiburg i.B. 1930

SUGGS, M. J., The Christian Two Ways Tradition: Its Antiquity, Form, And Function, Aune, D. E. (Hg.), Studies in New Testament and Early Christian Literature. Essays in Honour of A. P. Wikgren, NT.S 33, Leiden 1972, 60–74

SURKAU, H. W., Martyrien in jüdischer und frühchristlicher Zeit, FRLANT 54, Göttingen 1938

SWARTLEY, W. M., The Imitatio Christi in the Ignatian Letters, VigChr 27/1973, 81–103

SWEET, J. P. M., Maintaining the Testimony of Jesus: the Suffering of Christians in the Revelation of John, Horbury, W. / McNeil, B. (Eds.), Suffering and Martyrdom in the New Testament. Studies presented to G. M. Styler by the Cambridge New Testament Seminar, Cambridge 1981, 101–117

TABBERNEE, W., Early Montanism And Voluntary Martyrdom, Colloquium: The Australian and New Zealand Theological Review 17/1985, 33–44

–, Remnants of the New Prophecy: Literary and Epigraphical Sources of the Montanist Movement, StPatr21/1987, Leuven 1989, 193–201

–, Montanist Regional Bishops: New Evidence from Ancient Inscriptions, Journal of Early Christian Studies 1/1993, 249–280

TALLEY, Th. J., Von der Berakah zur Eucharistia. Das eucharistische Hochgebet der alten Kirche in neuerer Forschung. Ergebnisse und Fragen, LJ 26/1976, 93–115

TELFER, W., The Date of the Martyrdom of Polycarp, JThS 3/1952, 79–83

TETZ, M., Christenvolk und Abrahamsverheißung. Zum »kirchengeschichtlichen« Programm des Eusebius von Caesarea, Jenseitsvorstellungen in Antike und Christentum. FS A. Stuiber, JAC.E 9, Münster 1982, 30–46

–, Über Formengeschichte in der Kirchengeschichte, ThZ 17/1961, 413–431

THRAEDE, K., Art. Hymnus I., RAC 16, 1994, 915–946

TORJESEN, K. J., Als Frauen noch Priesterinnen waren, Frankfurt/M. 1995

TREVETT, Chr., Apocalypse, Ignatius, Montanism: Seeking the Seeds, VigChr 43/1989, 313–338

–, Ignatius and the Monstrous Regiment of Women, StPatr 21,1987, Leuven 1989, 202–214

–, Prophecy and Anti-Episcopal Activity: a Third Error Combatted by Ignatius?, JEH 34/1983, 1–18

TRIGG, J. W., Martyrs and Churchmen in Third-Century North-Africa, Livingstone, E. A., (Hg.), StPatr 15, Berlin 1984, 242–246

TRIPP, D., The Prayer of St Polycarp and the Development of Anaphoral Prayer, EL 104/1990, 97–132

TURNER, C. H., Μακάριος as a technical term, JThS 23/1922, 31–35

TYRER, J. W., The Prayer of St. Polycarp and its Concluding Doxology, JThS 23/1922, 390 f.

UNNIK, W. C. van, De La Regle Μήτε προσθεῖναι μήτε ἀφελεῖν Dans L'Histoire Du Canon, VigChr 3/1949, 1–36

–, The Origin of the Recently Discovered »Apocryphon Jacobi«, VigChr 10/1956, 149–156

URNER, H., Die außerbiblische Lesung im christlichen Gottesdienst. Ihre Vorgeschichte und Geschichte bis zur Zeit Augustins, Göttingen 1952

VALERIO, A., Le figure femminili negli Atti dei martiri del II secolo, RdT 22/1981, 28–44

VERGOTE, J., Art. Folterwerkzeuge, RAC 8, 1972, 112–141

VIELHAUER, Ph., Geschichte der urchristlichen Literatur. Einleitung in das Neue Testament, die Apokryphen und die Apostolischen Väter, Berlin/New York 1975

VITTINGHOFF, F., »Christianus sum« – das »Verbrechen« von Außenseitern der römischen Gesellschaft, Historia 33/1984, 331–357

VLIET, J. van der, Spirit and Prophecy in the Epistula Jacobi Apocrypha (NHC I,2), VigChr 44/1990, 25–53

VÖLKER, W., Von welchen Tendenzen ließ sich Eusebius bei Abfassung seiner »Kirchengeschichte« leiten? VigChr 4/1950, 157–180

VÖÖBUS, A., Liturgical traditions in the Didache, PETSE 16, Stockholm 1968

VOGT, H. J., Ignatius von Antiochien über den Bischof und seine Gemeinde, ThQ 158/1978, 15–27

VOGT, J., Art. Christenverfolgung I (historisch, Bewertung durch Heiden u. Christen), RAC 2, 1954, 1159–1208

–, Zur Religiosität der Christenverfolger im Römischen Reich, SHAW. PH, Heidelberg 1962

VOKES, F. E., Montanism and the Ministry, StPatr 9, 1963, TU 94, (Ost-)Berlin 1966, 306–315

–, The Opposition to Montanism from Church and State in the Christian Empire, StPatr 4, TU 79, 1961, 518–526

–, The Use of Scripture in the Montanist Controversy, Cross, F. L., (Hg.), StEv 5,2, 1965, TU 103, (Ost-)Berlin 1968, 317–320

VOSS, B. R., Rez. M. Hoffmann, Der Dialog bei den christlichen Schriftstellern der ersten vier Jahrhunderte, 1966, Gn. 40/1968, 271–276

–, Der Dialog in der frühchristlichen Literatur, STA 9, München 1970

VOUGA, F., Apostolische Briefe als »scriptura«. Die Rezeption des Paulus in den katholischen Briefen, Schmid, H. H. / Mehlhausen, J. (Hg.), Sola scriptura: das reformatorische Schriftprinzip in der säkularen Welt, Gütersloh 1991, 194–210

–, Geschichte des frühen Christentums, UTB 1733, Tübingen/Basel 1994

WADDINGTON, W. H., Mémoire sur la chronologie de la vie du rhéteur Aelius Aristide, Mémoires de l'Institut impérial de France, Académie des Inscriptions et Belles-Lettres 26/1867, 203–268

WAGNER, H., An den Ursprüngen des frühkatholischen Problems. Die Ortsbestimmung des Katholizismus im älteren Luthertum, FTS 14, Frankfurt 1973

WALLS, A. F., The Montanist »Catholic Epistle« and its New Testament Prototype, StEv 3, 1961, TU 88, (Ost-)Berlin 1964, 437–446

WALSH, M., Christen und Caesaren. Die Geschichte des frühen Christentums. Freiburg/Würzburg 1988

WATSON, D. F., A Rhetorical Analysis of Philippians and its Implications for the Unity Question, NT 30/1988, 57–88

WEHR, L., Arznei der Unsterblichkeit. Die Eucharistie bei Ignatius von Antiochien und im Johannesevangelium, NTA 18, Münster 1987

WEIDMANN, F. W., The Martyrdom of Polycarp, Bishop of Smyrna in early Christian literature: A re-evaluation in light of previously unpublished Coptic fragments, Ph.D., Yale University 1993

WEINEL, H., Die Wirkungen des Geistes und der Geister im nachapostolischen Zeitalter bis auf Irenäus, Freiburg/Leipzig/Tübingen 1899

WEINRICH, W. C., Spirit And Martyrdom. A Study Of The Work Of The Holy Spirit In The Contexts Of The Persecution And Martyrdom In The New Testament And Early Christian Literature, Washington D. C. 1981

WENDEBOURG, D., Das Martyrium in der Alten Kirche als ethisches Problem, ZKG 98/1987, 295–320

WENGST, K., (Hg.), Didache (Apostellehre), Barnabasbrief, Zweiter Clemensbrief, Schrift an Diognet, SUC 2, Darmstadt 1984

WESTERMANN, C., Das Loben Gottes in den Psalmen, Göttingen ³1963

-, Art. ידה jdh hi. preisen, THAT 1, ⁴1984, 674–682

-, Art. הלל hll pi. loben, THAT 1, ⁴1984, 493–502

WHITE, J. L., New Testament Epistolary Literature in the Framework of Ancient Epistolography, ANRW 2.25.2, Berlin/New York 1984, 1730–1756

WIBBING, S., Die Tugend- und Lasterkataloge im Neuen Testament, BZNW 25, Berlin 1959

WILCKEN, U., Zum Alexandrinischen Antisemitismus, ASGW.PH 27, Leipzig 1909, 781–839

WILCKENS, U., Art. στολή, ThWNT 7, 1964, 687–692

WILDE, R., The Treatment of the Jews in the Greek Christian Writers of the First Three Centuries, PatSt 81, Washington D.C. 1949

WILSON, St. G. (Ed.), Anti-Judaism in Early Christianity. Volume 2: Separation and Polemic, SCJud 2, Waterloo/Ont. 1986

-, The Jews and the Death of Jesus in Acts, Richardson, P. / Granskou, D. (Ed.), Anti-Judaism in Early Christianity. Volume 1: Paul and the Gospels, SCJud 2, Waterloo/Ont. 1986, 155–164

WINDISCH, H., Die Apostolischen Väter 3: Der Barnabasbrief, HNT Erg.Bd. 3, Tübingen 1920

WIRSCHING, J., Art. Polykarp, KP 4, 1972, 998

WISCHMEYER, W., Griechische und lateinische Inschriften zur Sozialgeschichte der Alten Kirche, TKTG 28, Gütersloh 1982

-, Rez. Elsa Gibson, The »Christians for Christians« Inscriptions of Phrygia. Greek Texts, Translation and Commentary, HThS 32 Missoula 1978, JAC 23/1980, 166–171

-, Der Bischof im Prozess. Cyprian als episcopus, patronus, advocatus und martyr vor dem Prokonsul, Fructus Centesimus, FS G. J. M. Bartelink, hg. v. Bastiaensen, A. A. R. u. a., Steenbrügge/Dordrecht 1989, IP 19, 363–371

-, Cyprianus Episcopus 2. Der 2. Teil der Acta Cypriani, Eulogia. Mélanges offerts à A. A. R. Bastiaensen, IP 24, Steenbrügge/DenHaag, 1991, 407–419

WLOSOK, A., Rom und die Christen. Zur Auseinandersetzung zwischen Christentum und römischem Staat. Stuttgart 1970

-, Die Rechtsgrundlagen der Christenverfolgungen der ersten zwei Jahrhunderte, Gym. 66/1959, 14–32

WOHLEB, L., Die Überlieferung des Pionius-Martyriums, RQ 37/1929, 173 ff.

WOLTER, M., Der Apostel und seine Gemeinden als Teilhaber am Leidensgeschick Jesu Christi: Beobachtungen zur Paulinischen Leidenstheologie, NTS 36/1990, 535–557

WÜNSCH, R., Art. Hymnos, PRE IX/1, 1914, 140–183

ZAHN, Th., Forschungen zur Geschichte des neutestamentlichen Kanons und der altkirchlichen Literatur. 6. Teil: 1. Apostel und Apostelschüler in der Provinz Asien, 2. Brüder und Vettern Jesu, Leipzig 1900

ZEILLER, J., Légalité et arbitraire dans les persécutions contre les chrétiens, AnBoll 67/1949, 49–54

ZIMMERMANN, A. F., Die urchristlichen Lehrer. Studien zum Tradentenkreis der διδάσκαλοι im frühen Urchristentum, WUNT 2.12, Tübingen ²1988

# Register

## A) Autorinnen und Autoren

Achelis 48[88], 122[19], 147[44]
Ahern 282[177]
Aland 57, 68[4f], 69[8], 192[107], 199[160]
Albertz/Westermann 299[51f]
Alföldy 39[53], 117[55], 367[19f]
Altaner/Stuiber 212[59], 367[20]
Alvarez 208[37], 210[46]
Andresen 48[86f], 69[9], 71[23], 346[13], 348[39], 358[29]
Angerstorfer 271[94]
Ash 57[152], 322[80]
Assendelft 16[28]
Aune 86[43], 101[63]

Bacht 322[81]
Baden 37, 82[22], 83[31], 92[11], 121[9], 122[21], 129[62], 142[11], 144[19], 158[46], 209[45], 210[47], 225[31], 301[65], 344[4], 371[50]
Balz 194[116]
Bammel 212[58]
Bardy 128[58]
Barnard 38[49], 39[53], 121[13], 247[118], 260[11], 262[29], 264, 337[4f], 367[20]
Barnes 38[49], 39[53], 65[189], 121[13], 123[24], 366[10], 367[19f], 370[40.45], 371[51]
Bartelink 118[68], 194[119]
Bastiaensen 16[28], 114[36], 125[44], 157[42], 167[43], 185[62], 200[168], 218[101.104], 223[16], 267[68], 274[116], 300[58], 318[56], 319[62], 338[12]
Bauer, J.B. 62[176], 69[11f], 77[1], 105[86], 192[108], 228[4]
Bauer, W. 100[54], 155[28], 217[96], 319[62], 370[42]

Bauer/Aland 99[52], 144[23], 145[32], 189[88], 223[15], 226[35], 314[25], 328[26]
Bauer/Paulsen 61[175], 63[179ff.183], 70[13], 101, 124[38f], 126[47], 134[29], 166[28], 302[67.71], 303[75], 317[52]
Baumeister 15, 39[53], 51, 52[112], 59[166], 61[175], 64[187], 73[35], 78[3], 90[2f], 95[26.29], 96[37], 100[52.55.58], 101[61], 102[65ff.69], 103[70f.73.77], 104[80], 114[36], 117[59], 125[42], 141[2.4], 142[10], 148[45], 149[51], 198[145], 212[58], 224[22.25], 251[141], 253[156.158], 259[1], 260[6.8], 261[21], 267[69], 272[101], 297[41], 300[58], 301[61], 312[11], 313[16f], 318[57], 319[64], 321[77], 325[4], 328[24], 334[57], 338[11], 343[3], 348[30.33], 351[46ff], 352[56], 353[60], 355[2], 367[20]
Baumgärtel 299[51]
Baus 265[49.51], 273[109], 328[25]
Beilner 358[23], 360[40]
Ben-Chorin 213[67]
Berger 41[61], 43[65.68], 47[79.82], 51[107], 68[3], 72[30f], 73[34f.37f], 74[41.44], 75[48], 78[2], 79[5ff], 80[13ff], 83[28], 84[37], 92[14], 93[15], 94[22], 95[31], 97[38ff.45], 106[97], 109[6f], 110[9f.12f], 111[17], 113[28f], 115[40], 121[15f], 122[17], 124[37], 126[50], 127[53], 132[15-18], 136[43], 138[56], 139[59], 143[12-16], 152[10-13], 155[29], 157[38f], 163[6-11], 164[15f.18f], 166[31], 172[72], 178[7ff.11], 179[14], 180[23f], 181[32], 182[35.41], 199[162], 205[4-9], 214[71.73f.76], 215[77], 221[4-7], 222[10], 224[23], 225[27.29.33], 226[36], 235[41], 238[60], 259[2], 265[53-56], 266[57-62], 268, 283[184], 293[7-12], 296[32], 297[33f.36f.39f], 298[43f], 311[3-6.9], 312[10], 327[14ff.18f],

334[60ff], 335[63], 337[1.7f], 347[20-24], 348[26.28f], 355[4f], 357[16ff.21], 358[28], 360[38f]

Berschin 74[42.46], 75[53], 162[5], 181[27f.30], 190[96f], 191[98], 227[2f], 292[1], 293[4]

Berwig 184[52], 367[21]

Betz 59[167], 71[25], 84[34], 206[19f], 243[89], 245[102], 286[205.209f], 315[36], 358[28]

Beutler 86[45], 99[52], 198[145]

Beyer 272[100], 278[152]

Beyschlag 38[49], 52[113], 68[3], 85[38], 109[1], 134[29], 147[32], 149[52], 151[1], 152[8], 156[35], 158[45], 168[52], 169[55], 191[100], 192[104.109], 194[123], 198[153], 199[155], 272[99], 344[1], 345[6], 348, 352[57]

Bieder 223[20]

Bieler 138[57], 319[59]

Bihlmeyer 13, 15–18, 266[68], 312[14]

Bisbee 173, 177[2], 181[28], 184, 193[112], 201[171], 367[20]

Blanchtière 124[33], 210[46], 211[50], 370[45]

Blass/Debrunner/Rehkopf 95[27], 114[37], 117[57], 206[24], 289[230], 296[25], 329[30], 338[15]

Boeft/Bremmer 39[53], 40[57], 106[98], 122[19], 147[39], 153[16.18], 154[23], 168[47], 206[22], 207[27f.30.32], 210[45.47f], 211[50], 213[63.65f], 218[101f], 289[230], 368

Bömer 186[64]

Bommes 59[166], 61[175], 198[149], 223[20], 270[87]

Bonwetsch 57, 85[41], 87[50], 141[3], 322[80], 370[45]

Bornkamm 278[145]

Bouley 227[1], 243[89], 246[110]

Brekelmans 281[170], 328[25.27], 344[2], 353[59]

Bremer 234[35.39], 236[48], 237[53.55]

Bremmer 39[53], 144[24], 194[122], 197[138], 263

Brennecke 247[120]

Brind'Amour 39[53], 168[48], 366[14], 367[21]

Bringmann 187[69], 195[126ff]

Brox 59[162], 62, 64[185], 85[41], 93[18.20], 100[52.55], 101, 102[64.68f] 103, 104[78.80], 110[10.14], 111[16.19f], 112[23f.26], 118[69], 122[23], 187[70], 197[143], 198[145.148]

Brucker 45[70], 228[6], 234[39], 235[41.43.45],

236[46], 237[53.56f], 238[59.64ff], 254f, 256[175.177f.180f], 354, 358[28.31], 359[32-35]

Bühner 263[36], 314[29]

Bultmann 74[47], 95[28], 97[41], 302, 341[33]

Burghardt 322[80]

Buschmann 37[35], 38[49f.52], 39[53], 40, 51, 52[110f.114.117], 59, 68[1], 71[19], 73[35.38], 74[45], 78[2], 79[5.9], 80[11], 91[8f], 104[81], 121[9.14], 123[30f], 124[31.33], 125[39], 128[57.61], 132[11], 148[46], 156[36], 157[44], 179[12.20], 180[26], 181[28], 197[138], 198[148], 227[2], 244[96f], 251[140], 256[176], 268[79], 282[178], 292[1], 313[22], 320[68], 322[82], 326[8], 329[33], 332[51], 351[51], 355[8], 367[20], 369[34], 370[39], 371

Butterweck 38[49], 122[19], 194[120], 197[138]

Cadoux 69[12], 209[44], 217[95.97] 222[12], 311[1], 367[20]

Calder 124[33]

Camelot 15, 18, 39[53], 59[165], 114[36], 155[28], 167[45], 216[90], 261[23], 272[102], 274[111.114.116], 277[140], 290[236], 330[37], 338[10]

von Campenhausen 17[32], 37, 39[53], 41, 50, 51[106], 52, 57[183], 58[161], 59, 61[175], 64[185], 65[190], 73[36], 78[3], 79f, 82[20.22], 84[31.37], 85[38], 90[5], 91, 92[12f], 97[44], 103[77], 106[92], 107[100], 109[2f], 113[30], 114[37f], 115[39], 117[54], 118[73], 120[6], 121[9.11.13], 122[18f.22], 123[25], 124[34], 126[47], 131[6f], 132[11.13f], 139[61], 141, 142[8], 151[5], 152[7], 160[57], 162[4], 165[25], 166, 168[46], 173[78], 177[1], 179[19], 182[42], 192[106], 194[115], 198[146], 199[159], 204[1], 216[91], 225[26], 260, 261[13], 265, 270[87ff], 292, 296[31], 300[59], 311[1f.7], 313[15], 316[40], 318[54f], 319[63], 322[81], 326[5.7f], 327[12], 329[36], 330[39.41], 332[48f], 333[53], 337[2f.6.9.], 338[11.13], 340[24], 344f, 346[14], 349[40], 350[41.44], 352[52], 355[2], 356[10], 365[5], 367[21], 370[40], 373[63]

Cardman 115[44], 116[46], 179[15]

Cazelles 245[103]

Chiarini 16[28]

Classen 45[70], 358[28]

Colin 68[4] 91[8], 199[155], 370[45]

Conzelmann 37[46], 52, 62[177], 73[36],

79[9f], 82[20f.23], 84[31], 91, 92[12f], 100[52], 103[72], 106[92.96], 109[1], 112[27], 114[34], 115[39.43], 121[9.11.13], 122[18], 123[25], 131[6f], 132[13], 133[19], 134[25], 139[61], 141, 143[17], 144[25], 151[5], 152[7], 166[32f], 168[46], 172[75], 173[78], 177[1], 183[44], 201, 204[1], 210[46], 226[34], 261[13], 273[109], 278[151], 286[206], 287[211], 292[1], 301, 311[1], 337[2.9], 338[11], 344[5], 345, 346[11]

Corssen 39[53], 58[158], 103[74f], 104[79], 271[91], 311[1], 313[19], 314, 315[32], 375[67]

Crouzel 59[165], 83[31], 334[56]

Crüsemann 228[6], 230ff, 239f, 245[102], 255, 266[63], 267[71], 277[143], 278[144]

van Damme 103[77], 195[126], 197[144], 198[146.148], 207[25]

Dassmann 56[144], 111[18]

Dautzenberg 304[83], 305[85]

Dehandschutter 13[1.4f], 14[7ff.11f], 16ff, 37[35.47], 38[49f], 39[53], 40[57.60], 41[62f], 43[64], 48[85], 49[91], 54[128], 59, 64[186], 65[191], 68[1.3], 70[16], 73[35], 74[43], 82[22], 83[27], 84[32], 90[3], 91[6], 95[26.30], 96[33.37], 105[85.90], 106, 107[101.103], 114[36], 117[55.59], 120[1], 121[10], 122[19], 124[34], 126[49], 127[54], 130[2], 132[10.12], 134[29], 137[46.49], 138[55f], 139[58.60], 141[2.7], 142[8.10], 144, 145[34], 146[35.37], 149[54], 151[2], 152[9], 153[16], 155[30], 157[42], 158[46], 159[51], 162[1f.4], 165[22], 166[33f], 167[37.39], 168[47f.50], 169[55], 171[67], 177[2], 178[4], 179[17], 181[29.33], 182[42], 183[43], 185[61], 192[104], 204[2f], 207[26], 209[39], 210[45], 216[83], 219[107], 221[3], 222[9.13f], 223[15], 225[26.31], 226[35], 227[1], 260[4.12], 262[27f.31], 265, 269[83], 272[97.102], 282[176], 290[236], 292[1f], 296[24.27], 297[38], 299[55], 311[1], 312[14], 313, 316[39], 319[61f.64], 325[3], 326[6.8], 327[13.17.22], 328[28], 330, 334[58.60], 335[63], 337[4], 338[13], 340[25], 344[4], 345[10], 347[17], 348[31], 349[40], 353[65], 355[1], 356[9], 357[13], 366[10f.14], 367[20], 368, 369[32ff.36.38], 371, 372[56f], 373[59], 374[64], 375[67.69]

Deichgräber 242[79f], 360[39]

Deissmann 170[59f]

Delehaye 59, 100[52], 103[75], 104[79.82], 105[83], 199[163], 225[26], 315[37]

Delling 158[49], 207[26.30], 228[7], 229[8], 235[41.43], 236[48], 237[53], 256[179], 302

Devos 39[54], 168[48]

Dibelius 16[25], 110[10], 112[25], 177[3], 183[43], 243[89]

Dodds 136[37]

Dölger 114[31], 159[51], 296[28]

Doty 358[25]

Dressel 18

Egli 39[53], 50, 138[56], 166[37], 181[31], 201[174], 293[6], 313[19], 314[27], 367[20]

Ehrhardt 370[45]

van Eijk 282[180], 290[236]

Ernst 84[35]

Fascher 118[68f]

Feldman 187[70], 209[44]

Finkelstein 240[74], 241[76f], 243[89], 278[148], 285[201], 289[231]

Fischel 46, 58[159], 90[2], 138[57], 182[25], 194[121], 202[189], 284[195], 296[30], 325[2]

Fischer 39[53], 74[47], 316[16.18], 317[49], 367[20], 368[29], 369[32.37], 370[45], 372[56]

Foerster 215[82]

Frank 106[98], 206[21]

Franz 249[130]

Freeman-Granville 370[45]

Frend 39[53], 124[32], 128[58], 137[44], 151[4], 156[36], 157[40], 165[24], 197[138], 367[21], 370[45]

Freudenberger 197[142]

Friedrich 127[54]

Funk 15[17.19], 16[25], 18

Gärtner 75[54], 79[5], 162[5], 181[28], 184[58], 190[97], 191[98f], 227[2f], 292[1]

Gamber 239[67], 240[68.71f], 243[89], 244[99], 245[105], 246[112f.115], 247[116], 266[64-67], 267[71], 273[108], 276[130], 277[132ff], 278[148], 280[162.166], 281[166f], 285[201]

Gaß 58, 313[15], 319[66]

Gebhardt 15[17], 18

Geffcken 103[75], 180[25], 184[54], 200[167]

Gero 306[90], 307[92f.95], 308

Gerstenberger 230[22]

Gibson 122[19]

Gloer 236, 237[53.57f], 238[61f], 279[155], 289[235]

Gnilka 83[25], 98[46], 146[38], 208[33], 223[18]

Gödecke 38[50]

Goldhahn-Müller 105[85.88], 370[43]

Goltz 227[1], 243[88f], 248[122], 249[129], 255, 280[161], 282, 285[197], 287[218], 289

Goppelt 211[52]

Grässer 83[90], 96[35], 235[41]

Granskou 209[41]

Grant 38[50], 39[53], 53[122], 185[63], 186[64f], 193[111], 199[163], 367[20], 370[43], 371[53]

Greeven 314[28], 315[31.33]

Grégoire 14[11], 39[53], 40, 148[46], 168[46], 312[14], 368[22], 369, 371, 372[55]

Griffe 39[53], 40[56], 128[58], 367[20], 369[36], 371[49.51]

Groh 56[140], 322[80]

Grundmann 94[23]

Günther 59[162], 100[59], 101

Guillaumin 95[29], 272[103]

Gunkel 229[14-17], 230, 239, 267[63]

Guyot/Klein 16[26], 73[35], 82[20], 95[26], 107[103], 114[35], 117[59], 128[58], 144, 147[39], 159[51], 169[55], 173[77], 182[42], 183[49], 185[62], 187[70f.74], 196[131f.135f], 197[139ff], 204[3], 216[91], 217[97], 223[15], 287[212], 304[78], 312[12], 313[15], 316[45], 318[57], 319[62], 339[18], 347[16], 349[36], 352[56], 366[13], 373[60]

Habermehl 91[6], 111[16], 164[14.17.21], 171[66], 249[130], 322[82], 327[20]

Haenchen 154[26]

Hänggi/Pahl 243[85]

Hainz 148[49], 149[50]

Halkin 101

Hall 290[239]

Hamman 82[24], 135[31], 158[47], 159[50], 227[1], 238[61], 248[126], 249[132], 267[74], 271[91], 272[95f], 273[109], 274[118], 331[42.45], 342[35]

Handrick 38[50]

Hanson 136[38-42], 244[95]

Harder 147[43], 284[192], 298[49]

von Harnack 15[17], 57, 118[69], 120[5],

128[58], 186[67], 189[91], 190[92], 209[39.44f], 211[53], 274[113.116.118], 275[119], 276[125], 330[37]

Hauck 96[34], 335[64]

Hausberger 338[13], 339[16], 342[35]

Hefele 18

Heine 53[119.121.124], 54[125ff.129ff], 55[134f], 56[140f], 57[147], 58[154], 86[42f], 87[48], 93[15], 116[47-51], 122[19], 124[33], 136[37], 138[53], 149[52], 182[34], 319[65], 322[80], 332[50]

Heinrici 58

Hennecke/Schneemelcher 299[54]

van Henten 39[53], 45[71], 46, 49[91], 50[93], 61[175], 64, 73[35], 90[1], 96[32], 117[55], 133[19], 144[20], 145[34], 146[35.37], 167[39.44], 168[50], 171[65], 211[51], 227[2], 250, 270[90], 283[187], 284[194], 285[199f], 294[21], 346[15], 348, 353[61], 367[20], 371[52]

Hilgenfeld 15[17], 18, 49, 124[35], 129[62], 130[1], 142[8], 167[43], 298[45], 316[44], 340[25], 350, 368

Hilhorst 16[28]

Hill 282[181], 353[64]

Hirschfeld 153[16.20], 154[24], 170[56]

Hoffmann 46, 164[16], 184[55], 190[94ff], 200[164], 201[172]

Holl 58[159], 64[188], 97[44], 103[75], 106[92], 135[35], 296[29], 301[66], 319[60]

Holtzmann 37

Hommel 274[111]

Huber 53[122], 116[46.53], 322[80]

Jacobsen 18

Janssen 188[79], 196[130f], 199[156]

Jegher-Bucher 358[24.27]

Jensen 37[19], 53[123], 54[132], 56[146], 57[148], 77[1], 104[78f.81], 105[88], 116[44.46], 122[19], 148[46], 194[124], 249[130f], 322[80]

Jeremias 145[32], 261[15f], 262[34f], 263[37], 264[46], 360[37]

Joly 330[37]

Jones 153[16]

Kähler 93[15]

Käsemann 320[71]

Karpinski 39[53], 40[59], 167[39], 247[121], 325[1], 337[4], 339[18], 341[34], 342[36ff.40], 367[20], 375[68]

Karpp 181[28]
Karrer 73[35]
Kautzsch 241[76], 250[134.137], 294[13]
Keim 37, 39[53], 49, 71, 79[8], 112[27], 120[7], 122[19], 123[29], 128[59], 141[5], 151[5], 166[29], 167[46], 169[53], 298[45], 300[59, 311[1], 313[15], 316, 319[64], 330[41], 337[2], 345[10], 350, 368, 369[33]
Keller/Wehmeier 278[153]
Kellermann 46, 202[179], 205[10], 226[38], 283[187], 339[21]
Kennel 235[41], 254[166]
Kertelge 320[71]
Kettel 223[16.19], 224[22], 243[86], 267[73], 274[114], 282[179], 289[229]
Keyssner 234[35], 236[52], 274[111]
Kilmartin 267[71]
Kittel 209[44], 210[47], 211[52-55]
Klauser 58[159], 214[68], 325[2], 331[45], 342[35]
Klawiter 116[46.52], 120[3], 322[80], 370[43f]
Klein 16[26]
Kleinknecht 299[53]
Kleist 300[58]
Knebel 234[36], 236[48.52]
Knoch 210[46], 211[50]
Knopf 286[209], 287[215]
Knopf/Krüger/Ruhbach 15[22], 18, 110[10], 111[17], 157[43]
Koch 16[25]
Köhler 37[49], 127[54], 292[2]
Koep 170[59], 171[61.65]
Kötting 125[41], 134[24.27], 144[22], 197[138], 302[67], 303[74.76], 304[81]
Kortekaas 16[28]
Koschorke 319[66]
Kraft 68[2], 70[17], 104[81], 116[46], 124[31], 148[46], 207[28], 323[84]
Kretschmar 58[159], 245[104], 269[85], 271, 285[201], 304[79], 320[71]
Kroll 234[38], 236[48f]
Krüger 15[22], 18, 58[161]
Kühnert 55[136.139], 321
Kuhl 252[147f], 253[157], 254[161ff], 294[18]
Kuhli 209[41]
Labriolle 57[149], 68[4], 71[21], 85[41], 182[34], 319[66], 370[45]
Lake 18
Lallemand 302[67], 304[80.82], 305[84]

Lampe 122[19], 127[54], 148[46], 168[48]
Lanata 16[28]
deLange 212[57.61]
Laporte 245[103]
Larsson 85[39f]
Lattke 235[41], 238[63]
Lawyer 268[78]
Lazzati 15, 18, 157[42]
Leblant 166[37]
Leclerq 46
Légasse 165[27]
Lelong 18
Lieberman 148[46]
Lietzmann 128[58], 227[1], 235[44], 239[67], 242[78], 243[89], 247[118], 259[3], 260[8.11], 261f, 264[40], 269[84], 277[142], 280[166], 281[170ff], 283, 284[193], 306[88f]
Lightfoot 1, 147[7f.11f], 15[16], 18, 37, 39, 50, 141[7], 208[36], 209[45], 212[56], 217[98], 218[99f], 223[16], 225[26], 272[98], 280[165], 293[5], 296[28], 298[45], 300[60], 301[65], 312[12.14], 313[15], 314[25f], 319[61], 337[4], 340[25], 349[38], 357[13], 364[2f], 365[5ff], 366[9], 367[18.20], 373[61f], 375[67]
Lindemann/Paulsen 15, 70[15], 157[43], 223[16]
Lipsius 37, 49, 369[33]
Lohmeyer 302f, 304[80f]
Lohse 60[173], 360[36]
Lopuszanski 330[40]
Lührmann 184[52], 188[76f.80], 197[141]
Luz 55[139], 209[38], 320[71ff]
Mand 278[145]
Marguerat 209[42], 210[46]
Marrou 37, 39[53], 122[18], 367[21], 369[36], 371[49]
Martin 352[54]
Maschke 278[154]
Massaux 127[54], 146[35.37]
McNeil 97[44]
Meinhold 39[53], 40[56], 61[175], 126[46], 269[80], 316[42], 369[36], 372[56.58]
Mehrlein 207[29]
Merkelbach 124[36]
Messingberd Ford 322[83]
Michaelis 84[32], 110[10], 111[16], 306[87]
Michel 127[56], 165[26f], 166[30], 279[157], 341[28]

Millar 16[29]
Millauer 84[33], 93[15]
Mitchell 209[44]
Moll 243[89], 245[101f.106], 246[108]
Molthagen 184[52], 188[80], 195[125f]
Mommsen 187[69]
Müller 15[14], 37, 50, 78[4], 79[9], 82[22], 131[4.6], 132[11], 134[29], 137[46], 141[2], 145[34], 146[36], 152[6f] 154[25], 156[37], 159[54], 166[34], 167[41], 172[75], 179[18], 182[42], 204[1], 210[47], 211[55], 216[83], 219[109f], 222[11], 293[3], 313[15], 316[47], 333[52], 344[4]
Mundle 68[4]
Musurillo 16, 18, 82[20], 93[18], 94[25], 95[26], 114[36], 157[42], 159[51], 167[43], 165[61], 194[116], 218[103], 229[15], 313[15], 317[50], 366[12], 367[17.20]

Nautin 104[78]
Nestle 118[69], 187[68], 190[93], 205[10], 207[26.32], 302, 312[14], 313[19]
Nicholsen 121[14], 141[3], 144[22]
Niederwimmer 83[26f], 110[10], 111[17.21], 127[55], 243[89], 244[100], 245[101], 270[86], 275[120f], 276[129], 283[188], 287[215], 289[231], 307[92f.95], 308[97f]
Norden 238[60], 296[27], 357[11]
Normann 216[87ff]
Nürnberg 116[45], 117[54]

Oepke 134[29], 137[45], 223[17]
Opitz 56[144]
Orbán 16
Orgels 39[53], 40, 369
Overbeck 48, 57

Pagels 75[51], 94[21], 101[60.63], 105[85]
Palmer 189[89]
Paschke 99[52], 198[145]
Paulsen 15, 52[115], 56[145], 57[153], 58[155], 63[181.184], 64[185], 72[32], 75[48f], 82[20], 84[34], 85[41], 87[47f], 95[26], 96[37], 100[57], 101[60], 102[69], 114[36], 117[58.62], 128[60], 148[46], 173[77], 180[25], 201[170], 251[142-145], 270[87], 274[114], 302[67], 303[75.77], 318[56], 320[71], 321[75], 339[22], 351[48], 352[56], 355[3], 360[41.43], 364[3], 370[42.45]

Perkins 75[50]
Perler 61[175], 64, 95[29], 211[51], 271[94]
Peterson 68[3], 69[9f], 159[51], 170[59], 194[116], 195[126], 284[190], 307[92f], 358[29]
Pfitzner 352[55]
Plankl 195[127], 196[134]
Plöger 253[151f.154], 254[164], 294[14]
Popkes 83[25], 94[22], 335[64]
Powell 370[45]
Pratscher 84[35]
Prete 264[45], 284[191], 298[49]

Quasten 47[83]
Quecke 246[115], 273[108]

Rauschen 18, 82[20], 117[58], 133[19], 167[41], 173[77], 181[28], 223[16], 313[15], 319[62], 351[48], 352[56], 366[13], 373[60]
Reitzenstein 58[158.160] 61[174], 91[8], 115[43], 120[5], 123[26], 322[79], 345
Rengstorf 358[23]
Reuning 14[10], 37, 50, 70[16], 91[8], 122[19], 131[4], 132[13], 134[26], 135[34], 141[1], 145[34], 152[6], 156[32.34.37], 159[53f] 166[28], 172[75], 173[78], 177[1], 178[6], 182[42], 204[1], 225[31], 227[1], 260[5], 261[19f], 264, 265[50], 267[70], 272[102], 276[128], 277[135f], 280[166], 281[171], 284[194.196], 287[216], 288[220.223.225], 290[238], 298[45], 300[59], 301[66], 304[79], 311[1], 325[1], 330[41], 331[44], 332[46.48], 333[53f], 338[13], 340[23.26], 344[4], 347[18], 357[14], 364[1], 367[20], 369[32], 371[48], 375[67]
Reventlow 230[22]
Riddle 65[189]
Ringgren 229[8]
Ritter 193[114]
Robinson 159[55], 165[23], 227[1], 228[5], 232[31f], 233, 235[40.44], 241[76f], 242[78.81ff], 243[89f], 244[92.94], 246[110f], 247[118], 248[127], 260ff, 264, 266[3], 267[71], 268[75], 269, 273[107], 274[117f], 275[123], 276[131], 277[136.141.143], 278[144.147f], 279[158], 280[159.161.166], 282, 285[201f], 288[224f], 289[231], 290
Ronchey 16[28], 39[53], 40, 56[143], 68[1], 71[26], 73[35], 75[52], 120[2.5], 125[40], 127[51], 147[39ff], 148[47], 153[16.18], 154[23], 199[155],

209[45], 211[50.55], 213[64f], 214[68], 218[101], 368, 370[39]

Rordorf 38[49], 39[54], 59[162], 80[12], 103[77], 105[87], 125[42], 167[42], 168[47], 198[148], 243[89], 280[163], 307[93], 325[2], 327[13], 329[34f], 331[45], 337[4], 338[14], 339[17], 341[28.31], 342[36.39], 353[63], 375[67]

Ruhbach 15

Saxer 37[35], 38[49], 39[53], 40[59], 51[102], 114[31], 115[42], 169[54], 247[121], 260[13], 302[67], 327[11.13.21], 339[17], 340[27], 352[53], 355[3], 365[4], 368[21]

Schäferdiek 111[22]

Schäfke 68[4], 118[69], 145[30], 187[70f.74], 188[82f], 225[30]

Scharbert 278[153]

Scheele 144[23], 145[32f], 153[16]

Schepelern 87[49], 322[80]

Schille 223[18]

Schlatter 58[159], 296[30]

Schlier 194[118]

Schmidt 71[21], 107[101], 299[51]

Schmitz 320[71]

Schneemelcher 15[19]

Schnider/Stenger 68[3], 71[24], 72[29f], 73[33], 78[2], 355[6f]

Schoedel 13[6], 37[35], 38[51], 39[53], 40[60], 50, 59[165.169], 61[175], 70[15], 71[26], 83[31], 86[44], 90[5], 91[7], 93[15.18], 95[26], 97[43f], 106[91], 114[35], 117[55], 120[3], 122[18], 131[5], 132[13], 134[29], 138[57], 142[9.11], 159[52], 166[33], 168[46.49], 173[79], 177[1], 181[31], 182[35], 183[48], 185[62], 192[107], 193[112], 194[116], 200[167], 201[173], 202[178], 207[26], 208[34], 209[39f], 216[83], 223[15.20], 225[26.32], 262[29], 264[41.45], 265[48], 267[72], 272[102], 274[114], 280[166], 284[196], 290[237], 298[46], 300[59], 311, 312[13], 313[15], 319[58], 322[79], 325[1], 327[11], 329[29], 333[52.55], 346[12], 349[38.40], 350[42], 366[8.15], 367[20], 373[63], 375[66]

Schöllgen 110[10.12], 243[89], 244[91.93.100], 307[91f.94], 308[96f]

Scholten 84[37]

Schreckenberger 213[62]

Schreiner 182[39]

Schüssler Fiorenza 56[140], 77[1], 244[98], 321[78]

Schulz 83[31]

Schwankl 283[187]

Schwartz 13, 15, 37, 39[53], 107[103], 114[37], 132[11.13], 167[45], 169[55], 172[68.74f], 173[78], 177[1], 182[42], 183[44], 207[28], 221, 225[26], 292[1], 300[59], 313, 327[12], 349[40], 366[13], 367[20], 368[28]

Schwegler 57, 370[45], 371[47]

Sepp 37, 50, 152[6], 159[53], 168[47], 169[55], 215[82], 225[26], 301[65], 313[15], 335[65], 349[37]

Severus 236[48], 265[52]

Sherwin-White 184[52], 187[70], 196[131]

Simon 209[39], 210[49]

Simonetti 39[53], 120[1], 123[27], 124[34], 189[90], 199[154], 368[21], 370[41]

Soeting 235[41]

Sordi 39[53], 153, 154[22], 184[22], 197[138], 199[157], 370[44]

Speigl 118[69], 187[70], 189[86], 197[138]

Spiekermann 229[8], 230[18.22]

Staats 61[175], 87[46], 223[20], 320[70], 331[43]

Stauffer 86[45], 118[71]

Steck 212[58]

Ste.Croix 104[82], 183[50], 187[70], 188[84], 191[103], 195[127], 196[131], 197[138.141]

Stegemann 210[46]

Stirewalt 358[26]

Stockmeier 70[13f], 166[28]

Stolz 304[83]

Strathmann 59[162], 99[52], 100[57] 198[145]

Strobel 39[53] 72[27], 93[17], 167[43], 322[80], 366[15], 367[16], 368[21], 370[43.45], 371[54]

Stuiber 240[68ff], 249[128], 261[24], 290[236], 337[2], 339[17], 340[24], 360[42]

Stumpff 302[67], 304[79], 305[86]

Sühling 313[15], 314[28.30], 315[35]

Suggs 110[10f]

Surkau 47[84], 51, 58[159], 59, 64[187], 84[34.37], 155[31], 158[46], 160[57], 166[35], 178[4], 182[35], 202[179], 214, 219[108], 224[24], 296[30], 313[15], 334[59], 338[10], 341[29f], 351[50], 353[61], 357[22]

Tabbernee 62[178], 101[63], 122[19f], 148[46.48]
Talley 240[68f.75], 241[76f], 243[87.89], 245[102], 246[112], 278[148], 285[197.201]
Telfer 39[53], 368[21], 371[49]
Thraede 228[7], 234[38], 235[40f], 236[47ff], 237[53]
Trevett 55[138], 320[69], 371
Tripp 227[1], 228[4], 246[112f], 247[117ff], 260[7.10f], 272[104], 276[124.129], 281[173], 283[182f186], 285[197.201], 286[203f], 290[236], 292[2]
Turner 39[53]
Tyrer 247[118], 262, 264, 290[236]

van Unnik 55[137], 128[57], 321[76]
Urner 341, 353[62]
Ussher 13

Valerio 116[46]
Vergote 167[37f]
Vielhauer 39[53], 317[51], 318[53], 366[10.14]
Vittinghoff 187[73], 196[133]
van der Vliet 105[85], 299[50], 319[66]
Vööbus 307[93], 308
Vogt 188[75.81], 269[80]
Vouga 73[37], 358[23]

Waddington 39, 367[20], 368[27]
Wagner 320[71]

Walls 55[137], 72[28]
Watson 45[70]
Wehr 223[20], 246[107]
Weidman 14[13]
Weinrich 64[187], 83[26], 96[34], 97[40], 98[49], 106[94], 117[63], 136[26], 142[10], 156[33], 158[48], 182[37.42], 226[37], 253[155], 296[30], 297[35], 298[42.48], 302[68], 338[15]
Wendebourg 63[179]
Wengst 69[6], 110[10], 127[54], 243[89], 244[100], 245[101], 270[86], 275[122], 307[92f], 308[98]
Westermann 229[8-11.13], 230, 236[5], 266[50], 278[145]
White 73[34.38f]
Whittaker 16[25]
Wibbing 110[10]
Wilckens 223[21]
Wilde 210[46]
Wilson 209[41]
Windisch 110[10]
Wischmeyer 169[54]
Wlosok 184[52]
Wünsch 234[36], 236[48.52]

Zahn 15[17], 18
Zimmermann 214[70]

# B) Quellen

## 1) Altes Testament

| *Genesis* | | 12 | 269 |
|---|---|---|---|
| 3,8 | 299 | 12,4 | 281 |
| 8,1 | 299 | 14,21 | 299 |
| 8,20f | 304f | 14,31 | 299 |
| 17,8 | 68 | 15,8 | 299 |
| 19,24f | 295 | 15,21 | 230 |
| 22 | 245, 271 | 19,11 | 288[221] |
| | | 19,16ff | 299 |
| *Exodus* | | 29,18 | 304ff |
| 6,4 | 68 | 29,25 | 304ff |
| 10,13 | 299 | 29,41 | 304ff |
| 10,19 | 299 | 34,6 | 288[222] |

*Leviticus*

| | |
|---|---|
| 1,9 | 304f |
| 3,1 | 232 |
| 3,6 | 232 |
| 3,12 | 232 |
| 5,15 | 271 |
| 7 | 278 |
| 7,12 | 233 |
| 16,24 | 272 |
| 26,13 | 194 |

*Numeri*

| | |
|---|---|
| 6,24ff | 260[5], 274 |
| 11,31 | 299 |
| 22,18 | 165 |

*Deuteronomium*

| | |
|---|---|
| 4,2 | 55 |
| 8,10 | 240 |
| 13,1 | 55 |
| 31,6f | 182[36.42] |
| 31,23 | 182[36] |
| 32,8 | 281 |

*Josua*

| | |
|---|---|
| 1,6ff | 182[36] |
| 1,18 | 182[36] |

*1. Samuel*

| | |
|---|---|
| 2,1–10 | 266[63], 279[156] |

*1. Könige*

| | |
|---|---|
| 17,1 | 277[138] |
| 19,3 | 133 |
| 19,5.7 | 177 |

*2. Könige*

| | |
|---|---|
| 13,20f | 332 |

*Jesaja*

| | |
|---|---|
| 7,2 | 299 |
| 11,2 | 97[44] |
| 12,1 | 231, 266[63], 278[143] |
| 25,1 | 288[226] |
| 38,10–20 | 266[63], 279[156] |
| 42,1–4 | 275 |
| 43,2 | 295 |
| 44,5 | 81 |
| 49,1–7 | 275 |

| | |
|---|---|
| 50,4–11 | 275 |
| 51,17 | 282 |
| 52,15 | 183[47] |
| 52,13–53,12 | 275 |
| 53,11f | 245 |
| 64,4 | 106[94] |
| 65,6 | 106[94] |
| 66,24 | 105[89] |

*Jeremia*

| | |
|---|---|
| 6,13 | 165 |
| 25,15 | 282 |

*Ezechiel*

| | |
|---|---|
| 6,13 | 304 |
| 9,4ff | 81 |
| 13,11ff | 299 |
| 16,19 | 304 |
| 20,28 | 304 |
| 20,41 | 304f |
| 37,8ff | 299 |

*Hosea*

| | |
|---|---|
| 12,5 | 273[111] |

*Amos*

| | |
|---|---|
| 3,13 | 234, 237[54], 273[111] |
| 4,13 | 273[111], 299 |
| 5,8 | 273[111] |
| 5,14ff | 273[111] |
| 9,15 | 273[111] |

*Jona*

| | |
|---|---|
| 1,4 | 299 |
| 2,3–10 | 230[19], 250[134], 266[63], 279[156] |
| 2,10 | 231[30] |

*Micha*

| | |
|---|---|
| 7,6 | 146 |

*Nahum*

| | |
|---|---|
| 2,13 | 273[111] |

*Haggai*

| | |
|---|---|
| 1,2–9 | 273[111] |
| 2,5 | 299 |

*Sacharja*

| | |
|---|---|
| 1,14–17 | 273[111] |

*Maleachi*
1,10ff — 286[208], 287

*Psalmen*
14,1 — 69
18 — 230[19]
19,4 — 284
22 — 279[56]
22,18f — 223[18]
24,10 — 277[138]
26,14 — 182[36]
30 — 230[19], 266[63], 279[156]
30,2 — 232[31], 278[143]
30,25 — 182[36]
32 — 266[63]
34 — 230[19], 279[156]
40,1–12 — 230[19], 279[156]
41 — 266[63]
51 — 252
52 — 230[19]
55,6 — 314
58,6 — 277[138]
59,5 — 277[138]
66,13–20 — 230[19], 231, 266[63]
75,9 — 282
103 — 277[139]
103,25 — 165
104,4 — 299
107 — 230[19]
113,21 — 165
115 — 268, 285
116 — 230[19], 231[30], 266[63], 279[156]
118 — 230[19], 231, 266[63], 279[156]
118,21 — 232[31], 278[143]
119,46 — 183[47]
138 — 230[19], 232[31], 266[63], 278[143]
141,2 — 306
144 — 289
145–150 — 289
148 — 250[134], 299

*Hiob*
22,26 — 194
27,10 — 194
33,4 — 299
33,26ff — 230[19], 266[63]

*Proverbien*
13,5 — 194
17,3 — 301[62]

*Threni*
3,52–58 — 230[19]

*Daniel*
2,23LXX — 289
2,46 — 253[157]
3 — 201, 234, 238f, 296f, 301, 303
3LXX — 294f
3,8–12 — 143
3,13 — 153
3,14–18 — 178
3,24–30 — 159[56], 294
3,25f — 279
3,24–45.51–90LXX — 248–254, 266f
3,39fLXX — 64, 81[18], 270, 284
3,46–50LXX — 64, 106[98], 294, 301[63]
3,91ffLXX — 294
4,14 — 253
6 — 254
6,10f — 153, 155
6,27f — 253[157]
10,4ff — 182[36]
10,7 — 183
10,19 — 182[36]
11,30–12,3 — 301[62]
11,35 — 253[159]
12,1–3 — 254
12,2 — 202[180]

*Nehemia*
9 — 240, 266[67], 278, 285
9,32 — 228[5], 280[166], 288

*1. Chronik*
22,13 — 182[36]
28,20 — 182[36]
29,10 — 266[63]

*2. Chronik*
6,4 — 266[63]
32,7 — 182[36]

## 2) Frühjüdische Literatur

### a) Apokryphen und Pseudepigraphen

*Äthiopisches Henochbuch*
38,4                                            206[18]

*Ascensio und Martyrium Jesajae*
1,7                                               138
2,7–11                                            133
2,12–35                                           143
3,6–10                                            143
3,11f                                   114[32], 153
5,1                                           114[32]
5,2f                                              222
5,4–10                                            178
5,7                                     97[44], 177
5,8ff                                             164
5,9                              194[121], 202[177]
5,13                              281[175], 282
5,14     92, 97[44], 98[48], 105[84], 106[92], 177

*Apokalypse Moses*
9                                                 308

*Syrische Baruch-Apokalypse*
11f                                            188[78]
36                                             188[78]
39                                             188[78]
51,3                                           206[18]
52,6                                           205[14]

*4, Esra*
6,5ff                                              81
8,51ff                                             81
11,37–45                                       188[78]
12,10–34                                       188[78]
14,29                                              69

*Jesus Sirach*
24,15                                             304
35,5f                                             304
51         230[19], 231, 232[31], 266[63], 279[156]
51,1f                                          278[143]
51,6                                            301[63]

*Jubiläen*
22,6–9                      241, 266[67], 278, 285
22,7                                      280[161.166]

27,9                                               69

*Judith*
9,12                                           277[139]
9,14                                           277[138]
13,4                                           277[138]

*Makkabäermartyrien*
  in 2./4.Makk   60, 64, 90ff, 95, 96[34],
              164, 172, 185, 202, 226, 348

*1. Makkabäer*
2,59                                      295, 300[57]
2,64                                           182[36]
4,30                                              233
4,31ff                                        233, 285
5,45                                              165

*2. Makkabäer*
1,24ff                                         284[195]
2,28                                             90[4]
6,6                                            193[113]
6,12–17                                            92
6,18            92, 117[56], 185[60], 206[18]
6,21f                                             164
6,23ff        117[56], 185[60], 190[105], 225[301]
6,26                                           273[111]
6,27                                           185[60]
6,28                                    93[16], 205[10]
6,29                              164, 172, 205[11]
6,30              182[38], 191[101], 205[10], 226
6,31                                            93[16]
7                                      46, 201, 283
7,1.5                                 92, 145, 183[47]
7,2                                            202[177]
7,3ff                                             221
7,5                                             93[16]
7,6                                               106
7,9                                            283[185]
7,10                                           205[10]
7,11                                            93[16]
7,12            118[65], 159[56], 205[12], 222
7,13                                     98[47], 222
7,14                                           283[145]

| | | | |
|---|---|---|---|
| 7,15 | 183[47], 222 | 6,14f | 164[12], 171[61] |
| 7,17 | 159[56] | 6,17–23 | 117[56], 171[66], 185[60] |
| 7,19 | 194[121], 202[177] | 6,18 | 201[169] |
| 7,20 | 205[10], 341[28] | 6,23 | 202[177] |
| 7,21 | 93[16] | 6,24ff | 221 |
| 7,24 | 159[56], 164, 205[12] | 6,26 | 178[4] |
| 7,25 | 117[56], 164, 185[60] | 6,27ff | 266f |
| 7,28 | 191[101] | 6,28f | 81[18], 284[195] |
| 7,29 | 159[56], 205[12] | 6,30 | 226 |
| 7,33 | 81[18] | 6,31–35 | 92 |
| 7,35 | 273[111] | 7,1–23 | 92 |
| 7,36 | 105 | 7,9 | 103, 346 |
| 7,37 | 159[56] | 7,12 | 182[36], 226 |
| 7,38 | 81 | 7,13 | 97 |
| 7,39 | 205[17] | 7,14 | 105[92] |
| 8,1–5 | 81 | 7,15 | 81, 103 |
| 15,14 | 135[32] | 7,16 | 182[36], 226 |
| | | 8,3 | 92, 93[16] |
| **3. Makkabäer** | | 8,4 | 118[65], 159[56], 164, 205[12] |
| 2,2 | 273[111] | 8,7f | 117[56], 185[60] |
| 3,2 | 277[139] | 8,10 | 117, 185[60] |
| 5,2 | 306 | 8,10–13 | 222 |
| 6,6 | 301[62] | 8,12 | 92, 145 |
| | | 8,14 | 117[56], 185[60] |
| **4. Makkabäer** | | 8,15–28 | 113 |
| 1,11 | 118[65], 205[12], 284[195], 346 | 8,20 | 117, 185[60] |
| 5,5–13 | 164[12], 171[61] | 8,27 | 117[56], 185[60] |
| 5,6 | 106[92], 117[60], 159[56], 164, 202[12] | 8,38 | 185[59] |
| 5,7 | 117[56], 185[60] | 9,1 | 202[177] |
| 5,10 | 202[175] | 9,8 | 105, 346 |
| 5,12 | 117, 185[60] | 9,9 | 202[177] |
| 5,31 | 117[56], 185[60] | 9,11 | 272 |
| 5,33 | 117[56], 185[60] | 9,16 | 164, 193[111] |
| 5,36 | 117[56], 185[60] | 9,19–22 | 221 |
| 6 | 221f | 9,20 | 202[177], 315 |
| 6,1–6 | 92, 145 | 9,21 | 98[48] |
| 6,1–8 | 222 | 9,22 | 105[92] |
| 6,2 | 106[98] | 9,23 | 84, 86[45], 352 |
| 6,3 | 272 | 9,26 | 118[65], 182[38], 222, 226 |
| 6,4 | 97, 193[111] | 9,31 | 105[92], 205[10] |
| 6,5 | 97[43], 98[47], 178[4] | 9,32 | 194[121], 202[177] |
| 6,6 | 97[44], 272 | 10,1 | 164 |
| 6,7 | 182[38], 226 | 10,5ff | 194[119], 222 |
| 6,9 | 96, 182[38], 226 | 10,10 | 194[121], 202[177] |
| 6,10 | 93[16] | 10,13 | 164 |
| 6,11 | 118[65], 157[44], 159[56], 205[12] | 11,17ff | 222 |
| 6,12 | 117[56], 164, 185[60] | 11,19 | 98[48] |
| 6,13 | 118[65], 159[56], 205[12] | 11,26 | 105[89], 106[92], 295, 300[57] |

| | | | |
|---|---|---|---|
| 12,2 | 117, 159[56], 205[12] | 17,15 | 328 |
| 12,3–9 | 164 | 17,16 | 95[30] |
| 12,12 | 105[89], 106[93], 202[177] | 17,17 | 118[65], 205[12], 346 |
| 12,17 | 81[18] | 17,20ff | 81[18], 284[195] |
| 12,19 | 352 | 17,23 | 118[65], 159[56], 205[12], 346 |
| 13,1 | 105f | 18,3 | 106[98], 280, 281[168], 283[185] |
| 13,1–14,1 | 92 | 18,4 | 81 |
| 13,3 | 226 | 18,6–19 | 285 |
| 13,9 | 182[38], 202[175], 301 | 18,14 | 295, 301[63] |
| 13,12 | 271 | 18,15 | 106[92] |
| 14,8 | 346 | | |
| 15,3 | 105, 283[185] | *Psalmen Salomos* | |
| 15,16 | 339[20] | 15,1–6 | 230[19], 266[63] |
| 15,30 | 346 | 15,6.9 | 81 |
| 16,2 | 105f | 16,1–15 | 230[19], 266[63] |
| 16,3 | 301 | 16,5 | 232[31], 278[143] |
| 16,5–10 | 113 | 42,6f | 97[44] |
| 16,13 | 339[20] | | |
| 17f | 92 | *Sibyllinen* | |
| 17,2 | 352 | 2,15–19 | 188[78] |
| 17,7–10 | 340 | | |
| 17,8 | 337 | *Weisheit Salomos* | |
| 17,10 | 81[18] | 3,6 | 301[62] |
| 17,11–16 | 340[27] | 5,15 | 328 |
| 17,12 | 283[185], 328, 346 | | |

### b) Qumran

| | | | |
|---|---|---|---|
| 1QS 3f | 110[10] | 3,37 | 232[31], 266[63] |
| 1QH | 232f | 4,5 | 232[31], 266[63] |
| 1QH 2,20f | 232[31], 266[63] | 5,5 | 232[31], 266[63] |
| 2,31 | 232[31], 266[63] | 7,6 | 232[31], 266[63] |
| 3,19 | 232[31], 266[63] | 11,3 | 232[31], 266[63] |

### c) Philon

| | | | |
|---|---|---|---|
| leg. alleg. 1,72 | 201[169] | de mutat. nom. 115 | 228[7] |
| 3,246 | 201[169] | de somniis 1,75 | 228[7] |
| de spec. leg. 1,62 | 201[169] | 2,242 | 228[7] |
| 1,297 | 245[102], 287 | 2,245 | 228[7] |
| 4,86 | 201[169] | de plantatione 29 | 228[7] |
| de aeternit. mundi 42f | 201[169] | 39 | 228[7] |
| de fuga et invent. 59 | 228[7] | 130 | 286 |

### d) Josephus

| | | | |
|---|---|---|---|
| ant. 12,148–153 | 209[44] | 14,10,11–26 | 211 |
| 12,3,4 | 211 | 14,185–267 | 209[44] |

| | | | |
|---|---|---|---|
| 16,160–178 | 209[44] | 2,153 | 205[14] |
| 18,4 | 147, 173 | 7,10,1 | 170[59] |
| 18,23f | 226[38] | 7,417f | 205[12.14], 226[38] |
| bell. 1,653 | 205[14] | | |

## 3) Neues Testament

| *Matthäus* | | 18,6 | 165 |
|---|---|---|---|
| 2,9 | 133[19] | 18,8 | 105[89], 202[176] |
| 3,8 | 200[168] | 18,10 | 165 |
| 3,11 | 200[168] | 18,14 | 165 |
| 3,12 | 105[89] | 20,16 | 315[38] |
| 3,17 | 276[126] | 20,20–23 | 282[180] |
| 4,4 | 322 | 21,2 | 166 |
| 4,11 | 172 | 21,7 | 166 |
| 4,12 | 82[25] | 21,14 | 118[64] |
| 5,10ff | 93[15] | 21,33–22,7 | 212 |
| 5,12 | 205[14] | 22,14 | 315[38] |
| 5,33–37 | 186 | 23,29–39 | 212 |
| 6,10 | 93f, 155[30] | 24,13 | 96[33], 106[97] |
| 7,14 | 110[13] | 24,19f | 97 |
| 8,6 | 274[115] | 24,22 | 315[38] |
| 8,13 | 274[115] | 25,34 | 193 |
| 9,13 | 200[168] | 25,40 | 193 |
| 10,16 | 314f | 25,41 | 105[89] 202[176] |
| 10,18 | 183[47] | 25,46 | 105[90], 202[177] |
| 10,19f | 97f | 26,2 | 133f |
| 10,22 | 96[33], 106[97] | 26,6–13 | 224 |
| 10,23 | 85, 125–128, 134, 141, 143, 146[35] | 26,26ff | 245[102], 278[150], 281[168] |
| | | 26,39 | 93f, 282[180] |
| 10,35 | 146 | 26,42 | 93f, 155[30] |
| 10,36 | 143, 146[35] | 26,47 | 154 |
| 10,42 | 165 | 26,53 | 155 |
| 11,20–24 | 212 | 26,63 | 171 |
| 11,25 | 232[31], 266[63] | 26,67 | 107[101] |
| 11,27 | 276 | 27,3–10 | 146[35] |
| 12,8 | 276[126] | 27,5 | 149 |
| 12,18 | 274[115] | 27,13 | 198 |
| 12,22ff | 212 | 27,14 | 205[16] |
| 13,19 | 327[23] | 27,15ff | 195 |
| 14,2 | 274[115] | 27,23ff | 213 |
| 14,16 | 278[150] | 27,24 | 212 |
| 15,31 | 310f, 315 | 27,25 | 210[46] |
| 15,36 | 278[150] | 27,36 | 333 |
| 16,18 | 172[73] | 27,40 | 172 |
| 17,2 | 206[18] | 27,46 | 208[35], 367 |
| 17,5 | 275, 276[126] | 27,54 | 333 |

| | |
|---|---|
| 27,60 | 338 |
| 27,62 | 153[15], 333 |
| 27,64 | 329 |
| 28,4 | 333 |
| 28,19 | 242 |

*Markus*

| | |
|---|---|
| 1,4 | 200[168] |
| 1,9ff | 314[29] |
| 1,10 | 313 |
| 1,11 | 177[3], 183, 275, 276[126] |
| 1,13 | 172 |
| 2,17 | 200[168] |
| 4,5f | 172[71] |
| 4,38 | 138[52] |
| 5,25–34 | 224, 332 |
| 6,13 | 308 |
| 6,17 | 153 |
| 6,41 | 158[46], 191[101], 272, 278[150] |
| 7,24 | 146 |
| 8,6 | 158[46], 278[150] |
| 8,31 | 94, 133, 138 |
| 8,38 | 277[137] |
| 9,2ff | 206 |
| 9,7 | 177[3], 214f, 275, 276[126] |
| 9,31 | 83[25], 144 |
| 9,43 | 105[89], 202[176] |
| 9,48 | 105[89], 202[176] |
| 10,33 | 83[25], 144 |
| 10,38f | 281f |
| 10,44 | 275 |
| 10,45 | 263 |
| 11,7 | 166 |
| 11,11 | 154[27] |
| 12,1–12 | 210[46] |
| 12,6 | 275, 276[126] |
| 12,16 | 199[158] |
| 12,17 | 199[160] |
| 12,25 | 283 |
| 12,28ff | 98[50] |
| 13,9 | 82[25] |
| 13,11f | 82[25], 97 |
| 13,13 | 96[33], 106[97] |
| 13,20 | 315[38] |
| 13,23 | 139 |
| 14,1 | 134, 137[50] |
| 14,3–9 | 224, 300 |
| 14,10 | 82[25], 143 |
| 14,17 | 142[9] |
| 14,18 | 146 |
| 14,21 | 82[25] |
| 14,22–25 | 142[9], 245[102], 278[150], 281[174] |
| 14,26ff | 135 |
| 14,32ff | 131, 134, 158[47] |
| 14,34 | 82 |
| 14,36 | 139, 155[30], 281 |
| 14,41 | 82[25], 139 |
| 14,43 | 151, 154 |
| 14,48ff | 137[51], 143, 152ff, 156f, 170, 183[46] |
| 14,51 | 155, 223[18] |
| 14,61 | 163, 170f, 193, 276[127] |
| 14,62 | 171[66] |
| 14,64 | 205[11] |
| 14,65 | 96, 107[101], 222 |
| 14,72 | 208 |
| 15,2 | 196 |
| 15,3 | 198 |
| 15,4 | 171 |
| 15,5 | 159[56], 205[12] |
| 15,6–14 | 217[93] |
| 15,9ff | 195f |
| 15,10 | 82[25] |
| 15,12 | 196 |
| 15,14 | 192 |
| 15,16–19 | 96 |
| 15,24 | 223[18] |
| 15,26 | 196 |
| 15,33 | 298 |
| 15,34 | 208[35], 214[72] |
| 15,38 | 298 |
| 15,39 | 214[75], 312[10], 337f |
| 15,42 | 153[15] |
| 15,42–47 | 327 |
| 15,44 | 338 |
| 16,1 | 306 |
| 16,5 | 224[21] |
| 16,12 | 134 |

*Lukas*

| | |
|---|---|
| 1,14 | 341[33] |
| 1,22 | 136[40] |
| 1,46–55 | 230, 266, 279[156] |
| 1,48f | 238 |
| 1,54 | 274[115], 275[122] |
| 1,68 | 238, 276[127] |

| | |
|---|---|
| 1,68–75 | 266, 279$^{156}$ |
| 1,69 | 274$^{115}$, 275 |
| 2,29–32 | 230, 259$^{2}$, 265f, 279$^{156}$, 283 |
| 2,36f | 135$^{30}$, 192 |
| 2,38 | 279 |
| 2,43 | 274 |
| 3,3 | 200$^{168}$ |
| 3,8 | 200$^{168}$ |
| 3,22 | 276$^{126}$ |
| 4,1 | 158 |
| 4,1–13 | 172 |
| 4,6 | 95 |
| 4,9 | 172$^{71}$ |
| 4,29 | 172$^{71}$ |
| 5,32 | 200$^{168}$ |
| 6,23 | 205$^{14}$ |
| 7,7 | 274$^{115}$ |
| 7,36–50 | 224 |
| 9,29 | 206$^{18}$ |
| 9,35 | 276$^{126}$ |
| 10,19 | 172$^{73}$, 192$^{109}$ |
| 10,21 | 232$^{31}$, 266$^{63}$ |
| 12,4f | 94$^{24}$ |
| 12,11 | 97, 199$^{161}$ |
| 12,45 | 274$^{115}$ |
| 13,31 | 147 |
| 14,17 | 154 |
| 15,7 | 200$^{168}$ |
| 15,26 | 274$^{115}$ |
| 15,29 | 192 |
| 16,13 | 68 |
| 16,16 | 87$^{48}$ |
| 18,7 | 315$^{38}$ |
| 19,28–40 | 166 |
| 19,40 | 338 |
| 19,47 | 118$^{64}$ |
| 20,13 | 276$^{126}$ |
| 20,20 | 199$^{161}$ |
| 21,14f | 97 |
| 21,19 | 106$^{97}$ |
| 21,37 | 135$^{30}$, 141 |
| 22,3 | 113, 281 |
| 22,14ff | 154, 244 |
| 22,17 | 281 |
| 22,19f | 245$^{106}$ |
| 22,24 | 338 |
| 22,39 | 135, 338 |
| 22,42 | 153 |

| | |
|---|---|
| 22,43 | 93, 97$^{44}$, 136$^{40}$, 138$^{56}$, 158, 177, 183 |
| 22,52 | 154 |
| 22,53 | 95, 166 |
| 22,61 | 138 |
| 23,2 | 196 |
| 23,6–12 | 50, 145, 147, 171 |
| 23,14ff | 195 |
| 23,17–23 | 217$^{93}$ |
| 23,18 | 186 |
| 23,28 | 138 |
| 23,30 | 172 |
| 23,34 | 273 |
| 23,35 | 315$^{38}$ |
| 23,41 | 192 |
| 23,46 | 259$^{2}$, 273 |
| 23,47 | 316 |
| 23,54 | 153$^{15}$ |
| 23,56 | 306, 308, 316. |
| 24,1 | 306 |
| 24,12 | 95$^{30}$, 157 |
| 24,13–35 | 134 |
| 24,23 | 136$^{40}$ |
| 24,44 | 219$^{108}$ |
| 24,47 | 200$^{168}$ |

*Johannes*

| | |
|---|---|
| 1,1–18 | 235 |
| 1,14 | 158, 361$^{44}$ |
| 1,18 | 361$^{44}$ |
| 1,32ff | 314$^{29}$ |
| 3,8 | 303 |
| 3,10 | 215$^{78}$ |
| 3,16 | 361$^{44}$ |
| 3,18 | 361$^{44}$ |
| 3,22 | 134 |
| 4,42 | 353 |
| 5,28 | 95$^{30}$ |
| 5,29 | 283$^{185}$ |
| 6,9 | 145$^{29}$ |
| 6,51–58 | 245$^{106}$ |
| 7,1 | 126, 128, 143 |
| 8,37–59 | 210$^{46}$ |
| 8,39 | 128 |
| 8,44 | 333 |
| 8,47 | 333 |
| 8,59 | 126, 141, 143 |
| 9,28 | 191$^{102}$ |

| | | | |
|---|---|---|---|
| 10,11ff | 134 | *Acta* | |
| 10,14ff | 353 | 1,4 | 82 |
| 10,39 | 126, 128, 143 | 1,7 | $94^{24}$ |
| 11,33 | 191 | 1,16 | $137^{51}$, 149, 157, $183^{46}$, $219^{108}$ |
| 11,38 | 191 | 2,23 | $212^{58}$ |
| 11,41 | 191, $266^{63}$ | 2,29 | $194^{117}$ |
| 12 | 322 | 2,46 | $341^{33}$ |
| 12,1-8 | 224 | 3,13 | 274 |
| 12,14 | 166 | 3,14 | $212^{58}$ |
| 12,27 | $280^{164}$ | 3,26 | 274 |
| 12,28 | $169^{53}$, $177^{3}$, $182^{42}$ | 4ff | $163^{11}$ |
| 12,28ff | 183 | 4,3 | 153 |
| 13,1 | 154 | 4,13 | $194^{117}$ |
| 13,2 | 113 | 4,18 | $205^{11}$ |
| 13,18 | 146 | 4,19 | 163 |
| 13,19 | 139 | 4,25 | $274^{115}$, 275 |
| 14,6 | 111 | 4,27 | 147, 209, $212^{58}$, 274 |
| 17 | $142^{9}$, $158^{47}$, 159, 164, 166, | 4,29 | $194^{117}$, 263 |
| | $169^{53}$, 249, $259^{2}$, 266, 272 | 4,30 | 274 |
| 17,3 | 277, $288^{222}$ | 4,31 | $194^{117}$ |
| 17,15 | $327^{23}$ | 5,15f | 224, 332 |
| 17,25 | 276 | 5,18 | 153 |
| 18,1 | 134, $142^{9}$ | 5,19 | 163, 178 |
| 18,2 | 154 | 5,29 | $94^{22}$, 163 |
| 18,4 | 118, 126, 143, 156 | 5,31 | $200^{168}$ |
| 18,7 | 118, 126, 143 | 5,40 | $205^{11}$ |
| 18,11 | $281^{175}$ | 6,3 | 158 |
| 18,12 | $137^{51}$, 153, 157, $183^{46}$ | 6,5 | 158 |
| 18,32 | $219^{108}$ | 6,8 | $206^{16}$ |
| 18,38 | 195 | 6,8-10 | 92, $118^{64}$, 158, $159^{56}$ |
| 18,39 | 135, $217^{93}$ | 6,10 | 218, 222 |
| 19,6ff | 195 | 6,11 | 143 |
| 19,7 | 214 | 6,12 | 153 |
| 19,9 | 171 | 6,12-7,53 | 178 |
| 19,12 | 171, 191f, 196, 198 | 6,13f | 216 |
| 19,14 | $153^{15}$, 168 | 6,15 | $106^{98}$, $118^{65}$, $159^{56}$, $205^{12}$, $206^{18.21}$ |
| 19,15 | $118^{67}$, 186, 196, 373 | 7 | $179^{15}$ |
| 19,28 | 322 | 7,5 | $97^{44}$ |
| 19,30 | 322 | 7,6 | 68f |
| 19,31 | 39, $153^{15}$, 166ff, $169^{53}$, 366 | 7,29 | 69 |
| 19,34 | $169^{53}$, 310, 312, 315f | 7,31 | $95^{30}$, 157 |
| 19,35 | 298, 316 | 7,51 | $212^{58}$ |
| 19,36f | 322 | 7,54 | $118^{65}$, $159^{56}$, $205^{12}$ |
| 19,40 | 135, 306 | 7,55 | $97^{54}$, $106^{94}$, 158, 177, $191^{101}$, 218, 222, 272 |
| 19,42 | $153^{15}$, 168 | 7,57f | $208^{35}$, $214^{72}$, $217^{93}$, 221 |
| 21,19 | 353 | 7,58 | 222, $223^{18}$ |
| | | 7,59f | 163, $191^{101}$, 222, $259^{2}$, 273 |

| | | | |
|---|---|---|---|
| 8,3 | $82^{25}$ | 21,4 | $138^{56}$ |
| 8,10 | $165^{26}$ | 21,11 | $83^{25}$, 133 |
| 9,2 | 358 | 21,12 | $138^{56}$ |
| 9,7 | 183 | 21,14 | 93, $138^{58}$, 153, $155^{30}$ |
| 9,20ff | $118^{64}$ | 21,24 | 374 |
| 9,27f | $194^{117}$ | 21,27–40 | $138^{56}$, 162 |
| 10,11 | 298 | 21,28 | 216 |
| 11,5 | 298 | 21,34 | 183 |
| 11,18 | $200^{168}$ | 21,36 | $118^{67}$, 186 |
| 11,26 | 195 | 21,40 | 191 |
| 12,3 | $137^{51}$, 157, $183^{46}$, $209^{37}$ | 22,4 | $83^{25}$ |
| 12,4 | $83^{25}$ | 22,5 | 358 |
| 12,11 | $209^{37}$ | 22,17 | $135^{33}$ |
| 13,1 | 216 | 22,20 | $100^{53}$ |
| 13,17 | 68f | 22,22 | $138^{56}$, 186 |
| 13,24 | $200^{168}$ | 22,24 | 97, 222 |
| 13,45 | $210^{46}$ | 23,1 | $138^{56}$, $192^{105}$ |
| 13,46 | $194^{117}$ | 23,4 | $191^{102}$ |
| 13,50 | $209^{37}$, $210^{46}$ | 23,5 | $138^{56}$, 199 |
| 14,2 | $209^{37}$, $210^{46}$ | 23,11 | $138^{56}$, 178, 209 |
| 14,3 | $194^{117}$ | 23,12 | $138^{56}$, 209 |
| 14,19 | $209^{37}$ | 23,27 | $137^{51}$, 157, $183^{46}$ |
| 15,23 | 357 | 23,30 | 374 |
| 15,26 | $83^{25}$ | 24,25 | $202^{177}$ |
| 15,29 | 374 | 24,27 | 195 |
| 16,16–22 | 195 | 25,6 | 183 |
| 16,22 | $223^{18}$ | 25,9 | 195 |
| 16,25 | $235^{40}$ | 25,10 | $192^{109}$ |
| 16,34 | $341^{33}$ | 26,18 | 95 |
| 17,5 | $210^{46}$ | 26,19 | $136^{40}$ |
| 17,13 | $210^{46}$ | 26,21 | $137^{51}$, 157, $183^{46}$ |
| 18,2 | $122^{23}$ | 26,22 | $165^{26}$ |
| 18,6 | $210^{46}$, $212^{58}$ | 26,24–32 | $205^{12}$ |
| 18,10 | $182^{37}$ | 26,26 | $194^{117}$ |
| 18,12 | $210^{46}$ | 26,28 | 195 |
| 18,25f | $194^{117}$ | 27,1 | $83^{25}$ |
| 19,8 | $194^{117}$ | 27,35 | 273 |
| 19,11 | 224, 332 | 28,3–6 | $312^{10}$ |
| 19,14 | 217 | 28,5 | $172^{73}$ |
| 19,23–34 | 195f | 28,17 | $83^{25}$ |
| 19,31 | 217 | 28,25–28 | $210^{46}$ |
| 19,33 | 199, 333 | 28,31 | $194^{117}$ |
| 20,7–12 | $341^{33}$ | | |
| 20,22–25 | $138^{56}$ | *Römer* | |
| 20,23 | $135^{30}$, $138^{56}$ | 1,8 | $233^{34}$, 279 |
| 20,25 | 139, $163^{11}$ | 1,13 | $73^{33}$ |
| 20,31 | $135^{30}$, $138^{56}$ | 1,23 | 284 |
| 20,35 | $93^{15}$ | 1,25 | 242, $276^{127}$ |

| | | | |
|---|---|---|---|
| 2,7 | 284 | 10,29 | 85 |
| 4,12 | 374 | 10,33 | 85f, 149 |
| 5,3 | 96 | 11,1 | 83[29], 86, 149 |
| 5,15 | 361 | 11,24f | 245[106] |
| 6,1 | 78[2] | 11,25–28 | 281[174] |
| 6,4ff | 84 | 12ff | 216, 244, 269 |
| 6,11ff | 111[19] | 12,3 | 170, 238 |
| 8,2 | 288[221], 327 | 12,16 | 106[94] |
| 8,11 | 283[185] | 14,1 | 78[2] |
| 8,17 | 111[19], 148 | 14,16 | 242, 295[23] |
| 8,18 | 98, 106[94], 147 | 15,15 | 97[44] |
| 8,29 | 84[32] | 15,24 | 199[161] |
| 8,33 | 315[38] | 15,32 | 115[41] |
| 8,35 | 81 | 15,42ff | 283[185], 284 |
| 8,37 | 226[36] | 15,48f | 83[29] |
| 9,5 | 242, 276[127] | 15,53 | 224[21] |
| 10,9 | 170, 238 | 15,57 | 114[33] |
| 11,33–36 | 235, 237[58], 242, 289 | 16,19–24 | 355[3] |
| 12,2 | 94 | | |
| 12,12 | 96[33] | *2. Korinther* | |
| 13 | 69 | 1,1 | 360[36] |
| 13,1 | 127, 199[161] | 1,3f | 240, 276[127] |
| 13,1–7 | 199 | 1,5ff | 148 |
| 13,7 | 127 | 1,8 | 73[33] |
| 13,14 | 223[21] | 1,17 | 186 |
| 14,6 | 278 | 1,20 | 295[23] |
| 16,15 | 365 | 2,14ff | 300, 302f, 305, 309 |
| 16,21ff | 355[3] | 5,3 | 224[21] |
| 16,25ff | 355f, 360f | 5,8 | 97[43] |
| 16,26 | 218 | 5,14f | 245 |
| | | 6,4–10 | 225[29] |
| *1. Korinther* | | 6,18 | 274[111], 353 |
| 1,1 | 68[2], 69[9], 72, 76 | 9,1 | 78[2] |
| 1,2 | 70, 360[36] | 11,31 | 276[127] |
| 1,4f | 233[34], 279 | 12,1 | 136[40] |
| 1,10 | 73[33] | 12,10 | 81 |
| 2,6 | 106 | 13,12 | 365 |
| 2,7–10 | 106 | | |
| 2,9 | 91, 106, 149, 345 | *Galater* | |
| 4,9–13 | 85, 225[29] | 1,1 | 71[25] |
| 4,14 | 216[90] | 1,4 | 93[19], 94 |
| 4,16 | 83, 85, 149 | 1,5 | 242, 289 |
| 8,5 | 170 | 1,11 | 73[33] |
| 9,21 | 189, 312 | 1,20 | 186 |
| 9,24f | 284, 328, 340[27] | 3,27 | 223[21] |
| 10,16ff | 148, 233, 245, 278[150], | 4,12 | 192[109] |
| | 281[174], 287 | 5,17 | 228 |
| 10,24 | 85f, 149 | 5,25 | 374 |

6,8　　　　　　　　　　284
6,16　　　　　　　　72, 374
6,17　　　　　　　　　84

*Epheser*
1,3　　　　　　　　　276[127]
1,3–14　　　　　　　　279
1,3–23　　　　　　240, 266
1,5　　　　　　　　94, 287
1,9　　　　　　　　94, 287
1,11　　　　　　　94, 287
1,17ff　　　　　　　　277
1,18　　　　　　　　　106
1,21　　　　　199[161], 277[137]
2,11f　　　　　　　　　118
2,12　　　　　189[89], 189f
2,19　　　　　　　68, 188[83]
3,7　　　　　　　　　　361
3,9　　　　　　　　277[139]
3,10　　　　　　　　199[161]
3,12　　　　　　　　　194
3,14–21　　　　　　　277
3,20f　　　　　　356, 360f
3,21　　　　　　　289, 373
4,24　　　　　　　　223[21]
5,1　　　　　　　84[32], 302f
5,2　　　　　　　302, 304f
5,17　　　　　　　　　94
5,18　　　　　　　　158[48]
5,19　　　　　　　　　238
6,12　　　　　　　　199[161]

*Philipper*
1,12　　　　　　　　　73[33]
1,27　　　　　　　　　359
2　　　　　　　　　112[25]
2,1–5　　　　　　　　86
2,4　49, 60, 78ff, 86, 91, 106, 125,
　　　　　　149, 165, 359
2,5　　　　　　　　　96
2,5–11　85, 157[39], 235, 263, 275
2,6　　　　　　　　　86
2,11　　　　　　　　　170
2,17　　　　　　　246, 305
3　　　　　　　　　　86
3,10　　　　　84, 148f, 282, 335
3,12–21　　　　　　340[27]
3,13ff　　　　　　85, 328

3,16　　　　　　　　　374
3,17　　　　　　　84[32], 149
3,18f　　　　　　　　143
3,20　　　　　68, 188[83], 353
4,18　　　　　　　302, 304f
4,20　　　　　242, 355, 360
4,20–23　　　　　　　356
4,21f　　　　　　355[3], 365

*Kolosser*
1,9–12　　　　　　　277
1,12　　　　　　　　281[167]
1,12–20　　　240, 266, 279
1,13　　　　　　　　　95
1,15–20　　　　　　　235
1,16　　　　199[161], 277[138f]
1,24　　　　　　　　147
2,10　　　　　　　　199[161]
2,15　　　　　　　　199[161]
3,10　　　　　　　　224[21]
3,12　　　　　　　　315[38]
3,15f　　　　　　　　269
3,16　　　　　　　　238
4,10–17　　　　　　355[3]
4,12　　　　　　　　　93
4,16　　　　　　　　360

*1. Thessalonicher*
1,4　　　　　　　　357[19]
1,6　　　　　　84[32], 96
1,9　　　　　　　　288[222]
2,1　　　　　　　　73[33]
2,13　　　　　233[34], 279
2,14f　84[32], 210[46], 212[58]
3,10　　　　　　　135[30]
4,1　　　　　　　　94[22]
4,3　　　　　　　　　94
5,1　　　　　　　　78[2]
5,17　　　　　　　　358
5,23　　　　　　　　360
5,27　　　　　　　　360

*2. Thessalonicher*
1,2f　　　　　　233[34], 279
2,8　　　　　　　　312
3,5　　　　　　　　　96
3,6–9　　　　　　　85[41]
3,11　　　　　　　　85

*1. Timotheus*

| | |
|---|---|
| 1,2 | 72[30] |
| 1,9 | 312 |
| 1,12 | 280[160] |
| 1,15 | 333 |
| 1,17 | 242, 289, 360 |
| 2,7 | 215[78] |
| 3,2 | 94[22], 328 |
| 3,7 | 94[22] |
| 3,13 | 194 |
| 3,15 | 94[22] |
| 5,5 | 135[30] |
| 6,12 | 352 |
| 6,14 | 328 |
| 6,15f | 237[58], 360 |
| 6,16 | 289, 365 |

*2. Timotheus*

| | |
|---|---|
| 1,2 | 72[30] |
| 1,10 | 284, 353 |
| 1,11 | 215[78] |
| 2,5 | 340[27] |
| 2,12 | 96[34] |
| 3,10f | 84 |
| 3,11 | 81 |
| 4,6 | 270 |
| 4,7f | 352 |
| 4,17 | 97[44], 158 |
| 4,18–22 | 356 |
| 4,19ff | 355[3] |

*Titus*

| | |
|---|---|
| 1,1 | 315[38] |
| 1,2 | 288[221] |
| 1,4 | 72[30] |
| 1,7 | 94 |
| 2,10 | 315[38] |
| 2,13 | 93, 353 |
| 3,1 | 199[160]f |

*Hebräer*

| | |
|---|---|
| 2,17 | 245 |
| 3,6 | 194 |
| 4,8 | 167[40] |
| 4,16 | 194 |
| 6,4 | 201 |
| 6,12 | 84[32], 85 |
| 6,20 | 289 |
| 7,26 | 333 |
| 8,11 | 165[26] |
| 9,6 | 342 |
| 9,11 | 289 |
| 10,7 | 93 |
| 10,9 | 93 |
| 10,19 | 194 |
| 10,20–29 | 245 |
| 10,26ff | 201 |
| 10,32 | 96[34], 340[27] |
| 10,32–36 | 352 |
| 10,36 | 96 |
| 11 | 348, 352 |
| 11,6 | 94[22] |
| 11,9f | 68 |
| 11,13–16 | 68, 188[83] |
| 11,34 | 295, 300[57] |
| 11,36 | 97 |
| 12,1 | 352 |
| 12,2 | 96 |
| 12,22ff | 188[83], 245 |
| 13,7 | 84[32] |
| 13,10 | 245 |
| 13,13f | 112 |
| 13,20 | 353, 356 |
| 13,21 | 93 |
| 13,24 | 365 |

*Jakobus*

| | |
|---|---|
| 1,1 | 345, 349 |
| 1,2 | 96[34], 205[14] |
| 1,12 | 96[34] |
| 1,21 | 353 |
| 3,9 | 353 |
| 5,11 | 95, 96[34] |
| 5,12 | 186 |
| 5,14 | 308 |
| 5,20 | 353 |

*1. Petrus*

| | |
|---|---|
| 1,1 | 68f, 188[83], 315[38] |
| 1,3 | 276[127] |
| 1,3–7 | 240, 266, 279 |
| 1,4 | 284 |
| 1,6 | 205[14], 301[62] |
| 1,12 | 73[33] |
| 1,17 | 68f |
| 1,19 | 333 |

| | | | | |
|---|---|---|---|---|
| 1,23 | 284 | 5,6ff | | 314 |
| 2,9 | 315[38] | 5,14 | | 93, 194 |
| 2,11 | 68f, 111[19], 228 | 5,20 | | 288[222] |
| 2,13ff | 127, 199 | | | |
| 2,18–25 | 335 | *2. Johannes* | | |
| 2,20 | 96[33], 107[101] | 3 | | 72[30] |
| 2,21 | 90[4], 111, 374 | | | |
| 2,21–25 | 263, 275 | *3. Johannes* | | |
| 2,23 | 96 | 2 | | 289[230] |
| 2,25 | 353 | 11 | | 84[32] |
| 3,4 | 284 | | | |
| 3,13 | 84[32], 94[24] | *Judas* | | |
| 3,14 | 62, 93[15], 94[24] | 1 | | 72 |
| 3,17 | 93, 94[24] | 2 | | 72 |
| 3,18 | 333 | 3 | | 73[33] |
| 3,22 | 277[137f] | 24f | | 356, 361 |
| 4,10–14 | 356 | 25 | | 94[25], 289, 360, 365 |
| 4,11 | 360, 365 | | | |
| 4,12 | 93 | *Apokalypse* | | |
| 4,12–16 | 194[124] | 1,4 | | 217 |
| 4,13 | 93[18], 147f, 205[14] | 1,5 | | 81, 193 |
| 4,14 | 93[15.18], 97[44] | 1,8 | | 274[111], 353 |
| 4,16 | 62, 195 | 1,9 | | 96[34], 148 |
| 4,17 | 93[18] | 1,15 | | 295, 301[61] |
| 4,19 | 93f, 155[30] | 2 | | 333 |
| 5,1 | 100[53], 147f | 2,8–11 | | 69, 210f, 213, 328 |
| 5,4 | 328 | 2,10 | | 114[32], 328 |
| 5,8–11 | 114[32] | 2,13 | | 100[53], 185[59] |
| 5,9 | 71 | 2,19 | | 96[34] |
| 5,11 | 289 | 3,4 | | 224[21] |
| 5,12 | 357 | 3,8 | | 185[59] |
| | | 3,9 | | 210, 213 |
| | | 3,10 | | 96[34] |
| *2. Petrus* | | 3,14 | | 81, 277[139] |
| 1,6 | 96 | 3,18 | | 301[62] |
| 1,10 | 73[33], 357[19] | 4,2 | | 135[33] |
| 1,11 | 360 | 4,8 | | 234, 237[54.58], 353 |
| 1,17 | 275, 276[126] | 4,11 | | 238, 277[139] |
| 1,19 | 218 | 5,1 | | 81 |
| 2,9 | 202[177] | 5,8 | | 306 |
| 2,20ff | 201[169] | 5,9 | | 238 |
| 3,7 | 202[176f] | 5,12f | | 365 |
| 3,17 | 356 | 6,7 | | 81 |
| 3,18 | 242 | 6,9 | | 202[179], 281, 353 |
| | | 6,11 | | 224[21] |
| *1. Johannes* | | 7,3f | | 81, 281 |
| 2,28 | 194 | 7,10 | | 237[58] |
| 4,9 | 361[45] | 7,12 | | 237[58], 365 |
| 4,17 | 194 | 8,3 | | 306 |

| | | | |
|---|---|---|---|
| 9,4 | 81 | 16,7 | 274[111], 353 |
| 10,4 | 81, 183 | 16,14 | 274[111], 353 |
| 10,8 | 183 | 16,19 | 196 |
| 11,3 | 97[44] | 17f | 196 |
| 11,12 | 183 | 17,6 | 95[30], 100[53] |
| 11,17 | 274[111], 353 | 17,14 | 193, 315[38] |
| 11,18 | 165[26] | 18 | 188[78] |
| 12,3 | 327 | 18,4 | 69[6], 183 |
| 12,9 | 327 | 19,1 | 365 |
| 12,15 | 327 | 19,2 | 238 |
| 13,1 | 327 | 19,5 | 165[26] |
| 13,5 | 95 | 19,6 | 193, 238, 274[111], 353 |
| 13,7 | 95 | 19,11 | 288[222] |
| 13,10 | 96[34] | 19,15 | 274[111], 353 |
| 13,16 | 165[26] | 19,18 | 165[26] |
| 13,17f | 281 | 19,22–40 | 210 |
| 14,2 | 183 | 20,2 | 327 |
| 14,8 | 196 | 20,3 | 81 |
| 14,10 | 282 | 20,4 | 186, 353 |
| 14,12 | 96[34] | 20,6 | 281[168], 283[185] |
| 14,13 | 183 | 20,12 | 165[26] |
| 15,2 | 281 | 21,22 | 274[111], 353 |
| 15,3 | 237[58], 274[111], 353 | 22,15 | 281 |
| 15,4 | 238 | 22,18f | 55 |

## 4) Patristische Literatur

### a) Apostolische Väter

**Martyrium Polykarps**

inscriptio 41, 43, 45, 60, 67–76, 123, 126[48], 166, 188[83], 311, 319, 349

1,1 14, 45, 52, 63[181f], 78ff, 81–83, 85, 99[51], 100, 111, 126f, 156, 162, 198[147], 251[146], 260, 266, 287f, 311, 321, 345ff, 352, 355f, 374

1,1–2 41, 43, 51, 55[138], 65, 72[31], 73, 93, 106, 146, 349, 359

1,2 49–52, 54, 59, 63, 80, 82, 83–88, 93, 106, 111f, 120f, 125, 128, 132, 144ff, 149, 155, 165, 170, 246, 263, 266, 317, 322, 340

1–2 41, 45, 78[3], 79, 109, 113, 120, 132, 135, 141f, 280, 326

1–4 41, 43, 64, 92, 112, 120, 126

2,1 51f, 54, 82f, 113, 121, 128, 144, 146, 155f, 219, 288, 329

2,2 54, 63[181f], 78[3], 79, 81, 112, 118, 132[8], 135, 148, 157, 159, 167, 172, 178, 198[147], 205[17], 206, 226, 251[146], 287, 329, 350

2,3 60, 112, 138, 149, 202, 206, 222, 226, 253[153], 295f, 300, 361

2,4 112, 114f, 185[59], 200, 221, 226

2,1–4 41, 43, 55[138], 89–107, 115, 145, 359

3,1–2 41, 43, 69, 93[16], 94, 95[30], 96f, 107[99], 108–118, 121, 124ff, 131, 133, 143, 155, 157, 159, 162, 172, 178[5], 184–187, 189[88], 200, 205[17],

|           | 206, 215, 225f, 266, 277, | 8,1–3     | 42, 44, 50, 145, 161–173, |
|           | 301, 312, 328ff, 340, 345, |           | 177, 180, 185, 192 |
|           | 361 | 8,1     | 39, 70f, 115$^{43}$, 123, 134f, 151, |
| 3–4       | 45, 66, 141, 349, 359 |           | 159, 245, 248, 260, 269$^{85}$, 290, |
| 4         | 37, 40$^{58}$, 41, 44, 51ff, 55$^{138}$, |           | 311, 319, 353, 366 |
|           | 59$^{171}$, 60–63, 65, 71, 73f, | 8,1–19,1 | 14 |
|           | 79f, 80, 85f, 90, 95, 98, | 8,2     | 14, 117, 125f, 133$^{23}$, 142, |
|           | 101f, 104ff, 107$^{99}$, 109, |           | 144, 147, 154, 185, 195, |
|           | 111ff, 115, 117f, 119–129, |           | 205$^{13}$, 210, 213, 217 |
|           | 131, 133f, 141–144, 146, | 8,3     | 85, 125, 133$^{23}$, 142, 147, |
|           | 151, 155ff, 159, 163, 165, |           | 151, 181, 183, 222 |
|           | 170ff, 178, 180, 182, 191, | 9     | 174–193 |
|           | 196, 200f, 213, 216f, 222, | 9,1     | 37, 41f, 54, 65, 84, 135$^{35}$, |
|           | 225, 244, 246, 260, 268, |           | 136, 137$^{47.51}$, 157, 163, 173, |
|           | 271, 280, 319–322, 340, |           | 204, 206, 218, 296ff, 326 |
|           | 345f, 351f, 369f | 9,2–3  | 42, 98, 112, 117f, 125, |
| 5,1–2     | 42, 44, 78, 121, 128, |           | 133$^{23}$, 145, 163, 170f, 205$^{13}$, |
|           | 130–139, 141, 181 |           | 207, 215, 263, 274, 312. |
| 5,1       | 70$^{15}$, 71, 82, 95$^{30}$, 118$^{73}$, | 9,1–11,2 | 42, 44, 162f, 174–202, 312 |
|           | 125, 142, 151, 155, 157, | 10,1–2 | 42, 117, 193–200 |
|           | 159, 166, 205$^{16}$, 263, 290, | 10,1   | 63, 144, 162f, 171, 301 |
|           | 318 | 10,2     | 69, 94$^{24}$, 112, 120$^{4}$, 125, |
| 5,2       | 37, 120, 144, 146, 151f, 155, |           | 127, 133$^{23}$, 207, 213, 216 |
|           | 177, 181f, 202, 204, 219, 239, | 11,1–2 | 42, 105$^{89f}$, 106, 107$^{99}$, 115, |
|           | 245, 248, 260$^{4}$, 264, 287, 311, |           | 125, 132, 146, 163, 185, |
|           | 318 |           | 200ff, 207, 253$^{153}$, |
| 5,3       | 218 | 11,2     | 138, 163 |
| 5–8       | 65, 79, 82, 113 | 12,1–3 | 42, 63, 162, 185, 203–219, 319 |
| 5–16      | 47, 64, 109 | 12,1     | 106$^{98}$, 118, 125, 133$^{20}$, |
| 5,1–18,3  | 41, 43ff, 92, 95, 130, 359 |           | 137$^{47}$, 145, 159, 163, 195$^{129}$, |
| 6,1–2     | 42, 118, 128, 140–149, 162 |           | 197, 201, 222, 301, 361 |
| 6,1       | 125f, 134, 137$^{51}$, 151ff, 155, | 12,2     | 115, 118$^{64}$, 120$^{4}$, 127, 147, |
|           | 157, 183$^{46}$ |           | 168, 171, 184, 195, 199f, |
| 6,2       | 41, 50, 63$^{181}$, 64, 82, 84, |           | 202, 312, 318, 321, 333, 349 |
|           | 121$^{14}$, 125, 151f, 156, 171, | 12,3     | 41, 120, 130$^{2}$, 131f, |
|           | 210, 213, 222, 225, 244, |           | 135–139, 151, 155, 182, |
|           | 260, 265f, 282, 325, 329, |           | 239, 245, 248, 264, 287, |
|           | 341, 345 |           | 311, 318, 322 |
| 6,1–7,3   | 43f, 132, 141f | 12,1–14,3 | 42, 44 |
| 7,1–3     | 42, 133$^{20}$, 150–160, 170, 184 | 13,1–3 | 42, 220–226, 243, 247, 259f |
| 7,1       | 41, 51, 90, 128, 139, 144ff, | 13,1     | 147, 168, 184f, 208f, 213, |
|           | 155, 170, 219 |           | 333, 338 |
| 7,2       | 85, 95$^{30}$, 97, 112, 117$^{56}$, | 13,2     | 85, 99$^{51}$, 188$^{83}$, 328, 332, |
|           | 125, 133$^{22}$, 135, 137$^{51}$, 142, |           | 338, 350 |
|           | 144, 147, 159, 163, 171, | 13,3     | 96, 115, 138, 182$^{38}$, 202 |
|           | 183$^{46}$, 206, 213, 222, 260$^{4}$, | 14,1–3 | 38, 42, 48, 60, 62ff, 135, |
|           | 263, 350, 361 |           | 148, 151, 159, 220f, 223, |
| 7,3       | 135, 165, 260, 290 |           | 225, 226–257, 258–290, 294, |

298, 300, 303ff, 308, 311,
314f, 325, 332, 336, 342,
344, 346, 353, 360f

14,1   58[159], 115, 191

14,2   60, 63, 99[51], 101, 131, 142,
168, 198[147], 219, 302, 329

15,1-2   41f, 64, 95[30], 133, 135[35],
138, 152, 202, 221, 224,
234, 238f, 243, 247, 249,
290, 291-309, 310, 314, 369

15,2   37, 48, 99[51], 177, 181,
219[106], 223, 244, 252, 260,
281, 284, 326

15,1-16,2   42, 44, 60, 66, 95[30], 157

16,1-2   41f, 293, 296, 310-323

16,1   118[64], 135[35], 138, 152, 177,
181, 189[88], 202, 249, 252,
284, 287, 292f, 298ff, 326

16,2   43, 61, 70f, 95[30], 116, 120[4],
123, 127, 133, 136-139,
165[22], 166, 182, 214f, 216[84],
218f, 287, 294, 300, 321, 353

17,1-3   42, 64, 99[51], 142, 147,
324-335, 341

17,1   110, 111[22], 113, 114[32], 148,
155, 188[83], 224f, 264, 277,
298, 312, 328, 350f, 369

17,2   41, 125, 142, 146f, 168,
170, 184

17,2-3   37, 69, 84[34], 138, 202,
208ff, 269f, 317

17,3   4, 43, 54, 59, 61, 63f, 79,
84, 85[40], 99[51], 101, 103,
111, 120[4], 127, 148, 216f,
274ff, 318, 321, 339, 351f,
367

17,1-18,3   37f, 40, 42, 45, 59, 120,
121[14], 316, 325

17-20   64

18,1-3   42, 168, 184f, 208f, 224,
247, 283, 332f, 336-342, 359

18,3   37, 39, 43, 48, 63[182], 99[51],
135, 205[10], 233, 247, 256,
267, 298, 309, 330, 349,
351, 365, 368

19,1-2   42, 45, 72[31], 134, 146,
343-353, 355

19,1   43, 52, 63[182], 64, 73, 78f,
84f, 99[51], 101, 103, 120[4],
126f, 159, 198[147], 214, 216,
260, 287, 318, 321, 326,
340f, 346, 374

19,2   61, 70, 71[22], 96, 111, 114[32],
115, 123, 127, 135, 165[22],
166, 205[10], 226, 264, 275ff,
283ff, 288, 298, 311, 329f

19,3   111

19,1-20,2   42f, 45, 92, 359

20,1-2   38, 42, 45, 73, 134, 263,
346, 354-361

20,1   48, 73[36], 82, 126[48], 264, 280

21   39f, 42, 99[51], 115[43], 117[55],
137[51], 157, 168, 170, 183[46],
217f, 245, 263, 329, 362-373

21,1   39

21,2   183, 330

21-22   37f, 42, 49

22   14[11], 37, 146, 315, 373ff

22,1   13, 42, 355

22,2   42

22,3   42, 290, 317

*Barnabas*

2,4   272

2,10   304

5,1ff   95, 96[34],

5,3   286[210]

5,14   97

6,1   274, 275[122]

6,10   276[127]

9,2   274

15   167[40]

18,1f   111f

18-20   110

19,3   112[25]

*1. Clemens*

inscr.   68, 69[9], 70, 72, 76, 93, 365,
373

1,2   95[30]

3,2   81

3,4   188[83]

5   84, 327

5,1   93[16]

5,1f   340[27]

5,1-6,2   347ff, 352

5,4 100[53]
5,5 96[34], 346
5,6 93[16]
5,7 90[4], 96, 100[53], 115, 117[62], 346
6,1 188[83], 349
6,2 93[16]
9,4 170[58]
11,1 106[93], 295
12,5f 170[58]
16 335
16,1–17 96, 263, 275
16,13 82[25]
20,4 93
21,1 188[83]
25,2 306
26,3 283
34,8 106[94]
35,1 93[15]
36,1 289
36,2 106
38,4 289[231]
40–44 287
40,2 269, 342
40,4 269, 286[207]
44,4 245[102], 269
44,6 188[83]
45,7 295
46,1 346
51,2 188[83]
54,4 188[83]
58,2 264, 276[128]
59 264
59,2 274, 276, 281[169]
59,3 106, 260[5], 274, 280[161], 285
59,4 274, 280[160], 285
59–61 246, 260[8], 266, 269
60,4 199[160]
61,1ff 199[160], 288
61,3 228[5], 242, 276[128], 289
63,2 341[33]
64 242, 276[128], 289
65,2 276[128], 361, 365, 373
65,7 360

2. Clemens
1,1 344
1,6 217

3,1 125[44], 217
5,1ff 69
6 69
6,7 93, 105[90], 106[93]
7 128[43]
7,3 110[15]
7,6 105[89]
11,7 106[94]
13,4 95[30]
14,2ff 70
14,5 284
16,3 188[78]
17,7 97[42], 105[89], 106[93], 107[102]
18,2 105[90]
19,4 316[41]
20,5 276[128], 361

Didache
1,1–6,3 110f
6,1 112
7,1 274
7,4 342
8,1 153[15]
8,2 83[26f], 93, 155[30], 260[5]
8,3 274
9f 242–245, 260[8], 264, 266, 269f, 277, 278[151], 285[197], 286, 307f
9,2 261[15], 276, 281
9,3 274ff
9,4 159, 165, 260, 342
9,5 281
10 284
10,2 230[31], 274, 276f
10,2f 275
10,3 273[110], 274[111], 283
10,4 230[31], 289
10,5 159, 165, 260, 287[219]
10,6 281, 287
10,7 269, 306f
11 85[41], 357
11,2 269[80]
11,3 83[26]
11,7ff 137
11,8ff 322
14f 245, 285[197]
14,1–3 225, 270, 286[208], 287
15,3f 83[25]

*Diognet*
1 — 201[175]
1,1 — 106
2,4 — 217
2,6 — 187[70]
5,2 — 188[83]
5,5ff — 68, 69[6]
5,9 — 68
6,8 — 68
7,2 — 274[111]
7,7 — 107[99.102], 115, 185[59]
7,7–9 — 225[29], 226[36]
8,11 — 276[126]
9,2 — 106[93]
10,4ff — 84, 98[50], 344
10,7 — 97[42], 105[89], 106, 202[176]

*Ignatius*
Epheser
1,1 — 84[34], 149[53], 287, 335, 353
1,2 — 61, 63[182], 107[99], 115[41], 334[57]
1,3 — 276[127]
3,1 — 149[53]
4,1 — 256[179]
5,2 — 244[95], 245[102], 269[80], 287[213]
7,2 — 256[179]
8,1 — 63[182]
9,1 — 112
10,3 — 62, 84[34], 263, 275, 335
11,2 — 149[53]
12,2 — 270, 374
13,1 — 278[151]
15,1 — 63[182], 102, 216
17,1 — 283[185], 300, 302f, 309
18,1 — 303
19,2f — 256[179]
19,3 — 149[53]
20,1 — 94
20,2 — 271, 281[174], 283, 283[185], 284[191], 287, 300[56]
21,1 — 284
21,2 — 224

Magnesier
inscr. — 353
1,1 — 63[182]
1,3 — 202[180]
3,1 — 117[56]

5,2 — 63[183], 84, 224
6,1 — 97[42]
6,2 — 300
7,2 — 245[102], 287[213]
8,2 — 102, 158[48]
9f — 335
9,1f — 61, 63[182], 95, 96[34], 107[102]
9,2 — 334[57]
10,1 — 198
10,2 — 302f
14 — 270
14,1 — 166

Philadelphier
inscr. — 70, 287
4 — 245[102], 246, 269[80], 278[151], 287[213]
5,1 — 149[53]
5,2 — 317
6,1 — 198
7,1 — 218
7,2 — 84[34], 335
8,2 — 63[182]
9,1 — 289
9,2 — 300[56], 317, 353

Polykarp
1,2 — 318
1,3 — 63[182], 135[30], 318, 340[27]
2,3 — 202[180], 284, 300, 328, 340[27]
3,1 — 340[27]
4,1 — 157
4,3 — 154
5,2 — 217
6,1 — 281[168], 284, 331, 340[27]
7,1 — 317
7,2 — 318, 340[27]
7,3 — 94[24], 149[53]
8,1 — 94
8,2 — 318
8,3 — 330, 374

Römer
1,1 — 94
1,2 — 149[53]
2,1 — 64, 102, 351[46]
2,2 — 63[182], 223, 246f, 256[179], 268, 270f, 280[160], 342

3,3 198
4f 128[58], 335
4,1 62, 63[182f], 64, 124, 205[14], 246, 268, 270f, 331, 334[57]
4,2f 61, 271, 331, 334[57]
5,1 107[99], 115[41], 340[27]
5,2 117
5,3 105[89], 114, 117[62], 201, 271, 295
6,1 63[182], 68, 339
6,3 59, 62, 84[31.34], 270f, 335, 339
7,1 64
7,2 196[137]
7,3 223, 246, 271, 287
8,2 288[222]
9,2 339[20]

Smyrnäer
1,1f 225
1,2 70, 147, 224
2f 317
3,2 106, 202[175]
4,2 63[182], 84, 101, 105[89], 201, 295, 318
5,1 63[182], 101, 107[102], 269[80], 317
5,2 318
5,3 318
6,2 87
7,1 63[182], 244[95], 246, 269[80], 278[151], 284[191], 317, 353
7,2 83, 318
8,1 70, 318
8,2 70, 165, 166[28], 244[95], 318f
9,1 244[95]
10,2 284
11,1 94
12,1 335
12,2 72[30], 96[34], 160[57]
13,2 330

Trallianer
1,1 94
1,2 62, 84[34]
3,2 189[89]
4,1f 64, 114[32]
5,2 63[182], 84[34]
7,2 225, 245[102], 287[213]
8,1 287

10 63[182], 101, 107[99], 115[41], 189[91]
12,2 270
12,3 149[53]

Pastor Hermae
mandata
4,1,11 94[24]
6 110ff
10,3,3 306
11 85[41]
11,7 322
12,5,2 114[32]

similitudines
1,1ff 68f
1,1–6 188[83]
5,1,1 289[231]
6,1 289
7,5 280[160]
8,2,2 104[80]
8,3,6 111, 114[32], 328, 346
8,3,7 104[80]
9,5,2 94
9,17,5 277[140]
9,17,5–18,2 201[169]
9,28,3 62
9,28,5 280[160]

visiones
1,3,4 277[138]
1,4,3 182[36]
3,1,9 104[80]
3,2,1 97
3,7,2 202[176]
3,8,1 97[42]
3,12,2 182[36]
3,21 107[99]
4,1,3 159[51], 280[160]
4,3,3 188[78]
4,3,4 301[62]
5,5 274

Polykarpbrief
inscr. 68, 69[9], 72, 76
1,1f 62, 84[34], 228, 273
2,1 228, 273
2,2 94
2,3 228, 273
3,1 73[33]

| | | | |
|---|---|---|---|
| 5,2 | 188[83] | 9f | 62 |
| 5,3 | 228 | 9,2 | 228, 272f |
| 6,3 | 228, 273 | 10,1 | 228, 273 |
| 7,1 | 101, 189, 191 | 12,2 | 228, 272f, 289 |
| 7,2 | 228, 273 | 12,3 | 135[30], 159, 193, 199[160] |
| 8,2 | 62, 78, 84, 90[4], 95, 96[34], 334 | 14 | 228, 273 |
| 8,12 | 335 | | |

## b) Neutestamentliche Apokryphen

*Apokrypher Jakobusbrief (NHC I,2)*

| | | | |
|---|---|---|---|
| | | 11,47 | 338 |
| 4,31–6,18 | 128[58] | 11,49 | 338 |
| 5,21–23 | 299 | | |
| 5,27–29 | 105[85] | *Protevangelium Jacobi* | |
| | | 23,3 | 102 |

*Pseudoclementinen*

| | | | |
|---|---|---|---|
| recogn 1,70 | 183[46] | *Oden Salomos* | |
| | | 19 | 247 |
| *Petrusevangelium* | | 19,7 | 281[168] |
| 8,31 | 338 | 24,1 | 314[29] |
| 10 | 172[73] | 25 | 230[19], 266[63] |
| 10,38 | 338 | 29 | 230[19], 266[63] |
| 11,45 | 338 | 41 | 247 |

## c) Kirchenschriftsteller

| | | | |
|---|---|---|---|
| *Apostolische Constitutionen* | | *Aristides* | |
| 3,7 | 331 | apol. | |
| 5,11,1 | 125[43] | 4 | 190 |
| 5,12,5 | 125[43] | 15 | 331 |
| 7,26,3 | 288[222] | | |
| 7,27 | 244[100] | *Arnobius* | |
| 7,27,1f | 307f | adv. gentes | |
| 7,28,1f | 269 | 1,29 | 186, 187[70] |
| 7,38,1 | 232[31], 274[111], 289[231] | 3,28 | 186, 187[70] |
| 7,47,2 | 289 | 5,30 | 186, 187[70] |
| 8 | 266[66], 276[126] | 6,27 | 186, 187[70] |
| 8,5,6 | 281[169] | adv. nat. 13,16 | 188[75] |
| 8,11,2 | 277 | | |
| 8,12,27 | 277[137], 288[226] | *Athenagoras* | |
| 8,12,38 | 281[174] | ar. 1,3 | 122[19] |
| 8,13,10 | 288[226] | ep. encycl. 5 | 126[47] |
| 8,14 | 280 | vit. Ant. 46 | 126[47] |
| 8,14,2 | 283 | apol. ad Const. 35 | 126[47] |
| 8,15,2 | 273[110], 274, 276[127], 281[174] | apol. de fuga 8,10ff | 126[47] |
| | | legat. | |
| 8,18,1 | 288[222] | 1f | 195[129] |
| 8,22,3 | 281[169] | 3,4–30 | 187[70] |
| | | 3,31 | 196[131] |

suppl.
13                                    187[70]
13,2                                     287

*Augustinus*
brevic. coll. 3,13,25                 126[47]
Joh. tract. 46,7                         134
de civit. Dei
2,3                                   188[75]
4,31                                  187[73]

*Clemens von Alexandrien*
strom.
1,11,3                                   216
4,4,16,3–17,3                          104[82]
4,11,75,2                             282[181]
4,13                                  122[19]
4,17,1              105[83], 126[47], 128[58]
4,56                                  194[116]
4,71,1,3                              128[58]
4,75,1f                                  270
4,87,2                                   270
7,1,1,1                               187[70]
7,1,1,4                                  190
7,7                                   159[51]
7,11,66,3–67,2                        104[82]
7,17                                  122[19]
7,51,8                                   186
protrept.
2,23,1f                      187[70], 190[92]
5                                     125[44]
paed.
3,12                                     242
3,12,101                                 264

*Cyprian*
epist.
6,2                                      353
7,8,20                       128[58], 134[29]
10                                       315
10,3f                                    148
15,3                                     353
31,3                               148, 353
39,3                                  341[28]
59,2                                  210[46]
75,10                                 187[75]
76,6                                      98
81           98, 104[82], 126[47], 128[58]
ad Fort. 10                               98

ad Demetrian 2–5                      188[75]
H Catech. 16,8                        122[19]
de lapsis
3                            128[58], 134[29]
17ff                                  248[123]

*Didascalia apostolorum*
19                    105[88], 128[58], 147
26,22,2f                      332[47], 341[32]
57,1–58,5                             266[66]

*Didymus*
de trinitatis
2,15                                  122[19]
3,41,1                                    53

*Epiphanius*
pan.
19,3,5f                               159[51]
29,9                                  210[46]
42,11,15                                 271
48,1                                  122[19]
48,1,5                                 58[154]
48,2f                              136, 322
48,2,1                             138, 320
48,2,4                                    53
48,2,5                           136, 320[67]
48,2,7                                139[62]
48,3                                  158[48]
48,3,1,4–11                           138[53]
48,3–13                               157[41]
48,4–8                                   137
48,10,1                               157[41]
48,10,2                               138[54]
48,10,4                                58[154]
48,10,13                               87[50]
48,11                                     53
48,11,2–4                             157[41]
48,11,10                      58[154], 157[41]
48,12,3ff                                 86
48,12,4                            53, 98[45]
48,12,5                               157[41]
48,12,15                               86[43]
48,13,1                           53, 215[80]
48,13,6                       58[154], 157[41]
49,1                                      53
49,2,1–5                                 116

*Euseb von Cäsarea*
hist. eccl.

| | | | |
|---|---|---|---|
| 2,23,1 | 107[102] | 4,24,6 | 52 |
| 2,23,10f | 166, 168, 198[152] | 4,26,5ff | 153 |
| 2,23,12 | 178 | 4,26,10 | 154, 184[52] |
| 2,23,13 | 193 | 4,27 | 122[19] |
| 2,23,16 | 172[71] | 5,1,6 | 98[50] |
| 2,23,18 | 352 | 5,1,9 | 98[50] |
| 3,20,5 | 81[18] | 5,1,14 | 145, 196[131] |
| 3,32,3f | 192[105], 352 | 5,1,20 | 69 |
| 3,32,6 | 96[34], 157[44] | 5,1,26 | 196[131] |
| 3,36,1 | 185, 316, 375 | 5,3,1ff | 72[27] |
| 4,7,11 | 196[131] | 5,14 | 72[27] |
| 4,14,3f | 348 | 5,15,46 | 73[36] |
| 4,14,7 | 375 | 5,16 | 211, 319, 333 |
| 4,14,10–15,1 | 39, 367 | 5,16f | 55, 322 |
| 4,15 | 13–16, 17–36, 37f, 40, 49, 91 | 5,16,1 | 122[19] |
| 4,15,1f | 49 | 5,16,2 | 55 |
| 4,15,3 | 78[3], 79 | 5,16,3 | 53, 55, 57, 80, 85[38], 123, 127, 321 |
| 4,15,4 | 79, 91, 96[37] | 5,16,4 | 55, 72[27], 87[49], 370 |
| 4,15,5f | 112f | 5,16,6 | 122[23], 136, 151 |
| 4,15,8 | 109, 127 | 5,16,7 | 55, 57, 87, 128, 321 |
| 4,15,9ff | 155 | 5,16,9 | 70[17], 72, 87[50], 166 |
| 4,15,10 | 132, 137 | 5,16,12 | 210[46] |
| 4,15,11–14 | 142 | 5,16,13 | 149, 345, 352 |
| 4,15,11 | 144, 151 | 5,16,16 | 320 |
| 4,15,13 | 151f | 5,16,20 | 116, 128 |
| 4,15,15 | 14, 162[3], 171[64], 177 | 5,16,21 | 53[120], 86[44] |
| 4,15,16 | 171[67], 173 | 5,16,22 | 122[19] |
| 4,15,17 | 177 | 5,17,2 | 55 |
| 4,15,25 | 207[28] | 5,17,3 | 55 |
| 4,15,25–28 | 204 | 5,17,4 | 85[41], 87 |
| 4,15,26 | 215[82] | 5,18,2 | 85[41], 122[23], 215[80], 320, 370 |
| 4,15,28 | 132 | 5,18,4 | 85[41] |
| 4,15,29ff | 221 | 5,18,5 | 68[3], 72[28], 86, 104, 125[41] |
| 4,15,30 | 223[16], 225[26] | 5,18,6–10 | 332 |
| 4,15,31 | 226[35] | 5,18,8 | 320[67] |
| 4,15,33 | 274[112] | 5,18,9 | 68[4], 71[21] |
| 4,15,35 | 262 | 5,19,1–4 | 320 |
| 4,15,37 | 298[47], 300, 314 | 5,19,2 | 87[49] |
| 4,15,39 | 311f, 316 | 5,19,3 | 105[83] |
| 4,15,40ff | 326 | 5,20,6 | 212, 375 |
| 4,15,41 | 330, 333 | 5,20,7 | 217, 316 |
| 4,15,42 | 334, 344 | 5,24 | 168[51], 375 |
| 4,15,43f | 337f | 5,24,2 | 55[137] |
| 4,15,45 | 344, 347, 350, 356 | 5,24,6 | 55, 85 |
| 4,15,46 | 345f, 357[15] | 5,24,7 | 192 |
| 4,22,4 | 52, 84[36], 85f, 344 | 5,24,16 | 212, 216f |
| | | 6,19,16 | 128[58], 134[29] |

6,20,3    57[148]
6,29,3    313
6,40,5ff    155
6,40,7    223[18]
6,42,5    353
7,11,9    188[84]
7,12    128[58]
7,22,4    205[14]
8,6,10    125[44]
8,7,2    117[61]
8,9,5    196[137], 249
9,5,2    196[131]
9,7,8f    188[75]

Gregor von Nazianz
or. 43,5    126[47]

Hieronymus
vir. ill.
17    216
40    149
vit. Hilarii 45    192

Hippolyt
comm. in Dan.
1,21    210[46]
1,23,3    186
2,36,6    104[82]
2,37,1f    104[82]
4,19f    55
4,20    54, 58[154]
contr. haer. Noet. 18    264
antichr. 49    125[44]
refutatio omn. haer.
8,19    55f, 57[147], 58[154]
10,25    55
philosoph.
7,12    128[58]
7,22    302[68]
8,19    321[76]
trad. apost.    246
3,4,8    274
4    286[210]
6,4    242
9    105[88]
22,1    242

Irenäus
adv. haer.
1,10,1    71[22]
2,32,1    186
3,3,4    168[51], 185, 217, 317[49], 348f, 369, 375
3,4    316
3,10,3    158[48]
3,12,13    83[26]
3,18,5    128[58], 147
4,10,1    272
4,17,5    286[207], 287
4,18,4    286[207]
4,18,5    283, 284[191]
4,18,6    245[102]
4,21,3    210[46]
4,28,3    210[46]
4,33,9    87
4,41,2    216
5,33,4    217

Isidor von Spanien
Etymolog. libri 20,8,5,27    54[126]

Johannes Chrysostomus
in psalmum 145    167[40]
in Mt hom. 25,3    286[210]

Justin
apol. 1
1,4    195[129]
1,5f    187[70], 190
1,9    187[70]
1,11    69
1,13    187[70], 287
1,26    196[131]
2,2    128[58], 195[129]
2,12    196[131]
5,3    118[69]
6,1    118[69], 189[89]
6,2    198[150], 199[158], 334
6,12    118[69]
13,1    118
13,3    198[150]
16,5    186
21,3    186
28,1    198[150]
31    211
31,5    210[46]
31,6    185[59], 333
34,2    198[150]

| | |
|---|---|
| 36,3 | 210[46] |
| 46,3 | 118[69] |
| 48,3 | 198[150] |
| 65 | 245[102], 264, 266[66] |
| 65,3–66,3 | 278[151] |
| 65–67 | 287[214], 290 |
| 65,3 | 280[160] |
| 65,5 | 233 |
| 66,1 | 281 |
| 67 | 266[66], 267[74], 282 |
| 67,3–7 | 245[102] |
| 67,4 | 84[34] |
| Athen. suppl. 4–12 | 118[69] |
| dial. | |
| 7,1 | 158[48] |
| 10 | 196[131] |
| 16,4 | 210[46] |
| 17,1 | 187[70], 210[46] |
| 17,3 | 210[46] |
| 29,1 | 285[197] |
| 35,1 | 172[73] |
| 41 | 287[214] |
| 41,1 | 266[66], 286[207] |
| 41,1–3 | 245[102] |
| 41,3 | 286[208] |
| 49,9 | 210[46] |
| 70,4 | 287[219] |
| 93,4 | 191 |
| 96,2 | 210[46] |
| 108 | 118[69], 210[46] |
| 108,3 | 191 |
| 110 | 115, 210[46] |
| 116f | 245[102] |
| 117 | 210[47], 285[197], 287 |
| 117,2 | 280[160], 286[208.210] |
| 122 | 210[46] |
| 131 | 114 |
| 131,2 | 210[46] |
| 133,6 | 210[46] |

*Laktanz*
Div. inst.

| | |
|---|---|
| 4,25,10 | 328 |
| 6,12 | 331 |
| epit. 63 | 186, 187[70] |
| de ira D. 9 | 186, 187[70] |
| de mortibus persec. 1,1 | 328 |

*Melito von Sardis*
Paschahomilie

| | |
|---|---|
| 10 | 290 |
| 45 | 290 |
| 46 | 272 |
| 65 | 290 |
| 72 | 210[46] |
| 99 | 210[46] |
| 105 | 290 |

Fragm.

| | |
|---|---|
| 9 | 269[85], 272 |
| 9,16 | 271 |
| 9,17 | 271 |
| 9,19ff | 271 |
| 9,22 | 271 |

*Minucis Felix*
Octav.

| | |
|---|---|
| 8f | 196[131] |
| 8,2 | 186, 187[70], 190 |
| 9,4 | 196 |
| 28 | 196[131] |
| 30f | 196[131] |
| 37,5 | 115 |

*Origenes*
exhort. ad mart.

| | |
|---|---|
| 7 | 125[43], 185[62], 186, 189[87] |
| 18 | 114[32] |
| 28 | 268, 282[181] |
| 30 | 249[132], 270 |
| 32 | 190[92] |
| 36 | 114 |
| 37 | 270 |
| 39 | 270 |
| apol. 16,10 | 159[51] |

contra Celsum

| | |
|---|---|
| 2,45 | 194[119] |
| 3,15 | 188[75] |
| 5,25ff | 187[73] |
| 6,27,40 | 196[131] |
| 6,27 | 210[46] |
| 6,42 | 114 |
| 7,9 | 53 |
| 7,62 | 186 |
| 8,5,29f | 188[83] |
| 8,65 | 125[43], 185[62], 186[66] |
| Select. in Genes. 8,79 | 126[47] |

de oratione  
14,2     286[210]  
92     159[51]  
Hom. in Luc. 27     194[119]  
Comm. ser. 47     58[154]  
in Matth. 39     188[75]  
in Leviticum hom. 9     87  

*Petrus Alex.*  
Can. 9     126[47]  

*Pseudo-Hippolyt*  
Hom. in s. pascha 40     271  

*Pseudo-Tertullian*  
Adv. omnes haer. 7     58[154]  

*Serapion*  
Anaphora     246, 266[66], 308  

*Sozomenos*  
hist. eccl. 7,18,12     122[19]  

*Tertullian*  
ad martyres  
1     327  
2,4     303  
3,3f     69, 114[32]  
4     128[58]  
de spec.  
1     128[58], 196[137]  
1,1     196[136]  
26     217[94]  
adv. Marc. 3,24     69  
de orat. 189,10     84  
de patientia 13     128[58], 134[28], 282[181]  
de praescr. 36,3     84  
de fuga  
6     143[18]  
9,4     86, 93[15], 116, 122, 128[58], 332, 336  
de pudicitia 21f     71, 147, 217[94], 332  
de anima  
9,4     136[37]  
55,4     116, 122  
55,5     86[42], 122, 128[58], 332  
de resurrect. 102,5,10     84[34]  
ad uxorem 1,3     128[58], 134[29]  
Scorpiace  

6     249[13]  
6,1     114[3]  
10     210[46], 333  
12     282[181]  
15     314, 339[17]  
ad nationes  
1,3     195[129]  
1,9     187[75]  
1,13,1     159[51]  
1,14     210[46]  
1,17ff     196[136]  
apol.  
1ff     195[129]  
2,28     273[109]  
6,10     187[70]  
6,11-7,2     196[131]  
7     210[46]  
10ff     186, 187[72], 189[85]  
10,1-28,2     187[70], 189[25]  
12     145  
24     186, 190  
27,2     196[136]  
30     171  
30,4     199[160]  
30,6     126[44]  
32     189[87]  
32,2     185[62], 186[66]  
34,1     170[59]  
37,2     187[75]  
39,6     331  
39,7     344  
40,1     187[75]  
40,2     200  
42f     195  
50     222[12]  
50,3     196[137]  
50,3-11     194[116]  
50,15     196[136], 249[132]  
de coron. mil.  
1ff     128[58]  
3     247, 332[47], 337, 339[17], 341[28.32]  
de idol. 11,7     197[138]  
de exhort. cast.  
10,5     182[34]  
11     341[28]  
16     128[58]  
ad Scapulam  
4,3f     184

| | |
|---|---|
| 5 | 128[58] |
| 5,1 | 196[137] |
| de ieiun. 12 | 332 |
| de bapt. | |
| 8 | 314 |
| 16 | 249[132] |
| adv. Prax. 1 | 332 |
| de monogam. 10,4 | 341[28] |

**Theodor von Mopsuestia**
| | |
|---|---|
| in Ps 34,18 | 286[210] |

**Theodoret**
haer. fab. comp.
| | |
|---|---|
| 2 | 122[19] |
| 3,2 | 54 |

**Vita Polycarpi (Ps.-Pionius)**
| | |
|---|---|
| 6 | 225[28] |
| 6,3 | 272 |
| 12,2 | 375 |
| 20 | 338 |
| 21 | 313 |
| 32,4 | 315 |

## d) Märtyrerakten

**ActAcac**
| | |
|---|---|
| 1,4 | 193[110] |
| 2,7 | 193[110] |
| 3,1 | 193[110] |

**ActAgape**
| | |
|---|---|
| 1,2 | 126[47] |
| 2,1 | 153 |
| 4,3 | 201 |
| 5,3 | 87 |
| 6,3 | 206[23] |
| 7,2 | 373 |

**ActAndr et Mt**
| | |
|---|---|
| 2,1 | 205[11] |
| 8 | 194[119] |
| 11 | 95[30] |
| 12 | 192 |
| 21–24 | 198[151] |

**ActApoll** 115, 179[12]
| | |
|---|---|
| 1 | 183 |
| 1ff | 195[129] |
| 1,18 | 149 |
| 2 | 170[57], 179[15], 193[113], 194, 274 |
| 3 | 170[59], 185[62], 191, 193[110], 200[165] |
| 4 | 187[70] |
| 4–6 | 170[57], 179[15] |
| 5 | 198[150] |
| 6 | 199[160] |
| 7 | 125[44], 191, 193[110], 200[165] |
| 8f | 69[8], 170[57], 179[15], 199[160] |

| | |
|---|---|
| 11 | 193[111] |
| 13f | 187[70], 191[102] |
| 14–22 | 170[57], 179[15] |
| 22f | 190[95] |
| 24–42 | 179[15] |
| 36f | 199[160], 353 |
| 37f | 276 |
| 41 | 198[151f] |
| 43f | 190[95] |
| 44 | 198[150] |
| 45 | 205[11] |
| 46 | 205[10], 227, 248 |
| 47 | 328, 373 |

**ActCarpi** 124[31], 179[12], 226
| | |
|---|---|
| 1 | 183 |
| 2 | 184[54] |
| 3 | 69[7], 206, 270 |
| 4 | 164, 193[110], 202[175], 272f |
| 4,43 | 179[13] |
| 5 | 193[113], 206, 334 |
| 5–8 | 194 |
| 6 | 202[177], 273 |
| 7f | 170[57], 179[15], 334 |
| 9 | 125[44], 191[102] |
| 10 | 170[57], 179[15], 274 |
| 12 | 170[57], 179[15] |
| 12ff | 187[70] |
| 14f | 179[15] |
| 15 | 198[150] |
| 16–20 | 179[15], 327 |
| 21 | 199[156] |

| | | | |
|---|---|---|---|
| 22 | $179^{15}$ | 3,2 | $200^{164}$ |
| 23 | $193^{113}$ | 4,1 | 201 |
| 28 | $190^{95}$ | | |
| 30 | 118, $214^{72}$ | *ActCypriani* | $169^{54}$ |
| 32 | $198^{150}$ | 1,1 | 187 |
| 33 | 192 | 1,2 | $69^7$, $135^{30}$, $193^{113}$, $199^{160}$, 206 |
| 34 | $192^{105}$, 270 | 1,5 | $104^{82}$, $128^{58}$ |
| 35 | $93^{16}$ | 1,7 | $202^{177}$ |
| 36 | $117^{62}$, $139^{58}$, 147, $205^{11}$, | 3,5 | $193^{110}$ |
| | $206^{23}$, 218 | 4,1–3 | 201 |
| 37–41 | 225 | 4,3 | 249 |
| 37 | $192^{105}$, 221 | 5,6 | $329^{31}$ |
| 38 | $178^4$, $205^{10}$, 222 | | |
| 39f | $97^{43}$, $106^{94}$, $117^{62}$ | *ActDasii* | |
| 40 | $179^{15}$, 221 | 5,2 | 270 |
| 41 | 84, 248, 267, 279f, $281^{168}$ | 6 | $184^{54}$ |
| 42ff | 116, $118^{66}$, $128^{58}$, $178^4$, | 8,1 | $126^{44}$ |
| | $196^{137}$, 352 | 9,2 | $202^{177}$ |
| 43 | 164, $190^{95}$, $214^{73}$ | 11,2 | $126^{44}$ |
| 44 | $205^{10}$, 222, $223^{18}$ | 12,2 | 373 |
| 46 | $118^{66}$, $214^{73}$ | | |
| 47 | 288, 327, 338, 373 | *ActEupli* | $128^{58}$ |
| | | 1 | 196 |
| *ActClaud* | | 1,3 | $190^{95}$ |
| 1,2f | $193^{110}$ | 2,1 | $207^{31}$ |
| 1,5 | $190^{95}$ | 2,4 | $202^{177}$ |
| 3,1 | $193^{110}$ | 2,6 | $190^{95}$ |
| 3,2 | $191^{102}$ | 3,1 | 201 |
| 3,5 | $191^{102}$ | | |
| 4,1 | $193^{110}$ | *ActFelicis* | |
| | | 1 | $164^{16}$ |
| *ActCononis* | | 6,1 | 272 |
| 4,1 | $184^{54}$ | | |
| 4,4 | $125^{44}$, $171^{61}$, $193^{110}$ | *ActFructuosi* | |
| 5,1 | $191^{101}$, 272 | 1 | 153 |
| 5,5 | $125^{44}$, $200^{164}$ | 1,2 | 153, 155, $164^{16}$ |
| 5,9 | $200^{164}$ | 2,3 | $125^{44}$ |
| 6,3f | $191^{101}$ | 4,3 | $254^{160}$ |
| 6,7 | 270, 373 | 5 | $285^{198}$ |
| | | 7,2 | $114^{32}$ |
| *ActCrispinae* | | | |
| 1,1 | $170^{59}$ | *ActIrenaei* | |
| 1,3 | $126^{44}$ | 2 | 148, $193^{110}$ |
| 1,4 | $193^{110}$ | 2,2 | $200^{164}$ |
| 1,5 | $200^{164}$ | 2,3 | $190^{95}$, $193^{110}$, $200^{164}$ |
| 1,6 | $190^{95}$ | 2,4 | 270 |
| 1,7 | $200^{164}$ | 4,2 | $202^{177}$ |
| 2,1 | $126^{44}$ | 4,4 | $97^{43}$, $190^{95}$ |
| 2,4 | $170^{59}$, $193^{110}$, $202^{177}$ | 4,9 | $200^{164}$, $202^{177}$ |

| 4,10 | 201 |
| 4,12 | 97[43], 190[95] |

*ActJoh*

| 72 | 332[47], 341[32] |
| 85 | 247, 285[201] |
| 94f | 290 |
| 103 | 147 |
| 109 | 247, 270, 277, 283, 284[191], 285[201] |

*ActJulii*

| 1,3 | 184[54] |
| 2,1 | 171[61] |
| 2,4 | 190[95], 193[110] |
| 2,6 | 202[177] |
| 3,1 | 200[164], 202[177] |
| 3,2 | 190[95] |
| 3,5 | 191[102] |
| 3,6 | 193[110] |
| 3,7 | 201 |

*ActJust* | 116, 179[12] |

| 2 | 334 |
| 2,1 | 191[102], 193[110] |
| 2,2–6 | 170[57], 179[15], 199 |
| 2,5 | 274, 287[217] |
| 2,7 | 287[217] |
| 3f | 193[113] |
| 4 | 334 |
| 4,8 | 69[7], 190[95] |
| 5,4 | 187[70], 193[110], 201[169] |
| 5,5 | 200[164] |
| 5,6 | 125[44], 126[47], 128[58], 190[95], 217[92] |
| 5,7 | 202[177] |
| 5,8 | 201, 205[11] |
| 6 | 288 |
| 6,2 | 327, 338[14], 373 |

| *MartLugd* | 40, 64f, 68[2], 69, 75, 92, 116 |
| inscr. | 68[2], 70, 73f |
| 5,1,3f | 92 |
| 5,1,4 | 81, 210 |
| 5,1,4–8 | 92 |
| 5,1,5 | 114[32] |
| 5,1,5f | 114 |
| 5,1,6 | 105[84], 106[94], 147, 327 |
| 5,1,6ff | 334 |

| 5,1,7 | 93[16] |
| 5,1,9 | 87, 113, 187[70], 225[30], 344 |
| 5,1,10 | 104, 197, 210, 219 |
| 5,1,11ff | 113f, 123[31] |
| 5,1,14 | 143, 184, 327 |
| 5,1,15 | 133, 178 |
| 5,1,16 | 114[32], 145, 327 |
| 5,1,17 | 87, 93[16], 123[25], 178 |
| 5,1,18 | 160, 194[119] |
| 5,1,19 | 81, 93[16], 97[43] |
| 5,1,20 | 188[83], 193[113], 207[31] |
| 5,1,20–24 | 178 |
| 5,1,22 | 106[92], 222, 226, 293 |
| 5,1,23 | 53[123], 147, 205[10], 210, 263, 275 |
| 5,1,24 | 97[43], 293 |
| 5,1,25ff | 114, 178, 327 |
| 5,1,26 | 197 |
| 5,1,27 | 81, 107[103], 114[32], 178, 222 |
| 5,1,28 | 210, 222, 226 |
| 5,1,29 | 81, 97[44], 117[56], 178, 185[60], 199 |
| 5,1,30 | 210 |
| 5,1,31 | 117[60] |
| 5,1,32–35 | 113 |
| 5,1,34 | 97[44], 205[10] |
| 5,1,35 | 106[98], 206[18.20], 302[69], 303f, 327 |
| 5,1,36 | 93[16], 270, 328 |
| 5,1,37 | 115, 210 |
| 5,1,38 | 118[66] |
| 5,1,39 | 210 |
| 5,1,40 | 312[12] |
| 5,1,41 | 84 |
| 5,1,42 | 114[32], 117[61], 147, 226, 293, 328 |
| 5,1,45–49 | 113 |
| 5,1,47 | 81, 115 |
| 5,1,48 | 110[15], 197, 210 |
| 5,1,49 | 122, 123[25], 128[58] |
| 5,1,50 | 115, 184[54] |
| 5,1,51 | 97[44], 98, 226 |
| 5,1,53 | 185[60] |
| 5,1,54 | 105[84] |
| 5,1,55 | 81, 205[10] |
| 5,1,56 | 97[44], 98, 222, 226 |
| 5,1,57 | 327 |
| 5,1,57–63 | 327 |

5,1,59 — 330
5,1,61f — 328
5,1,62 — 331
5,2,1–8 — 327, 348f, 352
5,2,2f — 74[44], 81, 84, 86, 104, 147, 197, 210, 263, 275, 332, 334, 348f, 352
5,2,2–5 — 372
5,2,3 — 337, 349
5,2,4 — 194[119], 351[46]
5,2,6 — 87, 248, 327
5,2,7 — 344
5,2,8 — 87

*ActMarcell*
1f — 164[16]
5,1 — 201

*ActMarian.*
3,6 — 87
4 — 153
9,2 — 206[20]

*ActMaximiliani* — 170[59]
1,2 — 184[54]
1,10 — 193[110]
1,11 — 200[164]
2,1 — 190[95], 193[110]
2,3 — 201
2,4 — 190[95]
2,5 — 200[164]
2,6 — 190[65]
2,7 — 190[95]
2,8 — 190[95]
2,11 — 190[95]
3,1 — 201
10 — 192[105]

*ActMontanii*
3,4 — 254[160]
5,1 — 138[57]
10,1f — 87
22,3 — 84
23,3 — 87

*ActOlbiani* — 14, 18

*ActPauli et Theclae*
3f — 178, 199, 206[21]

5 — 159[51]
14 — 194[124]
22 — 295f, 299, 315
24 — 276[126], 279
32ff — 117[61], 172[76]
35 — 299[54]

*MartPerp* — 61, 116, 123[31], 159, 321, 329
1 — 52, 316[41]
1,1–5 — 52, 87, 92, 97[44]
1,5f — 116
2,1 — 153, 164[14]
3 — 279
3,1 — 153, 164
3,3 — 97[44], 114[32]
3,5 — 164[15]
4 — 98[48], 105[84], 106[92], 128[58], 136, 178[4], 248[123]
4,1 — 97[44]
4,1–6 — 138, 164[16]
4,6 — 114[32]
4,7 — 97[44]
5,1ff — 164
5,2 — 117, 185[60]
6,1ff — 164, 171[62], 172[71], 178, 205[11]
6,3 — 117, 125[44], 185[60]
6,4 — 206, 293
7 — 136, 178[4], 248[123]
8 — 136
9,1 — 118[65], 159[56], 205[12]
9,2 — 164
10 — 136, 178[4], 184[54], 223[18]
10,3 — 110[15]
10,4 — 97[44]
10,7 — 114[32], 327
10,14 — 114[32]
11 — 248[123]
11,1 — 159[51]
11ff — 136, 178[4]
12 — 110[15]
13,3 — 302[69]
15 — 147
15,3 — 97[44], 164[16]
16 — 205[12]
18,1ff — 106[98], 205[10], 348[27], 352
18,3 — 249
18,9 — 84
18–21 — 221

| | |
|---|---|
| 19,3 | 293 |
| 20,1 | 114[32] |
| 20,3 | 97[43], 106[92] |
| 21 | 133, 249 |
| 21,3 | 312[12] |
| 21,5 | 52, 87, 92, 315, 316[41] |
| 21,6 | 312[12] |
| 36 | 153 |

*ActPetri*
| | |
|---|---|
| 7 | 155[30] |
| 8 | 149 |
| 10 | 106[94] |
| 20 | 95[30] |
| 26 | 95[30] |
| 28 | 222[11] |
| 35 | 178[4] |
| 38f | 198[151] |
| 40 | 327 |

*ActPhiliae*
| | |
|---|---|
| 1,1 | 193[110] |
| 1,4 | 193[110] |
| 1,9 | 193[110] |
| 2,2 | 193[110] |
| 2,8 | 193[110] |
| 5,2 | 202[177] |
| 5,4 | 202[177] |

*ActPhilipp*
| | |
|---|---|
| 139–144 | 198[151] |
| 146f | 290 |

*MartPionii*
| | |
|---|---|
| | 49, 116 |
| 2 | 341f |
| 2,1 | 168, 329, 339, 340 |
| 2,2 | 97[44], 340 |
| 2,3 | 155[30] |
| 3f | 212, 342 |
| 3,1 | 125[44] |
| 3,2 | 178 |
| 3,3 | 190[95] |
| 3,6 | 168 |
| 4,9 | 194[119] |
| 4,11 | 210[46] |
| 4,13 | 127[45] |
| 4,24 | 105[90], 179[15] |
| 5,1 | 98[48], 159[56], 205[12] |
| 5,3 | 198[152] |

| | |
|---|---|
| 5,4 | 190[95] |
| 6,1–5 | 164[16] |
| 7,3 | 190[95], 198[150.152] |
| 7,4 | 190[95] |
| 7,5 | 155[30] |
| 8,1 | 198[152], 202[177] |
| 8,4 | 125[44], 193[110] |
| 9,1 | 184[54] |
| 9,5 | 184[54] |
| 10ff | 164[16] |
| 11,2 | 116 |
| 11,6 | 227, 248[125] |
| 11,7 | 135 |
| 12,3 | 97[44] |
| 13,1ff | 210[46], 212 |
| 14,9 | 110[15] |
| 15ff | 164[16] |
| 15,1 | 153 |
| 15,4 | 153 |
| 15,7 | 153 |
| 15,8 | 222 |
| 16 | 178 |
| 16,4 | 202[177] |
| 16,6 | 187[70] |
| 17,2 | 198[151] |
| 18,2 | 127[45] |
| 18,7 | 69[7] |
| 18,8 | 217[97] |
| 19 | 178, 193[110] |
| 19,2 | 184[54] |
| 19,6 | 215[78] |
| 19,7 | 190[95] |
| 19,7–20,2 | 187[70] |
| 19,10 | 125[44] |
| 20 | 205[11], 222 |
| 20,1 | 193[110] |
| 20,2 | 200[165] |
| 20,4 | 200[165] |
| 20,7 | 138, 201, 206[23] |
| 21 | 205[10], 221f |
| 21,1 | 147, 223[18] |
| 21,2 | 191[101] |
| 21,6 | 159[51] |
| 21,7ff | 267 |
| 21,9 | 295[23] |
| 22,1 | 280 |
| 22,2 | 328 |
| 22,3 | 332 |

| | | | |
|---|---|---|---|
| 22,4 | 332 | 4 | 198[150], 199 |
| 23 | 342, 373, 375 | 5f | 170[59], 193[111], 227, 248[125] |
| | | 6 | 69[7], 170[57], 199[160], 373 |
| *ActPotamiaenae* | | 9 | 170[57], 199[160] |
| 6 | 138[57] | 9–13 | 193[111] |
| 11,1 | 138[57] | 10,14 | 195[129] |
| | | 14 | 186, 196[136], 201, 205[11] |
| *ActRogatiani* 5 | 248[123] | 15 | 249, 279 |
| | | 16 | 283 |
| *MartSabae* | 14, 18 | 17 | 288, 328, 346, 352 |
| inscr. | 69[9], 76 | | |
| 3,5f | 168 | *ActTheodoti* | |
| 4,5 | 155 | 31 | 114[32] |
| 4,6 | 169[55] | 32ff | 298 |
| 6,5 | 172[73] | | |
| 7,3 | 249 | *ActThomae* | |
| 7,5 | 352 | 32 | 149 |
| 7,6 | 168 | 36 | 106[94] |
| 8,3 | 352 | 39 | 348[27], 352 |
| 8,3f | 356 | 107 | 232[31], 279[156], 280[160] |
| | | 163 | 178 |
| *ActScil* | 116, 179[12], 181, 184, 190[96] | 165 | 106[92] |
| 1 | 185[60] | 167 | 283[184] |
| 2 | 170[57], 199, 279 | 170 | 329[31] |
| 3 | 185[62], 186, 193[111], 199[160] | | |
| 3–6 | 193 | | |

## 5) Profanliteratur

| | | | |
|---|---|---|---|
| *Cicero* | | *Lucian* | |
| de nat. deorum | | de morte Peregrini | |
| 1,63 | 187[70] | 12,14 | 128[58] |
| 3,5–9 | 187[73] | 32 | 172[74] |
| de leg. 3,8 | 195 | 33 | 205[15f], 328 |
| in Verr. 2,1,69 | 222[12] | 39 | 313[21] |
| | | Alex. 25.38 | 186 |
| *Epiktet* | | | |
| diss. 4,7,1–7 | 196[135] | *Marc Aurel* | |
| | | in semet ipsum 11,3 | 128[58], 196[135] |
| *Homer* | | | |
| Hymn. | | *Pausanias* | |
| 3,545 | 237[56] | peri heg. | |
| 4,579 | 237[56] | 1,32,5 | 331 |
| 25,6 | 237[56] | 9,32,9 | 331 |
| | | | |
| *Kallimachos* | | *Philostratus* | |
| Hymn. 3,268 | 237[56] | Vit. Apollon. 7,38 | 138 |

*Platon*
Apol. 26c 190
Republic. 381b-c 201[169]
Nomoi 3,700 234[37]
Politeia 10,607 234[36]

*Plinius d.J.* 145
epist.
10,65,5 126[44]
10,96f 184, 186
10,96,1 181[31]
10,96,3 192f, 195, 196[136], 208
10,96,5 171, 189, 191
10,96,6 153[14]
10,96,9 188
10,96,10 195
10,97,1 118[72]

*Seneca*
ep. 102,23,6 339[20]

*Sueton*
Vit. Aug. 43,2 312

*Tacitus*
Hist. 5,5 187[73], 226[38]

*Tatian*
Oratio ad Graecos 27,3 187[70]

*Ulpian*
de off. proconsulis 7 195[128]
Dig.
1,18,13 196
48,24,1 330

# C) Sachen und Namen

Abfall vom Glauben 46, 51, 125, 128, 146, 163f, 170
Acta-Form 47ff, 65, 74[46], 75, 79[5], 162f, 170, 178f, 179ff, 184, 190, 198f, 200, 205, 222, 227, 247, 272f, 293f, 327
Adressaten 68, 70–73, 354
Akklamation 44f, 118, 205, 214f, 293, 311
Alter des Märtyrers 46, 64, 117, 133, 147, 150, 157, 170, 174, 185, 192
Anicetus von Rom 40, 168[51], 192, 216f
Anhänge 42, 362–375
Antonius Pius 153f, 186, 217
Apokalyptik 81, 96
Apologetik 43ff, 48f, 65, 111, 118, 162f, 178ff, 198f, 209, 213, 254
Asarja 81[18], 250ff, 255, 267, 285, 295
Asiarch 203, 208, 210, 216ff, 366f
Atheismus-Vorwurf 108, 118, 171, 174f, 186–191, 196f, 200
Athlet 45f, 96, 124, 327, 340[27], 348
Audition 44, 136, 163, 177f, 181ff, 204, 206, 218
Auferstehung 60, 283ff, 331
Authentizität 37f, 50, 120[5], 141, 177, 180f, 184, 227, 273, 327, 337, 373

Bekenner 81, 104, 197, 204
Bekenntnis 42, 49, 65, 148, 162f, 170, 174, 178, 181, 193–200, 206ff, 238, 274
Bestärkungsformel 136, 163, 182, 298
Bewunderung 42, 133, 157–160, 172, 206, 226, 310, 312
Bischofstitel, -amt 53, 61, 70f, 105, 116, 124, 133, 136, 216, 219, 246, 269, 310, 319, 321
Brief 43, 45, 47ff, 60, 64f, 68f, 72–76, 78, 80, 163, 180, 343–353, 354–361
Briefschluß 38, 42, 48, 61, 73–76

Charisma 135, 182, 218
Chronologische Anhänge 37, 39, 365–373
Corpus Polycarpianum 14, 40

Datierung 37, 39f, 42, 49, 115[43], 153, 167ff, 217, 335, 340, 350, 362, 365–373
Decius 80, 350
Demut 62, 85f, 96, 275
Dialogliteratur 46, 162ff, 177f, 179ff, 183f, 190, 192, 205

Diasporabrief 41ff, 45, 48, 64, 68f, 71f, 75, 134, 354f, 357f, 360

Doketismus 101, 318

Doxologie 45, 261–264, 282, 285, 288ff, 343f, 354ff, 360f, 364f

Drängen zum Matyrium 41, 51f, 62f, 65f, 70, 74, 79f, 84f, 93, 102, 104, 105[83], 112, 115, 119–129, 130f, 141, 144, 146, 151, 155f, 158, 170, 196, 268, 271

Drei-Zahl 207f, 228, 260, 264, 274, 277, 287f

Eirenarch 140, 142, 147, 153f, 161, 169–172, 213

Ekstase 55f, 136ff, 151, 207, 322f

Eleazar 97, 171[66], 224, 267

Elia 177

Enkomion 44f, 97, 152, 157, 163, 205f, 221, 225, 256, 297, 312, 327, 334, 337, 341, 348

Enthusiasmus 57, 63, 85.87, 112, 114, 116, 135, 146, 165

Epideiktisches 43ff, 60, 95, 113, 178, 256

Epideixis/Demonstratio 43ff, 92, 95, 107, 113, 143, 158, 205f, 214, 293, 311, 347

Epilogus Mosquensis 13, 14[11], 42, 317, 363, 374f

Erbauungsliteratur 47[84], 48, 60, 65f, 69, 74, 84, 91, 110, 180, 248, 357

(Märtyrer)erzählung 43ff, 47, 49, 74, 78f, 91, 126, 130, 137, 162, 205

Eschatologie 57, 60, 69, 81, 105, 111, 117, 177, 283

Eucharistie 48, 60, 62, 70, 101, 135, 148, 159, 165, 223ff, 226–290, 292f, 300, 302, 305f, 307–311, 315, 329, 332, 341f

Eusebius 57, 162, 313f, 345, 347, 371

Evangelium 55, 97, 100f, 119, 126ff, 155, 157, 216

evangeliumsgemäßes Martyrium 41f, 47, 49–58, 59f, 64ff, 70, 72f, 77–80, 83, 85, 87f, 90f, 94, 96, 100f, 103, 111f, 114ff, 120, 125–131, 134f, 138, 140, 144ff, 151, 158ff,

166ff, 193, 198f, 213–216, 218, 246, 249, 252, 260, 263ff, 270, 273, 280, 282, 287f, 303, 312, 314, 317f, 321f, 326, 332f, 336, 338, 340, 343–353, 358f, 362, 367, 373

Evangeliumsparallelen 37, 39, 46, 49–58, 64, 71, 80, 83, 90[5], 91, 109[2], 127, 131, 134f, 138, 141–152, 154ff, 158f, 162, 166–169, 171, 183, 209f, 212, 219, 224f, 239, 247, 269, 321, 334, 349, 366

Evangeliums-Redaktion 52, 80, 92, 182[42], 344, 347

Feigheit 113ff, 119, 124, 131, 144

Feuer 42, 89, 105ff, 111, 130, 138, 175, 201f, 291, 294ff, 300f, 310, 312

Flucht vor Martyrium 42, 51, 63, 65, 121[14], 125, 128[58], 130–135, 139ff, 144, 146, 149, 151, 155f, 158, 163

Folter 46f, 64, 87, 89f, 96ff, 106f, 114, 140f, 145, 153, 166f, 172, 221f, 295

Formkritik 38, 43–51, 132, 168, 227, 268, 365

Frauen 56[140], 57, 77[1], 115ff

Freude im Leiden 46, 64, 205

Fürbitte 15, 159, 165f, 259

Gebet 38, 42, 44, 48, 64, 130, 134f, 137, 150f, 158f, 161, 164ff, 203, 226–290

Geduld 85, 90[4], 96f, 125, 157

(Hl.)Geist/Wind 158, 228, 262, 264, 284, 298–301, 303, 309, 314f

Gelassenheit/Ruhe 64, 112, 133, 136, 147, 151, 153f, 156, 158, 207, 220, 222f

Germanikos 41, 51, 59, 80, 86, 108–118, 124f, 133, 185, 200, 340

Hausgenossen 50, 140, 143, 146, 149

Heiden 42, 174, 189, 203f, 208

hellenistische Martyrien 58, 75, 90, 103, 325

Herodes 50, 140, 142, 145, 147, 149, 154, 161, 163, 168–171, 185

Heros/heroisch 96, 194, 220f, 226, 236, 331, 335

Himmelsstimme 42, 54, 173, 174–183
Historismus 38, 50, 132, 146, 166f, 265, 327, 333
Historizität 50f, 59, 74, 91, 152, 156, 292ff

Identifikationsangebot 79, 214, 281
Identitätsfrage 42, 178, 181, 184
Ignatius v. Antiochien 59, 61–64, 70, 84, 87, 100–103, 125[39], 166, 198, 216, 218, 223f, 243, 246, 251, 256[179], 268, 270f, 284, 287, 300, 302, 317, 320, 334ff, 339, 371f
Interpolationshypothese 16, 37f, 41, 50, 70[16], 74[45], 79f, 83, 85[38], 91f, 103, 109[2f], 113, 115[43], 121, 132ff, 141ff, 151f, 162, 166[33], 167f, 172f, 177, 181f, 221, 262–265, 283, 290, 292, 311, 313f, 316, 326f, 337, 344ff, 350, 365, 373
Irenäus v. Lyon 14[11], 40, 42, 210
Judas 50, 82[82], 140, 145, 149, 154, 345
Juden(tum)/-polemik 42, 47, 69, 146f, 168, 195, 203f, 208–214, 220, 222, 233, 239f, 267, 284, 324, 333, 336
jüdische Martyrien 46f, 49, 58, 61, 64, 90, 226, 325, 353

Kaiser-Akklamation 170f, 174, 186, 189, 191f, 195ff, 206
(Früh)Katholizismus 49, 51, 55, 61, 64f, 67, 69–72, 75, 79, 122f, 136, 165f, 215, 218, 253, 310f, 317, 319–323, 334, 343, 353
Kirche 61, 67, 69, 71, 135, 161, 165f, 246, 310, 317, 319–323, 344, 353
Knechts-Titel 60, 262f, 266, 274f, 360
Kommentierung 41, 43ff, 74, 91f, 107, 122, 126, 133, 143, 152, 181, 214, 219, 225, 266, 325, 333

Lehre(r) 61, 102, 127, 133, 203, 215f, 218, 310f, 343, 349ff
Literarkritik 40f, 50, 52, 121, 227, 256, 260, 262
Liturgie 38, 48, 226–257, 259ff, 267f, 272, 274f, 277, 282, 287–290, 306, 336, 340f, 353, 361

Märtyrergedächtnistag 39, 42, 48, 135, 233, 247, 256, 267, 288, 325, 336–342, 365
Märtyrerkult 37f, 40, 42, 64, 120, 220, 224, 324–335, 336–342
Marc Aurel 39, 153, 217, 367, 369, 371
Martyriumsparänese 43, 59f, 65, 69, 73ff, 79, 94, 106, 113, 118
Maximilla 54ff, 86, 149
Montanismus 37, 40, 52–57, 59–62, 64ff, 68[2.3], 70, 72, 74f, 79f, 84–88, 94, 101f, 104f, 116, 119–129, 131, 136–139, 148f, 151, 156, 158, 165f, 199, 215, 218f, 244, 264, 269, 311, 319–322, 332, 336, 351, 369ff

Nachahmungsgedanke 37[41], 38, 42, 50ff, 58–63, 66, 74[41], 77–80, 83–87, 95f, 101ff, 111f, 121, 125, 127, 135, 141f, 148, 151, 200, 216, 246f, 251, 253f, 263, 265f, 270, 275, 281f, 294, 296, 310, 312, 321, 324, 326, 329, 334f, 337, 343, 344, 352, 364, 367

Obrigkeit 175, 177, 199f, 213
(neue) Offenbarungen 52f, 55ff, 61, 87, 116, 123f, 128, 156
Opfer(n) 60, 62f, 105, 125f, 161, 171, 186, 191, 220f, 223, 225, 228–233, 238f, 243, 245f, 250ff, 258, 260, 264, 266, 268–273, 278f, 284–287, 302, 304ff

Paränese 48, 91f, 96, 110, 113, 143, 162, 164, 205, 238, 251
Passa 58[159], 167f, 217, 245, 260, 269, 271f
Paulus 149, 162, 178, 183, 191, 195, 209, 216, 284
Peristasenkatalog 43f, 91f, 97, 221f, 224f, 327
Philomelium 67, 71f, 369
Phrygier/Phrygien 41, 57, 68[2], 69[7], 71f, 74, 87, 112, 116, 119–129, 165, 170

Prokonsul(at) 39f, 117, 119, 125f,
153, 169, 174f, 185, 199, 201, 203
Prophetie 53, 55ff, 87, 130, 136–139,
216, 218, 244, 318ff, 322f
Protokoll(iteratur) 46, 48, 75, 177,
180f, 184, 191, 201, 227, 293
Prozess(darstellung) 162, 173, 178ff,
184, 201, 227

Quartodecimanismus 49, 167f, 316, 369
Quintos 41, 51ff, 79f, 86, 88, 90, 95,
98, 109, 112–115, 118, 119–129,
130f, 133–136, 151, 163, 165, 170f,
180, 191, 200f, 222, 246, 251, 271,
340

(großer) Sabbat 39, 153, 161f, 166–
169, 245, 260, 271, 362, 366f
Schwören 42, 125, 161, 175, 178,
181, 183–193, 207
Seligpreisung 43, 92f, 252
Siegerkranz 64, 324, 328, 343, 346,
352f
Sitz im Leben 47ff, 164, 229ff, 233,
247, 254, 256, 267f, 325, 344
Sklaven 140, 144f, 150f, 153f, 156
Smyrna 69, 71, 203, 208–211, 213,
218, 222, 333, 339f, 343
Stadion 161ff, 172ff, 177, 182, 203
Stärkung 42, 65, 174–183, 220
Standhaftigkeit 41f, 45.49.54, 63, 65f,
85, 89f, 94, 96, 105–108, 112f, 115,
124, 131, 146, 149, 161–173, 175,
178ff, 182–193, 198, 200ff, 204–
207, 214, 218, 254, 328, 343, 352
Statius Quadratus 39f, 117[55], 179,
183, 194, 210, 330, 362, 367, 372
Stephanus 50, 60, 103, 106[98], 158,
177, 216, 218, 272f
Stoa 58, 96[34], 103, 194, 226, 353
Superstitio 186–189, 191, 200
Summarium 90, 109, 113, 115
Symbouleutisches 43ff, 47, 60, 95,
178, 182, 256

Taube 181, 292, 296, 300, 310, 312–
315
Teilhaber am Leiden 140–143, 147f
Tendenzliteratur 38, 65, 69, 74

Teufel 95, 108, 110–115, 117, 149,
155, 327
Tiere/Tierkampf 115, 117, 119, 175,
201f
Todesdatum Polykarps 39, 166, 168,
185, 372
(kirchliche) Tradition 56f, 61, 87f,
128, 135, 146, 149, 251, 318, 321
Trajan 154, 169, 184, 191, 195

Überredung(sversuch) 42, 115, 126,
133, 161, 169f, 172, 174, 179, 181,
183–193

Vaticinium 44, 132, 139, 205, 215,
219
Verhaftung 42, 50, 94, 128, 132f,
137, 140–149, 150–160, 213
Verhör 42, 44, 47, 49, 162, 164, 167,
170, 174–202, 203f, 206
Verleugnung 89, 94, 107
Verrat 50, 143, 145, 149, 156
Versuchung 42, 44, 113, 115, 117,
121, 161–173, 178, 180
Vettios Epagathos 87, 113, 197, 219
Visionen 52, 131f, 135–139, 177,
181f, 204, 206, 218, 297
Vorbild 41ff, 47ff, 59ff, 64f, 77–80,
83–86, 88ff, 90, 95f, 107, 109, 121,
127, 130, 156f, 159, 162ff, 180,
204, 215, 220, 222, 225, 253, 266f,
297, 305, 312, 341, 343–353, 357,
359

Weihrauch 48, 291, 305–308
Widder 58[159], 245, 258, 269ff, 286
Wille Gottes 45, 51, 64, 83, 89, 90[5],
93f, 96, 100f, 120f, 128, 136, 139,
144, 146, 150f, 155–159, 219
Wohlgeruch 48, 291, 294, 300–309
Wunder 37f, 42, 44, 60, 66, 132, 135,
151f, 177f, 181, 183, 291–309,
310–315

Zeugnis-Terminologie 58f, 62, 77, 81,
90, 98–105, 112, 115, 148, 197f,
351
Zwei-Wege-Motiv 41, 108–118, 119–
129, 164